民國時期文獻
保護計劃

成果

國家圖書館館級課題『民國時期兒童圖書館研究』成果

民國时期圖書館學
報刊資料分類彙編

兒童圖書館卷

黄　洁　主編

上冊

國家圖書館出版社

圖書在版編目(CIP)數據

民國时期圖書館學報刊資料分類彙編・兒童圖書館卷(全三冊)/黄洁主編.
—北京：國家圖書館出版社,2014.9
ISBN 978-7-5013-5353-8

Ⅰ.①民… Ⅱ.①黄… Ⅲ.①圖書館學-中國-民國-文集 ②兒童圖書館-中國-民國-文集 Ⅳ.①G25-53

中國版本圖書館 CIP 數據核字(2014)第 083027 號

書　　名　民國时期圖書館學報刊資料分類彙編・兒童圖書館卷(全三冊)
著　　者　黄　洁　主编
責任編輯　鄧詠秋　張慧霞

出　　版　國家圖書館出版社(100034　北京市西城區文津街7號)
(原書目文獻出版社　北京圖書館出版社)
發　　行　010-66114536　66126153　66121313　66175620
66171706(傳真)　66126156(門市部)
E-mail　btsfxb@nlc.gov.cn(郵購)
Website　www.nlcpress.com→投稿中心
經　　銷　新華書店
印　　裝　河北三河弘翰印務有限公司
版　　次　2014年9月第1版　2014年9月第1次印刷

開　　本　787×1092(毫米)　1/16
印　　張　108
字　　數　700千字

書　　號　ISBN 978-7-5013-5353-8
定　　價　1800.00圓

《民國時期圖書館學報刊資料分類彙編》

編委會

本卷編委會

主　編：黄　洁

副主編：王志庚　張　峰

編　務（以姓氏筆畫爲序）：

王　丹　李　蓓　星　曼　馬　静

郭傳芹　董　雪　雲麗春　滕静静

前言

王志庚

我國現代圖書館事業肇始於清末，但民國時期是其迅速蓬勃發展的第一個高潮期。隨著遍佈全國的省級公共圖書館的建設完成，民國時期的圖書館事業也經歷了公共圖書館運動、新圖書館運動、民衆社會教育館運動，逐步形成了一個多層次的圖書館體系。與此同時，我國第一代圖書館人在圖書館立法、人才培養、隊伍建設、理論研究、學科教育、行政管理、業界聯合等領域也進行了深入的探索與積極實踐，基本確立了我國現代圖書館事業發展所涉及的各個領域，特別對圖書館類型、服務手段等方面作出了積極的嘗試，即使置諸當下，也依然值得我們借鑑。因此，對於我國的圖書館事業而言，民國時期無疑是值得關注和深入研究的一個重要歷史發展階段，應該成爲我國圖書館發展史上的研究重點。

與民國圖書館界所進行的廣泛而深入的辦館實踐共同閃耀的，是當時的圖書館學研究工作的開展，特別是論著的出版與發表。正如范凡在其論著中所指出的那樣，『民國時期是我國圖書館學著作出版和發表的重要時期，其整體狀況可以用「由少到多、發展迅速、涵蓋全面」來描述』。可以說這一時期所發表的圖書館學著作及論文，基本涵蓋了圖書館學範圍內所有重要的理論和實踐問題，從圖書館立法到社會功能研究、從圖書館人才培養到學術研究、從分類法到文獻編目等，均有較深入的探討和論述，這些圖書館學論著是研究民國時期圖書館事業發展史的重要史料，是當下我們進行圖書館事業史和圖書館學史研究不可或缺的文獻寶庫。

史料整理工作對於任何一門學科來説，都是至關重要的基礎工作，故有『史學便是史料學』之説，離開史料，我們的研究就會變成無本之木、無源之水。長期以來，與其他學科相比較而言，我國圖書館界的史料整理工作一直未能引起足夠重視，圖書館史的梳理與研究亦是如此，尤其是晚清與民國時期，這一問題更爲突出：對民國時期圖書館史中的許多重要問題，多有不明所以、知之不詳者；對活躍於民國時期圖書館界的許多重要學人，不知所蹤者亦有許多；甚至對於當時圖林大家的一些重要觀點，當今學界都存在著不同程度的誤讀，乃至以訛傳訛。

圖書館學者要對上述問題進行深入研究，就需要對大批文獻進行翻檢查閲，然而，難點在於，這些民國時期的圖書館學論著淹沒在海量的民國文獻中，散落於全國各地的公私藏書機構内。這些文獻大多因紙張酸化等原因，已不堪翻閲。這種現狀已成爲影響史學深入研究的一大制約因素。

目前，業界已有人注意到這一點，不斷有學者呼籲重視圖書館史料整理工作，希望系統性整理二十世紀圖書館學人著作。國家圖書館作爲國内民國文獻收藏的重鎮和我國圖書館事業的領導力量，它對民國時期圖書館學論著的收集和整理既有先天的優勢，又肩負著不可推卸的責任和義務。國家圖書館典藏閲覽部是負責文獻典藏和讀者服務的基礎業務部門，在做好日常工作的同時，近年來開展了一系列民國文獻整理開發工作，先後出版了《國家圖書館藏民國時期抗戰圖書書目提要》《國家圖書館藏辛亥革命圖書目録提要》《民國時期連環圖畫總目》《國家圖書館藏民國時期毛邊書舉要》《民國兒童畫報選編》等工具書，還將繼續出版《中國年鑒總目提要》《民國時期圖書館學著述總索引》等書目和索引。二〇一一年，國家圖書館牽頭策劃了全國性文獻保護項目『民國時期文獻保護計劃』，典藏閲覽部借機加大了對民國時期圖書、報刊的整理和開發力度，積極申報並承擔相關文獻整理項目。在參與民國時期文獻保護計劃的過程中，我們發現民國時期圖書館學者發表的圖書館學論著數量可觀，且當時學人對圖書館事業的探求已達到了很高的水準，這爲圖書館學作爲一門獨立的學科構建了基本理論框架。許多我們今天依然在探尋、實踐、研究、談論的觀點與話題，在民國時期也早有論述；許多當時的論斷，明晰鮮活，鞭辟入裏，即使放在今天也依然啓人深思。然而，這些成果卻長時間被塵封，有感於此，作爲新時期的圖書館人，我們深覺有義務、有責任將這些著述認真整理出來，供學界使用。於是，二〇一二年，我們開始系統性整理民國時期報刊上所刊登的各類圖書館學資料，數十名同人對民國報刊逐頁進行耐心細緻的翻閲和篩選，其中涉及報刊三百餘種，至今歷時兩載有餘，記録篇目近三萬條，目前工作仍在進行中。對於所整理出的成果，如何更好地將其展現，便於當今學者使用，是我們一直在思考的問題。爲此，我們在整理史料期間不斷與業内學者及國家圖書館出版社編輯進行交流，還專門召開了『民國時期圖書館史料整理工作專家討論會』，就圖書館史料整理工作聽取專家意見，不斷優化、調整史料整理和編輯出版工作思路。

國家圖書館出版社自上世紀九十年代以來，已經影印出版了《圖書館學季刊》《中華圖書館協會會報》《文華圖書館學專科學校季刊》《近代著名圖書館館刊薈萃》（目前已出版四編，共收録五十餘種圖書館館刊）等。這些影印出版工作在業内獲得了良好的反響與評價，但也存在一些問題。一方面，上述影印圖書的內容基本限定在圖書館學期刊範圍內，而我們通過搜集原始資料發現，民國時期在圖書館期刊之外的報刊中也刊載了相當數量的圖書館學論著，這部分散見的史料若不加以集中整理，未免有遺珠之憾，這堅定了我們將其結集出版的信心。另一方面，上述影印出版的民國時期圖書館學期刊，基本是按照刊物的原始形態整部影印，其中部分還缺少配套的篇目索引，造成學者在使用過程中或有查檢不便。鑒於此，我們決定以分類主題彙編的形式對民國時期報刊中的圖書館學著述進行系統性的整理。具體來説，我們利用圖書館學論文索引、數據庫和編者的新發現，將民國時期各種報刊上刊載過的各種圖書館資料進行全面整理收集，以文章爲收録單元，按文章主題分類彙總，按原樣影印，分多卷陸續出版。

而對於主題的分類，也頗費思量。新中國成立初期，北京圖書館和重慶圖書館等機構都曾編過圖書館學論文索引，對晚清及民國時期的圖書館學論著進行了較爲全面的集中梳理，特別是李鍾履的《圖書館學論文索引》，分類詳盡，並配著者索引，查檢便利，爲我們今天的書目調查和史料整理工作提供了很好的綫索與借鑑。這套叢書的基本分類即按照李鍾履索引之類目，按主題分類結集出版。因所輯論著散見各處，且大多紙張脆黄易破，因此編選整理工作不可謂不繁難，耗時亦久，諸多辛勞，不再贅述。

選編影印這樣一套叢書，一方面是致敬先賢，希望能夠通過我們的努力，最大程度保存民國時期圖書館先輩學者所創造的豐富研究成果，最真切地傳承先輩的專心治學、潛心治業的精神遺産。另一方面也爲當下及未來的圖書館學者研究提供便利，不敢寄望成爲學者治學之利器，但望聊充學海探尋之舟楫，爲圖書館學界的史料建設略盡綿薄之力。

這套叢書在整理出版過程中得到了國家圖書館研究院院長汪東波，北京大學信息管理系教授王余光、王子舟，國家圖書館研究館員李萬健，北京大學圖書館副研究館員范凡，華東師範大學教授范並思等業界專家的大力支持與指導，國家圖書館出版社的鄧詠秋博士爲此付出了很大的辛勞，在此我謹代表叢書編委會向他們一併表示謝忱。

二〇一四年三月

本卷編輯説明

黄　浩

《民國時期圖書館學報刊資料分類彙編·兒童圖書館卷》（以下簡稱『本卷』）以《圖書館學論文索引》（李鍾履編，商務印書館一九五九年版）、《圖書館學論文資料索引》（重慶市圖書館一九五七年編印）以及《民國時期總書目》（北京圖書館編，書目文獻出版社一九八六至一九九六年陸續出版）爲基礎，以國家圖書館藏《中華圖書館協會會報》《圖書館學季刊》等圖書館學、教育學報刊作爲主要收録來源，並輔以《全國報刊資料索引》等數據庫作爲查找文獻的主要綫索，經過一年多的搜集、查重、補充、整理而成。

本卷收録一九〇九至一九四九年間一百一十六種報刊上有關兒童圖書館（含中小學圖書館及公共圖書館附設兒童圖書室）的文章三百五十六篇，内容涉及兒童圖書館法令、理論探討、實務工作、全國各地辦館情況等。本卷根據每篇文章的内容，按主題分爲以下十類：（一）兒童圖書館法令、提案；（二）兒童圖書館總論；（三）小學圖書館專論；（四）中學圖書館專論；（五）兒童圖書館管理；（六）各地兒童圖書館；（七）兒童圖書館規則章程；（八）兒童圖書館與兒童閲讀；（九）兒童圖書分類與編目；（十）國外兒童圖書館。每一類别之下的文章，依據發表時間先後排序。連載文章，以其第一部分發表的時間爲準排序。同時爲方便讀者進行查找，書後附篇名索引。

關於收録内容，有以下三点需要说明：（一）本卷所收文章（或資料），大部分發表在民國時期，有少量的清末兒童圖書館史料，因與民國時期圖書館史有重要的承繼關係，也予以收録。（二）本卷所收文章來源，以期刊、報紙爲主，但圖書館協會的年會和報告等小冊子中也有一些内容涉及兒童圖書館，故也予以收録。（三）中學圖書館對兒童圖書館的建設及研究有一定的借鑑意義，本書也將其一併收入。

此外，需要特別說明的是：雖經努力搜羅，但囿於編者識見及客觀條件所限，本卷必有遺漏之處，懇請讀者加以指正，以便於我們今後進一步補充完善。

二〇一四年七月

本卷所收文章的報刊來源一覽表

（按報刊名稱漢語拼音排序）

A

安徽教育

安徽教育行政週刊

安徽省立圖書館季刊

安慶女中校刊

B

北平市市立第一普通圖書館館刊

北平特別市市立第一普通圖書館週年紀念刊

北平新報週刊版

C

晨報副刊

初等教育界

D

大陸（上海）

大上海教育月刊

地方教育

東北文化月報

讀書與出版

F

方舟月刊

福建建甌縣公立圖書館十週年紀念刊

福建省立圖書館年報

福建圖書館協會會報

婦女雜誌

G

公教學校

廣東省政府公報

廣州大學圖書館季刊

國立中山大學圖書館週刊

H

河北教育半月刊

河北教育公報

河南教育公報

河南政治月刊

華北日報

J

江蘇省立蘇州圖書館館刊

江蘇省小學教師半月刊
教師之友
教與學月刊
教育叢刊
教育動向
教育短波
教育公報
教育季刊
教育建設
教育生活
教育學報
教育研究
教育雜誌
進修半月刊
京師教育月刊
京師學務公報

K

開封實驗教育
開封實驗教育季刊

L

昆華民衆教育
遼寧省立圖書館館刊

M

民衆教育季刊
民衆教育學報
民衆教育月刊
民衆園地

P

培德月刊
培正中學圖書館館刊

Q

青島教育

S

山東教育行政週報
山東省立圖書館季刊
山西省立國民師範附屬小學校校刊
陝西教育週刊
商務印書館出版週刊
上海教育
上海教育界
上海市立圖書館館刊
社教通訊
生活教育
師大月刊
市政評論
市政月刊（杭州）

T

天津市市立通俗圖書館月刊
通俗教育叢刊
銅山縣公共圖書館年刊
圖書館
圖書館學季刊
圖書館學週刊（福建民國日報副刊）

圖書館月刊
圖書館週刊（北平世界日報副刊）
圖書評論
圖書月刊（臺灣）
圖書展望

W

文華圖書館學專科學校季刊
武昌文華圖書科季刊
無錫圖書館協會會報
吾友

X

廈大圖書館館報
廈門圖書館聲
小朋友
小學教師月刊
小學教育
小學問題
小學與社會
新江蘇教育
新教育
新聞資料
學風
學生雜誌

Z

浙江第二學區圖書館協會會刊
浙江公立圖書館第四期年報
浙江公立圖書館第八期年報
浙江公立圖書館第六期年報
浙江公立圖書館第九期年報
浙江教育行政週刊
浙江教育月刊
浙江省立圖書館館刊
浙江省立圖書館月刊
浙江圖書館通訊
正言教育月刊
中等教育季刊
中國出版月刊
中華教育界
中華少年
中華圖書館協會第二次年會報告
中華圖書館協會會報
中美日報（上海）
中央日報
中央時事週報

總目録

上冊

兒童圖書館法令、提案

兒童圖書館總論

小學圖書館專論

中學圖書館專論

中冊

兒童圖書館管理

各地兒童圖書館

兒童圖書館規則章程

兒童圖書館與兒童閱讀(一)

下　冊

兒童圖書館與兒童閱讀(二)

兒童圖書分類與編目

國外兒童圖書館

上冊目録

兒童圖書館法令、提案

兒童圖書館總論

小學圖書館專論

中學圖書館專論

咨直隸省長天津社會教育辦事處兒童圖書館規則尚屬妥協應准備案請轉飭知文第三千八百三十號　六年十二月二十四日

爲咨行事准咨開案據直隸敎育廳呈稱竊據天津社會敎育辦事處總董林兆翰呈稱竊維敎育之發展頼有圖書館以輔助進行而兒童圖書館則於幼年以養成好學之習慣並搜集各國敎育玩具喚起興味並謀各小學校蒙養園之聯絡以及爲書業玩具商之指導現在即本此意於本年十月十二日組成兒童圖書館一處附於敝辦事處以內開辦以來薄有成効茲將該館規則檢呈二分並十月內之日計表以資存轉除分呈天津縣公署外擬合備文具呈伏乞察閱轉呈咨報立案施行謹呈附呈規則日計表各二分等情據此查該館組織尙屬完善有益於兒童甚非淺鮮可爲小學敎育之助除原呈指令幷通令各縣查照仿辦外理合將送到規則及日計表一併具文呈送鑒核咨部備案實爲公便等情據此查該館辦法於小學敎育裨益良多除指令外相應咨請貴部查核備案實爲公便等因並附規則及日計表各一分到部核閱該館規則尙屬妥協應准備案相應咨請貴省長轉飭知照可也此咨

附兒童圖書館規則

一本館蒐集適於兒童之圖書供給兒童閱覽以引其讀書之趣味養其好學之習慣

一閱覽之兒童不分男女惟年齡限十二歲以下八歲以上且能自書姓名者

一閱覽時如左

自四月一日至九月三十日　午後一時起六時止

自十月一日至三月三十一日　午後一時起五時止

每星期日　午前九時起午後五時止

一休息期如左

國慶紀念日　十月十日

孔子誕日　舊歷八月二十七日

寒假　舊歷前後各五日

年終年始　前後各三日

本館掃除日　每月十五日遇星期推緩一日

曝書期　在九十月間不過三日臨期揭示

一閱覽劵不收費　一借出閱覽者須有保証人或納保證金章程另定之　一將圖書紛失汚損或毀棄者照原價賠償

一袒臂赤足者不得入館　一閱覽者須聽從管理員之指導

一本館之規則及揭示閱覽者槪須遵守

附則

一本館陳列兒童玩具多種管理員於每日閱覽時酌爲試演一二種　一每月開兒童會一次兒童談話游戲以外并得使用玩具　一每年開講演會一二次章程另定之　一每年開展覽會一二次章程另定之　一與男女各小學校及蒙養園之聯絡章程另定之

附圖書館閱覽規程

一閱覽者到館時須領取閱覽劵　二領劵時須自書姓名年歲於劵面其住所學校或自書或由司書者代書之　三所取之圖書須於劵上寫明書之號數向司書者領取　四所取之圖書必於室內定席閱覽　五每次領書不得過二册　六領書連續交還不得過五次　七閱畢出門並交還閱覽劵　八閱覽者應遵守一切規則　（附註）日計表從略

摘自《教育公報》一九一七年第三期

通函各縣市應設立兒童圖書館幷規定各圖附設兒童閱覽室案

余超原案

大會修正議決通過

【理由】兒童課餘，應有正當有趣的讀物，以引起兒童讀書興味，且可避免趨入不正當娛樂而日流邪僻。查我國各圖，多供成人爲參考研究，而非合兒童程度。且兒童閱覽，應立特別設備指導等，自非可與成人合一閱覽，應呈部通令各縣市另行設立兒童圖，並規定各圖應另設兒童閱覽室，以端蒙養基礎。

【辦法】由本會通函各縣市應設立兒童圖，并規定各圖應附設兒童閱覽室。

摘自《中華圖書館協會第二次年會報告》一九三三年

教廳事項

●轉令知應設兒童圖書館並規定各圖書館附設兒童閱覽室

廣東省政府教育廳訓令 第五〇三六號 廿二，十二，二。

令 各縣市政府
省立圖書館
仲元圖書館

現准中華圖書館協會公函內開「案查國內各地圖書館，年來推廣設立極形踴躍，一般人士均覺便利。惟兒童圖書館剏立者尙不甚多，於兒童課餘假期頗乏閱書之機會。似有亟待提倡之必要。頃本會舉行第二次年會於北平，對於「各縣市應設立兒童圖書館，並規定各圖書館附設兒童閱覽室」一案，業經議決通過。查上項議決辦法於補助學校教育，養成兒童閱書之習慣，兼以促進義務教育之推行，最關重要。相應檢同原案。（見中華圖書館協會第二次年會報告第五四頁）函請貴廳查照，轉令所屬照辦。並希將辦理情形隨時見復」等由，附第二次年會報告一册；准此，除分令外，合將原報告內關於「各縣市應設立兒童圖書館並規定各圖書館附設兒童閱覽室案」隨令抄發，仰即遵照辦理具報。此令。

抄發原案一紙。

▲附通函各縣市應設立兒童圖並規定各圖坿設兒童閱覽室案

余超原案　大會修正議決通過

「理由」兒童課餘應有正當有趣的讀物以引起兒童讀書興味且可避免趨入不正當娛樂而日流邪僻查我國各圖多供成人爲參考研究而非合兒童程度且兒童閱覽應立特別設備指導等自非可與成人合一閱覽應呈報通令各縣市另行設立兒童圖並規定各圖應另設兒童閱覽室以端蒙養基礎

「辦法」由本會通函各縣市應設立兒童圖並規定各圖應附設兒童閱覽室

摘自《廣東省政府公報》一九三三年第二百四十三期

冀教廳令各縣設立兒童圖

洪攸苑集

冀教育廳近通令各縣政府，略稱：案准中華圖協會公函內開，案查國內各地圖，年來推廣設立，極形踴躍，一般人士，均覺便利，惟兒童圖，創立者尚不甚多，於兒童課餘假期，頗乏閱覽之機會，似有急待提倡之必要，頃本會舉行第二次年會於北平，對於「各縣市應設立兒童圖並規定各圖附設兒童圖，室」一案，業經議決通過，查上次議決辦法，於輔助學校教育養成兒童閱書之習慣，兼以促進義務教育之推行，最關重要，相應檢同原案，函請貴廳查照，轉令所屬照辦，並希將辦理情形，隨時見覆，至紉公誼，等由，准此，除分行外，合行抄發原案，令仰該縣遵照，轉飭各圖，或民衆教育館，應設法開闢兒童閱覽室，各小學應酌量財力，附設兒童圖爲要，此令。

摘自《天津市市立通俗圖書館月刊》一九三四年創刊號

教部通令各學校開放圖

教育部以值茲提倡普及教育及體育運動之際，對於各種民衆教育，極爲注意。除已通令各省市教育廳局，調查各地圖書館及民衆教育狀況外茲又謀普及與便利民衆閱書閱報起見決定由該部社會教育司草擬計劃，令全國各級學校當局將各該校之圖書館及體育場一律開放，任民衆參閱書報及運動，該項計劃刻草擬中；一俟審核完畢後，即行通令各省市施行云。

△社會教育▽

通令各縣設兒童圖書館

教育廳准中華圖書館協會函，以該會舉行第二次年會于北平，曾決議各縣應設立兒童圖書館，請予轉令所屬照辦。而本省兒童圖書館創立者，尚不甚多，自應遵照辦理，以輔助學校教育之不及，而養成兒童圖書之習慣。該廳乃通令各縣教育局遵照，設立兒童圖書館，并于原有圖書館，附設兒童閱覽室。

摘自《河南政治月刊》一九三四年第三卷第十二期

中華教育改進社第四次年會圖書館教育組議決案

十四年八月二十日上午七時半 舉行第一次會議

出席人 袁同禮 楊立誠 柯璜 侯興炳

何厚香 朱家治 金闓 陳長偉

毛德麟 石作璽 施廷鏞 田九德

李漢元 張嘉謀

主席 袁同禮（臨時）

書記 朱家治

本日討論議案件數 四

本日議決議案件數 四

主席報告本組今早議案連同臨時動議，共有四件，須依次討論。

（一）規定圖書館經費，

(二)請教育部通令各省區嚴禁上級官廳薦人於圖書館案，
(三)請公立圖書館及通俗教育圖書館增設兒童圖書部案，
(四)師範學校一律添授圖書館學案。

討論結果，咸以爲第二案係關圖書館同人自由不受任何方面之限制，應使成立。但事實上不止圖書館，即任何機關均不免有薦用私人之弊；且現在圖書館人才資格及私人之能用與否，概難定標準，此案恐不易提，故暫保留。又第四案已經在本組第一屆年會提過，議決推行；此項提出，係屬重複提議，故决撤消。

其第一及第三兩案，經詳細討論，並將內容修正；玆將議决全文錄下：

議決案一：

規定學校圖書館購書經費案

理由及辦法：

圖書館之重要，久爲教育界所公認，(不止教育界)而從事此種事業，迄未多見。其原因不外無經費，難於創辦耳。不佞謹獻芻議，欲圖書館教育發達，宜函請教育部速規定經費。國內學校，均須以常年費二十分之一撥作圖書費。以便購買書籍而供學子之參考。經費充足，則辦圖書館：否亦附設閱覽室，庶圖書館教育漸有發展之希望也。

議决案二：

請公立圖書館及通俗教育圖書館增設兒童部案

理由：

近數年來，國內各城市，均已設立圖書館，唯以辦理不善，國民程度之幼稚，未能日臻發達。鄙意一由圖書館管理員切實研究改進辦法；一則增設兒童圖書館，指導兒童閱書，俾他日均爲圖書館之閱覽人。既可提高國民程度，圖書館事業，亦隨之而發達。此鄙人之請求增設兒童部之理由一。現在各小學己有創設兒童圖書館，雖以經費有限，未能充分發展，而成效已可見一斑。即以鄙人所在之小學校兒童圖書館而言，每至課外開放，閱者必滿座皆是兒童，朝夕與圖書爲友，知識於以增進，品性亦隨之轉惡爲善，影響於兒童，實匪淺鮮。然年來教育經費，竭蹶異常。鄉村各校，不能普設兒童圖書館，即城市中既設者，亦不過數種陳腐之圖書，所以收效極微；若不增設擴充，貽誤青年兒童，此鄙人之請求增設兒童部之理由二。貧家子弟，每自初小畢業，即須改習職業，設無公共之兒童圖書館，即絕其自學進業之路，此鄙人之請求增設兒童部理由之三。

辦法：

(一)公立圖書館及通俗教育館另闢一室爲兒童部，設專人管理，
(二)兒童部於必要時得分設在各小學附近或適中地點。

摘自《中華圖書館協會會報》一九二五年第一卷第三期

提倡小圖書館案

福建省教育會提議

理由　我國自五四運動以還社會氣象煥然一新國民覺悟頗有端倪惟鄉僻各處未受教育者猶居絕大多數欲圖迅速普及似當提倡小圖書館以補學校教育之不足蓋小圖書館優點至多創辦維持集事較易一也能普及於鄉僻各處勞工各界二也養成刱辦新事業之共同精神三也引起國民學術上之嗜好而戒除其舊時之不良習慣四也各圖書館可互相交換輪流閱覽得以最經濟之方法求最有益之智識五也現時基礎雖小而隨時改良擴充不難漸臻美備六也凡玆所舉皆小圖書館最顯著之優點所以歐美日本均竭力提倡而日本每遇特種事業告成之際尤莫不借刱設小圖書館以留紀念如日韓合併紀念圖書館日露戰役紀念圖書館戰勝紀念圖書館大正卽位紀念圖書館等等縣立者有之府立者有之村立町立者有之私人所刱立者尤所在多有今日全國小圖書館之衆多實受此提倡鼓舞之賜我國近來發生事件如文化運動抵制劣貨運動地方自治運動等可資紀念者亦復不少苟借以鼓勵國民殆亦根本改革之一法也玆擬辦法如左

一　此項圖書館規模務從簡易以期普及一機關一團體各附設一所而一市一街之內倘能聯合商店工廠等組織之俾一般人隨時有閱覽之所尤爲有益

二　由各省省教育會縣教育會勸學所提倡並組織推廣圖書館委員會以便指導各機關團各體組織推廣

三　每一小圖書館內必附設閱報所選擇各種日報雜誌俾資閱覽

四　每年各省省教育會縣教育會調查本地所有圖書館總數藏書卷數閱覽人數詳細公布以資比較而謀改進　是否有當敬祈　公决

摘自《圖書館》(上海圖書館協會)一九二五年創刊號

蘇浙皖三省師範附小聯合會關於兒童圖書館之提案

黃競白

十四年十二月一日至五日無錫三師禮堂有二大集會：一爲蘇省師範附小聯合會在先二日舉行，出席會員有七八十人，提案有三十餘件；一爲蘇浙皖三省師範附小聯合會在後三日舉行，出席會員有百人左右，提案有五十餘件。同時並舉行自然研究及兒童圖書成績展覽會，遠近蒞臨參觀者絡繹不絕，頗極一時之盛。茲將二大集會中關于兒童讀物及兒童圖書館之提案，摘錄于本誌之後，深望國內圖書館專家指示進行。

一、關於審查編輯兒童讀物之提案（蘇省師範附小聯合會）

1.研究統計已出版之教科書的內容作地方小學校選用之標準案（一女師小）（理由及辦法）近來坊間出版之小學教科書頗多，但內容未必盡善，各校苟不詳審採用，貽害兒童實屬不淺。本會宜由兒童圖書研究部繼續進行審查教科書（以前曾有此種工作）將其結果發表，以供地方小學選用。經衆議決：以尙公學校爲領袖，各校分認審查。審查時，不專偏于消極方面評其短處，宜積極指導修改編訂。各校審查結果，報告於兒童圖書研究部。

2.速編兒童讀物以應需要案（二女師小）（理由及辦法）近來坊間出版之兒童讀物優良者甚少，大有供不應求之勢，致學上頗感困難。宜由本會各校速編適用讀物以應需要。經衆討論，主張各異。結果議決：一面將本會各校已編之讀物交大會審查，設法出版；一面編訂標準字彙，雙方同時並進，爲救急起見，請兒童圖書研究部先編樣本，以便創造。

3.創製初步兒童讀物案（三師小）（理由及辦法）現在兒童讀物至感缺少，而初步讀物尤似鳳毛麟角，坊間罕見。本會各校宜從速創製，以供初學兒童閱讀。討論時有主張創製初步讀物良非易事，須先搜集各國小學初步讀物之編輯條件，歸納一普適用之原則，而所用之字更須根據標準字彙。目下可先由本會有研究興趣之小學擔任編幾課式樣，供人參考。結果議決：先行交兒童圖書研究部着手研究。

4.如何採取民間文學加以整理使成爲適用的兒童讀物案（蘇四師小）（理由）民間文學之內容，或爲風尙之寫眞，或爲羣情所寄託，實文學作品中之最自然最普遍而最有興味者取為兒童讀物必受熱烈之歡迎。不過其中瑕瑜互見純疵相雜，必更加一番整理修正之功夫方可適用而無憾。

（辦法）此案辦法可分四個步驟；⑴請在會各校儘量搜集民間文學作品彙交本會。⑵由本會規定選擇兒童讀物標準，以為審查民間文學作品之根據。⑶由本會兒童圖書研究部依據標準，分別去取。⑷將可取之民間文學作品交兒童圖書研究部或分給在會各校加以整理與修正。

議決推請四師小為整理民間文學之領袖，由四師小支配適當地點分請各校襄助搜集整理。選材標準依據本會第七屆大會審定文藝選材標準，茲特附錄于左。

（一）形式方面：⑴合言語的自然次序，可以口語講說（白話）或譯述（文言）的。⑵層次明晰，能使兒童讀過就可以曉得他的大意的。⑶行文活潑，非平直呆板的。⑷自然，不雕琢用典的。

（二）實質方面：⑴是兒童需要，並合其境遇他自己能想像得到的。⑵能使兒童讀了後，發生永雋和愛讀的趣味的。⑶有吸引兒童愛讀的力量的。⑷主義積極—不是無病呻吟或委靡的。⑸平民的和平的，不帶專制臭味蠻悍神情的—但代表一時代思想的文藝不在此限。

二、關於編刊兒童圖書目錄及規定兒童圖書館之組織與設備之提案。（蘇浙皖三省師範附小聯合會）

1. 請本會各委員協同調查兒童適用圖書以便彙編兒童圖書目錄案。（東大附小）

（理由）自施行新教學法以後，兒童適用圖書深感缺乏，而在鄉僻之小學校既因經濟困難，又以見聞有限，不得廣為置備，其影響於教學殊屬不淺。敝校有鑒於斯，爰提本案以便製成圖書目錄，分別緩急，得視學校之經濟情形逐漸增加。如此既利各校採用選購，又不至浪擲金錢而置備不適用之圖書。

（辦法）⑴調查方法　分二種：（甲）請在會各校將校內所有兒童適用圖書，填表寄交徵集機關。（乙）請在會各校委託本區縣市立小學校已設兒童圖書館者（至少一校）將所有適用兒童圖書填表寄交徵集機關。表式附左

書名	著作者	價值	出版處	備註

（說明）凡各校認某種圖書有必備之價值者，在備註欄內註「必備」；可緩者註「可緩」。

上項調查表（每種圖書限用一張）即請在會各校自製填記。並請分送本區縣市立小學校填記。或由本會兒童圖書研究部油印寄與在會各校填記。並由在會各校分送本區縣市立小學填記亦可。

⑵彙交日期　愈早愈好。至遲在十五年三月終交齊。

⑶徵集機關　本會兒童圖書研究部爲徵集機關。並辦理統計事宜。所有各項開支由該部暫墊，等下屆大會時清理。

⑷統計方法　將各校調查之圖書彙併統計。以得點之多少（每種圖書得一校報告者作爲一點）列一先後次序，以便刊印目錄，作爲各校置備圖書時之參考。

⑸刊印目錄　依統計結果，彙編圖書目錄，交本會刊印。

⑹補遺　各校調查表已交統計時所有新出版兒童適用圖書，隨時報告統計機關，以使補入。如在目錄刊印以後所有新出版兒童圖書，或在上次調查時所遺漏者，亦隨時報告統計機關，以備續印補編。

議決：交兒童圖書研究部照原定辦法辦理。

2.兒童圖書的分類和分段，兒童圖書館的組織和設備應如何規定標準以利推行案。(蘇四師小)

(理由)欲求兒童閱書時之程度適合與趣濃厚時間經濟，則分類與分段之法不可不規定標準。欲求大組織與小組織之各類小學校皆有設置兒童圖書館之可能，則組織與設備之等差，亦不可不規定標準。

(辦法)本案辦法可分兩個步驟：

(甲)由本會徵集在會各校的(1)兒童圖書分類及分段法。(2)兒童圖書館之組織與設備概況。

(乙)再由本會辦理下列各事：(1)編訂兒童圖書分類法及分段法。(2)分兒童圖書館爲四等，以定組織及設備的標準。ㄅ，鄉村間單級小學校的兒童圖書館；ㄆ城市間普通小學校的兒童圖書館；ㄇ，大規模小學校的兒童圖書館；ㄈ兒童公共圖書館。

3.擬定校內兒童圖書館及兒童公共圖書館一切設備標準作大規模之運動推行於全國案。(蘇一師女)

(理由)本屆開兒童圖書展覽會，很足以促起多數人對於研究兒童圖書的興趣和注意，同時可得選擇兒童圖書的標準。但各地方小學之校內圖書館往往設備不完，選擇書籍不當，本會應分別城市及鄉村小學校酌定校內兒童圖書館之設備標準，供各地方小學之參考。又各國兒童公共圖書館之設立至多，我國教育行政方面往往忽視，本會爲全國初等教育研究機關，應促起教育行政人員注意及此，同人更當努力爲全國兒童請命。

(辦法)指定委員三人至五人，討論下列各標準，交大會通過施行。

(甲)校內圖書館—建築室內設備圖書選擇指導閱覽經費。(分城市鄉村兩種)

(乙)兒童公共圖書館(縣立或立省)—建築，館內設備圖書選擇推廣事業，經費。(分縣立省立兩種)(1)由本會呈請教育部咨行各省即日籌辦。(2)由本會在各報紙宣傳。(3)由各本省附小聯合會推舉專員向本省教育行政當局請願。(4)請全國圖書館協會共同協助進行。

2，3兩案以性質相同合併討論。結果另組兒童圖書館部，交該部研究辦理，一切進行事宜。

摘自《圖書館學季刊》一九二六年六月第一卷第二期

請協會呈請教育部通令各省市縣教育行政機關應聘請圕專家指導各中小學圕一切進行事宜案

陳長偉原案

大會議決通過

【理由】

1. 管理：各中小學雖備有圖書，但大都管理無方，購書不合所需，分類編目及借書等更不能科學化。

2. 經費和人才：各中小學經費有限，不能請圕學專門人才時，則可請教職員或學生中有興趣圕者由指導員給予相當圕學訓練付以管理之責。

3. 參考：教職員及學生並予以實際之援助，俾可因指導員之訓練而得自動研究學術參考圖書。

4. 合作：各中小學圕可藉此互相合作劃一制度。

【辦法】

1. 請指導員：由各省教育廳及各特別市教育局縣教育局聘請圕專家為指導員，輔助各中小學圕一切進行事宜。

2. 指導：指導員按時到各圖書館工作或視察，並口頭及書面指導。

3. 圕學研究會：每月或每年由指導員召集各中小學圕館員設圕學研究會，除演講圕基本智識外，並糾正實際錯誤。

摘自《中華圖書館協會第二次年會報告》一九三三年

各校應盡力擴充圖書館案

河北省中等教育聯席會議　大會通過

1. 圖書館之建設及圖書費之保障辦法

ㄅ. 各校應設公開閱覽之圖書館可撥用原有校舍如必須建築時應注意左列原則

(1)地基宜高以避潮濕

(2)建築務求經濟以樸素堅固及適用爲度

(3)書櫥書架務求堅固適用

ㄆ. 預算內所列圖書費不得挪用

2.規定購書標準及改良管理辦法

ㄅ.關於購置圖書者

按中學職業師範民教等學校性質之不同各應購買適於本校參考用之圖書其種類之比率自定之

ㄆ.關於整理圖書者

(1)為檢閱便利起見均應編製卡片目錄

(2)最低限度要有分類目錄至書名目錄著者目錄亦應酌量編製

(3)日報公報應按定期裝釘或分類裝釘以便閱覽

(4)對於分類保藏修理等事項均須按照最經濟最便利之新法辦理(可參考坊間出版之學校圖書館等書)

(5)新到圖書應隨時公佈

ㄇ.各校得遴選專員資送國內著名圖書館見習二三月以資熟練而便應用

3.指導閱覽辦法

ㄅ.各科教員應自行指定時間在圖書室內指導閱覽

ㄆ.各科教員應將與本科有關係之各項圖書隨時向學生介紹使其課外閱讀以補充正課之不足

六、各種圖書由各主科教員於課餘酌編提要

七、每於正課教授完後應酌留問題令學生在圖書館內自求解答

八、學生在館內閱書應按照學科分別塡寫備忘錄記載心得或疑問每隔相當時期交由本科教員訂正一次訂正後擇優傳觀

九、學生閱書心得列在平時成績以內其在各科所佔分量自定之

十、閱書備忘錄等於開成績展覽會時特闢專欄陳列以資比較而促努力

本館呈請創辦兒童閱覽室之批示

本館以兒童閱覽，須有特別設備管理指導，故自去年六月，已呈請創辦，奉指令以之款中止，本年十一月，復呈請市府撥款創辦，已誌前期館聲，茲奉廈門市政府指令，呈一件為送創辦兒童閱覽室計劃書，請予撥給開辦費經常費由，呈及計劃書均悉，仍候籌有的款，再行核辦，仰即知照，計劃書存，此令。

摘自《廈門圖書館聲》一九三四年第二卷第八期

滬教局設立兒童圖辦法

上海市教育局訂有設立兒童圖書館辦法，原案云：

(甲)小學小學置備兒童圖書，以每一兒童應有圖書二冊爲最低標準。其經費應在各校辦公費內勻支。

(一)五教室以下設兒童閱覽部，須備圖書一百册以上；

(二)六教室以上設兒童閱覽室，須備圖書四百册以上；

(三)九教室以上設兒童閱覽室，須備圖書七百册以上；

(四)十三教室以上設兒童圖書室，須備圖書一千册以上；

(乙)社教機關酌量添置兒童閱覽圖書以上(甲)(乙)兩種辦法即由本局通令所屬自本年度起照辦

摘自《中華圖書館協會會報》一九三四年第十卷第三期

天津市東區小學教學研究會議決市小學兒童圕互借圖書

市立第二十二小學校提案

主文　市立小學兒童圖書館應交互借閱圖書以增廣兒童知識案

理由　現在社會上的一切建設力求合於經濟的原則就着發揚文化的圖書館而論在國際間已有互換借展的辦法各方均獲有相當的利益查津市市立小學均有兒童圖書館的設備然各校限於經濟能力深感購置的困難因而學生即少有讀物的供給者能實行交互借閱則一校學生有讀四十校圖書的機會即使除去若干重復的究竟比一校所有總要增多好些此種做法是否可試辦一下請

大會討論

辦法　先就附近學校商訂互借某種的全部或一小部分規定借閱期

間將應借之書列表標明書名價目號碼倘有損失當照價賠償
與一校互借完畢轉而與他校再繼續進行先行於一區再推及
全市則各兒童所獲當不爲少

摘自《天津市市立通俗圖書館月刊》一九三四年第一卷第四、五、六期合刊

上海圕協會舉行八屆年會

上海圕協會，七月二十八日在世界社舉行第八屆年會，出席會員，計到交大杜定友，暨南查修，市圕徐則驤，國際圕靳鴻，滬江楊希章，大夏馬宗榮，復旦吳耀中，光華唐孟高，晨光黃警頑，市商會方壽考，世界程伯羣，申報圕李公樸，上海商學院林斯德，民光湯增敭，省上中宋志儀，及張錫榮，許晚成，陳伯逵等四十餘人。主席團杜定友，徐則驤，李公樸，行禮如儀後，首由主席致詞，略謂本會成立於民國十三年，當時圕在中國方在開始時期，故本會之成立，在中國圖書界中最早，此後每年舉行年會一次，去年因事停止，在活動方面雖覺稍差，但工作始終未曾間斷，今後希會員對於圕事業加倍努力，負起責任，則會務必能發達云云。次黃警頑會務報告。略謂本會成立已有數載。對於各圕之互助聯絡，改進發展，均能悉心從事，過去已辦之各項事業，茲述梗概如下：（一）介紹閱覽，（二）調查圕狀況，（三）輪流參觀，（四）讀書運動，（五）創刊圕雜誌，（六）籌備中華圖協會，（七）設立圖學專科，（八）設立圖學圖，（九）發行圖學叢書，（十）圖展覽會，（十一）代辦圖用品，（十二）介紹人才等等，次請查修演講及修正會章後，即通過提案，黃警頑提杜定友徐則驤等連署組織兒童圖書委員會，其辦法：（一）推舉委員七人，（二）籌辦兒童讀物展覽，（三）擬訂兒童流通圖計劃，普及大衆兒童教育，（四）派代表二人參加本市兒童年實施工作，議决通過。餘案略，最後選舉職員，開票結果，計杜定友，查修，徐則驤，黃警頑，李公樸，程伯羣，靳鴻，陳伯逵等十一人，當選爲執行委員。

摘自《中華圖書館協會會報》一九三五年第十一卷第一期

雜纂

設立兒童圖書館辦法 蔡文森 本社輯稿

我國今日尚無完全之圖書館。人民知識之進步。不能無所障阻。然完全圖書館之設立亟矣。而對於兒童。亦當爲謀學校外之知識。則設立兒童圖書館。亦未可後。歐美各國。凡萬家之市。十室之邑。無不有兒童圖書館。日本東京近開日比谷圖書館。特設兒童閱覽室。此爲日本設兒童圖書館之嚆矢。後此各處。此種圖書館當必聯蹱而起。惟聞日比谷開館日淺。兒童閱覽室中疏漏之點尚多。

夫兒童圖書館。果應如何設備。方爲完善。謹述個人之意見。以供世之有志設立此館者之參考。

館中書籍。宜分初等高等二部。初等部書籍。至初等小學五年生之程度爲止。由是以上。則收之於高等部。

初等部書籍。宜仿書肆中之狀。一一排列。使兒童可隨意手取閱覽。閱覽既畢。仍照舊時位置。妥放原處。或交監督人代置。亦無不可。

陳列書籍之冊數。較室中能容之人數須三倍之。冊數過多。兒童勢必濫讀。陳列之法。宜豫定日期。如今日爲童話日。明日爲歷史日。其餘以此類推。如此陳列。每日兒童目中所接。並不繁複。以動其歡欣鼓舞之意。而其效益並及於他事。

高等部書籍。與初等部不同。不許隨意手取。借閱者須用閱覽票制度。與成人無異。惟其法須極簡單。務令兒童不畏繁苦。且使其練成謹守規則之習慣。

高等部書籍無論矣。即初等部。亦必每種書明號數冊數。如此則兒童能於不知不覺之中。諳記其書名冊數。他日取高等部之書。不特非常熟練。且不須多煩監督人整理。

室內裝飾。須十分美麗。掛圖之屬。張設宜多。且合兒童之體裁。隨時改換新圖。各種標本之屬。亦宜陳列。並備不礙讀書之低音樂器。常時奏之。以悅兒童。

又懸小黑板。備標明揭示兒童之語。凡社會之事。兒童所不可不知者。宜悉書之。較之報紙。尤有興味。

宜備投信箱。凡有趣味之書籍。或如某種書籍尚未見過之類。皆令書明信中。自述其好惡。投入箱內。大可參考。

入室時購票等事。須力求簡單。在入口處購入場券。以券交室內之監督人。此時監督人宜加注意。凡兒童手有不潔者。使洗之。然後閱覽。故室隅必置洗手處。

又備帳簿一。令兒童自書姓名學校或住所。

此外爲設談話時間。屆時令兒童相與談話。至有趣味。

此簡易之圖書館。設之愈多。人民所受利益亦愈大。不必特建新屋。即借公衆之地。或小學校內一教室爲之。至爲妥善。卽有志者家中之客堂。亦無不可。

不必每日開館。星期六之午後、星期日、節日。僅此數日開設。已無不足。故借用公共建築物之一室。或有志家中之客堂。爲日無多。想無不願。

購書之費。亦無須甚多。其初二百元已足。故觀成初非難事。

此兒童圖書館設備之大略也。惟我國備兒童閱讀之書甚少。組織極非易易耳。

摘自《教育雜誌》一九〇九年七月第一卷第八期

圖書館和教育　祝其樂　　十年三月五日時事新報

（一）圖書館的職務

圖書館的職務簡單言之不外「保存」和「宣傳」二種分述於下

（甲）保存　先代的文化經許多學問家發明家苦心締造出來使我們後代的人得以現成享用不必重新創作省下許多時間和精力以便從事於繼續更進的事業大半是靠書籍記載的功勞假使沒有書籍記載恐怕先代自先代現在自現在什八九早已忘得乾乾淨淨了你想文字書契未曾發明以前的時代難道絕對沒有事蹟嗎爲什麽不能遺留到現在呢但是單有書籍雖然能夠記載過去的事蹟而年代久遠變故頻乘尙不免有散失遺漏之恨若有圖書館的搜羅羣書專司其事然後古代文化才

能保存

（乙）宣傳　這裏的文化未必能傳到那裏甲人的智識未必能傳授給乙人雖有書籍而個人的才能有限我所要研究的事物往往不能如意得到有的獨占其利有的一無所知結果弄成智識階級愈差愈遠社會進化大受阻礙這是狠不好的現象要想補救其弊又非圖書館不爲功集合公衆的財力購置多數的書籍以供給一般人民自由閱覽研究使文化得以普遍宣傳提高平民的智識程度促進社會的健全發展是他圖書館的第二職務

以上二種不能缺一「保存」是歷史的時間的縱的關係「宣傳」是地理的空間的橫的關係合併起來圖書館的職務始完功用始顯倘若保存而不宣傳保存有何用處宣傳而不保存宣傳也難久遠然而比較起來一屬保守的一屬進取的一爲將來的一爲現在的一是特殊的一是普遍的一似貴族的一似平民的因宣傳而能達保存之目的新陳代謝尙無大害且書籍雖則散失破壞了一部分而人民腦袋裏的智識却已增進建設了不少呢反之保存而不宣傳儲材不用聽其腐蝕簡直毫無意思失盡圖書館的本意了中國人向來以智識爲少數人特殊的專利品民可使由之不可使知之孔老夫子

的教訓當作金科玉律似的所以各省各縣雖則偶然也有幾個圖書館總是重門深鎖除却官廳特許士紳介紹以外不准旁人問津的其中所備的書籍也大半不切實際應用什麼漢註唐疏經史子集不過供給幾位講究詞章訓詁的先生們略資考證罷了甚至積學之士家藏萬卷自鳴得意子弟雖多而除掉繼承衣鉢者外一概不許翻閱一若他人增加一分智識卽自己要損失一分的樣子你道可笑不可笑可恨不可恨呢所以中國祇可說有幾個私閉的藏書樓沒有公開的圖書館平民智識不能提高社會事業不能發展這也是一個很明顯的原因近二年來一般人的心理受世界潮流的衝激漸漸覺悟過來了對於圖書館事業擴充呀改良呀大有欣欣向榮的趨勢但是和歐美諸先進國比較起來還沒到萌芽時代呢

（二）圖書館的種類

圖書館因其規模之大小組織之繁簡性質之差異目的之各別種類很多分析起來大約有以下九種

（甲）國家圖書館　由政府直接辦理或稱中央圖書館規模宏大設備完全爲全國的榜樣美英各國最爲發達所置書籍多至二三百萬卷以上比較中國十倍有餘

（乙）地方圖書館　有省立州立縣立等區別分設於城市裏面以便人民就近享用組織規模大小不等經費概由地方議會議決令人民納圖書館稅以充之凡屬公民都有閱書的權利

（丙）專門圖書館　單備一種書籍為研究專門學問的人而設或科學或文藝或政治法律或教育經濟都有獨立的圖書館有的還在旁邊附設試驗室以為臨時實驗之用科學發明家如佛蘭克林Franklin哀迪生Edison等並未肄業於大學大概得力於此

（丁）通俗圖書館　設置種種動植物的模型標本人體上的構造組織附以淺近的說明使觀覽的人發生研究天然物的興味以豐富其環境併且知道傳染疾病的由來以注意其衛生此外或設閱書室或設音樂廳或設運動場或設游泳池設備略似公園或為公園的一部

（戊）巡迴圖書館　鄉村地方住民散漫不能設固定的圖書館所以用大汽車裝載書籍按時巡迴轉送使固陋寡聞的鄉民也得同享閱書的幸福以增進智識而滿足其需要

（己）學校圖書館　固定幾本教科書內容有限毫無變化常致乾枯乏味不能引起生徒求知的興味教師選擇材料更要書籍參考才能豐富適當所以無論什麽學校都應該設立一所圖書館以供給學生和教師的參考

（庚）盲啞圖書館　凡是人類都應該受教育求智識瞎子啞子雖則眼不能見口不能說五官缺了二種但是他們的觸覺却特別靈敏所以也有受教育的能力不過方法改換罷了盲啞圖書館或附設於盲啞學校或另設於鄉市裏書籍都用凸凹文字使他們用手摩撫可由觸覺以領解其意義

（辛）軍營圖書館　求知爲人類最高尚的需要閱書爲人類最重要的習慣是精神的補助品是腦髓的資養料沒有一時可以間斷的祇有當兵的人住在軍營裏面往往不能享此幸福眞是一個很大的缺恨歐戰既起美國加入協約竟異想天開徵集書籍創設軍營圖書館隨帶赴戰地槍林彈雨之下還有這等求知的精神文明人的態度眞堪欽佩啊

（壬）兒童圖書館　兒童並不是成人的縮影他生理上的構造和心理上的趨向都和成人絕對不同所以他們倆的需要和好尙也就根本差異了倘若叫兒童和成人處

在一起不論看書作業游戲都要索然無味顯出不願意的現象來因此不得不另設兒童圖書館本其心理察其興趣選擇種種材料以改進滿足其需要

總之圖書館是社會教育當中很重要的一部分他對於個人生活的智識感情意志及社會價值的判斷好尙支配各方面都有積極的貢獻已有的要擴充要改良要開放未有的要鼓吹要提倡要創辦萬不可因其沒有直接顯著的効果遂輕視他而不留意的

以上所舉的九種都是現今歐美各國所已有而且最普通的其中組織上設備上効用上也各有特殊的地方現在不能一個一個的詳細說了其實我對於這些問題沒有仔細的調查和徹底的研究簡直不能瞎講祇有最後的一種兒童圖書館比較得更爲切近他在小學教育和兒童生活的關係也非常重要所以下半篇單把他提出來討論討論

(二)兒童圖書館

(甲)兒童圖書館的組織　大概有二種

(1)獨立的設在都市裏潔靜適中的地方使兒童往來便利

(2)附屬的爲經濟上或辦理上的節省和便利起見附設於成人圖書館

但兒童和成人他們所有志趣行爲都根本不同以天眞爛漫自由活潑的兒童夾在靜默自守專心一意的成人隊裏兩方面都有不便在兒童不免要拘束起來減少興味在成人尙嫌其喧譁擾攘有妨研究所以雖則附設的兒童圖書館也不能和成人合在一處必得隔離兩間才好這點是很要注意的至於開辦和維持的費有從教育款項內抽出一部分的有使人民每年納圖書館稅的也有熱心公共教育事業的人慷慨捐助出來的那是各不一樣

（乙）兒童圖書的內容　成人圖書館的目的在於研究學問故必須各種高深的專門的書籍儀器兒童圖書館則大不相同內容很爲簡單分析起來主要的不外三種

(1)童話　根據兒童的心理順應兒童的環境用淺近明瞭且合兒童口吻的文字描寫種種生趣的事物或採集聲調自然純潔正當的歌謠訂成小本間以圖畫一方面有直接興味適應兒童的生活一方面有間接價値切合社會的需要使兒童看了這種童話發生強盛的被動的注意 baSSiVe Attentrn 不肯釋手無形中養成理解的想像系統的組織和符號的觀念雖則這時候所養成的不能

完全正確將來尙須改換然這是思想發達必經的步序在兒童經驗上終算是很大的進步了至於所選的材料雖則免不了帶些神怪荒誕的色彩但這些原不過是一種過渡的工具並不是固定的目的兒童想像活動沒有一定將來經驗豐富智識正確起來自然能夠辨別清楚的有什麼妨害呢

(2)玩具　從四五歲到十多歲的兒童筋肉未甚發達身體上粗大的笨重的動作雖然能夠任意支配了而精細的靈敏的感覺還要練習又在這時期內兒童的想像力最爲強盛眞是他們發達歷程上的黃金時代好奇呀遊戲呀模仿呀種種先天的本能都要爭先恐後的發展玩具主要的功用就在這二點一則與兒童筋肉以反應的機會以練習精巧的動作而適應生活的需要一則使兒童想像中的事物能藉此正當表演出來以引導本能的發展玩具對於兒童的貢獻既然有這麼大所以一般教育家都研究改良當作兒童教育上一個重要的工具

(3)故事　兒童意志流動想像不定倘能投其心向很容易受成人的暗示故事就利用這種性質以引起兒童的興味和感情不過講說的人一定要和藹可親深

得他們的信仰才可得美滿的效果歐美各國通常都用女子擔任兒童圖書館的事情很爲合宜收集歷史上英雄義士的事蹟或自然界飛禽走獸的生活根據兒童巳經得到的智識和經驗作爲淺近有趣的談話以擴大之陶冶之養成他判斷的能力欣賞的態度影響將來生活很爲重要但是兒童注意散漫不能集中思想淺弱不能深究故一個題目必得要反覆講解或者幾個故事的材料圍繞一個中心主旨才能使其印像堅深聯念成立憶起便利而不至於完全遺忘

以外再助以美麗的圖畫和諧的音樂兒童圖書館的內容就很齊備了我們中國一則經費無着二則所有的童話和玩具多不中用三則管理事務講說故事的圖書館人才也不可多得所以兒童圖書館的組織简直還沒夢想到實現成立的日子不曉得要待何時呢但是我想大規模的兒童圖書館縱然不容易辦到而小範圍的兒童閱書室總可以卽刻實行的每個小學校裏預備一間房子奬勵貯蓄由師生共同出錢再由學校酌量補助一點先買幾種切要的童話和玩具立個兒童閱書室的雛形然後逐漸推廣加添不到幾年

就很充足了或者聯絡附近的幾個學校共同組織那末更便當總之這個問題確是重要不知這種變通救急的辦法諸位以爲怎樣

（丙）兒童圖書館的功用　這一層在上面已經附帶着說了不少現在還有幾點是很可注意的就是

(1)養成社交的習慣兒童在家庭裏交際很狹就是進了學校日常所接觸的也不過幾位教師一班同學都是天天相處固定不變的人能了突然遇着新朋友恐怕還要面紅耳赤不知怎樣應對呢在圖書館則相處的人天天變換環境既然不同社交的經驗也就擴大起來了互助的精神共同的生活是人類進化社會發展的基本原則兒童從小養成這種習慣豈不更好嗎

(2)養成自治的習慣兒童任意活動毫無限制所以常有伸張自我 Aggressivenes sandsesf-assecuten 侵犯旁人的行爲一到圖書館受羣體生活的陶冶發生自我控制 Selb-centl 的觀念各種不應當的舉動漸漸自知抑制了保持公共秩序尊重團體意志就是自治的基礎其他借書還書按照一定的手續遵守一定的時間館中所有的書籍物件大家互相監察共同保護於是守時刻重公德種

種習慣都可從此養成了

⑶養成閱書的習慣西方人多以閱書爲無上的快樂中國人則閑散之時祇知作無意識的消遣所以烟酒嫖賭等壞嗜好特別多社會也就腐敗不堪了推其原因固狠複雜而人民多沒閱書的習慣也是一種就是我們學生得到極好的閱書機會而一般同學對於圖書館的感情總是冷淡居多除去教員指令去參考的以外大半不願自由閱覽有的偶然要去借書還找不到目錄呢倘若在兒童期內預先養成了在圖書館裏閱書生活的習慣難道還有這種現象嗎

十·二·二五·於南高

摘自《浙江公立圖書館第六期年報》一九二一年第六期

圖書館與學校

戴志騫

吾國一般人之圖書館觀念，與現在歐美人對於彼等圖書館之影像，甚多相異之點。我國人心目中之圖書館，係一藏書樓，其爲用僅等於守財虜之金庫耳。但知一味收藏書籍，而其功用極少普徧於國民。祇求保存而不願爲人享用，此種守財虜金庫式之圖書館，對於國民及學生知識上之補助，能力固屬極微；卽與學校及教授應用上，亦毫無互助關係之可言。欲求圖書館與學校互相爲用，須先確定今日設圖書館之目的而後可。

圖書館之設，由廣義而言，其目的與辦學校無異。目的唯何？卽使人民有機遇得最新之學識，藉以發展人民之知識，而因各種之利便，且得闡揚文化之本能耳。論其辦到目的之方法，則亦有相異之點焉。學校授學生以新知識，其時期爲聯續而有一定者也。譬如由初等而至大學，受新知識之時期，繼續約有十五六年之久。由大學畢業後，受新知識之時期於此告終。圖書館授國民以新知識，其方法雖不聯續，然無一定時期，而爲繼續不斷者也。學校發展學生知識，其敎授方法，有論理及統系之特點；而圖書館則側重個性自動之能力。故其組織及管理，不便用有統系之方法以發展人民知識。蓋學校灌輸知識，重在年幼之國民；因幼年腦筋活潑，易於印感，且其印感之影像，亦能永久保存。至圖書館之傳播新知識，則不論求知識者之老幼，均可在圖書館用自動能力以研究新知識。其所受印感雖不若在學校之深；而日積月累，亦不難受同等之感化也。綜上各節觀之，則對於傳播新知識及發展人民之知識，與其自動之能力，學校與圖書館二者，實有互相補充之功用焉。

更進言之，學校先散播知識慾之種子於人民之腦中，及養成年幼人愛讀書之習慣。（好用圖書館者必具此二種要素）然後圖書館再養成讀書者之自動研究，而深求各科之參考。試觀歐美學校所以能發揚新學術，使其逐漸進步者，胥賴圖書館輔助之力焉。今再舉一淺例以顯明學校與圖書館補助之處：譬如某學生讀地理書內非洲一課，當時該生對於非洲風土人情之興趣極濃，如學校內有一完備之圖書館，則凡關於非洲風土人情之圖書必多，該生稍加披覽，卽覺興味更濃；日後在校或出校遇有他種疑難問題，輒往圖書館費一番自動之研究。學生如此，敎員亦何獨不然？敎員偶講及一典故或一問題，有課內未能盡述者，卽指導學生往圖書館作有次序之參考；於是圖書館之目錄，及架上之書籍，乃有應用之主顧，不至徒爲收藏而無活用流通之利焉。且圖書館與學校猶文化之兩半球也，缺其一則不成其爲球矣。

文化之發展，人民知識之進步，端賴學校與圖書館互相提携之精神，既如上所述，而求二者之團結力堅固有効，則教員與圖書管理員不可不注意下列二事。

（一）教員與圖書管理員應先了解雙方辦事之方法與目的，然後乃能互相輔助而無隔閡之虞。教員能了解圖書目錄之効用，並能隨時利用圖書館準備之參考書，則其指導學生利用圖書館之能力較之不明圖書館之辦法者爲强，而其指導之方法亦必透切。至圖書管理員更宜研究學生之心理，按其發育之程序，不但知學生在圖書館之須要，尤須設法增進學生閱書之興味，並宜隨時提高其興味之程度。提高之法在使學生所研究之學術，趨於高尚之一途；久之學生便覺圖書管理員實有輔助其閱書之能力。是故館員能明白了解學生心理之發達，胥賴教員之指導，而教員能應用圖書館之目錄及書籍，則又須館員扶助之力焉。

（二）館員與教員應持堅忍之精神，共同合作；且宜隨時討論一切，預定一種有程序之方法，引導學生參考圖籍雜誌及應用圖書之目錄。英美各國於師範學校，設圖書館教育科，其目的不在造就管理圖書人材，而在造就一種教員能領導學生按程序應用圖書館所有之圖籍，同時圖書館教員學校，亦注重教員心理及原則者，在使館員能了解學生心理及其意嚮耳。圖書館與學校如能共同合作，在較短時期內能使學術易於發展，文化易於進步，而教育程度亦易於增高。

北高師生，鑒於學校與圖書館互相提携必有大造於中國教育之前途，不惜在校費飢荒之中，竭力籌措，建設新圖書館，屋宇求堅固而樸實，收羅求普徧而適用，管理求簡易而明瞭，書籍雜誌流存兼顧。北高圖書館落成之日，即中國文化學術發展之時。此篇之作，深望北高諸君在校用有程序之方法，應用新圖書館內歷代世界名人之經驗；出校服務時，提倡建設學校圖書館，並指導他人如何活用之，則庶幾全國人民，亦得享諸君已享之福矣。

摘自《教育叢刊》（北京高師）一九二三年第三卷第六期

兒童圖書館的調查

金鼎一

一，緒言

現在我們小學裏的教學法，不採用自學輔導，卽採用設計法，不採用設計法，就要想採用道爾頓制，但是這幾種教學法，要兒童自由發展，滿足其求智之望，非有豐富的兒童圖書館不行，然各小學校，每因經濟困乏，或組織無方，終不能積極進行，至爲可慮，去歲秋月，我同宿遷師範學生，由徐州，經南京，鎮江，無錫，蘇州，上海，至杭州等處，參觀學校數省，順便草擬一個兒童圖書館調查表。

兒童圖書館調查

學校		圖書館名
行政	有委員會否	主任何人
	職員如何	
管理員	人數	書籍數 中文書
	經驗	英文書
	資格	雜誌
	薪金	圖表
閱書室	有幾個	能容幾人
	光線	各室面積若干是否合宜
	設備與閱書室是否同學生分明	
訓育	警告否	
	停止閱書權否	
	停止的時候多少	
參觀	校外人可許入館參觀否	
	校外人可有來借閱權否	
分類	用何法	
	小冊書與非小冊書一樣否	
目錄	書名著者書目卡片可與分類卡片另排否	
	目錄之排列是否照分類排列	
	排列以[illegible]否	
出納法	用何手續	過期罰金否
	幾日能借出幾本	
	假日還能借出否	
	何種書籍不能借出	
	許學生入書庫選書否	
	可與各校交換借書否	
採購書籍	由何人選購圖書	
	每年添購新圖書若干	
	每年添購新雜誌若干	
經費	每年經費若干	
	圖書館有人捐助否	
	有人特別捐否	
館所	位置適中否	
	[illegible]	
桌式	長方	圓
	高度	何不[illegible]
	能容幾人	
椅式	高度	[illegible]
	[illegible]	何式

（閱者對近學校兒童圖書館情形惠告鄙人可將上表剪下塡就寄浙江嚴州省立第九師範[illegible]無任感激）

兒童圖書館的調查

1

當時印後，雖隨身帶走；但自問對於圖書館事宜，無甚研究，未敢發出調查．後於十月五日，（指十一年十月五日）曾請東南大學圖書館主任洪範伍先生一閱，並請指正；多蒙謬賞謂頗切當，於是一路發給調查；但我路雖跑了數千里，調查小學數十所；大都沒有兒童圖書館．所以印的二百餘張，用了二十餘張；參觀回來後，僅得數校情形．茲爲貢獻起見，將其實況，縷述於後，爲辦理小學兒童圖書館者，作一參考．

二，各校兒童圖書館實況

1．被調查的學校，　徐州江蘇省立第七師範附屬小學校，南京江蘇省立第一女師附屬小學校．蘇州江蘇省立第一師範附屬小學校，上海江蘇省立第二師範附屬小學校，杭州浙江省立第一師範附屬小學校，嚴州浙江省立第九師範附屬小學．（上面以調查日期先後爲序）

2．圖書館名，　蘇州一師附小叫三倘市公共圖書館，上海二師附小叫勤敬市圖書館，杭州一師附小叫新村圖書館．嚴州九師附小叫知行鄉圖書館，其餘的無館名．

3．行政，

A．有委員會否？五校有，一校有幹事二人．
B．職務如何？二校說：購置書籍並指導閱讀．
C．主任何人？各校均由教員兼任之．

4．管理員，
A．人數 二校由學生輪值，十二人至二十人不一，餘未詳．
B．經驗 各校未註．
C．資格 一校以勤愼著，餘未說．
D．薪金 一校給以獎品，餘均無．

5．書籍數，
A．中文書， 一校六百十五部，一校四百餘種，一校八百餘種，餘未詳．
B．西文書， 一校七十六部，一校百餘種，一校七種，餘未詳．
C．雜誌， 一校三十八種，一校五十餘種，一校九十七種，餘未詳．
D．報紙， 一校二餘種，一校八種，一校答另外的，餘校未答．

E．圖表，一校六百六十種，一校二百餘種，一校七百二十九種，餘未詳．

6．閱書室，

A．有幾個？ 六校各一．

B．能容幾人？ 一校三十，二校四十，一校五十餘，一校約八十，一校至多二十．

C．光線， 一校合，一校明，二校充足，二校可．

D．各種參考書是否置室內？ 一校是，一校學生的在內，一校同置室內，餘未答．

E．教職員閱書室是否同學生分開？ 四校分開，二校不分．

7．訓育

A．警告否？ 五校有，一校答定有閱書規約以爲警告．

B．停止閱書利益否？ 五校停止的，一校答至犯本室規約時，得停止其利益．

C．停止的時候多少？ 二校一星期，一校至多一星期，一校一天至三天，一校一星期至一學期，一校未答．

8．參考部，

A．校外人可許入館參考否？　二校現在不許，一校須得管理員的同意，三校未答．

B．校外人可有來信問難否？　各校無．

9．分類●

A●用何法？　一校杜威十分法，二校依照校中科目，二校以書的性質分類，一校無一定，一校未答．

B．小册書與平常書一樣否？　三校答一樣，餘未答．

10●目錄

A●著者書目卡片可與分類卡片分開否？　各校答不分．

B．目錄之排列是否照字典部首？　各校答依書的性質．

11．出納法，

A．用何手續？　一校將書名借者錄簿，一校用借書券，經主任先生簽字．一校由借書人，塡借書單，管理員憑單以收發．一校塡寫借書單，餘校隨意取閱．

B．每次能借出幾本？　二校一本，一校一本至三本，一校三本，二校除教員參考書，或教便物，餘者概不借出．

C．幾日滿期？　一校一日，一校三日，一校一週，餘者隨日隨還●

D．過期罰金否？　二校停止借書權，餘校未答．

E．何種書籍不能借出？　二校答雜誌，一校答不是參考書，餘未定．

F．許學生入藏書室否？　一校答非任該館職員的學生，不得逕入．餘校答聽便．

G．可與各校互借書籍否？　一校只有各級互相交換，餘校均無．

12．採購圖書，

A．由何人選購圖書？　二校由主任先生一校由圖書館委員會，一校由教員和兒童，填寫訂購圖書單，交主任審定購置一校由教員組織之圖書審查會議決，由圖書館總務部之庶務組採購，一校未答．

B．每年添新圖書若干？　各校均無統計，似以經濟為增減．

C．每年添新雜誌若干？　情形同B●

13．經費

A．每年經常費若干？一校答每月二元，一校每年二十元，一校每年三十元，一校每年一百八十元，一校每年四百元，一校不預定．

B．圖書費若干？各校爲圖書館預定的常年費，大概不作別用，均購圖書．

C．有人捐助圖書費否各校均有教職員和學生．

D．有特別捐否？一校有師範教員，餘校均無．

14．館所，

A．位置適中否？二校適中，二校偏，二校尙合用．

B．大小，三校答小，一校不小，二校可．

C．光線，四校答尙足，二校答光明．

D．有餘地爲將來擴張否？二校答有，餘均無．

15．桌式，各校均未答

16．椅式，各校亦未定

17．書架式，一校層數五，式小，每架高五尺五寸，深一尺．每層長二尺三寸，用松木．餘校未答，

18．管理者之談話錄，此項各校均未有記錄．

上列數校情形，似嫌太少，不夠研究，但確可代表江浙兩省小學兒童圖書館之一斑．至於究竟怎樣組織兒童圖書館？怎樣選擇兒童圖書？圖書目錄怎樣編號分類？請看南高教育研究會編輯中華書局發行的教育彙刊第一集第九六頁至一百零七頁，小學校兒童圖書館底研究一文．

（錄中華教育界）

摘自《河南教育公報》一九二四年八月第三卷第十一、十二、十三期合刊

對於兒童圖書館的我見

李振枚

小學校爲什麽要設兒童圖書館?因爲兒童在上課時候，從教師方面得到的知識,是有限止的,不活動的。并且一級兒童,程度不等,教師把同樣的教材去教授他們，能力強的兒童已是供不應求,能力弱的兒童還是模糊不解,教師雖耳提面命，但是他們更加莫名其妙，終難融會貫通。有了兒童圖書館,陳列了許多書籍,兒童就可以按自己的能力去閱覽,得到無限止而活動的知識。

現在各校的兒童圖書館,或在教室裏陳設幾只書架或書櫥,擺幾本童話、小說、兒歌等,供給兒童閱覽;但是書少人多,始則不夠分配,終至厭倦乏味。并且教師忙於事冗,不能多想方法來引起他們的閱書興趣,試問這種圖書館,學生得益究有多少呢?若是另闢一間圖書室,有服務員管理書籍,有先生爲他們指導,在目前看起來,學校中能有這種圖書館,已算是組織完善、規模宏大的了。不過服務員自身,有功課的忙碌,對於館裏書籍的內容,茫無頭緒,指導教師,要預備上課時的教材,課後還要批改課卷，那裏有餘暇把館中書籍盡行披閱一過,將各書內容告知兒童呢？有指導之名,無指導之實;因此,兒童閱書,沒有選擇能力,看過以後,沒有人去考查他們,所以看的時候,書中的要點,也就不注意了。照這樣看起來,兒童在這種圖書館裏,怎能得到無限止有活動的知識呢?那末,各校辦的圖書館,對於兒童方面，旣沒有什麽大益處,不是可以不辦嗎？這話也不是這樣說的。有了圖書館,總比沒有好得多哩!

要辦怎樣的圖書館，才能使兒童眞正得到無限止有活動的知識呢？照我個人的理想,要認定學校就是圖書館,圖書館不是學校裏一部分的機關,要兒童一天到晚,在館裏過生活,那末,兒童可以得到無限止有活動的知識了。如此說來,辦兒童圖書館,決不是在一個教室裏,劃一分空地,陳設幾隻書架或書櫥,擺幾本書，就可以算的;要有集會室、閱書室、實驗室、作業室。集會室內要築一半圓形的臺,用矮欄干圍着,臺旁要有兩間耳房,以便兒童演講或表演之用,倘使要開演電影或音樂會及留聲機,都可用他。這室的光線,需從上方透入，以免外界喧噪的聲音。坐位須向講臺排列，成半圓形，使視線可以集中。閱書室、實驗室、作業室約需十間，假定一個學校裏，自三年級起，有三百個能看書的兒童，每間容納兒童三十人，他們在裏面閱書作事，諒不致十分擁擠了。閱書室的桌椅，要合乎兒童的身材大小，製定高低的。桌面要上高下瀉，看起書來，可以便利些。四壁應設書架，多陳列些兒童化的書籍，以及報章雜誌等，分別深淺，以便兒童取閱。桌椅和書架的顏色，最好沉靜些。壁上還要多貼畫片，裝些鏡架花瓶等，以引起兒童的快感。總之，陳設要雅緻，裝飾要華麗，使兒童精神安適，留戀不舍，喜歡在館裏過生活。實驗室裏的標本，要夠兒童自由使用。作業室裏的應用品，要預備充足。各室裏都要有指導教師，教師宜把圖書披閱一過，將內容約畧摘記出來，兒童閱書，就不難選擇了。開放要不定時間，隨便什麼時候，可以自由閱覽。教師也該正天的在閱書室裏，預備兒童質疑問難。每一星期，替兒童考查成績一次。室旁要預備一間乒乓球室，擺些遊戲器具在內。室外要有一個花園及運動場所，兒童精神疲倦時，可以欣賞花木，或作各種遊戲運動，以便恢復精神。

有了這樣的圖書館，兒童倘然習慣在館裏生活，就可以不注重教室裏呆板的上課式，或竟廢除不用，什麼設計教育啊，道爾頓制啊，就不實行而自然實行了。所以我說要希望兒童在圖書館裏得到無限止有活動的知識，應該認定學校就是兒童圖書館，不要將兒童圖書館認為學校裏一部分的機關。

摘自《教育雜誌》一九二五年三月第十七卷第三號

兒童圖書館的研究(一)

蘇耀祖

一，兒童圖書館的重要

現在的時代，是知識日進的時代，學術競爭的時代，一天不看報，便與社會隔絕，兩天不看書，你的思想便叫思潮湧過，因此無論怎樣的人，作怎樣的事·不時時去接近新知識，一定要成一個新時代的落伍者，於是他的事業，也就難免於失敗；然而還有許多人因爲沒有讀書習慣而不肯讀書，也不知讀書的需要，落在時代的後方，自己還不知道，失敗了尙不知所以然，推究他的原故，多半是因爲在他們的兒童時代就沒有受了讀書的訓練，更沒有受自動的選擇書籍去讀的訓練，所以到了長大也就不知讀書的重要了，更談不到什麼讀書習慣，至此兒童圖書館的重要，我們可以脫筆寫出了，因爲兒童圖書館，便是兒童自由閱覽的地方，若是所讀的書籍，更能引起兒童們的樂趣，他們便越要向前去讀，如此久而久之，讀書習慣便自然的養成了，又何況兒童圖書館的書籍，可以使兒童自由揀選，可以自由實行他的志願，和在學校內必須讀規定的書籍不同，尤其是兒童所樂意，而且也是適宜於兒童活潑天性的。

我們知道在現今書籍出版極易的時代，無價值乃至有積極害處的著作，一天比一天多，假使我們對兒童只鼓勵他們看書，對於他們所看的書籍，並不加以考察，那麼，兒童因閱看不良的書籍，品性上思想上發出不良的影響，豈不是愛之反以害之嗎？但是有了兒童圖書館，便可一抹斯弊，因爲兒童在圖書館內看書，無論他怎樣的自由選擇，終究出不了圖書館所有以內，並且兒童圖書館，不是集聚了遇多圖書，通知兒童去看，便算盡了能事，兒童圖書館也是一個監察兒童所看書籍的地方，在這裏面，凡於兒童思想或行爲能生不好效果的書籍，都在所屏棄，所存留的，總是於兒童有利益的。因之我們也可以說兒童圖書館乃是陶冶兒童性情的絕好場所。

二，兒童圖書館的要素

(一)設備要合法：幾間空氣清鮮，光線充足，並且合於兒童心理的優美點綴的房屋，裏面設備了許多矮小輕便合於兒童衛生的桌椅，按排了幾列便於普通常度的兒童自由取書的書架，使兒童一入其室，便引起了美感，不由得不受美的感化，讀書的趣味遂自然而生，這乃是一個設備合法的兒童圖書館。

(二)管理員要適宜：一位性情和平，暗熟兒童心理和教學法且耐於和兒童爲伍的先生或女士，對於兒童讀物的內容很熱習，可以對兒童們的問難答應裕如，且能盡監察兒童引導兒童之能事，在選擇圖書時，完全依照兒童心理，絕不用選成人書籍的眼光，來選兒童用書，也不把八九歲兒童所喜看的書籍，來供給十三四歲的兒童，並且還有時和兒童們講論閱書的重要，用種種方法如美觀的圖書，適宜的桌椅等，引起兒童對於圖書館的興味，有時還要給兒童們講故事做試驗，如此，才是一個適宜的兒童圖書館管理員。

(三)書籍要正當：書籍之優劣，能影響於兒童之品格，兒童圖書館對於選擇圖書，自然是事務中之重要部分了；八歲以前的兒童，想像的活動非常強盛，兒童用自己想像作嬉戲，隨意構成各種幻景，這也是故事的時期，兒童不但喜歡聽人講古事，而且自己也常用他們的想像力，將有關係的事聯串起來，有時竟自己造出些小故事，但是這些故事，必定是富於想像力的，不一定要眞切合於現實的世界，因爲兒童的世界是彈性的，想像的，自由的，成人所不能領略的，在這時期兒童所讀的書籍，自然以歌謠童話爲最合宜，因爲這兩樣文學，似可解又不可解，成人看來毫無意味，却正合兒童的興趣，又因爲兒童是富於想像力的，不能判別人物的區分，以爲一切物都和他自己一般的活潑；一樣的天眞，所以兒童眼中的植物也能行動，野獸也能談心，森林曠野，正可比擬安樂的家庭；因此這一類的動物故事，也是兒童應讀且欲讀的。至於八歲以後至十二歲時的兒童，便漸漸要追問事的眞確與否了。在這時期，對於人的興趣更爲發展，所以這時期的兒童，最喜歡聽關於偉人的故事，雖然兒童有漸求眞實生活的傾向，但想像的力量依然存在，所述的故事，愈是常人所不能作的，愈能動兒童的興趣，只要所述的故事，似乎是可以做得到的就是了，在這時期兒童的競爭心也最發達，常有吵鬧的事發生，所以這時的書籍，宜採取能養成兒童高尙勇敢心的。過了此期，便是青年前期了，大約正是十二三歲至十六七歲的年齡，此期的兒童，心理和生活的變化最爲顯著，對於自身和周圍事物的感情很發達，發表情感的詩，敘述愛情的故事，激起犧牲精神的書籍，都是這時期兒童所喜看的，在青年期的初步，兒童覺悟自己與社會的關係，正是他造就將來一生理想的時期，所以讀的書籍，很要注意養成青年道德這一點，但同時不能露出一種道德先生講學的習氣，使兒童看着就厭倦。

三圖書的選擇

兒童圖書館事務中之最重大且最困難的，便是兒童用圖書的選擇，因爲書籍的優劣，能影響兒童的品格，其重要之點，已竟在前一節說了一下。舊時的選擇圖書，均以趣味健全爲主要綱領，然而也有思想的人，對於任何特殊種類的圖書，全無興味的，因此我們對於圖書的選擇，不可不詳爲考究，本研究所得，寫在左方：

(一)選擇兒童圖書，根據兒童心理，固然是對，但也不僅此一端，對於性的區別，也要注意，美國的兒童心理學者Hall曾說：男孩和女孩所讀的書籍，早年雖然相同，但在發身期將到的時期，就有了區別，以後的區別更大。女孩所讀的比男孩多，而且也喜歡讀別人所讀的，至於男孩對別人所提舉的書籍，就不甚注意了。兩者都喜歡讀動物的故事，但男孩愛的是野獸，女孩乃是愛家庭動物。男孩讀歷史，旅行，科學的多；女孩讀詩歌，小說的多。男孩愛冒險，女孩愛情感，女孩愛孩童話的心比男孩長久，女孩看論男童的書比男孩看論女孩的書多，女子對於愛情小說，比男孩愛讀的早而且也長時的愛牠，這些區別和別的區別，都是兒童圖書館選擇圖書時所應注意的。

(二)最不適宜而且也是選擇圖書時要注意的，就是以個人的嗜好選擇圖書館所用的圖書，因爲凡是通常用於兒童圖書館的圖書，他的性質必須是一般的，無論何等氣質之兒童，無不愛讀的圖書

(三)教科書小學校刊的圖書等，可少選，因爲這一類的書籍，差不多兒童都各手一份，再選列在圖書館，當無效能可言，以經驗證之，借此類書的兒童，可稱絕無僅有。

(四)一切翻譯，不必置備，惟文學書的翻譯，不在此例，散文譯外國的詩，也不可使用於兒童圖書館，因爲此等書，最足以迷惑兒童。

(五)書店中每有一種新書出版，必大登其廣告，我們選擇圖書，萬不可以廣告爲憑，必詳審其內容，再定是否可以購買，因廣告上的說話，可信的實甚少。

四，圖書的分類

選擇來千百種的圖書，爲閱覽時便於尋找，就不可不加以分類，但圖書分類，立論頗多

，此主學理，彼重實用，比較上最善的方法；就是杜威 J. Dewey 的「十進分類法」（The Decimal Classification）卡脫兒 Cutter 的「開展式分類法」（The Expansive Classification）和詹姆士 James 的「件名分類法」（The Sueject Classification）了，此等方法均非常精密．操圖書館事業的人，却有細心研究的必要他們的分類式樣，均照書籍中的知識分類分做數種，他們方法，現在我們分別列在左方：

（一）十進式分類法

一般的著作
哲學
宗教
社會學
言語學
科學
手藝
美術
文學

歷史

(二)開展式分類法

一般的著作

哲學

宗教

社會學

各科學及美術

手藝

體育及娛樂

美術

通信及商業

(三)件名式分類法

一般的著作

物理學

生物學

人種學

經濟的生物學

社會學及政治學

語學及文學

各種文學

歷史及地理

傳記

看了右列的三式分類法，我們便可以略知其一二，現在先以「十進式分類法」作例，作一個比較的解釋；哲學，宗教，社會學，言語學，手藝，美術，及歷史等，都要依照確定的件名去處置牠，一般的著作和文學，就分別處置了，但是「一般著作的裏面」；又含有傳記，雜誌，百科辭典；「文學」裏含有詩集戲曲論文，這種種部類，在「開展式分類法」和「件名式分類法」中也是一樣，件名分類就是根據件名排列；開展分類，就是根據形式排列，例如小說歸小說，論文歸論文，詩集歸詩集就是形式的排列。

圖書分類，果欲詳加討論，本篇恐不克盡其能事，要之，若非大規模的兒童圖書館，果於檢尋上，管理上，不生若何窒礙，雖方法簡便，亦未嘗不可試用，緣不必拘拘於形式耳。

五，圖書的編目

經營圖書的人，對於圖書目錄的編成，須費非常苦心，且爲一非常重要之事務，目錄愈簡明，出納愈便利，兒童受益於目錄愈多，現在大人圖書館目錄，已無缺點，至於兒童圖書館的目錄，尙在「望塵莫及」，據一般的考慮，兒童所讀的書，多是父兄教師所選擇，然最近兒童等欲有自身使用的目錄，故英美數大圖書館，爲供給這種需用，乃作成目錄。

此種目錄，以別茲巴哥的卡耐其圖書館所作的，最爲完全，英國費斯培理公共圖書館兒童用目錄，也最有名，然此種目錄雖好，而其作成時，却全未曾顧到使用目錄的兒童，其目錄中雖亦含有兒童適切的書，而其書目的記入方法，則全與大人用的相同，似爲「美中不足。」

目錄中對於某書的內容的說明，牠的文體，最好和該書相同，因爲兒童能讀書的內容，一見目錄，就能領會了。

我國兒童讀物，三五年來，出版的也不下千百種之多，（最近北京中華書局組織了一个兒童巡迴文庫，已有三四百種）然魚目混珠，瑕瑜莫辨，對於兒童的前途，影響非淺，甚願兒童教育界的同志和經營圖書館的同志，快快的組合起來，搜集，審查，作成一個完美兒童用書目錄。

六，圖書的保存

圖書的保存，關係於圖書館之經濟，圖書保存適宜的圖書館和不適宜的相較，經濟的損失，殊覺驚異，何況不是僅此一端呢？兒童素有破壞本能，對於圖書又何獨不然，是營兒童圖書館事業的人，對於圖書的保存，更須注意，事雖繁瑣，却係急務，現就憶想所及的，寫出幾條，以供研究：

(一)兒童的手指，最易損書，無論如何，關於整理書籍方法，不可不注入兒童心理，如曲折書的紙葉，折頁時用紙附唾，持書近火，汚手持取，雨水淋濕，開書伏置桌上，和傷紙質汚紙質的物共置等事；管理員都應時時給兒童以簡單的注意。

(二)圖書的頁脫落時，應即時修復，最良的方法，就是在書之雙方合縫的地方，用切紙小刀展開，下置吸取紙，再合其縫處，塗以白橡皮膠，襯以薄紙，輕壓乾之，紙葉折角的，可將白橡膠和水的稀薄溶液浸入折角，再用吸取紙挾之。

(三)遇書頁上有被兒童汚成的指痕時，亦宜除去，以防兒童因惡書之不潔，而減殺其來館閱書的興趣，普通指痕，用麵包片擦之，即可去掉，欲除脂肪，可挾紙葉於吸水紙，除茶痕，用刷蘸石鹼泡洗，糖痕和醬痕，用湯中少混石鹼利炭酸蘇達洗之，除血痕，用冷水混濃石鹼液洗，决不可用湯。除墨水痕，最簡便方法，用檸檬液浸濕，用破布片去壓，其濕可漸滲入布中，如此反復去做，自然可以除淨。

（四）書皮擦損，或因斷痕破裂，修理時切不可用漿糊，宜用膠，最好是另換書面，此書可囑裝訂的人去做。

（五）圖書每年須晾曬一次，清查一次或兩次，圖書損壞至不能再修復時，可由當事人註銷，並登記於毀損圖書登記籍。

（未完）

摘自《京師學務公報》一九二五年十一月第一卷第六號

論著

兒童圖書館的研究(二)

蘇耀祖

七，兒童圖書館的設備

兒童圖書館的設備，在本文第二節圖書館之要素中，已略言之，總以「因地制宜」爲是，很難寫出一個具體的設備法，茲就設備中之最要者，寫出幾點，以供研究：

ㄅ、閱覽用桌，配置時務須使兒童閱書時，不至互相蔭蔽；若能使桌之表面，各部分均受同一強度之光線，則更覺適宜。

ㄆ、室內空間，務宜寬闊，使往來通行的兒童，不至妨礙於閱書兒童，最宜注意處，就是閱覽桌與閱覽桌之間隔。

ㄇ、書架的排列，宜視室內光線射入之方向而定；光綫僅由一方橫邊射入者，書架宜向壁排列，有天窗的屋，可先將室內分劃幾區，然後排列。

ㄈ、書架之高度，不可過六尺以上，以便使兒童有自身向書架搜尋愛讀之書的機會；因爲兒童圖書館，必使兒童能直接近於書架，然後才生興趣。

ㄪ、玻璃窗宜裝置遮陽的布簾，以避日光之射入。

ㄉ、冬日取暖的設備，最好用汽管，否則凡帶火焰者，均傷書。燈火以用電燈爲妙，油燈則不利於皮裝書面，亦不若電燈光之充足。

ㄊ閱覽用桌之旁，適宜地點，可置備寫字檯一個，以備兒童之需要，檯上並須放置公用之鉛筆圓規界尺等。

ㄋ、兒童圖書館必須備有大型之天體儀與地球儀；因此等物件，與讀書大有關聯，在兒童圖書館之設備上，殊爲必要，蓋較諸地圖所指示者更爲明確之故。

ㄌ、閱覽室之壁間，可於視力適宜之範圍內，懸置歷史畫，地理畫，博物標本畫及名人肖像等。

ㄍ、閱覽室內、擇壁之一部懸一揭示牌，揭示館中新聞及時事問題畫等，揭示牌之質料，最好用可撤去之綠色絨氈。

ㄎ、閱覽室外，於適宜處可置備清潔台一個，以備兒童之需用，此事於兒童圖書館之設備上，亦殊重要，因兒童之手面，淸潔與否，與圖書之保存有直接之關係。

以上數點，僅就憶想所及者寫出，不敢說不是「掛一漏萬」；即已寫出者，亦未必盡然，恐我個人，將來亦難免有所非論；要在當事者善自爲之而已。

八，兒童圖書館的各種活動

經營一個兒童圖書館，他的責任，自然以選擇書籍爲最重要；要知有了善良的書籍，沒有兒童來看，也是不行阿！固然那些好閱書的兒童，不用你來招他，他就會自己跑來的，但那種兒童總在少數，與那絕對不來的一般；大多數的兒童，還是要你設法引起他來館看書的興趣然後可的，因此，我們可以說經營兒童圖書館的人，選擇了許多良好的圖書，還要設法使兒童們來看，本節所論，即在此點。

在美國常常有兒童圖書館的主任或管理員、招集街上三五个兒童來館，和他們講論閱書的重要。用種種方法，如美觀的圖書，適意的桌椅等，引起兒童對於圖書館的興趣，於是兒童來館的漸漸多起來了。還有多數的兒童圖書館每日或隔两三日，有一點鐘的故事，大半由管理員主講，有時也請附近的小學教師，這種故事的材料，多半是童話，或者是兒童所能領略的偉人軼事，這樣辦法，能使得兒童和管理員發生一種一家人的關係，兒童來館的興趣，自然會勃然而興了。

兒童圖書館的經營者，設法引起兒童來館的興趣，其重要已不待言，然其方法甚多，上面之例，不過方法中之一種而已，今再就憶想所及，略寫幾端如下：

ㄅ、講演會；此會可於學校休息日行之，以便兒童之來館者多，主講人自然以圖書館主任或管理爲主，小學校之教師，亦可相機聘請之；但必須對於此事眞有興趣者，否則勉強塞責，最足以失信於兒童，爲害殊不少耳，至於材料和方法，約略述之如下：

對於兒童講演，除備有對成年人講演時，必要之本質外，尤宜備其他之特素，這是我們對兒童講演者不可不特別注意的，因爲兒童的才能，爲半啟發的推測的，好奇心又甚重，並且大體甚缺禮儀而多殊忽，以成人比之，一个兒童的舉止，事實上乃是一個半野蠻時代人的樣子，故兒童非敏銳的批評家，惟知發揮其好奇與求知的本能，直溯事實的本源，指摘謬誤，不稍假借，故對兒童講演者，不可不精確周到。

活潑少年，喜歡關於機械的題目，例如鐵道電綫航空機等，又喜歡聽冒險的故事，他如地理談話，添以種種實物標本，也是兒童之所好。關於機械縫機，女孩子頗能對之生趣，所以用蒸汽罐與裁縫機械題目講演者，最易使女孩明白；至於可以使男女孩，同感興趣者，則爲最佳之遊記材料。

對兒童講演時，最好用幻燈說明，因爲幻燈對於兒童之記憶上，有相對的價值，兒童看過幻燈後，一切事蹟遂留了一個正確的印像在他們的腦中，從此兒童心目中，對於所講材料，不論何時，歷歷如繪。

講演開始的時候，如用非常抑制的低聲，則可以集中兒童注意。講演前喧譁的兒童，到了這個時候，他就不知道是講些甚麽，自然寂靜無聲矣；演說家謂演說之第一聲宜大而響，此雖有理由，但向兒童講演，就不然了。

以上所說，僅其大端，本篇並非討論兒童講演專章，故不便多所論列，不過略述幾端，使研究兒童圖書館者知道此爲活動中之一種而已。

文、實驗會；兒童圖書館可利用學校兒童休假的日期，作種種淺近的理科實驗（京師兒童圖書館即有此辦法）以引起兒童讀書興趣，至於選擇實驗材料時，有應注意者幾點，今分述之；

一、不可與學校中之理科材料重複。

二、所取材料要力求通俗，不可過於高深。

三、最好自圖書館內所備之理科書中取材料。

冂、讀書會；所謂讀書會者，並非使兒童來朗讀某書，乃是圖書主任或管理員，定期招集常來館閱書的兒童，選擇一種善良讀品，範讀與兒童聽的方法，現在略述其梗概；

選出一種善良作品中的一段，或某書中最善的一篇，用特殊口調來朗讀，有時也可以選兒童喜讀之部分來朗讀，由甲段移於乙段之時，文中的變遷處，最好用幾句切要話說明牠。

讀書會連續舉行，爲使兒童藉此可以親近某種書籍，現出一種努力的閱讀，但是圖書館舉行讀書會，學校教師必需要請他來幫助，因爲組織會時，必須使學生組成一團，非教師幫助選定，則圖書館實難着手。

在兒童面前範讀的人，必須活潑幹練而能撫愛兒童者，第一次的補讀材料，可由讀者自己選擇，以後便可和兒童共同議選，每次開會，讀畢一部分時，就和兒童共同討論一次。

誦讀材料的選擇，必須十分優美而適於一般兒童興趣的，同時又必有實際討論價值的，其他如自然研究動物生活或相類之書，均可用之，教科書式的材料切不可用。

每次開會，誦讀以前，必先作一度的誦讀研究，俟後再使兒童先自行默讀；有疑問的地方，可使兒童互相討論，互相質問，互相致答，此刻指導者必須適當指導，唯可免去學校教室之形式。

兒童圖書館的種種活動，其唯一目的，蓋在引起兒童的讀書興趣，初不論定作如何活動也，以上所舉，乃就中之比較重要者，並非此外更無他術，要在圖書館之經營者善自設計而已。

九，一個理想的兒童圖書館主任

理想的兒童圖書館主任，和理想的小學教師同，宜由經驗得有知識，及有天眞爛熳之特性者選出。

兒童圖書館的種種活動，必須一個暗熟兒童心理和教學法且耐於和兒童爲伍的先生或女士才可以的，然對於圖書館職務上的特別訓練亦甚重。

兒童圖書館主任，不可不兼有自得之知識及專門的知識與健全事務的諸習慣；所謂事務的諸習慣；就是指精確規定種種事務．對於出版界，書賈等不斷的接觸，與他圖書館主任也不斷的接觸。

兒童圖書館主任，必須機敏，對兒童宜親切，規律宜嚴格，對於兒童的管理要絕對公平，左袒右顧，須絕對避之。

兒童圖書館的事務，愉快而有興趣，終日與大著述相接觸，與活潑天眞的兒童爲伍，親近兒童所現種種氣質，而握有指導兒童之特權，此亦足以償其煩勞之苦矣。（完）

摘自《京師學務公報》一九二五年十二月第一卷第七號

兒童研究

兒童圖書館在教育上之價值

楊鼎鴻

兒童不是成人的縮形，兒童自有自身的價值，所以教育應以兒童做中心。這是研究過教育和心理學的人，大概都知道的。

教育旣以兒童做中心，那末這朶嬌豔婀娜的兒童之花，如何使他結美滿的果子？在這智識天天進步時代裏面，當以灌輸兒童新智識爲第一要務。怎樣使他們接收新智識？那末，非使他們多看新出版的書籍和雜誌不可。圖書館就是供給新書籍和雜誌的地方，就是兒童求新智識的場所。可是我們中國有許多小學，到現在還沒有圖書館的設立，以爲無關重要；殊不知兒童圖書館在教育上的價值很大。在下趁今天之便，把兒童圖書館在教育上的價值，約略提出，以引起大家的注意和討論。

（一）發展兒童固有的本性　學校教育是劃一的、被動的。學生到學校裏念書，必經團體的階級，規定的學科，讀過那幾本書，方才可以升級畢業。我們大家知道，兒童的資質，賢愚不同；因此，有一般天才豐富的兒童，在學校裏課本的智識，每不能供他的需要。照他的才能，儘可研究稍深的學問，發揮他天賦的本能。然而學校不能拿少數人的需要，加深學科或提前畢業，因此所生結果，埋沒了許多天才生，很是可惜。圖書館教育非劃一的、自動的，任其所歡喜的去閱讀各種書籍，個性就可以發展了。上面的難問題，也就可以解決了。

（二）自學讀書習慣的養成　兒童天性活潑，閱讀書籍一件事，他們不十分歡喜的。爲什麼不歡喜呢？因沒有經過讀書的訓練，和知道讀書的興味。要使兒童有讀書的訓練，非多接觸書籍不可；要使兒童有讀書的興味，非多閱書籍不可。圖書館是購備多量書籍的地方，小學校裏有了圖書館，兒童可以自由選定自己愛閱的書籍。什麽笑話、童話、戲劇等，他們都很歡喜看的，於是引起看書的興味，而讀書的習慣也在無形中養成了。

(三)練習辦事能力　「求學先從做事入手。」「做活動的事業，可得實用眞切的智識。」這兩句話說得很對的。圖書館是活動的事業；是練習辦事的好機會。如圖書館的組織法、圖書管理法、分類法、開放閱書時間、借書規程、新書介紹、開會討論進行事宜，在在使兒童得到種種眞切的智識，圖書館人才的基礎也可在這裏養成呢。

(四)兒童優美性情的陶冶　兒童時代，最富於模倣性，對於外界事物，不論好壞，都要加以模倣，這是很危險的。所以在兒童讀書的時候，竭力灌輸他們正確智識，養成完全的國民。但是呆板機械式的灌輸，兒童不容易領受。這個環境，就是兒童圖書館。因兒童圖書館購備書籍，都選擇有益於兒童身心。如詩歌小說，讀之有純潔的印象，閱之有審美的觀念。如聖賢格言、名人傳略等，使兒童時常接觸，時常觀看，崇拜心、敬仰心都可在這裏引起了。無形得到好的教訓，什麽文學家、科學家都可從這裏產生出來呢。

(五)補助學校的教授　教科書以外的參考書，不勝枚舉。倘然要以個人經濟能力而購盡應用圖書，其不可能，不言而喻。有了這兒童圖書館，祇要每種買了一部，大家就可輪流閱讀，可以參考，教授上也可便利，兒童方面也就可多得些智識。所以圖書館實爲補助學校教育的利器。

(六)其他　象新教育盛行以後，注入式的舊教授方法已經廢掉，自學輔導新教育思潮代興。如施行道爾頓制的小學校，這兒童圖書館更是爲不可少的設備。再兒童的缺席數也可減少。因兒童家裏沒有好多的書籍看，要看好多有興趣的書籍，於是不得不到學校裏來，缺席不是可以減少了嗎？

兒童圖書館在教育之價值，上面不過舉其犖犖大者，玆限於篇幅，瑣碎不再多說了。總之，他是兒童的甘蜜之露，光明之燈；是兒童惟一的樂園，惟一的良伴；是新生命之發源地。所以希望全國小學的校長先生們，經濟雖如何竭蹶，這一所兒童圖書館是不可不想法設立的。規模可由小及大，書籍可逐漸添購，爲千百萬兒童造福，這是我十二分盼望的！

兒童研究

兒童圖書館問題

杜定友

開場，我要說兩句老實話；我對於兒童圖書館，是毫無研究的。我從前雖是讀過幾本關於兒童圖書館的書，和參觀過幾處兒童圖書館；但是這不能算是有什麼研究。所以數年以來，我對於圖書館學，雖然略有著述；而對於兒童圖書館，却未嘗敢立一說、著一文。這次蒙李石岑先生不棄，給我這個題目，我實在無以爲報，祇得盡我所知，拉雜寫來，聊以塞責；並以求教於圖書館同志。

閱者或者以爲我是客氣，所以說出上面的話。其實不然，因爲兒童圖書館在圖書館學中，已成爲專門一科，而且是最難的——至少在我看起來——一科。這話又怎講呢？平常我們總以爲圖書館的事，雖然是很繁瑣、很高深；但是兒童圖書館那一部份，看來總比較簡單一些。我們卽使不能當大學圖書館、公共圖書館的館長；但是區區一個兒童圖書館的館長，總能勝任罷？但是在事實上，却大不然。因爲兒童圖書館是一宗新事業。凡是一件新的事，起初的時候，必感覺無限的困難。因爲一切都沒基礎，沒有成例，所以處處要自己去創造、去試驗。試驗的結果若是不好，自然卽遭失敗。卽是結果是好的，還要求社會信仰，使他們樂於贊助。因爲從前的圖書館的館員和閱者，以及社會上一般人，總以爲兒童是最討厭、最可惡的東西；所以無論什麼地方，尤其是圖書館，都掛了〔兒童免進〕〔孩童恕不招待〕的牌子。祇有街頭巷尾是兒童立足之地。所以你若說把圖書館開放給兒童，或者設一個兒童圖書館；他們非但要譏笑你，而且要干涉你。所以這種新舊意見之爭，兒童圖書館館長適當其衝。卽使不來干涉，也沒有多大的贊助。有時候成人圖書館內總算要敷衍小弟弟、小妹妹的面子，附設了一個兒童圖書館。但是因爲大家都瞧他們不起，成人部與兒童部，或者兩不合作，或者互相推諉，所以現在各處設的兒童圖書館，差不多都是有名無實，了無生氣。要把兒童圖書館辦得好，又豈容易呢？

至於一般父母們、教師們，對於兒童圖書館，也多漠不關心。在父母方面，以爲兒童入了學校，以後就可以放心。他日得子成名，就可以樂享晚年，學校以外的事，就一切可以不聞不問。有時候兒童在圖書館失了一本書，要父母負責。他們還要埋怨館員，說他們多事。小孩子在家裏看的書，好不好也不加過問。在教師方面，有時候還要怪學生常去圖書館看書，阻礙他們的功課。他以爲學生能够按步就班，把〔天地日月山水土木〕一課課的讀過，就算了事，還要什麼參考不參考、課外不課外？因此我們要把兒童圖書館辦得好，又豈容易呢？

現在是兒童的世紀，什麼事都應該讓兒童居先。我們現在的命運文化，都靠他們繼承增廣，所以我們要希望將來的幸福，不得不從兒童着想。就是我們個人的生活，也是以兒童時代爲最重要。兒童時候基礎打得好，將來就有發展希望。一人如是，一國亦如是。所以我們都應該努力爲兒童謀幸福。這種見地，也不是近數十年來的事。現在在教育方面，總算成績很好。兒童教育，也大爲一般人所注重。可是在圖書館方面，還是置若罔聞。所以做圖書館事業的人，便該急起直追，順着時代的潮流，與教育界和社會事業者互相聯絡，以謀兒童的幸福；亦卽所以謀全世界人民的幸福。我們的目的何等深遠！我們的事業何等浩大我們非但使一部份的兒童能够受圖書館的陶冶；而且希望全世界的兒童，都有這個機會。所以要達到我們的目的，又豈容易呢？

兒童是最頑皮的、最好動的。他們的智識很少，好奇心很大。兒童圖書館館長館員，非但要循循善誘，誨人不倦；而且要懂得兒童心理、教育方法，然後可以克盡厥職。對於兒童文學，更要有深切的研究；然後可以指導兒童的閱覽，養成良好的讀書習慣。所以做兒童圖書館事的人，非但對圖書館學研究有素，而且對於教育學、兒童學的原理，要能够切實應用。所以辦理兒童圖書館，又豈容易呢？

辦理兒童圖書館這樣困難，所以非有專門人才，不堪勝任。現在外國圖書館學校，多有另設兒童圖書館專門一系，對於兒童圖書館管理設備，作專精的研究。像我們對於圖書館學，略具皮毛，那裏敢說對於兒童圖書館有所研究。其餘對於普通圖書館學還沒門徑的，更不足談。可是兒童圖書館雖是專門的事業，但是此項人才異常缺乏。在外國有供不應求之勢，在我國更不必論。但是因爲沒有專門人才，因此一般兒童圖書館，多是濫竽充數。而辦理這件事的人，也因爲事繁薪少，經濟困難，設備不周，而且對於兒童圖書館的原理和實際本不了了，因此因陋就簡，衍敷了事，反覺辦理兒童圖書館，是一件便當的事。而社會上也以爲兒童圖書館可以不必用什麽專門人才去管理，也就行了，所以大家都以爲辦理兒童圖書館是一件便當的事。照這樣的態度、這樣的狀况，我們要希望辦得好，又豈容易呢？

我以上說了一大堆的話，宗旨無非想糾正現在社會上一般人的觀念。要知道辦理兒童圖書館，不是一件很容易的事。希望此後對於這件事增加幾分敬仰，予以幾分贊助。至於現任兒童圖書館的人，我希望他們從事研究，不要因陋就簡、敷衍了事，要知道他們責任的重大，事件的非輕。那末，我國兒童圖書館界還有一線希望啊！

要辦理兒童圖書館，首先要注重組織和管理，其餘如閱覽的指導、圖書的選擇、閱書室的設備、各機關的聯絡，都是很重要的。現在分節略述如下：

（一）需要問題

圖書館的進化，也好像教育一樣。在歷史上看來，經過許多時期。最初，圖書館不過爲少數學者或貴族而設，後來漸漸開放近來依着平民教育的趨勢，所以各處公共圖書館異常發達。在教育方面，我們已知注重兒童的教育，所以有强迫教育、義務教育的進行。因此圖書館也非常注重兒童時期的閱書問題。因我們無論在校在家，從少就要鞏固我們的求學基礎。要知道文學的欣賞，學問的趣味，這種教育，有許多是在家養成的，而一大部份人則全靠在學校和圖書館。但是學校教育年代有限，所以要繼續我們的教育，就不得不靠圖書館了。據實際上的調查，國內的兒童，畢業於小學而絕學的，不可勝數。這種小學生每每因爲生計所逼，經濟所困，不得不出而謀生。他們若是從少沒有求學的基礎，沒有讀書的習慣，沒有問學的興趣；那出校之後，不免永遠拋離書籍，置學問於腦後，以至終身淪落，無以自拔。所以在兒童時期，在學校方面，當給以相當的知識；而在圖書館方面，就要注重求學的基礎，使他們有讀書的習慣。至功課的參考，尤其餘事了。

要求兒童的求學基礎，先要使他們知道文學的欣賞。日與詩書爲緣，因而養成讀書的習慣。有讀書習慣，然後可以講求學問。所以兒童圖書館的第一個目的，就在養成兒童的讀書習慣。

但是讀書可以在家讀，可以在校讀，學校和家庭都可以養成他們的讀書習慣，何必一定要圖書館呢？這話雖是不錯，但是圖書館和學校與家庭，範圍不同，管理不同。圖書館的利益和方便，大都已經知道，不必詳細討論。圖書館裏所有的書，有許多是家庭與學校沒有的。圖書館裏的事業，也有許多是家庭與學校所做不到的。所以圖書館有獨立的價值。圖書館是我們求學問的最好的工具，要在我們怎樣去利用。歷來所有大學問家、大發明家，沒有不從圖書館內磨練出來的。我們在兒童時代，雖然是不研究什麼高深的學問，但是我們將來要利用圖書館的地方，眞是不少。要希望將來能利用圖書館以求學問，就從少非有圖書館的習慣不可。所以兒童圖書館的第二個目的，就在養成兒童的圖書館的習慣。

此外還有什麼參考用書以補充敎材之不足，職業用書以繼續輟學學生之教育，小說文學以陶冶學生之性情，科學歷史以增加學生的智識，這都是兒童圖書館的要務。兒童在圖書館內，非但要養成讀書習慣，而且要養成讀應用書的習慣。不過這還是第二步的功夫，我們最要的目的，是養成讀書和圖書館的習慣。

（二） 組織問題

兒童圖書館的組織，大約分兩種：一種是完全獨立的，一種是附設在公共圖書館的。但是事實上以附設在公共圖書館的爲多。至於小學的圖書館，也有稱爲兒童圖書館的。其實目的範圍，各有不同。現在所論的，是獨立的和附設在公共圖書館的。小學圖書館問題，容日再論。

兒童圖書館的宗旨，旣如上述。無論附設或獨立的，都是一樣。而辦事範圍則以普及當地的兒童爲目的。譬如縣立的兒童圖書館，就應該設法使全縣的兒童都有受着圖書館的機會。所以圖書館的組織要非常完密，計劃要非常周到。所辦的事業，非但在圖書館館舍以內，而且要伸張出去與家庭和社會機關聯絡，互謀兒童的幸福。兒童圖書館要在敎育制度中占一重要的位置，爲初等敎育的一部份。

附設在公共圖書館的兒童部，應與其他各部互相聯絡。管理取集中制度。根據一定的政策，秉承公共圖書館館長，與各方協同努力，以謀發展，務使圖書館的影響普及於全縣 全市 的兒童。

兒童圖書館的制度組織和方法，雖與成人部和其他圖書館不同，但是大致不能相去太遠。因兒童圖書館的目的，在養成兒童的圖書館習慣，預備將來中學大學和公共圖書館的閱者。所以一切組織與其他各圖書館都有關係。

兒童圖書館和公共或其他圖書館的組織不同，就是偏重在閱覽的指導和圖書的選擇方面。對於分類編目各部，比較其他圖書館簡單。兒童圖書館館長和館員，大部份時間都費在閱覽室內。一切編目登記諸手續，大都是由公共圖書館的編目等部代庖的。除獨立的兒童圖書館外，很少有圖書館委員或董事會的設立。館內的人數，視範圍的大小而定。館員的待遇，與其他各部，大都一律。主任或館長與館員，以女子爲宜。

(三) 館長問題

兒童圖書館的館長或主任，責任很重，事務很繁，不是不學無術的人所能勝任。她至少要有普通學識、專門訓練。對於教育學、兒童學、圖書館學的原理，都要明瞭，而且能够實用。她要有普通圖書館學識，而且要有兒童圖書館的專門訓練。她是一個教育家，而且是一個專門的教育家——兒童圖書館專家。她對於普通文學，要有根底。對於兒童文學，尤要有研究。熟諗兒童的興趣，善忖兒童的心理。對於社會現狀和兒童的家庭境況，都要了然於胸。所作所爲，都要根據教育原理和常識，而尤要熱心從事，明白果斷。

她的性情要非常的溫和，她的舉動要非常的文雅，她的態度要非常的親昵，她的容貌要非常的慈愛。時常都要笑容可掬，仍帶三分孩子氣。會說會笑，使兒童不由不接近她。辦事誠懇，教人不倦。視兒童如子女弟妹。愛護之心，溢於言表。不過不是盲目的熱心，姑息的溺愛。辦事貴有分寸，待人接物，態度要自然。

她要有高尚的意向、皎潔的心志、多方的興趣、廣闊的胸襟。不以感情用事，不帶驕傲氣慨，然後可以善誘兒童。因爲她自己的一舉一動影響於兒童甚深，她的責任非但要養成勤敏的讀者，而且要養成高尚的國民！她的舉止，她的工作，就可以磨練兒童的道德，提高兒童的意志，增加兒童的智識，訓練兒童的習慣。書籍雖是可以益人，但是她是書籍的原動力。兒童讀書所得的利弊，意向的高下，都繫在她一人肩膊之上。唉，我寫到這裏，我想見兒童圖書館館長和館員多麼可敬、多麼可愛！現任兒童圖書館的人，努力呵！兒童的命運，是任你們擺佈呢！

(四) 選擇問題

兒童用書選擇問題，是一件最費研究的事。近年以來，教育界已經很注意這一件事。所以在雜誌報章上，常常有關於兒童用書的文章發表，這是很好的現象。不過社會上對於兒童用書的討論，大都是注意在教科書和課外讀物一方面。而對於兒童圖書館的選擇書籍，却很少討論。可是要研究這個問題，不是這篇簡短的文字所能詳及的。他日有暇，再當詳論。現在所說的，不過是兒童圖書館選擇圖書時，所應注意的大概幾點罷了。

兒童圖書館選擇書籍，應該注意三方面：一、社會方面，二、兒童方面，三、書本方面。

社會的現狀，職業的狀况，人口的多寡，兒童的年齡，社會的趣旨，都對於選擇圖書，有重大的影響。因爲圖書館是爲社會上一般兒童而設立的。各國各社會的兒童的環境不同，所以選擇書籍的目標也是不同。這裏我們很難舉出一個標準來，可以一承不變。所以任圖書館長的人，就要體察社會上的情形的需求與民族的特性，自定標準，以適應各種環境、各種需求。譬如某地方的工業很發達，兒童們多是工人的子弟，那末圖書館應該對於工業方面，要特別注重。譬如某地方的狀況非常複雜，那末圖書館也得要詳細地去分析她的成分，以應適各方面的要求。其他人口的多少，兒童的年齡，對於購書的種類和數目，都有關係。我們認爲圖書館是社會文化的中心，而書籍是圖書館的重要工具。圖書館不像書店一般，陳列了各種書籍，看顧客要什麽，就給他什麽。我們一方面要適應我們的顧客——圖書館的閱者——的需求，一方面要利用書籍去教化他們，用書籍去提高他們的意志與學識。我們的眼光並不是專注意在來館閱書的人，而且要注意及全社會的兒童，使他們個個都受着圖書館的教育，個個都受着書籍的感化。因此兒童圖書館對於社會，是關係極深的。選擇圖書的時候，總要爲全社會着想。

對於兒童方面，我們大家都知道要適合兒童的心理和生理。但是兒童的心理和生理，到底是怎樣的呢？這個問題，不是容易解答的，其中包含着許多心理原理和教育原理，不是空空洞洞所能解釋的。我對於兒童學和教育學，都沒有精深的研究，不能有什麼貢獻。不過我們對於兒童的用書——就兒童圖書館而論——以爲除心理生理兩方面之

外,還要注意兩點:

一、兒童用書,除適應他們的興趣程度之外,還要注意倫理方面、道德方面。因爲國民的道德,全在兒童時代培養出來。所以兒童閱書的時候,若果受着良好的感化,他們的行爲自然日趨於善良。這裏,我們並不是提倡古典式的道德教育,要各圖書館多買些修身教科書和言行錄。我們對於無論那一本書,都要有一種倫理的意味或論調,(ethical tone)我們要用間接的方法,使兒童的秉性行爲,改善於不知不覺之間。譬如同是一本動物學的書,在表面上看來,並沒有道德不道德;但是細察其內容,也許讀了一本書之後,兒童對於禽獸增加了許多愛護之心,也許增加其殘暴之性。這就是倫理的論調不同的緣故。所以我常說:任普通圖書館的人,對於選擇書籍,祇要大致不差便了;而任兒童圖書館的人,非逐本詳細審閱不可。普通圖書館的書要博而多,兒童圖書館的書寧少而精。

二、兒童圖書館的選擇書籍,除注意於兒童的現在之外,還要注意兒童的將來。現在一般的兒童圖書館,總以爲兒童文學不外是幾本童話小說而已。不知兒童文學的範圍很廣。舉凡兒童用書,都可以叫做兒童文學。現在辦兒童圖書館的人,多半因爲有了這種誤解,所以把兒童圖書館作爲很簡單的事。而且以爲兒童圖書館不過是供兒童課外的閱讀和消遣而已。所以專備一些文學、小說、童話、歌謠,便算盡其能事。其實這種不過是一知半解罷了。後來有些人說:兒童圖書館除供給兒童課外閱覽和消遣之外,應該加參考一門。因爲兒童在校,單靠一本教科書,是不行的。所以兒童圖書館應該備些普通淺近的參考書,以補助學校教授之不足。這種見解,雖是把兒童圖書館的範圍放大一些,但也不能認爲完滿。因爲這種見解,總不免把圖書館當作一件附屬品看待。其實兒童圖書館雖是有很多地方補助學校教育的,但是圖書館自身也是一種教育機關,對於兒童的教育也直接負相當的責任。這並不是說有了兒童圖書館,就不必有學校教育。但是兒童圖書館應該與學校相提並論。並不是這一個補助那一個,這一層是希望閱者要諒解的。

我們要認定兒童圖書館是一種教育機關,方才可以見得牠範圍的廣闊、責任的重大。我們對於兒童的閱覽,非但加以指導,隨時提高其興趣程度;而且要對於兒童的將來生活,有所準備。我們非但注意現在在校的兒童,而且要注意現在已出校和將來出校的兒童。據實在的調查,小學畢業學生有百分之九十以上,不能繼續他們的學業的。這種早年輟學的可憐的兒童們，既出學校之門，學校就不負教育的責任。那末，他們日後的教育誰去擔負呢？這就是圖書館的責任了。現在的兒童圖書館，大牟多注意在校的兒童，或來館閱讀的兒童。其實他們在社會上，不過是極小極小數罷了。圖書館應該努力以普及其勢力，使其餘大多數的兒童感受其惠才是呢。

所謂對於兒童的將來，就是選擇書籍的時候，應該注意兒童的生活問題。兒童在校的時候，就要養成他們的圖書館習慣。使他們知道圖書館是智識的貯藏所。他們有什麼難題，都可以向圖書館搜尋材料解答一切。養成他們對於圖書館有"Library is a place to find things"的觀念。那末，他們不幸早年失學，還有良師在旁，可以隨時請益。兒童有了這種習慣，有這種「自育」能力，前途方才有望。不然，故步自封，那裏有進步呢？

美國的鋼鐵大王 Andrew Carnegie 就是幼年失學的兒童之一。他年少的時候，一方面在工廠作工，一方面向圖書館借書看，專心研究鋼鐵的化練。後來卒成爲鋼鐵大王。他深知圖書館是一種重要的教育機關，對於幼年失學的兒童尤其是切要，所以他特捐了六千七百多萬美金捐助各圖書館。若果他不是身受其惠，那裏曉得拿這大一匹款來捐助圖書館呢？

我常以爲學問一事，是要各方面共同研究，才能成爲科學化，才能收良好的效果。若是各門科學單靠幾個大學教授和專門家在書室裏試驗室裏發明出來的，總不免閉戶造車之誚。年來我們對於高深的科學，頗多提倡與研究；而對於日常應用的學問，反置之不理。因此學校畢業的學生，不免有學非所用之嘆。一般教授專門家的思想，也不免偏於理論與虛玄方面，因此工商各門，毫不發達。比如拿土木工程來說：現在的工業學校，對於土木工程一課，不爲不備；學生成績，不爲不美；但是祇有工程師是研究學問的，其餘一般建築的工人、泥水木作，那裏有什麼研究？這就是我所謂不能各方面共同研究的現象。所以這門科學的發達也很有限。我們要希望土木工程這一門科學完全發達，非自泥水木作工人匠人起，至工程師止，個個都有研究不可。不過他們研究的範圍程度，各有不同罷了。我們試看外國書中關於木匠的書籍，年有出版。自關於兒童自製木具，以至高等木作，都有討論出版的書籍。因此從事木作的人，也有研究的機會，對於他們的工作的成績和出品，可以日進，對於他們個人的生活，也可以因而提高。土木一科方能完全發達。

這一段話好像我已說出題外，看來與兒童圖書館並沒有什麼關係，其實不然。試看現在從事於泥水木作的徒弟們，他們那裏有什麼研究?所以一生沒有出頭的日子。可憐他們自幼失學，沒有充分讀書的機會，為生計所迫，不得不從事於工作。既從事於工作，便與教育脫離關係。沒有一個機關，可以幫助他們繼續教育。這種人社會上實在多哩，所以我說兒童圖書館應該對於這一般年紀較長的兒童，負教育的責任。兒童圖書館裏的書籍，並不是專備幾種童話圖畫給那般小弟弟小妹妹索玩，也不是專供給在校小學生的課外參考。對於這班現已謀生的兒童，應設法幫助他們，使他們曉得自己的生活可以提高，前途還有一線希望。——好像 Carnegie 的研究鋼鐵;他起初也不過是一個小工罷了——而一方面對於他們所操的工作，也有改進發達的可能。所以兒童圖書館的責任是很重大的。

不過話雖是這樣說。可是現在的泥水木作的小徒弟和其他各業的練習生，即使你有了關於各業的書籍，他們也有看不懂的，也有不去看的，而社會上也沒有這種書籍。即使有了，這種書籍也沒有銷路。因此兒童圖書館雖然想盡這種責任，也無從盡起。其中的原因，至為複雜。這種現象，是相因而致的。我在這裏不能多說。希望一般教育家、社會事業家和圖書館家，注意注意這件事，設法去超度這一般可憐的工人!

對於兒童的程度方面，我們要注意:年齡不是唯一的標準。我們所謂兒童，是和成人對待的名詞。現在一般人都以為兒童圖書館是專門為了一班很小很小的小孩子而設的。因此圖書館的書籍，除了幾本童話之外，幾別無長物。現在我們要將兒童圖書館的範圍放寬，凡成人以下，都可以稱為兒童。因此，書籍的選擇，就要適合他們的程度。書籍是不可以年齡分的。因為同年的兒童，其程度未必一樣。照美國的通例:兒童滿了十六歲，便稱成人，方才可以到成人部去看書。這個年齡，我們中國也差不多。不過這是一個通例，不是毫不變通的。因為我們要決定某閱者應否入成人部，應該從德育智育諸方面估量。有些年紀很小，而其程度已可及成人的，當然准入成人部閱覽，不可因年齡的關係而阻礙其進行。在成人部裏，因為某閱者舉止上有所不合，因而送去兒童部的，這種辦法，却很可以糾正年齡較長的兒童的行為。

兒童與成人，雖然以十六歲為標準，但是其間界限，很難分清。而且在兒童圖書館裏，我們要鼓勵和引導兒童，利用較高深的書籍。所以在兒童圖書館的書架上，也應參以成人的書籍。使兒童於不知不覺之間，參閱較高深的書籍。將來他們到成人部去閱書的時候，也不覺得驟然的變動。所以兒童圖書館並不以幾本童話爲限。

對於書籍方面，更宜注意體裁、印刷和裝釘。兒童文學的體裁，要簡明優雅。敍事要有聲有色。用字要淺近。插圖要多而且精美。印刷的字體大小，紙張墨色，於衛生上極有關係，也不可不注意。裝釘格式，最要美觀，以引起兒童興味。最忌教科書式，千篇一律的裝釘。裝釘要堅牢耐用。普通應用的書，要多備幾本，以便同時出借。以上種種，在研究兒童文學的書中，已經有很詳細的研究，閱者可自行參閱。

（五） 出納問題

各處圖書館對於書籍的出納一件事，也有許多不同的意見和手續。有些人以爲小孩子往往不能守規則，所以出納的手續非常繁重。一切規則，也限制很嚴。借書的時候，要由父母師長簽字擔保。如有遺失書籍，過期不還，都惟父母師長是問。或者嚴行罰款制度，加以種種取締。這種嚴厲的手段，繁重的規則，雖是管理圖書館的人可以克盡保藏之職，但是對於兒童方面，却大有不利。第一、因爲兒童借書的時候，若要父母師長保證，那末，一般沒有智識的父母們，生怕他的小孩子將來犯了規則，難以卸責，所以往往不肯替他簽字。第二、因爲小孩子是沒有進款的，雖行了罰款，也是無用。有許多因爲父母不肯給淸罰款，那兒童就不能再去圖書館閱書，因此失了他的圖書館習慣。第三、兒童在十一二歲的時候，正是閱讀興味萌芽的時候，正是應該養成讀書習慣和圖書館習慣的時候，若是加以限制和阻止，那末，對於兒童的前途，大有阻礙。把培養讀書習慣最適當的時機白白錯過，豈不可惜！第四、兒童到了一定年紀，便喜歡閱書看書，其實無論那一個那一種的兒童，都有這種「讀書熱」(reading craze)。不過時間長短各有不同。在這個時期內，若是父母師長和圖書館長因勢而利導之，便可以培植和鞏固他的讀書興味。在這個時期內，若果不給與正當的讀物，他就要看市上不良的小說和圖畫，終於德育智育上受莫大的損失。所以凡任兒童圖書館長的人，最要留心在這當兒，寧願圖書館略受損失，而不要誤了那前途無限的小國民。

我以爲圖書館——尤其是兒童圖書館——對於出納這一件事，應以寬恕爲原則。若果有不當的地方，祇能作爲例外，用個別的方法去處理。比如兒童初次來館借書，本來可以不必叫他們的父母師長簽字，卽使要證明他的住所和所在的學校，則請父母師長簽字證明，也是可能的。不過不必要父母師長負什麼責任，免得嚇怕了他們。有許多圖書館，在兒童簽寫借書證之後，卽發通知書一紙，告訴他的父母，說現在圖書館已經給他借書證便了，不必要父母簽字以省手續。這個方法，試驗之下，結果尙佳。不過也不是必要的。因爲有許多無知的父母，或者因此而干涉兒童去圖書館閱書呢。

對於兒童借書，過期不還，最好不要罰款，祇要停止他們的閱覽。但是停止的時間，不宜過長，長了就容易失了他們的圖書館習慣。大約每過期一天，便停止他借閱一天，已經足了。

兒童到圖書館的時候，就要施以相當的圖書館教育。第一、要引起他們對於圖書愛護之心，培養他們的公德，尊重公共的物件。若是偶然遺失了一兩本書，最好是叫他照價賠償，或者加以勸戒，使他往後謹愼。無論如何，總要和顏悅色的對他講，不要厲聲疾罵，免傷他們感情。不然，他們下次非但不稍加謹愼，而且要惡作劇呢。對於失書一層，我們往往太過慮。從前我陪了美國鮑士偉博士去各處演講，有許多圖書館界的人，斤斤和博士討論失書問題。我記得有幾次他回答得最爽快，他說 "We buy children books by tons"〔我們的兒童書籍是論噸買的。〕這不是形容買書的多，他的意思就說，每種書籍有數十百部，失了數部，算什麼事。他又說 "Books are like coal"〔書籍是好像煤一樣。〕他再伸說道：我們買了煤不燒，那末買他幹什麼？燒了，自然成爲灰燼。他意思說：書籍本來是要壞的、要失的。這兩段話雖然張大其詞。在美國圖書館經費充足的情形，當然可以辦到，在中國則不可同日而語。但是也可見近來圖書館的趨勢，一種自由寬大的態度，我們不可不注意。要知道圖書館因爲恐防失書而封鎖起來，那末，辦藏書樓可矣，何必叫圖書館呢？在兒童圖書館方面，因爲小孩子向無責任心，所以失書的數目當然比較其他圖書館爲多。幸虧兒童書籍價錢不是很貴，失了幾本，不算什麼事。所望辦理兒童圖書館人不要拘泥小節，因小失大。

兒童圖書館的借書證，務須限於兒童本人的用。因爲有許多父母兄長，懶於去圖書館領借書劵，便借用他們兒童的證劵，以致兒童有向隅之歎。這一種現象，在中國或者很少，但亦不可不注意。

至於每個兒童同時能借書若干，也是一個可以研究的問題。有許多教育家，以爲小孩子不應多讀書。最多每個禮拜讀一兩種。每次祇能借出一本。不然，恐怕要傷腦。這種理由，雖然是很充足，不過也不可一概而論。因爲書有厚薄難易之分，程度有智愚深淺之別，所以要因時制宜。若果他能夠多讀一些，自然應該許他多讀。若果一定要每禮拜讀幾本，那末太不自由了。有許多兒童正在閱讀高興的時候，若是圖書館不供給正當的讀物，那末，他就得去看那不正當的書籍，其害更甚。不過有許多因爲身體上或功課上的關係，不宜多讀的，這是個別問題，還要用個別的方法去解決。照普通的規例，兒童每次同時可以借出二本書。一本是供功課上的參考，一本自由閱覽。若是二本書一樣的用處，也無不可。借出的期限，普通爲爲兩星期。期滿後，如未讀完，仍可續借兩星期，大概一切規則，與成人部沒有什麼大分別，其他一切手續，也要和成人部差不多。因爲兒童圖書館是預備他們將來去利用公共或大中學圖書館，若是手續太不相同，豈不麻煩？

總之，出納規則不可以過於限制，然後不失兒童圖書館的效用。所以 F. J. Olcott 說 When loan rules are reasonably unrestricted then the library's service to children—that is, to the educational life of the community—is greatly strengthened and increased.

（六）閱覽問題

自從圖書館的新主義流行以來，大家都知道圖書館非但藏書、供人閱覽，而且要引誘他人來館。因此一般圖書館就用了種種方法去吸引觀衆，好像圖書館當作戲園游藝場一樣，這是不對的。圖書館閱覽的人，一年多一年，自然是很好的現象，但是我們不要單在人數上比較。要知圖書館有圖書館的殊特宗旨，不是戲院游藝場可比。我們的目的，非但要使許多人來館閱覽，而且要使他們切實得到閱覽的利益。兒童閱了圖書之後，於他們的德育智育上，要有切實的效果。所以我們不要祇知引誘，而不知指導。否則，徒然人多，也是無用的。指導閱覽的方法，要算是兒童圖書館管理法中最重要的一部份。現在因爲篇幅的關係，不能將各種方法詳細舉例，祇可略舉數種，以見其端倪。篇末附有參考書數則，閱者可以自行研究。

指導兒童閱覽的方法:

1. 對於各個兒童,我們用以下各種方法,去接近他們,指導他們。

a 與兒童共同閱覽,隨時指導。

b 幫助他檢尋目錄或其他書籍等件。

c 分給各科或關於某問題的參考書和普通讀物。

d 升級式的讀書法或其他方法,以引起讀書興味,而鼓勵其前進。

e 圖畫書(每幅圖畫附載幾本參考書,並用種種問題引起其研究興味)。

f 西洋鏡、風景畫、歷史畫等的設備,以助閱覽之不足。

2. 對於團體的兒童。

a 教授目錄和參考書等的用法。

b 演講故事。

c 朗誦。

d 唱詩。

e 研究會——設立小規模的研究會,以助兒童的閱覽。

f 關於圖書的演講,說明書籍的內容和用法,介紹新書。

g 標貼各種佈告,以引起閱者的注意。

3, 與父母間的聯絡。

a 研究兒童的家庭狀況。

b 與兒童的父母討論或磋商各種問題。有時還要親赴兒童的家裏,去拜會他們的父母。每星期劃出數小時,預備他們來訪問。

c 與教育會、父母會聯絡。

4. 與各種公共機關的聯絡。

a 參觀各學校及其他教育機關。

b 在教室內之故事演講與朗誦。

c 與各種教育、公共、自然、學術機關之聯合及合作。

d 鼓勵教員來館參觀和閱覽。

5. 與一般成人的合作和引起他們的興味。

a 演講兒童圖書館的功用和利益。

b 表演或展覽兒童圖書館的工作和事業。

c 展覽關於兒童讀物及應選書籍。

d 輔助各種學會研究兒童文學。

e 發行各種書目,以補助辦理兒童事業者之用。

f 其他關於提倡兒童圖書館運動的文件和物品。

* * * * *

參考書

以下所列各種參考書,係限於上海圖書館協會附設的圖書館學圖書館所有的,其他

槪不詳列。閱者如欲研究此項問題,欲來館參閱的,極爲歡迎。

1. 今澤慈著,陳逸譯: 兒童圖書館之研究,商務,十三年。
2. 兒童用書目錄, 商務,十四年。
3. 兒童用書研究號, 見中華教育界十一卷六期,十一年一月。
4. 杜定友: 推廣廣東省學校圖書館計劃,廣東全省教育委員會,十一年。
5. 趙宗預: 兒童讀物革新論,十四、九、二十九——十、六,新聞報。
6. 蒲梢: 兒童文學書目,十四、十、十、時事新報第七張第二版。
7. 盧效彭譯: 兒童讀書之選擇法,婦女雜誌四卷七號。
8. 顧實: 圖書館指南,上海醫學書局,第十章。

1. Books for Boys, the Rotary List, A. L. A.
2. Boy's List, A., A. L. A.
3. Children Department and Children Reading (in Library Work Cumulated, 1905–1911), Wilson, 1921
4. Doud, M.: Books for the Home, St. Louis Pub. Lib., 1924.
5. Gifts for Children Book Shelves, A. L. A, 1925.
6. Girl's List, M., A. L. A.

7. Graded List of Books for Children, A. L. A., 1922.

8. Guide to Good Reading, A. B. C.

9. Hassler H. E. and Scott, C. E.: Graded List of Stories to Tell or Read Aloud., A. L. A., 1923.

10. Hazeltine, A. L.: Plays for Children, A. L. A., 1921.

11. Hewins, C. M.: Boys for Boys and Girls., A. L. A., 1915.

12. Hunt, C. W. and Others: Library's Part in Children's Reading (in Public Libraries XXVII: 538-547)

13. Mann, M.: Subject Heading for Juvenile Catalog, A. L. A., 1918.

14. Maston, C.: Books for Tired Eyes, A. L. A., 1923.

15. Morley, C.: The Child and the Book, A. L. A.

16. Olcott, F. T.: Library Work with Children, A. L. A., 1914.

17. Powell, S. H.: The Children's Library, a Dynamic Factor in Education, Wilson, 1917.

18. Power, E. L.: Children Books for General Reading, A. L. A., 1924.

19. Ridder, H. L.: Some Illustrators of Children Books, (in Public Libraries XXVII; 525-527)

20. Stanley, H. H.: 550 Children Books, A. L. A.

21. To Enrich Your Home, a Book List, National Geographic Society.

摘自《教育雜誌》一九二六年四月第十八卷第四號

圖書館與兒童

傅雲瑞

1. 館員。
2. 圖書。
3. 公民訓練。
4. 兒童閱覽室之計畫與設備。
5. 鼓舞兒童閱覽興味之方法。(學校與圖書館之合作。故事講演。閱覽俱樂會。兒童圖書之展覽)
6. 兒童圖書館之行政(保證人。開館時間。借書冊數。長年兒童之特別待遇)

兒童圖書館之[illegible]人才

引言

圖書館在社會上之價值。及其與兒童之關係。至繁且鉅。使博搜而詳說之。裒集成書。雖載之以五車。恐有不能盡焉者也。今論者執茲簡短之篇幅。以言圖書館與兒童之一題。謂其語焉而能詳者。其孰信之。故吾必申言曰。吾之所欲言者。其要素耳。原理耳。非敢與於精詳之旨也。而吾之所欲與言者。乃一般熱心堅毅之館員。基金缺乏。不足阻其力。指導乏人。不足隳其氣。俸給微薄。不足灰其心。必欲使圖書館成為兒童幸福之中心而後已者是已。

[illegible]圖書館。[illegible]情形。[illegible]童之基本原理。為館員者之所當先研求也。至於設施之具體方法規則等。視財力之何如。以原理為依歸。精心為之。雖不中不遠矣。此作者之用心也。閱者諒之。

一 館員

圖書館事業與兒童之第一要素惟何。適當之館員是已。何謂適當之館員。必也敬愛兒童。且當髫齡時。酷嗜閱覽。習成天性。並極端信仰書籍之足以益人神智。涵養道德者也。至若聰敏之腦筋。貞幹之能力。爲兒童圖書館員所不可缺之德性。自不待言。而爲館員者。又須心思處處精密。對於兒童之態度。必和藹可親。對於書籍之選擇。必審愼從事。使其所收藏者。有生發之機。而無沈鬱之氣。

二 圖書

圖書館事業與兒童之第二要素惟何。適當之圖書是已。此圖書館員。董事。及創辦者之所公認也。然究以若何之圖書。適合於兒童乎。此在選購圖書時。所必發生之問題也。考一般圖書館之選購圖書。要莫不以下列兩原則爲依歸。一曰價廉。二曰應兒童之需要。雖然。美國圖書館委員會之委員。嘗宣言廉價之兒童圖書。多爲廢紙。以貲購者。其有益於民衆之被欺。虛糜金錢者多矣。其言曰。吾人嘗見有兒童圖書室焉。纍々滿架。得之廉固廉矣。然舉係不堪披覽之書。實廢紙耳。入覽之兒童。固深嗜之矣。然又舉爲有害身心之作。爲有識之父兄師傅所深惡而痛絕者矣。世人對於是類圖書。固宜以佛郎克先生之言。大書特書。標其封面曰。炸彈哉。愼勿令其炸破汝子之腦。由是可知徒取價廉。徒應兒童之需要。猶未足也。圖書選購之不易。有如是者。今書肆中嘗見有連篇累牘之叢書小說。動輒數百種或數十種者。率爲覆瓿當薪之廢物耳。然有價值之兒童叢書。數十百種成集者。或亦有之。要不多見耳。此館員之所不可不審思明辨者也。

吾人之設立圖書館。信仰之。鄭重之。以其有至高之價値。足爲善良公民性之蒙養園耳。故書架上任何本圖書。必詳審之。其於吾人所希望之主旨上。能否有協助其可能之效力乎。如曰某書無害。尤未足容其在書架上占一有用之位置也。故吾人納入圖書。無論採購或贈與。必確見其為有益斯可耳。昔者圖書館萌芽時代。出板界亦不發達。室有餘閒。容見泛泛之本。羅列其中。今則書肆櫛比。佳作固多。必曰無可採擇者。抑亦過矣。美國考白兒菲得圖書館。David Copperfield Library 致書邵君。Bernard Shaw 請其捐贈。邵君應之曰。吾無金。將進吾言如蒙採納。不啻鎌金之贈耳。夫所謂兒童圖書者。切勿收入館中也。……兒童圖書室之第一要義。應以無兒童圖書為是。邵君之言論。殊堪尋譯。彼蓋深惡近世一般腐儒俗士。刊刻青年讀物。初不識兒童心理為何事。益小而害巨。有之不如無也。雖然。年來出版。毫無價值之青年讀物。固不勝計數矣。然彼嚴酷之批評家。果足證明確有鑑別之能力乎。彼等之指摘嘲笑。固率意為之。初未必有真正之經驗與根抵也。設吾試舉幾百種之兒童文學以語之。其一管畢讀者蓋鮮矣。今者著名之著作家。繪畫家。出版家。伏案凝思。獨出心裁。以貢獻其絕技於兒童者。比比皆是也。但須館員有鑑別之能力。則無益之書。自可遏止。發行漸希矣。

兒童圖書。諸如畫報。神話。事實紀述。時事新聞。學校故事。歷史故事。冒險故事等。選購之時。必成竹在胸。庶資鏡鑑也。而是項選購兒童圖書之能力。館員所必應具也。養成之道。最少須精讀極佳之兒童圖書百種以上。此百種圖書。必確為兒童之所喜。並經精明之鑑賞家所嘉許者。讀過百種之後。自能胸中有本。取舍無訛矣。倘其對於卑鄙之篇章。無意之浮詞。泛濫之故事。荒謬之圖書。粗鄙或激憤之音聲。仍不深惡痛絕。又不能嚴拒代理書商。或拍賣家庸者之招攬。則若而人者。必不適宜於該村兒童心理上或精神上之供給者矣。

吾於圖書之選擇。言之時長。然吾猶以為未盡也。吾且將舍圖書館之種種問題於不顧。而只論圖書焉。

蓋圖書之重要。遠在他種問題之上。設館中所收藏者。而無閱覽之價值。則舉所謂故事講演。俱樂部。學校合作。掛圖用具之陳設。目錄之編製。以及閱覽之規則。流通之辦法等等。雖盡美盡善矣。夫復何益。然而要言不煩。夫豈在多。玆條列「勿」字十四則於次。會心不遠。讀者各自得之耳。

1. 勿徒閱出版家之廣告而選購。亦勿因家喻戶曉而擇取。此於成人圖書然。於兒童圖書尤甚。苟不慎之。貽誤非淺。

2. 勿乘油墨未乾之時。而急購青年讀物。幼年兒童。勿令其以先覩新刊為快也。必俟其風行已久聲價隆重。吾人又確審其有益。方可購取焉。

3. 勿以著者之夙著聲譽而預約其新刊。蓋凡是新刊也。俱以為不可多得之佳構。然其果有裨益於兒童圖書館乎。則不能預料也。

4. 勿為文學鑑賞家之所欺也。蓋鑑賞家有不明兒童心理者。徒取有名著作家之成人文學。而奉為兒童文學之藍本者有之矣。豈不謬哉。

5. 勿徒為經濟起見。而多致無益之書。否則書架上難免廢紙之積壓矣。選購自當以應用為標的。於必要時。每書當備副本。

6. 勿為廉價所欺也。市儈射利之徒。往往將實價數倍之。而復廉價出售。以廣招徠。詎知其較實價尚高數倍耶。館員以有限之經費。購無涯之圖書。不可不長顧却慮。防其欺蒙也。

7. 勿使架中盡充學校之教科讀本。或補助讀本也。蓋兒童圖書室。非擬作兒童教室用也。

8. 勿多購淺陋易讀之書。致養成兒童之惰性也設幼時不由大家之篇章入手。則長將格格不入矣。

9. 勿引兒童習讀獸話也。雖極幼稚之兒童。亦應禁絕之。今書市中刊刻之兒童獸話。不可以千萬計。牛鬼蛇神。荒誕不經。可不慎哉。吾人選購兒童圖書。固應多方考慮以興味兼備者為佳。

10. 勿惑於一般人士之謬論也。其言曰。開卷有益古有明訓。吾自幼讀書。向不擇卷。今未覺其有害也。雖然。無益之書。縱有利焉。亦甚少耳。苟不善用之。貽害無窮。有益之書。進德修業事半功倍。吾寧取此而舍彼。

11. 勿全購書賈之存貨。不加選擇也。謂彼所藏者能盡爲兒童之寶乎。夫讀者興味隨時變遷。四書六經之類。經天緯地。斯文常新。固矣。然普通讀物。風行於一世紀以前者。今當蔽屣之者衆矣。

12. 勿忘盡其勸導之責任也。兒童之父兄。必當有以警告之曰。兒童讀書。不知選擇。則聰明道德將並受其害。

13. 勿備含有宗教性質之兒童圖書也。是乃館員最未可忽之事也。

14. 勿令廢除之書。滋蔓流傳也。當檢查書架。舉行廢除圖書時。必將廢除之書。親監其毀滅消沒而後已。切不可令其流入孤兒院。或買板人之手也。

以上各端。俱採擇兒童圖書時。必應注意之點。乃館員之所不可稍忽者。至於圖書之裝訂大小板刻等。屬於實用上之問題。亦有應注意之點焉。列舉如次。

1. 太小之圖書。易於紛失。

2. 太大之圖書。不便翻閱。而易於破裂。且重訂之時。費款亦鉅。

3. 書內夾有畫片。未經訂入者。宜於脫落。

4. 含有贈券。預約券圖樣之書。往々示人曰。將此剪下。或曰。依此線割下云々。倘兒童不知而誤行掣落。則罰金隨之矣。

5. 象形之書。繪製之書。及一般假書。徒可作裝飾品者。不必收藏。

6. 形式鄙陋。裝訂粗俗。邊緣狹小。紙料鬆懈。及紙料反光過强之書。俱非所宜。

然則圖書館於預約之圖書。應取如何態度乎。此館員急待解答之問題也。或曰。多數預約之圖書。往々所費則鉅。效益則鮮。館員訂購某書。如非預審其價值之何若。而貿然從事。未有能免浪費之弊者誠篤論也。

社會圖書館。每年之購書費。應以若干分。撥歸購買兒童圖書之用乎。向無定章之可言。各圖書館大半各自為政。不能劃一。然吾理想中之標準。則以全館書費四分之一至三分之一。為兒童圖書之用。為適宜耳。

三 公民訓練

圖書館事業與兒童之第三要素。則公民訓練也。兒童來館閱覽。則館員宜施以相當之訓練。使各個兒童。皆具有圖書館之態度也。

夫徒慇懃招待。融洽感情。使兒童愛之如冬日之溫。尤未足盡圖書館訓練之能事也。為館員者。須知兒童圖書館用意之所在。非如蒙養園。遊藝場。俱樂室遊息處。食堂已也。亦非只為銷寒避暑而設也。必使兒童圖書室。永不失其圖書室之特色斯可耳。兒童入館。必使雅靜無譁。專精閱覽。一如成人焉。設有一頑童焉。入館閱書。或看圖書手忙脚亂。輾轉翻播。使几案作響。則人皆厭之。不能分秒居矣。夫是類兒童。驅之於遊藝場。以舒其蠻野之氣宜矣。

又有進者。圖書館為公共之組織。而屬於民衆者也允宜使男女兒童。於此受公民訓練。養成其公民道德也。入公共圖書館。而不諳公德為何事。動違館章是不知愛其國家也。損壞圖書。何異於虛糜公款輕忽罰金。寧殊於偷漏國稅耶。

館員乎。倘以吾言為是。而敬愛兒童。且具堅毅之志願。則其精敏之管理。將見有裨於兒童之公民訓練者巨。非徒繫乎選擇圖書已也。

前為避冗長起見。特將吾所主持之意旨。分條簡言之如次。庶使讀者能獲淸晰之觀念也。

1. 初次來館之兒童。應乘機喻以何謂圖書館。及其希望於讀者之意旨。

2. 來館之兒童。必令預先淨其兩手。如到館之後方行洗滌是極惡之習慣也。

3. 宜養成兒童善良之閱覽習慣於其始至之時必遏其頑囂之氣。勿使萌芽。蓋整理於規則未壞之先者易。恢復於秩序既敗之後者難也。

4. 有相當之機會時。當教兒童以書架排列之法。以漸養成其自行歸還圖書之習慣。

5. 待遇兒童不可過煩。勿頻擾之。勿專注之。使有自賴之精神尙已。懦弱羞澀之兒童。應以銳敏之精神注意之。設有懷疑待解之處。現於形色。應不待其發問。而詳爲指導之。其矜才飾智。嘵々不休之兒童。則宜以莊嚴之態度微哂之。以制其躁。

6 頑童逾越規則。不可仍予優遇。以市恩沽惠也。是種情形。最足見館員能力之卑劣。

7. 勿拍案作聲。以維持秩序也。應輕步徐趨。犯者低聲前止之。

嘗見多數之圖書館員。非以訓練爲勿庸注意之事。卽畏訓練爲特殊困難之事。其館員嘗語吾曰。某地之公共圖書館。直爲暴躁不靜之男女兒童之集會場。是等兒童。毫無閱覽之興趣。雖有智者。鞠躬盡瘁不能納之於閱覽之軌道焉。而其地方之士紳。又復不許館員之門外摒之。彼蓋以爲兒童之入圖書館。縱不閱覽圖書。而薰陶漸染。必不無些許之利益也嗚呼迂矣。吾人既爲館員矣。當知吾人之第一天職在保持圖書館之本色。有入圖書室。而卒不能以圖書室居之者。是南轅而北轍。當不容其片刻留也。雖吾人對於是等兒童。亦有憐憫之心。然爲大體計。不得不擯斥之也。社會上固宜建築廣大之中央游藝場。備具游泳池。跳舞室。體育場等。以消納其浮躁有餘之精神。而使一般循規蹈距之閱覽兒童。得獲寂靜安謐之保障。

今吾復析言招待慇懃。感情融洽之道可乎。吾人凡有志爲圖書館員者。當回憶其兒時。對於長者滋意煩擾之事。蓋腦力之活潑。筋肉之萌動。足使兒童不能免厭煩之消矣。吾人既各受長者愛護忍耐仁慈之待遇。當以之予今日之兒童也。吾聞諸某館員於心煩意亂時。號於衆曰。今之兒童。率當牢之以鐵櫃。食之於小洞。非至廿一齡時。不可縱之出也。噫是何言。是人也。何能適於今日之兒童圖書館。社會兒童。無異圖書館之兒童也。能閱覽之男女兒童。固爲館員所積極歡迎。而須特別注意者。而方能看畫之稚子。苟其無礙他人之閱覽。亦宜許其來遊也。

爲館員者。不欲使其圖書館。有造就該地方之兒童成爲國家健良分子之效力則已耳。倘曰欲之。則友誼之招待。一視同仁之禮貌。正當之訓練。三者忽一不可。

四　兒童閱覽室之計畫與設備

小圖書館中。兒童部最要之設備。書架與座位而已書桌非必要也。而一般圖書館員之心理。則不可能矣。彼必以爲閱書者。必移其椅。注其目於大桌之前。面燈光而坐讀。噫。閱書者豈必如是。吾徒見其迫促之有害目力而已　夫在大規模之圖書館。兒童之參考書俱備。則固不可無桌焉。以便翻檢抄錄。但尋常之兒童圖書室。面積甚小。而充之以書棹。不留餘隙。其不便之點有三焉。兒童擁擠時。無周旋之餘地一也。侷促不安二也。易養成兒童遺書棹上。以待館員收藏之習慣三也。

社會之公共圖書館。雖極小者。亦必設兒童部。蓋兒童部之效益。初不減於成人部也。兒童部之位置。須極近於館員之辦公桌。而極遠於成人之閱覽室。兒童圖書架之高度。以五呎爲合式。桌椅之高。應取一律。桌高二十八吋。椅高十六吋可矣。然吾見有圖書館焉。其棹椅之高度。具二三種不等。彼以爲可以適合於身材不等之兒童也。詎知有不然者。吾周旋其中數載矣。恒見短小之兒童。反據於高桌之側。身長之兒童。喜坐矮椅之上。而以兩腿盤抱桌足焉。又時或室中充滿幼兒時。或室中充滿長兒時高度不一之效用安在乎。然則兒童來館時。區別其高低。爲之指定坐位則何如。曰。如是則兒童也。館員也。皆不勝其煩矣。設令學校之學生。在教室中坐於高度不適之桌椅。歷時聽講。未免戕賊己甚。但圖書館之情形。則大不相同也。吾以爲擬定之高度。適合一般兒童之閱覽年齡可也。兒童在館中靜坐之時間。不至太長。固無傷身體之發育也。

圖書館建築之格式。使兒童圖書閱覽室。位於收發臺之一端。而使成人閱覽室位於他端。館員居其中左右照顧。可以周到。誠經濟之辦法也。此種建築法。在歐美甚爲通行。事務匆忙之圖書館。用之尤爲便利。至兒童部獨具收發臺。而其出入口完全與他部分立者。殊未見其有利也。且其弊端。亦有不可勝言者。以下各節。擬議之辦法。無論分立或合立之兒童部。皆可採用之也。

1. 宜使室內之空氣新鮮充足。窗戶低下。雖侏儒亦可及。又須易於開闔。否則司啓閉者。將怠忽厥職爲館員者不勝督責之煩矣。

2. 兒童圖書館。應取開架式。閱覽室內。屋壁之下周。宜悉留爲設置書架之用。如煖氣管。通風管。及其他之室內固定器具。不易令其侵占圖書之位置也。書架上方之屋壁。亦不宜設置筒管之類。或懸以壁燈帳簿等 應悉留爲掛圖之用。

3. 兒童圖書室內。書架之高。必較成人部低下。如必欲劃一。使如成人部。則可並高八呎。以美觀瞻。將書架之上兩層。各以活門閉之。每門綴以樞紐。使可上下開合。活門之表面。可爲掛圖之用。格內可爲儲藏雜物舊書之用。

4. 書架宜特闢一格或兩格。高深各十二吋。專爲參攷圖書之用。其他各格以高十吋。深八吋爲度。選適中之地。設置兒童圖書館員辦公桌焉。此格書架。須適在該辦公桌之後。蓋參攷書籍。較爲貴重。宜防兒童之隨意毀裂也。

5. 書架中應特備一格。罩以玻璃門戶。俾可以封鎖。以爲陳列貴重圖書之用。

6. 於書架之上三層。長約五呎之部分。覆以木板。可以上下掀動以作揭示牌。牌面及其邊緣之顏色須與屋壁及室內其他種木器之顏色相調和。

7. 設壁架不敷用時。則可於地板上設置低書廚。其高約在三呎以上。四呎以下。以便照料。兒童圖書室中。不宜有藏匿隱臥之地。其與成人部毗連之處。僅可以三尺高之低書廚界之。上部則以玻璃隔絕兩方之聲息。

8. 桌上應不設電燈。他處之燈亦須令兒童舉手不及。

9. 忌觸弄之物品。俱應設於兒童手不能及之處。如電燈之開關鍵。呼鈴。電話等是。

10. 繁盛之圖書館。須鋪以輭木地氈。夫兒童之小足動盪不息。能使地板發聲。最足攪擾疲乏成人之腦筋。

11. 兒童圖書室中。不宜有尖銳突出之稜角。書架書桌。及其他之什物。其角稜皆須圓滑。

12. 坐椅須堅牢。而不易傾倒。如籐條竹枝所製之椅櫈。自不適用。兒童最喜安適之床榻。此類床榻。須妥愼計畫。以安置之於室內。榻面可以堅木製之。無須皮墊。以防兒童之刻劃。蓋人幼時。每有喜在公物上。刻其假名之特性。不可泯滅也。

13. 兒童圖書館。應有火爐一具。如不具備。殊爲缺點。一則以其美觀一則以其燃燒時。可以助室內空氣之流通也。

14. 屋壁之空間處。以木板覆之。若塗以白堊。則兒童之小手。將滿留爪痕於其上矣。

15. 兒童圖書室中。不宜有洗濯處。雖在塵土飛揚之區。兒童暴露終日。亦不宜在閱覽室內淨洗之也。其經費充裕之圖書館。設備便所者。須置手巾洗盆其中。並夫役一人。但此項設置。必須完全與圖書閱覽室隔離。

16. 兒童室中。須備小目錄櫃一具。

17. 每座書架。可標以架號。如每格上俱標以號碼則多事矣。

18. 兒童圖書室中。勿庸張貼規章條例。及類似之物。

19. 兒童圖書室內。宜保持之使有雅靜之致。而無紊亂之象。如畫報告白單據。及一切由各處剪下之物。雖其形狀大小顏色。各有不齊。要皆不宜施之於壁上也。室內之陳設。如卑陋之裝飾。污濁之形容。殘缺之模型。塵垢之水盂。枯枝萎花等々。尤宜摒除之也。至蒙塵之展覽物品。破裂之雜誌封皮。與夫倒懸曲折之窗簾。則尤爲惡劣之現象。不堪入目者矣。頃據吾友某君參觀國內各地圖書館之報告。謂各圖書館之最令人失意者即對於兒童圖書室。過事輕忽。鮮知注意及之也。抑可慨已。

夫人有天賦慧質。往々有爲館員則游刃有餘。以之裝飾室宇。則不足者。然既爲館員矣。即當自知其所知。倘果不知何如而後可以使一室人引起興會之法。則應讓能者爲之。勿自作聰明也。位於鄉村或鄰近園圃之圖書館。無須金錢。只須具審美之興味。與充足之時間。便足點綴其兒童圖書室而有餘矣。美麗之植物。山花園花、鳳尾紅桃、柏樹松枝。與夫指不勝屈之佳花異草。皆爲引致兒童之具。四時乃以不竭焉。惟館員應特聘精於整理花卉。裝飾室內者爲之布置。非然者。陳設一有不當。則佳花異草。徒成廢物已耳。

光明清潔。四壁無華之室宇。如置書滿架。綴以生氣勃鬱之天然色彩。亦足以助人佳興。令入館者。徘徊不忍去矣。雖館員毫無餘力。別求裝點之品。庸何傷乎。

五　鼓舞兒童閱覽興味之方法

吾人對於書室圖書兩問題。已於前節討論之。今既有書室矣。又有圖書矣。惟待全村之兒童。畢入吾室而讀吾書矣。然則究有何術以招徠之乎。又有何術以增加其閱覽之興味乎。是亟待討論之問題也。余嘗至一師範學校。遇某明敏而富經驗學識之教師。爲其生徒講演圖書館設計時。彼曾力言學校與圖書館合作之利益。及引起兒童讀書興味之易々。其言曰。上智之兒童。有生而好讀者。遇有圖書。卽必讀之而後快。雖在數里之外。不能阻其前往也。中庸之兒童。亦無不具讀書之本能。苟於童蒙時。引之得其道。則成人時皆嗜讀之士也。非下愚不移之兒童。其不能讀書者蓋鮮矣。中庸之兒童。復缺乏家庭之教育。及其長也。嗜讀之本能漸失矣。爲館員者如何能導之來館閱覽乎。下列各端。不可不知也。故事講演也。閱覽俱樂會也。學級參觀也。學校聯合會親友會之講演也。圖書展覽也。廣告也。皆通行之方法也。爲館員者。幸勿畏難思阻。自以爲不能採行也。吾且申論之。苟有嗜好圖書。敬愛民衆之熱誠者。斯能得最佳良之方法矣。夫道一而已矣。勿庸他求者也。吾人好友之德性。卽最佳之廣告術也何則。設能使一兒童焉。對於圖書館。快意愜心。則能引其同儕數人以至。至者咸覺圖書之美備。館員之和藹。則轉相告語。而至者衆矣。館員與學校教師。各種俱樂團體。教會等之聯絡。及與其他有力士紳之交接。尤助足傳播聲譽之效力也。館員如具有充分之智識。洞悉兒童所嗜之圖書。與其興趣之所在。在收發臺前。隨時指導兒童之借閱。其收效當較故事講演。團體參觀等之固定方法。爲尤多也。

學校與圖書館之合作 欲使圖書館之觀念。深印於兒童之腦筋。其方法至多。已如前述。而其最要者則學校之合作是也。在强迫教育之區。館員倘能與學校教師相友善。自能使該地方之兒童。一達閱覽年齡。無一不納入其館中也。夫圖書館之所以欲與學校合作者。以其有驅兒童於樂讀之域。養成其終身嗜書之習性耳。

圖書館之意旨。初非欲授兒童以圖書館學之智識。或爲學校備歷史地理或理科之補習教室也。亦非所以供給教育家所必須之教育圖書　或文章家所需之文學參考圖書。以研究教育。因而作懸賞文藝也。一般之兒童圖書館員。對於學校與圖書館合作之意旨。鮮能有澈底之明瞭。觀現時學校課藝。及社會論文。其命題。不曰教誨兒童利用圖書與圖書館。則曰。讀書成名。其能脫此範圍者蓋有之矣。吾未之見也。

本此旨以求諸。或亦不無效益。然吾必聲言圖書館之意旨。必切實反對。趨重「教誨」「或利用」「或成名」等字樣者。蓋圖書館在使兒童對於圖書。養成自然樂讀之習性也。非勉强利用。或求償而然也。乃欲以此產生知之者，不如好之者好之者不如樂之者也。夫學習索引。目錄分類法。固不足以養成兒童眞正樂讀之習性。終身由之也。即以懸賞之方法。限定時間篇幅。以誘引好讀之興味。亦未嘗也。嘗閱圖書館雜誌。載一館員述一兒童之言曰。請借吾以學校讀本及自修讀本各一冊云。又閱一論文。載一高級小學之兒童曰。吾欲讀書。奈不喜文學何。又有一兒童在收發臺前。送還兩冊嘉書。館員且驚且喜曰。此好書也。汝樂讀之乎。該童答曰。否。吾非樂之。吾求成名。不得不讀耳。由此可見。兒童眞正之興味。易引起矣。

雖然。吾確信學校之合作。可以達此目的也。而學級參觀尤有奇效。吾甚望各地方之學校。自蒙養園以至高級小學。能由其教師。率其全級學生。入各該地方之公共圖書館參觀焉。每年最少以兩次爲度。師生畢至。其利甚溥。彼懦弱之兒童。羞至新地者。及缺乏家庭教育之兒童。懶赴館舍者。如是皆可同時引至矣。否則是類兒童。不知幾年後。方能涉足館門也。館員於此時間。當予參觀之小友。以極短之訓話。但須視爲間接之方法。不可認爲直接之功能也。訓話一刻鐘爲限。設所占之時間過久。或成課堂式之講演。則非特不足增加兒童樂讀之興味反將減殺之耳。

學校與圖書館合作。最有效果之道。則與學校教師相結合也。設汝有良書矣。汝實愛之矣。汝復知汝地學校之課程矣。則汝即可使學校之教師。信仰汝矣。汝可示之以良書。說明其如何有助於某課程之利益。則該教師。將使其學生。源々而來矣。蓋彼將以汝所以示彼之內容云々。以示其生徒。使其生徒。以先覩爲快。嗣後汝之選擇。自能引起其生徒之注意。該教師又將揭示汝之廣告通知。並預告汝以其兒童必需之書目。依爲採擇之標準。自能適合於兒童之需要。苟如是焉。兒童有不趨之若鶩者乎。吾故曰。欲使學校與圖書館合作之效力宏大。館員當盡其力。以與學校教師相結合。務使其信仰汝之圖書館而後已。

汝既能使各學校與圖書館有合作之精神。則他種團體。並將信仰之。將來或有娛樂之事。以振興館務而鞏館基。自易爲力。

講演故事。在兒童圖書館。亦甚重要。今者中外有識之士。殆無不謂兒童圖書館。缺乏故事講演者。不能完成其兒童圖書館之功能也。雖然以謂無益而舍之者過矣。而用之不得其道。則非徒無益而又有害也。

然則故事講演。何如而後可以喚醒兒童樂讀之興味乎。館員非有充分之智識與經驗不可。

故事講演。一最佳之廣告術也。向無獨立閱書能力之兒童。將環而聽之。設演述者得其道。則多數之佳童。不難遂變爲善讀之子矣。

故事講演。非徒可以引動兒童。即成人之敬愛兒童者。亦將趨之。而與圖書館結密切之感情焉。

故事之選擇　須有直接之效力。使能引起兒童之興味。急欲得其書而讀之。

間接之勢力。影響於閱覽興味者。亦不可無視。設有以統計之。且較直接爲尤多焉。夫最足爲佳書之阻力者。艱深之字句耳。童稚腹笥尚儉。每遇作者輒苦難讀 使先聆講演。則閱覽時必能減其思索之苦。而增其記憶之力。此間接之勢力也。

故事選擇宜多方兼顧。以價値高尙。興味濃厚。不偏不苟者爲合用。

故事講演之副產利益。雖與閱覽無直接之關係。然其自身。亦有令人注意之價値也。

講演故事。足爲協助訓練之良好方法焉。當見暴動之兒童。每能厠身靜穆兒童之間。靜立以俟演述者之講演。是等自制能力之實習 於兒童及圖書館。並有裨益。

講演故事。每能使演者與聽者間之感情濃厚。此一可愛之效果也。館務忽忙之圖書館。館員應接不暇。對於兒童。無認識之機會，幾如市井店員之於路人。無識無知焉。是等情形。館員每引以爲憾事。尤幸有故事講演之機會 可以聯絡情感也。使講者與聽者間。每有强烈同情之結合。館員於此。每可爲其種々谷爲之事。

故事有必經口頭演述。方能栩栩欲生。娓々動人者圖書館中有故事講演焉。方能使是類之故事。印入兒童之腦筋。而界之好禮豪邁自重之意識。發發忠誠堅毅之精神焉。此故事講演。所以見重於圖書館之又一原由也。

故事講演。在圖書館之利益。至繁且巨。不勝枚舉。今吾仍必鄭重言之曰。故事講演。設不得其當。非徒無益而又有害也。

然則館員應如何爲其故事講演乎。據管見所及。下列諸點幾成通病。屢見不鮮。館員之所宜切忌者也。

1. 輕微無意味無價値之故事。不宜講演。
2. 過幼稚之故事。宜於蒙養園者。取而用之於兒童圖書館。謬矣。
3. 毫無文學價値之故事。一經運用。實足以壞審美之修辭。與夫高尙之文章而有餘。
4. 不道德之故事。不宜講演。如使兒童驚喜於狡猾惡劇之成功。是其例也。吾甚怪一般之成年人多喜以是類之故事。縱兒童。其不擇言不知道甚矣。

5. 過於屈折。兒童不易了解之故事。不宜講演。

6. 含有宗教色彩過多之故事。不宜講演。

7. 家喻戶曉通行之故事 無庸講演。其最佳者。可間一用之。惟每週間。不可不介紹新故事於小讀者之前。

講演者。有時惜用彙集之成本。置諸案頭逐週依次講演。以圖便利塞責者。是大誤也。蓋吾嘗言之。故事講演，固有間接之效力。而直接之效力。亦未可忽於不顧也。據一書以敷衍。不顧館內之藏書 何能有直接之效力乎。

館員有令年齡不一之兒童。自步履尚艱之稚子。以至三尺之長軀。並集一室聽講者。吾不知適合於閱書年齡之故事。何以能適合於步履尚艱之稚子。其佻達不靜之情態。殊足紊亂講演之秩序。

館長有不令專門之兒童圖書館員。擔任故事講演。而聘館外之人爲之者。果有效果乎。是殊未堪憑信。如有不得已之情形。必如是辦理時，則館長須留意詳查其所演述者，是否能與圖書館之意旨相符合。是最要也。

閱覽俱樂會　十二三齡之男女兒童。每以列名小團體爲榮幸。不惟是也。雖已能讀成人圖書之青年。亦常存是種心理焉。

館員即此兩點。可以利用閱覽俱樂會爲工具。以介紹其佳書於小朋友之前矣。俱樂會之組織利益。使詳論之。將成戶帙。吾今且以數語了之。

館員舉行俱樂會於館內時。當嚴守其惟一之意旨。即增加會員之閱覽興味耳。開會之儀式。宜大方不苟。使兒童在此藉習國會規章。與公衆演說尚已。若夫辯論嬉戲等。則非圖書館之所宜有。亦非館員之所以運用其俱樂會可寶貴之光陰也。

館員之籌備開會。頗費時間。雖會員之人數不一。

或少至六人。多至三十人。而其籌備之手續則一也。故吾以俱樂會之會員。衆多爲有利。開會時間。平均以二十五分。至三十分爲適宜。以養成其閱覽時間適當之風尚。薰陶漸染。則會員以外之人。亦將次第風從矣。

兒童圖書之展覽。多集精美之兒童圖書。陳列展覽。乃現行誘導社會兒童閱覽興味。最有效力之方法也。舉行展覽之時。以秋季木葉方脫。孔誕前後爲適宜。

兒童圖書周期者。在某預定之週內。專競買兒童用書之方法也。美國盛行之。其效甚著。據某大書店之報告。謂彼所藏之兒童圖書積壓五年矣。乃因某圖書館之協助。用兒童圖書周期之辦法。一旦售罄。一切僞成廢物之書籍。頃刻掃除。自是其銷路暢達。由年銷八百元兒童用書之銷路。驟增至年銷兒童圖書四千元之多。而此四千元之中。如昔日無價值之圖書。皆除去不計也。由此可見兒童圖書周期效用之宏大矣。雖然。市儈射利之徒。往々用是術以除其積久不銷之書貨。或聘迂腐之著作家以沽利。此圖書館員之所宜洞燭奸僞。深惡痛絕者也。切勿受其愚弄而助其惡燄。實兒童之幸社會之福。

六　兒童圖書館之行政

兒童圖書館之行政。亦多端矣。下列各問題。尤爲館員之所宜先知。

保證人。夫公共圖書館。圖書之借出。難保不發生損壞賠償情事。故借書者。須有保證人一人。於借書證上。署名蓋章。兒童之保證人。以其父母及合法之監護人爲適當。若以學校教會。或其他官署爲保證人。俱非所宜。父母兒童。雙方並負責於圖書館。誠完善之道也。

年齡。年齡之限制。可以取銷。不必拘々於圖書館學中。所提議者也。當種子能自書姓名於其借書證時。設其父母欲爲之借書閱覽。而能依借證所規定之部數借閱者。是可嘉許也。並宜鼓勵其家庭。

開館時間。小學校授課之時。兒童圖書室宜封閉之。所以防曠課生之偷閒其中也。當學校散學時。即行開館。直至晚間八時。始可閉館。蓋稍長之兒童。晚間亦可閱書也。在人烟稠密之區。家庭狹小。食宿之外。無讀書之隙。則兒童圖書室。如能延至晚九時閉館。以便兒童之自修。則社會上無量之福也。多數公共圖書館。日曜假期。不能許兒童入館閱覽。蓋館員不能終年勤苦。無休憩之時也。但視各地方之特別情形。日曜假期。亦須開館。

借書數目。兒童入圖書室。多喜同時借閱數書。如借小說書一冊。又借非小說書一冊。又喜頻頻更換。圖書館對茲紛更。不加制止。夫涉獵不精。走馬觀花之弊。其曷能免。館員也。父兄也。教師也。宜共同努力。除此惡習也。雖然。社會上可畏之途。比比皆是。兒童環境。率爲歧途之媒介。惟由圖書之一途。可入正軌耳。況有天資聰敏之兒童。翻閱一過。即可得其庶幾者。如每周間。限其借一書或兩書。豈不謬哉。設圖書館於圖書之選擇。精良純粹。則開卷可以有益。多讀何害。

高年兒童之待遇。爲長年男女兒童之利益計。應使書架中。有相當之圖書。以便其搜索。不宜令其無書可讀。徘徊室中也。此言長年兒童。不應限於兒童讀物也。兒童圖書室中。應有一部分。專爲長年男童圖書之用。又有一部分。專爲長年女兒圖書之用。此兩部中。廣儲以美麗完善之圖書。此種圖書可由成人部借用之。

七　兒童圖書館之專門人材

兒童圖書館之專門人材。今舉國計之。當不過數人或十數人。而將來亦未聞有標準之計劃。使之逐年增加。則欲使各圖書館與各兒童圖書館之專門人材數用時。似倘須在十數年 或數十年之後也。然各地公共圖書館之館長。此時亦必有需要兒童圖書館專門人材之觀念矣。蓋在發展之圖書館。一人之力。

必不能處々事々。均研究精詳。勝任愉快也。設各館長俱有此不能兼顧之憾。則應並起而大聲疾呼其需要之所在。則圖書館學校。兒童部之組設。必有應時而起者矣。多數之兒童館員。將逐年產生矣。夫需要缺乏。最爲憾事。雖較小之圖書館。對於兒童圖書館專門人材之造就。亦不宜置之緘默。而應有繼續不止之協助。必至需要充足而後已。

今之著作者。每篇之末。例以參考書表以終之。然於圖書館事業與兒童之一題。吾殊不能舉出充分之參考書籍也。關於是項問題之論著。刊行者殊少。故吾以爲在他篇論著。本可多所引證。今於此篇。初無廣徵博引之必要矣。

吾甚望兒童圖書館事業。將來發展。名論叠出。而使此篇再印時。吾得以完全之參考書目續其後也。

設有鄉村小圖書館之館員。至一規模宏壯之大圖書館參觀焉。見其用品設備之新穎。閱其出納流通之繁盛。而返乎其簡陋之小天地。必致心灰氣阻。不復敢言圖書館矣。抑亦迂矣。吾將有以曉之。夫圖書館之所以爲圖書館。非大理石屋壁之所造成也。乃館員圖書之所造成耳。鄉村之兒童。初無異於城鎮之兒童也。而鄉村則寂靜宜讀。城鎮每喧囂不寧。小圖書館之圖書。其有利於鄉村兒童者。不遠遜於大圖書館者之於城鎮兒童乎。吾自幼至長。未嘗夢見巍峩宏敞之圖書館。有如今日之頑兒嚣童所享受者也。然當吾借讀旅行修學記。埋石棄石記。模範町村。科學家庭。鄉里善人。復縣八景記。永豐寺古塔記。與龍山旅行記。國慶日感言。關岳合論等文時。興味油然無窮。終吾生不能忘。雖閱覽於世界最美之圖書館之兒童。有以加乎。倘能以若是班乎。無窮之樂趣。深印於兒童幾人之腦海中。是足爲館員在世界上。無上之異樂。直自覺其爲館員之光榮。雖南面王。蔑以易也。

摘自《東北文化月報》一九二七年七月第六卷第七號

學生和圖書館

高波光

人類的動作，是「情感」燒到了白熱度加上理知的生產物，而「情感」和「理知」的發源地，則以靈府爲大本營。所以靈府這件東

「經濟」的鎖子，眞厲害呀！鎖住了你，鎖住了我，鎖住了一切奔走的人們；「經濟」的蝕力，眞可怕呀！酸蝕了心芽，酸蝕了靈府。即便不受任何侵襲和限制的思潮，在這萬惡的「經濟制度」未推翻以前，所有的動力也被牠給酸蝕了。

乢，是個人建築自己的神地靈基，培育自己的卵胚，進行自己的發軔之始。但「情感」是放蕩的狂烈的。興奮了便像火山崩裂的噴燒，倒海顛仆的狂瀾；頹廢了便像霧烟沉霧中的遙隱聲浪，夕陽墜暮裏的慘淡微光。起落無常，的確是有危險性的呀。

事業的成敗一向是由理知負責，「理知」的強弱，就是成敗的預兆。嗚呼！理知！嗚呼！情感！

但是呵！「理知」的增減，以什麼爲轉移呢？學了歷史，可以範圍我們的行動；學了音樂，可以融合我們的心情，他如文學地理……直接間接的都給了我們不少的幫襯，這些是組成「理知」的分子；這些是規定「人生」的度量衡。我們求學的目的，是不是打算着使生活的方式紀律化和快樂化了呢？呵！經濟的魔鬼，砍斷了人生底度量衡。同時與這度量衡有關係的理知分子，也被牠摧殘得雲消霧散了。

學生是理知不足，情感過盛的人，遇着事情往往是先則手足失措，繼則倉猝從事，結果不是障礙層層，便是失敗了灰心了，甚而至於膽怯委靡，厭世屏人了。自然匡正矯改的法子，一定是要博讀博覽多參考的。無如有一層難關當前，攔擋住我們的去路。就是學問不是一種散漫空間的大氣，只消呼吸空氣的人便可感納到內心裏去；而是一種代表金錢的書本——固然可以免強的說天下處處皆學問——在田園不及數畝、動產不及萬元的多數學生身上，實在是沒有資格博覽羣書的了，不博覽那能心得？無心得那能處身？連自己的身體尙處置不了，那裏談得到改良社會，改造生活呢。

「衆擎易舉」確乎是一句有價値的格言，假設把少數的金錢集合起來，便可以辦多數金錢的事業；把不同的有限的精神集合起來，便可以辦有繼續性的遠大事業。學校之有學生圖書館，也就是這個意思呀！

課餘之暇，精神太疲倦了，可以到圖書館去看甜密的小說，引導你入那若講出若講不出的情腸世界裏去作精神上的游歷。運動之後，身體太累得乏了，可以到圖書館找些優閒的饒興的書册，送到你那似看見似看不見的深邃的樂園裏面去作個精神上憩息。神志昏迷了。圖書館裏的 Newspaper. 正在雲霧迷濛似砲聲隆隆的打你的神經，霹靂轟動的似在擊你的耳鼓，你不得不奮發了，你不得不清醒了。星期的日子，放假的日子，都可以到「童叟無欺」「一應俱全」的圖書館去找點安慰或消遣的材料。不得解決的問題，可以借許多書籍來參考，圖書館之與學生，簡直的就如發動機之與機器。但是有一件大家應守的規條，就是要「借去送來」「幸勿塗抹。」

一九二七年，五月，三十日。於保定育德。

摘自《學生雜誌》一九二七年七月第十四卷第七期

兒童圖書館之研究

曾憲文

(一)兒童圖書館之重要

「兒童圖書館是兒童甘蜜之露，光明之燈；是兒童惟一的樂園，惟一的良件；是兒童新生命之發源地。」一由這幾句話看來，我們當可明白，兒童圖書館與兒童本身的關係，是何等的重要。人都知道，圖書館是教育上一種重要設施；不獨在學校教育上，佔着重要的位置，即於社會教育事業上，也佔着特殊的位置；所以現在各國，對於成人圖書館，竭力經營，對於兒童圖書館，也力求完備。

在未討論兒童圖書館的經營以先，應當略略懂得兒童圖書館的重要，茲特分述如下：

(甲)兒童圖書館的需要

從歷史方面觀察，近數年來，圖書館的進步，確是非常迅速。因爲依着平民教育的趨勢，所以各處的公共圖書館，以及學校圖書館，多添設兒童閱覽部；大家以爲兒童無論是在學校，是在家庭，從小就須陶鑄那好學的基礎。雖然有時文學的欣賞，學問的趣味，是由家庭養成，然而多數還是靠學校及圖書館，但學校教育的年代有限，如果要繼續的去研究，則不能不求教於圖書館了！依教育家的調查報告，國內兒童由小學畢業而失學的，不可勝數，考其原因，多爲生計所逼，或爲經濟所困，不得不去謀生，雖在校數年，少數的兒童，已得着求學的興趣，讀書的習慣，然至離校之後，多因爲環境的變遷，興味減少，便將書籍，永遠拋棄，置學問於腦後。因此當兒童時代，讀書之際，學校當局應供以相當的智識，使其能領略讀書閱書的趣味。等到一朝離校，仍可隨時進圖書館，繼續求學，磋磨於書畫中，使其能夠探求自己所要得的一切問題，一切事物。因爲兒童時代，正是智識發展的時期，這時求解決的地方，或問題很多；所以兒童的圖書館應該多多設立，來應付一般兒童的需求。爲現在的兒童計，爲將來的國民計，兒童圖書館的需要，是萬不可少的！

圖書館和學校及家庭的地位特殊，所以圖書館的事業，有許多是家庭與學校所不能做的。因此圖書館之價値與學校家庭的價値，也完全不同。圖書館是求學中最好工具；歷來所聞所見的大學問家，發明家，莫不得力於圖書館。兒童時代，雖不能在圖書館內實地研究甚麼高深的學問，然而將來之需用圖書館的地方很多。當趁兒童時代訓練出來，逐漸的養成利用圖書館的習慣，如此我們知道兒童圖書館是很需要的。

(乙)兒童圖書館的原始

歐美諸國，因見兒童圖書館之急需，於是對於設備與經營，都極力的研究，熱烈的籌辦；所以近來的兒童圖書館，與時並增了！今將發展最大的幾國的圖書館兒童部之起源狀況，略爲一述：

(一)美國：當一八二七年的時候，美國廝省開始創設一非正式的兒童圖書館．所存的經費，皆由該城的公欵担負．至一八三八年，這所圖書館就附於納克敎社會圖書館內．

在一八八五年，美國紐約高等小學內的初等部館員哈諾耶女士，又首先提創設兒童圖書室．她竭力收集了二三百册關於兒童的書籍，開闢一間兒童閱覽室．厥後雖經種種變動的關係，哈女士仍然熱烈的維持，保存其生命，越年，亞基拉自由圖書館，遂有兒童圖書分館的創設．後來這個分館成爲紐約公共圖書館的兒童部，直到今日．

到一八九〇年，不爾克林公共圖書館亦分設一部爲兒童閱覽室．從此以往，各地仿行；所以兒童圖書館或兒童閱覽室爲美國現存公共圖書館中之一要部．

一八九七年，美國圖書館協會集會於費府，對於兒童圖書館問題，曾經提出討論，並視爲一極重要的議决案，由是可知兒童圖書館的價値如何。

(二)英國：在一七九七年，英國城柏明罕所首創的圖書館內面，也附設兒童閱覽部．凡欲借書閱覽者，每週只納英洋一便士．自有此種創設，各處圖書館都極力倣效，如是多數兒童得着讀書機會了！

于一八六五年，巴梗黑德首創兒童圖書館，繼而各地仿辦，於是一日增多一日，現已達到百餘所．英國兒童圖書館發達的速度，也就從此可知了．

(三)德國：自英美兩國創始兒童圖書室以後，此風漸開，傳於各處，德國亦漸有此種設立。其發展雖較英美略輸一籌，然而其成績，亦頗可觀：譬如漢堡，柏林，依耶納等埠，都有這種的設施。

我國與其他的各國，近數年來，對於兒童圖書館，雖無英美諸國的發達，然而現在也很進步。非但成人的圖書館林立，兒童部也漸漸地發展。雖少有單獨設立的，附設於公共圖書館的確實不少，將來的發展，正難逆料！

(丙)建設兒童圖書館的目的

兒童圖書館的起源，既然如此，究竟建設兒童圖書館的目的是甚麼？

(一)供給一般兒童有益的讀物，使他們得着高尚的智識和娛樂。
(二)防備兒童閱覽有害或不適當的圖書。
(三)養成兒童讀書的習慣和興趣。
(四)免却一般兒童在道途中徘徊的危險及精神上所蒙的惡影響。
(五)補助一切可作良師益友，及預習上或參考上必要的圖書。
(六)供給嗜書及修學無力兒童的便宜。
(七)教導兒童利用圖書館的方法，以資本身之修養，與智識之發展。

（八）訓練兒童將來成爲良好的國民。

凡提倡兒童圖書館之事業者，必有以上八種的目標。如果都能達到，才算收到了最大的效果。

（丁）對於兒童圖書館的非議

一般學者，以爲建設兒童圖書館是一極不應有的事情，所以有種種非議發生：

（一）兒童在學校外，寧可獎勵其運動，謀體力之發育，如使之入圖書館，適與此目的相反。

（二）兒童圖書館惟使兒童耽於探險小說及童話等書，因而不喜讀正當的典籍，又漸使之流於空想。

（三）使兒童自由讀書，易使兒童養成濫讀的習慣。

（四）閱書須用眼力，如使兒童閱書過多，其所未充分發育的眼睛，必受大損。

（五）讀書需腦力，若使兒童過於專心閱覽，恐其弱小之腦力，易受傷損。

（六）設立圖書館，實非兒童之幸事，蓋閱覽書籍，能使兒童失却一切共同生活的樂趣，養成兒童孤僻與人落落難合的性質。

（七）兒童的發展，在實地練習，而不在閱覽書籍。

以上種種的非議，似乎爲一般不明瞭兒童圖書館的重要者所言論。如果對於兒童圖書館稍有興味，稍有智識的，也不能加上這種批評。總之，愚見以爲這種言論，是不可成立的，今試一一論之：

(一)凡人論到修養，不單說是身體的修養，心靈的修養，也必包含在內，這兩種修養，必須調和。然而現代的人，專注重身體的修養，以爲兒童散學後，應該多多運動，詎知閱書亦爲修養，因爲圖書能使兒童心曠神怡，精神活潑，使他們更新環境。所以發這種言論者，只顧及體質一方面之修養，而未顧及心靈方面。

(二)人之一生，必經過多少時代，每代有每代需要的智識，所以兒童時代，潛有極富的創造力與想像力。那麼，圖書館所以供給的童話，探險小說等等，實爲增加兒童構成想像材料必要之物。書籍中，固常有不正當的，然而圖書館員在選擇與購備時，可以加意斟酌，擇其善者而備之，則不至使兒童離却正當之書籍，逐漸流於空想。

(三)若認兒童之自由閱覽爲濫讀，實爲大錯。自由閱覽的意義，是在適合兒童個性與趣味。且館中有節制的借書方法，館員又可隨時指導警戒，使兒童在可能的範圍內讀那適合性質的書籍。

(四)依衞生方面而談，未充分長成的幼童眼睛，不宜多看書籍。這話固屬不錯，然而兒童之進圖書館看書，並非終日埋首案頭．據經驗所得的結果而論，兒童進圖書館，最多至一二小時，即捨而他去，實際上幷無盤桓終日的．所以於眼睛方面的傷損，不必過慮．

(五)兒童不應多看書籍，因爲易傷弱小的腦髓，這話也有可信，但兒童入圖書館看書，與在校念書，完全不同．圖書館所供給的書籍，兒童可任已意翻閱．又圖書館所供給的書籍，大概爲童話，小說，記傳等等．兒童覺得適合自已的興趣的，然後纔肯閱讀，完全無有用腦力過多之舉．又兒童能依自已之閱覽力而看書，傷腦力一說，又何必杞憂．

(六)兒童入圖書館看書，不能享受共同生活的樂趣．這種言論，未免太過．看書，由實際上觀察下來，實可得着共同生活；因爲兒童隨意讀書，可以想到別人之所想，覺到別人之所覺．雖不能與書中所載的人物及著者見面，然而仍可隨時領受著者許多益處．由傳記上能夠曉得偉大人物的生活，及一切的景況，用以促進兒童個人的羣育性．

(七)兒童的發展在實習，而不在看書．這話似乎有可取的地方．然而兒童進入圖書館閱覽，就如實習．兒童果欲探索一樁結果，或想辦妥一樣事，必先有了智識，然後開始行事。有了智識，始可發展志願．若盲然從事，則將來的結果，必不能收穫良好，所以看書的習慣是應該養成的。

從此看來，反對兒童圖書館的非議，確地不可成立．現在辦教育事業的人，誰不知道兒童圖書館是近來不可缺乏的一種施設．不但能帮助兒童的本身，也可分任爲父母，爲教員的責任，並且可輔助國家訓養高尙的國民．凡父母與教員所不能領導的地方，圖書館可以供給；父母及教員的知識有限，圖書館內的知識無窮．如欲兒童眞正恰當發展其本性，則非兒童圖書館不可．

（戊）兒童圖書館在教育上的地位與價値

兒童圖書館在教育上佔有最重要的地位，我們從以上列的幾方面觀察可知．不過我再將他詳細分述于下：

（一）兒童圖書館能助新教育的進行：兒童圖書館既是新教學法中的一個要素，新教學法的原則，便是使兒童能夠自己求學，與別人合作．所以兒童想自己求學，必須要有充足的參攷書籍，來研究各種問題。圖書館不供給合宜的參攷書與參攷室，則兒童無從研究。除在課堂上由教師逐條的解釋外，想多得一點知識，便沒有其他方法；所以要發展新教學法，非假助於兒童圖書館不可，因爲有這種機關，兒童才可以探索一切，和養成求學的習慣。一方面又有圖書館員領導，輔助，使兒童得着正當的路途。凡辦小學教育，提倡新教學法者，不能不注意兒童圖書館一層．

（二）兒童圖書館能協助教員培養兒童正當求學的習慣：現在新教學法的目的，既然在引導兒童自己去尋找問題的答案，自己去研究，自己去解決。那麽，學校或社會必須要供給兒童這種機關，使他們有獨立求學的性質，因爲除兒童圖書館外，沒有他處可以實練這種習慣的地方。

(三)兒童圖書館能助學校當局的訓育責任：近來學校，訓育方面，往往發生問題。致其原故，大概因爲課外工作過少，以致學生下課後，耽於遊戲，常有越軌行爲。如欲使兒童課外時間．不致虛擲，必須利用圖書館，使他們自己去尋覔所歡喜閱讀的小說，書報來消遣。

(四)兒童圖書館能增加兒童生活的趣味：兒童的前途，是不可限量的．如欲其發展，必須在幼小時，加以適宜的訓導．然而在學校裡，教員所授的課程有限，所以不得不借重圖書館的書籍。兒童苟能於幼小時，得讀高尙有益的書籍，後來的生活．必受影響．兒童的生活是逐漸增加的．設若要使兒童有一個光明的前途，和美滿的生活，那麽，兒童圖書館是不能缺少的。

(五)兒童圖書館爲教學的重要工具：教育眞正的目標，是在使兒童能夠諮問與參詳，而不在僅讀幾本教科書．兒童圖書館是藏書之庫，故學生非利用兒童圖書館不可。苟公共圖書館所設的兒童部，離學校太遠，該館可隨時將需用的書籍借用，以達到供給社會需要的目的，一面兒童可從借來的書籍中，得着參詳與研究的機會．如此看來，兒童圖書館對於學校教育方面，帮助不少，所以我以爲兒童圖書館是教學的一件重要工具。

（六）發展兒童固有的本性：從實事上攷下察來，兒童的資質，各各不同。有的非常聰慧，有的則愚頑不靈，教員在一班授課時，常常感覺困難。然而一般天才敏富的兒童，屢屢覺得校中課本上的智識，往往不能滿其所欲。但一般愚者，又常感着教師及課本所給的知識過多，甚至有望塵莫及的態度，而教員處於這種困難之下，又不能因數人的需要，或加深，或減少，該校的課程。因此學校中每每將天才埋沒。現在惟一補救的方法，就是開設兒童圖書館。兒童可任己性去研究學問，如是固有本能，可隨時發展。

（七）養成兒童讀書的習慣：在先我已提出這一層，但現在以教育的眼光來觀察，不妨再爲討論一下。兒童的天性本來活潑，對書籍開始極難發生興趣；但欲救濟這一層，則非令其多與書籍接觸不可。圖書館爲儲蓄書籍之所，兒童可隨時選擇其所愛讀之書，如畫本，童話，戲劇等。這種書籍，往往能引起兒童的興趣，如是讀書的習慣於無形中養成了！

（八）鼓勵兒童自動的精神：自動的教育，已爲近代的教育家所公認。然而通常學校授課的時間及內容，多爲學校預先所支配。學生不過遵守規則，完全無自動的可能。因此學術的進步，個性的發展，都爲那刻板機械式的次序所阻礙。若有規模較好，設備完善的圖書館，供給兒童自由參攷，儘量研究，則兒童自動的精神，自然表現。

（九）練習兒童辦事的才力：「圖書館是活動的事業，是練習辦事的好機會。」這句話初看去似乎不妥，因爲圖書館的事業，在實際上看來與兒童毫不相干。但是圖書館的組織法，管理法，借書規則等等，都可使兒童得到眞確的智識。雖然兒童不能實地的實習，可是無形中受着一種訓練，此種印象，深入腦中，則將來作事，可爲模範。

（十）陶冶兒童優美的性情：兒童時代，最富於模倣性。無論事的好壞，多喜模倣。所以兒童的前途，是非常危險的，一失足成千恨。因此在兒童讀書之際，應竭力灌輸正確的智識，然而呆板式的灌輸。兒童不易領受。所以圖書館才是一種極好，極適宜的教育。凡有益於兒童心身之書籍，莫不選備，俾兒童有純潔的印象，有審美的觀念，並能於無形中得着許多知識。將來的文學家，科學家，也可從此產生而出。

（十一）增進教師授課的效能：教師的學問，雖極淵博；教師的經驗，雖極宏富。然而無充分的書籍，供其參攷，終無濟於事，所以教師也是需賴圖書館的。如果學生方面，在暇時也常去參攷，多得知識，則上課時，以教員之指導，更可明瞭。故教師在授課時，可減少許多困難。

（十二）推廣社會的教育：民主國家的教育，不僅在提高，而貴在普及。通常學校所供給的知識有限，而人類所需要的知識無窮。爲普及教育起見，則兒童圖書館實爲重要之建設。

因而滿足社會一般人民知識的欲望，引起研究的興趣。

總而言之，兒童圖書館爲我國今日社會上必要的機關，因爲現在的兒童，便是將來國民的領袖。欲謀國家的富强，當在兒童教育方面着手，然後逐步發展高深的教育。我邦人士，其注意及之。

（待續）

摘自《武昌文華圖書科季刊》一九二九年一月第一卷第一號

兒童圖書館之研究

續

曾憲文

（二）兒童圖書館之經營法

創刊期內，因限於篇幅，僅將兒童圖書館的重要，略略的談論了一下。現在却要講兒童圖書館的經營法了。論到兒童圖書館經營法，首先須明白兒童圖書館內，最重要的幾部。總言之，如兒童的閱覽室，行政的手續，以及引導兒童閱書的方法等。今且分述之如左：

（甲）兒童的閱覽室

兒童圖書館或成人圖書館所附設的閱覽部內，最重要的首推閱覽室。因爲沒有閱覽室，就如沒有閱覽的地方。依近年圖書館發展的情勢而論，兒童圖書館進步的效率，也算很快，然而對於讀室一層，仍不注意。以爲兒童部，不過是一種附設品，其地位價値都較低於成人圖書館，每每隨意開一間閱覽室，備置兒童書籍數種，即算了事。這種辦法，眞是違背兒童圖書館的原則。近人深鑒於此，對於創設一個適合於兒童的圖書館，或兒童閱覽室，認爲很是重要。幷且在創造兒童圖書館時，對於以下幾個問題，均有詳細的研究：

（一）兒童圖書室，既爲教育的設施，其設立是否應依着社會的需要，與經濟的情形？

（二）經理兒童圖書室，是否須按照兒童心理？

（三）既另闢公共或成人圖書館之一部分爲兒童圖書室，其特殊目的是甚麽？

(四)創設者能否預測最近的成功？

除以上四個問題外，在建築及佈置方面，籌辦者也當特別注意。理想的兒童圖書室，光線宜充足，地址宜寬闊，佈置宜清潔，器具宜雅觀。總之，兒童閱覽部在公共圖書館內，須與其他之閱覽室，有同等的地位。

兒童部的入口，或云須另闢門戶，或云可由正門，意見紛紛，未能一致。然依管理兒童部便利起見，則以另造入口爲佳。一免攪擾成人，二免其他阻礙。

一間光明而美麗的讀室，常常能增加兒童讀書的興趣和美感。所以這種讀室，須有明亮的光線。如欲光線充足，可將牆壁用白色或近於白色的去粉飾。四週之空壁上，須掛置美麗的畫片和與教育有關係的歷史，地理，博物等圖表，於視力適當之範圍內，俾兒童閒暇時，厭倦時，一爽眼目。再於牆壁另一部，懸一可撤去的深色絨毯，或木版，揭示各種關於時事問題的圖畫與佈告。

兒童閱覽室，其所以宜宏大而寬闊者，因爲一室須劃分三部：(一)閱覽部，(二)參考部，(三)出納部。當區劃時，最好以玻璃物阻隔，俾一切備置品的排設，一目了然。板壁，木柱等物，不宜多用。

兒童閱覽室中，最需要的用具，不外書架與兒童閱書之坐位。書架的製作法，各有不同．其材料有用鋼鐵的，有用硬木的，有用松木的，不過總要有一定的標準，又須耐用而便利，英國圖書館學者，以爲書架的高度，必須在七尺以上。日本大抵用六尺已足．美人則多定爲五尺．因爲過高，兒童難於取閱．如過低，則收容力太小；所以在建築時，應當預先斟酌其高低度數，一面適合兒童便利，一面又不致使圖書館受何損失．至於每書架當中間隔的地方，宜在十寸以上，俾大小書籍，都有容身之處．書架的多寡，可依房間的大小形式去佈置配定。

兒童讀室內，所用棹椅，與其高低度數．議論者頗不一致．有云兒童書棹與座席的高矮，須依兒童的年齡而足，這話也很可取。但另有一般人，以爲棹椅之高，須一律相等．不但對於陳設方面整齊，對於製造方面，也很便利．現將兩種尺寸，開列如左．以備讀者諸君去自己斟酌支配：

(一)依年齡而定：

年齡	棹高	椅高
五——八	二十一寸	十二寸
八——十二	三十二寸	十三寸四分之一
十——十四	二十五寸四分之一	十四寸四分之一

(二)一律高矮：

甲種：　二十五寸四分之一　椅　十四寸四分之一

乙種：　二十八寸　椅　十六寸

兒童書棹與坐席，不在奢侈，乃在適合兒童的身量・不阻碍他們身體的發育，那就夠了・兒童對於愛惜公物方面，也不甚明瞭，非有館員時加監督與指導，棹椅必常有破裂或損壞，故兒童的用具，須堅質耐用。

當建築兒童閱覽部時，館員可堅請建築家，將低處之空壁，多列書橱・此種書橱，不可過高。如建築者以爲當與成人室的壁架相合，則可用最上兩層，裝成套匣，加以活動的小門，用爲收藏書籍或什物的地方・外面作爲掛畫的地方，因爲兒童讀室內的畫片，應較成人室的多。因此要利用一切空閒的地方，來揭示畫片。

凡圖書室內的書櫃，須一律用玻璃門，兒童閱書時，可先自尋覓所要的書本，然後再向館員索取，因兒童過多，易將書籍次序混亂。一部分的書櫃，當留以裝置參考書，陳設於參考部內。有時參考書的價値，非常昂貴，又不易購買，所以館員當特別注意，將這些書籍，鎖於櫃內，不許兒童妄動・至於百科辭典，地圖，地名辭典。年鑑等等之屬，則當排列於伸手可及之書架上，以備兒童隨時參攷。其餘的書架，可作爲陳設出納部書籍之用。此部書架

，務必使兒童直接可取，以便搜索其所欲貸借的圖書。若有貸出股員辦公處，則書架以封閉爲宜·

兒童讀室內器具的佈置方法，須先考察室之樣式及光線，然後再去擺設·第一要看一切書架，棹椅，寫字檯等，是否都得着好的光亮。第二看室中的通路如何·如室中的棹椅排列過於擁擠，兒童往返時，必常有椅與椅相撞的聲音發生，防礙他人·所以椅子間的通路，至少有四尺寬闊，那麼兒童行動時，可較爲自由。至於種種的設備品，亦宜隨其用途來處置，譬如供閱雜誌報章的棹櫃，當安置一隅，專爲陳設雜誌等之類·又如寫字所用之斜面寫字檯·亦當另置一處，與雜誌棹椅分設佈置·有的地方，甚至於將少年男女的雜誌，分開排列·因爲他們的心理不同，性質不同，興趣不同，所以以分途陳設者爲好。

兒童的書棹上，不可裝設檯燈，以及他種的燈物，因爲兒童年幼，不知保守這些器具，所以最好裝設電燈·但在裝設的時候，不可離兒童過近·至於電燈開關，電鈴，電話等，也不可離兒童太近，如能佈置得便宜，又不致使兒童們取到者爲妙。

閱覽室的地板，最好以輭木鋪張，使履之無聲·兒童出入閱書，必較成人者爲忙·如欲免去吵雜的履聲，最好以輭木爲之，或鋪以地毯。

暖房裝置，如經費充裕時，最好用蒸氣，電氣，或放熱氣·這種設備，不獨能助美觀，也可助該室內的空氣流通．如果限於經費，亦可用壁爐或鐵爐，但宜圍以鐵網或木檻．如此則不易發生危險。

室內陳設的器具，須少有尖銳突出之角，以防兒童跌傷等情，故棹角椅角，都宜以圓形者爲佳。

臨近入口之處，建築時，當預先籌辦一盥手所．並備置面盆手巾等，俾兒童出入借書閱書時，得進內洗手．淸潔是圖書館的要素．所以當兒童出進時，可使養成這種習慣。如果圖書館富有津貼，可專雇一個精細的侍者，來負其責．至於這間房子的地位，雖然應該臨近門次，也當離讀室較遠，以免擾亂讀書者的心境。

全室的空氣，不可忽略。但是一定規則，也難於限定。最好多開窗戶，俾空氣時常流通。兒童圖書室，如完全與成人者分開，那麽兒童的讀室內，也須備辦一個兒童圖書的目錄．論到架碼及分類的手續，都須以簡明爲宜，以便兒童記憶，提倡兒童圖書館者諸君，對於各種施設，加意去研究考查，來供給一般小國民的需求。

(乙)兒童圖書館管理法

「管理」這兩個字，說來易於明白，實行則極困難，管理成人圖書館，已屬煩瑣，對於幼童的手續，更不須說了，據各圖書館的經驗而論，以下幾件事是平常最易發生疑難的：

(一)擔保人—借閱圖書館的書籍，非有最洽當的手續不可・兒童借出書籍畫張，常有遺落損壞的事發生・所以無形中兩邊皆受損失・如欲辦清手續，則凡來享受借閱書籍的兒童，必先有担保或負責的人簽名介紹，然後纔可享受那種權利・不過這樣一來，父母或保人以爲兒童過小，不願負責，寧可使一般兒童失去閱書的權利。讀書諸君，以這種辦法爲然麽？但圖書館因欲圖謀公共利益的起見，纔實行這樣手續・所以亦不能深加呵責・綜之，圖書館規則，不可過於苛刻，而父母或保人亦不可過於吝嗇，庶使兒童易得這種權利方好。

(二)開放時間與出納手續—兒童閱覽室雖步步須與成人者合，然開放時間與出納手續，可不一致・當兒童在校時，閱覽室須關閉，兒童下課時，再行開放・是開放時間以午後四時至七時爲宜・苟參加之兒童極爲踴躍，開放時間可延長一小時之久。

照普通圖書館規則看來，多數閱覽部於星期六下午及星期日皆行關閉之制・因爲館員等不能日日困守圖書室，毫無休息之期・如管理兒童圖書館者，能想出善策，打破這種成例，則全市兒童幸甚・以下爲開放兒童圖書室與出納手續，最重要的幾個普通條例・這些條例，可印在規定的紙張上，然後再黏於各書的首面，俾兒童遵章依守。

(一)開放時間—由下午四時至晚八時。

(二)借閱書籍—每書只可借閱兩禮拜，過期不還，則遵例罰欵，或停止閱覽數日。

(三)更換書籍—當遵卡上所載的日期．至於歸還書籍，隨時皆可(除關閉時間外)．

(四)不清潔的兒童，洗手後方許取書籍．

(五)凡屬借閱的書本，不許折書角，不許以涇指翻書，不許在喫飯時翻閱，落雨時當將書本用紙或布包好，以免雨水浸溼。

(六)借書人的卡片，須好好收藏，不可遺失，亦不可轉借給人。

(七)如家中忽然發生傳染病症，可不必將書歸還圖書館，但須速速達知館員，以備設法對付那些書籍。

兒童借書出館，遇有遺失，毁壞等情，館員可遵章向其父母或擔保人索償，因爲向兒童直接索取，必使其發生懼怯的心，以後再不敢重履圖書館之門了．如要避免這種事情，必須先斟酌罰欵問題．能寬免的地方，則當寬免，免一般兒童因數枚銅元，而失掉其閱覽書籍的好習慣．如果圖書館立出最嚴重的規則來阻止，那麽對於兒童的前途，大有防礙．因爲將培養讀書習慣最適當的時候，白白錯過，豈不可惜！兒童到了一定年齡，都有一種讀書熱，所以家長師長及圖書館員，都應當利用這期間，來領導兒童入讀書的正路．如果讓這種機會失掉，兒童因欲滿足這種讀書的本性，必各處求閱書籍。以致市中所販的不良書籍，都入其手，此於兒童德育智育上，都有大害．因此我希望創設兒童圖書館者，不將出納的條例規定得很繁嚴・寧願圖書館受損失，而不願躭誤了那前途無量的小國民。所以圖書館，特別是兒童圖書館，對於出納手續，當以寬恕爲原則。

(三)借書的數目—遵照借書的規章，每星期內每個兒童只能借書一本，因爲兒童的能力有限・終日躭於書中，則其於心身之發展，皆大受影響・兼之圖書館的目的，是在供給兒童有益書籍，藉可增加課外的智識，而不在養成「書蟲」的習慣，所以依量斟酌，一本書，實夠閱覽。然而有的圖書館，以爲每次借出一本，不甚適宜。每週宜借出兩本：一本小說類書，一本非小說類書，因此兒童不能專以其良好時光，消磨於小說上・更可趁機讀讀其他有益的書本。凡兒童欲展期還書，而該書又不爲其他兒童所急需者，那麼館員當允所求，惟出納手續上必須辦妥。

(四)兒童年齡與書籍之選擇—兒童閱覽部的創設，是爲供給一般兒童良好的圖書，特別是爲一般失學者・然而在校的兒童也可常來參加，至於年齡，不能一定。大凡在中學程度以下的兒童，應當讓他們到兒童部來選閱書籍，但是較大兒童，亦不宜使其專覽幼稚書籍・更當備置兩間空橱，將成人而對於此種年齡適合的書本，裝陳其內・免他們常在成人閱覽部，擾亂他人的注意力・所以兒童圖書室不單爲最小兒童而設，略長者亦可加入。

未完　　三月三十一日

摘自　《武昌文華圖書科季刊》一九二九年五月第一卷第二期

兒童圖書館之研究 續

曾憲文

(丙)引導兒童閱書的法則

自從圖書館的新意義闡發以來，人人知道圖書館的建設，不獨爲藏書以供閱覽，並宜用種種方法培養該地人民閱書興趣和習慣；所以兒童圖書館也應當想些方法來引導學生與一般兒童入館，翻閱書籍，觀覽畫報，使他們對於圖書，發生天然興味，俾於不知不覺間在德育智育上，收得極美滿的效果．

引導兒童入館閱覽的方法，可分兩種：(1)對於個人的，(2)對於團體的。對於個人的，其法至簡：譬如館員常常表示和悅的態度，帮助各個兒童翻閱書籍，檢查目錄有時分給畫片，使兒童樂於來館。關於團體的，可用以下幾個方法：

(一)講演故事——歐美諸國的圖書館內，時常供給兒童以有趣味的故事，不單是指導他們各人去讀，並且每日派定一個時間，招集一般閱書的兒童，講有益的故事給他們聽。此事不單爲幼小兒童所歡迎，即年長者，亦甚樂聞。如此看來，演講故事，實爲引導兒童讀書的一種上策，因爲一方面可以宣傳故事的內容，一方面可引起他們的興趣，去搜索那些登載故事的圖書。如是兒童對於書籍便自然的發生一種濃厚的感情了．

進而言之，一般兒童對於文字的知識大都有限，徒然引其入館，使其茫讀，則必有多處不懂；所以有了演講故事一層，兒童便可以由聽故事，而增加新字的知識，往後自己去參考，便易於明晰，讀書的興味，因以鼓進．

講演故事，不獨使兒童增加智識，並可分担教員訓育的責務。譬如教以謹守秩序，友愛誠實，謙和勤樸，種種美德，於教員方面，便有莫大助益，因爲館員可借這個機會，漸漸地的將這些好習慣，好思想，栽種在他們心裡，補助學校教育之不及．但對於故事的選擇，應該注意，以下的幾種，是當禁止的。

(甲)鄙俗而無意義的。

(乙)缺乏文學性質的。

(丙)過於奸狡刻薄的。

(丁)宣傳迷信的。

(戊)引導不良習慣和行爲的。

演講故事，當隨時令，而選取材料，如聖誕期間，當選擇關於聖誕的故事；清明期間，當選擇關於清明時的故事。講演時，最好用各種畫片來證實，以引起興趣，

在未開始講述之先，館長宜依兒童年齡，分成組數：如三歲至五歲，六歲至九歲，十歲至十二歲，十三歲至十六歲等等，兒童心智的發展，多依年齡而進步，故講員當選擇適合每組的材料，供給他們，如果講員能依照兒童的心理，去擇取材料，則一般兒童，得益尤多．

（二）創設讀書研究會—普通男女小孩到了十二三歲的時候，很歡喜加入團體的工作，同時他們也都歡喜窮究奇異的事情，所以圖書館宜培養這種好的本能，去組織一個讀書研究會，討論一切疑難與有興趣的問題，譬如飛艇的構造，火車的發達，人類的生活等。規定了題目，館員再介紹以正當的參考書，或適宜的圖表，使他們自已再反復去研究．在外國的兒童圖書部，已經發現了這種討論會．由他們的經驗看來，每個會的人數，最好以二十五人爲限，因爲人數過多，對於兒童，對於教員，都有害無益。

爲這種研究會領袖的人，必須對於讀書有心得，對於小孩有愛護之心；在第一年間可任意選擇讀本，供給兒童．往後則須先與兒童斟酌材料，再選擇適合的參攷書，標出緊要的章節，使兒童先期預備，俾到會時，可誦讀討論。如選擇的材料爲著名小說或傳記，也可趁此將著者的生活狀況略爲述說．討論時，可設爲種種問答，使每人都有發言機會。開會的時候，不應保守着課室內的嚴肅現象．但亦宜循照秩序鼓勵着兒童自由討論發揮思想，這樣才不負組織這種研究會的本旨。

（三）提倡兒童讀書展覽會—近來提倡兒童圖書的人，多注意於兒童圖書展覽會．展覽時間中國學校多不放假，多在寒假將近的時候舉行，因爲這時候兒童均預備返家，圖書館員應該趁這機會，開一個十分有趣的展覽會，俾兒童可自擇其好讀的書於放假回家時閱讀。

（四）採集畫片—採集畫片也是兒童歡喜作的事，因爲兒童都賦有收集和愛美的本能．然一人之力有限，所以兒童圖書館，應當代替他們收集各種美麗有益的畫片，分門佈置，畫片的來源，可從被捨棄的雜誌與畫報中裁出。至於何種畫片，應該採擇留下，何種應該捨，，館員及助理，當有這種智識。

凡關於偉大人物的照片以及歷史類，生物類，科學類等的畫片，也宜隨時集蓄，依類別的裝置起來，以備臨時應用。

以上所舉數項，均作爲較重要之先着，其他限於篇幅，不能盡述。凡經研究兒童圖書館者，都當因地治宜，想出各種良方，引導兒童圖書館閱書，蓋此項事務實較成人圖書館爲重要。

(三)兒童圖書的選擇

選擇兒童所用圖書是一件最費研究的事，因爲這事佔館務中最重大的一部份，也是最困難的一部份。因此近年以來，在各種雜誌報章上，常有關於這類題目的論文，可見現代的教育界已經很趨重這層。

照普通的情形看來。社會一般人，對於兒童的用書，大都只注意於教科書和課外讀物，對於兒童圖書館的書籍，便無研究，隨意購買幾套以塞責。豈知這種辦法，完全與創造兒童圖書館的目標相左，故我希望提創的人，對於這問題，稍加研究，庶不負創設者之熱心，遵依杜定友先生所講的圖書選擇法，當注意到下列三方面：

（一）社會方面—社會狀況，似乎對於兒童圖書館的圖書選擇無甚關係，然而人類不能離社會而生存，環境於人類的生活，每有極大的影響。所以選擇書籍，應當考察該地社會的情形與需求以及民族的特性，俾可適合兒童將來的生活，因爲兒童圖書館的設立，其主旨是在使全社會的兒童們，都受着圖書館書籍的感化力，將來成爲良好的國民。那麼作圖書館館長者，在選擇書籍之際，應當注意社會方面。

（二）兒童方面—圖書館選擇圖書，不能專以適合兒童自身之趣味爲宗旨，因爲兒童在發育的時期，心理和生理上，都須供給以相當的滋養料．對於倫理方面，道德方面，以及兒童的將來，都當有所顧及，因爲國民的道德觀念，全在兒童時代培養，如果在幼時受着良好的感化，他們的行爲，自然日趨於善良，不致使純潔的腦海中，留下種種惡念。有些書籍，在成人眼光中看來很有價值，然而對於兒童，或不覺有何興味，如强使之閱讀，必難收益，故兒童圖書館的圖書，當遵照兒童的心理與生理去採辦。

還有一方面當注重的，就是爲一般失學兒童的將來，因爲兒童圖書館的創設，不專是爲供給在校兒童的閱覽和消遣，對於失學與輟學的兒童，也必須顧及得到。因此在選擇書籍時必須注意到他們將來的生活問題，職業的選擇，並使他們不要因輟學而荒蕪．但要養成他們利用圖書館的習慣，將來成爲有用的國民，如此平民化的圖書館，才是現在所需要的。

（三）書本方面——無論公共或私立圖書館，在選擇書籍時，必有種種的困難發生，特別是經濟問題，有的圖書館，因限於經費，對於書籍的版本和內容，都不問及．然圖書館不能專爲節省費用，而專購一些板次不精和內容腐敗的書，一則有損讀者眼力，二則有壞圖書館名譽，所以對於書本的各方面；如體裁，裝訂，板次等事，都當特別注意：

(甲)體裁要簡明優雅。

(乙)叙事要有聲有色。

(丙)用字要淺近清晰，

(丁)插圖要美而多，

(戊)印刷字體要大小合格。

(己)紙張要精細光滑。

(庚)墨色要濃厚。

(辛)裝訂要美觀牢固，

(壬)板次以最近的爲佳。

至於下列幾種書，圖書館也當注意，不宜購置：

(甲)書本過小便於盜竊者。

(乙)書本過重過大，易於墜落破損而不易重裝者。

(丙)書中插畫，僅以一邊黏入者，

(丁)書中圖解花樣，附有此等字樣者。如：「剪下」「畫線如此」則兒童必依其指示而行之，以免有損壞圖書及罰欵等事。

(戊)玩耍之書，型成種種物狀，或點彩繪畫之書，有各種豎立之圖物，而實非正式書籍者。

綜之兒童圖書館圖書的選擇，除少數不同點外，其餘都是差不多的，譬如購訂預約的書籍，購買不急需的初板書籍，購買假冒重版再版書籍等等，都是圖書館所最忌諱的。購買兒童書籍的經費，可由圖書館總部分撥而出最好是在每年購書預算表中畫出四分之一，或三分之一，專爲這項用途，如果兒童圖書館是獨立的，則購買圖書館的經費，更易支配了。

(四)兒童圖書館館員

兒童圖書館館員一職，不是任何人可以担負的，最好這位館員要有普通智識，專門訓練，而且愛好兒童者，他應當明瞭兒童心理及教育學原則；有兒童文學的知識和興趣，並且要性情温和，舉止文雅，辦事誠懇，心志皎潔，不以感情作事，不帶驕傲氣概，視兒童如子女弟妹；然後纔能引導兒童，與兒童以良好模範，因爲館員的一舉一動，都能給兒童以最深刻的印象，兒童到館閱書，書本雖可益人，而館員的影響更大。

據英美各國兒童圖書館的經驗看來，處理館務以婦女爲最宜，因此兒童圖書館館員，大多選用機敏，有健全教育，及氣質馴良的婦女。希望我國婦女，也能接踵而起，對於兒童圖書館多加研究，來輔助這些小國民。

教育論述

兒童圖書館在教育上之價值

董明道投稿

兒童圖書館是近年來的產物；以前辦理圖書館的人，與教育家，均以圖書館爲成人所使用的，未知兒童亦能使用圖書館。到了最近，這種觀念，方才打破，兒童圖書館亦漸有設立的，兒童亦漸有機會使用圖書館了。但是在我國，兒童圖書館單獨設立的，還是很少，不過最近我國教育界的人士，亦漸知兒童圖書館的重要，將來兒童圖書館在我國，也必能夠漸次設立。我曾經在一本小學教育書中，看見「圖書館者，乃所以完成學校教育也，若學校而無圖書館，即不可謂完全之學校」，這樣一段話。如此，亦可見近來我國教育界的人士，已經深知兒童圖書館，在教育上的確有重大的價值。

兒童圖書館何以在教育上有重大的價值？可在以下，略爲述明：

（一）兒童圖書館能增加兒童課外生活的興趣，

在人類生活中，最難解決的問題，莫過於休閒時間之利用；尤其是在兒童時代，這種休閒時間之利用，已成爲教育上莫大的問題。我們常見在街頭巷尾，一些兒童，在他們課餘之後，作不正當的游戲，他們對於這些不正當的游戲，並沒有深刻的好尙，也並不感覺十分的興趣，無非是沒有良好的方法，來消磨他們的休閒時間，缺乏善良的課外生活之指導吧了。如欲免除兒童利用他們的休閒時間，作不正當的游戲，惟一的方法，祇有作一切的兒童，在課餘之後，可以在圖書館中，尋求與他們各人性情相近的侶伴，本着自動的精神閱讀圖書。在圖書館中，各種圖書，如名人圖畫，故事，童話，名人傳記，等類，無所不備，兒童可利用他們課外的時間，在這些圖書中尋求快樂。

(二)兒童圖書館能養成兒童讀書的習慣

在兒童教育方面，與課外生活之指導，居同等重要的地位者，則莫過於讀書習慣之養成。我國的成人圖書館中，閱書的人數很少，實由於一般人沒有讀書的習慣，現在我國人缺乏讀書習慣，是以前的教育沒有使兒童養成這種習慣；若將來我國的人沒有讀書的習慣，卽是今日之教育沒有使兒童養成這種習慣。所以今日教育最重大的目標之一，卽在使兒童養成一種愛讀圖書的習慣；要養成兒童愛讀圖書的良好習慣，惟有利用圖書館來培養；因為在圖書館中，兒童可以有極多的機會，與圖書接觸，在此接觸之中，兒童對於圖書，可於無形中發生無限的興趣，兒童讀書的習慣，亦可由此無形中養成。

(三)兒童圖書館能增加兒童自動求學之能力

現行的種種新教學法的重要原則，是要使兒童能夠自動求學，但是無論在教學方法上，採用任何方式，兒童在教室裏，總難免不依賴教員的指導，因為在人類，一種依賴性情是很深的，尤其是在兒童時代，這種性情更為顯著，在教室裏，兒童既然不能脫離教員的指導，一種依賴情緒難免不存在的，自動求學的習慣自然不能培植。惟有在圖書館中，兒童讀書不受任何人的管理與指導，兒童可以自由選擇其所悅讀的圖書，亦可隨時停止其所讀之書籍。總之，兒童在圖書館中，讀書的行動非常自由，兒童都是本着自動的精神讀書，惟有在圖書館中，兒童方才脫離了教員及一切的人的教導，依賴的情緒於是不存在，自動求學的習慣，亦於是可以養成，自動求學的能力，亦可達到充分發展。兒童在圖書館中，既然是本着自動的精神，尋求其所悅讀的圖書，兒童對於這些圖書，可以發生一種特別的興趣，興趣既生，了解的能力亦增。在教室內，需要教員解釋的圖書，在圖書館中，沒有教員解釋，亦能了解，故在圖書館中，兒童自動求學的能力，比較在教室裏，實在增加不少。

(四)兒童圖書館能培養兒童使用參考書的能力

大多數兒童是不能使用參考書的，或者不應使用參考書的；但是在兒童時代，我們不能不使他們有一種使用參考書的習慣，我們不能不培植他們使用參考書的能力，使他們到了中時學代，以及大學時代，有一種使用參考書的習慣，使他們使用參考書的能力，達到充分發展的地步。今日各種學科大都日新月異，而且書籍浩繁，學者如不廣閱參書，旁搜博考，所見必狹，持論必偏。學校課本中，以及教師所授的知識，均有限制；祇能認爲尋求知識的導領者，而不是知識的本身，故使用參考書已成爲了尋求知識的重要條件。如在兒童時代，不教以使用參考書的習慣，以後實難養成這種習慣；如在兒童時代不培植使用參考書的能力，以後這種能力沒有充分發展的機會了。惟一的方法，須使兒童在教室裏所讀的書或在自然界所觀的現象，後到圖書館中，取出相當的圖書，旁搜博考，使他們所學的，所見的，達到澈底的了解；使他們可以比較各家的意視，而獲得正確的知識。如此，他們卽可知道使用參考書的利益，以後可以不絕的使用參考書。

(五)兒童圖書館能輔助學校教育發展兒童之才能

由心理學上觀察，兒童的資質，各各不同，有的非常聰慧，有的則愚笨不靈；故今日教育上最重大的問題，卽是個別教育之實施。近來新的教育學，個個注重這問題；然而，照事實上看來，在同一教室之內，實行個別教授，無論採用任何教學方式，不能辦到；因爲在同一教室內之兒童的資質，很難一致，有時二十個兒童，就有二十個不同的資質，在一個短促時間之內，實行二十個不同的教授，無論採用任何教學方式，事實上很難辦到。所以在同一教室內兒童的資質相差甚遠的時候，教員往往感受極大的困難，一般天資高的兒童，往往感覺課本上的知識太低，不能滿其所欲；同時一些天資較低的兒童，又常解得教師及課本上的知識太低，不能滿其所欲；同時一些天資較低的兒童，又常覺得教師及課本所給的知識過深，使他們感覺困難。不但兒童的資質有所不同，兒童的個性，亦有差異。有的兒童能學數學，有的兒童愛讀文學，也有的兒童好學圖畫，等等差別；甚至於在同一教室裏，有幾個兒童不能學數學，而這幾個兒童對於文學，卻有特別的興趣，又有幾個兒童，既不能學數學，又不能讀文學，專門愛研究圖畫，等等情形。然而在學校方面，既不能因幾個好讀文學的兒童，專設文學班；又不能因幾個愛學圖畫的兒童，專設圖畫班，惟有使兒　能有利用圖書館的機會，使他們各個才能，得在圖書中得着發展的機會，因爲惟有在圖書館中，兒童可不受任何的限制，可以本着他的性之所好，專心研究，以發展他們各個的才能。

(六)兒童圖書館能培養兒童的公德心

兒童圖書館能夠培養兒童的公德心，是爲多數人不承認的：他們以爲公共的所在，祇能損害兒童的公德心，不能培養兒童的公德心。因爲公共所在，大都給兒童很多損害他們的公德心的機會，如我們在公園及其他公共的地方，常見兒童毀壞公物，折取花木，圖書館是公共機關之一，何獨有例外？他們的這種言論，實由於他們不了解圖書館內部的組織，與管理的方法，圖書館內部的組織，十分整齊，管理的方法，確有條理，絕少紛亂，兒童在圖書館中閱書，須經過一定的手續；兒童在圖書館中，一切的行動，須嚴格的監督。而且圖書館中的館員，大都是性情非常的溫和，撤底了解兒童的心理，及表同情於兒童的。這些館員，每日在監督兒童的行動，指導兒童閱覽圖書，如兒童有不規則的行動，他們都能婉言相勸，並且能隨時指導兒童愛護公物。久而久之，兒童不但是對於圖書館的書籍物件，知道愛護，而且對於其他公共物件，亦知愛護；並且有時尙能勸導他人，愛護公共物件。

(七)兒童圖書館能陶冶兒童優美的性情

人生最樂的事，莫過於獲得優美的性情；或者說，對於美術的興趣。這種對美術發生興趣的性情，雖說是由於天生的本能，然而沒有適當訓練，實難達到充分的發展。如要陶冶這性情，須有相當的環境，在圖書館中，各種風景畫，人物畫，各種照片，以及劇本，詩歌，樂譜等等，無所不備，且而壁間的陳飾，建築的美麗，佈置的整潔，處處能夠表現美術，兒童朝夕處此優美環境中，自能陶冶優美的性情。

以上所述，僅就兒童圖書館，在兒童教育上之最重大的價值而言。其餘的，因限篇幅，祇得從略。總之，兒童圖書館在兒童教育上，既佔如此重要的地位，將來我國的兒童圖書館，應該提倡，應該擴充，當爲一般教育家所公認了。

十八•六•二十•作於省立圖書館

摘自《安徽教育行政週刊》一九二九年七月第二卷第二十五期

天才教育與少年圖書館

陳德徵

圖書館和教育事業有密切的關係，圖書館本身便是教育事業。 中國教育事業，算得糟了，不看別的，單就圖書館一端論，其數量之稀少，其設備之不周，夠使留心中國教育者痛心了。 日本底教育，比中國強得多，但是日本底教育者還在繼續不斷地研究圖書館底改進問題。 中國底教育者如何呢？

我們在辦上海底教育。 上海底教育經費，每年雖不多，也有一百萬；但是這一百萬中，有多少是爲辦圖書館事業的？查十七年度教育經費底用途，屬於圖書館的，幾乎一錢莫名。 這是何等悲觀的一件事。

在十八年度開始的時候，我很大胆地想試驗天才教育。 得着幾位同事和第一實驗小學校長盛振聲先生共同努力，總算把這名義上的天才教育試驗起來。 可是在一切都很窮困的環境中，這種教育，能否試驗得有些微成效，怕還是個絕大疑問。 但是事在人爲，努力底結果，不一定希望是成功，也許是接二連三的失敗，也許是失敗之中的成功。 所以我底胆依舊是很大，而我們底努力也彼此勉勵着能夠永遠無絲毫間斷。

努力底方面，自然很多。 但是有一件，是不得不先着手辦的。 這就是，要舉辦適當的圖書館來扶助我們這種試驗性質的業務的進行。

偶然見着日人所著的書中，有「設立少年圖書館」的建議，覺得這便是我們努力底計劃中的所認爲應該先行舉辦的。 我們既感到過去對於圖書館眞太不注意，覺得現在對於圖書館却十分需要，更覺得將來對於圖書館當力求進步：所以把這「設立少年圖書館」的建議，介紹如次，當作我們努力天才教育，乃至一切教育事業的一種計畫和一種參考。

『少年圖書館與成人的圖書館全然不同，乃全爲兒童而設的圖書館。 椅子棹子均須適合兒童之用，不消說，借出的書籍，亦如小學教員一樣能適應兒童的需求而給與親切有味的知識。這種書籍的部類，不必重視目錄，所以亦不分藏書室和讀書室，在讀書室內並置書架，可以任兒童自己自由取閱書籍。兒童如要借書的時候，圖書館可依其親權者的保證給與圖書出借券，任其自由取二册三册攜歸家中。

『在小都會上大都有接近市內圖書館的便利，但在大都會上，則須乘電車方能到達圖書館，這於兒童就大感不便了；所以全市中區須設圖書館總館，而市內各處須設置其分館。這種分館係爲兒童而設，以便兒童可以步行至圖書館看書。固然這種分館不但要購備兒童用書，而且要購置許多成人的用書，不過分館的主要目的，大多爲兒童所利用。就是分館所沒有的書籍，可以記其書名，第二天就可由總館取來出借，甚爲便利，所以不論兒童和成人，都可自由的借到總館的書籍。

『在某種都會上，爲要給與圖書館的便利，可以委託文具店和雜貨店作出借書籍的工作，或在這種商店中，於一小部分設圖書部，由市圖書館中借出數十册或數百册的書籍，以備轉借讀者，不消說，他們不是營業的經營，應爲看書者的便宜起見，作圖書館的經營。

『我們參觀了美國的圖書館，甚覺豔羨，因其少年部，兒童入小學校不久，就知道出入這種圖書館，他們在學校以外，能給與智能啓發的便利。一走入書室，就可以看到這裏那裏滿飾着英雄偉人的肖像畫，可以看到無限的感化兒童的材料。十二三歲的兒童，每週間要借二三厚册的書籍，在課餘能毫不困難的念完。這種孩子過去數年，每週讀了的書籍數量，眞不知有幾百册之多，但這種可驚的成績，我們不得不說圖書館所貢獻的力 量。』

『像日本，小學校教料書很貧弱，而專與以一律的知識，則尤其有設立豐富而且多量的少年圖書館的必要。我不是說這種圖書館目下就迅速的遍設於全國各地，但至少要開放現在的小學校，公開課後的圖書室，而不問其本校的學生與否，只要是兒童，都許他入小學校的圖書室，自由閱書。 先前東京市某小學校，開放校庭為兒童的遊戲場，這實在是賢明的處置。 我現在更進一步，希望全國各小學校，設公共少年圖書館，對一般兒童公開。

『圖書館不但是社會教育的最良手段！日本的教育太官僚式的趨於劃一了，要彌補這注入式的缺陷，使國民自發與獨創，除圖書館外實沒有更好的手段。 圖書館是無上的知識的寶庫，讀與不讀，固聽隨國民的便，讀的時候，則必隨自己的趣味和需要。 在小學校中課以劃一的知識並不許自由選擇的日本兒童，尤宜依他們的趣味，而自由的讀自己歡喜的書籍。 這是少年圖書館成為必要的所在。

『人有着各人的個性。 這個性的可能依其天分，使他無限的發展和長成，這是不移的教育本旨。 而要使這天賦才能自由的發展，幼年時代就要注重其自發的要素，務須養成自主的研究的習慣。 自主研究的習慣，不外由少年圖書館的設備和獎勵。 兒童往往喜求新穎的東西，然像現在的貧弱的小學教育，雖在家庭可以購置充分的兒童讀物，但大半都還辦不到。 所以，要使兒童受均等的教育機會，為要與以他們發揮天才的自由起見，少年圖書館的任務實在是很偉大的。

『西洋的兒童，幼年時代就有電話，無線電信，及飛行機等的知識，因這些東西用到玩具上的緣故。 要是圖書館的設備完全，關於日常目擊耳聞的事件就能得到科學知識的自由。 我國如果要成為與他們一樣的獨創國民以及有大發明大發見，就不得不先在其幼年時代從自由教育的少年圖書館的設備上做起。』

摘自《上海教育》一九二九年十二月第七期

兒童圖書館研究大綱

陳六宗

本年實小聯合會在揚開會，提出下屆研究問題時，本校除擔任複式教授的新方法一研究問題外，並擔任兒童圖書館之研究。我本學期來蘇服務，適擔任兒童圖書館指導，爰擬就研究大綱若干條，並將各條中特別重要的問題，詳爲列出，以便研究時有所遵循。不過一部分的重要問題像(五)(六)兩項，決非一校研究所能得到最正確而最完美滿的結果。因此深盼在會諸學校，對於本研究問題，多所協助，有所得，或在本誌發表，或逕寄敝校，將來造福兒童，定無涯涘，研究大綱，草擬如左：

(一)什麼是兒童圖書館？

(二)兒童圖書館在教育上的地位。

(三)兒童圖書館怎樣經營？

(1)經費問題。

(2)建築問題。

a.圖書館的地址，採光，換氣，取暖，怎樣纔合於兒童的需要？

(3)設備問題。

a.閱書桌椅的製造標準怎樣？要漆什麼顏色？

b.藏書架的製造標準怎樣？

(四)兒童圖書館怎樣管理？

(1)兒童圖書館怎樣組織？

(2)兒童圖書館館員應有怎樣的資格？

(3)圖書館的選擇標準是怎樣？

(4)圖書怎樣購買？

(5)圖書怎樣分類？

(6)圖書怎樣分階級？

(7)圖書怎樣編目？

(8)圖書怎樣排列？

(9)圖書怎樣出借？

(10)圖書怎樣整理？

(11)新舊圖書應怎樣消毒？

(五)兒童圖書館怎樣指導？

(1)怎樣纔能叫兒童願意到圖書館中來讀書。

(2)幾歲兒童的眼力能閱幾等大小的字？

(3)用什麼紙印刷的圖書，最能保護兒童的目光？

(4)文字行列的疏密，一行的長短行體的橫直，卻和我們眼球活動能力有關係，應怎樣研究定出選擇圖書的標準來？

(5)兒童在七八歲時，觀察和記憶作用，逐漸發達，各種實際經驗還是很少，想像生活還是不受限制，這時候應供給兒童那一種的書？

(6)兒童在九十歲時，觀察和記憶能力已進一步，各種實際的經驗所得較多，想像範圍也受了限制，這時候應該供給兒童那一類的圖書？

(7)兒童在十歲到十四五歲的時候，自我意識，更為發達，關於社會道德等觀念也逐漸明白，這時候應該供給兒童那一類的圖書？

(8)某學年學力的兒童，需要怎樣的指導？

(9)怎樣指導纔能使兒童得益？

(10)怎樣便能使兒童在沒有人指導時，也能自力設計研究戰勝困難？

(11)怎樣纔能引起兒童組織講演會，讀書會，筆記展覽會？

(12)現在出版的兒童圖書，那幾部是最好的？

(13)怎樣鼓勵兒童各自藏書？

(六)兒童圖書館所應有的調查和統計。

(1)各校所有兒童圖書冊數。

(2)各校圖書分類法。

(3)各類圖書的冊數及比例數。

(4)各類圖書出借次數的比例。

(5)各類圖書出借之男女數比例。

(6)各類圖書出借者之年齡比例及各年級人數比例。

(7)兒童對於各種書籍之意見。

(8)徵求兒童最喜閱讀之讀物意見，就性別年級年齡分作統計。

(9)兒童自行購閱之書籍統計。

(七)兒童圖書館與各書局應有什麼聯絡？

一八，九，七，擬於蘇女中小

摘自《小學教育》一九三〇年第一卷第二期

兒童圖書館的研究

龔啓昌

小學校內兒童圖書館的重要，我們一早就承認的。不過從新教學法創導以來，他的地位日形增高。我們不是鼓勵兒童自動的探討麼？我們不是有廢棄呆板的課本的趨向麼？我們不是要想適應學生的個性去施教麼？尤其是在大單元設計的時候，我們總是希望兒童能自動的去搜集材料，然後提出來討論，才親切有味，但是沒有有系統的圖書，怎樣能叫他們自動的探討、就是他們倒興致蓬勃的要自己去搜求材料，終於爲了缺乏適當環境，也就無形的打消了。凡此種種問題的解決，不能不有賴於圖書館了。

兒童圖書館的目的是：盡量搜集了有價值的，兒童感覺得有興味的圖書，加以有系統的管理，指導兒童的閱讀和探討，兒童圖書館的管理，不能像普通圖書館的嚴密，處處當以引誘兒童，指導兒童閱讀爲原則。

兒童圖書館倘書籍豐富，管理完善，教師善於指導，定能發生下列三種功能：

1.輔助教學養成兒童自動探討的習慣—例如下次要研究雪了，先指定幾個兒童，到圖書館去借關於雪的故事或說明雪的成因的種種書籍來，陳列在教室裏，閱讀後，互相報告。高級的兒童并且可以到圖書館去找尋所要研究的某一種東西的書籍和論文，做成目錄，做成扎記。

2•養成兒童自由閱讀的習慣—我們承認課本上的智識和其他作業上所得的智識總是有限的。廣博智識的獲得，尤賴於自由的閱讀。圖書館有吸引兒童的設備，故有養成閱讀習慣的功能。

3•培植兒童探索善良書籍的興趣—每一種新書到後，圖書館當在布告處揭示他的內容，并且陳列在特種書架上。教師也應當在兒童面前作簡單的介紹。有時教師講了故事以後，就可以介紹那本書，叫兒童自已到圖書館裏去找尋，凡此種種，均足以培植兒童探索書籍的興趣。

兒童圖書館的目的和功能等等，已略如上述，現在把組織上管理上的實際問題來討論：

組織

有種學校裏的兒童圖書館是沒有組織的，沒有專責管理的人的，就是把所有的書籍分布在各種教室內。例如國語教室，就一起陳列關於國語方面的圖書，自然教室就陳列自然書籍。任兒童隨意取閱。這種組織當然也有他的好處，列舉如下：

1•兒童取閱極便。

2•教師得就近指導。

但是這種組織的弊病很多：

1•教室內就是在不上課的時候，也是人聲嘈雜。環境不良最妨害閱讀。

2•教室出入人衆管理不易。

3•教室內上課時間因不能自由閱讀，散課後，又有種種整理事宜，如灑掃拂拭，一日之中，沒有一刻安靜時間，可供兒童閱讀之用。

4. 教室內另有其他佈置，不能專作圖書上的佈置。

分室陳列的辦法雖是略有一些道爾頓制研究室的遺意，但是因爲有實際上的弊病，倒不如集中在一塊的好。因爲有許多學校採用這種制度、所以特地的來講一講，現在把集中組織的辦法寫在下面：

- 圖書館
  - 圖書館委員會
  - 館長
    - 館員
      - 高年級部
        - 普通圖書股
          - 出納處
        - 參考股
        - 雜誌報章股
      - 中低年級部
        - 文藝股
        - 圖畫股
        - 常識股

圖書館組織大概情形列表如上，現在把各部組織法和任務，分述如下：

(一)館長　總理全館事務，并負指導兒童閱讀之責。可由校內對於圖書館有經驗的教師兼任之。

(二)館員　可由初中畢業生對於國語略具根柢者充任之，專任。其職務如下：

(1)照單購置圖書。

(2)登記及製作廣告。

(3)分類　中低級用的書籍以程度的深淺照階段分，高級用的圖書照分類法分。

(4)編目　照階段法和分類法編目，方法詳後。

(5)指導服務生管理圖書及全館圖書的總整理。

(6)兒童閱讀報告的整理和揭示。

(7)其他

(三)圖書館委員會由校長館長級任教員及各部主任組織之。其任務如次：

(1)購置圖書的建議。

(2)關於館務方面各項應興應革事宜的建議。

(3)各種規則的最後決定。

(4)兒童活動的設計。

(5)其他

(四)高年級部　本部專供高級兒童之用，在館自成一部，和中低級部分開。他的圖書依照十進法分類，幷指導應用卡片目錄。他的管理由高級部兒童選舉委員若千人輪流任之，受館員及館長的指揮。爲管理上便利起見，分成三股：

(1)普通圖書股　專貯普通圖書供兒童隨意取覽。設出納處，辦理出納手續。

(2)參考股　專藏字典辭書百科全書及其他各種普通參考應用的圖書，另別一架，指定兒童負責整理。

(3)雜誌報章股　另設數架專門貯藏新舊雜誌，指定兒童負責管理。

(五)中低年級部　本部分文藝圖畫常識三股，每股指定兒童數人，輪流管理。因不分類，故極爲簡易。

設備

設備分書架桌椅目錄櫃等數項來討論，總括一句話，一切設備須適合兒童衛生。

(一)書架　書架分普通架和雜誌架兩種。普通架又分單面架和雙面架兩種，單面架可靠牆擺，雙面架獨立擺。雜誌架陳列新雜誌，亦可作爲陳列新書的用處。普通書架尺寸如下：

闊一三呎

深：八吋至十二吋(單面)；十八吋至二十二吋(雙面)

高：三吋六寸(低級部)；五吋(高級部)

雜誌架在兒童圖書館內功用極大，有吸引兒童閱讀的能力，分段陳列的，應當全用這種架子。

他的製法和普通架彷彿，不過放書的板，是要斜的，現在把尺寸寫在下面：

高最多五呎

闊三呎

深四十吋

斜度25°—45°

每格高約三吋

（二）桌椅　桌椅的適當與否和兒童坐的姿勢極有關係，普通適當的尺寸如下：

桌

闊—3呎

長—5呎

高：中低級用—24吋；高級用—26吋

椅

中低級用

高15吋深12吋半，闊13吋半，背高13吋。

高級用

高16吋，深13.5吋，闊14.5吋背高14.5吋

（三）目錄櫃　目錄櫃爲貯藏目錄卡片之用。中低級部書籍依照階段陳列，是項卡片可以不用，在高級部裏要漸漸指導他們應用卡片目錄，故必須備一具，其大小尺寸：依抽屜的多少而定，大概有一千本以上的書籍，有了六個已夠，成爲一櫃，抽屜尺寸如下：

內闊—五吋又四分之一　內高—三吋半　邊高—二吋又四分之一　長—十五吋　約可藏卡片一千二百張

佈置

小學兒童的程度不齊，所以分成中低級和高級兩部，佈置上須加注意。其他如雜誌新書展覽處以及報告揭示處，均須酌量情形妥爲佈置，務使閱者入室即能注意，圖書館裏最好附屬故事室一個，可當作上故事課的用處。間接可以增加兒童閱讀的興趣，現在把佈置上普通應具的條件寫幾條在下面：

（1）地位要在全校的中心。

（2）方向最好要朝南，窗戶至少要占地板面積四分之一。

（3）內部的佈置務求雅靜而悅目，壁間可以綴以新鮮的花卉和美麗的圖畫。各種用具顏色，務求調

和相稱，但不可過深，以免吸收光線。

（4）閱覽室的大小面積，和座位，至少能容全校兒童總數的十分之二，每人所佔的面積，至少二十五方尺。

（5）書架和書桌的距離，須有四五尺，以便閱者走動。

現在畫一張普通佈置的圖在下面：

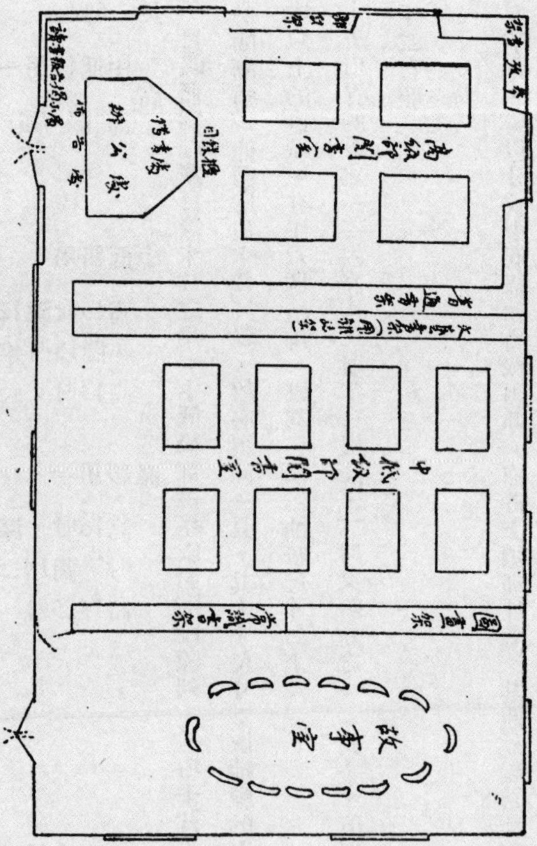

圖書的選購

圖書選擇的責任交給委員會，兒童祇知閱書，不知何書爲善，故委員會務須根據兒童心理先作詳細的類別的分配，在每學年開始之時議定，交給館長執行，至若書籍，則可由教師臨時介紹，經館長的審核，倘若已經越過了百分比以後館長可斟酌情形拒絕之。可惜現在中國的兒童讀物太少了。日人今澤慈海氏有一個圖書分配表，當稱適當可供參考，介紹如下：

哲學	2%	詩集	3%
宗教（中國可不必有）	3%	歷史	7%
社會學	5%	旅行	9%
言語學	2%	傳記	9%
理科	7%	小說物語	3%
實用技術	7%	總說類	8%
美術	4%		
文學	4%		

漫無標準的購買，往往有畸形的現象發生，例如甲類書籍特多，乙類書籍特少，這種現象在各圖書館極爲普通，不可不注意，學生智識方面受的畸形的影響也是很大的。就是在小說一類書的裏面，也須搜羅各名家的，不能專買一二家，否則他日的兒童的寫作定像了那一二家，這一點也不可不注意，再有其他應行注意的普通原則，略舉數條如下：

（1）處處要從兒童的程度和需要上着想。

（2）要有興趣的，使人閱後智識上精神上都有益。

（3）在文學上或科學上確有價值的。

圖書的管理

圖書的管理可以請兒童輪流服務，但是須有館長和館員的指導。圖書館的開放時間當愈長愈好，不過在上課時間，可不開放。有寄宿生的學校在晚上亦宜開放，圖書管理事務可分分類、編目、出納等數項，逐一討論如下：

（一）分類和登記

兒童衹知要索書閱，不知要讀何書，所以要按照學科的種類來分類，諸多不便！尤其是中低級幼小的兒童——在高級裏的兒童或者也可以教他應用目錄的方法。並且中低級兒童所應用的圖書，都是小薄本，要分類編目，甚爲困難，要站在書架上尤不可能，卽使能站，取閱亦爲不便。高級兒童所應用的圖書或者較爲厚一些了，書脊上也能印字了，可以站立了，所以也可以替他分類編目，依照了分類碼站立在書架上。現在對於分類這個問題，爲顧及實際情形起見採用下列辦法：

（1）適合於中低級部程度的書歸入中低級部圖書室內。他的分類依照書籍程度的深淺、分成數階段。這樣一來可以審察了兒童程度的高下，容易指導他閱讀。但是書籍不止文藝一類，所以又分成常識和圖畫等等，也以程度的深淺分成數階段。至於階段的分法，是依照了年級地位而定。例如第一第二兩階段則適合於幼稚生的程度，第三階段的書，則適合於一年上期的程度；第四階段的書則適合於一年下期，依次類推，這種分法很能適合兒童的心理，因爲兒不知要那一本書看，所以倘若你指導他，對他講能看第幾階段的書，他就可以到第幾階段去任意取書看了。這種方法前東大附小是最先實行的，編有階段文藝圖書目錄，可供參考。倘若將來有了一種標準分段法，做好了索引，那末按段而分，極為便利。

（2）高級應用的圖書較為繁複，倘若也應用分段的辦法，似乎太覺不便，高級的兒童也應當指導他一些應用目錄的智識，所以高級部圖書室的分類可採取十進分類法。杜定友學校圖書館學中的小學圖書館分類表可供參考。倘若圖書豐富的圖書館，逕用杜定友圖書分類法亦可。

圖書入館以後當有一個登記，這和普通圖書館一樣，分成書名、著者、出版年月、出版處所、入館年月、價格和分類號數等項，分別記載起來，也不去詳細討論了。不過登記的時候，中低級部和高級部可以不必分開，至多在備註裏注明一聲放在那一部。

（二）編目

編目和分類是兩樁事。編目是一種引導閱者閱讀這書的方法，分類是確定這書在本館的處所。在中低級部至少也要編兩套目錄，一套是依照階段的次序，及這書在某階段內的號數而編製，這是以便查考的，再編一套目錄，依照書的性質而分成幾類，再照書名第一字數的筆劃的多寡來編排。可以稱是種類的索引片。其餘如書名索引片等，能做當然是好，不做也不妨。

高級的編目方法，照圖書館編目定則，至少須做下列數種目錄：

（1）書名目錄

（2）著者目錄

（3）品類目錄

（4）書架目錄

以上四種目錄均用卡片製成。中國文字檢查不便，這四種目錄，可各各排開，暫且採用筆劃檢字法排次序，第四種目錄是專為館員檢查用的。

（三）圖書的出納

出納事務可由兒童推舉委員若干人輪流之，其規程可由委員社規定，日期以五日為限。手續務希簡便，憑借書證借書。借書證格式如下：

國立中央大學實驗學校

圖書館借書證

級名……　姓名……，號數……

書名	借期	還期

書籍借出後該證存館中依號數排列圖書交還時，此證交還借書人。或保存館內亦可，可惜對於某書借出與否不能稽考。但是較每本用書一片，仍舊要用借書證為便利，因為兒童讀物頁數較少，不便每本插一書片，而借書證兒童自己保存又容易遺失。

（四）圖書的排列方法

中低級部圖書以階段分階段中再編號數，書籍右上角粘一小簽，簽上部寫階段數，下部寫號數。簽式如下：

中低級部的書架全部用板距較近的雜誌架。俾書籍封面得露示在外。板側釘以銅插一具，以便插置書籍號數片。兒童閱後，仍可按照號數，放還原處，不致紊亂。

高級部的圖書的排列，和普通圖書館一樣，依照了分類號數，按次序排列。不過頁數較少的書籍，稍感困難。

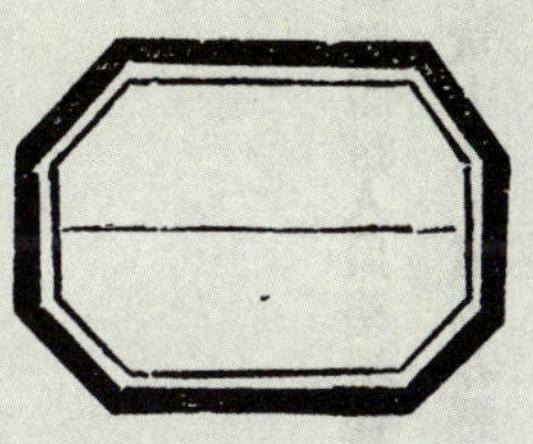

(五)其他圖表的管理

在中低級圖書室裏圖書的搜集極爲重要。大幅的掛圖，須用紙裱，立插在插圖器內，倘若幅數不多，那末就在外面標名圖名，擇取時也很便利，插圖器式樣如下：

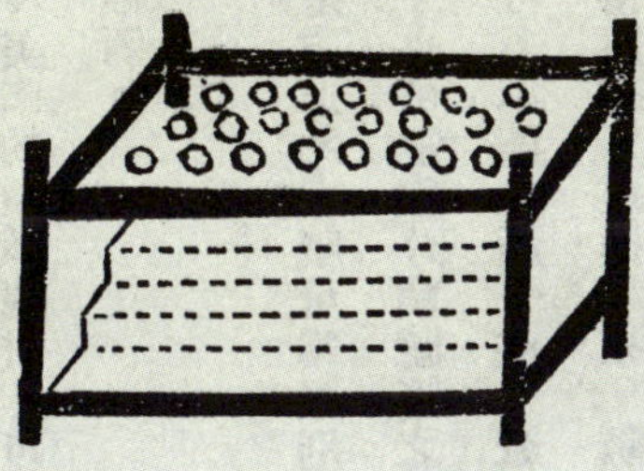

從雜誌上或報紙，剪下來有關於自然社會美術的種種圖畫，可以用特製貼畫本貼起來，也可以照十進法分類，此種圖畫用處極大，兒童非常喜歡看。

(六)圖書的蓋章

普通圖書館的印章，不是橢圓形的，定是方形的，祇可爲識別圖書之用，下面一種印章，可作數用，印在書面背後右上角，旣可作爲識別之用，也可當作分類號簽之用，豈不一舉數得，可惜這種印章，不能蓋在中間的書頁上。但是要蓋也未始不可，不過麻煩一些，祇要認定一頁。萬一書面壞了——兒童讀物封面最容易壞——分類號碼仍舊可以查得出來，這樣講來，眞是又便利又實用了。

中央大學實驗學校圖書

書碼……………………

登記……………………

備註……………………

兒童的活動

圖書館辦得愈好，兒童的活動愈多。圖書館服務人員務須盡量幫助教師指導兒童使用圖書館，下面幾種兒童的活動，須由館長和教師聯絡指導兒童去做，這並非懸想，在美國林肯學校圖書館內，均已實現的。

(1)故事講述會　每週每級定時舉行故事講述會。由級任老師替他主持。或者竟可作為一種課程內的活動。各人把所看到的新書裏的故事，相互報告，可以引起兒童閱讀的興趣。中低級和高級均可舉行，優良的給以獎品。

(2)揭示讀書報告　某本書那一個人看完了，覺得很有興趣，可以做一段報告揭示在讀書報告處；介紹給旁的同學看。倘若一本新書到了，那一個先看完，把他的報告，就可揭示給大家看。這種事情是很有興味的，中低級部和高級部均可實行。

(3)讀書記載　讀書可分兩種，一種是閱讀指定書籍的記載。在某學期某科應讀書，由該科担任教師擬定書目，訂成小册子，發給兒童，讀了以後，由教師口試，及格的在書名下簽一個字。可以繼續閱讀下面的書籍。這種辦法，很能督促兒童的閱讀。

還有一種記載表，兒童閱讀後自由記載，編號安放在館中，教師可以隨時稽考。這種表的格式如下：

國立中央大學實驗學校圖書館閱讀記載表

號數……　姓名……　級名……

書名……	出版年月…年…月	出版所……	閱讀年月…年…月—…月…日
內容摘要			

（4）書目索引的製作　高級兒童程度稍高，關於研究何項功課時，教師可以預先指導他們到圖書館去找尋關於這一類書籍，做成目錄，例如研究稍時，就叫兒童去把圖書館裏所有關於稍的書籍或論文，好好的編成一個目錄，關於目錄的應用和製作，我中國學生都不大會，這種習慣的養成，很爲緊要，就是他日獨自研究的基礎。中學學生都非有這種訓練不可。

（5）訂閱書規則　由每班學生規定代表二人，代訂閱書規則，再經委員會的修改施行。

十八年于中大實校

以上把兒童圖書館的理論和實際都說過了，眞正像以上計劃的圖書館，國內恐怕找不到，就在我校也沒有達到這一步，因爲一種事業的進行，一方和經濟很有關係，一方人才也極重要，有了經濟沒有人才，還是沒有用，在我國經濟寬裕的學校既沒有，圖書館的專門人才也很少，不過我總希望學校行政當局不要看輕了圖書館，要知道他是一個學校文化的忠，也是人們智識的寶庫，要在可能範圍內給他充分的經濟，并且聘請有圖書館學識的人去管理，才會收得良好效果，我這篇文字不過做一個實際從事兒童圖書館的人的參攷罷了。

十九年十二月校讀後補寫

摘自《教育季刊》一九三〇年十月第一卷第三期

兒童圖書館在教育上的地位

林玉京

以前辦理圖書館的人員和教育家，都以爲圖書館是爲成人而設的，兒童沒有設立圖書館的必要。到了現在，這種觀念，方才打破，兒童圖書館漸漸有設立的趨勢了，不過我們前一回往漳厦一帶去參觀小學教育，看見兒童圖書館單獨設立的，不但沒有，並且學校裏的兒童圖書館，也是鳳毛麟角，簡陋不全，這種現象，固然由於教育經費的不充裕，但教育行政人員之漠視兒童圖書館也，亦難辭其咎。現在不揣譾陋，謹將兒童圖書館在兒童教育上的地位，略說一說，倘能因此引起社會人士的注意，那我就很萬幸了。

兒童圖書館在兒童教育上的地位，這是誰都知道的，玆將其最重要的數種，述之於下：

(一)可以減少兒童課外不正當的活動

我們總知道，在人類生活裏，最難解決的問題，莫過於休閒時間的利用；尤其是在兒童時代。所以這種休閒時間的利用，已成爲教育上莫大的問題。我們常常看見兒童，在課餘之後，作些不正當的遊戲，這都是因爲他們沒有良好的方法，來消磨他們的休閒時間所致，倘有兒童圖書館的設立，則他們可以在圖書館裏，尋求他們性情相近的侶伴，以求快樂，不正當的活動，就可從此減少許多。

(二)可以養成兒童自動求學的習慣

教學法的重要原則，在使兒童能夠自動求學，但是無論在教學方法上，採用任何方式，兒童在教室裡，總難免不依賴教員的指導。所以要養成兒童自動求學的習慣，必先供給兒童自動求學的場所。兒童在圖書館裡閱書，行動非常自由，純本着自已的意思，去選擇所閱讀的圖書，因此他們對於圖書可發生一種特別的興趣，而有不可或離的趨勢，自動求學的習慣，當可以養成。

(三)可以養成兒童默讀的習慣

我國人的默讀習慣，都很缺乏，這實在是以前的教育沒有養成這種習慣的緣故，所以今日教育上最重目標之一，在養成兒童默讀的習慣。要養成兒童默讀的良好習慣，那惟有來利用圖書館了，怎樣講呢？因爲兒童在圖書館裏閱讀圖書，受了圖書館規條的約束，不能高聲朗誦，同時又受了圖書的引誘，有不能不讀的趨勢，那麼默讀的習慣，可於無形之中逐漸養成了。

(四)可以擴充兒童求知的範圍

誰都知道，課本裏的知識，是很有限制的，祇能認爲尋求智識的門徑，而不是知識的終點，故擴充求知的範圍，是現在學校教育當務之急。以前的人，常常有一種錯誤，以爲兒童在學校裏讀書，不外養乖乜吧了，對於知識的有無，毫不過問，這誠非是，須知近代科學的發達，日新月異，而且書籍浩繁，學者如不廣閱羣書，旁搜博考，所見必狹，持論必偏；尤其是在兒童時代，應該養成一種博覽羣書的習慣。但要怎樣養成呢？其唯一的方法，就是在設置兒童圖書館，因爲在圖書館裡，可以廣置各種必需的參攷圖書，遇兒童有甚麼疑義或不能解决的問題時，就可叫他們到圖書館裏去尋求解答；他們求知心切，自然喜歡去使用參攷圖書了。

(五)可以養成兒童獨創判斷組織發表等能力

兒童時時和圖書館接觸，加以教師有適度的指導，於是愈研究而愈進步，獨創的能力，可以養成；兒童閱書愈多，則輕重得失，亦愈明晰，是判斷的能力，也可養成；看了書籍，能將他做成了有系統的報告，那組織發表的能力，又可養成。由這樣看起來，兒童圖書館，能養成兒童獨創，判斷，組織，發表等能力，是毫無疑義了。

(六)可以發展兒童的個能

兒童的資質，各不相同，有的非常聰敏，有的愚笨不靈，所以在同一教室裏，無論採用任何教學方式，都必發生極大的困難。一些天資高的兒童，往往感覺課本上所授的知識太低，不能滿足其所欲；同時一些天資低的兒童，又常感覺教師及課本所給的知識過深，不能領會其意。不但兒童的資質有所不同，就是兒童的個性，也是千差萬異，往往同一教室裏的兒童，有的特別喜歡學文學，有的特別喜歡學算術，有的却特別喜歡學美術，學校裏總沒有這樣多的經費，可以由兒童特別喜歡學甚麼，就專設一班教他甚麼。現在要免掉上述二種的困難，據我看來也惟有賴諸圖書館了。因爲在圖書館裏，兒童作業，免受任何的限制，可以本着他們的所好，專心研究，以發展他們各個的才能。

(七)可以培養兒童的公德心

兒童圖書館能培養兒童的公德心，這或者會有人否認的，以爲兒童天性好動，常有弄壞書本的行爲，或看見美麗的畫圖，多有私割而藏起的行爲；這樣，適足以養成其不好的習慣，何以說能培養公德心呢？發這種言論的人，實由於不了解圖書館的組織，和管理的方法，圖書館的組織，是十分完密的，管理的方法，也是非常周致的，兒童在圖書館閱書，必經一定的手續，並且圖書館的館員，大概都是性情十分和藹，徹底的了解兒童的心理及表同情於兒童的。如兒童閱書有甚麼不規則的行爲發生時，他們都能婉言相勸；且能隨時指導兒童愛護公物，久而久之，兒童公德心，遂於無形裏養成了。

(八)可以陶冶兒童優美的性情

兒童天性好動，這是誰也不敢反對的，要陶冶其有優美的性情，厥惟在於圖書館裏，因爲在圖書館裏，凡各種的風景畫，人物畫，以及各種的照片，詩歌，樂譜等，無所不備，且陳飾的美麗，佈置的整潔，處處都能表現一種優美的環境，兒童朝夕在此優美的環境裡，則其優美的性情，自能因此陶冶而具雛形。

我對於這個問題，本來想做一篇比較完全的文章——兒童圖書館的研究——內分兒童圖書館的價值，組織，管理，設備，經費的來源等，但時間和參攷書方面，兩不能給我以充分的需求，所以只將這一部分，先行整理發表，後如有機會時，當再陸續發表，以求閱者指正！但作者不文，內中難免無不妥當之處，希高明者加以原諒，幸甚，幸甚。

稿於集小延平故壘，十九，十，四。

摘自《初等教育界》一九三〇年十月第一卷第三期

小學校與圖書館

李文裿

今夏華北教育會設暑期學校於潞河，出席者均爲小學敎師，每周有學術講演會。余應招講演，歸後就記憶所得補錄成篇，聊以備忘，不計文字之工拙也。

方今談小學敎育者，靡不以改革敎學法爲第一要義，注入式之敎授法，早已成爲過去，以其不能自動而乏個性發展之機；至於採用設計式及道爾頓制者，在敎師方面，雖有誘導學生令其自行作業之機能，而乏相當參考備檢之圖書，絕難期其效能之實現。此小學校必設圖書館之原則也。

小學校之設圖書館在原則上既爲必要，而人每皆忽視之，以爲圖書館在小學校爲無足重輕；且學齡尙小，絕無自行閱讀之能力，雖爲設置，亦等贅疣。殊不知學生之能力，端在敎師之啟發誘導；善於啟發誘導者，方爲良敎師也：

然則究如何可以誘導學生，至圖書館自動取閱圖書乎？是不難，請爲諸君言誘導之法：

A　利用學生之求知慾以誘導之

學生之求知慾甚爲積極，尤以能力薄弱年齡幼小之學生爲尤甚，敎師每有講授，學生必有發問，蓋其所接觸之事物多，而所知者少；及至解答之後，每覺驚奇者有之，快慰者有之，故對於敎師能解答其問題者，常生景仰之心，宜利用此時機，而告其欲知宇宙間之各種知識，靡不由圖書館所藏典籍中可以求之，斯時並可舉例令其自行檢閱，以證所言，則其利用圖書館之觀念，油然而生矣。

B　講演故事以誘導之

求知慾較爲薄弱，或性近低能之學生，每喜聽講故事；且講演故事，在設計敎學上爲必要之利誘品。當故事結局，而詢問其故事如何之時，可謂此類故事，或較有興趣之故事尙多，自己可以尋覓。於是指示其至圖書館翻閱某書，可快先覩，推可至於其他課程，亦可令其自行翻檢，久之利用圖書館之觀念，亦必日深矣。

C　利用圖畫音樂之專籍以誘導之

愛好藝術，人之常情，學生在校，圖畫音樂優爲者甚多，小學圖書館此類書籍之購置，須佔多數，學生因嗜好而感覺需要，圖書館則能以供給之，此利用圖書館之觀念，必能因而激起矣。

上述誘導諸法，皆簡而易行，且在設計敎學中，爲通用之方式，不患學生之不自動入館借閱書籍矣。然而小學圖書館之設，在原則上既不悖於理，究其利益如何？再就學生與敎師兩方面分別申論之：

A　學生方面

（I）用以發展個性

同班授課之學生，其敎材之支配均等，故無由發展其個性，因高材生常遷就於低能者，雖現代敎學法中之設計式，尙有議其不能救濟低能者，故在同班授課狀況之下，欲求個性之發展，大非易事，有圖書館則可受教師之指導，得於課外自由閱讀，不受學科教材之限制，而可以盡量發展其個性也。

(2)養成讀書之好習慣

小學圖書館之開放，每在課餘之後，小學生之養成不良習慣，亦均在課餘之後無所事事有以致之。故誘導其度圖書館生活，則非但已有之不良習慣可以解除，行之既久，且能養成其喜讀書之好習慣也。

(3)陶冶性情

年幼學生，性喜模仿，因之教師每利用其模仿而爲種種之教育設施，故環境惡劣者，則因模仿之結果，其性情亦漸趨惡劣；環境優良者，則因模仿之結果，亦莫不優良也。圖書館則不啻爲學生造成一種優良環境，每日出入其中，學業上可收日新月異之效，即其性情亦因陶冶而特別優美也。

B 教師方面

(1)新教學法之良好工具

新教學法類皆主張學生自動，教師從而啟發指導之。學生自動之惟一利器，則參考書也。欲此多量之書籍收發有序，管理得法，則非有圖書館之組織不爲功。故任何小學校不採用新教學法則已，如欲採用新教學法，則設圖書館爲先決之問題，蓋其爲教學上之良好工具也。

(2)減輕訓育事務

學生，在校每須訓育與管理，尤以小學爲最甚。圖書館爲學生課外之讀書所，則因環境之陶冶，漸少越軌行爲，訓育與管理豈非由於有圖書館之組織，而減少若干事務乎？

(3)便於教師自修與參考

文化日益進步，科學日趨發達，教師之所學，亦須求其衍進，故自修與參攷爲不可或缺之事。因之圖書館設施不獨於學生方面利益爲大，即教師亦多仰賴之也。

綜合上述之利益，足徵小學校設立圖書館爲必要。兼陳誘導學生之方法，不患圖書館於小學校之不能收效也。

或謂圖書館之設言之雖易，行之維艱。若無相當之建築，充分之設備，多量之書籍，安能成立圖書館？以區區小學校盡全校之行政經費，亦不足供圖書館之一部分消耗，欲求其實現，豈可得耶？

是不然，圖書館貴在實用，其絀於經費者，固不必先於建築及設備上求之，但期其房舍敷用，設備適當，書籍充分，管理合法，即可謂之成立。建築設備之發展，一俟經費充裕，徐爲擴充，亦何不可？至於圖書館之如何組織與管理，另有專籍以供研究，則限於時間，不爲贅述也。願諸君其努力爲之。

摘自《中華圖書館協會會報》一九三〇年十月第六卷第二期

學校圖書館公開芻議

徐旭

今日我國提倡民衆教育的聲浪，雖不能說高已傳至九霄雲外，極已達到窮鄉僻壤；但各省之於民衆教育事業的積極推行，各地對于民衆教育機關之努力創設，確是叫我們感着無量的愉快。因爲果能準繩繼續這項工作以數年，則充實人民生活，扶植社會生存，發展國民生計，延續民族生命的教育目的，即可實現在這三民主義治內的青天白日下。

這是當然的結果，爲了過去辦理圖書館之不合教育使命，及大家誤認圖書館是不能幹剷除文盲的初步工作，所以現在對於實施民衆教育事業機關的增設，都偏重於比較暫時的，救急的，狹義方面的。而於此在教育方法上比較有一貫性的，有永久性的，教學範圍能大能小，有彈性的圖書館不言從緩再議，即日於社會教育經費增籌後再創設，亦未爲晚也。可是作者看到丹麥以圖書館爲勵行全民教育的中心機關，美國以圖書館爲實施成人教育的大本營，和年來俄土兩國以「書籍到民間去」之口號，爲消除文盲之利器。因此深深地相信民衆教育各方面的事業，以圖書爲出發，爲進行，爲軌跡，乃是一條康莊的大道。

原來學校圖書館，是爲一個學校所附設的，所獨有的。以供凡在學校內的師生閱覽圖書，參考材料，研究學問用的。教員藉此可以搜求教材，增進教的能力。學生藉此可以瀏覽羣籍，輔助智的生長。因爲牠是學校師生求智的源泉，教學的利器，所以不論大小各級學校，均有圖書館之附設。現在爲補救社教經費無餘力和力求學校教育社會化計，就管見所及，作此學校圖書館公開之議，以求正於海內教育專家。

要學校圖書館公開的理由

（一）使社會教育與學校教育合作——自十九年第二次全國教育會議全部教育方案第七章，改進社會教育計劃第五節之社會教育與學校教育合作的原則發表後，據目前調查全國各省最爲力行此項辦法的，要首推浙江教育廳。業已頒佈了中小學兼辦民衆教育事業的辦法，使全省學校教職人員，大家努力於此項工作，以期達到社會教育與學校教育合作的目的。但考各學校已在進行此事的，對於學校圖書館閱書報室的酌量開放一點，除少數擬實行外，大半學校都是另籌經費另辦各種民衆教育新事業。在此教育經費十分拮据的目前，若各學校都要另起爐竈，勢所難能。所以第一步之所謂社會教育與學校教育合作，乃是將學校原有之教育工具，設法酌量公開，若各級學校，先能辦到這一樁最穩妥於學校本身有大利而無一弊的圖書館公開之事，即是走上了與社會教育合作的途徑。

（二）是學校兼辦民衆教育最易舉的一件事——當然學校的教具，有許多可以公開，用來兼教社會上一般民衆，例若教室之可供民衆夜校用，體育場之可供施民衆健康教育用，圖書館可供各界民衆閱書報，求知識用。即就此三者來論衡一下。就會感到似乎圖書館公開是一件最繁難的事，而實際却是一件最輕而易舉的事。曷以故？因爲教室是只可限制在晚間用，並且不能使全校師生，都與民衆接觸。藉此以切實研究民衆生活的各方面。體育場所可供給民衆需用的時間，果較教室爲多，但於民衆所需要用的時間，往往衝突，並且若學校之運動場或健身房，與教室相毗連，則民衆運動的嘻笑高聽，頗足以妨碍學生聽講的專一心。圖書館則不然，牠既沒有如教室和運動場二者所有之弊，並且確實可以供師生研究民衆教育的方法，和領導民衆向着讀書明理的正當路上去。所以說這是一件學校兼辦民衆教育最輕而易舉的事。

（三）補助社會民衆圖書館太少之供求用——據全國圖書館協會去年全國圖書館調查的統計，祇有一四八八個，不與他國比較，也許我們又要心滿意足哩！可是看到日本有五千餘所，美國有八千餘所。日本人口爲我國人口之九分之一，美國人口爲我國人口之四分之一。他們人口少，面積又小，而圖書館則多於我們數倍，我們應該怎樣呢？我們豈可還以文盲數量太多，而不需要圖書館來推諉來塘塞嗎？要曉得要求文盲之消除殆盡；要求民衆夜校畢業學生能温字用字；要求稍有智識者，繼續其知能之增長；要求富有學問的，賡續不斷的研究發明；這書可盡其利，人可饜其慾的教育機關——學校圖書館，是千該萬該的公開了。所以在社教經費沒有辦法可以增加而多設民衆圖書館的今日，若是能將全國大中小各級十四萬四千餘的學校圖書館，或閱書報處公開，則不啻於短時期內，驟添設了公開，其數亦近二千之譜。這一樁輕而易舉的偉大工作，豈可再忽視而置之不顧嗎？

這麼多的民衆圖書館。其於民衆敎育之助力，是何等地多啊！即使小學校的不公開，先將大中學校的

各級學校圖書館公開可供什麼人用？

現在要使社會裏，不論貧富貴賤的程度高低深淺的民衆，都可以得其所哉得其所哉地到合口味的地方去自學自習。一方面使學校爲使在受學校敎育者，輔助其知能之生長外，並可以完成其使未受學校敎育者得啟發其知能之生長；已受學校敎育者，得繼續其知能之生長的使命，則非將全國各級學校圖書館公開不爲功。

（一）高等學校圖書館公開則可以供：

1 研究者用——社會上有不少民衆爲了種種的關係，不能受現代貴族式的高等敎育，致不能盡量發展其天才，爲社會國家之大材。其中也有爲了受盡社會的種種刺激，而自學不息孜孜研究。甚或爲了社會缺少供圖書應用的機關，遂節衣省食，來購置所需用的圖書。這種堪嘉許的辦法，有時仍舊不能達到個人的慾望。所以若各地方之高等學生圖書館，都公開起來，則非特可以使不能受高等敎育的現在可以受，即於自學研究者，給以無量的幸福，更是爲社會爲國家提拔了不少的天才。

2 畢業生用——我國人一談起受敎育，就想到學校，以爲學校是唯一的受敎育機關。所以有許多人。在學校畢年後，就以爲從此再不能受敎育了，更以爲不必受敎育了。辦學校的，也以爲學生在校年

滿，給以一紙文憑，任其出校。在社會上究竟如何，不聞不問。單叫一個個學年，幹照例的送舊迎新，畢業招生的工作。豈不知學生離校後，在社會上掙扎戰爭，或遭挫折，或遇顛沛，學校應該常令他們回校，到圖書館找他們解決實際生活的辦法。反過來講，學生也不當以爲在學校時可以利用圖書館，出學校就完了。所以各地大學校圖書館都公開，使在社會上工作的大中學畢業生就近利用，才是學校教育的眞正教育工作。

(二)中等學校圖書館公開則可以供：

1 一般人用—我國一般民衆之程度，實在太差，所以就養成了士階級的自滿心理。爲了智識者的自滿，就事事不若歐美之有進步。所以提高一般民衆的程度，甚爲急務。蓋由此可使士階級多勁敵，而群相在學問上下功夫，然後不患於事物沒有新的發明了。因此覺得社會上一般工商階級的人，或曾在私塾念過幾年書的，或曾在高等小學畢過業的，我們須將高初兩級中學之圖書館開放，使他們應用才是。

2 補習者用—高級民衆夜校，工商補習學校，及各種特性的函授學校，在我國的社會裏，也逐漸的多起來。一方面在表示民衆求學興趣的增進，一方面也就是在表明教者之着眼的不錯。(雖其中有不少的騙錢補習或函授學校) 若稍加思索，即明白在補習期內之參考閱覽，在補習期後之繼續研究，在在需要一個適當的圖書館。照這許多人的程度看來，最合宜的供圖書應用機關，莫若中等學校的圖書館了。今後各縣中學校，果能如部令都改辦職業中學，則其中的圖書，更切合這班補習人的需要了。

(三)小學校圖書館公開則可以供：

1 民校學生用——識字運動，經中央規定為下層工作七項運動之首後，各省各地，或已大規模的舉行過，或在籌備設法舉行，大家都認為這是袪除文盲之利器。應運而生了不知多少的民衆夜校，夜校裏應該識什麼字？識多少字？非本文所及，姑不贅述。但教民衆識字的方法，和識字的應用，就非有圖書館之助力不可了。試問現在的民衆夜校附設在什麼機關？大半不是在小學校裏嗎？再問為什麼民衆夜校畢了業的民衆，仍舊不能認識字，很簡單的理由，就是沒有教他們能用字。那末夜學校既多數是附設在小學校裏的，識字後既沒有可令他們有隨時温習的機會，何不將小學校圖書館開放，給他們用呢！讓他們常與圖書接觸，翻翻看看，於識字的認識更深，是於識字的興趣自然更濃，於用字的機會自多，於字之過目即忘之弊，自可袪除了。

2 失學兒童用——我國義務教育沒有普及的今日，全國失學兒童竟有四千三百六十萬之多。現在若不設法教育他們，即未來多增成人教育的初步工作。況且有一部份的失學兒童，非但不能受相當的教育，並且還要為家庭當生產的小工具。從此看來，他們確實很需要智識，以治他們的苦痛，以增他們的技能，以調濟他們的生活。那末小學校圖書館，若能每天開放，叫他們進來看圖識字，修身養志。

無形中爲社會消除了不少進步的障碍並且從小養成他們到圖書館的好習慣，於將來圖書館事業亦大有推廣的應響。

他若大學校圖書館公開，可以展覽圖書中學校圖書館公開，可以指導讀書。小學校圖書館公開，可以聯絡家長。使各種人來觀看閱覽，參考研究，此不啻天天在幹識字運動的工作，也就是天天在施全民的教育。

學校圖書館公開與各方面的利益

（一）與學校教育的利益——學校圖書館公開與學校本身可得三利：

1 實現學校社會化——現在的學校，雖都揭標着要社會化，要與社會打成一片。可是學校的各方面，還是故事奉行的敷衍過去。所以造成的材料，與社會的需要，格格不相合。若不是社會上學商科的可以當縣長，學藝術的可以當市長，各取其材來應用，則社會上一定是事浮於人。無怪有許多人要咒罵現在的學校，尤其是高等學校，不是爲國家造人才，乃是爲社會產敗類。若是圖書館一公開，使學校與社會的一層隔膜除去，使學校認識社會，於管理上，教學上，都改進，以實現社會化的目標。

2 給社會民衆認識學校——民衆之誤解學校，或錯罵學校，皆由於學校與社會缺少通聲氣的關係。現在學校藉圖書館公開，使教育的課材改良，使教學的方法改善。昭示社會，學校是的的確確地在爲國家造有用之材，那末民衆有目共睹，有耳共聞，大家切切實實的認識學校的內容，學校的性質，和學校的功效，則罪罵自會消滅，學校的價值自會提高。

3學校圖書館可以改良——原來辦學校圖書館的工作人員，他們以爲祗要能將圖書分類編目，流通閱覽，就算盡其能事。豈不知他們也是學校內負最大使命的教育者，不能只圖消極地供人需求，尤須積極地教育閱者。過去學校圖書館不公開，管理人於學問不知求上進，於方法上不知求改良。若是圖書館一公開，勢逼他們要幹種種讀書指導的工作。工作人員一努力，於他們本身，可以得到辦學校圖書館，辦民衆圖書館，及學校圖書館民衆式辦的三方面的經驗和方法。而學校圖書館之改良，亦爲意中事耳。

(二)與學校學生的利益——學校圖書館公開與學生可有三利：

1努力求學——學生在學校內的生活，是超過社會一般人，這種特殊幸福生活，他們自已尙不知足，確是罪過。還不努力，煞是不該。校章不論如何嚴，教師不論如何緊，大半學生，還是做他所要做的。將寶貴的光陰，浪費於談笑嬉戲，殊爲可惜，此乃沒有見到社會民衆生活之苦所致。所以圖書館一經公開，使他們鑑於社會上那些不能如他們有讀書的幸福可享，而還利用餘暇來學校圖書館自學自修，此未始不可感化他們，自警惕勵，努力求學。

2求切實學問——努力求學，是再好沒有。可是應當求什麼學問？學問的是一大問題。現在爲了常與外界民衆晤談一堂，如過眞正社會生活一樣，且能洞察社會需要，明白解決民間問題的方法，來求切合實用的學問於未來置身社會定不會叩首百門而不得其入擯諸於外遭人譏罵了。

3得豐富經驗—學校圖書館除少數專門職員外最好是叫學生來管理使他們明瞭圖書館的管理指導的方法等。我國大半的中小學尤其是小學校爲了經費或實習的關係倒已經做到由學生管理。但原來在不公開範圍內單是與同學接觸。現在藉公開更可使他們明白民衆的心理社會的需要，以養成服務的精神，工作的方法。比較得更多更豐富的辦事—圖書館的經驗。

(三)與社會教育的利益—學校圖書館公開予社會教育兩大利益：

1使各界都認識社會教育的重要—這是不必諱言的。我國社會教育之所以不能擴充推廣，倒不全在一般人的不認識社會教育的緣故，而在辦學校教育者的蔑視社會教育。現在全國各級學校圖書館能一律公開，當然於目前社會教育事業不啻添了一支强有力的生力軍。同時也就是將阻碍社會教育進行的拌石掀開。也就是表示辦學校教育者之贊成力助社會教育。他們能一齊起來提倡推行，勢力既大社教事業空氣之散佈卽易迷漫，然後全國各界自然都會認識社會教育的重要了。

2促進各種社會教育機關之努力—這也是不必諱言的一件事。社會教育機關是養老堂。因爲過去（卽現在還有許多）各種社會教育機關，所做的工作是怎樣？所辦的效果是怎樣？簡直叫人答不出來。大都專以消極死板的方法來辦理，尤其是藏書樓式的圖書館，開門，關門，曝書，藏書年工完了。這樣的工作自然與民衆無所謂敎了。果眞學校圖書館能公開來兼做社會教育的工夫則各種社會教育機關的人員自然再無顏敷衍怠工。而自會努力的動起來，出勁幹工作，認眞辦教育。那末社會教育的效率，自會增加，其功效亦自然大顯。

（四）與社會民衆的利益—學校公開與民衆亦有兩大利益：

1 提高求智興趣—環境與讀書興趣之增減，頗有關係。例若我們職圖書館事業者，天天在書裏過生活，對於圖書終是要翻翻看看，此環境使然也。民衆對於讀書興趣之所以不濃厚，原因是少與圖書爲友。今學校圖書館公開，許他們入內與圖書爲侶，與學生爲友。則此圖書館境可以提高他們的求智興趣，且由學生之考考研閱圖書的應響上，也會使他們自己覺得智識之淺薄，學問的缺乏，相形見拙，而發奮以求智。

2 多一個善良環境—我國不在學校受教育的民衆，所以養成坐茶館，進酒肆的習慣，當然是爲了地方上沒有美好的公園，家庭裏沒有會友的方法。現在將學校重地，閑人莫入的禁牌取消，並且還可使民衆到一個最有意味的教育環境裏去，享受正當的消遣幸福，不特於他們智能上有長進，卽於美德上亦可以養成清潔，沉靜，和平等習慣。利用餘暇的正當地方既有，費時耗錢傷德害身的地方，自會不去。

綜上看來，學校圖書館公開，既可以打破社會教育與學校教育的隔閡，復足以使學校學生和社會民衆均受其利。所以在目前談改進學校教育和推行民衆教育的當兒，這個辦法，於一方是對症下藥，一方是唯一出路。一舉數得的一樁社會建設，心理建設的事，何容再爲躊躇不行呢！

學校圖書館公開的辦法

學校圖書館公開，學校內就必多若干進進出出的民衆，於學校管理上當然要發生許多問題。若事前沒有嚴密周詳的辦法規定，將來之流弊，也許較各方面所獲的利大。例如學生受莠民之應響，而違反校規等。茲草辦法大綱於後，以供摘擇參考。

（一）原則

1 經濟。

2 便易。

3 學校社會化。

4 民衆學生化。

（二）主旨

1 使達到學校教育與社會教育切實合作之途徑。

2 使教育工具圖書可以盡量活用，所謂書能盡其利。

3 使民衆不虞無書可讀，無處可讀書之苦，所謂人能饜其慾。

4 使學校教職員學生可以研究民衆之讀書興趣，習慣，方法，心理等。

（三）閱覽指南

1 公開之原因和目的。

2 開放時間。

3 閱覽手續——若塡聲請書領閱覽證等。

4 借閱手續——請發借書證（最好不用證金担保但須有切實職業住址等之塡明。）

5 借還手續——即借書還書之各步手續。

6 入校須知。

7 獎懲辦法。

8 其他。

（四）館內佈置

1 教育化科學化合時化——例十月十日爲國慶紀念閱覽室內當佈置得令人一望而知爲國慶紀念節的環境。

2 選出適合於當地來館閱覽人程度之書另陳一架。

3 圖與書可連環式的陳列——例壁上有一圖爲飲食衞生，即在此下帖一紙標語，指示下面的書乃論飲食衞生之理。（大學校可不必如此）

4圖書可照社會生活或按照中央規定之七項運動及其他而列每月或半月爲一單元設計之佈置。

5其他。

(五)讀書指導

1談話式。

2備簡明易查之各類圖書，分訂分類目錄。

3備各種人所各須讀之圖書目錄單。

4備適合各業民衆所必須讀之圖書內容大要，及循序讀法說明書。

5在館前佈告欄內，常揭示何處何人講演的消息，介紹並鼓勵民衆去聽。

6其他。

這個辦法大綱，挂一漏萬，在所不免，希各校可因人事時地之不同，斟酌增減可也。

一九三〇年五月十七日於無錫省立教育學院圖書館

摘自《圖書館學季刊》一九三一年十二月第五卷第三、四期合刊

公共圖書館與小學校之關係

李絜非

一、緒論

圖書館於教育上之重要性，已爲古今中外所共認。如保存人類之文化，改良社會之風俗，輔助教育之不逮，皆圖書館功效之犖犖大者也。圖書館雖爲教育之一部分，實則今日之圖書館，已由附庸而蔚爲大國。惟其與學校教育，始終如驂之靳，相關彌切。茲編就公共圖書館與小學之種種關係，略加論列；以見小學與圖書館更多相助相成焉。

中國家庭之兒童教育，不失於弛，則偏於嚴。弛則肆爲放任，嬉戲街市，浸沈於欺詐僞譎之空氣，優遊於談食笑駡之環境，少而不學，長何可成？嚴則密扃戶牖，日讀死書，以家庭爲天地，以書本爲仇讎，活潑之性既汨，萎縮之習乃成，則其爲害，五十百步之間也！

近頃國內教育人士，亦嘗注意及此，於圖書館中時復附設兒童閱覽部。惟其爲病：或圖書館太少，或布置未善，或分類不當，或組織不良，或室小人多，或讀書乏人指導。至於小學校中之圖書館，則更鳳毛麟角，寥若晨星矣！殊不知兒童爲將來之成人，負國家文化之艱鉅，則小學教師之提攜此素絲未染之國民，更負關係前途綦重之職守。昔普之勝法，毛奇歸功于小學教育。則吾人於積極提倡改良小學與培植師資之外，更當盡力擴充整頓兒童圖書館，俾雙管齊下，以收合則兩美之實效。一八九九年，美國教育協會委員會，曾稱小學之功用，在于介紹學生以圖書特別利用之方法；易言之，在導學生以如何讀書，及何書可讀。同時圖書館之任務，則在鼓勵學生之涉獵羣書，助掖而養成其讀書之習慣。故使圖書館之任務，爲賡續學校教育完畢後之功能者，與濬深學校教育所已培植其愛好學術之信念者：則兩者之相爲互助，相爲利導，實刻不容緩之事。玆就公共圖書館與小學教師之相爲互助之關係，分述如次：

二、公共圖書館之所助於教師者

1. 借貸圖書特權之許可—圖書館對於小學教師，較之通常閱覽者，當予以多借圖書之利便，及時間之延長，俾教師於教授某種課程時，得某種書籍從容佐證於几席之間。

2. 分級圖書館之設備—通常之公共圖書館，時致每類書籍於某學校之某一階段，稱之爲級圖書館。不僅指導學生，閱讀其課内有關之圖書，抑且予之以最美故事，詩歌，仙女小說，機械或電氣使用之書，及其他適合有用之兒童書籍。俾休息短晷，風雨晨昏，皆得便於取閱。蓋此種特殊布置，與通常圖書館固可並存而不廢者也。

3. 教育雜誌之訂購—教師欲求所以補充其課本之不足，使其學術與教法日見精進，則圖書之外，尤宜注意教育方面之雜誌。圖書館于此，應儘量爲之供給。

4. 參攷書籍之供給—圖書館職員應將館内關於某題之著作，集爲一欄，以謀教師與學生入館參攷之便利。新出圖書，尤宜分類陳列，以供衆覽。

5. 圖畫之蒐羅—圖書館更宜常為學校教師集其課本之圖畫，此種圖畫，多可剪裁於陳舊雜誌或多餘之圖書中，分類黏貼，用便取藏。如地理教師，可假日本人生活習慣之圖冊，自然教師，可假花鳥蟲魚之照片。卽如文學教師，如欲得了解詩人文人作品之背景，亦有賴于圖片，如詩人浪菲羅（Longfellow）詩句中之景況，得圖片之佐證，其詩必更增學生之興趣與了解也。

6. 書目之報告—圖書館應將精選兒童讀物之書目，隨時報告教師。此書目包含至廣，惟有時亦可限於某一類者。若更求其完善，莫若各圖書館與各學校組成一圖書通訊部，凡有益於教師學生者，皆可隨時互通消息也。

7. 教師參攷室之闢設—如館中經費充足，房間有餘，則教師參攷室之闢設，頗為重要。於此室中，教師可得若干精選之圖籍，及必需之雜誌與書目。

8. 其他特別有助於學校之工作—此外各種方式之合作事項，頗費時力，則館中當由一部分人專任之。如暇時卽赴學校，與學生談讀書事項，以引其興趣，使知利用圖書館之法。而對教師之釋難解疑，亦可由圖書館為之解決。至兒童閱覽室中，尤宜有不同之陳列，如風景，織物，鳥類生活，鑛物植物等等照片，，以投其愛好，引起其硏求之精神。

9. 講演圖書館之功用—遇相當機會，圖書館當為學校講演圖書館之功用，以為互助之表示，且可啓發兒童之反應，使羣趨於勤讀之途。

三、教師之所助於公共圖書館者

1. 貢獻於書籍之選購——教師當熟諳於書籍之選購事項，明曉其自身與學生之所需，在使學生之供給無缺，與圖書館之購置有方也。

2. 留心指示兒童之閱讀書籍——教師若不經心或淺陋，而指示兒童以平凡或有害之書籍，則圖書館中往往遍索不得。故教師爲學生計，爲圖書館計，不得不於指導讀物時加之意也。

3. 愛護書籍——教師於教室中當預爲曉喩，并培植兒童此種習慣，則圖書館中書籍，自少破碎汚損之現象矣。

4. 明白提示圖書館告以參考之所需——一級之中，有所需參考於圖書館者，必先以示知館員，俾得有所準備。

5. 對兒童作淺顯之講演——教師當兒童入圖書館時，當先爲之講演，使其知其所需，與知其所取。否則周章孔多，館員更不勝其麻煩矣。

四、公共圖書館對兒童閱覽部應有之經營

1. 閱覽室之力求美化——此所謂美化，非外求高樓大廈，內具沙發地氈之謂也。而在求室宇之寬廣，桌凳之適宜，與佈置之秩然有序，內部一切之富於美化。使兒童一入其中，欣然色喜，怡然就讀，明窗淨几之間，新書美畫之中，得樂而忘戲，安而勤讀之趣焉。

2.借書手續之簡略與兒童自由興趣之維持—閱覽室之中，當維持其自由之空氣，同時借貸手續，宜較成人爲簡易，否則稍嚴規律，則兒童舉止間，反爲不安，而此後之退縮不前，更可知矣！

3.讀物之選擇與指導—兒童讀書，漫無選擇，則館中當善自審擇而購備之。否則一涉粗心，購置不慎，則不惟無益，反足害之，至指導閱讀，尤非有人不可，蓋兒童無深思揣摩之習慣，一有不明，無人質疑，則鮮不掩卷而退，故指導之人，爲不可少也。

4.讀書會之設立—此種讀書會，設立之目的，在造成讀書運動，使兒童愛好讀書，浸假成爲風尚。互助之中，兼寓獎飭。則其激盪誘掖之力，實較强迫或放任爲優。

5.館員之訓練—兒童閱覽室之館員以女性爲較宜，以其平易溫和，便於兒童之接近。惟同時仍當注意此管理之人，當備具圖書館教育之訓練，如普通常識之充足，有教育兒童之志願，具忍耐與循循善誘之性質，有樸素淡泊之習慣。凡此皆與此項事業之成效，有重大之關係，要不可不慎之于先也。

本篇强半譯自 Lucy E. Fay 與 Anne T. Eaton 之 "Instruction in the use of Books and Libraries" 一書中之第二章 "The Relation Between the schools and the Public Library"（三月二日絜非誌）

編者案：本館新民路分館原有特設之兒童閱覽室，現復加以擴充布置，增添新書，應用彩色位置分類法，幷增設女職員二人，曾服務小學教育者，以司指導。此與本文第四節所言，不期而相合符。本館于如何便利兒童閱覽輔助小學教育，自當繼續改進。惟小學校如何輔助圖書館，如本文之所言，則甚望本市小學教師諸君顧念教育，隨時與以贊助與指教也。

摘自《浙江省立圖書館月刊》一九三二年五月第一卷第三期

學校圕之主要工作

徐旭

在我國今日多事之秋的貧困，衰頹，沒落社會裏，辦民衆圖，是只怕沒有顧客，門庭冷落，智識不暢銷。在學校裏呢！亦有同樣的趨勢，有的只曉得讀死書、有的只曉得死讀書；最聰明的不準了！現在以爲治國的個中究竟，做官不一定要有學問；辦爲不一定要有學問；所以課可以不上，書可以不讀，智識可以不探討，學問可以不研究，單叫幾年註册，一紙文憑到手，交上了好運，拍上了要人，從此青雲直上，官運亨通，得其所哉！得其所哉了！這種不景氣的現象，是十分可怕呀！現在話得說回頭，在政治革命沒有成功，在經濟革命沒有成功，在教育革命沒有爆發的當兒，還得說些遷就事實的話。學問智識，究竟是維繫過去，現在，和未來人類文化的主介物，所以還得要叫人人求智識有學問。在學校環境中的學生，更應該讀活書，活讀書，使成一件有用之材才是。依之，在職言職，於如何可以使學校之學生眼光放大，胸襟擴張，改變其錯誤思想，糾正其誇張行動，增進其應用才力，乃至其蓬勃生趣，使認識生命之價值，是則辦學校圖者不可不注意其主要工作了。

小學圖之主要工作——我們當然不願使每個活潑潑地的小孩兒，除了整天在教室中上課之外，再叫們進梧悶悶地的圖讀書，變爲死呆呆的書獃子。但是要使他們生無限的興趣，使他們有合作的精神，使他們有服役的習慣，使他們有省餅餌之費以購精神糧食之圖書的美德，則我認爲負小學校圖責職的，當提倡各級文庫之創設。這種文庫，或分設在各級教室內，或合設在學校之圖內。其功用乃使各級學生，有他們自已的寶藏，而知道圖書的可貴。然後由各級級任的教員，和負圖責的教員，去訓練他們自己活動，處理圖書的事務。並時時懸佈新出版之刊物，介紹某級當採購某書的鼓吹話，這樣學校可以不愁圖之不能擴充，學生可以利用其適宜程度之圖書，而求到由淺入深有價值之智識了。

中學圖之主要工作——在中學之學生因其年齡的關係，在心理上和生理上，容易受到強烈的激刺，和社會上的種種暗示，而起浮動，誇張，盲從，愚蠢的行爲，致損其天眞潔白純粹的心身。學校的教師，是無從糾正他們，是無法改善他們，這個我敢大胆地說，罪不在學生，而咎當由教師負之，因爲大多數的教師，不過是販賣智識，而沒有立人，達人的榜樣，所以對於這點，在我又認爲可範圍學生入正軌，左右學生的行動，又只有圖去負了。就是應當將聖賢，豪傑，英雄偉大的圖，的事跡，的傳記，多張貼，多介紹，多鼓勵。對於新出的什誌，也應當多多的搜集，使他們可以認識世界之大，自身之小，而知非努力求學不可以與社會爭生存。同時更應當編製凡學校所有各課程的參考書目，使學生得適當參考，而消化所得智識爲已有，並可終身隨時取而應用之。

大學圖之主要工作——大學生的言行，實在是太矛盾了，在沒有進大學之前，說得多末好聽，做大學生是不單靠課本的，靠聽講的，最要緊的，要會利用圖。其實一進學校，整天不是睡覺，就是看稻性的小說；不是高談闊論，就是結黨成羣，預備如何鬧風潮？趕校長？不是裝頭飾脚，就是想如何可以得到意中的美人兒？早把立下的志願，抛到九霄雲外。即使要裝腔做勢進圖的，十有七八，是怨恨圖如何的不好，這本書也沒有，那本書也不備，甚有罵罵圖管理員的。所以我覺得要服侍這班志高氣揚的大學生，使他們底蹈中心地讀書，不管他因追逐美顏而進來的，不管他是認眞求知而進來的，最主要的工作是要編製完善的索引。使他們養成研究的精神，獲得參考的材料，讀課本有參考，作論文有參考，要什麼，有什麼。使每一本書，每一篇文，都能盡盡地被利用。使每一個不論其動機是這樣，那樣的大學生，都得到其所要得的，這才是大學校圖所當注意的一件主要工作。

既因篇幅不足的關係，複因篇幅有限的關係，在這種狀況之下，只得不盡欲言拉什地寫此。願讀者原諒，但深願各級學校圖的館員，三注意之。

二一、六、二六日。

摘自《無錫圖書館協會會報》一九三二年七月第二期

圖書館與學校教育

鄭慧英

圖書館之意義

人類之經驗與智識,大半藏於文字之中,方社會愈進於文明之領域也,文字之應用愈廣,於是書籍之保存與傳播之重要,亦隨之而繼長增進.保存書籍之機關爲何?圖書館是矣。故圖書館者,社會文明之自然產物也。

初,圖書館之任務,不過爲國家保存典籍之所,或爲個人儲藏珍玩之處,其用處在供給少數學者之探討研求,非供民衆之閱覽,對於社會無絕大之貢獻。近數十年來,因社會人士對圖書館之觀念改變,同時因圖書館學之發明,於是圖書館之趨勢,乃大異於從前.所謂現代圖書館者,不特負有保存文化之使命,同時有利用圖書館使公衆得以自由閱覽,藉促進人羣智識之進步與發展之功能焉。故以前之圖書館,可謂爲「藏書樓」,現在之圖書館,則可謂爲「搜集古今中外可作文明傳達者之有益圖書,使公衆用最簡單之方法得自由閱覽之教育機關」矣。

圖書館之意義既明,茲概述其與學校教育之關係.

大學教育與圖書館

邇來大學教育之觀念精神,經已改變,大學生從前之重視課本與教師之講義,而不旁及其他名著之求學方法,早已無存在之價值。代此而起者,爲自動研究之教育,蓋人類最高貴之精神,莫如自動研究之精神,即現代之璀璨文明,亦不過此種精神偉大之表現。故現在大學教授於學生,不過指示其求學之途徑，激發新問題，介紹參攷之書籍，與研究之方法而已。然而自動研究，實有賴於宏富之圖書館也。

再就大學教授方面言之。大學教師，固應有專精之學識，與繼續研究之精神，而尤須知曉全世界關於其所授學科之理論與實際之最近消息。不然者，學術已日新月異；而教師所教者，不過前人之成績，學生所學者，不過一種舊學問，如此教學，吾未見其對於學術上社會上有若何貢獻也。

羅素（Russell, Bertrand）在其所著之 Education and The Good Life 一書第十二章內有言：「昔在劍橋大學授余以數學之人，完全未嘗與二三十年前大陸派之數學相接觸，故當余畢業時，猶未聞有 Weiertrass 之名，直至余旅行至大陸時，始與現代數學相接觸，如此類之情形，並不希罕，在許多大學中隨時可以見到。(The Men Who taught me mathematics at Camdridge were almost wholly untouchcd by the continental matnematics of the previous twenty or thirty years, throughout my undergraduate time, I never heard the name of Weierstrass. It was only by subsequent travel that I came in contact with modern mathematics. This was no rare or exceptional circumstance. Of many universities at many periods similar things could be said.)」此種情形，外國大學尚屬如此，況吾國乎？然欲免此不良現象，則大學教師須為一熱心研究學問之人，而大學尤須備有規模宏大之圖書館，以供教授之研究也。

中學教育與圖書館

近世教育觀念，教師非僅灌輸學生以課本之智識，而在指導學生課外之參攷。蓋不能互參旁証，深求義蘊，難期有高深之造就，與養成獨到見解之可能。且也，注入式之教育，早已成爲過去，以其不能自動而乏個性發展之機。故現在教師須有誘導學生自行作業之機能，即所謂「Teach the people how to study」。誠以智識門類紛繁，欲在教室一一講授，爲事實上不可能。今日之教育趨勢，在使學生獲得求知工具之方法，換言之，即使學生如何善用圖書館。矧學生在中學時代，爲青年時期，記憶力强健，理想力豐富，求知欲望，異常顯著。學校應設圖書館以應其需求，供其自學自修之用。在教育者方面言之，則以其爲學生之導師，對於每種學術，須有湛深之研究，庶於學生問難咨詢時，能詳爲之解釋。惟是文化學術隨時間遞嬗而突進，教授方法與原理，又隨時代轉變而日新，苟教育者不時時繼續研究，對於學生提出問題，難得完滿之解决，至供給教育者以研究之便利者，則非圖書館莫屬矣。

小學校與圖書館

小學爲養成學生自進追求智識之習慣，與增進教者之學識起見，而設圖書館於學校，以便員生之自修參攷，原則上自屬必要，然世人每每忽視之，以爲小學生年齡尙幼，尙無自行閱書之能力，遂以兒童圖書館爲無足輕重。不知兒童之需要圖書館，實不亞於成年之人，苟能善於誘導之，則圖書館貢献於兒童之偉大，可斷言也。玆述其誘導之法如下：

1. 利用兒童之好奇心，模倣性，感覺性以誘導之。兒童時代，好奇之天性，最爲發達，眼見世界上森羅萬象，莫明其妙，故常常發問，探討其所以然。此種好問之精神，即人類教育之基礎；所謂研究精神，不過是受科學鍜鍊之好奇精神而已。若教育之歷程，不將其摧殘，即可向榮滋長，成爲一切偉大發明之動力。但天性自然之發展，能否如盧梭之預言，「產生美滿之結果」尙屬疑問。蓋兒童雖具有好奇天性，與探討科學之本能，但人性本來之傾向，是向阻力最低之方面而走（ follow line of least resistance）換言之，即避難趨易。故欲養成其學術上探討之興趣，不能僅恃其天性，必有賴乎教者之誘導。所以當兒童爲好奇心之驅使而發問時，教者當詳爲解答明白。此時兒童每覺驚奇快慰，而對教者發生景仰之心。教者更應利用此時機，指示以種種智識，均從某種圖書得來，令其往圖書館借讀，以証其所言，則兒童利用圖書館之觀念，當由此而生矣。

又兒童最富於模倣性，在家庭每模倣父母親屬之行爲，在學校則每模倣其教師同學，即書中之人物，亦每爲其模倣之對象。苟能利用此種兒童特性，導其閱讀名人傳記，以及其他最有益的模倣資料，則不獨引起其用圖書之心，且可引導其本性趨於向上之途徑。

從心理學研究之結果，知兒童之感覺性每較成人爲敏銳，教者能利用此種本能選備富有興味之圖書供其閱覽，則兒童對圖書之觀念更深。

2. 演講故事以誘導之 演講故事，實爲引起兒童讀書之方法，一可以藉故事以增加其知能，一可引起其搜羅登載故事圖書之興味。履行久之，兒童對於圖書舘即自然發生一種濃厚之感情矣。

3. 採集畫片以誘導之 採集畫片，爲兒童所喜之事，蓋兒童俱有收集與愛美之本能，圖書館爲迎合兒童心理起見，應代其收集富有美術性之圖畫，其他如名人照片，生物，科學掛圖，亦應廣爲搜羅，分門展覽。

至於此種畫片之來源,可從舊雜誌與畫報中裁出。

至圖書館對於兒童貢獻若何,茲分述之如次:

1. 發展兒童個性

小學教育每爲上課時間之限制,學程教材之拘束,欲發展兒童之個性,戛乎其難。至圖書館內之閱覽,則絕對自由,無時間與種種之限制,有盡量發展其個性之可能。

2. 良好習慣之養成

利用圖書,遵守規則,尊重公物等習慣,均可於小學時期養成之。

綜上所述,則圖書館與學校教育之關係,已可概見,然吾人享受學校教育之期間,不過佔人生全期之片段耳,離校後欲繼續研究學問者,則更不能不有賴於圖書館,是則目圖書館爲教育機關者,良有以也。

摘自《廣州大學圖書館季刊》一九三三年第一卷第一期

兒童圖書館學導論

錢亞新

兒童圖書館學的意義——兒童圖書館學的範圍——兒童研究，兒童文學和兒童圖書館三者的關係及其研究的方法——研究兒童圖書館學的理由

一、兒童圖書館學的意義

要明白（兒童圖書館學）的意義，先該把（兒童），（圖書館），（兒童圖書館）和（圖書館學）幾個名詞來解釋一下。

誰也做過兒童，似乎對于兒童的意義，可以不言而喻。你看那個正在吹喇叭的不是兒童嗎？那個玩小皮球的不是兒童嗎？那個伊唔學語的不是兒童嗎？那個向哥哥要糖果吃的不是兒童嗎？兒童之所以爲兒童，正可用直覺來解釋，何必去嚼字咬文呢？尤其與成人對比一下，更可明了兒童的含義。因此有的說兒童就是成人的縮影；有的說兒童是成人的預備；有的說兒童是知識未豐的人；有的說兒童是身心發達尚未完全的人。這些解釋，未必完全不對，但至少犯了揎賓奪主把兒童本身忘掉的毛病。並且世上也有不少白頭的兒童，不少童心的老人。所以避免含糊起見，該從人類的年齡，身體和心理三方面來解釋兒童的。在年齡方面，須未滿二十歲者；（一）在身體方面，須未發達完全者；在心理方面，須情欲未到成熟期者。（二）換言之，凡在二十歲身體發達完全和情欲成熟期以前的，叫做兒童。

提到圖書館，人人都曉得是藏書的地方。這個詮釋，用之於從前的圖書館，最適合也沒有。因爲從前的圖書館，本以蒐集圖書，保管圖書爲唯一的目的。祇要多多地蒐集圖書而善於保管起來，就已盡辦理圖書館的責任。所以從前的圖書館，只可稱爲藏書樓。但現代的圖書館，除要蒐集圖書，保管得法外，還須求圖書的流通和合用。因此它的目的，要能以最小的經費，備最有用的圖書，供最多的閱覽；而其服務，要能于適當的時候，以適當的圖書，

給與適當的讀者。所以現代的圖書館，不該是藏書樓，而該是廣蒐有用的圖書，用經濟的管理方法，使閱者得自由使用而滿足求知慾的地方。

把兒童的意義和圖書館的意義，聯合起來，就可獲得兒童圖書館的意義如次：廣蒐有用的圖書，用經濟的管理方法，使兒童得自由使用而滿足求知慾的地方。

圖書館學，現已成爲專門科學之一，如教育學，天文學，經濟學，醫學等一樣。外國有些大學，早已有圖書館學系或專科的設立。就是什麼事業都稱落伍的我國，唯一圖書館專科學校的創辦，也有十餘年的歷史了。可見圖書館學是一種專門的學問。它的範圍，可分爲關於圖書的印刷出版等科目，圖書館管理方法的科目，圖書館行政的科目，與圖書館學有關係的科目四大部分九十七門（三）、從這樣大的範圍來細察一下。圖書館學是一種研究圖書館行政和管理的科學。

以上四個名詞的解釋，既然有了，那末兒童圖書館學，就是指一種研究兒童圖書館行政和管理的科學。

二、兒童圖書館學的範圍

兒童圖書館的意義，已如上述。但它的範圍，如果不加以較詳細的規定，還不大明白。推原兒童圖書館的創設，完全爲供給兒童使用的。因此，辦理兒童圖書館，該以兒童爲中心，正如辦理學校，該以學生爲中心一樣。館中所有的圖書，要合於兒童的程度，要隨時能滿足兒童的需要；要能引起兒童自力讀書的興味，要能養成兒童喜歡讀書的習慣。館中一切的設備，要能投合兒童生理上的發育，心理上的特徵，和病理上的缺憾。而館中所有的職員，又要能了解兒童的身心，隨時與以適當的指導。要達到這些目的，非從兒童研究，兒童文學，和兒童圖書館三方面去討論不可。因此這三方面，也就是兒童圖書館學的範圍了。

以科學的方法，研究兒童身心之長成發達者，謂之兒童研究（四）。它的內容，又可分析如下：

兒童研究的意義，歷史，方法等

兒童期

兒童的生理

兒童的心理

兒童的病理

表現兒童想像與情感的生活，應兒童天性最高部分之要求，擴大人生之喜悅同情與興趣者，謂之兒童文學（五）。它的內容，又可分析如下：

兒童文學意義，歷史，等

兒童文學的需要

兒童文學的特質

兒童文學的來原

兒童文學的類別

廣蒐有用的圖書，用經濟的管理方法，使兒童自由使用可滿足求知慾的地方，謂之兒童圖書完。它的內容，又可分析如下：

兒童圖書的意義，歷史等

兒童圖書館的行政

兒童圖書館的經營

兒童圖書的選購和登記

兒童圖書的分類和編目

兒童圖書的流通和典藏

兒童圖書的參考和指導

故事會，讀書會，和研究會

三、兒童研究，兒童文學和兒童圖書館三者的關係及其研究的方法

兒童研究，兒童文學和兒童圖書館三者的關係，可示之如下圖：

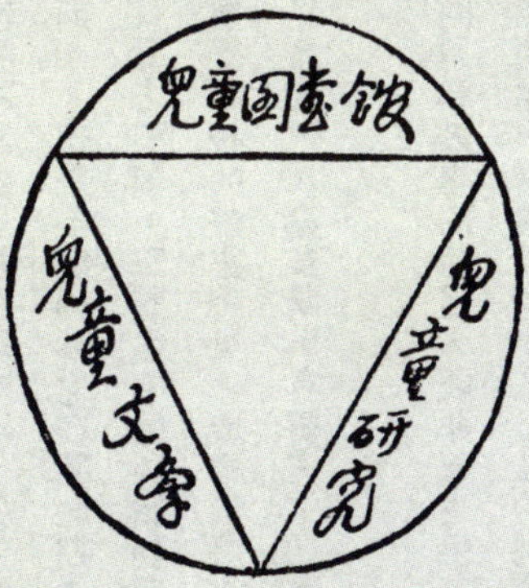

圖中的圓周，表示兒童圖書館學活動的總量。圓內接正邊三角形三邊割圓的面積，是這三者各自在其中活動的量，三角形的面積，是它們互相活動的量。因爲兒童研究的對象爲兒童，兒童文學的對象爲圖書，兒童圖書館的對象爲館中的經營，所以當兒童需要圖書，圖書館來供給圖書於是做了兒童和圖書的媒介；當圖書館設備着圖書，兒童

來館閱讀，兒童於是吸收了圖書館供給圖書的利益；當兒童來館，假使沒有圖書，那末不僅圖書館內容覺得空虛，而且兒童也收裹足不前，因此圖書就變爲吸引兒童來館的工具。三者的關係好比鏈鎖一般，須臾不可分離的。

至於這三者研究的方法，第一種在乎用眼去觀察，第二種在乎用口去吟誦；第三種在乎用手去實施。由觀察而得的結果，着重於記載；由吟誦而得的結果，注意於欣賞；由實施而得的結果，偏向於效用。

四、研究兒童圖學的理由

研究兒童圖書館學的理由很多，現擇大者而言之，則有下列各點：

投身於教育界的人，對于任何教育事業，均須研究。兒童圖書館是教育事業中的一種，所以從投身於教育界的講，有研究這門科學的價值的。

兒童圖書館是圖書館中的一種，在目下的我國，雖未十分發達，但將來它能自己獨立成爲一種事業，是無疑義的。假如有人往社會服務，要去辦理兒童圖書館，那就不得先加以研究。所以從服務於圖書館職業的講，有研究這門科學的價值的。

兒童圖書館不僅與成人圖書館的形式不同，就是內容和方法，也極差異。如果要辦兒童圖書館，不該如辦其他圖書館一般，而當把它的特質表現出來。所以從要增進辦理兒童圖書館的知識和技能講，有研究這門科學的價值的。

圖書館事業在我國還是草創時期，兒童圖書館的設備，尤在胚胎期中。但是不能因爲它在胚胎期中，覺得從事艱難，於是就置之不顧，正該從它的胚胎裏使之萌芽，發育，長大，獲得且後的好花善果，造福於將來的主人翁。所以從提倡兒童圖書館事業講，有研究這門科學的價值的。

自動的閱讀和好學的習慣，並非天生俱有，也非一旦一夕之功就能造成，實要經過年久月長的訓練，方始獲得。我們要使民衆有這種美德，從小就該給以機會去練習。因此兒童圖書館實是一個最好養成這種美德的地方。等到這種美德養成，使用圖書一節，自然而然會產生的。所以從養成兒童自動閱讀的習慣，增進使用圖書的技能講，有研究這門科學的價值的。

我國兒童文學，近年來雖有些起色，但較之英美法德等國，瞠乎其後。推其原因，一方面是由于創作者的缺乏，一方面是由于閱讀者的稀少，求供雙方的貧乏，於是互爲因果的造成目下的情況。現在要救濟這種不景象，非有大批兒童圖書館的開辦，購買大宗的兒童讀物，引起兒童的閱讀趣味及購買力不爲功。前以從提倡和於高兒童文學講，也有研究這門科學的價值的。

註（一）我國現行法律，以滿二十歲者爲成年人。

（二）馮品蘭：兒童研究，第一章　上海，商務，一九三一

（三）杜定友：新中華圖書館理法，第三十八課　上海，中華，一九三二

（四）教育大辭書：兒童研究條　上海，商務一九二〇

（五）張聖瑜：兒童文學研究，第一章　上海，商務，一九二八

參　考　書

今譯慈海和竹貫宜人：兒童圖書館之研究；陳逸譯　上海，商務，一九二四

張九如和周翥青：可愛的小圖書館　上海，中華，一九二八

美國圖書館協會：兒童圖書館；王京生譯　上海，商務，一九二九

里斯：兒童圖書館；錢亞新譯　上海，商務，印刷中

杜定友：兒童圖書館問題　教育雜誌，第十八卷，一九二六

摘自《教育建設》一九三三年第五期

兒童圖學

兒童在圖書館的地位

陳獨醒

烏煙瘴氣的社會，魑魅魍魎的人羣，國家情勢，危急到了這般田地，商人還是私進日貨，政客依舊煽動騷擾，軍人仍是跋扈聚歛，學校不脫營業性質，教育不忘門羅主義，大家自私自利，焉管國家危急存亡。民族卑劣的根性如此，誰不墮淚，誰不失望。我們還希冀誰來？恐怕除扶掖兒童，俾成爲國家強而有力，公而忘私共存互榮的承繼者之外，决沒有第二個途徑，因爲「人之初，性本善」我們苟能予兒童以良好的教育——當然不僅讀死書，死讀書，爲做官讀書——和足以促成實現社會主義的訓練——卽大同主義——則比之與虎謀皮的要求統一軍事，改善政治，澄淸教育，來得好些。所以大家應該把眼光放得遠點，切不可因今日對于國事的失望，而忽略了栽培將來承繼者的偉大使命。依作者的愚見，我們應該要求政府把每年派軍人政客出洋去跑碼頭兜圈子的幾十百萬的經費和空勞碌的早一會晚一會的糜費，都節省了下來，專門輸之于兒童教育的發展，如將小學的書費學費一概免去，并強迫六歲以上的兒童非進學不可，同時各地設起兒童教育館及兒童圕，把改善和普及兒童教育，視爲救國的唯一方法，從而努力于此，那才有挽回國運的可能。否則任你橫幹豎幹，東討西征，包你除不盡敗類，燒不完野草，因爲野火燒不盡，春風吹又生。我說這話並不是要政府不幹，不過幹是幹，幹之外還須切切實實地注意于兒童教育，把教育兩個字擺在軍事政治的同一行列，那才不差！

話語說轉來，圕的事業和目的是不是爲的教育？我們且別管人家的事，自己先回頭來看看自己的圕，對于教育努力到怎麼程度!?有多少人眞眞獲得了圕的好處？我們對于那些只喝酒不吃飯的小說讀者，不是太失望嗎！對於借書延期不還的，不是太難堪嗎！對于輕薄傲慢和不守館規的閱覽人，不是太悲傷嗎！作者九年的苦心服務，成績在那兒？擺平良心說一句：「祇有天曉得」。這並不是作者的期望太切，實在是民衆讀書的影像太壞，然而這其中並不是沒有道理，且待我來說明：

1.民衆從小腦筋裏沒有圖書館的影像。

2.民衆不會用圖書館。

3.民衆從小沒有養成善用圖書館的習慣。

4.大都民衆從小沒有嘗過科學，社會，藝術，技術，教育各科的滋味。

5.稍爲有點智慧的民衆，却又自甘暴棄，不樂進取。

6.民衆從小在家庭裏學校裏已經沾染了沉醉于小說的習慣。

7.民衆從小沒有經過使用公物，保守公德的良好薰陶和訓練。

8.中國民族的個性已在日漸墮落。

有上述的幾種原因，民衆原不希罕什麽圖？而圖却也幫不到他們什麽忙，只是爲有閑階級造成了一個消遣機關，否則你要爭口氣不做有閑階級的消遣機關，把所有的小說封鎖起來，或限制起來，或停止購買，那包你不上一月，門可羅雀，向教育廳局呈上一個統計表去，定準可以打碎館長的飯碗，唉！如此情形，不是太可悲嗎?!不然，有誰給你安慰呢？有誰使你希望呢？有誰配你去犧牲努力呢？有誰算是你已經達到普及教育的目的呢？有的，別失望！天天徘徊于小書攤，踟躕而讀連環圖畫的兒童，他們不是我們唯一的安慰者和希望者嗎？他們徘徊歪路，正待我們去援手，我們要因了他們將來須担負國家的重寄，當用十二分的忍耐心來扶掖引誘他們上圖書館來，飽餐智識的糧食，做我們永遠馴良的讀者。養成忠實於國的一等良民。

我們的事業既有了這樣的希望和慰藉，那只叫打算如何可以達到這目的，便是

1.如何使兒童認識圖書館？

2.如何使兒童會用圖書館？

3.如何使兒童養成利用圖的習慣？

4.如何使兒童多讀有益的科學，社會，藝術，技藝一類的書？

5.如何避免兒童閱覽指定以外的小說？

6.如何使兒童善用公物，保守公德，和服從管理員？

這幾項問題在我們改進和發展兒童閱讀之先，應該先給他解決，那庶幾有獲得成効，和達到目的的可能，現在且把管見所及的，寫在下面：

1.要使兒童認識圖。一、須得在小學教科中編入圖的教材。二、圖須常派員到小學去演說。三、小學教員每週當率領兒童到圖閱讀一小時。四、圖要有關於兒童的設備。

2.要使兒童會用圖：一、兒童閱覽部的圖書能用開架式最好，不然他的分類編目也該簡單些。二、兒童圖書部當設專門的指導員。三、兒童讀物中常參入淺近的圖學論文。

3.要使兒童能養成利用圖的習慣。一、圖管理員對於來館的兒童應該竭誠歡迎，誠意指導，耐心對付，不可使兒童視圖爲畏途。二、辦理兒童圖書的流通。三、獎勵成績良好的讀者。

4.要使兒童多讀有益的科學書，社會書，藝術書等：一、圖應該多備這類書并且隨時添置這類書。二、將科學社會藝術等書循環陳列於閱覽室。三、圖每月應對於兒童舉行有獎勵的測驗一次，藉以激發他們的努力。四、應許兒童將科學，社會，

藝術等書借出館外去讀。

5.要使兒童不閱指定以外的小說：一、圕應該限止十六歲以下的兒童借閱小說。二、借閱小說須絕對取費。

6.要使兒童善用公物，保守公德，和服從管理員：一、圕的四壁應該貼起激發公德的標語和格言。二、圕的管理員應該用謙和的態度隨時隨地把公德勸勉兒童。三、圕裏應該訂出懲戒和獎勵兒童閱讀的辦法。

提倡兒童閱讀，關係振救國家，復興民族，發揚文化，挽回頹風，其重要有如此，我們辦理圕的人，設不願坐待危亡，嗣後對於兒童閱讀應該如何興奮努力，把應付他們的工作設備，和成人的閱讀一樣同等並重，切不可以強着項說『本館不是兒童圖書館，毋需我來越俎代謀』對的，這話言之成理，不過設使國家能有隨處單獨設置兒童圕的力量，那當然毋需我們偏勞吧，總之今日國家的情勢已際危急存亡之秋，凡有血氣，正該各致其心，各盡其力，庶免陸沉之憂，版蕩之患，願吾同人于斯加致意吧。

摘自《中國出版月刊》一九三三年十月第二卷第二、三期合刊

談談兒童圕

馬淑貞

因為兒童具有天賦的活動性，所以可以使他自動的去培養智慧和陶冶情感；但此種活動須在我們給他墾植開發適當的園地泉源之下才能得到相當的結果。因此兒童圕在教育上便佔了重要的地位而成了不可少的機關；到底他給了兒童多少教育呢？現在把我所見到的寫在下面：

1.灌輸兒童智識發展兒童天才——在求智慾盛旺的兒童課堂上或課本上所給他們的東西，不足以充他們智識的饑荒，在圖書廣博的圕裏，他們可以依照自己的所好，任意選擇合乎他們口胃的東西去吃，這樣便容易消化，而天才兒童更可藉以發展，所以說兒童圕是溉灌兒童園地的好肥料；而學生的自學自習更是教學速率上澈底的方法。

2.養成兒童讀書習慣——「一個人在幼年時代是否養成讀書習慣，便是他在事業上成功或失敗的原因之一。」所以兒童應當養成讀書生活的習慣，學校裏的圕便能引誘着兒童在不知不覺中去看書，這樣經過了很長的時間以後，兒童便感覺到每日進圕和餐室有同樣的重要而讀書習慣即由此養成。

3.兒童休閒時間的利用——因為兒童天性是活潑好動的，所以他不慣過枯燥呆板的生活。因此兒童在閒暇時若不給以正當活動，他們不是感覺生活無味，就是任意肆行，種種不良習慣卽由此造成，對於兒童前途影響很大。尤其是那些浮燥兒童，他若常常在圖裏得到些慰安娛樂，久之能把他感化成一個沉着靈慧的兒童，所以兒童圖是休閒教育上不可少的設備。

4.給兒童辦事的機會與訓練——兒童在每日經營管理圖的過程中，卽能得到不少的經驗和訓練；如書籍的整理與登記，館內的佈置與掃除，無形中可促進兒童的工作能力，更能養成他處事接物有條理精細忍耐等的好習慣。

兒童圖在教育上的重要性很簡單的已如上述；但是我們要達到我們所期望的目的，那麼兒童圖的經營必須是教育的才行，不然有館無書有書無人，或書冊狼籍秩序紛亂，甚或書中內容多使兒童得到不良暗示影響。這樣不但不能達到我們的教育目的，還得相反的結果呢。所以兒童圖的一切設施都應特別注意，而在經營的方法上除根據一般圖的經營方法外，更應謀特殊的經營，因爲他的對象是兒童，所以一切經營要合乎兒童心理與需要，才能得較好的結果。現在我把經營方法與應注意的事項簡單寫下以便研究：

1.設備與佈置——在設備與佈置方面，我們所根據的原則是總要使兒童圖有吸引兒童到館看書的力量，同時使兒童到館後感到各方面的適宜安舒與精神上的快樂。所以兒童圖的位置要適中，必須設置在沒有騷擾亂雜聲音的幽靜地方，同時還要顧及到兒童去館的便利。內中的一切用具務要美觀適用堅固，如置書架或藏書廚的製造要能多藏圖書，高低適宜，並能保存圖書爲要。書桌上面須有置放鉛筆之小槽，與阻擋書籍落下之小欄；最好桌面是傾斜的，使兒童閱書時身體與視力感到合適，而桌椅的高低更要適合兒童的身長，各種器具的排列也要注意到兒童的適用需要及美觀。室內牆壁上的顏色最好用淡綠或淺黃色，務使其色調柔和。室內的光線要適度，不要過暗，因爲過暗不禁有害視力，並且不能使兒童愉快的發揮讀書的氣分；但也不要過强，因爲過强是有同樣的有害視力。採取光線的方向最好是從左面射入，室內的空氣要常常使他流通，注意門窗的啓閉及室內溫度的寒暖，書籍擺列要用最科學經濟的方法使兒童便於尋找與取用，室外附近空地可以多植些樹木花草，佈置得美麗幽雅；如能使兒童感到是個樂園，自然他就很快活的到這裏來讀書，在園的附近或門口，我們還可以用一種邀請的辦法，如帖上一張很惹眼的標語：「喂！請到兒童圖裏去看書！」這樣兒童一看到標語也就信步踏進門內去了。還有一點因了兒童年齡與程度的不同，所以在可能的範圍內最好是讓高中低三級部分館，否則高中級部一館，低級部一館，如勢不得已而只有一座屋子時，我們可以使他劃分開界限，以便適合他們的程度與需要。

2.圖書的選擇——有館無書不得謂之圖，有書而非兒童所能讀之書，還是等於無書，是兒童所能讀而讀過後便使兒童發生不良影響的，這種書簡直又不如無。所以在運書到兒童圖之前，應當很愼重的加以選擇，把富有敎育價値的圖書，可以盡量的置於館內；致於那些非敎育的務必避絕。但是那種的圖書是含有敎育性呢？這雖是一個很寬並且很難的問題，我不防就個人所見把他寫在下面：

a備書使兒童去讀是要達到我們謀一種敎育目的，因爲有的書不但不能達到我們的敎育目的，並且還要返乎目的，所以選書時。要注意是否含有敎育價値這便是一個重要的標準。

b兒童有兒童的見地，有兒童的所好，及自身的要求，同時他們必須獲得他們能消化的食物，然後才能夠作爲資養料，所以那些含有深奧道理，及非他們經驗內的東西，雖然他有他的敎育價値，但不能搬到兒童圖裏來，因爲不是兒童所需要和所能理會的呢，所以選書時，要適合兒童的需要與程度。

C不是兒童生活範圍內的東西，他不與兒童發生關係，所以我們要從兒童生活範圍以內去選材料並養成兒童健全的性情與眞純的趣味。

d選擇能供給兒童獲得各種常識及富有文學意味的，使兒童讀過後得到良好影響，要避免那些意義乖謬文字欠通或平舖直敘的東西。

e選擇能使兒童激發愛國思想民族意識及有進取精神並能改善兒童行爲的讀物。那哀怨纏綿無病呻吟足以挫折兒童志氣的及不倫的戀愛故事等一概謝絕。

f其能使兒童得到慰安娛樂並可陶冶性情的材料，也是很好的兒童讀物。如能使兒童有繼續閱讀力量的爲更妙。

g足以引起兒童樂於研究科學及自然界的更可選擇，以便使兒童得到正確的思想，務要避免超越人力人智的冒險或偵探故事，以及爲人間所不得有的空想談話。

h在書籍的裝訂方面要藝術，印刷方面要不害目力，並能引起兒童興趣者爲選擇標準。

3.組織管理與指導——兒童圖在組織與管理方面不要過於麻煩或瑣碎。因爲如使兒童在小小的心靈裏感到一種委曲，便足以阻止其向上心的發展。所以在組織上要簡單，在管理上不訂許多規則和手續；但在兒童的生活尚未養成規則的習慣以前，於適當的自由之下還應有一定的規律：同時組織和管理在教師的指導之下應由兒童負責，因爲在這個時間服務員可以得到練習辦事的機會，很多事情都可在教師指導下使兒童作出來：如製訂各種表冊，及辦理各項統計，揭示新到圖書，統計每日每週各級閱書人數等

事項，每日服務人員可負責館內的掃除整理清潔。而最重要的便是秩序，因爲一方面可以養成兒童良好的習慣；一方面可增加閱讀的效率，所以在館內適當的地方可張以標語如：「注意安靜」「脚步要放輕」「看書後要放在原處」「擺列圖書要整齊」等使兒童一進館內，即想到應守怎樣的秩序，久之養成習慣後，自然於不知不覺中即應遵守應有的規則。其他如新舊圖書收到後，應先行消毒，隔相當時期應將圖書晒曬，以去濕氣，並同時舉行大掃除，在教師方面除指導館內的組織與管理外，更應時常到館內去指導兒童閱讀，隨時給他們解答問題，並注意其閱書時之姿勢，訓練默讀之能力等，設備上應有字典辭源等書，以補助教師之指導不及，更養成自動解決問題之習慣。

4.與學生以發表機會——兒童很喜歡把他所得的經驗智識與心得發表出來，同時我們更可以藉着使兒童發表來鼓勵兒童讀書所以出板壁報，舉行演講會，遊藝會等，不但使兒童有發表與做的機會，還能利用這些來引起其他兒童閱書的動機及獲得彼此交換智識的效用。

摘自《小學問題》一九三四年四月第一卷第八期

閱者對於學校圖書館應有的認識

鄭　和　安

學子們學識的增進，除從教員那方面得來而外，就在自己閱讀課外的書籍了。而這許多書籍專靠自己購買，不但爲經濟力量所不易辦到；似乎也不必。所以學校圖是學子們借閱圖書重要的寶庫。

學校圖書館對於學子們的關係，既然如此密切，那對於他應作深切的認識。

(一)要明瞭圖書的分類和編目

圖書館有數萬或數十萬本的圖書，假使毫無系統，館員難於管理，借者也不易檢查，所以分類和編目，是很重要的事情了。因爲圖書館是一個寶庫，假使沒有鑰匙，怎樣能開發她呢？我們要利用這寶庫，首先要懂得使用這鑰匙的方法。這並不是希望個個成爲圖書館學專家，却是希望完全明瞭分類和編目，館內有某某種書碼？館內有某人所著的各種書碼？館內對於某類的書有那幾種參考書呢？某書有幾册，有幾頁，甚麼地方出版，甚麼時候出版，某書有譯本或註釋本嗎？

……這許多我們須懂得查法，然後才能盡量的開發這寶庫。

(二)要辨別圖書的用途

有的書是要讀的，有的書祇是備檢查的；在未借書的時候，就要決定借某一種的書，如果眞重要，才借出；否則，就不借出，免得阻碍他人。又如參考書，祇是供參考的，可不必借出。

(三)要認清楚閱者的權利和義務

(甲)關於借書的　　圖書館的効用是在『用』，不是在『保存』。所以借書的人，就是這圖書的保護人；如有遺失或損害，都應負相當的責任。出納手續那樣的完密，也是爲的大家；大家借書，大家還書，才有書借。這人借書過期受罰，那人過期也受罰，然後圖書的流通才會迅速，圖書的効用才會大。

(乙)關於閱覽的　　閱覽室是最好的讀書地方，要肅靜，清潔……然後才會引起讀書的興趣；看書的時候，不交談，不朗誦……然後才能專心讀書。這是要大家共同遵守的；同時有好處也是大家共得的。不然的話，就是自己破壞自己很好的讀書地方。

(丙)關於雜誌和報紙的　　雜誌和報紙，是記載現時的事情，很多有史料價値的。但有時閱者欲節省抄錄的麻煩或愛惜某一幅圖畫，就簡直了當的剪了下來；在一己是方便得多了，但在他人何如呢？假使他人如此，自己又何如呢？所以要他人愛惜公物，首先由自己不私自亂剪起。

在未進圖書館以前，用具要帶齊備，以便抄錄；衣履要整理好，免碍觀瞻。這是大家都明白的，所以我也不說了。

摘自《培正中學圖書館館刊》一九三四年四月第一卷第一期

在這提倡兒童事業聲浪中各市縣應注重創辦兒童圖書館

余少文

什麼叫做兒童？兒童就像園圃的苗木一樣，苗木灌溉得宜，栽培的好，個個都可以造成棟樑的材料；今日的苗木，即是異日的森林，現在的兒童，即未來中國的主人翁，稽諸我國的古代，于制有慈幼之條，先哲有懷少之訓，對這兒童是怎麼重視，洎及現代，東西各邦，關於兒童事業，尤爲特別注重起來，以廿世紀爲兒童的世紀，美國以五一爲兒童節，日本則以三三爲女童節，五五爲男童節，我國自廿年中華慈幼協會，呈請政府公佈，每年定四月四日，爲兒童節日，經政府核准，廿一年四月四日，是第一屆兒童紀念日，全國各市縣，都舉行大規模的慶祝和宣傳，於是我國民的視綫，始注意射到兒童的身上，注重兒童的聲浪，不絕于鼓，這是我國一綫光明的希望，但是在這提倡兒童事業聲浪中，各市縣應注重創辦兒童圖書館爲必要，茲特分別說明如左：

(一)什麼叫做兒童圖書館？因爲圖書館的種類，就閱覽者的程度上言，有成人的圖書館，和兒童圖書館的分別，成人的圖書館，是供給成人的閱覽，其中有專門，普通，參考，通俗，等等的分別，種類很多，但總是不能合我們兒童的程度，兒童的圖書館，是蒐集適合兒童的圖書，採取適合兒童的設備，用最簡便的方法，來指導兒童的閱覽，以引起兒童自力讀書的趣味。

(二)爲什麼要注重創辦兒童圖書館？查我國現在的圖書館，據十九年度教育部公佈的統計，共有二千九百三十五館，然大部都是成人的圖書館，不是適合兒童閱覽的程度，專爲兒童設立的圖書館，可算是等於鳳毛麟趾了。現在既全國注意來提倡這兒童的事業，對這兒童圖書館，尤應注意創辦，其理由如下：

(甲)兒童課餘，應有正當趣味的讀物，以引起兒童自力讀書的趣味，且可避免趨入不正當的娛樂，和沾染社會上不良習慣。

(乙)兒童天性活潑，不能和成人合一閱覽，必另設兒童的圖書館，館中各種設備，方能適兒童的身體衛生、

(丙)兒童智識幼稚，必具有適合兒童心理的教育者，爲之指導管理，方能引起兒童的自學力和研究心。

(三)兒童圖書館有什麼效用？查兒童圖書館，在學校上，家庭上，社會上，都顯出種種的效用，分述如下：

(甲)在學校上的效用：圖書館是終身的學校，是代用的教師，圖書館教育，是教育中很重要的一件事，在學生方面，可以自動參考，補助功課，養成共同生活，讀書習慣，和美感的情操．在教師方面，可利用個別指導，研究教法。

(乙)在家庭上的效用：兒童當散課之餘，是常在家庭裡頭，但家庭的人，會知道兒童的教育，可算是很少的，若是有這兒童圖書館，我們小朋友的兄弟姊妹，就可時常入館閱覽，可以助益家庭的教育，且可以避免沾染不良家庭的影响。

(丙)在社會上的效用：在這我國教育尙未完全普及的時候，失學兒童，可算是不少的，若有個兒童的圖書館，可以補充學校教育之不足，且工作之暇，以及寒假暑假，我們小朋友，可相率來館玩閱各種有趣味的圖書，書報，什誌等；養成高尙的嗜好，而抵抗社會上的惡勢力。

總之兒童的圖書館，既然是很有效用，在這我國提倡兒童事業聲

浪中，對這兒童圖書館之創設，尤爲各市縣所應注意，所以本館當去年八月，中華圖書館協會，第二次年會開會的時候，即提出建議書，通函各縣市，應設兒童圖書館，并規定各圖書館，附設兒童閱覽室案，經大會議決，通過照辦，本館兒童閱覽室，亦經擬具計劃書，呈請前教育局，及市政籌備處，撥款開辦，無如奉到指令，都是說經費困難，礙難照准的，但是本館現在，對這件事，仍是努力籌劃，冀得及早實現，以謀多數兒童的幸福，希望各市縣負責教育行政的當局，贊襄這兒童事業，注意創辦兒童圖書館！

廿三，五，卅。

摘自《廈門圖書館聲》一九三四年五月第二卷第十期

舊事重提

建議通俗圖設兒童閱覽室

楊西侯

中華圖協會開第二次年會時，余超原先生，提出來一個議案，「通函各縣市應設立兒童圖幷規定各圖附設兒童閱覽室案」。這個提案在大會裏，經大會修正議決通過了。前幾天本市的各新聞紙教育欄內，都載着「注重兒童教育的消息」，據說「冀教育廳通令各縣」設立「兒童圖」。這道命令的要點有「輔助學校教育，養成兒童閱書之習慣，兼以促進義務教育之推行，最關重要」等語。他的全文不用管，先就着這件事說吧，前後準算有了題啦！別管實際在那裏，官樣文章亦算做啦！我看完了這段以後，很表同情，因為我在民國十三年的秋季，在天津縣教育會，評議會開會徵求議案的時候，曾提出來一個議案，主文係「小學校應一律添設圖案」。理由及辦法係『學校圖為今日之要圖，於學生課外，有無窮之利益，各縣小學校內，必須添設圖一處，以為教員與學生參考及求學之用，其辦法各小學應於經常費內，畫出成數，以為辦理圖之用，所有圖管理事項由教員負責指導之』，因為那時還沒有中華圖協會，天津市裏亦沒有這麽多的通俗圖，所以我才在教育會裏提出這個議案來，會裏真給通過了，亦通函各學校快快添設。所謂「兒童圕」，分析起來共有兩種，一種係學校的，一種係普通的，學校方面由民國十八年以來，設立的圕，很是不少，而尚未立的，只有少數。可是各縣的普通圕呢，實等於零。話又說回來啦，普通的「兒童圕」在國內不過兩三處，若是到處都有「兒童圕」設立，就是你強迫兒童們去看電影，偷看小人書去，我敢武斷一句，兒童不雖樂意去吧？按我重提這個問題的意思，一方面是因為兒童為將來的社會的主人翁。要由小的時候，養成愛讀書的興趣。兒童若是有正當有興趣的讀物，且可避免趨入不正當娛樂，阻其日流邪僻，何愁其將來不為良善國民呢！現正在義務教育促進推行的時候，兒童前途的希望，非常遠大，故此我藉題發揮，要將舊事重提，盼望津市各通俗圕，照着冀省教育廳頒布的這個通令，和我以先那個提案裏的要項，各通俗圕附設兒童閱覽室，為的是要叫一般兒童全有讀書的機會，何況兒童圕是兒童所樂意的呢？我說完了以後，希望全市通俗圕，應當有一種實施計劃表示出來，那才是兒童們的真幸福呢！

—

按楊先生的「舊事重提」為兒童計，為社會計，都寓有深意，我很欽佩，但是本市各通俗圕，因地勢的關係對於兒童的設備，雖沒有特闢專室，差不多都有兒童閱覽部，並且供給兒童讀物多種，與楊先生的舊提案，和冀教廳的通令，尚無不和之處，此次經楊先生將前案見賜，我們除了感謝外，自當敬謹接受

編者附識

摘自《天津市市立通俗圖書館月刊》一九三四年五月創刊號

家庭教育與家庭圖書（轉載益世報）

琦

本市雖然有通俗圖書館七處之多，但是我們相信只有極少數的婦女們知道。最近教育局以爲各館所設巡迴文庫的書籍，多不合乎學校參考，及家庭兒童之用。茲爲擴充文庫辦法起見，擬另備學校參考書，及多量的家庭讀物，專關學校與兒童家庭文庫各一種。現在該局據說已購到大批關於學校與兒童家庭的讀物，以供市民的需要。

這個消息自然是一般市民的福音。因爲有許多家庭沒有能力送子女入學的，如今亦可以利用這公共圖書館來教育自己的兒童。一班勉强供給子女讀書，而沒有餘剩的金錢給孩子們預備家庭讀物的，如今也可以到各附近的通俗圖書館去借閱，這不是一個社會的福音嗎？不過母親們，常常是忽視兒童的家庭教育的。就是有錢的人家，她們以爲孩子們長到四五歲的時候，便是入學的時期，於是就送到學校裏去。這樣的一直使孩子們入小學，中學，以至於大學。便算她們盡了責任，完成孩子們的教育了。沒有錢孩子們的教育就放任不問了。其實一個人的善惡，全賴童年教育的培養，童年教育，所能印象最深的，便是家庭教育。譬如有很多母親們，她願意拿多量的金錢用在打牌上，馬廠上。但是她從沒有想到用一毛錢買一本兒童畫報給她的小孩子們看，因爲根本她就沒有想到家庭教育是如何的重要。

中國的兒童是最不幸的。貧窮人家的子弟，無法入學，父母固然不代子弟另謀方法，求點知識。稍微富有一點的人家，母親們又以爲孩子們入了學就了却了她們的責任。至於家庭教育總是普遍的忽略放任。所以本市通俗圖書館關於兒童家庭讀物，即使充分的設備了，是否有人來利用這機會又是另一問題。因此我們發表上面這點意見，希望今後每一位母親對於各人子女的家庭教育要加以注意。我們要時時到通俗圖書館去把關於家庭的讀物借來供給兒童的應用。今年不是兒童幸福年麼？我們當然應該努力的爲兒童謀幸福總不辜負我們今年的願望呢！同時我們一班母親總不辜負市當局在圖書館方面這種精力！

摘自《天津市市立通俗圖書館月刊》一九三四年第一卷第二號

從社會不景氣說到兒童團的重要

楊西侯

社會的不景氣，現在已竟到極點了，所以智識階級想出種種法子來，什麼義務教育，民衆教育，農村貸款，農村建設，以及新生活等等，要打破這不景氣。用這些救命藥來起死，亦有吃着立即回生的，亦有毫無效驗的；由他最大病原說，根本還是教育不普及。如果根本早能解決，農人多少有點科學智識，爲什麼遇着水旱等災就沒有活路呢？別的還是不談，仍是解決最大病原。辦了義務教育，民衆教育，爲什麼沒有效果呢？民衆仍是漠不關心。按現在一般的民衆情形來看，可是有好多想往根本那條路上走，又因爲環境的惡劣，有時一直不能達到目的地。目下津市有了這麼多的圕，實在下層階級份子去的仍居少數。所以吾常說造就圕的閱書主顧，要從現在一般小學生養成。誰都知道一個民族將來的命運，完全繫在兒童身上，所以兒童的教育，是十二分重要。但是我國兒童的遭遇，大部分却很不幸，貧苦人家的兒童，吃不飽，穿不暖，不能受教育固不必說，便是富有之家的兒童，也不一定都能得着適宜的教育，母親終日忙着打牌看電影酬應，父親忙着掙錢，把子女交給老媽子看管，優良的家庭找一個教師，家長不聞不問，教師替老媽看孩子，還是大都會的通病。既然兒童教育重要，兒童圕尤其更重要。兒童放學以後，走到圕裏，一方面閱書，一方面得受課外補助。津市向來沒有獨立的兒童圕，差不多全是在學校內或各圕裏附設一部分，除了圖書有點區列，其餘一切與成人一律待遇，不知道兒童圕須具有指導及陶冶兒童常識與性情的責任，雖然是社會教育，立場亦站在教育地位。所以兒童圕裏的職員，除有圕學識外，必須還有幼稚師範的常識，才能夠按着幼稚教育原理跟圕學原理，相併而行，用十八分或二十分毅力，指導陶冶這般未來的主人翁，教他們有新生活的紀律。將來用這般良善國民來救國，還愁不能收復四省嗎？社會當然亦就景氣啦！。

摘自《天津市市立通俗圖書館月刊》一九三四年七月第一卷第三期

圖與初等教育

葉章和

初等教育爲一國之基本教育，亦即一般國民應受之最低限度教育，德國所以稱小學校爲國民學校者良有以也。吾國教育當局早認初等教育爲强迫教育之階段，惟各地小學校至今尚未能按兒童數正比例的儘量設立，故各地向隅之兒童頗不少，常有人向余曰：現在兒童進學校甚不易，連小學常有時不得其門而入，此種論調確爲各地普遍之現象，有何普及教育之足言。余以爲各地小學應於可能範圍內增加班級，且須倣照南京市教育局之辦法，創辦義務學校多所，以收容無力求學之兒童，尤要者無論官立或私立小學，均須附設兒童圕。杜威在兒童與課程（The child and curriculum）一書中云：「教材決不能由外部之勢力勉强灌輸於兒童，兒童學習是自動的，定須包括機體內部之溶化。」由是可知兒童教育爲自動之教育，注入式之教育根本無存在之價值，不獨小學教授法須偏重設計以啓迪兒童之思想，且須選擇適合兒童之讀物，以養成兒童自由閱讀之習慣，前者全賴小學教師對於教授法之不斷的研究與改進，後者則非設立兒童圕不可。但現在小學根本無完善兒童圕之組織，甚至有許多小學僅在一房間內懸掛幾張圖畫，置備幾本童話和一二分新聞紙，即算盡兒童圕之能事，言之實堪痛心。細考一般人不注意兒童圕之理由有以下五點：

一　辦教育者認爲開辦一所小學，祇要有校舍與校具，即算完事，根本無購書設館之思想，致各地小學僅有薪金雜費等預算，始終無購買書籍之指定欵項，官廳方面既不知提倡小學行政當局祇好因陋就簡。

二　惟亦有教育行政機關深知兒童圖之重要，未嘗不思提倡，不過教育經費支絀無力顧及之。

三　國內教育界對於兒童圖無系統之研究與科學之規劃，因此將兒童圖之印像置諸腦際者，確罕有其人。

四　我國兒童讀物太少，即將全國書局出版之兒童讀物統盤購來，僅足堆在教室之一隅，故無特設圖之必要。

五　辦理圕復感人才之不能應手，蓋小學校圕事實上不能聘專家主持，欲令教員兼任，而教員亦大都不諳圕學。

雖有上述五點理由致兒童圕未能建設，但兒童圕對於小學教師及學生均發生無與倫比之密切關係，先論對於教師之關係：

一　便於教學　小學學生平時受圕之薰陶，無形中養成讀書之習慣，較之教師在班上苦口婆心的勸學生按時讀書之功效來得大，而且學生在圕內閱讀之書可由各教員指定與教材相關者，則學生上課時易於了解，教師便於講述，均意中事也。

二　便於訓育　學生日與書籍爲友，無形中減少許多應矯正之行爲。圕之整齊的佈置，足以使學生養成守秩序之精神若令高級學生輪流服務於圕則不獨能練習辦事之能力且足引起責任之觀念能如是而謂訓育不周於理不合。

三　補充教學　教科書之內容僅述大綱非廣搜材料，不能透澈明瞭故學生自動向各書探討，勢所必需而且學生往往感覺課本枯乾非輔之以演義、故事、小說寓言及名人傳記不可。但欲將此種材料，在教室內講授，乃不可能之事，祇得由圕供給材料教員從旁指導。由是以言，圕爲補充教學之工具未可否認者也。

四　採取教材　小學教職員在學期終了時，可以共同審核平時學生到館閱讀之統計表，俾得知學生最愛讀之材料以定改革教材之傾向，則後來選定之課本，必更能適合兒童之需要也。

五　改良教法　兒童圕供給教師研究兒童自動之作物與其最愛之讀物，使教師得以按步就班的改良教法。

次論兒童圕對於學生之關係：

一　參考與實驗　兒童在教室內所讀之書與在社會上之所見所聞，大都可在圕內求解答，此參考之功用也。理化與生物等固須實驗室，而文學社會等科，亦須實驗室此種實驗室即圕，蓋圕之材料較豐富足以供給學生比較參照之機。

二　應用　學生在教室內所學習的祇是讀書方法與工具，要將方法用得純熟，工具用得順手，非至圖內繼續不斷的應用不可。換言之學生在教室內之心得，僅係開啓知識寶庫之鑰匙，而圖確係知識寶庫之一。故無圖則開館之鑰匙將無所用之矣。

三 自動學習 學生在教室內所得之知識有限，如無自動學習之場所，則學生不免眼光狹隘與固執偏見，兒童圖者兒童自動學習之場所也。

四、養成讀書習慣 許多成人不知利用暇晷讀書，係由於未曾養成讀書習慣，要知讀書習慣須在學生時代養成，因此兒童圖對於學生之效用益加彰明矣。

五 引起研究之動機 圖內之卷帙滿目與閱讀者之滿座，頗足以引起兒童研究之動機。

六 補習與溫習 兒童圖不獨便利在校之學生，舉凡畢業生之溫習功課與輟學兒童之補習功課，均惟圖是賴。

兒童圖既對於教師與學生有顯明之效用，則當極力提倡。余以爲兒童圖非按照下列各點努力前進，不能普遍的設立與發展：

第一，各地官立小學須認明兒童圖爲校中之最重要的組織，應呈請所屬教育行政當局，將圖之設備費與購買書籍費列爲預算，同時學校方面亦可在能辦到之範圍內，徵收學生之圖書費與募捐或募圖書。

第二，私人設立小學之最低限度的條例內，應特別注意兒童圖之組織，凡無兒童圖之私立小學，均不准設立。

第三中國兒童之讀物甚少，前已言之矣。教育部應明令全國書局多編印適合兒童之讀物。余信全國兒童團倘能似潮水般的設立，則全國書局自願踴躍編印兒童讀物矣。

第四各省高中師範科或師範學校應將團學列爲必脩，以造就兒童團之人才，蓋小學之常年經費有限，不能專聘團主任，祇能由教員兼任。凡兼任團主任之教員應減少相當授課之分數。

以上四點能完全辦到，兒童團自有蓬勃之氣象。今當論及兒童讀物之分類與選擇，除成人讀物之外，凡一切可以供給兒童閱讀之書籍，不拘圖畫、詩歌、童話或故事，均可概括的稱爲兒童讀物。主持兒童團者，首須明瞭兒童讀物之分類與選擇之方法，兒童讀物之分類如下述：

一　兒歌　兒歌雖無意義，但爲兒童所愛唱與愛聽，以其簡單而動人也。

二　童謠　童謠者，與兒歌相類似之歌謠也。其內容通常多涉及政治問題，而其意義則介於可捉摸與不可捉摸之間。

三　民歌　民歌者，流行於民間，爲一種具有故事與風格且能動人情感之歌曲也。但民歌中有帶地方之色彩與普遍之別。除去一部分不適合於兒童與太深之民謌外，大部分均能適合年齡較大學生之學習。

四　童話　童話者，憑空結構之荒誕無稽的描寫也。此種材料固足以迎合兒童之心理的要求，但爲教師者，須令兒童切勿信以爲眞，以免養成錯誤之觀念。

五 笑話 笑話爲一種最足激起感情之材料，有助於兒童之理智的發達。其中有取巧者。有形容過分者。有裝呆者。有含一種教訓者。亦有無甚意義者。

六 神話 神話多半爲一種民間之傳說，凡對于某故事加以附會而歸之於神怪者，均爲神話。

七 故事 凡自古以來或新創之傳說，能合乎人情且爲可能之事實，均稱爲故事，故故事有思想並具情感。倘偏重文藝方面則爲小說，如過分荒誕無稽，則流入童話、神話等，故故事之特性，是比較的切實，足使兒童感到實際之生活。

八 神仙故事 神仙故事者，與童話相類似而以神仙爲主體也。此種故事固頗有趣味，但亦荒誕無稽，故切須令兒童勿輕信。

九 自然故事 將自然界許多現象或動植物之生活狀況，以合乎兒童心理且富有想像之文字描寫之，有時做成韻文，有時做成散文，使兒童於欣賞之外，尚可於無形中得着自然之知識。

十 謎語 以一種有韻之詩歌，將一切自然之現象與日用之事物統盤描寫，而令兒童猜想，謂之謎語。此項材料足以啟發兒童之想像與增加兒童之思維力。

十一 諺語 含有一種道理或教訓之材料，爲諺語。諺語有得自經驗者。有自古相傳者。惟單獨應用此種材料，似少興趣，且嫌空泛。若用於詩詞內，或故事劇本之首尾，則較有意義，且稍着邊際。

十二　詩　詩爲一種純文學之材料，大抵音節自然，和諧有韻，與謌謠有別，因謌謠之內容無意義與音韻，且非純文學也。但詩之種類頗多，若詩句之組織不合乎兒童語法之程度，則不能使兒童閱讀也。

十三　寓言　含有諷刺或教訓或勸導之材料爲寓言，此項材料不獨能使兒童遷善改過，並能增加兒童之思維力。

十四　歌劇　歌劇爲一種應用於舞台上之優美的戲劇，對於兒童亦可認爲一種音樂與舞蹈之聯合教材。兒童富於活動性、模倣心、與好奇心，故一種讀物足以使兒童模倣着去做或唱，則彼輩必特別感覺趣味，而且興奮。同時在表演之際，無形中兒童得着許多新穎之知識，學習交際之儀式，熟練可愛之詞令。故佳好之兒童謌劇，定兒童化藝術化與文學化，既可使兒童吟誦，又可敎兒童謌唱，所謂分開爲音樂敎材，合起來表演便成歌劇。此類敎材大都倚賴成人指導。在兒童讀物中，以歌劇所佔之位置爲最重要，以其能美化兒童之人生也。

十五　劇本　劇本可以表演，有許多材料如童話、故事、笑話等均可編爲劇本。與歌劇相異之點，爲歌劇係一種謌舞之樂劇，而劇本爲一種白話劇。表演劇本之優點，乃係足以使兒童已知之事情增加記憶之印像，亦即自兒童讀物之理論的想像，趨於實際之途徑。

十六　傳記　傳記較故事實在，故不荒誕附會，此種材料有豐富之故事，文學之風格，足以動人情感，故非整個枯燥之歷史也。

十七　小說　小說與故事不同，因前者不一定須有豐富之故事，完全憑着高遠之理想而此種理想係以文藝之詞藻烘托出來而後者則須豐富之故事來描寫小說有兩種一曰、長篇小說，一曰、短篇小說。

十八　論說　專就某人或事物，發表一種思想或意見，或就事推理，或完全係一種理想之論列，均稱爲論說。兒童閱讀之論說，以淺者爲宜。

以上十八種係就各種材料已成之形式而言。倘論其本質，則非無變更。寓言可以做成笑話、故事或詩歌。故事過於荒誕無稽，便成童話或神話。過於文藝，便變爲小說。而童話、故事、小說、傳記等，大部分可以編成劇本或歌劇。同一材料因適合兒童之年齡起見，不得不編成相異之讀物，如故事寫得詳一點爲長篇小說，短一點便是故事，再淺顯一點則爲故事詩或故事歌，適用於低年級之兒童則可將故事做成故事畫。

茲再討論選擇兒童讀物之方法：

一　審查內容　按各種讀物之本質，以定審查之標準，如謌謠須國語化，且須有可愛之音節。歌句要淺顯。詩詞須音節自然，和諧有韻，並且詩句之組織要適合兒童語法之程度。笑話、寓言均須含有一種教訓之意思，足以扶助兒童理智之發達者。謎語與科學遊戲，須足以引起兒童研究之興

趣與扶助兒童理智之發達者選擇童話神話故事與小說之標準須根據以下三點

(一)過於荒誕無稽者不可採用，尤其對於神話以少採用爲宜。

(二)描寫兒童生活之材料，均可以採用。

(三)含有勸戒之意義者，均可以採用。

至於詞劇與劇本大都由詩歌故事童話或小說之材料編成，故合詩歌、故事、童話與小說之選擇標準者，均可採用也。

此外經過兒童化並能激起兒童感情之畫片、掛圖、遊戲書與運動書均可選擇。又經過兒童化且能鍛鍊兒童記憶力、想像力與推理力之歷史、地理、教育、軍事、實業、理科、外交等書，俱可選擇也。

二　察視外形　應察視之點如下：

(一)封面是否美術化。

(二)顏色是否鮮艷。

(三)裝訂是否堅固、

(四)格式是否奇特。

三　察視內形

(一)字體是否大小適宜。

（二）頁數是否缺少。
（三）插圖是否鮮明。
（四）編排是否整齊。
（五）紙張是否耐久。
（六）印刷是否清楚。

除上述三要點以外，尚須注意編譯人，出版處與出版日期。主持兒童圖者能深切明瞭兒童讀物

摘自《圖書館學季刊》一九三四年六月第八卷第二期

簡單的兒童圖書館

鄭錫良

小學校兒童圖書館的組織，在現在自學輔導的制度之下，誰都知道是很重要的。但一般鄉村小學，每每校舍逼仄，對於兒童圖書館。既沒有相當房屋，事實上又不可沒有，所以不得不在簡陋的逼仄的校舍中間，設法一下，可以得到自己求智的機會。我校的兒童圖書館的組織是這樣：

1. 圖書館的佈置

ㄅ、利用牆壁做書櫥　我們的校舍，非常逼仄，竟是沒有地方可以做圖書館，不得已在一間屋地方大的飯廳上，就做一個圖書館。因爲一間屋裏面，不能放書櫥，我們就在牆壁上開了幾個洞，如人家灶下安碗菜等的壁櫥那樣，就當作書櫥。這樣既省經費，又不佔地位，用起來也不亞於特製的書櫥。

ㄆ、利用飯桌做閱書臺　因爲是利用飯廳做圖書館，所以就沒有閱書的地方，我們就做了幾張桌布，在進餐的時候，把桌布拿掉，餐後就再放上。兒童可到書架上去拿了新書，隨時翻閱。

ㄇ、新到書籍的陳列　新到書籍，應隨時陳列，使全校兒童得探討新智識的機會，我們就做了幾塊斜面的木板，釘在書櫥對面的壁上，把新書陳列在上面，可以任意選擇那一種書籍閱讀。

ㄈ、書目陳列　圖書目錄，是兒童借書時所必需的東西，一般規模大些的圖書館，訂成簿籍，兒童檢查起來，因地方狹小，很不便當；並且很容易損壞，每每一本圖書目錄，放在圖書館裏，不幾天就撕得不成樣子。因這種弊病，我們就把圖書目錄，一一寫在鉛畫紙上，鑲在鏡框裏，使兒童可以照目錄選擇要借的書。

類別	號數	書名
文藝類	1	稻草人
	2	老殘遊記
	3	模範日記
史地類	1	江蘇兒童遊記
	2	岳飛
	3	

圖書目錄

2. 借書手續

ㄅ、借書證　自三年級以上的兒童，各人發借書證一張，照書目錄填就交級中當值員。

借書證　____年級生____

類別	號日	書名	借期	還期	備註

ㄆ、圖書當值員的任務　由各級選舉六個當值員，每天一個輪值，每天圖書館開放的時候，當值員把全級兒童填就的借書證收集齊了，到圖書館館員處去領書，書領到了，把借書證存在圖書館裡；等到借期滿了，把圖書還給圖書館，把借書證領回去。

ㄇ、館員的任務　館員由兒童自治會中選出，每天數人當值，開放圖書館，管理的事情有下幾種：

1. 每天整理書籍——把每天的圖書整理一下，免致圖書混亂。

2. 管理借書的事情——當值員來領書時，就照了借書證，把書檢出，把借書證分級夾在書夾裏，等到還時，把書收回，把借書證檢出發還。

3.新書安放—新書到了，館員當分類陳列，要收藏的時候，就編定號目藏在書櫥裏。

3.借書的規約

ㄅ、借書不得逾期—規定借書期至多不可過一星期，逾期一天，罰銅元一枚，以供添購圖書之用，倘逾期過長，在兩星期以上者，停止其兩星期之借書權利。一月以上者，停止其借書。

ㄆ、損壞或遺失圖書—圖書不得損壞，如館員認為過於損破當賠償，如遺失當照原價賠償，以免兒童對於公共物品之不愛惜。

我們在這地方狹小的校舍裡，就簡簡單單的這樣組織了一個小小的圖書館，兒童閱讀後，再由各級級任教師指導着他們作筆記。（筆記的方法，和本刊一卷十二期范自立的自由閱讀的指導法相仿。）似乎對於兒童覺得有些功效，現在我們只希望着他處節省經費，多添些新書，充實圖書館的內容，使兒童能儘量地自由閱讀。

二三、三、廿五、於漕小

摘自《江蘇省小學教師半月刊》一九三四年九月第一卷第二十四期

爲圖書舘教育作不平鳴！

從善

無論站在教育任何方面之人，苟以其經驗及需要而言，未有不將學校教育圖書舘教育一視同仁，而濟於水平綫上，蓋學校教育僅由教員搜集教材。參以經驗，教授學生以如何讀書，及如何用書，然而此項教材及參考之書，往往均取之於圖書館，及高中大學，教學雙方，需用圖書館之時間與機會，較之小學更爲迫切，此所以世界各國不論大中小學校均有圖書館設焉，再進一步，在社會教育文化方面言，凡一人民無論曾受何項教育，其更深一層之進取，當然惟有向圖書館問津，貧寒階級，小學資格，更無論矣，此所以世界各國之政府與人民咸樂提倡圖書館，雖窮鄉僻壤，亦均設置，初與學校教育未嘗有所偏廢也，獨中國則不然，學校教育果有人注意，而圖書館教育，却鮮人顧問，民間如此，卽政府亦未嘗不然，似乎欲救中國，捨學校教育之外，未有他道，此語並非言之過甚，試觀歷次政府所舉行之全國教育會議，及中央教育行政會議，有幾許涉及圖書館教育之議案，更有若干指定經費，用以經營圖書館者哉，執是之故，非但私立圖書館寥寥無幾，卽公立圖書館，亦未見有若何之進展，比之學校教育，殊有遜色，不寧如是，民十六年以前，全國各縣圖書館，亦經教育行政者之經濟盤算，完全改爲民教館之附屬品，取消其獨立資格，攘奪其固定經費，一任民教館長之任意支配，生吞活剝，一無生氣，此種辦法，不知主教育者俱有何種高見卓識，此百思不得其解者一也，在理際此民窮財盡，旣勸誘國民受平民教育，則繼此而予以書讀，亦屬當務之急，況小學畢業中學期滿，堪以作再進一步之問津者，除圖書館外，豈有他道，今圖書館旣不能普遍設置，反竭力縮小其範圍，致使無專員負責，無的欵購書，苟延殘喘，名存實亡，此百思不得其解者二也，今有人焉，肯以圖書館教育之急，從而努力於斯，則其結果不惟不能博得社會之同情，而多少予以助力，卽求之於政府，亦往往以法無明文，事無先例，决然拒之，其存其亡，漠然置之，何怪圖書館教育在國境以內被人輕視至如此地步，噫！誰爲爲之，孰令致之，此百思不得其解者三也。本年十月立法院公佈憲法，於教育類第一五〇條，竟規定「凡私立學校辦有成績者得予以獎勵或補助………」之明文，而私立圖書館又不予焉，學校目的在教育，而圖書館目的亦在教育，同一目的，何待遇竟判若天壤，此又百思不得其解者四也。推原其故，容或當今議法諸公未知國境以內尙有私立圖書館之存在，亦未可知，此其故一也，或以中國圖書館教育已在全盛時代，實無提倡私立圖書館之必要，其故二也，不然或以私立圖書館對於文化教育無多大意義與價值，其故三也，不然或以能創私立圖書館者，俱係富有餘資之輩，似毋待政府之補助與獎勵，其故四也，不然或以私立圖書館教育，不若私學校之急切需要，其故五也，執斯五因，何怪乎袞袞諸公在議憲時之慎始慎終，將私立圖書館教育摒之於憲法之外也，其實以事實論，全國私立學校所辦之圖書館若燕京，若金陵，若文華，若聖約翰，私人創設之社會圖書館，若海源閣，若天一閣，若測海樓，若大公圖書館，若嘉業藏書樓，若東方圖書館，若中報流通圖書館，其影響及於中國文化教育，至深且巨，簡直小規模之省立圖書館，亦無以望其項背，然當時創辦人之苦心，豈可輕意抹煞而勿論哉。此試問立法諸公將何以解釋於天下者一也，公私立學校其目的在作育人才，公私立圖書館其目的是否在輔助教育保存國粹，發揚文化，何政府待遇軒輊，一至此極，此試問立法諸公將何以解釋於天下者二也，綜觀國境以內公私立大中小學校遍地皆是，獨圖書館則為數極少，私立更若鳳毛麟角之不可多得，此種畸形發展，是否須使政府負勸勉提倡，及輔導獎勵之責任，俾與各地學校教育，相輔進行，今事實偏得其反，此試問立法諸公將何以解釋於天下者三也。辦學校有學費收入，辦圖書館一無收入，今學校收入不濟，得予以補助，而圖書館一無收入，反無補助，是豈事理之平，法所應爾？此試問立法諸公何以解釋於地下者四也。已矣，已矣，中國私立圖書館已矣，吾何復嘵嘵為哉！

摘自《中國出版月刊》一九三四年第三卷第三、四期

怎樣去改進兒童教育（上）

從善

大凡對於這世界和國事不滿意的人，沒有不把他的眼光移轉到將來負承繼責任的兒童身上去。因爲這世界的人心太糟了，倘使要挽囘世運，拯救末刼，除了期望於未來的兒童之外，再也沒有進一步的希望了！可是從事實告訴我們，這個希望還是一個玄虛的春秋大夢；因爲當今受過小學教育的孩子不見會有怎樣差強人意的作爲，簡直還是同一樣的使我們感到失望。這話並不是在下的，求之太苛，期之太切，祇要我們把這些兒童的品性和他們的學業來看一看，不論你是否懂教育，包會使你氣破了肚子，笑歪了嘴巴。要是你再要斷斷較量他們的禮貌，文課和書法，那簡直可以使你氣得發昏。雖然有些小孩天性低弱，未堪造就，也是個原因，可是教授的方法不對，教員的不負責任，也是一個不可掩飾的事實，基本教育的成績如此，那末兒童們的前途，也可概見一般了！

不錯，兒童教育原該以二分責之家庭二分責之社會六分責之學校，若是要把整個教育的責任，完全付之於學校原是不可能的事。

對的，但是以中國特殊的社會情形而論，兒童教育，除掉責成學校担負完全責任之外，誰肯替他分肩這担子。爲什麼呢？

1. 中國家庭不知有教育　兒童在六歲以下，所受的完全是家庭教育，六歲以上，十二歲以下，那末就該學校教育，和家庭教育相互兼施，家教補學校教育之不足，學校教育償家教之不逮，兩者相輔進行，其効自宏。但是今日社會間大都的父母，本身先不識字，尤其不知教育爲何物，不但無以求斷機畫荻的切心教子，簡直連管理也不見得周到；就是受過教育的父母也不致于如此，因爲貧寒者終天爲生活所趨使，而無心及此；富有者却優遊竟日，麻雀歌舞，已忙不過來。有何閒情去顧到子女的教育呢？所以爲父母者能把子女及時送校讀書，那已經算是一等的好百姓了。誰再去顧問他的子女讀得對不對，寫得正不正，思想純不純，理路清不清，以自討煩麻呢。所以以這樣情勢所趨，可說中國只有學校教育，絕對談不到家庭教育。其甚者反以家庭惡劣習慣的影像，影響到學校教育，這是彰明照著的事實，恐怕誰也不能否認。

2. 中國目下的社會情形，反足以帶累兒童教育　以兒童純潔的天性，清明的腦袋，若是能予以良好的家庭教育，處以優美的學校生活，範以高尚的新村社會，無論是怎樣的一個兒童，終可以養成他爲致用之才；至少限度，也不致於像現在這般使我們失望。可是事實又告訴我們，中國的家庭不僅談不到教育，而且還可以因了他們房屋的簡陋，設備的不周，以及父母教導管理的無方，致使他們的子女每天除在學校之外，便以街坊爲休息遊玩的唯一樂園，然而以這般好的社會，牠所賜予兒童的影響，也自然很大。最明顯的！就是有下列幾種：

A 賭博行爲和貪性的養成　中國民族根性最惡劣的第一點，便是貪。許多經濟小販爲要利用這樣的劣點，便將他們所行的糖菓買賣，加上了五花八門的搖彩，抽彩，旋彩，模彩一類的巴戲。引得任何兒童，都向他們問津，甚而至於捨點心之錢以投之，節筆墨之費以趨之，都在所不惜。但是爲之父母者，子女課後不爲已累，已是求之不得，還管他什麼賭不賭，貪不貪；因此兒童習性自然，在不知不覺中，便深中了貪和嗜賭的惡性。這明明不是兒童教育上的第一項大失望嗎。

B 迷信性的養成　中國民族根性最惡劣的第二點，便是迷信。上自中央委員，下至負販走卒，莫不靠天吃飯，仗命生存；外侮不禦，科學不修，因循一切，坐以待斃。甚矣哉，迷信足以亡中國！話雖如此，而祖父母的帶孫兒到廟禮佛還願；去教堂虔敬禮拜，這隨時隨地都可以使我們逢到的。童子無知，迷信生根。雖教員向學生口口聲聲說破除迷信，打倒偶像，而其効力直等於另。再加之兒童自已節糕餅之資，以租借神怪的連環畫本，和趨看商店抄盤所樹的飛簷走壁，八仙得道的神怪彩牌，影像之深，眞有甚於先生嘴裏嘮嘮叨叨所講的勸勉話。你看這種內外夾攻的勢力，怎樣不把淸明純潔的兒童，陷於迷信的深層。這不是兒童教育的又一大障礙嗎？

C 無聊性質的養成　中國民族根性最惡劣的第三點，便是無聊。富貴之家，生活餘裕；日常工作，除盤博重利，酒色嫖賭之外，有幾許能明白做人的意義和責任，上以愛國，中以愛身愛家，下以愛子女，而曲意教之誨之。其甚者當子女之面，大抹其牌；大燒其煙，縱性之所至，還管什麼子女薰陶不薰陶，耳濡目染，生活便日趨於惡化。你看今日有多少品性馴良的子弟，星期餘暇，不是出入歌台舞榭，便是在家抹牌，至於看看影戲消消遣，那還算循規蹈矩的好子弟哩！講到寒苦之家，父母終日忙於衣食，還有什麼餘閒，可以顧到子女課後的生活。因此一聽他們在街頭巷尾，三五成羣，四五結黨的飛洋片，鬥蟋蟀，滾彈子，擲銅元，東闖西撞，作種種下流勾黨，再加以萎靡不振的無線電的遠近激盪。因此大般兒童天性日遠，惡習日深，習慣自然，糾正爲難。此種事實，凡深入民間者類能言之。試問這是否在兒童教育範圍以內的事？

D 大般兒童無課外讀物　目下中國出版界對於兒童讀物的發行，雖像雨後春筍，激增無已。如小學生文庫，兒童百科全書，兒童科學叢書，幼稚文庫，小世界和童話故事等等，洋洋大觀，應有盡有。十年前，兒童所不能享受的利益，現在的兒童可以說，予取予求，任其所欲。但以事實來看，這麼許多兒童讀物，除供資產階級的兒童做專利品外，窮苦的兒童，仍是一無顧問的餘地，別說買牠整部，便是買他另本，也做不到。因爲最起碼最便宜的一本兒童書，也非得要五分六分大洋不可。你想這如何叫牠在大都的兒童間普及呢？爲此窮苦的子弟，祇好以糕餅點心之資，租借謊誕無稽的神怪連環畫本，來做他們唯一的課外讀物。唉！像這類的事有誰敢說不是兒童教育範圍以內的事呢！

E.目下小學教育的失望　中國對於小學教育，雖然竭盡苦心，早採一啟發制，暮行一協動制；今天用道爾頓制，明天改設計教育制，後天又變爲教學做合一制，五花八門，名目繁多，非但外界之人莫明土地，便是靠教育吃飯的先生，也忙不過來。但是結果祇教會了許多兒童，只是在街上嚷着：『大狗跑，小狗跳，老狗跟在背面汪汪叫』『；姊姊不愛我，妹妹我愛你』。拍拍手，跳跳舞，摺一個駝背，剪二隻鳥兒，這都是他們的拿手好戲。倘使你要叫他們拿出書本來讀讀，包你像老婆婆唸經，唸得出聲，辨不出字，要是再要他們的文課，未免太不識相，包可以使你火氣直衝，廢卷三嘆。別說文句不加糾正，便是別字也不會給他改正。至於習字既不教手法，又不教筆路，信手畫來，一場糊塗。三五年教育，除唱歌跳舞手工和講故事之外，竟可以說一無寸進。比之十年以前同樣程度的學生，相去豈可以道理計呢？這種事實，有目共賞，（我們千萬莫被學校的展覽會所蒙蔽，因爲那些作品，大都是屬於先生臨時授意或橋揉造作而成，並非眞眞是學生平日的課藝，倘使他們把良心擺在當中，一定不會否認我的說話）可是有誰肯關心於斯，從而勞其心以求改進的方法呢？

以上所述的幾點，委係完全是兒童教育範圍以內的事。凡眞有心兒童教育的人，當然該把這些問題，認爲値得注意和研究的事，作者雖不是兒童教育家，但愚者千慮必有一得。既如此，無妨將我個人對於這幾項問題的意見，痛痛快快以極簡單的筆法，作一個極粗淺的解答，不過總希望有心於斯的人，大家起來共同開誠佈公的研究一下俾得一個美滿的方案。庶使整個的兒童教育，或有改進的可能。

（未完）

摘自《中國出版月刊》一九三四年第三卷第三期

怎樣去改進兒童教育（下）

從善

根據上文所述，我們要想改進兒童教育，第一當然須先從提倡家庭教育入手，務使每個兒童在未受學校教育之前，或正在受學校教育的辰光，都能享有適當的家庭教育，以家教補學校教育之不逮，學校教育彌家教之不及，兩者相互兼施，庶收事半功倍之効。話雖這般講，可是社會上大都爲父母的，本身先無智識，更不明白什麼叫做教育，你叫他們怎生去實施家教呢？對的，但是天下無難事，祇怕有心人，如其我們果眞有心要提倡家庭教育，那可以在最短期間與非文字而以口授的母性教育夜課講習所，由各地政府告示民衆，凡年齡在十五歲以上，四十歲以下，而沒有讀過書，受過教育的婦人女子，都有強迫去聽講的必要，其中的功課分家庭倫理，家庭衞生，家庭管理，家事常識，胎教，母道，兒童管理訓導等等。授課時間，每晚七時至九時。期間以講畢各科爲限度。

講授方法原以口授，惟須佐以圖表，教以實習，考試亦均用口答，畢業後給以證書，凡末嫁的女子，除受中學教育者外，非得有此項證書，不得許予出嫁，且丈夫在娶妻時，亦絕對以此項證書爲唯一的條件，如此母教庶能普及，她們雖不能用文字來教導子女，但是主家治事，管教督束，却可以多少幫忙學校教育，捨此以外，別無他法，請全國教育家和教育行政者，曷提倡之。

至於社會環境方面，我們旣不能離開這惡俗而且腐化的社會，又不能以紙上談兵的方法，來改善社會，那末祇能以我們的見地，呈請政府，用政治的力量，來逐漸謀其改善：如第一我們要想免避兒童的貪性，那祇有請政府從嚴取締小販用賭具貿易，如有犯者，予以處罰，第一次罰責手心五十，第二次拘留，第三次趨逐離鄉出境，如此庶能杜其根株，而幸免兒童的僥倖貪性，至於家庭間的賭博，那祇有賴父母的力事避免，避免不得，也只有嚴行捕捉，非以罰鍰，乃以拘留。便是小學教員，也該常去學生家庭聯絡勸勉，俾去無謂的消遣，而作有益的舉動。第二我們要想杜絕兒童對於神道鬼怪的迷信，在積絕方面講，只有用政府的力量，將寺廟教堂，一概沒收，改爲教育機關，在消極方面講，除絕對禁止坊間的連環圖畫之外，還當禁止商店用神鬼怪異的事跡做彩牌廣告，違者罰令停止營業三天，再犯者倍之，三犯者封店。第三我們要想免去兒童無聊性的養成，那祇有給予兒童有高尙消遣的機會，如由教育當道提倡兒童樂園，（此處容另文再詳）兒童影戲園，兒童教育館，以及隨時隨地舉行各項兒童智識，健康的比賽，如跌毽比賽，打球比賽，文課比賽，書法比賽等等。同時各地的警察還須予以保護兒童，糾正兒童的各種訓導，俾得隨時隨地可以糾正兒童不良的嗜好和行爲，如果逢有頑固倔強的兒童，在警察無可理喻的情形之下，還可以執送教育廳局所辦的兒童反省院，感化院，去予以相當的處罰。第四我們年使大般清寒的兒童都有書讀，那只有將兒童讀物和兒童雜誌刊物等等，從以牟利的書商手裏收回，改由國立編譯館，或國家印刷所，去編輯發行，僅向購者取回單純的編輯和印刷成本，且逢有勸勉激勵性質的讀物，或免費印送全國小學生，以期普及。第五我們要想使今日的小學教育辦有成績，堪以使人滿意，那非得將今日所行的課程和教學法，大大改革一下不可，這事言之話長，容後再說，此刻僅就本文言之，我們要曉得今日小學辦無成績的大原因，第一因爲現在小學教員待遇太壞，爲因如此，所以大凡有點本事的人，往往以小學教員不屑爲，而去考什麽郵政呀，鉄路呀，銀行呀，公司呀，不然甯可坐在家裏蛀米；如果沒米好蛀，以及眞眞無路可進，那才去鑽小學這條路，然而騎馬尋馬，心總不服，五日京兆，豈肯負責。這是小學辦無成績的第一原因。第二目下小學每級學生人數太多，每科教授時間太少，以這種包工制，趕鴨式的情形之下，要一個教員在三四十分鐘之間，去教四五十個天性不同，資質不齊的兒童，怎叫他不顧此失彼，馬虎了事，這又何怪乎識字不能辨音，書法不能依序落筆了。第三小學的花把戲太多，今日做小學生的，一年三百六十五天，除去三分之一的春夏冬三長假之外，恐怕只有一百八十天是讀書的日子，其餘的不是什麽假，便是什麽紀念，前天剛開過遠足會，今天又來個懇親會，明天再來個展覽會，還要再加上什麽週會，級會，年會………累得教員學生大家忙得團團轉，以寶貴的光陰，竟如此無端浪費，你叫他怎麽說得到成績。第四校長和教育當道太不負責任，我們不要說教員在上課的辰光，教育行政當道不常去光顧指導和視察，或者隨時隨地去弔看各校各級學生眞面目的文藝課卷，便是各校的校長，也不見得肯這樣熱心認眞，不問教員好歹勤惰，一聽他們任意處置，紙糊窗兒，糊得過去，便算盡了人事。咳！這般教育，且待萬年以後，再談成績！

以上所說五大原因，都是粗淺而明顯的事實，凡坐過冷板櫈的同志，當能一致承認吧。那末我們就不妨以這五項來下手做改進的工作，如何改進？第一要小學辦得好，定須聘請好的有本事的人，來做校長教員，要達到這目的，那自然只有抬高教員的待遇。第二要學生教得好，教得對，那只有每級限制人數，至多不得過卅人，每課時間，至少不得少於四十分鐘。第三要教員完全教完各級各科的功課，應當絕對的少開什麽無謂的空會，少做空場面的假巴戲，第四要教員不敢撒爛屎，校長及教育行政當道，須得隨時隨地像做賊般的偸偸跑去看他們上課，和弔閱學生的課藝，對的嘉奬，不對的紀過，再不對的，請他走吧，這樣辦那才不錯，不然恕我只好不談小學教育。

作者被中國出版月刊的編者，在百忙之中逼著寫了這篇不通的文字，文筆雖然不好，可是用意和苦心却很深長，除以眞誠希望改進小學教育的愿欲之外，一點沒有意氣作用，還望全國有心教育救國的人，大家起來研究一下，并且加以斜正提倡，那庶幾不致於徒費了我一番走筆的苦心，和白白地佔了這一頁的篇幅才是。　　　（完）

摘自《中國出版月刊》一九三四年第三卷第四期

學校設立圕的重要性

鄭恩榮

學校圕設立的對象，是以學生教員爲主體，對於學生方面，乃養成讀書的習慣，增進學識，處處適合學者心理，使學者無一時一刻離開圕，能在一生中要養成以圖書館爲良好侶伴的習慣，使學者腦中有深刻的印像，雖然離開學校，走到社會上，在若何組合內，都感覺着不讀書是最不愉快的事。現在學生天天在學校內讀書，終日埋首案頭的去用功，而在講室內聽受一種塡鴨式的講授，千篇一律的教授法，但學者所接受的學識，是否能夠容納，完全領略，則在乎他們溶會的能力大小而論，並以反覆能力强弱爲轉移，這種教學方法在現代教育，是一種最陳腐不適合現代潮流的教學法了。現在教學法是一種動的教學，在講授功課以外，則又有相當輔助，以利研究。但這種輔助的地方，就是圕。然而學校對於圕管理及佈置上，統要求敏捷整齊，肅靜幽雅，使學者到圕內心平靜，能夠安心讀書，這是學校圕的第一要義，再則就是對於選擇圖書方面，應以學者之傾向及需要爲目標，而選購的圖書，統統要合乎學者的脾胃，以壓學者求智之慾，一方面可以增加學識，一方面可以養他們的心身。若是學校沒有圕的組織幫助他們，對於學生固然是不利，而對學校亦有很大的阻礙。但對於教員方面，是一個參考的處所，取材的寶庫，況現代充當教師者所負責任甚重，不僅負教授的責任，並兼負訓導職務，他們所施用的教學及訓導的方法，較以前舊的法子，改善的很多，各處學校皆採設計教學法，以教科書為補充的課本，教員所講授的材料，不能完全限於教科書，必須從旁收集，以補教科書之不足，可是教員所得的材料統由普通圖書館參考來的，但稍嫌涉於廣泛，不如在學校圕中較為切近及時間經濟，若打算不需要圖書，而由其他方法得來，不祗時間不經濟，且所擬需要的材料，未必十分充實，亦未必蒐羅豐富，所以學校設立圕是應該的，對於教學方面，有很大的幫助，學者利用圕可以修學，受圕的指導，可以廣收參考的材料，而且教師利用圕可以預備教材，且一面參考各科資料，一面研究教學新法，以便隨時應用，俾資改善教育，若有隨時加以研討，發明新法，或利用他人新法，則將來教育不知於若干年後，才能普及，惟有一種救濟辦法，才可以糾正這種弊點，這種最有力量，最能生效的辦法，就是設立圕，才能醫治，所以圕在學校內對於教學兩方面，是很需要的了。

圕在學校內，是為一種自由教室，有百科的課程，有萬能的教授，隨時受他的指導，隨時聽他的講演。隨時與吾們晤面。吾們在講堂內所得的材料，因為有時間與空間的關係，在講堂不便發話研究，在下堂以後亦無餘暇，只好到圕請教萬能先生，給吾們解釋，並另外供給課外的材料，以增學識，與養成研究學術的能力。若功課有欠妥不十分明瞭的時候，可到學校圕去溫習，繼續工作，以促其熟悉透澈，如是日久，則讀書為習慣，將不難養成也，若有讀書的習慣，而求學之心是更要大的了，天天在課餘之暇，在圕內度生活，將與教員暨圕職員很有聯合的機會，晤面時間愈多情感上愈加濃厚，而且圖書館情形，及社會的狀況，亦很可以明瞭，對於普通常識，可以得到許多的，所以圖書館為學校中師生聯絡重要的地方，又為學者與社會介紹之媒介，所以圕無論何級學校，都是佔在很重的地位。

摘自《天津市市立通俗圖書館月刊》一九三五年一月第一卷第七、八、九期合刊

小學校與圖書館

吳秀嵐

爲要養成兒童的自學和自修的興趣和習慣，圖書館和小學校就發生了密切的關係：1.小學校附設圖書館 2.小學校圖書館互相聯絡的辦法。於下分別說明：

1.小學校附設圖書館；小學校附設圖書館的目的，是使在校學生樂於閱讀有興味的圖書，也就是使兒童在校能接近有關修養的圖書，並於畢業後也能夠做公共圖書館內的閱覽人，再進一步說能引起民衆對於公共圖書的注意。再因兒童天性純潔，若在兒童時期就受圖書館的涵養，不但可以引起讀書的興趣，並且可以養成利用圖書館的能力，使圖書館教育更爲發達，兒童得到了適當的圖書，遂有了相當的娛樂，也不易惡作劇而爲害社會。這樣看來，小學圖書館的重要，便可想見了。

但是也有人反對小學圖書館設施的，他們理由可分兩種：(一)學校有課程，教師有講義，兒童的腦力薄弱，決無餘力再去看圖書館的書。(二)圖書館的書是一般故事笑林和美麗的畫片等，較通常教科書本有趣味，有礙學生正課。這兩種理由，是他們把學校教育看的太重了，倘若這種人能明白圖書館教育的重要，他也就不反對，也自然不會發生問題了。

小學圖書館教育最發達的，要首推英國，他們的學校圖書館是公共圖書館爲他們負責經營，設種種的計劃，使小學圖書館的數目增多。在一九〇二年政府頒布獎勵小學校圖書館教育令以來，它們的數目日漸增多，其成績的優良，更可想見而知了。其他各國，小學校圖書館，也是努力的建設，但是成績還不如英國的好。

2. 小學校圖書館互相聯絡共濟辦法：小學校能夠附設完備的圖書館，固然是很好很便利的事情，但有的小學校受經濟的限制，不能完備，那就不辦嗎？所以就找出聯絡共濟的辦法來。這個辦法就是在聯絡距離較近的小學校成一團體，購置適合兒童的圖書，分爲數份，更番輪置於各小學中，以備學生閱覽，其經費可由各校籌撥若干，以爲開辦費：嗣後每年均攤經常費若干，即可敷添置書籍之用。而這種辦法爲目前教育經費困難時的一種辦法。

再一種辦法是鄰近公共圖書館的學校，可與公共圖書館接洽，由校長或教員作保，向公共圖書館借閱，在圖書館方面，可以增加圖書的流通，在學校方面，也得到很大的利益。

小學校圖書館既然有以上種種的利益和辦法，我們怎樣指導兒童閱讀書報呢？

1. 怎樣指導兒童閱讀：指導兒童閱讀書的方法很多，今擇一種於下：閱讀要抱一種積極的態度來指導，柏葛氏說：「大進步由於小幫助」這話真是指導兒童閱讀的無上法門。年幼兒童閱讀能力薄弱，需要多多指導。年齡愈大，指導的程度可以逐漸減少。至智力發達的兒童，應訓練其自己解決問題的能力。一次不成，再試一試，指導兒童的人切勿灰心！現在的困難愈多，將來成功的快樂愈大。即便兒童思想停頓，或入迷途，教者應洞悉其謬誤的所在，而予以間接的提引。隨時隨地，應抱積極的態度來指導兒童閱讀，兒童讀書的能力一定能有很大的進步。

2. 怎樣指導兒童閱報紙：報紙大部爲淺近文言，幼年兒童識字不多，閱讀時不無困難，故須注意指導，指導方法可略述於下：

a. 揭示新聞

b. 發表時事意見

c.組織新聞演講會

d.置備閱報錄

e.舉行新聞測驗等

作者想各小學校圖書館如能負起指導閱讀書報的責任來，對於兒童的智識學問上，一定有很大的幫助吧！

二十三，十二，二十二，於濰縣廣中附小

摘自《教育動向》一九三五年一月第廿七期

評壇

兒童圖書館問題的討論

吳躂心

1 需要問題

從前做小學教員的，以爲己身萬能，不論文藝，自然，社會，……等科，若備了一本教授書，即可登堂授課，不問教材適合與否，兒童需要與否，祇照課本儘量注入；結果兒童不能得甚麼益處，纔知到這種教學法失敗。到了今日，自動教育的聲浪，日甚一日，然要實行自動教育，端賴圖書館，因此，圖書館的需要，又爲亟須研究問題。但是目前中國許多小學，到現在還沒有設立，以爲無關重要，殊不知兒童圖書館在教育上的價值很大。現在把他在教育上的價值，約畧提出，以引起大家的注意和討論。

（甲）發展兒童固有的本性　學校教育是劃一的，被動的，學生入校讀書，必須經若干的年級，規定的學科，和讀過幾本教科書，才可以叫做畢業。我們須知道，兒童的資質，是有聰明愚蠢的不同，倘使一般聰明的兒童，在學校裏，授給他們課本知識，當然不能滿足他們的需要，因他們的才能，儘可研究較爲高深的學問；而學校裏不能因少數人的需要，另外設特別科目，和提早畢業期限，因此埋沒了許多聰明的學生，這是很可惜的！但是有了圖書館，上面的難題，就可以解決了。因圖書館可自動的，任其歡喜去研究各種科學，和閱讀各種書籍，以發展兒童個性。

(乙)養成自學自修的習慣　圖書館是搜羅多量的書籍的地方，學校裏有了圖書館，兒童可以自由選定自己愛閱的書籍，必能引起他們讀書的趣味，久之受了圖書的感化，便能養成一種自學自修的良好習慣。

(丙)陶冶兒童的性情　兒童最富於模倣性，對于外界事物，不論好壞，必加以模倣，這很是危險的。圖書館裏陳列許多有益兒童身心的圖書，使兒童時時接觸，時時覽閱，久之受了圖書的薰陶，品性不良的兒童，可以改良，學校訓育上無形中也可省却許多問題了。

上面所說，不過舉其犖犖大者，也可知兒童圖書館在教育上價值及其需要了。

2 組織問題

小學校圖書館的組織，總是由學校裏推定一位教員担任，但所推定的教員，未必是熱心圖書館事業，也未必是對于圖書館管理法，完全明白，則所收效率，一定很低，所以對于圖書館管理的人選問題，非常迫切。

但是管理圖書館人才，由那裏來呢？不能不責成師範學校培養出來，可惜現在的師範學校，很少能夠慮到這一點需要，于課程中，設有圖書館學科，所以這項人才養成，可說絕無僅有了。

至於圖書館管理員，應該辦什麼事？應該怎樣去辦事？這個問題，不是在這裏所能詳述。若是設立圖書館，而要實收效果，則以聘專門人才管理爲上，其次也要找個學識豐富，而且對于圖書館要有研究的趣味，纔可以勝任。

3 選擇問題

兒童圖書選擇，是一件最重要的問題，值得一般學者的研究，不是隨意的可以能夠詳述出來，現在姑將選擇圖書標準，分述如下：

（甲）實質方面

a 可以引起兒童感情的

b 可以養成兒童記憶力想像力的

c 可以適合兒童程度的

d 可以適合兒童心理的

e 可以適合兒童環境的

f 可以供給各科參攷的

g 可以適合黨義教育的

（乙）內容方面

a 字體宜大的

b 印刷清楚的

c 裝釘堅實的

4 經濟問題

兒童圖書館設立，最難解決的，要算是經濟問題，現在一般小學校，每月經常費尚難支持，豈能再籌一宗巨欵，為購置圖書費。所以現在最好的辦法，一方面就是在學校經費裡面，每月竭力撙節；一方面酌收學生圖書費，辦法既定，則經濟問題可以解決。至于開辦時需用較巨的欵項，也可以求教育當局，另行籌撥，或由學校設法募捐，能以毅力的精神做去，自然可以收效。

5 閱覽問題

圖書館是流通性質，任人閱覽，不但要使許多人來館閱覽，而且使他們切實得到閱覽的利益。所以入館閱覽，可不必定苛繁的手續，祇要能遵守各種的規則，便可以隨意入館，自由取閱，在管理員可隨時指示圖書目錄的使用法和圖書排列法，使兒童明白，自然可以增加兒童讀書的趣味。至每天開放時間，可以斟酌兒童需要而定，關于兒童姿勢，和閱書方法，也應隨時指導，隨時留意。

末了，其他出納問題，設備問題，編目問題，現因篇幅關係，不能詳細舉例，祇略舉數項，以見其端倪，篇末附有參攷書數則，閱者可以自行研究。

參攷書

1. 兒童圖書館 王京生譯
2. 兒童圖書館之研究 陳逸譯 商務
3. 可愛的小圖書館 張九如編 中華
4. 兒童圖書館 陸靜山編 兒童
5. 學校圖書館學 杜定友編 商務

摘自《教育生活》一九三五年二月第一卷第五期

兒童圖書館裏的私議

志　先

某君對於兒童圖書的研究，一向很有興趣。過去，他曾經把兒童圖書詳細調查過，把搜集到的圖書，做過分類的工作。最近，他又在那裏整理一個兒童圖書館。此次，我去訪他，他正在一個兒童圖書館裏工作。我隨便和他談起幾個兒童圖書方面的問題，他就把他整理圖書館時所感到的意見，滔滔不絕的和我討論。我覺得他所提出來的問題，確是經驗之談，或者對於學校選擇圖書，和編輯兒童圖書方面，多少有些參考的價值。

他這樣說：兒童圖書的數目，截至現在爲止，不可以說不多，假使學校經費充足，把坊間的兒童圖書完全買來，至少有一二千種以上。此次我做了很久的審查工作，已審查過的近一千種，這裏面暫分爲叢書、語文字、國語文學、自然、社會、藝術六大類。除叢書和語文字以外，其餘四類裏面，國語文學最多，幾乎超過了百分之五十，次多的是自然，再次是社會，藝術方面的書最少。因爲便於各種程度不同的兒童閱讀起見，他又把這各類的書，各分成十八個階段，預備分配給各年級的兒童閱讀。不過除國語文學各階段具備以外，自然、社會方面，缺少中年級看的書，藝術方面，則低、中級的書都沒有。意思就是說，中低年級的兒童，缺少社、自、和藝術方面的讀物，換句話說，就是社、自、藝術方面的讀物比較嫌少。雖然，他看過的書還沒有完全，但至少已可知道一般。

後來他又拿出幾本書來給我看，同時和我談了下面幾個問題：

▲關於讀物的形式方面：

1. 書面上的字不易認識——我們都知道成人所欣賞的東西，小孩子並不一定喜歡，譬如現在最流行的美術字，成人或者很喜歡，而孩子們不但不見得喜歡，有些竟或不能認識；而書面上的書名，對於兒童閱讀興味的引起有很大的幫助，而且一個書名，往往暗示着該書的內容，假使連書名多看不清，怎能刺激兒童，使兒童自動去取書看？

2. 書面上的顏色不顯明——對於兒童，太單調的顏色，自然不容易引起他們的注意，可是採用什麼顏色才相宜呢？似乎也是值得研究的一個問題。譬如藍白、紅白、黃黑，而且字的筆劃粗而濃，自然就能使找書的人一目瞭然。假使在某書的書面上有一條淡黃色，黃色中間嵌着幾個筆劃很細的白色字，或者在紅紙上印幾個紫色字，實在不易叫人看清，卽使勉強能看出來，目力也已受了損傷。

3. 符號太複雜——有一部分書裏面，在漢字旁邊，再加以注音符號，這當然是提倡注音字母的先生們的一番苦心，可是實際上從沒有看見閱書的小朋友們注意過那旁邊的注音符號，而看書的速率和內容的了解方面，却受了不少影響。幸虧這一類的書不多，否則眞是一個問題，因爲小孩子用的符號愈簡單愈好。

▲關於讀物的內容方面：

1.文字太深——我們愛看的書，一定是合於我們程度的，太淺的不愛看，太深的看不懂，看不懂自然就不願意去看。成人如此，孩子更甚。所以兒童的書，一定要合兒童的程度，最好是稍微淺一些。淺到什麽程度呢？具體的說，至少應該比他們讀的教科書淺一層。譬如二年級上期讀的教科書是第三册，那他閱讀的材料的難度，祇能和第二册教科書相等。理由很簡單，因爲教科書有教師詳細指導，閱讀材料，則多般要靠自己看。現在有許多兒童圖書，編輯者已見到這一點，所以新出的書，往往高、中、低年讀物，分別編輯，或者是在書面上指定是何種程度用書；而事實上中級生對於中級的讀物，並不能完全了解，高級亦然。也有許多讀物，書面上寫明是兒童讀物，而實際乃是小學教師或中學生纔看得懂。凡此都是文字太深。

2.科學讀物還嫌科學化——要小孩子注意科學，一定要把科學普通化，否則，一個名字，先就不能了解，怎還能引起閱讀的動機？如何使科學名字普通化？具體的說，譬如：與其說「槓杆」，不如說「剪刀」、「稱」、「天秤」、「撬石頭」、「挑担」……等，與其說「米的成因」，不如說「燒飯吃」、「一粒米」等易於了解。

3.内容重複——我在整理圖書中間，發現了一件很奇怪的事，有很多書，書名明明不同，而内容完全一樣。這裏面是什麽緣故？就不易知道；過了一個相當的時期，或者可以得到一個解答吧。

某君健談，談了一個多鐘頭，猶無倦容，我却因爲有事，不得不告別了。我覺得他的意見，假使用一般的眼光看，似乎是枝節問題，若是站在兒童的立場上看，實在不是很小的問題，因此就把這私議公開了出來。

摘自《教師之友》一九三五年七月第一卷第七期

兒童圖書館之設立及其使命

李冰痕

這篇文章，是李冰痕女士自日本寄來的。李女士在日本東京文理科大學專研究教育。關於兒童閱覽事業，在國內並不是完全沒有。據編者所知道的，天津市立圖書館內，即有一部分，專爲兒童閱覽，而且其中有很精心的設備，對兒童很合適。河北省立第一通俗圖書館內，（地點天津東馬路）樓上一部分，專爲婦女兒童閱覽。中國兒童讀書的興趣，據編者所理會的也很旺盛。我們在北平天津上海各大都市，常看見街上有出攤租小書的，也有挑担子或推車子穿胡同的租書小販，這些八都是專是供給兒童讀物，而且兒童也很歡迎。不過這些讀物的內容，多半是些荒誕不經的故事，只可以說滿足了低級的要求復次，我在各圖書館考究的結果，兒童大部分歡喜讀的書，都是些武俠小說，如雍正劍俠一類的書，都是他們極歡迎的。這不能不說是一個嚴重的問題。我們希望大家於討論兒童圖書的時候，更要注意到這一個嚴重的問題的解決。

編者

一、緒言

耶林凱（Ellen Key 女士云：「二十世紀爲兒童世紀」此語證之歐美及東隣，誠無疑義；然就我國之情形言，雖近來如兒童書店，少年叢書，以及兒童年或兒童節之類的廣告標語，各報端亦不斷的揭載。表面觀之，似乎所謂「兒童世紀」業已光臨；但叩其實質，則却大謬不然。例如社會教育中最重要的兒童圖書館，尚付闕如，即其明証。固然就我國圖書館之現狀言，不但沒有到「兒童世紀」，再退一步說是沒有到「成人世紀」，亦無不可，此種情形，頗令人寒心。

原來我國圖書館教育，其對象以青年人爲中心，而青年人中之大部分，尤以學生居多數，此就各圖書館之閱覽人統計言，已爲不可掩飾之事實。學校圖書館不待言矣，卽一般圖書館，除學生及一部分好學之士外，大多數民衆，亦鮮有利用者。圖書館教育之不發達，可知矣。然圖書館教育之不發達，其原因安在，一言以蔽之，卽大多數民衆，未養成愛讀書之習慣故也。爲補救此種缺點計，從根本上解決應對於兒童時代，特別加以注意。倘在兒童時期，養成愛讀書習慣，則圖書館事業，自不難發達矣。故兒童圖書館之設立，不僅其自身爲必要，且對於一般圖書館教育之普及上，亦負有重大之使命也。

二、兒童圖書館之歷史

A歐美　英國兒童圖書館之濫觴，始於一八六五年 Birkenhead 之自由圖書館，爲當時館長黑敦 Hinton 所創設者，成立伊始，僅藏有兒童圖書七百四十冊，至一八八一年，遂增加在二千冊。其後各地仿傚者日多，至最近已達百餘所矣。

德國對於兒童圖書館之創設，雖較英美爲遲，然近年

如漢堡，伯林等大都市，已漸次設立矣。此外對於兒童讀物，尤特別注意，多數教師，負兒童圖書選擇之責任。教師委員會（Tugend Schirftenwarte）與父兄，著者，對於圖書之出版，協力監督之，以期達於完善之領域。

法國多於學校圖書館分担其任務，一面備有豐富之參考圖書，一面備有兒童及成人之一般讀物，對於圖書之選擇，悉委之於教師，著者與官吏組織之委員會，負其責任。據一九〇二年之調查，已有四萬三千四百十一處學校，附設兒童圖書館，其藏書已達七百萬冊之多矣。

美國兒童圖書館，於一八八五年，夏期國民教員聯合大會後，由漢納維（Emily S. Hanaway）女士提倡之下，於同年秋僅以數百冊之兒童圖書，創設於紐約市。至一八九七年，於 Philadelphia 開圖書館協會時，依普拉馬爾（Mary W plummer）女士之報告，僅經過十二年之後，紐約公共圖書館之兒童室，藏有兒童圖書已近十五萬冊，借出數每年達二百二十餘萬冊矣。其發展之迅速。實令人稱贊不已。

B日本　日本方面，關於獨立之兒童圖書館，雖未見

有創設者，但一般圖書館附屬之兒童圖書室，則所在皆是也。就中如東京市日比谷圖書館之兒童部，其成績爲最可觀。其他於學校內附屬之學校圖書館，與學級文庫等，則於全國各小學校，幾無處無之；推其設備，多失之簡陋，較歐美之華麗的兒童圖書館，或於圖書館內附屬之兒童圖書室，相差尚遠也。

三・兒童圖書館之目的

兒童圖書館之設立，係對於兒童培養上積極的社會教育之一種。乃近世公共圖書館思想中最重要之部分也。東西各國，對其設備與管理方法，均研究之不遺餘力，而在我國，尙少有注意及之者，此未嘗不是我國圖書館事業不發達原因之一，玆爲喚起一般人對於兒童圖書館之認識計，謹將兒童圖書館之主要目的，列舉如次：

(一)自幼養成讀書之習慣與興味，他日成人後，對於圖書館之利用，於不知不識中，即可瞭解，因之一般國民之知識，遂日益向上。

(二)防止有害或不適當之圖書閱覽，而供給以良善且適宜之讀物。

(三)使得到高尚之娛樂與新穎之知識，以助長其學業與品行。

(四)父母保護不及之都市兒童，或於街旁惡戲，或於道路徘徊，對於身體與精神上，均難免陷於不良之影響。倘有兒童圖書館之設立，則些種危險，自可減少。

(五)學校教師，可將教授上・或參考上・必要之圖書，說明其價值與用途，使兒童於家庭自修之。

(六)天性好讀書之兒童，不幸於家庭或學校得不到讀書機會時，藉此可以補救之。

以上(四)與(六)之目的，雖然多少帶有社會政策的彩色；但因此即以兒童圖書館，視爲育兒或救貧等，社會事業、則誤矣。兒童圖書館，並非對於特殊境遇兒童之設備，實爲無貧富貴賤之分的一般兒童修養機關或娛樂機關也。

四・兒童圖書館之設備與管理

兒童圖書館之設備，就其歷史上之變遷言，大體可別爲左列三種：

(A) 於成人閱覽室之一隅設兒童席即 Children's

corner 制。

（B）於成人閱覽室外，別設兒童專用閱覽室，即 Children's roading room制。

（C）設立單獨之兒童圖書館，即 Separate library 制。

歐美各國圖書館，在非公開書架式時代，對於兒童用圖書，並無特別之處理方法，其借書手續，與成人無異。迫其後公開書架式採用，情形遂爲之一變。兒童用文學，別置於兒童用文學書架，與成人用圖書，完全分離。兒童閱覽者，對於成人閱覽者，很少妨害；然除兒童用文學以外，其他之兒童用圖書，仍與成人圖書同架者頗多，一般少年少女讀者，常羣集於成人圖書架之周圍，對於成人閱覽者，時有擾亂之嫌，因此，一切之兒童用圖書，遂悉與成人圖書分離，而排列於兒童用文學接近部分，此即兒童席之濫觴也。

次之兒童專用閱覽室，其閱覽處雖分離，然有時因設備不完全，關於圖書之出納，依然與成人同其場所者，居數多，尤其是小圖書館，或分館，常於一巨室之內，中

央設借書台，兩旁分爲成人室與兒童室，其他一切事務之管理，則毫無區別也。因此，兒童出入之嘈雜，仍不免有害及成人閱覽之情形，於是，成人閱覽者，常被兒童閱覽者所驅逐，爲避免此種不良之現象計，此單獨兒童圖書館之建設，所以必要也。

最後單獨兒童圖書館之設立，除上述之理由外，更爲完成圖書館教育的機能計，對於兒童圖書之選擇與指導，亦非特別處理不克奏效，此兒童圖書館於近世圖書館之體系中，所以佔重要之地位也。

以上所述者，以第三種爲最適宜，換言之，謂爲兒童圖書館之原則，亦無不可。如美國紐約市之 Brooklyn 公共圖書館，英國之 Cardiff 圖書館，即其典型也。依兒童圖書館之理論言，當然以此爲最佳；但就我國圖書館之現狀言，此種理想制度，一時頗難望其實現也。

五．我國兒童圖書館建設之方案

我國圖書館教育之不發達，盡人皆知，所以我國之兒童圖書館，當然亦不能急起直追，希望其立刻達於單獨兒

童圖書館之地步也，玆根據我國之現狀，謹將拙見略述如次：

(a)國立或公立之大圖書館，附設兒童圖書室。

(b)公立或私立之小圖書館，附設兒童閱覽席。

(c)各小學附設學校圖書館或巡迴閱覽文庫。

查國立或私立之各大圖書館，經費比較充足，且其面積與建築亦廣大，在已設立者，別開一室，以為兒童閱覽場所，並非難事。在未設立之者，將兒童圖書室，劃為全館設計之一部，舉辦亦易。更因此類圖書館，多建設於大都市中，文化程度，比較進步，兒童得教師與父母之指導，其來館閱覽者，必不在少數。倘無特別之兒童圖書室，則對於成人閱覽者，勢不免有擾害之虞。故在單獨兒童圖書館未設立以前，此為最良善之階梯。當然，試驗結果良好，即兒童閱覽者，特別多時，自可應其要求而成立單獨之兒童圖書館。

其次公立或私立之小圖書館，就一般言之，其建築既不宏壯，而經費更不充足，普通非出於捐助，即根源於固定之基金，創立伊始，或有其特殊之長所，既成立之後，則僅足以維持其現狀者居多數，望其驟然別為兒童特備一室，談何容易。所以此類圖書館，在可能範圍，俾於成人閱覽室之一隅，劃一部分為兒童席，比較易於實現也。惟對於成人之妨害，時或不免，然為將來之國民健全發展計，在此過渡時代，成人不得不稍有犧牲也。

最後學校圖書館，或巡迴閱覽文庫，其必要較前二者為尤切，蓋一國之兒童圖書館，欲達可以容納全經童兒之地步，非使圖書館之建設與小學校同其程度，恐無能為力；但此種地步之實現，當然圖書館教育不發達之我國，無待言矣，即東西文明國家，今其已建設之兒童圖書館或兒童圖書室，將全國兒童閱覽者，悉數收容之，亦恐均未至此程度也。所以為普遍兒童之幸福計，無分城市與鄉村各小學，均應附設學校圖書館，以期達到於待遇平等之領域，然學校圖書館，在班級多，經費充足之學校，固可舉辦；而在班級少，經費不足之學校，則力有所不能也。所以為補救此種班級少之學校計，巡迴閱覽文庫尚焉。北巡迴閱覽文庫，由校長或教員，或學生輪流負責管理之，於課餘回家時，每人允許借領一冊於家庭閱覽，次早歸校時遂還之。如此則既可以獎勵兒童讀書，又不耗巨額之經費，誠一舉兩得之事也。

以上僅將其犖犖大端，簡略述之，至關於兒童圖書之選擇法，借出法，管理法，等細目，非此文所討論之範圍，故止於此。倘因斯文而引起國人之注意或試行，則是作者無上之榮幸也。

摘自《河北教育半月刊》一九三五年八月第一卷第二期

學校圖書館的事業

俞爽迷

(一)我國學校圖書館的現況

圖書館事業在我國發源頗早，然皆以藏書爲能事；其蔚成近代式之圖書館事業，而爲一般人所注意者，却是最近的事。近年來受西洋圖書館學術輸入之影響，我國圖書館事業的發展，確有蒸蒸日上的趨勢，在量的方面，祇見圖書館數日漸增加，在質的方面，注重管理經營之科學化和專門化。將來的發展，定是無可限量。惟是我國圖書館事業之最發達者，要推學校圖書館，其組織較一般爲完備，就中以大學圖書館爲最有精神。茲將大、中、小學校圖書館，分述其情形如次：

1.大學圖書館　大學圖書館，在我國各種圖書館事業中堪占第一席地位，館舍之精美，藏書之豐富，雖未能比得上歐美各國；但其進步之速，却也可觀。而辦事人員，又多圖書館學專家，藏書最多的爲國立北大圖書館，達二十餘萬册，建築最精美者，爲清華大學及中央大學圖書館。此就國立大學而論，私立大學之圖書館，亦多有可觀，如教會學校，上海之聖約翰，南京之金陵；武昌之文華三處，不特辦理精良；抑且爲我國圖書館人才集中之處，我國圖書館專門人才，頗多發源於該校，此外，如天津南開大學圖書館，辦理成績亦見優良。該館主任曾受過圖書館之專門訓練，於圖書館學術，亦有深切研究。此外各大學圖書館亦在努力辦理，惟較所述稍遜耳。

2.中學圖書館　我國今日中學，差不多都附設圖書館，惟獨立建築者不多，組織管理亦有由專門人才辦理，頗著成效者，惟爲數亦不多，大部份中學圖書館，都因經費困難，人才缺乏，進步遲緩。

3.小學圖書館　小學本無圖書館，自自動教育之說輸入後，圖書館乃成爲不可少之設備，於是有小規模之圖書館出現，或設於教室中，或另闢一室，近年兒童讀物之出版，風起雲湧，小學圖書館亦日見充實。惟管理乏人，就難收完滿的效果，是爲今日小學圖書館一個急待解決的問題。

如上所述，我國學校圖書館雖未能儘量發達，事業進行上亦有不少困難，然視其發展之迅速，前途頗可樂觀。

(二)學校圖書館在學校教育上的價值

一種事業之能受人熱烈歡迎，當然有其本身之價值。不然，縱能炫耀於一時，定不能維持於永久。十幾年來，圖書館，尤其是學校圖書館，可稱是風靡全國，無與倫比，近且漸植其根基，前途發展，正未有艾。這決不是一件偶然的事實，這自有其在教育上不可磨滅的價值。

十九世紀美人格利哥來(Pr. T. M. Gregory 1822—1898）在其所著的教學的七個原則中的「教授原則」卽規定要「激起而且要指導學生的自動，使他自己去發現眞理。」這可見自動主義在教育上之重要。洎乎今日，敎育學者無不提倡自動教育，使自動教育有瀰漫全球之勢。因爲自動去搜討所得來的知識，不但眞實可靠；而且是不會遺忘的最好知識呵！不過自動教育，並不是讓學生原始地，無目的地亂動，亂動是沒有益處而且有害的；反之，學校必須替學生去創造出一個最適於自己去求學的情境，由這情境中種種適當的刺激，才能逐漸完成眞正的自動教育。這種適當於自己求學的情境，唯一的就是圖書館。一般教師往往對於學生，似乎太於着力：事事惟恐學生不知道，務須詳細解釋，反覆重述，他們完全忘了「敎學並不是『與』學生以知識的，而是『喚起』他們自己去求得知識的」的原理，結果只使得學生無自己思索的機會，更無自己找尋眞理的能力，因而養成一種依賴性，云何自動？而圖書館則不然，那裏有各種各樣的書籍，換句話說，卽有各種眞理之資源，一任你學者自己去開發，多開發一分，卽多獲一分知識，由獲得知識而產生興趣，更由興趣而努力去求知識，興趣愈增，知識愈進，結果養成一種獨立的研究精神，完成了所謂自動教育，這是圖書館的價值之一。

讀書習慣，是人生最好的習慣。因爲社會不斷的演進，學術不斷的發展，我們雖然可由親自經歷去了解，但大部份却須求之於書籍，而且實際的觀察所得知識，頗多是片段的，散漫的；而書籍告訴我們，却是有系統的，有組織的，我們如果有了讀書的習慣，則可隨時獲得有系統有組織的知識，來應付我們的生活，促進我們思想的向上。現在一般人，一出學校，便丟開書本，不喜歡再去讀書，這不但不能了解社會的眞動向，和學術的新趨勢，甚至要把已得的求知門徑漸漸迷失，結果造成了知識的落伍者而不能適應社會的生存。此乃由於讀書習慣沒有養成之故，如果我們在校能時常接近圖書館，常常與圖書爲侶，則左圖右史的薰陶中，自能養成一種堅強的讀書習慣，將來出校後，雖在百忙中也會抽暇來閱讀書籍，視讀書如喫飯一樣地重要。所以圖書館第二種價値，卽在養成讀書習慣。

人是社會的動物，不能離社會而營孤獨的生活，所以從小便應培養我們共同生活的習慣，如同情，如互助，如了解，都是共同生活中的要素，都是必需培養的目標，惟是，在「先生講，學生聽」的教室內，學生活動的機會很少，簡直無共同生活的現象，如果，長此下去，學生便會養成孤癖的性格，與社會生活背道而馳。而在圖書館則不然，在那裏，教員學生可以自由找尋自己閱讀的書籍，共同研究，無形中表現社會共同生活，練習社交和提高對於社會的情感。同時又因爲圖書館是公共的機關，可以養成學生的公德心和愛羣觀念，可以鼓勵對於公共人羣的責任思想和國民合作的精神，這可見圖書館又可培養學生共同生活的習慣，是其價値的第三點。

現代的書籍，浩如煙海，如果要一本一本的買齊，實不可能；如果有了圖書館，則因公共大宗欵項的關係，巳爲我們備置了各種要讀的書籍。如果我們各人再能捐些微金錢，集少成多，買書共讀，則書籍數量，尤見增加，各人沾利，尤復不淺，這眞是最經濟的合作事業，是爲圖書館的價值之四。

以上所舉圖書館在學校教育上的價值巳有四點：(1)實現自動教育；(2)培養讀書習慣(3)養成共同生活習慣(4)實行經濟合作。卽此犖犖大端，巳可見到圖書館在教育上地位之重要，自從民國以來，學校圖書館勃與，並不是一樁無意義的模倣而已。

(二)學校圖書館的事業

學校圖書館在教育上的種種價值，既巳大致說明如上，現在要進一步論到圖書館所做的是些什麽事業。因爲沒有事業，則圖書館的價值祇是空談，無由實現；我們必須有種種的事業，由合理的設計，科學的調度，我們的圖書館才能顯其功用來。是以圖書館的重心還是牠的事業，如果祇是以藏書爲能事，那便失了圖書館的意義了。學校圖書館應有的事業如左：

(A)圖書參攷

圖書參攷，可算是圖書館中一件最重要的事。實際上圖書館最大的功用就在參攷。因爲學校的圖書館好比是全校員生的腦袋，圖書館內所藏的書本材料，就是供給全校員生所用的知識，而參攷一事，尤爲獲得知識之鎖鑰。現代的世界，人事繁雜，我們實在沒有許多時間許多精力，如古人那樣地去讀下許多書，記下許多材料，有了圖書的參攷，我們就可省却許多麻煩，許多腦力。所以現代大規模的學校圖書館，都有參攷部之設立，有主任有部員專司其事，但是普通學校圖書館，參攷之事都由館長，館員兼任的。

至於參攷事業的範圍，則極爲廣博，現在略舉並說明如下：

(1)關於參攷書和參攷材料的選購與搜集——參攷材料與書籍愈多愈好，因爲多則互相參證之機會多，對問題之研究，益發增加幫助，所以圖書館務須儘量選購與搜集，以便應用。

(2)關於參攷書目與論文索引之編纂——參攷書，數目繁多，如果沒有索引，則大有山深林密，叫樵夫無從下手之慨。所以圖書館必須把各種參攷書及論文編成索引，使讀者可以按目而索，便利萬分。

(3)關於參攷問題之解答，與參攷書籍的介紹——參攷上讀者不無各種問題，圖書館員應負責予以適當之解答；而對於各種新或舊參攷材料的內容，也應對讀者作相當之介紹，使讀者知所取捨。

(4)關於各種材料之代爲搜集，各種典據之代爲攷證——讀者因研究某一問題，缺乏參攷材料，圖書館應代爲搜集；有時各種典據，無由攷證，圖書館也應幫助他們攷證。

(5)關於小册子另件之保存，分類與報紙新聞之剪裁——小册子，報紙新聞，在平常好像無關重要，大都等閒視之；可是需要時，却是頂可貴的參攷資料，所以圖書館應當把它們保存，分類，剪貼起來，以備不時之需。

(6)關於參攷書用法之演講與指導——初學者入圖書館找尋參攷資料，往往因不知參攷書之用法，無從下手。因此圖書館常作參攷書用法之演講，並在參攷時予以同情的，適當的指導。

由上參攷事業的概述，可知圖書參攷在學校圖書館事業中地位的重要了。這種辦法，在小學內因學生程度的關係，似乎功用較少，而中學及大學，則非此不可了。

(B)閱讀指導

圖書館固然是學校替學生創造出來的一個適於自己求學的環境，可是這裏面，書籍繁多，種類龐雜，要能自己選擇自己閱讀，畢竟是不可能的事。所以圖書館還應予讀者以種種適當的指導，使學者在這浩如煙海的書籍中，獲得一隻指南針，從而向他們努力的方向走去。因此，閱讀指導在學校圖書館事業中也是很重要的一種。

至於閱讀指導的方法，在乎圖書館館長及館員隨時隨地善於應付，大概有下列各種：

(1)圖書館管理員，對於讀者的直接指導，對於材料選擇，疑難的解釋等等。

(2)館中的目錄分類，要編列整齊，以便讀者檢查，使他們可以自助助人。

(3)編製各種種類目錄，各科書目，以便對於該科有興味的讀者，自由選擇。

(4)編貼各種圖書簿，記載關於該事物的書目，引起閱者的興味。

(5)指定一個時間，准讀者朗誦，可以補助閱者的記憶，這種辦法在小學圖書館中，尤其值得採取，因爲兒童大都歡喜吟誦的。

(6)指導用書的方法——用書也是有方法，用書不得其法，往往費了不少時間，仍不能了解其大概，或不能找到所要找的東西。常見有許多進圖書館尋找材料，費了許多時間，結果一無所獲，深嘆缺乏材料，其實材料並不缺乏，是在你之不善尋找耳。又有許多八，看來日日埋首書城，堪稱好學之士，然詢其所得，則茫然無正確概念。此無他，未知用書方法耳。所以用書方法之指導，也是閱讀指導的重要項目。比如現在有一問題：「怎樣先知書籍的內容大概？」要先知書籍內容的大概，我們得先注意書中最重要的幾部：(一)書面；(二)序言；(三)目錄。在書面上，得知書名，作者，發行，出版日期等；在序言上，得知作者寫作此書之目的；目錄是一張書名章節的表，凡書中要敘述的東西，都在此地提出一個大綱。注意了這三點，這本書的大體已有些認識，再從而看書的內容，不怕不能不獲得明確的概念。這不過指導用書方法的一例，其他如「怎樣可檢查書中的某事項」?「怎樣利用字典百科全書索引等」?「怎樣可以增進閱讀的能力」?「怎樣可以補助記憶和思想」？「怎樣應用所讀的書」？都是圖書館員要誠懇心指導閱者的。

(7)實行職業指導——這種辦法，在大中學圖書館中，很是需要，不過在教育不發達的中國，僅受小學教育爲止，卽去謀生者亦不在少數，小學圖書館中亦感此項需要。指導的辦法，大概如下：

a.回答問題——關於讀者職業上各項問題，應詳爲解答。

b.調査個性——個性關係業務者甚大，所以某人要就某項職業，必先攷査他的個性，看他是否宜於這種職業。

c.陳列各種職業的書——個性明瞭以後，就指導他讀個性所宜的職業的書。

d.編列研究書目——要進一步研究各業的專門知識，必須供給多量之書。

e.個人指導——有時因環境，個性的不同，個人指導比團體指導效力來得大。

(C)圖書的流通

圖書的閱覽，固然在館閱覽爲妥，但爲鼓勵讀者利用暇時及顧慮讀者便利起見，圖書館應使圖書流通館外，儘量發揮圖書的效用。在小學校，應該鼓勵學生借書回家，俾在閒暇卽可取書來讀，養成讀書習慣。在中學大學也應鼓勵學生借出館外，消磨餘暇，免爲不良的發洩。至於流通的規則，應參酌地方情形而定，大概如下：

(1)借書的時間，最好和閱覽時間相同；

(2)借書的人，要塡借書證；

(3)同時借書册數有一定的限度，大約二本；

(4)借書期限，大約二星期，或再續借一二星期；

(5)書籍可隨時由圖書館索還；

(6)過期或破壞應有相當的處罰辦法。

4.讀書會

圖書館中各人就性之所近而取閱圖書，是自動教育的良好方法。但是人各讀各書，各不相謀，則所得知識畢竟有限，而且因主觀太重，往往所得認識，不見得就是眞確。要矯正此弊，圖書館中應組織讀書會，規定相當期限開會一次，各人將最近閱書心得口頭或書面向大家報告，從而互相討論，指出優點，評論劣點，這樣的集思，一定可以廣益。同時，圖書館館長，館員又可在會上演講，提示閱者種種閱讀方面的知識，使閱者的閱讀興趣益發濃厚。

以上所舉四種事業，都是一般學校圖書館所應有的，尤其是中學和大學的圖書館，因學生程度的關係，格外不可少，圖書館人員在這方面應多用些工夫。此外還有幾種事業在小學圖書館中比較需要的，這裏也得略爲提及：

(一)圖畫展覽：圖畫是一種很有價值的教育工具，對於小學兒童，需要尤切，因爲圖畫是把物體或事實眞實地描繪在平面上，它的感人力量有非文字所可及。圖書館中儘可利用圖畫展覽，引起兒童的興趣，增加兒童的知識。

(二)放映幻燈：幻燈雖然大都也是放映圖畫，但是因展映方法的不同，其感人的力量，也就超過圖畫。同時幻燈映出的文字，每使兒童讀它益感興趣，所以圖書館每隔些日子，要放映幻燈一次，一方面可以引起兒童的興奮，一方面又可增加兒童的知識。

(三)同樂會：兒童是喜熱鬧的，如果圖書館中，左圖右書，天天大家閱讀，他們必感乏味，甚至厭惡圖書館，不與圖書館接近了。這是很危險的事。所以圖書館除做前二種活動外，還得在一定的期間內舉行同樂會，讓兒童自己講故事，說笑話，並備些微茶點，能同時將第二種活動——幻燈在會場開映，則兒童所感趣味益多。這樣圖書館的良好印象便深深地印入兒童腦際，嗣後不會有厭惡圖書館的情事了。

(D)學校圖書館的新事業——圖書館開放

所謂學校圖書館開放，是要使圖書館的效能不僅在學校的門牆以內，佔其利者只是一般學校中的員生；而要使圖書館的效能廣播於社會，使社會上一般人都能受其惠。在從前，學校自學校，社會自社會，學校與社會之間，高築着一條極堅固的壁壘。這時候學校裏的一切，只有在校的人專享其利，他人不得染指，所以圖書館的事業也只在校中師生身上用工夫。這種與社會隔絕的教育的結果，造成了許多不適應社會的高等流氓，教育因而整個的破了產。現在一般教育者懲前毖後的覺悟了，所以提倡學校社會化，希冀把學校與社會間的壁壘拆除，使社會與學校打成一片。但專喊學校社會化，而不眞正地化了起來，也是徒然，要學校眞正的社會化，便是要把學校裏的一切，在可能範圍以內，都要公之社會。所謂學校圖書館開放，便是社會化工作中最重要的一種。加之在目今社會教育高唱入雲之際，欲求廣博，需要大量的人力財力。全國大、中、小各級有十四萬四千餘所的圖書館或閱書處，如能儘量公開，則在短時期內，驟然添上這麼多的社會教育機關，不啻增加了社會教育幾十百萬的人力財力，於社會教育的推進上，得了一極大的臂助。

綜上以觀，學校圖書館的開放是很要緊的事了。至於開放的辦法，徐旭君曾擬有大綱，現在不妨介紹於此：

(一)原則

1.經濟；
2.便易；
3.學校社會化；
4.民衆學生化。

(二)主旨

1.使達到學校教育與社會教育切實合作之途徑；
2.使教育工具圖書可以盡量活用，所謂書能盡其利；
3.使民衆不虞無書可讀，無處可讀書之苦，所謂人能饜其慾；
4.使學校教職員學生可以研究民衆之讀書興趣、習慣、方法、心理等。

(三)閱覽指南

1. 公開之原因和目的；
2. 開放時間；
3. 閱覽手續——如塡聲請書領閱覽證等；
4. 借覽手續——請發借書證；
5. 借還手續——即借書還書之各項手續；
6. 入校須知；
7. 獎懲辦法；
8. 其他。

(四)館內佈置

1. 教育化，科學化，合時化；
2. 選出適合於當地來館閱覽人程度之書，另架陳列；
3. 圖與書可連環式的陳列(大學可不必如此)；
4. 圖書可照社會生活而陳列，每月或半月爲一單元設計之佈置；
5. 其他。

(五)讀書指導

1. 談話式；
2. 備簡明易查之各類圖書，分計分類目錄；
3. 備各種人所須讀之圖書目錄單；
4. 備適合各業民衆所必須讀之圖書內容大要，及循序讀法說明書；
5. 在館前佈告欄內，常揭示何處何人講演的消息，介紹並鼓勵民衆去聽；
6. 其他。

(*E*)結論

近十幾年來，我國圖書館事業發達，異常迅速，就中尤以學校圖書館爲最。學校圖書館分大學、中學、小學三種，因爲人才經濟的關係，無論在量的方面(指書)或質的方面都是大學圖書館占第一席位。自自動教育輸入以後，小學圖書館也有欣欣向榮之象，誠以圖書館在教育上，有其不可磨滅之價値，如鼓勵自動學習，養成讀書習慣，練習共同生活，故能受到教育界之熱烈歡迎，惟是圖書館之價値，必賴種種有價値之活動，才能表現出來。所以圖書館必須全神貫注於各種事業——活動——。如圖書參攷，閱覽指導，讀書會，圖書流通等都是學校圖書館應該善爲籌劃與設施的事業。而在小學圖書館尤須添設圖畫展覽，放映幻燈，同樂會等活動，以養成兒童對圖書館熱烈的愛好。

此外，爲實現學校眞正社會化，和輔助社會教育之推行，學校圖書館應拆除其學校的藩籬，公開於社會民衆，使一般民衆都能來讀館中的圖書，以增加其「文化財」的享受；是爲今後學校圖書館應有的新事業。

綜之，學校圖書館是人類知識之淵藪，我們無論教師學生或社會民衆，都應該努力向這裏面去發掘，而圖書館也應努力去改造設施，做上種種的工夫，處處予發掘者以便利的工作，則社會文化不患沒有進步了！

摘自《廈大圖書館館報》一九三五年十月第一卷第二期

中央日報　　中華民國二十四年十一月二十四日

我們需要小圖書館

（高斗）

要社會進步向上，不可不注重文化，要提高和促進社會的文化，不可不從學術普及的運動着手，這是我們時常要注意的。講到學術普及的運動，就不可不注重教育；教育有學校教育和社會教育之分，都是很重要的；然而學校教育的時期短，範圍小，不及社會教育終歲薰陶的力量大，所以社會教育終不可忽略。

圖書館是社會教育的一種，而且占他的重要部分；那麼，應當怎樣的竭力提倡呢？但是在從前的中國，找一個設備完全的圖書館，可說是鳳毛麟角，縱然有幾個，也多半是藏書樓的性質，不過收藏幾本古書，豈不是很可歎息的事麼？

講到設備完全的圖書館這一層，經費浩繁，既不容易成立，更不能夠遍設，就是勉強做得到，也不過是通都大邑受其惠，其餘的就沒有希望了。

近幾年來，當局對于社會事業，異常注重，各省各縣及各學校皆有圖書館之創立，以供莘莘學子及社會人士的閱讀。惟對于鄉村圖書館，仍未有建立的措施，是以社會教育，終未能普及鄉村。

現在有人提倡創辦小圖書館，這種辦法，我很贊成。因爲小圖書館有下列的優點：（一）創辦維持，集事較易；（二）能普及於鄉僻各處，勞工各界；（三）能養成一般人創辦新事業之共同精神；（四）能引起國民學術上之嗜好，而戒除其舊時之不良習慣；（五）各館圖書，可互相交換輪流閱覽，得以最經濟之方法，求最有益之知識；（六）現時基礎雖小，而隨時改良擴充，不難漸臻美備。其辦法，是：一，機關，團體，鄉鎮，各設一所；二，一市一街一鄉之內，聯合商店工廠農學等組織之。總起來看，可說是理由充足而且簡而易行。我想凡是有心社會文化的，一定都很贊成的。

摘自《中央日報》一九三五年十一月二十四日

介紹關於辦理兒童圖書館參考的書文　許振東

際此普遍和改進小學教育嚴重的呼聲之下，以及全國出版界相互競出大量兒童讀物趨勢的反光。提倡單獨設置的兒童圖書館，和小學附設的圖書館，誰也不會否認是一樁很急切需要的事。可是辦理兒童圖書館在行政管理和設備上，決不致於像一般人所想像的那樣簡單容易，因爲兒童圖書館於行政上設備上原是比較普通圖書館來得簡單，但是管理和指導上却比普通圖書館還要難些，不過要解決這種困難問題，那祇有多看幾本書。現在我且轉介幾種關於辦理兒童圖書館的文字，以供有志於斯的參考。

一、兒童圖書館的論理

設立兒童圖書館的辦法　蔡文森　教育雜誌　第一卷第八期　宣統元年七月

小學兒童圖書館之研究	胡昌才	教育彙刊	第一集	民十五
兒童圖書館之研究一册	陳　逸	商務		民十三年
兒童圖書館在教育上之地位	胡叔異	教育雜誌	第十八卷第二期	民十五年二月
兒童圕在教育上之價値	楊鼎鴻	教育雜誌	第十八卷第三期	民十五年三月
對於兒童圕之我見	李振權	教育雜誌	第十八卷第三期	民十五年三月
兒童圖書館問題	杜定友	教育雜誌	第十八卷第四期	民十五年四月
兒童圖書館之研究	曾憲文	文華季刊	第一卷一期至三期	民十八年一五九月
可愛的小圖書館一册	張九如	中華		民十九年
兒童圖書館之必要	李璧貞	福州實小	第四期	民二十年六月
圖書館與兒童	李鍾履	圖書館學季刊	第七卷	
幼稚園與圖書館	黃蓮琴	文華季刊	第四卷第一期	民廿一年三月
兒童在圖書館的地位	陳獨醒	中國出版月刊	第二三合期	民廿二年十月
兒童與家庭圖書館	尙　木	婦女雜誌	第十三卷	第七期
兒童圖書館教育之研究	管文南	浙江教育行政週刊	五卷廿三期	民廿三年二月
家庭也應有兒童圕	翘	家庭	第六十二期	民廿三年四月
各市縣應注意創辦兒童圕	佘少文	廈門圖書館聲	第三卷第十期	民廿三年五月
兒童圖書館一册	陸靜山	兒童		民廿三年
兒童圖書館一册	王京生譯	商務代售		

二、兒童圖書館的管理問題

小學校兒童圕亟宜設立之理由及其他管理方法	張秉彝	京師教育月刊	第一卷第四期	
兒童圖書館的設備		教師之友	第七號	民十五年五月
兒童圖書之分類與編目	曾憲文	文華季刊	第一卷第四期	民十八年十二月
管理兒童圕的實際	黃熾甫	地方教育	民十九年六月	
安徽省立圕之兒童讀書會		學風	第一卷第四期	民二十年一月
兒童巡迴文圕的嘗試	祝萃清	中國出版月刊	第二卷第二三期	民廿三年十一月

兒童圖書分類法	方淵泉	浙江第二學區圕協會會刊 第一期	民二十年
兒童讀書指導之我見	子莪	銅山縣公共圕年刊 第一期	民二十年一月
兒童圕之新設施	劉自昭	北平第一通俗圕館刊	民二十年六月
編製兒童書目之由來	王崇周	北平第一通俗圕館刊	民二十年六月
兒童圕圖書選擇和推廣問題商確		福建省立民教館民教	民二十年十二月
小學校兒童圖書室之具體辦法	郭維芝	小學教育 第二六六號	民廿二年九月
兒童圖書分類法的初擬	陳獨醒	中國出版月刊 第二卷第二三合期	民廿三年十月
我們的兒童讀物分類	方承謨	浙江第二學區圕協會會刊 第二期	民廿三年一月
兒童讀物及其分類法之商確	舒紀維	學風 第四卷第二期	民廿三年三月

三、兒童圖書館的讀物問題

兒童圖書館與兒童文學	劉衡如	中華教育界 第十卷第六期	民十一年六月
兒童參考書研究	杜定友	教育雜誌 第廿卷第六期	民十七年六月
論兒童圕與兒童文學書	葉公樸	教育雜誌 第廿卷第六期	民十七年六月
兒童圖書館的圖書研究	儲子潤	地方教育 第六期	民十八年八月
組織兒童讀物委員會意見書		圕季刊 第二卷第一期	民十六年九月
兒童圖書專號一册	陳獨醒	杭州鼓樓私立浙江流通圖書館實售四角	民廿三年
擬兒童圕書目	器重	民衆教育月刊 第一卷第二期	民十九年二月
兒童書目彙編一册	羅鄉軒	北平圕協會會刊 第五期	民廿二年
安徽省立圕兒童圕讀物目錄		安徽省立圕	民十九年
兒童讀物目錄		教育部選	
兒童讀物之殷變	金桂蓀	天職 第一卷第二三期	民十九年十一月
兒童讀物改造的途徑	金桂蓀	天職 第一卷第五期	民十九年十二月
少年兒童讀物目錄		一九三三年圖書總目 二四九頁至二七五頁	現代書局民廿二年
關於兒童公民訓練參考論文的索引	堯	中國出版月刊 第二卷第二三合期	民廿二年十月
兒童讀物在教育上的價值	龔寶善	仝上	同上

爲兒童讀物謹告全國出版者	陳獨醒	仝上	同上
精選兒童讀物的我見	石鎮	仝上	同上
我們需要的兒童讀物	葉林	仝上	同上
全國兒童刊物的調查	彳亍	仝上	同上
全國兒童圖書分類介紹	陳獨醒	仝上	同上

少年兒童讀物目錄　　一九二五年全國出版物總目錄附錄　開明書店　　民廿四年

附告：文華季刊卽文華圖書館學專科學校之季刊

圖學季刊卽中華圖書館協會之圖書館學季刊

摘自《中國出版月刊》一九三五年第四卷第一期

關於兒童圖書館之論著

兒童圕	王京生譯	民一八自印本 一五二頁
兒童圖書王靜生	王靜生	民二三上海兒童 一四〇頁
兒童圖書一之研究	陳逸譯	民一三上海商務 一〇八頁
兒童圕講義	錢亞新	民二一武昌文華
兒童圕之研究	曾憲文	文華圖書科季刊一卷一至三期
可愛的小圖書館	張九如	民一九上海中華
小學圕管理法大綱	杜定友	民一三開封河南小學教育講習會
小學圕實施法綱要	蔣錫寶	蘇州圕館刊一，
管理兒童圕的實際	黃織甫	地方教育一五號
兒童圕之設施	劉自昭	北平第一普通圕館刊
兒童圕漫談	于震寰	黎光
圖書館與兒童	李鍾履譯	季七，三一九—三五（二）
兒童圖書館問題	杜定友	教育雜誌一八卷四期
兒童圕在教育上之價值	楊鼎鴻	教育雜誌一八卷三期
兒童圕的必要	李璧貞	福州實小校刊第四期
對於兒童圕之我見	李振檣	教育雜誌一八卷三期
幼稚園與圕	黃連琴	文華四、六七—七四（一）

圕事業與兒童	曾憲文譯	季二·四：二—四一（三）
英美兒童圕小史	錢亞新譯	中山大學圖書報七，二 民八五
法蘭西兒童圕	錢亞新譯	五
圖書選擇法	杜定友	上海商務
兒童讀書研究	王定增	民二十二上海中華 一二八頁
兒童文學	徐亮譯	文華四七，五—七八六（一）
論兒童圕與兒童文學書	叶公樸	教育雜誌二〇卷六期
兒童書目彙編	羅靜軒	民二二 北平圖書館協會會刊第五期
兒童圖書之分類與編目	曾憲文	文華一，三七一—七九
兒童用書之分類編目	陳東原	學風一，三，二二—一三
安徽省立圕兒童讀物書目小序	陳東原	（安徽省立圖書館中文書目第五冊一九年二月出版）
小朋友讀書	徐學文	學風一，三，二—一三 民一九上海北新
兒童讀物目錄		民二二，教育部選
安徽省立兒童圕讀物目錄		民一九二

摘自《圖書館學季刊》一九三五年第八卷第二期

怎樣利用兒童圖書館以與教學聯絡

金錫三

圖書館是知識的庫藏。先進各國，早已經營的非常發達。我國舊有藏書之風，國營私人均有，然皆將圖書貯而藏之，絕少閱覽使用之方，不過是一座書庫而已。近年來，繼踵歐美，倣設新式圖書館，就是素爲那人所忽視的兒童，亦爲之設立圖書館，一般小學，均有一小規模之兒童圖書館設置。這是替兒童們值得慶幸的。不料，日久玩生，形粗具而弊出。各小學校的兒童圖書，購置時既不加選擇，購置後，又無登記，保管，分類編目等手續，至於如何指導兒童閱覽，怎樣利用圖書與教學聯絡，以增進教學之效能等問題，那更無談起了。這是和爲開展覽會而製教具，展會閉幕，教具隨之卽束諸高閣，犯同樣的毛病。

我們知道兒童單憑幾本教科書，是不能滿足他們知識慾的，就是以教學立場來講，單讀幾本教科書那能獲得教學的最高效率。所以必須常常用到參考書或補充材料，以爲補助才行。別的問題暫且不談，單就利用圖書與教學聯絡一點加以檢討，希望拋塊甎去，引得玉來。

先看下面幾點：

1.兒童圖書館的組織　兒童圖書館，顧名思義，當以兒童爲本位，現在的小學中仿照一般的圖書館的組織，將所有圖書彙集於一室，名曰某某圖書館，這種組織，在目下實際情形，似有數點缺點：(一)校舍狹小沒有適當的房屋。(二)館舍狹窄，容不了最低限度的人數。(三)光綫暗談，空氣污濁，不適宜於閱覽。(四)管理館務的人員，責重事繁，難以勝任。這些問題，都是以減少兒童閱覽的機會，阻碍利用的方便，我們爲增加兒童閱覽機會，利用方便起見，還是以學級爲單位，將圖書分陳於級機關內，這樣可將上述弊端，略略免除了。

2.圖書的選擇　選擇圖書，却乎是一個最重要的問題，而且是一個最費研究的問題。現在各小學校的兒童圖書，大都是獸語鳥言，童話故事，胡言亂言，於兒童無何稗益。我們對於兒童圖書的選擇，因此不能不審愼。爰擬幾個選擇標準於下，以資參考：

1.適合兒童生理與心理的。

2.適合兒童閱讀程度的。

3.能增加兒童閱讀興趣的。

4.能培養兒童倫理道德的。

5.能陶冶兒童性情的。

6.能啓發兒童科學思想的。

7.能增長兒童勞働生產知能的。

8.能激發兒童愛國救國觀念的。

3.圖書的分段　各種圖書，內容意義有深淺，文字組織有難易，取材亦有新奇與平庸之別。兒童又有程度高下，閱讀能力强弱之分。如果將漫無系統的圖書，給那程度參差不齊的兒童閱覽，其收穫量一定低而且微，所以要將圖書，依據其內容、文字、材料等分別階段，更將兒童舉行標準測驗，測定其閱讀能力，如此各有尺度，依度閱覽，方才適合。圖書的分段，兒童的分組，是利用圖書以增加教學效力的重要手段。

4.圖書的出納　這是個借書還書的問題。現在小學校，對於這個問題，有的沒有規定，有的限制太嚴，這都不是很好的辦法。沒有規定，那就漫無限制，任兒童自由取閱。勤勉者，同時取閱好幾本書，懶怠者，竟一本也不看，或者厭故喜新，朝秦暮楚，沒有五分鐘，即另易他書，走馬看花，毫無效果。限制太嚴，則抹殺兒童閱讀興趣。兒童在十一二歲的時候，正是讀書興趣萌芽的時代，無論那個那種兒童，都有這「讀書熱」。如果手段嚴厲，規則繁重，那末兒童就要感覺到異常不便，畏縮不前，這樣不是把兒童的讀書興趣減低，就是兒童去看市上流行不良的小說和圖書，所以圖書的出納，宜以寬格爲原則。

再看與教學怎樣聯絡：

(1)聯絡要點：

1.指導兒童閱讀，分量不可過多。過多則兒童力不勝任，視爲畏途；或囫圇吞棗，毫無實益。

2.要注意兒童的程度，過深太淺，均不合兒童胃口。

3.有了聯絡的機會，千萬不可失去。

4.圖書陳列，應便於攜取。

5.圖書購買時，要審慎選擇。

6.圖書應分別階段，以謀與兒童之程度適合。

7.測定兒童閱讀能力，應有精確而客觀的標準，且宜定時復測，以便升降。

8.竭力鼓勵兒童自尋參考圖書。

9.激發兒童閱讀興趣。

10竭力設法養成兒童讀書習慣。

11竭力養成兒童的圖書館的習慣，使將來能利用圖書館以求學問。

12鼓勵兒童做讀書筆記。

13勸導兒童充分設備工具——字典辭典之類，以利應用。

14教師如有指定工作，應約定完成日期，並予查考。

15兒童倘不能如期完成工作，應諄諄勸導，切忌嚴厲訓斥。

16教師對於圖書內容，應有相當了解，以便兒童質詢。

17教師應有進修的精神，時時手不停披，以爲兒童楷模。

18教師應有高尚的意向，皎潔的心志，多方的興趣，廣闊的胸襟，以善誘兒童；務期以磨練兒童的道德，提高兒童的意志，增進兒童的智識，訓練兒童的習慣爲職志。

（2）聯絡方法：

1.對於各個的兒童：

a.依照兒童的學習能力與努力狀況，介紹參考圖書。

b.以研究的問題爲中心，令兒童自找參考資料。

c.用暗示或明示等方法，引起其讀書興趣。

d.與兒童共同閱覽，隨時指導，以解決其困難。

e.幫助兒童檢查目錄，或其他書籍，經濟其時間，減少其無謂的麻煩。

f.指導筆記方法，並予考查。

g.其他

2.對於團體的兒童：

a. 以研究的問題爲中心，節錄圖書上參考的資料，印就分發。

b. 講演故事，引起兒童讀書興趣。

c. 說明書籍的內容和用法，以便兒童使用。

d. 用各種方法，介紹新到圖書，引誘兒童樂於閱讀。

f. 指導目錄及參考書等用法。

e. 組織研究會或讀書會，以助兒童的閱覽。

（3）聯絡實例：

1. 國語科

甄老師在五上級讀書科內，講到一篇一個小學生的日記的文章，（復興國語教科書高小第一冊第二三課商務）現在已是天寒歲暮，年假將屆的時候，兒童們久離家園，情緒中早已在眷戀其天倫之樂，今天講到這篇文章，大家都注意集中，興趣盎然。有幾個家庭中有弟妹的兒童，看了王英——書中的人物——在校罣念家庭的狀況，自己也益發記罣起來，恨不得欲插翼飛去，更從王英那種家庭生活的幸福中咀嚼出無窮的意味。

大家正在神思恍惚，追念着母親溫柔的懷抱的時光，小友曹國楨站起說道：『這是一篇日記體裁的文章，日記我們天天在記，但總感覺着記得不好。可否請甄先生教我們日記的做法？』金以時接着說：『家庭裏的確是快樂的，有弟妹的更覺得熱鬧。有一次我爲一個洋囡囡，和弟弟鬧了一回架，受了母親一個嚴重的教訓』。徐伯貞報告他的母親如何的疼愛他，如何的寶貝他。蔣汝圭說他的小弟弟有一雙黑白分明的小眼睛，一張鮮可愛的小嘴巴，眞是活潑玲瓏，潔白可愛，孫榴花是一個思想靈敏，成績較好的女學生，他說：『照這篇文章看來，我們如果將在學校在家庭的一言一笑，一思一動，用文字記載起來，就是很好的文章了。』甄老師精神貫注的在聽他們的發言，等他們說完了，說了一聲：「大家說的是」。並將他們發表的意見，整理一下，寫在黑板上。

a. 日記怎樣做法？

b. 在家庭裏和弟妹們共同生活，我們立在什麽地位？

c. 我們應怎樣愛護弟妹？

d. 家庭生活和學校生活，逐一記載起來，是否成爲一種好文章？

e. 在家庭裏要聽從父母的話嗎？

f. 家庭生活和學校生活的趣味怎樣？

兒童看了這幾個問題，認爲都有研究價值，紛紛要求甄先生解答，甄先生說：『這些問題，如果逐一解答，要費許多時間，我們的國語課，勢必要停頓起來，自己去找解答，好嗎？』兒童們認爲很對，甄先生卽在黑板上寫出幾本書來：

a.日記怎樣做？——小學生課外作業第二四頁，趙大石編，廣益書局出版。

b.嚴厲的家教——我的母親第三九頁，賀玉波著，廣益書局出版。

c.爲小弟弟——我在家的記事第八六頁，居林才編，新中華書局出版。

d.寒假——學校生活記第一二三頁，勞春華著，兒童書局出版。

甄先生接着說：『上面這幾本書，我們的級圖書館裏都有的，可以向圖書股長去借，不過一個人同時不能把四本一齊借去。一人一本，一天爲限，以後陸續去借，如果要想把全本書都看完的，那末要等到大家都看過這幾篇了再去借，免得人家有向隅之恨。』

甄先生附帶將這幾本書的內容，簡單的介紹一下，兒童們聽了，似乎恨不得馬上拿來就看，個個人都有先睹爲快

的一種神色，退課了，在幾分鐘的課間休息時，這幾本書，就給兒童借去了。

到了第二天，甄先生去上讀書課了，跑進教室，就看見金翠雲擧着手要說話，甄先生請他立起，他就將昨天借去的一本我在家的記事裏的一篇爲小弟弟，很詳細把全篇大意說了一遍，同學們聽得很有趣味，甄先生也佩服他的天才。接着尉耀庭說：『日記怎樣做這篇文章，做得很好，最好請甄先生將這篇文章油印分發，使大家看了，都曉得做日記的方法，不知可以否？』甄老師就答應了，並決定一個小學生的日記研究後，再來研究這一篇，大家都很贊成。

老師在這時候，就和他們商量圖書看過後當怎樣的問題，結果：

a.在說話課內，向大家報告。

b.做簡要的筆記。

c.對問題有關係的材料，摘錄在讀書筆記上。

d.以後做日記採取材料，多注意在校和在家的實際生活。

e.閱讀心得，在日記簿上發表，

(2)自然科

復興自然教科書高小第一冊裏，有鳥類的形狀和習性是

怎樣的一個單元。王先生在第十五週和五上級兒童研究到這個單元時，王先生分一張研究綱要給兒童，教兒童跟着這綱要去研究。這研究綱要中，並附着研究時的參考書籍的。茲錄如下：

鳥類的研究綱要

甲、研究問題

(一)鳥的特徵怎樣？

1.卵生

2.羽毛

3.翅膀

(二)鳥的身體構造怎樣？

1.外形

(1)頭部

(2)頸

(3)胸

(4)四肢

2.內臟

(三)鳥的生活情形怎樣？

1.築巢

2.生卵

3.孵化

4.說話

5.食糧

6.休息

(四)鳥有那幾種？他的特徵怎樣？

1.鳴禽類

2.攀禽類

3.猛禽類

4.鳩鴿類

5.鶉雞類

6.涉禽類

7.游禽類

8.走禽類

(五)鳥與人類的關係怎樣？

1.利益處

2.妨害處

乙、研究方法

(一)畫圖　(二)列表　(三)摘錄要點

丙、參考資料

(一)鳥的研究——新中國書局出版

（二）鳥——商務印書館出版

（三）動物世界——第五六頁起——少年書局出版

（四）鳥類的世界——廣益書局出版（可作故事書看）

丁、研究完成日期

第十五十六兩週。在第十六週星期六將研究記錄交出。

學同一事，是要錯綜參考，互相證驗，才能收良善的效果。現在小學校的教學，祗拘於幾本教科書，以致教學不能有顯著的進步，殊爲憾事！以後能多多利用兒童圖書館的圖書，介紹兒童使用，俾兒童的學業，於百尺竿頭，更進一步，則非特兒童身受其益，即將來的學術界，亦可放一異彩呢！

摘自《浙江教育月刊》一九三六年一月第一卷第四期

談談學校圖書館

胡秉衡

現在各校差不多都有圖書館的設立了，大學中學不論，卽小學亦多設立了圖書室，這誠是敎育上的好現象。然而作者過去參觀本省各地許多中小學，他們校裏所設立的圖書館，其中組織周密管理得法的固然很多，但是苟且設置，有名無實的卻也不在少數。探究其故，除了因經費拮据，不能如意舉辦外，却大半因學校當局還不深切明瞭圖書館的重要，他們祇認學校之有圖書館爲一種點綴品，如果沒有此種設備，不免要被人譏笑爲「辦學落伍」，爲適應潮流計，便隨便設立一所圖書館，來敷衍面子。根據此種動機而辦圖書館，因爲目標先已錯誤，結果往往費了金錢，或因選購的書不合實用，或因閱借手續漫無條理，或因管理上欠缺系統，甚或不論新購或舊有的圖書，一律置之高閣，少與讀者見面，這種圖書館，名義雖和古時藏書樓不同，實際上還夠不上藏書樓辦法的完善哩！如此虛靡金錢，無補實用，很是可惜！大家都知道學校圖書館是補助學校敎育的一種絕好工具，在敎育上簡直不能或少的；各種設施，應與學校生活相適應，才不負圖書館特有的使命。茲就作者個人意見所及，對于中小學所辦的圖書館，最低限度應注意的要點，分述如下：

（一）圖書館的環境　許多學校的圖書館，都隨便分出一間房子作爲館址，不很注意他的環境如何。結果，不是嫌着光線不足，便是地位失之狹小，不敷分配。有的四壁蕭條，不加佈置，置身其中，引不起精神上的快感，反覺得陰氣沉沉，全身各部都感到不舒齊起來。辦理學校圖書館的，應力矯此弊，室中須多開門窗，以通空氣而收陽光。四壁應懸掛對于圖書有關的各種圖表和時事畫報等，並且要隨時更換，務使閱者一進內便生快感，方能盡與瀏覽了。

（二）圖書的選購　學校圖書館所置的圖書，應以適合學校師生的需要爲中心。假使購書時不加審愼，貿然購置不切實用的書，那不是徒費金錢，勞而無功嗎？所以在購書之前，應經過一度選擇的手續。最好的辦法，莫善于採用一種圖書介紹單，分發全校敎職員和學生，各人依自己所需要的書，隨時塡寫單上，另外由師生共同組織圖書審購委員會，按期彙集此種介紹單，逐一審定，再行購置之。所以要師生共同參加者，因爲學生的心理不一定與敎師相同，所以他們所貢獻的意見，也很可以有採納的地方。購書標準，尤須有相當確定，如關于小學所購的書，應多選有趣味的兒童文學兒童圖畫等，至于中學生已有了相當學識，對于精神生活和哲學人生宇宙等問題，已有研究興味，尤其對于政治上和自身職業上也有探討的需要，所以所購的書，當然不能和小學相提並論。還有中學時代的學生，性的觀念已開始發生，若不拿正當的書籍去利導他們，最爲危險。所以選擇的書，不能不十分考慮的。

（三）圖書的分類　學校圖書館，因限于經濟，所置的圖書，總不見得很多，然往往因書少便不用分類法，將書任意雜置，漫無歸宿，于提取和檢查上就會感到不便。况且積年累月，圖書逐漸增加，則爲一勞永逸計，當然以應用分類法爲妥。不過分類太繁，則在圖書稀少的圖書館，不但不合實用，並且反增麻煩。我以爲大體說來，如採用十進分類法至于個位數，已很夠適用，不必再求精細。關于圖書分類法，國內多有專書敘述，可不贅述。

（四）卡片目錄　現在各校圖書館，多廢去簿式目錄，而採用卡片目錄。爲檢查便利，而且得時時加以增損起見，學校圖書館自以應用卡片目錄爲要。（學校圖書館之對象爲學生，每日居住校內，不如公共圖書館之對象爲社會民衆，散處各地，故書本目錄不如卡片目錄）但學校圖書館圖書有限，不一定要把各種卡片如分類卡字典式卡等一一採用。但爲檢書便利起見，分類卡則是不可少的。我以爲中學圖書館即僅僅採用分類卡一種，也可以應付了。爲什麽呢？因爲中等學生之學識究竟尚未十分發達，其在研究之時，對于某一本圖書或某一個著者之特殊的觀念，尚未養成，至多亦不過關于某一類問題的圖書有一觀念而已，分類卡就足以供給這種需要。至于兒童圖書，則根本殆毋需目錄，因爲兒童只能在翻開一本書看時，才能大體决定此書之是否適合自己的程度或興趣，故目錄之于兒童，實很少用處。

（五）學校圖書館應利用學校活動的機會　書是供給實用的，不要拿來做古玩收藏的。往往有的學校圖書館雖有實用的書，因處理不得當，管理的人不知利用機會，遂致即有良好圖書，也不免埋沒無聞。各個學校不是隨時要舉行各種活動嗎？如運動會、講演會、學術討論會、遊藝會等，圖書館應抓持機會，盡量適應，按其活動的性質，將有關係或可資參考的圖書陳列展覽，俾得促進學生的注意而啓發其興趣。

總之，學校圖書館在教育立場上是很重要的，決不可忽視。我們並且可以這樣的說：如果學校圖書館能辦理有成績，能使學生踴躍利用這一圖書館，也就是這整個學校辦理得有成績了。

摘自《圖書展望》一九三六年三月第一卷第六期

兒童圖書館經營與實際

李文裿

引言

兒童教養事業國人忽視已久，言教育者每多側重於兒童之本能，課程之釐訂，此僅學校教育之局部問題，以現社會之情況，教養方法亟待推展，無庸諱言。年來義務教育倡行，短期小學舉國遍設，兒童年運動各地所獲之同情，及永久幸福事業之建設，成績不無可觀。就中兒童圖書館一端，雖經列舉，仍爲人所忽視。調查所知，殊少增益。此則從事圖書館事業者更應肆力倡導之也。

兒童教育爲人生之基礎教育，所領受之一切知識與習慣，對於將來更屬切要，故兒童圖書館亦爲養成其將來讀書習慣之重要設施，豈容忽視？且一般圖書館之價值，固不在書籍之珍秘罕見，更不重館舍之美輪美奐。但求藏書切乎實用，閱讀方法力求經濟，對於兒童影響，有超越正式學程之收效。

斯爲盡其能事焉。

近今討論兒童圖書館諸問題，對於設備方面，名論已多，以實際情形而申論者尙少，爰就近來經歷研究所獲，一一供諸從事此項事業者之前，以期就正於賢達，至於文字之工拙，不計也。

公立兒童圖書館與小學校兒童圖書館

公共兒童圖書館在國內尙屬罕見，（中華圖書館協會調查表所錄僅六所）故中華圖書館協會第二次集會於北平，通過議案有省市縣立公共圖書館須設兒童閱覽室，有鑒於所失，正謀所以救濟之策，惟省市縣立共公圖書館之設備日趨充實，兒童閱覽室頗多添設，亟待取得實際之管理方法，速謀推進，然後再求獨立兒童圖書館之完成焉。

兒童圖書館之所以不同於一般圖書館者，其重要之點厥爲圖書之入藏，予以審愼選擇，不獨適合於各年級兒童之程度，且須隨時滿足其需要，引起其自動讀書之趣味，養成歡喜閱讀之習慣，而館中一切設備，復能在生理上心理上相投合，館中職員隨時予以適當之指導，方足稱爲優良之兒童圖書館。

小學校附設之兒童圖書館，比較公共兒童圖書館所收之一般效用外，其在學校教師方面更有下列諸益：（一）補充教學，（二）個別指導，（三）採取教材，（四）研究教法。惟學校兒童圖書館實際管理上優於公共兒童圖書館者，在其訓育上係屬一致，公共兒童圖書館則僅就圖書館範圍內予以公德上之陶冶，不能長時間加以訓誨，此則實際上成爲討論之中心者也。

談兒童敎育者對於兒童之心理上及生理上，常有過慎之顧慮，謂兒童在學校課業之繁重，身心體力，時虞不足，對於課外閱讀，常多漠視，殊不知兒童對於課外閱讀，異常富有興趣，不合時代性之公案體小說，光怪陸離之劍俠奇傳，以及低級趣味之連環圖畫等，咸皆輾轉傳借，視爲珍籍，秘密閱讀，爲害之烈，有爲人意想不到者，曷若充實兒童圖書館，審愼選購應讀之書籍，並予以相當之指導爲得計乎？

抑尤有進者，兒童之於圖書館，僅爲其對於圖書館知所利用，培植其讀書之習慣，度其團體生活而爲將來之準備，已徵明效，固不必求其孜孜誦讀，埋首書中，遍讀所藏之書而後已，蓋圖書館所收實效在於潛移默化之力，不能求其顯著之功也。

兒童圖書館之重要性既如上述，比年以來，國人之注意力漸及於小學校附設圖書館，此則由論著之風行，已略窺一斑，公共兒童圖書館仍未能引起社會人士之重視，故論著所及，僅爲零篇斷簡，今後此項事業之推進，斯篇其爲嚆矢乎。

閱覽室中設備諸問題

兒童閱覽室中一切設備均求莊嚴典雅，須有窗明几淨之勢，使兒童身入室中足養成其清潔安靜之習慣爲主旨，至於閱書桌椅之製作，須具有標準尺度，猶其餘事。

室內裝飾，在兒童圖書館尤爲必需，然亦須求其合理化，蓋兒童圖書館中，舉凡一切事務，無不由經驗體會中而來，理想之設施，常構成極失敗之效果，此則不可不特別注意者也。

室內裝飾之品，就視察所得，不外乎國旗之懸掛，紙花之橫陳，以及標語畫片之張貼，其他圖繪之揭示，類皆瘡痍滿目，不僅不能收些微之實效，其不能保持清潔者，又復灰塵間雜，一經震搖，積塵飛揚，影響於兒童之健康者更鉅，此類裝飾品均應一律避免，如有所需，亦求裝置陳列，極盡應用之能事，使兒童一見，卽能促其注意，或引起其欣賞領略之情緒，不需要者，寧缺勿濫，如能應時更調，爲不定期之變化，則兒童心理好奇，用以誘導其閱讀趣味，法更至善，此在精心此道者，體會各地情形，就上述避忌之原則，隨時選用之可也。

室內色澤與光線均須詳爲考究，在經費充裕之兒童圖書館，或經合法設計新建築之閱覽室，則無待申論，現在急需要注意者，厥爲因陋就簡，或經費不能充分運用之兒童圖書館，則不能不利用巧思，加意設計，而詳爲考究者。例如：改造之兒童閱覽室，壁間不能塗堊油飾，則可以意想合理之色紙裱糊之，紙裱當然不能如油飾之持久，經年損壞，則就其損壞之部分，飾以圖案，仍可延續相當之時間，室中光線較暗，一切器具多飾明色，用其反映，以資調劑，此皆屬於利用巧思，加意設計，雖因陋就簡，宥於經費，而仍能勉爲合理實用，其他循是以求則無往不宜焉。

標語繪圖之揭示，應注重實用，完全用作欣賞之圖畫及抽象無關宏旨之標語須力求減少，閱覽規則即不必洋洋巨篇榜列全文，可錄其警句應一致遵守者節其旨要融會於標語之內，既具體又醒目，則實行且便。圖畫之張貼，則更應富有新聞性與符合節序，例如：義亞戰爭劇烈之際則歐洲詳細地圖爲必設之件，捕蠅運動宣傳日則蒼蠅掛圖或放大模型爲陳列之品，如此則事半功倍，並收一舉兩得之效。

小學校設備中之整容鏡，對於訓導兒童爲必須之品，公共兒童圖書館亦應備具，因圖書館之於教育，如正容貌，肅衣冠，遵守公共秩序，爲必要之條件，兒童圖書館尤應於此時養成其將來之習慣，故裝置於入室之處，所以引其自鑑，免去語言指導之繁，學校兒童圖書館可不必複置。

合於標準之書架外，簡易之參考書架亦可設置多個於牆角或柱間，蓋兒童可運用之參考書，巨型者甚少，插架亦趣簡易，壁角空隙可置半環形之起落板，固定者亦可，或於柱間裝置同樣之起落板，合乎標準之高度，邊緣象徵各種圖案尤佳，髹以調合之色彩，紛陳字典辭書，以備兒童隨手拈取，既節經費，又切實用，室中配置亦藉以增色不少。

新書陳列架，可採用展開者爲宜，一般兒童圖書館多用坡面式，高可配置平列書籍五六層，說者謂其爲用甚便，蓋低年級兒童身體較矮，書籍之陳列均在下層，年級較高者陳列上層，以其體長漸高故也。言之雖似合理，實際情形，頗多不然，每架陳列五六層之書，兒童麕集取閱，上下間雜，既無選擇之機會，更病秩序之紊亂，故宜用展開坡面式爲宜，書籍之陳列僅爲兩層，幅員既寬，兒童並立從容選擇欲閱之書，絕無麕集騷擾之現象發生，則閱覽室之秩序可更謀安定。

上述之新書陳列架亦可用作小規模之展覽架，或爲各項活動指定參考書陳列之所，爲用且宏，固不必限於新書之陳列也。

目錄櫃之設備，在閱覽室爲不可或缺之物，縱然藏書皆係開架，目錄之編製與使用，亦須兒童充分習用，此時雖無必須，將來　習慣固須急早養成。目錄屜之大小基於卡片之標準尺度而成一定之大小，全櫃之高低均求適合一般兒童之使用，中間屜板尤爲必具。如採用明見式編目法，目錄櫃面積既省，兒童檢閱較爲便捷。藏書數量少則僅用明見目錄牌亦可，均不可以藏書既係開架，兒童自由可以換取選閱，而忽視目錄之用焉。

可供兒童閱讀之日報，現在出版者甚少，新聞紙陳列架可不備，雜誌亦不甚多，雜誌架亦可省略，均附陳於新書架上，而區以門類，加以標識可也。

此外閱書桌椅之行列，如桌椅有高低之區分者，則不可間雜排列，兩桌間之距離除坐椅外須能容二人往返通行，蓋兒童閱讀能維持長時間之不移動者甚少，通常最久時間亦不過三十分鐘，起座往來，故以不能影響同座者爲宜。

兒童清潔之保持，例須附有盥洗室，在學校中此項設備爲不可免，在學校兒童圖書館及公共兒童圖書館，則皆不必須，質言之，更絕對無庸設置，緣覩其汚濁，卽驅其趣往盥洗，完全爲消極之訓導，在學校管理上爲宜，至於進入圖書館應如何之清潔，在平時早當訓練有素，圖書館中只杜絕其不清潔不得入館，至於如何去其汚濁，均爲平時訓練範圍，其責任全在於學校之訓育員及家庭中負保護之責者也。

借閱書籍一般方法

借閱書籍之事務，在圖書館中佔重要之地位，在兒童圖書館中爲尤甚焉。

借閱書籍之手續，須力求簡便，此不獨節省閱覽人之時間，亦且增加圖書館員服務之效率，至於兒童圖書館中更應趨於極端簡便，蓋兒童來館閱讀，本屬引起其興趣而來，若爲煩雜之借閱手續所阻而使其敗興，則殊爲非計，然借閱手續如何規定，則可求其極端簡便，須先說明借閱手續之重要關點。

「借」則指借書攜出館外而言，「閱」則專爲在館內閱覽而言，兩項所需之手續頗不一致，大抵公共之兒童圖書館，閱覽皆不取費，兒童入館僅發閱覽劵一紙，以憑閱書，且據以出館，此項閱覽劵僅用以統計每日閱覽之人數及其他檢點書籍時之防範而已，所謂閱書之手續卽此已足，或更利用上述之閱覽劵，輔助閱覽室之管理，則可持劵入閱覽室後，交付出納處，換取領書單，以便塡明索書，此在仍採用閉架式之兒童閱覽室，尚能獲得管理上之一助，若全係採用開架式之兒童閱覽室，則閱覽劵除用作統計數目外，幾無所用，而兒童閱書亦可謂手續之簡便極矣。

兒童閱覽之採用開架式，異常合法而便利，即在公共兒童圖書館更無遺失書籍之可慮，蓋公共圖書館之遺失書籍事件，已成爲當前不能求解之問題，防範之方法逾求其精密，而失書之事實所在多有，蓋其盜竊之術亦逾奥妙也。兒童本身之社會習慣尙淺，盜竊之舉或無人爲之，或不敢爲，偶有爲好奇心所驅使，縱已拈取，每多爲同伴所舉發，故閱覽事務上正應乘此時機，予以開架陳列，杜絕其竊盜之觀念，養成其道德之習慣焉。

借書携出館外，在學校兒童圖書館頗簡便易行，一般慣例由圖書館方面每學期或學年中發給各人借書證一紙，憑證借書，借書期間借書證存於館內，還書時換取借書證，此項借書證縱有遺失，而借書人僅限校內學生，圖書館方面亦多可識，無慮書籍之遺失也。公共兒童圖書館之借書事務則迥然不同，在外國常須由欲請求借書證之兒童父母簽字擔保，且請求借書之兒童年齡亦稍加規定，頗具防範之意存於其間耳。

在國內現在之情形而論，出借書籍之兒童，仍應覓具保證人爲便，年齡亦宜以小學校高年級之學生程度爲限，至於僅閱圖畫書籍之兒童，無須予以借書證，慮其收效小，而徒減圖書館中其他更緊要之效率也。

保證人在兒童借書申請書上之簽字，圖書館可用印刷之文件通知保證人取得覆信之證明，即可付與借書證，或逕由兒童之面爲申請，由圖書館代爲寄遞保證人取得覆信之證明，仍由兒童交來館內，其效用同，可減少時間與手續，亦頗多採用者也。

正在學校肄業之學生，欲取得借書證，可由學校出具保證，更爲簡便，學校中有圖書館者亦可由圖書館辦理其事，蓋學校圖書館在同一之城市中與公共圖書館必有相當之聯絡，故較學校保證尤感妥切。

公共圖書館附設兒童閱覽室者，其借出書籍仍當限於兒童用書，其有高年級兒童爲參考所需，或閱讀能力兼及成人者，欲借取成人部書籍時，必須經過圖書館中之特別許可，亦寓有指導之意存乎其間也。

借書逾限未能聲請延期，照例應納罰金，罰金之徵收數多以所借書籍之册數計算，兒童借書逾期罰金之規定，有僅及成人借書逾期罰金之半數者，或竟爲成人相同，實施時可就所在地之環境斟酌規定之可耳。

此外尚有特殊規定之借書辦法，如兒童組織之研究學問或其他各種合法團體，但能有可證明之件，亦可作爲取得借書保證，因獲得各項團體組織之證明，無異於取得學校之證明，但各項團體組織須經圖書館方面之認可，或爲圖書館方面領導下之組織爲斷，其他未經認可或非經圖書館領導者，皆不可援例請求。如經圖書館領導下之兒童讀書會或講演會等之會員，皆可隨時取得借書證者是也。

閱讀指導

兒童圖書館中閱讀方面予以指導，在圖書館對於兒童之效能上，一種特殊之任務。兒童圖書館所以異於成人圖書館者，端在此點。閱讀指導之實際方面，須先明瞭一般兒童年齡之階段及其各時代所有嗜好趣味，然後方能實施指導。例如六七歲之兒童，其主要之興趣厥爲「自然故事」。八歲之兒童最主要之興趣進而爲「童話」。九歲之兒童興趣變遷，男性較女性更爲顯著。在此時期，女性者則仍舊嗜讀「童話」，男性則逐漸表示實際性，對於生活之事物異常感覺興趣。十歲之兒童對於閱讀習慣已經養成，一切需要爲具體事實之敘述，如旅行記、風景誌以及科學發明等均感興趣。十一二歲則崇拜古今名人，更沈浸於連續之書或冒險及偵探之故事等。十三歲兒童特殊癖好業經發達，男性多酷嗜機械及科學之興趣，女性則喜詩歌小說。十四歲以後兒童已深入青春時期，一切閱讀均趨專門，興趣各異。此就實際測驗所得，頗可資閱讀指導之佐助焉。

兒童各時代之興趣既已如上所述，則不同之時代，個別之趣味，難期劃一，而指導之中心，應以運動參考書以及目錄之使用法，他如中心陳列，資料之選集等，逐漸引入同一標的，則收效必宏。

參考書之運用，如字典辭書傳記諸書，須就其需要而指導之，所謂不憤不啟不悱不發憤悱之時卽明示其需要啟發者已屆指導之機會也。斯時所得其記憶之強，則永誌不忘兒童終身獲益，於此爲多。

目錄之使用，在圖書館任務，向來應予指導，在兒童圖書館對於目錄之使用幾全爲訓練教導之部分，蓋此全爲培植其將來之習慣而設，尤其兒童閱覽室中有珍貴及特藏之書，未能全部開架陳列，則目錄之檢查更爲必要。此外，如其他專科目錄、論文索引等亦遇機指示，使其明瞭用途，俾自動尋得所欲閱讀書籍之門徑也。

兒童閱覽室中每遇節令或特殊偶發事項，極須兒童有所認識時，當採用中心陳列，卽將節令所需，或與偶發事項相關聯之一切書籍圖畫等，在一定期內全部集中陳列，使兒童一入室中觸目所得，隨手所取，皆爲此類讀物，如能約略排比，益便依次閱讀，則足以引起兒童之興趣，對於節令或偶發事項之特別記憶，其效能之大，逾於尋常個別指導數倍。例如雙十節爲國慶紀念日，舉凡有關雙十節慶典之記載，歷史傳說，圖畫等，俱檢出陳列，卽有關此件之雜誌專號亦應特別提出，此項中心陳列事先預爲宣佈，屆時參加閱讀之兒童必較往日倍增，過期撤消陳列後，兒童仍請求閱覽時，則全部資料俱在，指導其使用目錄方法再行分別檢取則可矣。

至於專題之資料亦可搜集加入前項之中心陳列。

年齡較稚之兒童在圖書館誘導其閱讀方法常採用講演故事，此項方法，東西洋各國兒童圖書館視爲必需依照前節所述兒童期間各不同年齡之癖好各異故事童話之嗜讀佔兒童期間之過半，在理講述故事亦頗爲敎育原理上所許可目前國內小學課程之編訂說話一科故事亦佔重要項目，圖書館如能善自利用此講述故事方法，增進兒童閱讀之趣味亦何嘗不可？

講述故事在兒童圖書館內爲集中談話之機會，舉凡一切應對兒童發表之談話講述故事之後，皆可藉以報告實驗所得有顯著直接之效力。惟講述故事之時間，應有特別之規定期前可預爲揭示，欲求聽衆之多，在星期日爲宜。

講述故事不必限定圖書館內之職員，因故事鐘點，圖書館對於兒童乃係收間接效用，在圖書館本身方面，且能發生講述故事者與聽衆之關係，頗資佐助之處亦不少也。

兒童圖書館範圍較大者，每日到館閱覽兒童年齡或不一致以小學程度觀察，有小學五六年級者，有一二年級者，則故事之講述，卽不能同時舉行，卽當分組講述，並應將兩組以上之時間分開，其結果，超逾於不分組時之效能甚且增加數倍。惟分組不宜過多，過多則妨礙閱覽之時間，亦不可不注意也。

兒童閱覽室如嫌狹小，對於講故事之活動，感覺不便時，亦可就附近之小學校或公共場所舉行，如能於兒童閱覽室外專設集會之所，則更屬便利。此集會之所在平時可充不同樣之展覽會場，亦可作各項活動展覽。

所謂活動展覽者，乃適應兒童所需要之各項知識，或爲書籍，或爲圖畫，或爲實物模型等，分門別類，舉行各項展覽，展覽期間之久暫，視性質之重要與否爲規定，緣中心陳列僅限於書籍雜誌，而此種活動展覽則範圍較廣，縱的方面爲兒童之常識增進，橫的方面引起兒童到館閱讀之興趣，未始非誘致之一道也。

此項活動展覽，若能予以推廣，則舉凡來館閱讀兒童，不時舉行閱讀測驗，以其成績，爲觀摩性質之展覽，或區域內之兒童藝術作品展覽等，亦無不可，均體察環境之情形，斟酌損益辦理之。不限定一種，或數種之程式也。

又多數外國兒童圖書館每多輔助閱讀指導，組織各種兒童會，其成績與效果固皆不同，要爲一種取得聯絡之方法，提高其興趣之一道。如：辯論會，自然物研究會，郵票古錢之搜集，旅行之組織，書畫之競賽等，此類集會有謂其與圖書館工作相距較遠，舉辦頗爲費時，直接於閱讀方面之效果較少，非議橫生，殊不知此類集會在圖書館館員方面僅立於輔導地位，而爲書籍之介紹，參考之指定等等工作，仍不失爲閱讀指導之任務也。

各種集會之比較直接者，當首推讀書會，蓋讀書會之主旨除提高其讀書興趣外，至於促進其讀書能力以及指導其自修方法等，均直接為圖書館之任務，惟仍應輔以其他活動之興趣及鼓勵之策，方能收顯著之成效，否則持久不易，反不如其他集會之妙趣環生，實際辦理此項兒童讀書會，仍須有極縝密之組織與規程，方臻實效，茲錄附北平市立第一普通圖書館兒童閱覽室組織之兒童讀書會簡章以備參考。

北平市立第一普通圖書館兒童讀書會簡章

〔宗旨〕提高兒童讀書的興趣，促進兒童讀書的能力，指導兒童自修的方法。

〔名額〕不限定。

〔年齡〕由七歲至十六歲。

〔入會手續〕凡到館閱覽兒童，都可隨時在兒童閱覽室請求登記，填寫志願書，同時必須由本會會員中找出二人作為擔保，或由所在學校及其他機關填寫證明函，在一星期以內，經過本會審查認可時，再發通知領取會員證。

〔組織〕會員共分三組：按小學程度五六年級者為甲組，三四年級者為乙組，一二年級者為丙組，各組有正副組長二人，負責該組招集和調查事務，任期暫定為三月。

〔獎勵辦法〕每月底按照考核閱讀成績，分別發給獎品，月終時，把會員優良作品，印成專刊，分贈各會員，並將全年考核成績編發年刊一次。又會員如一月未到，或不參加讀書測驗而事前未曾聲明經本會許可者，得停止其會員資格。

〔會員義務〕每一星期內會員至少須讀書一冊，作筆記一篇，並須隨時聽從管理員的訓導、

〔考核項目〕分口試和筆試兩種。（筆記在內）

〔期限〕 本會以一年爲一期，每年四月四日起重新登記一次。

上述入會手續中之學校證明函式如次：

北平市立第一普通圖書館兒童讀書會會員證明函

茲有本校　　年級學生　　自願加入

貴館兒童讀書會爲會員并願遵守會中一切規章至希准予入會爲荷特此證明此致

北平市立第一普通圖書館

學校蓋章

學校負責人簽名蓋章

年　月　日

學生略歷

姓名	年齡	性別	所在學校名稱及班次	住址

第626號

又兒童取得讀書會會員資格後，發給之會員證，其式樣如次：

北平市立第一普通圖書館

兒童讀書會會員證

第　　號

會員姓名（　　　）

入會時間 中華民國　年　月　日

（前　面）

1. 參加兒童讀書會，經本館審查認可後，方發給會員證。
2. 會員來館讀書，或參加各種測驗的時候，必須要隨時繳驗此證。
3. 會員證須自己攜帶，不能轉借他人，如有遺失，須由保證人證明方可補發。
4. 會員證從入會這天起，到次年兒童節前一天止，都可通用。

（後　面）

爲兒童讀書會會員到館閱書便利及公佈測驗日期定期集會起見，製定全年兒童讀書會會員曆，每半年公布一次，會員人手一篇，異常便利，茲亦錄附，用佐參考：

北平市立第一普通圖書館兒童讀書會會員曆

二十五年　四　月

四　日　成立兒童讀書會

廿七日　招集會員談話並選舉組長

五　月

廿五日　測驗（甲組會員）　下午四時至六時
廿六日　測驗（乙組會員）　下午四時至六時
廿七日　測驗（丙組會員）　下午四時至六時
三十日　招集甲組會員談話（講題）圖書館的功用　下午四時至六時

六　月

廿五日　測驗（甲組會員）　下午四時至六時
廿六日　測驗（乙組會員）　下午四時至六時
廿七日　測驗（丙組會員）　下午四時至六時
廿八日　招集乙組會員談話（講題）暑期內怎樣讀書　上午九時至十一時

七　月

廿三日　測驗（甲組會員）　上午八時至十二時
廿四日　測驗（乙組會員）　上午八時至十二時
廿五日　測驗（丙組會員）　上午八時至十二時
廿六日　招集丙組會員談話（講題）看圖識字　上午九時至十二時

八　月

廿五日	測驗(甲組會員)	下午四時至六時
廿六日	測驗(乙組會員)	下午四時至六時
廿七日	測驗(丙組會員)	下午四時至六時
三十日	招集甲組會員談話（講題）升學後應有的準備	上午九時至十一時

九月

廿四日	測驗(甲組會員)	下午四時至六時
廿五日	測驗(乙組會員)	下午四時至六時
廿六日	測驗(丙組會員)	下午四時至六時
廿七日	招集乙丙兩組會員談話（講題）讀·寫·作的方法	上午九時至十一時

十月

廿六日	測驗(甲組會員)	下午四時至六時
廿七日	測驗(乙組會員)	下午四時至六時
廿八日	測驗(丙組會員)	下午四時至六時
卅一日	招集甲組會員談話（講題）怎樣去用參考書	下午四時至六時

十一月

廿六日　測驗(甲組會員)　下午三時至五時
廿七日　測驗(乙組會員)　下午三時至五時
廿八日　測驗(丙組會員)　下午三時至五時
廿九日　招集乙組會員談話（講題）圖書館的使用法　下午三時至五時

十二月

廿八日　測驗(甲組會員)　下午三時至五時
廿九日　測驗(乙組會員)　下午三時至五時
三十日　測驗(丙組會員)　下午三時至五時
卅一日　招集丙組會員談話（講題）「學」和「問」關係的重要　下午三時至五時

二十六年　一月

廿七日　測驗(甲組會員)　下午三時至五時
廿八日　測驗(乙組會員)　下午三時至五時
廿九日　測驗(丙組會員)　下午三時至五時
卅一日　招集甲組會員談話（講題）寒假裏怎樣的自修　下午三時至五時

二　月

廿四日	測驗（甲組會員）	下午三時至五時
廿五日	測驗（乙組會員）	下午三時至五時
廿六日	測驗（丙組會員）	下午三時至五時
廿八日	招集乙組會員談話（講題）怎樣作筆記	下午三時至五時

三　月

廿四日	測驗（甲組會員）	下午四時至六時
廿五日	測驗（乙組會員）	下午四時至六時
廿六日	測驗（丙組會員）	下午四時至六時
廿八日	招集丙組會員談話（講題）兒童常識	下午四時至六時

四　月

四　日	招集兒童讀書座談會並舉行會員成績展覽	下午二時至六時

附註　各組會員除隨時到館閱讀簽到以外，並請注意以上所規定的時間，準時參加，幸勿延誤。又會員所寫的筆記，也希望在每月終了前，送交本館，以備考核。成績優良的，在每月五日後，發給獎品。

北平市立第一普通圖書館兒童閱覽室製

以上兒童讀書會之一切實際辦法，均經試驗經年，成效較優勝於其他集會，更爲使一般社會人士及兒童讀書會會員家長充分別明瞭此會情形每年召集座談會一二次，並謀各種實施方法之改進，關於會員閱讀程序曾舉行小規模之展覽印佈兒童閱讀程序及其使用法於「讀書會專刊」再爲錄誌於次，以見一斑：

一 兒童讀書會簡章　會員入會，須先索取本會簡章隨時都可來函或來館簽名索取。

二. 會員證明函　會員入會須有會員介紹也可以由學校出具證明函，即可入會此項證明函由本會製定各小學都可向本會索取，學生想入會時，可以直接向學校聲請填寫再由學校彙交本會。

三. 會員證　經本會審核許可入會時便發給會員證，應當隨時攜帶，參加各種測驗或集會時，繳驗此證。

四. 會員歷　會員歷是每一會員都有一張，上邊列舉每月每組測驗和招集會員談話的時間，可以隨時查閱。

五. 會員考勤記錄　每天到館閱書的時候，先須自行簽到，每一會員都有一張卡片，係按組次姓名筆畫多寡排列，到館的用黑鉛筆自己填註。

六. 會員領書單　會員閱書時，須先領取此單，自動檢查目錄上所要看的書籍，將各種項目，分別填明即可取書。

七. 會員讀書測驗　每月根據會員歷所規定的時間，按照每組的學力程度舉行讀書測驗一次。

八. 會員閱讀成績名單　月終把各組會員讀書的勤惰，測驗的成績和作的筆記，文章以及日常操行等經考核後，分別公佈。

九. 兒童讀書會專刊　這是每月本會專刊，關於會務的情形，會員們的消息，測驗的答案，以及我們的談話，會員的作品，都在這上頭發表，每月共出兩期，每一個會員，都有受贈這個專刊的權利。

十、有關會員讀書的各種統計　這是我們從成立兒童讀書會起各種統計，會員閱書的分類册數，參加測驗人數的比較，以及會員們所在的學校和性別等都有一個很詳細的記載。

綜上以觀，則在兒童閱覽方面任何一種方式之實施，俱非如理想之簡易單純，蓋欲其收效，須縝密策劃，僅兒童讀書會一項其實際情形，已如上述，其他更無待贅論矣。

無線電廣播事業近今國內異常發達，圖書館中閱讀指導頗堪利用，尤其兒童對於此項收音工作，多感濃厚之趣味，兒童圖書館對於區域內之閱讀兒童傳播新書消息各種讀書方法，以及講演故事等均可於無線電廣播中辦理，較之在館內舉辦其力量更爲普遍，即遠道不能到館閱覽之兒童亦可坐聆一切，厥功偉矣。

廣播事業除報告新書消息外，其他故事講演，以及讀書方法等應於固定之期刊中先期預告，並印佈其綱要，兒童屆時收聽有所憑藉，易懂易記。如有數處分館之兒童圖書館，尤應分別裝設收音機，在固定時間一同開放，凡未備收音機之兒童，屆時就各分館參加，其效果亦同。

論文競賽亦爲鼓勵兒童讀書之良好方法，此種聚會較之藝術觀摩尤切實際，以此機會爲選書，讀書，運用參考書之諸方面予以指導，均能獲顯明之成績，惟舉辦時之縝密方法，與評閱時之標準及時間，優良者之給獎問題，均須詳爲計畫，及格文字編印專刊之取材，或在其他集會中宣讀之，附加說明，參閱取材之圖書館書籍目錄，尤爲具體之圖書館事業，惟參加兒童之年齡程度均須預爲測驗者也。

朗讀與朗讀會，爲兒童閱覽指導之一種附屬事業，近有以讀書會訛爲朗讀會者，均爲未曾實際認識此項工作以理想之見解冒然形諸筆墨者也。書籍之朗讀，頗不鬯行，實則不獨於讀者爲讀音之練習，更且於聽衆大有裨益，惟朗讀須選名著之精華，並能集多數著作連絡朗讀，藉可闡明某一事件之首尾，或某科之名人傳記等，皆能瞭然分明矣。朗讀會可分別輪流朗讀，連續行之，所以冀兒童逐漸親近書籍及澈底研究，惟朗讀會之人數不宜過多，如爲有系統之組織，則可以依年齡程度分組行之。每屆開會讀畢一書，即時加以討論，故此會之選書討論諸端，期先預爲準備之處正復不少，如選擇之書，必十分優美而適於一般之兒童趣味者，同時又必須有實際討論之價値者，至於教科書則在所不取也。

兒童圖書館與學校之聯合事業

公共兒童圖書館之閱覽兒童，太半來自區內各小學，且圖書之選購，亦須適合一般之需要，兩者均有與學校充分聯絡之必然性，甚至能互相借重而爲合作之推廣事業，亦無不可也。

兒童圖書館對於學校應爲不時之訪問，最初爲各方概況之明瞭，雙方事業之認識，圖書館爲增進知識服務於社會人羣之機關，而學校專負在校兒童之教育機關，兩者協調最易，故訪問明瞭爲必要，於是聯合事業乃於此肇端焉。

學校訪問不僅如上述之明瞭其概況而已。蓋訪問之要項在於與學生之接近，接近之法，則不外乎談話，普通談話之目的則爲講述故事或關於圖書及著作人之言論等，此項事務要不宜過多，因學校處所甚夥，館中職員艱於分配，而學校課程之時間亦有一定，故以每月一次或每月二次爲限，通常辦法及實驗結果一二年級生多無效果，以三年級生爲相宜，初中學生趣味最濃，宜間或行之。

前章所述，設因圖書館中閱覽室有所阻礙，則講故事時間可移於小學校，雖聽衆限於一部份，其收效則同，此於學校訪問爲有連帶關係之工作，應注意及之。關於圖書之談話，宜富趣味，著作人方面宜增其景仰，使其愛書趣味逐漸濃厚，則利用圖書館之心油然而生矣。

兒童圖書館常欲明瞭閱覽兒童之心理及智力，不時爲種種之測驗，一方面足以改進閱讀指導方法，一方面爲供給兒童閱讀資料之準備，然測驗到館閱覽兒童所得結果，仍屬局部的或少數的，大概依學齡程度以測驗，非借重於小學校不可，故此項事業爲聯合事業之不可或缺者。惜近來國內小學校多忽視此舉，圖書館又未能舉以協作，教育無顯著進步，此一大原因也。

兒童閱覽方面之各種集會，須資學校之協助與宣揚，尤以兒童讀書會爲最關重要，兒童讀書會之參加，由學校出具保證最爲相宜，學校之欲促進兒童課外閱讀者，可利用此項讀書會以增厚其訓導之力，甚至可委託兒童圖書館董理課外閱讀之事，亦無不可。要視學校與圖書館聯絡之情形如何爲斷耳。

課外閱讀當不屬於教科讀本，故圖書館所備應相當於學校學生之所需，此則尤賴充分聯絡不爲功，不獨此也，兒童嗜讀之物，學校指定參考之書，圖書館購備，欲其人人易於遍讀，非廣備複本不可，就實際所得，一經上項情形發生，則複本雖多至十數册以至二三十册，其流通之回數仍持久不減，其收效之宏，正學校方面所揣想不及之處也。

學校指定之參考書，區內之兒童圖書館儘先購備，則公共圖書館之應用，無異於學校圖書館，其聯合事業之效果有如是者，可不注意乎。

圖書館新書之入藏，編目手續既備，應爲首先陳列於閱覽室，以求先覩爲快，同時仍有揭告之法俾衆週知，間有印成書訊之專刊，分發於各處，以憑檢閱者，而公共兒童圖書館新書到館，兒童快覩之情緒尙有超過於成人之處，故應加倍提速揭告，除上述之辦法外，更可分佈於多方面，其法以編寫之揭告或封面代用之揭告，分送於各小學校——限於曾經訪問之學校，其揭告效率之普遍，遠勝於在館內。惟揭告時間每月不得少於一次，並須定期分送，予兒童以良好之印象爲宜焉。

推廣事業

兒童圖書館以活動事業爲多，舉凡擴充兒童圖書館事業而能增進其效能之活動事業，俱屬諸於推廣方面者，推廣事業可以助長小學教育之進步，並能促成教育基礎之根本改進，故家庭學校圖書館間之聯絡，仍為此項事業發展之中心。流通圖書為其主要之任務也。

分館為圖書館事業推廣之初步，兒童圖書館亦然，分館愈多，滿佈區內，閱讀兒童往返愈便利，圖書之流通次數亦因之而頻繁，則圖書館之效用倍增。惟分館之增設須適應環境之需要，兒童人數密度較稀之區域，雖屬需要分館謀借閱之便利，然為經濟上之節約起見，亦可暫免設置，而於其他方法上，謀代用分館性質之處所，先為維持其同等效能之圖書流通任務。

巡迴文庫即所以代用分館之流通圖書任務者也，此處所謂之巡迴文庫係先就各小學校間為巡迴處所，由所在之小學校辦理一切借閱手續，或為事實之需要，下午作公開之閱覽亦無不可。至於所謂巡迴書車亦不過僅有其形式，全視推行之能力如何為斷，非必要之圖也。

學校間之巡迴文庫閱覽手續及借書規則，應各自規定，或學校有圖書館者更應適用其固有辦法，俾便兒童之易於利用。蓋巡迴文庫之宗旨在於書籍之流通，方式與手續無關宏旨，如書籍之運送或用書箱或用書車或用挑担，絕不在於形式之宣傳，而謂其效果如何耳。

學校間巡迴而外，亦可為家庭文庫之提倡，就實際觀察所得，家庭藏書萬卷者每無一冊為兒童所需，近聞雖有人注意，亦不過教科書之補充讀物而已，「選擇」非可言及也。前歲嘗至河北定縣觀平教會主辦之村內傳習所，小先生教導民眾之識字班，分設於家庭內，而由小學教師巡視指導，法至良善，家庭文庫之設施亦不妨仿此而行，由靜的藏書而爲動的流通也。

小學校之附設有兒童圖書館者，在公共兒童圖書館中亦應取得聯絡，此項聯絡之功效，在於圖書館間之「圖書互借」互借圖書事務在公共圖書館間已成爲重要推廣事業之一，甚且國際間亦倡爲互借之事務。故於兒童圖書館與學校間更不妨多方辦理，如此則選購圖書可各據一類，盡力搜求，然後互借流通成爲一活動集體，極運用圖書之能事矣。

公共兒童圖書館所在地如臨近海濱浴場或其他名勝遊覽之區，則盛夏之際，更宜廣設臨時圖書館於海濱浴場或名勝遊覽之區，蓋消夏勝地均爲山間海涯，從無城市間一切設備，久居斯地，每苦無所排遣，兒童蒞臨更須藉以陶冶其習慣，於是臨時兒童圖書館分館尙焉。惟設備不厭簡陋，合用之書紛陳，借閱之方法便利穩妥，斯爲盡善，開館時間則在中夏二月或三月，書籍之運送如不感困難時其間可更換一次，則兒童借閱之興趣當益倍增矣。

此外教授小學校學生如何享用圖書館亦爲推廣事業中之必要事項，在公共兒童圖書館本館內集會，可用以指導如何使用圖書館，凡出席集會之兒童均可有受教之機會，而在學校肄業之學生爲數甚夥，未必盡能出席館內兒童集會，故亦有前往教授之必要，此項教授應在小學之高年級班次，完全由圖書館員擔任，而學校方面大多樂于接收此項教授，實際所得，大概多利用每週週會時間辦理之。

此項圖書館享用之敎授可實施於初中學生，其效能尤爲顯著，不過課程項目亦增多已實驗而能施行者舉例如次：

(一)一般參考書之運用　注意字典辭典之目的用法，以及排檢方法，及比較之說明。

(二)目錄使用法　包括專科目錄之引用索引之檢查圖書館藏書目錄之檢查等注重舉例練習。

(三)圖書館內容及其任務　說明其各部組織及各方面之任務，促其充分利用之觀念。

(四)專門參考書之認識　包括社會科學，地理，文學歷史傳記及其他之專門參考書說明其用法。

(五)期刊　包括各種雜誌日報之閱讀方法。

以上之五種項目分別予以講授，實際此類課程，學校課程標準亦應列入，敎科書尤當采編，特無人注意及之耳。兒童圖書館方面在學校訪問時努力聯絡於不妨碍學校課程進度之中，量爲講授，不獨於推進目前之兒童圖書館事業有絕大助力，卽受訓之兒童將來立身社會享用圖書館之準備更不尠也。

結論

右列六章縷述兒童圖書館之經營與實際諸方法，惟於圖書館本體內之圖書管理，未暇置論，其原因約有二端：(一)公共兒童圖書館其主要目的在於圖書之流通運用，其促進流通運用之方法爲實際切要，故限於篇幅僅論其方法。(二)圖書管理方法在一般圖書館學中與兒童圖書館方面無大軒輊，且專籍論文編述者已多，不再複論。準諸上列兩義，故僅就實際所經驗者供以芻蕘之見，並有待於多方之試驗。

文中申述兼及例證，惟僅限於兒童讀書會一端，其他各項亦多規定程式，逐漸試行或已試行而中止者，囿於篇章，未便一一例證，並非詳略故殊，矛盾自現也。

竊意舉凡社會教育事業，均以大多數羣衆爲實施之對象，而此大多數之羣衆，觀點個性均有不同，且誘致招集導入途徑尤非易事，故須仰賴各機關之協作，方克有濟，公共兒童圖書館亦何不然，故文末兩章俱爲其實例，所謂推廣合作爲本文之主旨所在，閱者幸勿忽之。

初爲此文之動機，在於實施後詳其例證，而擬以專籍之編寫，嗣後季刊徵文孔亟，廢去前有體例而成論文，故篇章雖具而例證減削，閱者諒之。

摘自《圖書館學季刊》一九三六年三月第十卷第一期

有關兒童圖問題之雜誌論文目錄

丁濬

總論

介紹辦理關於兒童圖參考的書文　許振安　中國出版月刊　四：一　三十二—三十八
兒童圖　敎育雜誌　二：二　十五—十六
兒童圖問題　杜定友　敎育雜誌　十八：四
對於兒童圖的我見　李振權　敎育雜誌　十三：三
兒童圖在敎育上的價値　楊鼎鴻　敎育雜誌　十八：六
兒童圖之設立及其使命　李冰痕　河北敎育半月刊　一：二　三十五—四十
兒童在圖的地位　陳獨醒　中國出版月刊　二：二—三
兒童圖書在小學敎育上的地位　胡叔異　敎育雜誌　十八：二
兒童圖的調查　金鼎一　中華敎育界　十二：九
蘇浙皖三省師範小學聯會關於兒童圖之提案　黃競白　圖書館學季刊　一：二
蘇四師敎學部兒童圖概況報告　王述之　中華敎育界　十六：五
幼稚園與圖書館　黃連琴　文華季刊　一：三

兒童與家庭圕 尙木 婦女雜誌 十三：七

小學兒童圕之研究 胡昌才 敎育彙刊 第一集

兒童圖書館的調查 金鼎一 中華敎育界 十二：九

圖書館與兒童 李鍾履譯 圕學季刊 七：二

簡單的兒童圕 鄭錫良 小學敎師 一：二十四

家庭中應有兒童圕 虺 家庭 六十二期

兒童圕—舊事重提 楊西侯 天津市立圕 一：一

兒童圕問題的討論 吳謹心 敎育生活 第五期

小學校兒童圕之研究 胡昌才 敎育彙刊 第一集

小學圖書館問題 杜定友 中華敎育界 十五：十二

圕與小學校 孔敏中 晨報副刊 二十二年五月十四日

小學校與圕 李文裿 中華圕協會會報 六：二

小學校兒童圕之研究 胡昌才 敎育彙刊 第一集

南京設立兒童圕的討論 王南生 學燈 二十年一月十二日

各縣市應注意創辦兒童圕 余少文 廈門圕聲 三：十

擬議中的天津市兒童圖　蕭綱　天津市圖月刊　二：二

菲律濱兒童圖　余炳元譯　中華圖協會會報　十一：三

布里斯它爾兒童圖的發展　王汾譯　市政評論　四：一

組織與管理

小學校兒童圖亟宜設立之理由及其管理方法　張秉彝　京師教育月刊　一：四

小學圖實施法綱要　蔣鏡寰　江蘇省立圖館刊　創刊號

小學圖書館組織法　陳長偉　圖學季刊　二：四

兒童圖之新設施　劉自昭　北平第一通俗圖館刊　六：二

小學校兒童圖之具體辦法　郭維芝　小學教育　二六六期

設立兒童圖的辦法　蔡文森　教育雜誌　一：八

管理兒童圖的實際　黃熾甫　地方教育　十五期

第一附小兒童圖計劃大綱　遲受義　師大月刊　十三期

蕭場兒童圖組織大綱　生活教育　第六期

兒童圖的組織與設備　余文豪譯　中央時事週報　四：十六

建築與設備

現代兒童圖之建築　查介眉　中央時事週報　四：廿三
兒童圖之設備　敎師之友　第七號
怎樣充實兒童圖書館　金箴心　進修　四：十六

兒童讀物的研究

擬兒童圖書館書目　器重　民衆敎育月刊　一：二
編製兒童書目之由來　王崇周　北平第一通俗圖館刊　六：二十
全國兒童刊物的調查　彳亍　中國出版月刊　二：二—三
全國兒童圖書專號　中國出版月刊　二：二—三
兒童書目彙編　北平圖協會會刊　第五期（專號）
中國兒童敎育書目彙編　呂紹虞　兒童敎育　六：十
少年兒童讀物目錄　一九二九年全國出版物總目錄　附錄　開明書店
安徽省立圖兒童圖讀物目錄　安徽省立圖

兒童圖的圖書研究　儲子潤　地方教育　第六期
兒童讀物的研究　丁錫綸　婦女雜誌　六：一
兒童用書研究會　李儒勉　少年世界　一：九
兒童用書研究會第一年概況　中華教育界　十一：六
兒童圖教學之研究　管文南　浙江教育　五：二十三
兒童用書研究　中華教育界兒童用書研究號　十一：六
兒童讀物的研究　石順淵　張匡　教育雜誌　二十二：十一
兒童讀物的檢討　姜旭東　張耿西　中華教育界　十八：六
兒童讀物問題的研究　程俠思　中華教育界　十：四
兒童圖書在小學教育上之地位　胡叔異　教育雜誌　十八：二
幼兒讀物的討論　龔寶善　安徽教育　一：七
發刊兒童用書研究號的希望　中華教育界　十一：六
兒童用書研究爲什麼是一件特別緊要的事　沈振聲　中華教育界　十一：六
革新兒童用書的前程　陳啓天　中華教育界　十一：六
關於兒童用書之原理　章松齡　中華教育界　十一：六

兒童用書問題　曹芻筆記　中華教育界　十一：六
圖書與兒童用書的關係　官廉　中華教育界　十一：六
兒童用書的入手辦法　鄭曉滄　中華教育界　十一：六
編譯兒童用書與兒童心理　俞子夷　中華教育界　十一：六
兒童用書字形行間的研究　俞子夷　中華教育界　十一：六
新學制建設中小學兒童用書的編輯問題　吳研因　新教育　五：十二
兒童用書與設計教學　王克仁　中華教育界　十一：六
幼稚園兒童的圖書六種　顧君萃　兒童與教育　第七期
書的印刷和衛生　潘之賡　中華教育界　十一：六
兒童文學與兒童　陳伯吹　中華教育界　第八期
兒童圖和兒童文學　劉衡如　中華教育界　十一：六
童話小說在兒童用書中的位置　饒上達　中華教育界　十一：六
編輯兒童讀物的我見　胡叔異　教育雜誌　十八：四
論兒童圖與兒童文學書　葉公樸　教育雜誌　二十：六
兒童讀物之殷憂　金桂蓀　天職　一：二一一三

兒童讀物改造的途徑　金桂蓀　天職　一：五
兒童圖教育之研究　管文南　浙江教育行政週刊　五：二十三
在兒童年內有改善兒童讀物及成立兒童圖的必要　莞然　天津市圖月刊　二：二
我們須要的兒童讀物　葉林　中國出版月刊　二：二—三
兒童讀物之心理　教育雜誌　一：十二
究竟兒童喜讀什麼書　劉德舟　天津市圖月刊　二：二
兒童參考書研究　杜定友　教育雜誌　二十：六

兒童讀物的選擇

對於選擇兒童讀物的一點意見　陸文衡　上海教育界　第九期
兒童讀物的選擇法　虛效彭譯　婦女雜誌　四：七
補助讀本的必要和揀選的標準　方秉性　中華教育界　十一：六
兒童圖圖書選擇和推廣問題的商榷　福建省立民衆教育館館刊　二十年十二月
精選兒童讀物的我見　石鎮　中國出版月刊　二：二，三期
兒童圖書的選擇　孫溥泉　鄉教研究　第六期

如何選擇小孩子的書籍　林斯德　中央時事週報　四：四十一

兒童讀物的分類與編目

兒童圖書分類的初擬　陳獨醒　中國出版月刊　二：二，三期
兒童圖書分類法　方淵泉　浙江第二學區圖協會會刊　第一期
全國兒童圖書分類的介紹　陳獨醒　中國出版月刊　二：二，三期
兒童讀物的分類與選擇　王人路　教育雜誌　二十一：十二
介紹吳謹心君兒童圖書分類法　舒紀維　學風　四：七
我們的兒童讀物分類　方承謨　浙江第二區圖書館協會會刊　第二期
兒童用書的分類編目　陳東原　學風　一：三

兒童圖書的流通

兒童巡迴文庫的嘗試　祝萃清　中國出版月刊　二：二，三期
蕭塲兒童流通圖的初步活動　張新夫　生活教育
蕭塲兒童流通圖借書閱書簡則　生活教育　六期

兒童讀書指導

怎樣指導兒童閱書　石鍾鳴　鄉教研究　第二期

怎樣指導小學生讀書　于化龍譯　教育季刊　五：二

兒童閱覽室與兒童讀書會　梁珪訓　民衆園地　三：一

怎樣鼓勵兒童的閱讀興趣　呂紹虞　出版周刊　一三三期

怎樣利用兒童圖書館　金錫三　浙江教育月刊　一：四

小學校閱書材料　錢希乃　中華教育界　十一：六

無錫中學實驗小學三四年級閱讀實驗報告　儲子潤　教育雜誌　二十一：一三九—一五四頁

兒童閱讀的指導　祝其樂　中華教育界　十一：六

小學生自由閱讀之指導　于滌心　教育雜誌　二十一：二

兒童課外閱讀指導法　胡鍾瑞　教育雜誌　十八：五

兒童學習指導　龔家騆譯　初等教育　第二，三期

兒童參考書研究　杜定友　教育雜誌　二十：六

兒童的讀書問題　丏盦　中國出版月刊　四：二，三期

怎樣指導兒童檢查字典 許愼之 河南敎育 四：十二

激動兒童閱讀興趣的研究 譚權忠 天津市圖月刊 二：一，二期

安徽省立圖之兒童讀書會 學風 一：四

兒童讀書指導之我見 刁英 銅山縣公共圖年刊 第一期

摘自《圖書館學季刊》一九三六年三月第十卷第一期

兒童圖書館的價値

遲受義

一　養成兒童讀書習慣

一般學生，一離開了學校，就抛棄書本，不再讀書！其所以如此之最大原因，是在學校時未能養成良好的讀書習慣。救濟這個缺點的最好方法，唯有學校佈置優美的讀書環境（圖書館），充分供給良好讀物，使學生自願的到圖書館裏來。這種良好的讀書習慣之養成，應從小學開始。

兒童圖書館裏，有各種各樣有趣味的書籍，雜誌。報紙；有整潔的桌椅和美麗的書架；有母親一樣的管理員來指導；牆壁上還掛着許多合乎兒童口味的畫片……任何一個兒童，進到這樣的環境裏，不能不從書架上取一本書看看。

因爲書籍常有新買的，雜誌和報紙按時寄到，牆壁上的畫片也時常更換，所以兒童圖書館裏天天有變化，兒童們一定願意天天來。

如此，可以喚起兒童的讀書興趣，養成兒童的讀書習慣。習慣既成，阻止讀書，亦不可得。

二　補教科書的不足

兒童的行爲，好是奇的，愛動的，喜新厭舊的：而一般小學，成年的只許兒童讀，講，背誦，默寫敎科書；敎科書之外，毫無補充材料。這不能不說是一個大缺點。

要滿足兒童好奇的，愛動的，喜新厭舊的心理，必須有兒童圖書館的創設，使兒童有新書可讀，能讀到好的新書。

若大一個宇宙，幾本薄薄的敎科書，不過只論及「滄海中之一粟」而已。若一味死讀，死講，死背誦，死默寫敎科書，只不過是一個「進步的私塾」，和專讀三字經，百家姓一樣的範圍狹小，不能應用。但是，我們也不能完全否認敎科書的價値。我們可以敎科書做求知識的基礎，而建築知識的塔，還須到圖書館去；我們可以敎科書做求知識的工具，而應用這種工具的最好場所，是圖書館；我們又可以敎科書做開啓知識的鑰匙，而以圖書館爲聚藏知識的寶庫，我們指導兒童用知識的鑰匙，去開啓知識的寶庫，才能滿足兒童的活動和求知識的慾望，才是整個的敎育，才是完全的敎育。

三　培養兒童自動自學的能力

自動，是二十世紀最普遍的名詞，其最大價値。在輔導兒童自己做自己的事。不受別人的無理束縛和剝奪；在公衆福利的範圍內，養成兒童自己的獨立性格。兒童圖書館就是養成兒童這種獨立性格的地方。

近來的教學法，雖由被動的進爲自動的，但總免不掉許多空間和時間的限制。如：聰明的常受愚笨的牽制，愚笨的常被聰明的硬拖；聰明的欲進不能，愚笨的欲退不得。使得大家都受損失。而圖書館却是完全自動的，不加一點干涉和强迫，沒有空間與時間的限制。除上課時間外，兒童可自由進出圖書館；愛讀什麽書，就讀什麽書；愛什麽時候讀書，就什麽時候讀書；能讀幾頁，就讀幾頁；能讀多大時間，就讀多大時間；願在館內讀，就在館內讀；不願在館內讀，就借回家去讀。任兒童自己做自己的事，自己管理自己的行動，完全以兒童爲主體。管理者是處於指導的地位，負鼓勵和輔助的責任。這種圖書館的教育，才是眞的自動教育，才能培養兒童自動自學的能力。

四 培植兒童的公德心

在中學，大學或公共圖書館裏，常有借書不還，撕去雜誌內有價值的論文，毀壞館內器具……等，不良現象發生。其原因在一般人無公德心和愛羣觀念。兒童的可型性（Plasticity）最大，在兒童圖書館裏有這種訓練和培植，實足以奠將來愛護公物之基。所謂「教育應從小教育起」，就是這個意思。

二十四年一月六日．北平圖書館主任袁同禮先生，在北平市圖書館協會年會上，講演歐遊感想，略謂：

「……第一點：閱覽人互助精神。在歐美各國圖書館內，閱覽人彼此有互助精神，如甲不知衞生，而隨地吐痰乙則阻止之。如乙不愛惜書籍，甲則勸阻之。館員省若干之精力。此等處皆各國兒童教育優良所養成。蓋歐美各國，視兒童圖書館，等於大學圖書館之重要，兒童在圖書館中閱覽，訓練有素。且歐美各國中小學又極重紀律，故有此互助精神。……」（註一）。一個人的公德心和愛羣觀念，須從兒童時代培植，須在兒童圖書館裏訓練；袁先生的講演，是一個很好的證明。

五 防備有害或不良的讀物

北平，天津，上海、杭州……等大都市裏，有不少的小書攤，專門租一些「連環圖畫小人書」給兒童們看。因爲租金僅一兩個銅子，所以去租閱的兒童，非常之多。這類小人書的內容，眞已極荒謬之能事。不是飛劍飛草鞋和飛破草帽，就是千里以外取人頭。永遠是一面是「正仙」，一面是「妖魔」。妖魔害人，正仙干涉，如是一場惡鬥。忽而騰空，忽而入地。結果，自然是正仙勝利，妖魔顯原形……至於圖畫，更是信筆糊塗，文字亦似通非通。

兒童久浸淫於這類劍俠書裏，就會演出「赴娥媚山修道學劍」的把戲來；(註二)或對現實社會，漫不關心。一個國家裏若滿都是「吉訶德先生」一流人物。或「洋涇濱奇俠」之類，這個國家還堪設想麼？

兒童之所以愛讀這類不良讀物，是因為兒童有讀書的需要，而又無錢購買良好讀物來讀，不得已才抓着毒藥當飯吃。我們要滿足兒童的讀書慾望，供給兒童精神上的糧食，最良的方法，是創設兒童圖書館。消極的禁止，不若積極的代替。

六 輔助訓育

好動，是兒童的天性。他們除了睡眠或有病之外，無時無刻不在活動。他不會安安靜靜的坐着，更不能規規矩矩的走路，總是跑跑跳跳的亂打亂鬧。他們這種好動的天性，若不因勢利導，每每發生許多不易處理的問題。欲使兒童的活動有正當的途徑，最好的方法之一，是學校供給相當良好的讀書環境，以引起兒童善良的讀書動機。兒童在這種讀書環境裏，有文藝教材陶冶其感情，有偉人傳記涵養其情操。如此，兒童的精神有所寄託，剩餘勢力有所發抒，訓育上一定少發生許多問題，而兒童的行為亦可得到正當的改變。

並且，兒童圖書館的生活，是一種羣的生活，凡來館者都須遵守「安靜」這一個常規，才能保持館內的秩序。若有一二不安靜的兒童，亦能在圖書館這種安靜的環境裏，安靜下來。所謂「蓬生麻中，不扶自直」的效果，在圖書館裏可以得到。

圖書館既有書可讀，兒童就無須乎下了課就回家，以致在路上流連，發生危險。借書回家讀，更可免去不良習慣的傳染。

七 適應個性差異

據心理學者的研究，各個人的興趣，需要，能力，及生長的情形，都有差異。把許多個性極不一致的兒童，使之在一個教室裏上課；和把牢獄裏的許多囚犯，以腳鐐連鎖起來，使之同一步伐行路，一樣的不自然，不合理。

學校裏有圖書館，可使有天才或有特殊能力者到圖書館去作深一層的研究，以滿足其求知慾望，庶不致被能力低者所牽連。譬如在課本裏講到「鐘錶」，聰明者十分鐘就全部了解了，而能力低者一點鐘也許還不明白。最好的辦法是使聰明者到圖書館去看指定的參考書。如：黎錦耀，凌昌煥編的「時鐘」。董純才的「鐘錶裝拆法及其原理」，呂鋭樓的「鐘擺的原理及其造法」，潘一之譯的「鐘的故事」等，皆可參考。此外魯迅譯的錶，亦可作欣賞的參考材料。聰明者可儘量利用其聰明，向前研究，可免去有力量無處用的毛病。

此外，具有特殊能力者，如文學天才，數學天才等，可使之在圖書館裏讀文學類或數學類的書籍，以發展其特具的才能。

八 其他

第一．經濟：一個人的財力有限，如何能把所有的書籍都買來應用？何況在中國這種經濟破產的情形之下。圖書館裏，不但少數的書籍，可供多數兒童閱讀；並且所有的書籍，都有系統，有組織，兒童可在許多書裏，隨時選擇自己所愛好的。

第二．練習辦事能力：圖書館的管理，最好讓兒童參加工作。不可輕看了兒童的能力，祇要與以相當的指導和訓練，他們能做出許多有價值的事來。這不但可使兒童有責任心，有辦事辦力；並且可免去管理者的許多勞累。據一般管理兒童圖書館者言：兒童喜歡做，並且做的很好。我們要滿足兒童「愛工作」的需要。

第三．供給兒童留心時事的機會：館內訂一些爲兒童編輯的報紙，如：兒童日報，兒童晨報，兒童新聞……等，可使兒童養成閱報及留心時事的習慣。

第四．語文的訓練：報紙及雜誌上，常有徵求兒童投稿的啓事，可以引起兒童發表的動機。組織故事會，可使兒童有練習說話的機會。

第五．使兒童明瞭參考書的利用法：在圖書館裏指示兒童書籍之價值及利用法，對兒童離校後的讀書上，有不少的利益。

總之，兒童圖書館無論在教育上，科學上，社會上，都有極大的價值和地位。

(註一)見二十四年一月七日，北平世界日報第七版。

(註二)見二十年三月四日，上海申報。

參考書報：

杜定友 學校圖書館學 九——十二頁。
馬宗榮 現代圖書館序說 三三——三四頁。
張九如等 可愛的小圖書館 一八——二八頁。
陸靜山 兒童圖書館 一——四頁。
天問 關於小人書 二十五年二月十四日 天津益世報語林。

摘自《文化與教育旬刊》一九三六年三月第八十四期

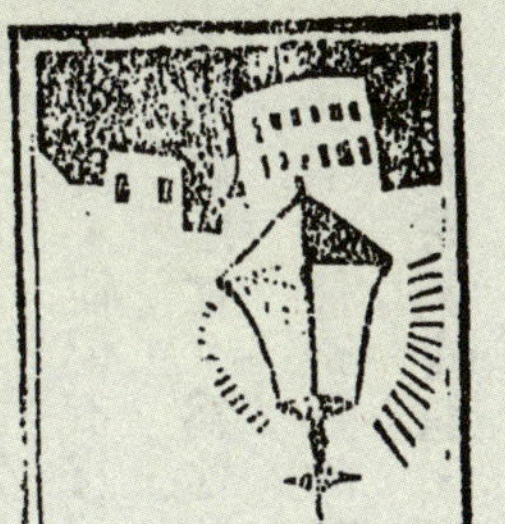

兒童圖書館的檢討

卜榮軒

（一）前言

現在中國的教育，只注意課室裏教學，注入式的教育，灌輸一些知識於兒童而已。教育的意義，最要緊的，是養成求知的習慣和能力，能隨時隨地依着環境的變遷，學術的進步，不斷的吸收新的智識，養成新的能力，以求應付環境，應付社會，而不致落伍。辦教育能達到這種目的，才能算是有效。而能在隨時隨地供給所需要新知識的地方，自然是圖書館了。要養成使用圖書館的習慣，是要自兒童時代始，也就是自兒童圖書館始。

我們更須知道一個圖書館的價值，不在乎書籍的珍祕罕見，尤不在乎房屋之美輪美奐，房屋數椽，書籍幾百本，但求能有切實的功用；這些書籍能夠影響讀者的思想，改進人格，增長技能，幷且能使讀者領會他的功用，那就可以說是有價值的圖書館。兒童圖書館的真正功用，便在能培養兒童樂於看書的習慣，且能知道怎樣用最經濟的方法看書。這種習慣的有無，對於一個兒童的將來，有時比在課室裡的功課之影響和效用還大，影響於將來學識也極大，所以兒童圖書館的管理方法是有切實研究的必要。應特別注意，因此我們對於兒童圖書館時時刻刻不可疎忽，以免使兒童們失望。

我們希望教育者能夠認識兒童圖書館確切在兒童教育上佔極重要的地位，教育行政當局能把兒童圖書館，列爲社會教育或學校教育內必要事業之一，設法提高其地位，倡導研究，以告世之社會教育者或學校教育者，發展兒童知識，能力，則兒童幸甚，深願當局注意焉。

（二）兒童圖書館的意義

小孩子們，本是天眞爛漫的，他們和成人不同，假如要他坐着不動，他偏要動，偏不肯坐着；要他一步一步的安安穩穩的走路，他偏要蹦蹦跳跳的跑不可；要他規規矩矩的寫字，他偏不肯好好的寫，潦草寫完就算了。而對於塗抹牆壁，做泥人，翻磚瓦，等事情，却是很專心的去做，要是教他讀書，他偏不肯讀；但是對於神仙，鬼怪，劍俠之類的書籍，反倒讀的津津有味，不肯捨手，甚至廢寢忘食。爲什麼兒童們要愛這樣？不過是爲了求知的慾望，好奇的心理，需要這樣去塗抹，這樣去看神怪奇異的書，而成人們的責任，決不是阻擋他們這樣作做，乃是引導他們怎樣去作做。

兒童圖書館，便是引導兒童們怎樣去看書的處所，優良的導師。茲將兒童圖書館的意義，列後：

（1）兒童在學校裏，伴着約半年之久的一本教科書，他怎麼會不討厭？或因教師指導不得法，強迫兒童們去死讀，於是他們視教科書爲拋棄又不能，留着又覺乏味的討厭東西。在這種情形之下，我們應當設法補救，設法提高兒童們閱讀興趣，這兒童圖書館便是兒童們調劑補救唯一的良好方法。

（2）兒童的求知慾，决非一本教科書的材料，所能滿足，兒童圖書館之設立，至少能供給兒童們所需要材料的一大部分，也可以解决生活中的一大部的困難問題。

（3）兒童們在幼小時，處在佈置優美的看書環境裏，自然能養成看書的良善習慣，兒童圖書館是爲謀讀書趣味的養成，使他們繼續增加自己的學識。

（4）兒童圖書館，是指示兒童們一條看書的好途徑，不致把有用的精神和時間，用在毫無利益地方。和不正當書籍上去。

依以上數點看來，兒童圖書館之與兒童，確是不可缺的事業。它可以：

A 調劑兒童的枯燥生活　B 養成兒童的用書習慣　C 解决兒童的一大部分問題　D 指導兒童看書的正當途徑　E 滿足兒童的求知慾

如是，兒童圖書館的設立，是注意兒童多讀書，但是，多讀書，有時候對於兒童不但沒有益處，讀多了，反倒能成爲小書獃子，那麼，兒童圖書館與兒童，不但無益而反倒有害。所以我們對於書的態度，應當拿他做一種工具看待，一種生活的工具，尤可以說是一種「做」的工具。在兒童圖書館裏引導兒童們去利用工具。如此，我們設立兒童書圖館，就不會有上面的錯誤，同時，亦確有設立的必要了。

（三）兒童圖書館與小學教育

兒童圖書館是供給兒童閱讀圖書的場所；也可以說是兒童求新知識的處所。兒童良好的讀書習慣，完全是靠兒童圖書館養成的。所以兒童圖書館和小學教育的關係，約分數點列後：

一，發展個性　小學全都是同班授課，兒童教材的支配，常是均等的，再有班級的限制，科目的限制，很難有個性的發展，并且兒童的天資，本是賢愚不等，天才豐富的兒童，受科目的限制，不能滿足求知慾，發揮他們的天才，而學校方面絕不因少數人的需要，增加科目，所以高才生常遷就一般天資平凡的兒童，因此，常埋沒許多優秀份子，並阻礙學識的獲得，和一切事業的成就。實是兒童學識上很大的損失，如果有兒童圖書館的設立，自然可以解決此種困難問題，使天資優秀的份子去自由閱讀他們所喜歡的書籍，不受限制。

2，養成自學讀書的習慣　兒童圖書館是購備多量書籍的地方，也可以說是誘導兒童度優美生活的所在地。如果有兒童圖書館，兒童們自由選擇他所愛讀的書籍．笑話，劇本，神話，小說……等讀物，久而久之，自有讀書趣味，讀書習慣自然養成，而免去兒童課餘時無所事事，和染上不良的習慣。

3，陶冶優美的性情　兒童圖書館的功能，是改造兒童良好環境，因爲有合理化的兒童圖書館，順着兒童的興趣，選擇有益身心的書籍，如風景畫，人物畫、各種照片，以及詩歌小說，讀之可增良好的印象，閱之可增審美的觀念。如聖哲格言，名人傳記，各地遊記等，使兒童讀之，能自然引起崇拜心，仰慕心，和同情心，在無形之中得到很多的教訓。

4，補助學校教育不足　學校教科書的材料，本不足以滿足兒童的慾望，所以要搜集許多的參攷材料，以滿足其求知慾，假如個人經濟力不足，不能購買書籍，有了兒童圖書館，兒童們去圖書館閱讀參攷，便可補其不足，所以兒童圖書館是補助學校教育的利器。

（四）兒童圖書館與家庭教育

（一）補助家庭敎育　兒童圖書館，是兒童借閱圖書的地方，如果允許他們借書到家裏去閱讀，學校和家庭的關係，必定融洽，幷且家庭中可以知道自己的孩子愛讀什麽書，作什麽事，學校方面怎樣教育自己的孩子們，家庭中可以參照學校的教學法，教導，訓誨，造成一個美滿的家庭。

（2）免除家庭惡習　中國的家庭，有幾個是良好的？有幾個家庭的父母，把子女教育放在心裏呢？如果設立兒童圖書館，兒童們在課餘或假期間，去到圖書館，多親近趣味濃厚的書籍，精美可愛的圖畫，以圖書館為樂園，免得早回到不良的家庭裏，沾染惡習，與惡家庭隔離的時間越久，所染的惡習，自然就可以減少了。

（五）兒童圖書館與社會教育

（1）團結力的增加　欲促進社會的團結力，須自增加兒童團結力始，兒童們，在圖書館內，同聚一堂，同閱書報，共同研究討論，處之既久，自然增加團結的力量。

（2）救濟中途失學的兒童　兒童們受教育的期間，本來很短。幸而事實上能夠平平穩穩渡過求學期的，更不多見，半途廢學的兒童們，到處都有，在學校裡所得的知識，本來有限，初入社會，自不免感覺知識的缺乏，如果有兒童圖書館，兒童們去參考閱讀，自能補救不足的知識。

（3）抵抗社會的惡勢力　兒童圖書館，是在課餘或在離開學校的兒童，於工作之暇，供給他們所要閱讀的書籍，使他們常和新思潮接觸，幷且養成一種高尚的嗜好，以抵抗下層社會的惡習和不良的娛樂。兒童們在小的時候，養成良好的習慣，高尚的娛樂，將來身入社會，決不會墮落到惡劣社會裏去。

（六）兒童讀物的選擇

兒童圖書館的精神，不僅利用科學方法，管理圖書，尤注意經濟的原則，實現社會化教育的功能。依這種目標，辦理兒童圖書館，當深切注意兒童讀物的選擇，要合乎兒童心理，以期獲得相當的成功。不過怎樣選擇呢？其標準分述如左：

（a）適合社會環境　各個社會的兒童，因環境不同，而書籍的選擇目標自異。我們自應攷察社會環境與需要，及民族的特性，而定標準，以適應各種環境及需要。有些地方是工業發達的區域，兒童們都是工人子弟！那麼就應注意工業方面。農業發達的區域，就應注意農業方面，所以兒童圖書館的設立要先詳細的去分析他的社會環境和地方環境以應各方面的要求。兒童圖書館的圖書，不在量的多少，而在質的適合與否，幷不像書店裏一般圖書全都陳列着，以供顧客光臨。兒童圖書館對於兒童，是想利用書籍去教化他們，去提高他們的意志及學識，不僅這一點，還要注意普通一般的全社會的兒童們，使他們個個都受到圖書館的教育，書籍的感化。可見兒童圖書館，對于社會的關係極其深遠，書籍的選擇應以全社會爲標準，而注意下列數點：

1，社會現狀　2，職業概況　3，社會需要　4，戶口數目　5，兒童數目

B　適合兒童生活

1，心理的——依據兒童心理上的特性和要求，其特性有下列數種：1，富於活動性2，好奇心3，求知慾4，模仿性5，想像力6，玩耍性7，交際性8，審美心9，興趣10，意志薄弱……等。

2，生理的——兒童閱讀能力，因天資而歧，因年齡而差別，所以選擇書籍不可過深過淺，過深能使兒童知難而退，不去過問，過淺則使兒童減少興趣，也不去過問，并且男女生理不同，癖好自異，則需要的圖書，也不相同了。

3，道德的——道德心要在兒童時代培養起來，尤注意書籍的內容，絕不可使兒童們閱讀後起一種偏愛心，殘暴性。所以兒童圖書館的書籍，非經詳細的選擇和審查不可。

C　書籍的本身

(a)內容

(一)材料　(ㄅ)積極的

1，要以革命的故事為中心

2，要合新生活的條件

3，兒童看見神怪材料不以爲眞

4，要能啓發兒童理智

5，要有能引起兒童懷疑及發問題的材料

6，有敎育的意義

7，要有發揚國家文化及團結奮鬬的精神

（ㄆ）消極的

1，不要有影響倫理的材料

2，不要有違背潮流及封建思想的材料

3，不要過於悲哀的材料

4，不要過於神怪，凶惡，恐怖，的材料

5，不要有迷信及有宗敎色彩的材料

（二）辭句

ㄅ　要語體化

ㄆ　要音樂化

㈠要遊戲化

㈡要美術化

(b)形式

(一)字體　字體的大小，要以兒童年齡爲標準。因爲兒童初生時的目力，都是遠視眼，兒童年齡漸長，遠視的弊病也漸減少，但是要對於兒童目力要特別注意。大約五歲以內的用特號字；五歲至七歲用頭號字；七歲至九歲用二號字；九至十用三號字：十至十一用四號字：十二歲以上用五號字。

(二)插圖　插圖在七歲以內的兒童書籍中，應多用彩色的，平面的，有輪廓的線條畫；到十歲以內，才可減少彩色；十歲以外，才可以漸漸用無輪廓的陰影的圖畫，而逐漸減少畫幅。

(c)其他

(一)排列要不疎不密，清晰美麗。

(二)印刷要清晰。

(三)印刷的油墨要不脫落退色。

(四)紙料要潔白堅韌，不易損壞

(五)要無光紙，以防損害目力。

(六)裝訂堅固，不易拆散。

(七)封面要美麗：封皮要堅韌不易破碎。

(八)應有簡明的標點符號。

(九)段落分明；使兒童易於明瞭。

(十)插圖富於藝術價值。

(十一)美術字體，要鮮明而易使兒童看得明白。

七，兒童閱讀的指導

指導兒童閱覽書籍，并不是只注入材料，及苦讀而無理解，而在能引起兒童閱讀的興趣，順其自然，養成欣賞和獨創的能力使兒童們學習起來，經濟而有效驗。茲以圖書館爲標的，分原則與方法，述於左：

A 原則

1，注意兒童自動　幼少的兒童，能力薄弱，要多加指導。年齡愈大，指導工作，愈減少。智力發達的兒童，應練習自己解决問題的能力，一次不成，再試，三試，切勿使兒童因困難而灰心，要知道現在的困難愈多，將來成功的快樂也愈大。

2，集中注意力　「遊戲時遊戲，工作時工作。」這是指導上應注意之點，假使兒童沒精打彩，精神不能貫注，自然容易遺忘，效力自然減少，所以，要使兒童的注意力完全集中，任何不好的事情，不爲打動。

3，努力的習慣　兒童閱讀時，常會拖延時日，不圖積極前進，搔首挖耳，遲誤時間，這是常見的事情，誠是不良的習慣。所以兒童在圖書館閱讀的時候，應使養成努力的習慣，敏捷爽快的閱讀。

4，節省時間　兒童閱讀書籍時，多是盲無頭緒，不應看的偏看了，不應記的偏記了。白費許多的時間和精力，而所得無幾，所以應當指導兒童閱讀，養成節省時間的良好習慣。

5，敏速正確的訓練　兒童看書，不但要透徹，還得看的敏捷。管理員最好規定一個時間，同一材料，使兒童數天，或每週做一次讀書比賽，將每次的成績，統計起來，紀錄下，一方面可以使兒童知道自己閱讀的進步，一方面又有團體競爭的樂趣。單有敏捷的訓練，尤恐不足，所以必須有正確的練習，以補之，就是在兒童閱讀後，由管理員發出幾個問題，試他們究竟閱讀的完全了解與否，以便引起兒童的興趣。

6，幫助記憶力　兒童讀物，有的必須熟練牢記，但以材料的煩難，須經數小時才能記起，如專名，公式，記年等，所以管理員多方指導，才能有助於記憶力。

7，啓發思想　兒童看書以後，要使他自己回想一次，尋其主要意思，各個觀念，組織起來，用科學的態度，評其價值。能用思想的兒童，無論正確與否，都加鼓勵，如果智力豐富起來，思想自入正軌；而不加思想的兒童，相應積極指導以使改進。如果兒童發生困難問題，應指示導線，使自求解決，不應代爲尋索，而阻止其思想的發展。

B　方法

1，讀書的環境　兒童圖書館要佈置優美的環境，以使引起兒童閱讀的興趣。約分二點列後：

(a)人的環境　兒童閱讀的指導，管理員應負相當的責助任，幫兒童。尤對于幼小的兒童，必須常常講述故事，以引起閱讀的興趣。兒童極富模仿性，看見旁人看什麼書，自己也要找一本書看看。并且看起來，興趣特別濃厚，這是人的環境。

(b)書的環境　指導員欲引起兒童閱讀的興趣，必先能引起兒童與書的愛情。所以兒童圖書館的設備，和書的裝飾，很有關係。四壁懸掛風景人物畫片或標語對聯等，以引起兒童閱讀的興趣，并且時時更換。書架要高低適度，舖上各種各樣的書籍和圖畫，兒童們自然興趣濃厚，這些是書的環境。

2，應備的工具，應備的工具大約有四，

(a)圖書目錄　兒童圖書的分類法，檢查法，排列法，借閱手續，管理員都要加以詳細說明，以使兒童的時間經濟。

(b)新書目錄編印　凡新書到館，應隨時編成目錄，最好加以說明，張貼館裡，以便兒童選擇閱覽。

(c)書簽的利用　每本書內，夾上美麗的書簽，印上圖畫或格言，可以使兒童們發生興趣，且可以免去損壞書籍的弊病。

(d)辭典和各種全書　這種書籍是帮助閱讀很重要的工具　因爲內容複雜，管理員應指導使用法，以備兒童搜集材料。

3，圖書展覽會　關於某種問題的圖書，蒐集起來陳列在一處，舉行圖書展覽會，使兒童自由取閱，以增加兒童讀書的興趣。

4，製造閱書成績比較表冊　每月統計各個兒童閱書次數，繪製統計圖表，以資比較。成績好的，與以獎勵，劣的使知奮勉，

5，讀書會　讀書會會期時，管理員先講讀書法，研究法，由兒童報告閱讀心得，其大會會務進行事項約有兩點分述於左：

〔A〕預先由兒童選擇某項事情，以作比賽，在開會前先自行練習，待開會時，由兒童們推定一人主席，一人書記，書記先報告上次開會的經過情形後，再由主席指定參加比賽的人，先報告他所讀的題目，來源，及內容的概要。

〔B〕管理員選擇比賽的材料，在未開會之先，舉行預賽，挑選數人，再舉行正式比賽。比賽結果，加以批評與指導，

6，講演故事會　故事會，在幼小的兒童，尤應注意。就兒童讀書興趣看，故事會並不在故事講的好壞，而在使兒童在未開會之先，多多預備故事，在開會時，除講演故事外，還可以報告各人所讀所看的故事。

7，各種集會　兒童圖書館應利用影片，幻燈，或編兒童劇本，使兒童練習。或舉行懇親

會，講演會，由圖書館供給材料，担任導演，以圖書館爲中心，而指導兒童參加各種活動。

（八）結尾

美國總統胡佛說：「世界文化，以兒童的脚根爲轉移」。瑞典婦女運動家愛倫凱女士說：「二十世紀，是兒童的世紀」。孫中山先生說：「幼有所長」。可見兒童地位是何等重要！所以全世界人們，似乎應當十二分的看重了兒童。

兒童圖書館，是養成兒童閱讀能力的地方，是對生活上修養上，很緊要的事業，希望我國政敎當局人士，多加努力提倡，設置，然後方能有健全的「未來公民」，和民族復興的希望。

一九三六，寫於兒童節後

摘自《民衆教育學報》一九三六年七月第一期

兒童讀物論文引得

遲受義

我國之有兒童讀物論文，應以宣統元年二月二十五日，商務所印刷之教育雜誌，第一年第二期上載有孫毓修所著之「童話序」爲始。及至「五四」運動，「新青年」雜誌倡文學革命，又有「兒童文學」一名詞，二十年四月，尙仲衣先生在滬中華兒童教育社年會上，講演「選擇兒童讀物標準」，反對鳥言獸語，引起吳研因的反對，如是一場筆戰。接着「兒童教育」編印「兒童讀物研究號」專門討論兒童讀物問題，頗引起兒童教育界的注意。如是雜誌上不時見有討論兒童讀物的論文發表。

我因受着興趣的驅使，自二十三年春，即開始搜集關于是項問題的論文。二三年來，記載綱目的卡片，計二百數十張，共一百二十一篇論文。値茲兒童年，願以此二三年之積蓄，供兒童教育專家作參攷，好爲孩子們謀幸福。

所搜集的雜誌共計二十四份，此外還有幾份報紙。雜誌以「教育雜誌」所載之篇數爲最多，共二十五篇；其次是「兒童教育」，計二十二篇；再次爲「中華教育界」，計十二篇；「中國出版月刊」，計十一篇。餘則一二三五篇不等。

撰述論文者，共計七十餘人，以尙仲衣，陳伯吹，吳研因，陳鶴琴，沈百英爲最多。

這一百二十一篇論文，多爲二十三年春季所搜集，二十三年秋到現在，因教課繁忙，不能接近較大的圖書舘，所以有許多好的論文，未能編入，至爲遺憾。

每篇論文，皆作一綱目，其內容不甚重要或與前篇論文相重複者，從略。

本引得承馬立勤，槃衍經，盧俊三位學友帮助繕寫，特附此致謝。

一 兒童讀物通論

一• 論兒童圖書舘與兒童文學書　葉公樸

教育雜誌　第二十卷第六號

(一)歐美各國認强盜或偵探故事，不倫的戀愛故事，及超越人力人智的冒險故事，爲人間所不得見的空想談話等讀物，爲劣等讀物。

(二)一九〇一年五月在巴黎舉行國際會議，決定由締盟各國同心協力以取締俗惡文學。

(三)德之良好讀物，大概以每三十二面，定價十福丁尼(約中幣五分)爲標準。若對於並此而也不容易的貧困兒童，另由地方費補助之。故德之兒童每年終可讀幾十冊兒童文學書。其辦法：

A 地方官吏以地方費印刷兒童讀物，分配于所轄區內；

B每敎室設四五十冊兒童文庫，每週兒童在家讀一冊，每年可讀三十八冊；

C各小學設兒童讀書室，設備新刊兒童文學書，使兒童自由的愉快的閱讀；

D各地圖書館內皆有兒童室，設備極合科學標準。

二•兒童故事研究　朱智賢

中華敎育界　第十九卷第一期

（一）兒童有活動性，求知心，好奇心及模倣心。

（二）故事有愉快生活，增進知識，擴大經驗，培養想像，涵養品格，養成發表能力等價值。

（三）分故事為神話，童話，物語，史話，寓言，笑話，傳說等類。

（四）編輯須：（1）注意兒童的了解和興味；（2）有敎育意味；（3）有智識成分；（4）組織多變化；（5）長短適宜；（6）形式避一律；（7）因果明顯；（8）無迷信無宗敎色彩；（9）勿有殘酷意味；（10）勿嘲罵；（11）有文學價值；（12）切近生活；（13）足以代表想像；（14）簡潔；（15）多重複（Repetition）。

（五）講述故事須：（1）引起動機；（2）開門見山；（3）說話兒童化；（4）先澈底了解且感到極大的興趣；（5）有突然變化；（6）精神要同化；（7）故作頓挫，使兒童有想像的機會；（8）中間時揷問話；（9）結果要顯然而有精彩；（10）表情畢肖；（11）語言淸晰；（12）勿有顯明的敎育意味；（13）敎具的使用（圖畫）；（14）注意人類與環境。

（六）指導兒童學習故事，須用獎勵，比賽等法。

（七）利用故事敎學科學常識，証明普通事理，提示特種敎訓，為最好的利用方法。

（八）可用口頭重述，筆述，測驗，表演，口頭問答等法，考查學習結果。

三•故事敎學概論　雷震淸

中華敎育界　第十九卷第十期

（一）講演故事可使兒童：（1）學習語言；（2）涵養嗜好；（3）想像思想化；（4）增進生趣；（5）抑制惡感；（6）涵養高尙之趨向。

（二）講故事可分四步：第一步導言，須直接而短，開門見山；第二步叙述須聯貫，自然，切忌繁冗複雜；第三步轉機須注重語勢，着重敎訓；第四步結論要少說道德話，少發問句。

（三）講演故事須：（1）語言溫雅；（2）聲音合度適宜；（3）語言完整。

（四）講演之要件：（1）誠摯；（2）愛故事，愛聽者，愛機會；（3）變化不同；（4）同情；（5）多重人格；

(6)情節兒童化；(7)自然；(8)多方知識；(9)中國化。

(五)分兒童爲五個時期，並定每個時期所應講之故事之標準。

四•蘇俄的兒童及其讀物

中華敎育界　第十九卷第十二期　衡忱

(一)敎育全國民衆完全瞭解生活的新制度，無論少年老年，統統是從頭說起。

(二)插圖是黑白色的，有自由猛進的精神，絕對沒有卑鄙下賤的狀態。書市滿堆着兒童讀物，都用紅藍色及紫色印成，非常動目，有中國畫之旨趣。

(三)兒童讀物出版之先，須經敎授會及共產黨員詳細討論審查過才出版；

(四)不以書籍爲財產，讀過了就拋棄了。

(五)定價不過一個盧布．故每出版一册．即能售出三萬册之多。

(六)帝制思想，敎義，聖誕老人，聖誕樹。皆被禁止，而注重眞實生活的敘述。神仙故事及民間稗史之類，亦在被燬之列。所以兒童亦祼祼的群趨於游泳池中游泳，不受舊禮敎的束縛。

(七)視經濟重于職業，視工程的設計重于私人權利。灌輸兒童一種社會組織的觀念，從幼稚園即開始了。兒童偶然談一段在印度獵虎的故事，其感動力沒有像告訴他以棉布製造史中各段故事那麽大。故事中多述工人的故事及煤之出產與發展電燈計劃的故事。七八歲的兒童對於工資與生產的發問，不算什麽奇事。俄國需要什麽他就學什麽。兒童觀察工廠的建築，其興味與看蜜蜂或蝴蝶等相似。爲熱心保持國家的統一與國內的團結，準備反動勢力侵入起見，亦述戰爭勇敢及國際等故事。如「我們的哥薩克」(Our Cossacks)。

五•蘇聯兒童讀物的刋行

東方雜誌　第三十一卷第二十三號

六•日本的兒童讀物

兒童敎育　第六卷第四期　徐應昶

(一)種類：小說，物語，童話，兒童劇，兒童詩，漫畫，滑稽，兒童敎訓，海陸空戰事物語，國史物語，地理，歷史，偉人物語，科學物語，兒童年鑑等，「兒童學習書」，「自習帳」爲課內自修讀物各科皆有，頗盛行。

(二)內容：(1)鳥言獸語及神怪；(2)倡尙武，冒險，忠君，愛國；(3)暗示並鼓勵侵略我國，如「少年少女滿洲國」，「少年少女滿洲國之地理歷史」。

(三)印刷裝幀精美，用無光道林紙或厚報紙印，單行本有硬紙匣。

(四)材料的程度與學級的界限，都有分別，但難精確。

七• 關于中國兒童讀物調查的答案　尚仲衣　徐錫令

教育研究　第二十六期

八• 幼稚園的故事　陳鶴琴　張宗麟

教育雜誌　第十九卷第二號

九• 兒童文學的研究　林玉京

河南教育月刊　第一卷第二期

一〇• 關於兒童文學　江

文學　第四卷第二號

(一)契可夫把西歐文藝作品的譯本零碎拆賣的故事爲「狗文學」。

(二)「兒童文學」這名稱，始于「五四」時代。

(三)孫毓修爲編輯兒童讀物的第一人。

(四)兒童讀物雖由「兒童文學」擴充到「史地」，到「自然科學」，而後二者的百分數非常之少。並且「科學的兒童讀物」，不注意「文藝化」，文字特乾燥。

(五)所譯的兒童文學，譯文不簡潔，詞句不美麗，實爲一大拉圾堆。兒童文學的譯本，不但要給兒童認識人生，啓發想像，並且須使兒童學到運用文字的技術。

(六)瑪爾夏克(S. Marshak)以兒童文學是敎訓兒童的，給兒童們「到生活之路」的，幫助兒童們選擇職業的，發展兒童們的趣味和志向的。兒童文學須文字簡易明快，有趣而活潑，明晰，熱鬧，英雄色彩，幽默。

(七)少用王子，公主，仙人，魔杖，以及什麽點石成金，長生不老等。文字須用白話。免去歐化。

一一• 關于速寫及其他　胡風

文學　第四卷第二號

(一)現在的兒童讀物，是養成崇拜黃金的心理的，養成崇拜權力地位等心理的，養成迷信心理的。

(二)中國有名的創作童話爲葉紹鈞的稻草人，張天翼的大林和小林，禿禿大王。

(三)上學的兒童們，從自己的文學裏面要求歷史的，地理的，科學的，生活的知識。

一二• 丹麥童話家安徒生　狄福

文學　第四卷第一號

(一)逃避了現實，躲向「天鵝」，「人魚」，等的「樂園」裡去，是安徒生童話的特色。現代的兒童，不需要這種麻醉品了。但在文學史上是有其位置的。

(二)因爲生活環境，養成他漫無限制的幻想。

(三)他一共作過童話一百三十一篇。

(四)他的童話價值，是處處充滿着兒童的精神，他的作品最容易使小孩子誦讀，他的文章沒有晦澀和不可捉摸的毛病，兒童容易瞭解。而且句法極易使兒童瞭解，情感和兒童接近，兒童能够領悟。

（五）思想方面：只是空虛，從未握住現實，從未把與孩子們時刻接觸的社會相解剖給孩子們看。

一三・幾本兒童雜誌　子漁

文學　第四卷第三號

（一）本文係批評兒童世界三十四卷第一，二期，小朋友六三七，八期，中級兒童雜誌第四十八，九期，高級兒童雜誌第四十八，九期，兒童科學雜誌一卷十七，八期，童年月刊第四，五期。

（二）兒童是愛「奇異」，愛「熱鬧」，愛「多變化」，愛「潑剌」，愛「緊張」的，我們照他們的「脾胃」調治出菜來，供給出菜來，才能豐富其知識，培養其文藝趣味，激發其想像力，才能使他們不再去抓有毒的舊小說來瞎吃一頓。

（三）仙人，妖女，王子，公主的童話給兒童讀不對，而老把幾梗青菜冲一碗湯給他們吃，也嫌營養不足。

一四・兒童讀物研究　遲受義

師大月刊　第二十四期　教育學院專號

一五・武俠小說的流毒與防止　遲受義

文化與教育　第八十六期

一六・兒童故事中的趣味問題　陳伯吹

兒童教育　四卷二號

一七・故事的講述　陳伯吹

兒童教育　四卷三號

一八・談談兒童文學　蒲西

華北日報每日文藝　廿四年四月四日

一九・談兒童讀物　胡叔異

上海晨報　二十四年四月四日

二〇・請救救孩子們的兒童文學吧　魏精忠

天津庸報　另外一頁　二十四年四月四日

二一・關於小人書　天問

天津益世報「語林」　二十五年二月十四日

二二・孩子們也要書籍　林斯德

申報「自由談」　二十四年十月四日

二三・兒童文學與文學　陳伯吹

申報星期學燈　第六十五期

二四・兒童圖畫故事論　趙景深

申報星期學燈　第六十五期

二五・關於兒童定期讀物　宋易

申報星期學燈　第六十五期

二六・兒童底讀物問題　芝

世界日報婦女界　二十四年二月十二日

二七・全國兒童讀物展覽會紀詳　瘦秋

申報兒童專刊　二十五年二月十六日

二八・兒童讀物的商榷　周寒梅

申報出版界第五十期　二十五年四月九日

二　兒童讀物的價值

二九・如何使用小學國語教科書和補充讀物　曹芻

中華教育界　第十九卷第四期

謂閱讀可以寬廣一個人的經驗及思想範圍；又使一個人與敏視者同視，敏感者同感；並能喚起人類的趣味。

三〇・兒童文學的重要　王志成

教育雜誌　第十八卷第三號

兒童的生活，就是初民生活的表現，不以神奇無稽而減少興味；反而增學力，開思想。

童話是一種快樂兒童的人生敘述，純出于自然的陶養，絲毫不含威嚴和恐嚇的道德教訓。

安徒生說：「人生是最美麗的童話。」

三一・童話序　孫毓修

教育雜誌　第一年第二期　宣統元年二月二十五日印。

三二・兒童文學在兒童教育上之價值　嚴既澄

教育雜誌　第十三卷第十一號

(一)兒童文學是兒童應用的文學。包涵童謠，童話，故事，戲劇等。能喚起兒童的興趣和想像的東西。

(二)兒童的生活是獨立的，不是成人的準備，應供給適當的教材，謀內部之發展。兒童是個完全的兒童。將來才能是一個完全的成人。

(三)個人心理發展程序與人類心理發展程序一樣。因此，兒童的心理，就是原始人的心理，所以兒童喜歡神怪荒誕的事情。

(四)兒童的精神與身體一樣愛活動。年小愛聽故事，大一點愛看小說。因爲故事小說都是情節離奇，能激起兒童的情緒，喚起兒童的想像。

(五)小學課本偏重莊嚴的事實，無想像材料，以致兒童生活不能豐富，將來變成一個思想局促，感情呆笨的人。這樣，就是破壞兒童的生活，不是兒童本位的教育了。

三三・小學課外作文指導法　石民鏞

教育雜誌　第十八卷第九號

課外讀「合于心理」，「能引起豐富的感情」的書，可助兒童作文。有感想或意見，就是作文的材料。讀書作文應打成一片。

三四・兒童文學在教育上的價值　鞠孝銘

中華教育界第二卷第九期

三五・關于編輯兒童讀物的三個問題　沈百英

小學與社會　第二卷第十三期

(一)編輯方法方面：須不違反自然原則，更須兒童文學化。

(二)用字方面：一二三年級宜少用字，多用插圖輔助。要用口語體。並須採用南北通用的詞類。

(三)插圖方面：須平民化。對於地域範圍，時令，城鄉，服裝等亦須注意。

三六●錶　　孟林

文學　第五卷第五號

(一)本文係批評班台萊耶夫作魯迅譯(一九三五年七月出版)，上海生活書店發行的「錶」。

(二)從前介紹過來的兒童文學的特徵是：(1)作家們把兒童完全看成了一種抽象概念，把兒童當作神秘的存在。以兒童爲超現實的，和幻影神遊，所以作品多寫成公主，王子，英雄；(2)把兒童屈伏在特定的道德裡面，勉强他們被動的接受教義，完全隨作者的主觀希望。

(三)錶所描寫的是真實的過程，對傳統兒童文學是一種反抗。把兒童看爲真實的參加者，是反映真實生活的藝術品。

(四)錶的特色：(1)故事的結構非常明瞭而且有趣，情節曲折而且活躍，合乎兒童的好奇心理；(2)文字明快，新鮮，具體；(3)幽默的甚至樂天嬉笑的色來很濃厚。

(五)兒童文學必須是反映人生真實的藝術品，所以大人們看了，也絕不會覺得無味；但必須切合兒童底心理狀態和知識水準的取材法和表現法，使兒童能够最大限度的容易瞭解。

三七●兒童讀物在教育上的價值　龔寶善

中國出版月刊　第二卷第二，三期

(一)滿足精神的活動，啓發社會的情緒；

(二)建設優美的品性，養成自動的學習；

(三)調劑現實的生活。

摘自《文化與教育旬刊》一九三六年八月第九十期

圖書館週刊
TWUSHUGOAN JOUKAN
第八十期
——芸社編輯每星期三出版——
民國二十五年九月九日

現代兒童圖書館之設備

——奎介眉——

要討論兒童圖書館之設備問題，不得不借鏡於優境學（Euthenics）及兒童學習心理之原理，引用其法則，才不致南轅北轍。前者係告訴我們：「優良之環境，可以促進個性之改善」；後者是說明：「兒童在學習時，需要何種適宜之環境」。緣廣義之環境，決不以設備為範疇；而設備實為形成環境之重要因子。教育家杜威說：「在教育之進行上，有一個重要的條件：就是設備」。不錯，合理化之設備，然後可以形成優良之環境。兒童圖書館在兒童教育中佔有重要之地位，應于設備方面，力求其合理化，以發揮其偉大之功能。所謂合理化之設備，至少須合乎下列各點：

一，質料堅固，構造簡便。
二，油漆樸雅，式樣精巧。
三，尺度之大，小，高，低，廣，狹適合兒童之使用。
四，容易移動，移動時不發聲。
五，材料之選擇應以國貨土產為標準。
六，價值公道，合於經濟原則（此處所謂公道，不是貪圖廉；就是價昂而合用的，亦樂於採購。）

此項專門之設備，在圖書館事業發達之歐美，均由特設之廠家承辦，更須經過專家之鑑審，然後發售，使其適用合理化。蓋兒童圖書館中之各項設備，決不能取法于他種圖書館之成法，試如初等教育之設施，不能模倣高等教育之所為，其理相同。茲本所見，略述梗概如左：

一，主要設備

兒童圖書館中最佔重要之「圖書問題」，留待專章討論，此處所謂「主要設備」係指與讀者，辦事者，及「圖書之處理」等三方面，有直接關係之器具物品等而言，茲分別略舉如下：

1.書架：書架為藏置圖書之唯一所在，該種圖書館中，有因開架制與閉架制之不同，而為各種不同之構造。惟現代之兒童圖書館，乃着重於「圖書之活用」，蓋兒童圖書更非珍本孤本圖書之需要鄭重典藏可比，其應採用開架制已屬當然。按開架制之書架，因構造形式之不同，則為單面式，（附壁書架）雙面式（獨立書架）兩種：高度以不用梯階而舉手能及其最高層者為標準，（以大多數讀者為準則）通常定為五英尺；底層離地應有六英寸，免除污穢潮濕之侵入；單面式書架之深為五英寸，雙面式倍之，其橫闊本無定制，通常定為三英尺，過長恐層板下垂。架之上端，裝以面積較大之蓋板，以防堆積灰垢；門與隔板（指雙面式）不宜裝置，利于通氣。至油漆採用中和色為宜，使與室內各項設備之色彩調和。又中間可分為相等之六層但亦不可拘泥於定式，應有使層板能上下移動之構造，備為容納體積特殊之圖書如輿物，大本參考書，報紙合訂本等之收藏。如將一部分之層板，為二十度傾斜之裝置，又可作為陳列新書及掛圖之用，此種活動書架，用于規模簡單，經費不多之圖書館，最為適當。其材料能採用本國優良鋼鐵製成，則可收堅固，耐用，防火之利；果若採用本材，當然須費一番選擇之手續，如洋榆等在木材中為上品，惜其出產地之東北，已非我有矣！次則若樟，若槐，木質尚堅，差可合用，自應盡量採用，藉資提倡。

2.　桌椅：桌椅亦為主要設備之一種，使用不合理之桌椅，易生近視，傴僂，以及其他畸形發育之危險。因兒童正在增加身長體重之成長期內，（生理衛生家以二十三歲前為成長期。）一受損害，關係終身。為顧及兒童健康計，應謀合理之標準，按一般原則：桌高應為兒童身長七分之三，椅面高應為兒童身長七分之二，在固定之兒童教育機關，（如幼稚園等）自可構造各種適宜之桌椅，以便兒童之使用。但在兒童圖書館中，為要應付許多流動之讀者，實感困難，假若在經費寬裕之圖書館，固然可以特製易于上下升降之活動桌椅，以資應付年齡不同之讀者。（易于上下升降之活動桌椅，因其材料非用鋼鐵製造不可，故非一般兒童圖書館所能購置）但在實際上，若舍此亦無更佳之辦法。次則在創辦時，亦可選其附近大多數兒童，舉行檢查身長之統計，求其中數（Mediau）定為增高減低之相對標準，較之閉門造車，聊勝一籌耳。茲將兒童衛生學專家哈羅斯門氏（Horacs, Mom）所定兒童之桌椅標準，舉示如下，藉作參考：

兒童身長之高度	椅面離地之高度	椅面積	桌面與椅背離椅面之高度
2½呎至4呎	13吋	10吋^{2}	8吋
4呎至4½呎	14½吋	11吋^{2}	8½吋
4呎½至5呎	16吋	12吋^{2}	9½吋

桌面之油漆，須力避有收光及反射之色彩，採用與室內各種彩色作對比之中性色而期適合；桌面宜有四十度之傾斜，俾在閱覽時，可保持合理姿勢，其桌之邊緣鑲以細條木，以防圖書之傾出；至桌面之形式，有採用圓形者，但此祇宜於研究室之用，次則單人桌，太不合乎經濟；其他若半月形，橢圓形，多角形，皆非所宜；依通常情形而論，如配製足供六人對坐之長方形 2呎×6 呎最合于設備條件。桌面椅面之四緣可作流線型，桌椅之脚尖，可用橡皮包裹，使其移動時不致發聲，因而活動制之桌椅，已為現代兒童圖書館一致所採用之原則。

3.目錄櫃：目錄櫃係安置卡片目錄之用，在範圍較廣，讀者衆多之圖書館，咸採用直櫃式之構造，因其有便於增添，少佔空間之利。但單獨式之目錄櫃，已為多數圖書館所採用，因其構造簡單，費用較省，尤合于兒童圖書館之設備。其式為一長方形之抽斗狀，上部附有能自由開閉之蓋板，中有長圓形之金屬棒穿貫之，（可以拆卸）以備穿置卡片。抽斗後部殿以四十五度傾斜之木塊，抽斗之尺度，可依卡片之大小為準，現在一般所採用者，其內闊為五吋又四分之一，高為三吋半，邊高為二吋又四分之一，長為十五吋，全容積足夠一千張卡片目錄之用。另製長方形桌面，縱橫劃分與抽斗狀面積相等之若干區，每區可鑿深一吋之凹部，作為嵌置此項斗抽，此目錄櫃構造之大概也。

二，次要設備

本節所討論之設備，不若主要設備之無可或缺也，要視經濟，規模，需要，為轉移，可增可刪，或有或無，均無妨事業之進展。

1.雜誌架：雜誌架，此為專放雜誌之書架，通常可與書架併用。

2.報紙架：報紙架，為收藏裝訂報紙之用，此亦可以附入於書架，毋須特製。

3.輿物架：輿物架，專藏史地，自然各科之掛圖，及名人書畫等輿物之用，如獨立構造，其容納較多，但在兒童圖書館，似無特別設置之必要。

4.此外若報紙閱覽台，報紙掛置台，雜誌閱覽台，大本書閱覽台，辭典放置台，辭典閱覽台，等設備，在兒童圖書館無須一一設置，但從事者不可不略知其形式及尺度耳。

三，附屬設備

本節所舉之設備，在事業進程中，有輔助主要設備之功能，並能促進其效率，故不得不述及之。

1.新購圖書陳列台：凡新購圖書，經過登記編目之手續後，須有相當時期之陳列，以引起讀者「先睹為快」之興趣。但在設備簡單之兒童圖書館，要特製陳列台恐非能力所及；如欲陳列則須另籌方法，或將新書陳列于有傾斜度層板之書架。（參閱主要設備第一項書架說明）或利用壁面空隙，作懸掛式之陳列；或在閱覽桌中間，置一兩面傾斜之木板，作豎立式之陳列，均無不可。

2.借書票箱：此借書票箱，有整理檢查借書人所交來借書券之功用。其簡單省費之辦法，可用厚紙製成，長闊之尺度，依借書券之大小作比例，另製紙匣，其所收之效率，並不為少。

3.答案發表牌：此種牌之設置，在通常圖書館中大多備有，蓋此為回答讀者徵詢問題之發表處，其牌之大小和形式，與學校中之小黑板然。

4.新購圖書報告牌：為要將書之內容，價值，書式……等，逐項作概略之介紹於讀者之前，如缺乏此項設備，自然無由表白，有時在圖書館中，因無此項設備，往往附填於壁報之後，收同一之效用。

5.讀書記錄卡片：此卡，供讀者作讀書筆記之用，卡中列舉之項目：如「書名」「章名」「字」「行」「大意」「心得」「閱讀月日」「讀者姓名」等，並另外特製一卡袋，備收藏此項卡片之用，而由讀者保存，作為日後考查備忘之用。

6.代書板：，此板之功用，填補圖書借出時之空隙，其形式之大小，須與書本相同。

7.運書具：此具下部裝有輪，便于推動，為移動大量圖書之用。

8.雜誌挾：薄本之雜誌，或封面印有美術圖畫之書本，用挾收藏，可免污穢散失之虞矣。

9.相片畫片挾：按相片畫片，容易遺失，使用挾子，既便讀者，更易保存。

19.　分類標，符號標，索書號碼標，指標等，為開架制圖書館必要之附屬設備，考其費用不昂，而功用甚大也。

四，行政設備

顧及辦事效率，簡省讀者手續，是行政設備上主要之條件。但規模有大小，經費有多寡，需要有緩急，亦為各個相對之條件。

（未完）

摘自　《圖書館週刊》（北平世界日報副刊）一九三五年九月九日第八十期第十二版

寫於兒童專刊之前

（編者）

教育之目的，在改造人類生活，抵抗社會環境。其階段有家庭學校社會三方面。家庭教育及學校教育，各因環境之不同，而有直接間接之材料，其對象且屬固定，社會教育，材料雖同，究屬複雜，亦無固定之對象，舉凡社會民衆，均屬對象。因是，往往偏重成人，而略於兒童，兒童雖有家庭教育學校教育，但社會惡劣環境之影響，適足以消滅家庭及學校教育之力量，所得者僅技術上之一小部分，而人格之脩養，及其偉大之思想，仍系乎社會教育，七處通俗圖，有鑒及此，除對於兒童教育另有設施外，並創設兒童團，以爲兒童走入社會陶冶其品行智能之處所，惟創設伊始，誠恐有貽隕越，本集思廣益之主旨，爰將各項關於兒童教育之理論及實施情形，分別臚陳，願海內教育家，加以糾正焉，此兒童專號之所以問世也。

摘自《天津市市立通俗圖書館月刊》一九三六年第二卷第五期

論著

兒童教育之重要

鄭恩榮稿

現在的兒童問題，可說是世界上最大，最重要，最堪研究的一個問題了。因爲沒有兒童，就沒有所謂父子兄弟等五倫，也就沒有組織社會的基本分子，更沒有產生日常應用器物的原動力了；換句話講，世上沒有兒童，也就是很本沒有入類，則世上一切的一切，皆將化爲烏有子虛了，兒童生活史，向爲研究人類生活史的那些學者所忽略，尤其是在我們中國的民族裏，雖然自古迄今，在民族求生活的過程史中，已經發見了若干驚天動地的兒童事業；可是在一般的眼中，始終不承認兒童在國家，在社會，及在家庭上的地位。就是其他各國，在過去的思想家和教育家，他們明明白白的說給我們不少的關於尊重兒童的個性，和發展兒童的各種機能的啟示，如盧梭，裴斯泰爾齊，海爾巴脫，福祿培爾這些學者都是對於兒童有特別認識的，可是總沒有用着有系統的近代的科學方法去研究過；有是從達爾文起始，在十九世紀末葉，樸萊葉和嚇爾都先後發表了關於兒童生理和心理發展的研究，人們從此才漸漸認識兒童，知道他們各各依着一個遺傳下來的定量，循着次序舒舒展展地前進，若是沒有生着荆棘的路途在前面阻止他前進，無論要作一件什麼事情，不會不成功的就是生活這樣大的問題，於相當的空間和時間裏也有能解決的力量，所以吾國有：「從小看大，三歲至老」的說話。在歐洲也有從兒童幼年所形成的品性，足以決定他未來一生的人格及生活概要的學說，到一九。七年蒙台梭利才根據了西門的探知兒童智慧能力測量表，創造教學方法，推翻人類智力一般化的寔施，確立了兒童本位的理論，痛訐過去錯誤的處置所造成人類莫大的損失，引起今日人們的眼光，一齊移向兒童，給他們一個新的價值。

心理學家告訴吾們，兒童的成爲大人，其中經過漸漸成長的階段，他們在生長期中；而成人，則巳完全成長了，所以兒童和成人，是在二個不同的生活階段之內，因之對於他們要知道的生活知識，經驗，技能等—教育的寔施—不僅要明白什麼是誰應當知道的事就完了，而且要時時按着各個階段人們的身心發展的步驟，及其現在或是將來他們應付環境所需要的生活知識經驗，和技能等的授與，更屬切要問題，可是解決這個切要問題，在當初極其困難，而又不能因着困難遂不解決，由此乃有私塾的一種個別教授，迨學校與，事事多求團體化，成績希冀齊一，而各個人所得自遺傳的定量循序的舒展的前進，遂恆被阻止，吾國由清末以來，全國學校雖日增加，而文化方面，則全國同胞終未一致進步者正在此呢！本來學校教育，只能促着入學的兒童或青年前進，餘者（成人除外）未入學的兒童，或是已入學而天資特聰及特呆的兒童，皆有相當的損失，若欲彌補這種損失，勢必設立一種社教機關，此兒童圖書館及通俗圖書館之兒童閱覽部所以設立！

有人說：「兒童需要教訓，這是着眼全人類訓練的一般所主張的，亦是心理學家和教育學家所該做的事情，換句話講，就是教訓兒童，儘管有學校，由學校去訓練；圖書館是專爲補救成人失學的一種設備，」這種說法，我不敢絕對否認，因爲辦理圖書館的對象是社會上的一般民衆，成人是民衆裏面的一部分，若說補救成人之失學是辦理圖書館最終目的之一，則可。若說專爲補救成人之失學而設，則似有未足；要若兒童亦是民衆中的一部分，那末，兒童亦是我們辦圖書館的對象，我們若爲小朋友開闢一塊地方供給他們看書報，大概是應當的吧！

再說：兒童各有個性；有的喜動，有的好靜，靜定是有益於學問的，假如環境適宜，所做的工作，迎合他們內心的要求，他們自然會靜定下來，自然會集中注意 兒童本來歡喜活動，和滿意自己的創造，而且追求着，直到他已經完成，方肯釋手，在他着手的時候，自己彷彿是一個批評家，創造家，十分熱心於他的工作，只要有人從旁指導，以免趨向畸形的發展足矣，所以反過來說，兒童的厭棄工作，統是由於外面的條件—就是有範圍不能活動的工作，如此說來，兒童之不滿意學校教育，是必然的趨勢，若圖補救這個缺憾，非施以圖書館教育不可，此兒童圖書館設立必要的第一個要點，學校教育是單調的，板滯的，仿造的，條件嚴苛的，所有工作，非合乎教科書上的形式或寔質不可；最低限度，兒童對於先生所授與的教材，當能模仿，或復述，這些統是兒童最犯惡而最厭棄的，因爲兒童的能力比先生教的稍低，便有畏難不進之意，若所教者比兒童程度稍低，則兒童便有輕視之意，若所教完全適合兒童程度固所應當，然而亦非易事，故此，就是學校近日亦有補充讀物，取其任兒童選擇而庶乎合於他們自已的程度呢？反之，兒童來在圖書館，尤其是兒童圖書館，全部書籍，圖畫，雜誌，報章，都是適合兒童的讀物，兒童更可一任自已一時所愿讀的看的是什麼，便可隨着自己的意思去取到手來看，這時他所看的，正是他所需要的，他自然會靜定而集中其注意於所看的讀物上。如此，自然比塡鴨式的學校教育得到的效果爲多，此兒童圖書館設立之必要的第二個要點。

總括以上兩個要點，我們再進一步，用一個更明顯的有輪廓的話來講；在當今的時代，兒童圖書館的重要性，比小學教育還要在上，何以呢？在這我有一個問題，只要把這問題解決了，兒童圖書館的重要性自然亦就明白了！第一我們爲什麼要吃飯？是爲生活，爲什麼要求學？爲的是生活，因爲吃了飯，便可以維持生命；若欲有飯吃，勢必求學，可見求學，吃飯，生活，是相互的因果，兒童時代，對於這種的邏輯是講不清的，但是他的良知良能自然地發展，和他的遺傳性所支配下的進步，多係不用人來教導就會做的，這種自動的參加工作就是吃了，可是這種吃，也是他感覺着在他本身是屬必要，然後才要求着要吃，這種吃，大人—他的保護人—要是有過分的干預，那個兒童不是缺食，便是多食。因爲兒童的本身是不是缺欠這種原料去營養，他的大人未用化學的方法來化驗以前，終究是不明白的，可是兒童由他自然的愿吃不愿吃，已足表示他本身需要不需要了，在求學方面，亦有這種自然的現象，不過常人多是不注意的，如同；兒童對於求學的成分，多是隨着年歲而進益的，年歲小則求學心輕，年歲愈大則求學心愈重，就如同年歲小吃慾少，年歲大則吃慾亦愈大，足見欲學和欲吃，皆因環境使然而後然的，可是世人對於兒童的吃多任其自已選擇，對於兒童的學多是揠苗助長的；所以兒童在學校或家庭中往往因着求學，與父母或老師發生正面衝突，兒童從此不是視求學作畏途，便是視求學爲弁毛了，因而與生活有連環關係的求學－謀得生活的知識，經驗，和技能－反倒離着兒童遠了，要說圖書館的教育，是絕對沒有這種毛病的。因兒童到圖書館來，寫一個條，就可以任意拿一種書來看，看完了，或是看膩了，都可以再換一本自已喜歡的來看，或是不看了，出去玩玩，玩完了，再回來看，總而言之，圖書館既是爲兒童而設，自然一切的一切都要使兒童便利，總是使兒童利用自已的時間權利來發展自已得自遺傳的個性，叫自已求生活的知識，經驗，和技能日新月異的進步，及年齡一至庶可謀生於社會，而這種謀生的根本的基礎多在兒童圖書館之授與，可見兒童圖書館在我國今日之重要了！

摘自《天津市市立通俗圖書館月刊》一九三六年第二卷第五期

浙省立圖書館工作近訊

浙省立圖自前年起，於分類方面除西文善本外均採用十進分類法，使歸一律；又鑒於書本目錄對於閱覽以及通訊借書便利良多，爰有書本目錄之編印，定名爲「中日文圖總目第一輯」自二十三年冬經始至二十四年四月已出版上册；現下册亦於三月中旬出版，內容更爲增加，篇幅達一千二百頁之鉅，所收之書亦近二十萬册之譜，計包括自然科學應用技術，美術，文學，史地五大類。現該館又着手將未收入第一輯之圖書努力編製，期成圖書總目第二輯，畧後當可出第一册云。

重要購書，抄本方面有明史經編，張學閣集，蓺堂遺集，摘鈔等五種。校本方面有奇峯草等八種，影印本則有宋會要一部，商務百納本二十四史第五期書共一百三十二册，傳鈔圖書，向王氏詒莊樓傳鈔懲毖錄一部二册。重要贈書，爲北平靜生生物調查所捐該所英文彙報一至五卷七十餘册；丁階平先生捐浙江鄉試同年齒錄等六十餘册；中央航空學校捐航空法等四十餘册；丁宣之先生捐稿本查他山日記一部；上海開明書店捐該店二月份新出圖書十六本；毘陵莊氏宗祠捐該氏族譜一部。關於交換圖書有北平市政府出版之首都文物誌略；河北博物院出版之清苑縣志等二種；中國地學會出版之南園叢稿第一及第二兩輯。又該館新民分館兒童閱覽室，爲慶祝兒童節提倡兒童欣賞書畫獎進兒童藝術興趣起見，特定於四月四日起舉行兒童書畫展覽會數天，除館藏兒童書畫圖籍提出陳列外，並向省區內各縣中心小學及本市內各小學徵求作品，日來各地寄來作品已逾百餘件，其中頗多佳搆。按該館兒童室成立已逾六年，近來兒童閱覽極爲發達，每逢兒童節必舉行展覽，以資慶祝，今年書畫展覽，比往年更饒興趣云云。

摘自《中華圖書館協會會報》一九三六年第十一卷第五期

新家庭建設與兒童閱書室的創立

亞生

我國家庭內容的黑暗和腐敗，可說是誰都不能否認的一個事實，然而在從前的時候，大家却還把他當做無關重要的問題所以很少有人提出什麼改革家庭的說話，到了近多少年以來，許多人才覺得家庭不良實在是人生最苦痛的一件事，同時；家庭的健全與否，也頗與社會有關係，於是那討論家庭改革研究家庭建設的聲浪便一天高似一天！

的確：家庭原來是人們長期間的棲息之所，家庭的情形如果說是黑暗腐敗的話，那麼大家踏進了家庭的門框子以後，自然的就會感覺出許多不快的情緒，這樣的生活，還有什麼興趣可言呢？無怪那一般受不了這種痛苦的人，都亟亟的要擺脫家庭到另外許多方面去尋求那些無謂的樂趣了；至於談到社會的組織，也確是和多數的家庭狀況有關係，所以任何的社會學家都說：家庭乃是社會的雛型，結合起許多優良的家庭，才能成功優良的社會。我國的社會情形黑暗腐敗，也未嘗不是由於多數黑暗腐敗的家庭所造成功，從今以後吾人如果要希望建設新的社會，當然就

新婚時候的衣裳

柳小沫作

不是發脾氣是在裝威風

宣文傑作

要從建設新的家庭入手。

不佞對於這種建設新家庭的呼聲，自然是要感覺興奮，表示愉快；不過要討論到新家庭建設這個問題，也並不是一件容易的事，要求到一個家庭建設起來能夠盡善盡美，必得要從多方面去着眼，至於個人在這方面不得不說幾句話的，就是覺得一般研究新家庭建設或家庭改革的先生們，竟都把家庭當中應該創立兒童閱書室這個問題忽畧掉，所以我不得不特別地把這個問題提出來加以討論，要談到我所以提出這個問題來討論的理由，不消說：當然就是因爲牠有很大的重要性。

在普通一般人的眼光看起來，以爲讀書乃是學校當中的工作，兒童們在學校當中忙了多時回來，理得給他們休息休息，或且給他們活動活動。似乎再也不須乎在家庭當中創立什麼兒童閱書室，叫兒童們再回到家裏來忙了！但是我們要知道：大家所以要給兒童進學校，乃是爲的要使兒童受教育，教育原是要以兒童整個的生活爲範圍，學校生活、只佔着兒童生活的一部分、所以兒童們在學校當中，也只可以說是受了全部當中一部分的教育，做教師的呢，在現在的教育制度之下，也只能盡全部當中一部分的責任，其餘的一部分責任，就要家庭中間負擔，所以兒童除了學校以外，理該受相當的家庭教育，家庭當中也應當準備着兒童閱書的場所，使兒童在家庭當中也有讀書的可能。

至於說：爲顧及兒童的精神衛生，認爲兒童不應當再到家庭當中讀書的話，也未免錯誤，因爲現在的小學校，就是無論如何的腐敗不堪，也絕不至於和從前的私塾完全相同，他們對於兒童的生活，以及課程的支配，都該使兒童的精神活動和肉體活動得互相調劑之功，因此兒童們放學回家，無論精神方面肉體方面，也決不會疲乏得要打磕睡連書都不能看吧！

而且：就現在國內這種人財兩缺的學校情形而論，兒童們在學校裏面讀了一些教科書以後，也斷乎不能使兒童的知識需要得到滿足，我們爲補償學校方面的缺陷計，也非得使兒童在家庭當中養成多讀書的習慣不可！

除此以外；我們再就家庭本身方面的利害而論吧，兒童們因爲活動的興趣極濃厚，他們回家來了之後，一定就要利用那剩餘的精力做一番舉動，倘若家庭中間創立了完善的閱書室，那麼做父母的，就可設法指導他們，叫他們在閱書上面去下工夫，否則呢，那麼麻煩就發生了，他們在閑得無聊的時候不是在到處破壞東西，就是在和姊妹弟兄們搗亂，等到父母們叫駡了一陣以後，不要一眨眼，就往往又會跑出門去和鄰家孩子糾葛起來，這種種的情形，可說都是由於家庭中間不能應乎他們的需要，用種種的設備，引導他們的過剩精神做各種正當活動的緣故，况且在這種的情形之下，夫婦們的情感，鄰閭間的處誼，兒童們自身的安全，以及家庭中的慈祥空氣，都就往往會因此發生許多不良的影響，可見家庭當中的創立兒童閱書室，乃是極有利益的一件事情；至於兒童們能在無形中提起讀書興趣，造成讀的尙好，而將知識程度逐漸的提高，那更加是必然的結果，所以做家長的，與其爲子女們定牛乳買雞蛋購餅乾煮麥片做種種滋補兒童身體的勾當，倒不如闢一個精雅的小房間置備幾十元的優良圖書，替他們創立一個閱書室啊！

關於家庭當中創立兒童閱書室的必要，經我上面這麼約略的說了一番以後，想來大家也都能夠表示同意，不過關於兒童們所閱覽的書籍，也必須下一番選擇，並不是可以馬虎處理的事情，因爲國內各書坊裏面雖然在這多少年來已都很努力的編印了不少的兒童讀物，但是編輯方面大都沒有系統，有幾家書局裏雖也出版了一兩種顧到系統的兒童參考用書，但是內容方面也覺有許多可以非議的地方；要知道我們所以要使兒童們在家庭當中閱書的理由，就是要想使他們在無形中受到若干教育上的效果，假使他們因了閱讀不良的書籍而種下許多有害的因子，那麼倒算所謂多一事不如少一事了！

大公館的女僕　畢綺澤作

至於論到選擇兒童讀物原則，當然有不少的學理可以做根據，但是在這一篇短文當中也實在不能照辦，同時；國內這少數的兒童讀物，目前也說不起什麼嚴格一些的批評，否則，那麼什麼兒童圖書館，以及什麼兒童閱書室的設立，至少要再停這麼一二十年再談心，所以我這裏的所謂選擇，只能就極重要的幾件事情提出來商酌一商酌。

第一：兒童讀物要能引起兒童的閱讀興趣　依普通一般人的觀察而言，總以爲讀書乃是兒童們所最怕的事情；

窮改造家理想的住宅　靳夕作

但是事實上呢，却並不是如此，我們只要暗中打聽打聽兒童們情願省下吃糖果的錢來去租借連環圖看那種熱烈情緒就可知道了，至於我們眼光中間所謂兒童的怕讀書，這並不能指任何種的書籍而言；要說就著成人們的味口而替他們選擇閱讀的書籍，這當然要使得他不願意，而且這種的錯誤還是在成人身上，不歸咎自己的措施失當，而反去寃枉兒童們的怕讀書，這是多麼樣的不合理呢。所以我們如果要希望兒童們的樂於讀書，先要選擇那能以引起兒童閱讀興趣的書籍，因爲兒童的利害觀念迥不如成人們的發達，用什麼有利什麼有用等等的口號來叫他們讀書，他們根本就不能入耳！因此；我們唯有就着他們的興趣所在，選擇他們所喜歡的書籍給他們讀，至於書籍內容的有利有害

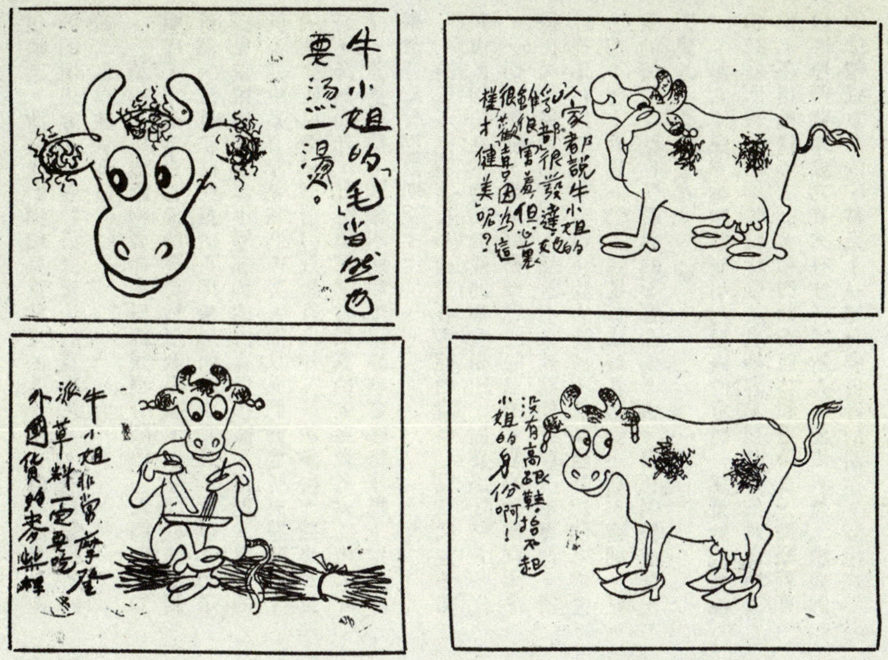

，也並不是說要全不注意，不過這也要根據興趣的原則來達到成人們所要達到的目的。

第二：兒童讀物要能適合兒童的閱讀能力　在許多教育兒童的人當中，有不少性急的分子，他們或是竟將自己從前的讀書情形完全忘記了，時時刻刻的希望兒童們能夠早些求得很豐富的學問，有些更時時刻刻的在希望着兒童們個個都能夠成爲神童，所以無論那一種功課，都把程度提得高高的，無論兒童讀的那一種書籍，都要特別的來得高深，像這種希望兒童長進的熱心，當然是值得佩服，但是人們的能力，總是逐步漸進的，各個兒童的智力，更加是不能夠完全一律，我們要希望兒童的知能進步，無論，都當根據各個兒童的實在能力下指導的工夫，否則，你愈鞭策他上進，他便愈退步得利害，愈希望他求到高深的學問，他便愈覺得求學問的吃力，我們叫兒童們在家庭中讀書，原是要希望他們能夠多用自動的精神努力，假使不顧到兒童們的閱讀能力，一味的以避淺就深的目光來選擇圖書，那麼他們經過若干次的搬弄以後，早就要將閱書的意趣化爲烏有，那裏還會得到讀書的效果呢？

第三：兒童讀物要能啟發兒童的像想力　兒童們因爲社會的經驗不深，所以像想力極其豐裕，這在一般過重實際主義的人觀起來，固然不能認爲是滿意的事情，但是我們要知道，人類的文明，社會的進步，都是先由像想力造成功的，假使人們的對於事物，處處都以目前的或過去的實在情形爲準繩，那麼人類間的一切一切，都只是舊貫而已，還有什麼創造的機會可言呢！兒童們因爲實際的經驗很缺乏，所以我們辦理兒童教育的人，就要能設法發展他們的像想力，圖書乃是教育上的重要工具，所以選擇的標準，也當注意到這一層！

第四：兒童讀物要能與學校課程有關係　人們的求知順序，完全要以心理的發育情形做根據，小學課程的編制當然，就是根據兒童的心理情形而訂成功的，所以我們選擇兒童圖書務宜以小學課程的內容做根據，否則，無疑的就不能說是合乎兒童們需要，而且我們的要叫兒童閱書，就是要使兒童在應讀的教科書以外，又能多得一些參攷材料，既然如此，那麼這就應當切實的依照教科書的內容才行，要是不然，豈非不能和小學教科書聯絡了嗎！這與小學教育有什麼幫助呢？

第五：兒童讀物要顧及各方面的需要　兒童究竟不能和成人相比也不能和其他的學生相比，因為過了兒童時代，一切的訓練，都就要帶些專門的意味兒童的受教育完全是在滿足兒童的需要，然當不宜談到什麼專門不專門。所以是凡正以使兒童獲到利益的讀物，就要能分紀起來購置，切不能依着成人們主觀見解或好當處置一切，否則，兒童的造就上就也受着你的影響而偏下去．實在個性發展上要蒙到不少的害處。

第六：兒童讀物要能引起積極的意向　兒童的感情極為旺盛所以他們的感情活動，也極容易被外界的刺激所支配，在這種情形之下，我們如若能夠利用得重，那麼就可以使他們將來成功許多有才幹的能人，要使不然，讓他們的感情任意發洩，結果，一定會將好好的前途，斷送在不知不覺的情形之中．所以我們對於選擇兒童讀物這一件事，又要能夠引起他們的積極意向，那種傷風敗俗摧殘人們之性靈的書籍，固然要嚴加禁止，就是那只富有消極的刺激，正是毀滅兒童之進取心的讀物，我們也不要採取才好些！

第七：兒童讀物的裝釘須美麗玲瓏　書籍的裝訂，如果能顧到美麗玲瓏的條件，無意中就會引起了大家的讀書興趣，兒童們的讀書興趣呢，更能受這種力量的支配，並且要格外的小些。因為這才能使兒童們便於携帶，就是弄毀壞了，或且弄得遺失，使家庭當中也並不感覺有什麼大不了的損失，至於售價推銷等方面，更能因此而得到許多的便利，常見許多的兒童讀物，訂得厚厚的，裝得大大的，使兒童們見了，就有些害怕，這實在不大相宜。

第八：兒童讀物的內容要淺顯適宜　講到兒童的程度，當然很是淺薄，但是要編的書籍能夠使這些淺薄的兒童讀得有興趣得利益，可就是一件頂大的難事，所以我們要替兒童們選擇讀物務要其內容能合乎淺顯適宜的條件，所謂淺顯呢，我以為就是在乎詞句的暢達爽當使兒童一看就懂，至於適宜呢，我以為就是在乎字體的正確合度美麗，另外又要多插一些圖片，這些要求，想來大衆也都可以同意的罷！

接着兒童讀物的選擇條件這個問題以後，我以為就要注意兒童閱書的指導問題，這個問題要是在學校當中的圖書館裏面，倒也並不覺得困難，只要教師能夠依着分配的工作去負責好了，而且兒童們在學校當中，因為害怕老老師同學們的約束和管理，本也可以自動的努力，至於家庭當中呢，睜開眼睛來都是自家人，所以極易放浪自由，大家想想看，兒童們在家庭當中如果過分的放浪自由，還怎樣能夠得到什麽效果呢？所以家庭當中要創立閱書室，首應注意指導的辦法，現在且簡單的說幾件事項如下：

第一：家庭當中因爲往往有許多時候沒有固定的指導者，勢必至於要使兒童們在自動學習方面去努力，所以那詳細明白的字典，實在不應缺少，餘如地圖志解等設備，也當設法備全。

第二：在每隔相當的時間以前，做父母的應該先替兒童擬定了簡明的閱書進度表，到某一個時期兒童的閱書就要完結了，某一個階段，如此，兒童們的閱書，才不至於生停頓或閱書無限度的壞結果。

第三：無論閱那一種書，都當於事後作閱書雜記，這樣一來，兒童所閱的書籍才又有所查考，而且他們有疑難的地方，也就可以隨時記下來對父母問詢，免却了生吞活剝或讀書不求深解的流弊！

第四：兒童閱書的通病，就是隨便的亂翻，在一種書還沒看了幾張以後，就會又去翻別的書看，結果，書是翻得不少了，但一本却都沒有看完，這樣的惡習如不改除，以後就不能養成閱書的尙好。所以一書沒有看完以後，絕對不許看別種書。

第五：在家庭當中的閱書情形，須要隨時報告學校，學校裏面人正應該要明白這些情形，做教育兒童們的切實根據。

摘自《方舟月刊》一九三七年一月第三十二期

學校圖書館的使命

潘甫澄

我國向不注重學校圖書館，有的學校簡直沒有圖書館，有的也多祇陳列幾本字典，幾本不適用參考的舊書，和幾種雜誌同報紙而已。後來北方幾個先進的大學如清華大學等，創辦了學校圖書館，聘請專家，加以整理，撥款購書，正式的學校圖書館才佔了學校中一重要的位置，也做了全國後進的學校圖書館的導師。後來逐漸進步，以致全國各大學和幾個中學都有了圖書館，雖則不是個個辦得很好，但是辦得不錯的，却也不少。

近年來不比從前了，學校圖書館更加進步了。設立的數量也如雨後春筍地增加，不但中學校要有圖書館，連小學校也多有一個圖書館。據民國二五年申報年鑑所載，全國學校圖書館共有二千五百四十二個，其中大學圖書館有五十六個，這個數目可稱不弱。同時教育部對於學校圖書館也很重視，那末學校圖書館豈不是佔了學校裏一部份的極重要位置麼？既然學校圖書館佔了一校的一部份重要位置，那末不得不負起重大的責任，不得不負起重大的使命。我今把學校圖書館應當負的使命，略為供獻一點意見，倘若有不對的地方，還要請諸位讀者指正。

學校行政當局，對于圖書館，不但須加督促，並須積極予以輔助，更要重視圖書館，而不要以為拿圖書館來當點綴品，不要以為一個學校有了一個圖書館就算了。學校當局對於學校圖書館的設備，要有相當的考慮和計劃，因為這對於閱覽人的健康和吸引閱讀的引誘力，都是極有關係的。如光線和空氣的充足，書庫和閱覽室的大小，書架桌椅的高低，這些事於置備的時候先要顧到。像小學校圖書館，須要與兒童適合的書架和桌椅，中學校圖書館須要與成人年齡合配的設備；又如閱覽室的光線和空氣如不顧到，用暗淡、潮濕、狹小的房間來做閱覽室，非但有碍閱覽人的衛生，並將使他們不願意走進這間閱覽室。書庫狹小，使管理員又無從整理之苦，也是失却了圖書館的效用。此外還有廁所洗手等處，也要預先佈置妥當，先要有具體的計劃纔好。

學校預算上的分配，購買圖書費一項，也須注重，應該派幾分之幾作為購買圖書費，至少限度要把學生方面收來的圖書費，全數充作購書費。有的學校因為經濟困難，把學生所繳的圖書費撥了幾分之幾充作別的用處，這是大錯而特錯的事，換句話說，這就是剝奪學生的智識。學生來校是來求智識的，連他已盡義務過的圖書也沒有看，豈不太可憐了麽？所以學校當局對於圖書館購書這一層，須要盡量支給纔好。也有學校當局往往視購書費像雜費一樣，這又是不對的。雜費如水電等費，一消耗就沒有了，但是圖書一購進，永遠存在，就變成校產，並不消耗。圖書年年買進，年年加增，圖書館天天在那裏長大，絕對不會縮小的。所以聘請管理員，也不得不注意的。但是有不少的學校，馬馬虎虎的聘了一位或數位，薪水不及事務員的高，只要他像管家的老婆婆一樣地管管書就是了，這又是一個錯點。圖書館是學生求智識的寶庫，全校師生研究學術的處所，管理員不是單只管書，他也是輔助全校學生閱讀研究的主要人物，要把學生所需的智識灌輸到他們腦筋裏去的。管理員又是幫助師生解答難題和研究學術的，管理員是要節省師生讀書時間的，這樣看來，學校圖書館的管理員是學校中一個很重要的位置，那是有理員的待遇，也不得不斟酌一下。據我個人愚見，中學小學圖書館主任的待遇，最低限度須要與級任教員相等，先要把圖書館管理員的職務認清，不是隨隨便便地僱了一個人就算了事。還有一層，管理員同是學校裏的一個職員，不應歧視，暑假寒假春假，應該也有相當的休息，以資遊覽參觀，可以考察他館良好的設施，這也是要緊的。尤其是管理員有病的時候，不該停薪停職，他們平時的工作是很沉悶的，是頗重的，未了的工作日後要補起來的，校方應該有體恤的心，並且還要有鼓勵的辦法使得他安心於位，因爲管理員在一個圖書館內，年數做得愈久愈好，這是大家公認的。

管理員的名稱，照字義上講起來是管是理，所以有的學校當局，只要圖書館管理員像管家婆一樣地管圖書，不注重他教人用圖書，所以有時遺失了幾本書，就大不以爲然，就裏說管理員失責，這又是不明圖裏事情的批評。因爲圖書館，有許多事要做，又要幫助全校學生利用圖書，還要帶管到書，那裏能殼面面週到呢？對於這一點，我是要請求各校當局諒解，況且圖書館的書是陳列在館中，是盡量地供人閱讀的，不是像別種珍貴的物件鎖在保險箱裏的，難道這許多學生中個個是君子人麽？總有幾個行爲差一點的，所以遺失書的問題，須要看情形而定。倘若管理員不負責任，任人取去，這才是學校當局應得嚴厲處置的。總而言之，學校當局不要看管理員爲理管管書理理書的管理員，其實他的使命是輔助學生讀書，這個目標先能認清楚，圖書館方纔有進展的希望。

我上面已把主管學校的人員應該怎樣重視學校圖書館的理由約略說過了。現在要把主管圖書館的人，應該負的責任和使命來說一說：凡要到學校圖書館裏做事的人，須要有耐勞，要有對於圖書有興趣的，要有服務他人讀書的精神，要有和氣同謙虛的心，要有應用普通工具參考書的常識，要有選購圖書的能力，這是必不可少的幾個基本條件。因爲我國除了幾個大學的圖書館外，大多數的中小學圖書館至多請一二人管理，要他做圖書館裏的領導人，輔助全校師生利用圖書館，這個使命豈不重大麽？我現在把上面提出的幾個條件分析說一說吧：

（一）凡做學校圖書館管理員的，要分外的耐勞，而且要盡力，因爲大多數學校經濟困難，決不會多請圖書館管理員，那末這許多事，要耐勞盡力，方可做好。像編目的事，書本目錄或卡片目錄，總是天天要把買來的新書仔細地編好，還要把前時未編的書，亦逐漸地編錄，目錄編得好，對于查書的人，當然是方便得多。而編目不是一樁粗魯的事，乃是要細心地做，方纔做得好的。像本省圖書館的領袖浙江省立圖書館，全館職員中有五六人專做分類編目事務，化上四年的工夫，方纔把一館的圖編書竣，你想編目的工程何等浩大。還有其他整理雜誌，報紙、小册子等，也很麻煩的，倘不仔細地整理，教人怎樣去用呢？要教人用最短的時間，找到所要求讀的書，必須先要把目錄編好，把館內一切所有的圖書整得井井有條，纔可使用。這樣的事，非耐勞的做，焉能達到完全善的地步呢？

（二）我們服務圖書館的，須要對於圖書有興趣，做事方纔不覺得力竭。我們應該對於圖書表示同情，不可有所偏見，或者對於自己喜歡讀的書，就算寶貴，自己不喜歡讀的書，視爲廢紙，這是不對的。書是本本有用處的，本本有用意的，管理員應該去翻翻，不是教你從頭至尾的讀，仔細的研究，至少要把書名頁和總目細目等過一過目，以後有人來問你的時候，就可有點印象了。此外還要視自己是一個圖書的保護人，常常要當心到圖書，不要被風吹雨打，不要被蟲蛀鼠嚙，要使得書籍安全而不損壞，這是我們當負的責任。我們天天和圖書作伴，發生無限興趣，這纔是我們做圖書館事業人的性格。

（三）我們到圖書裏來做事，乃是爲他人讀書研究而服務，不是到圖書館裏來做事，便一定有機會可以自己讀書。有人以爲是進圖書館做事，就可藉此機會讀書，造就自己有極大學問的人，這是大錯而特錯的觀念。我們到學校圖書館裏來做事，要把學生所需要的智識，灌進他們的頭腦裏去，這是我們的責任，我們的使命。我們服務學生讀書，還要看其程度和需要，盡量地幫助他們，假設是一個小學生，則他所需要的，不出乎童話，故事、寓言、等書，那末應該看他的程度，替他選幾本適于他們程度和興趣的讀物。假設是一個中學生，他所需要的不像小學生的簡單了，他所需要的或者爲補充他的課外的讀物，或者要查查字典辭典，要求他澈底的明瞭他所懷疑的問題，或者他不情願問教員而情願到圖書館裏來查考查考，這些情形先要顧到，要盡量地幫助他，使得他所需要的飽滿。因爲中學生往往還是初用圖書館，所以查目錄查辭典等事，非詳細加以指導，他便將不能盡量地利用。又假設是一個大學生，他所要研究的問題，他所要閱讀的圖書，是更專門了，他所要的書，他大概是知道的。萬一他找不到，管理員先要向他問清楚，或可用別的書來代替，或在一時不能回答，可請他把他所需要的摘下來，等到有空的時候，替他查一查，查到了再通知他，無論教員教授來問的時候，都可用這種方法來應付他們。此外還有人來問問你別的問題，譬如喜歡集郵的學生，拿了幾個郵票來問問你，這是什麼國家的郵票，這時你便須代他查地名辭典等，或者有人拿了一件古物來考據，你便可介紹給他出土地方的方志，或其他考據古物的書籍，使他有研究的便利。類乎這種問題，是很多的。常常有人問你，常常幫助他們，久而久之，就從他們身上得到許多長進，這真是如切如磋，如琢如磨，這就是圖書館裏來求學問，這就是服務他人讀書而得到的興趣哩。

（四）我們在圖書館裏做事，態度要和氣而謙虛，因爲初到圖書館裏來利用圖書館的人，心裏總不免有些害怕，你倘若不和氣地待他，他下次就不敢再到圖書館裏來了。無論那一個學生，借一本書或問一個問題，你能夠找到或找不到，你能夠替他解決或不能解決，你總要客氣地同他說，不要像銀行郵局裏的行員，扳起了面皮，言語傲慢，使得他下次不敢再來。定要像店裏的夥友一裏，有人來問，就要起來招呼那顧主。學校圖書館的管理員，要這樣纔能使學生喜歡到圖書館來，逐漸養成他們利用圖書館的好習慣。學校圖書館管理員，不但是和氣夠了，還要謙虛，因爲來問難的人，各有各的長處，各有各的研究，倘若以傲慢的態度和他講話，容易使得他討厭，或者被他在心裏暗笑和輕視，總要用謙虛的心同他接談，假設是確實知道的，也不可像父兄訓誨子女，先生訓誨學生的樣子，總是要用友誼的情感來應付他們，纔能得到雙方的圓滿。

（五）一個規模不大的圖書館，沒有各部的專員，尤其是對於普通工具參考書如字典類書索引年鑑之屬，要有應用這種參考書的常識。因爲這種書的編制，各有不同，有的查類，有的查韻，有的查筆畫，有的查號碼，有的查時代，各有各的編制，各有各的用法。如有不會利用的學生，管理員應當一一指導，以期他能利用這種常用的工具書籍。你倘不指導他們利用方法，則圖書館裏雖備有這類書，也是死的，不是活的。所以對於這種書，管理員應該先把牠的編輯和檢查方法，自己仔細一讀以便應付來查問的人。

（六）一個經濟不寬裕的學校圖書館，選購書籍要分外小心，要顧全全校師生所需要的情形而定。據我愚見，一般範圍不大的學校圖書館，先當購備普通用的工具參考書，這是普遍性的，大家用得着的。其次選購學生課外讀物，最好請幾位購圖書有經驗的幾位教員，組織一圖書委員會，或購書委員會，共同斟酌選購。這對於學生的學業定有極大的裨益。但在中學圖書館，小說則以少購爲妙，因爲小說是最易引動人的，一看就不肯放手，甚至功課也不肯去預備，這樣的書籍是容易妨碍學生的課業，於學業上有大妨碍的。我所說當購的不當購的。大概如此。其他要購的圖書，當然不少，更看經濟的力量和需要情形，斟酌妥當，使得買來的書切於實用，不致靡費購書之款。

現在我再把上面的意思總括起來說一說，學校當局對於圖書館，應有切實的注意，與管理員應有密切的合作；管理員之對於圖書，應有密切的關心，對於學生應有發展他們利用圖書館的能力，這是學校圖書館應負的使命。

摘自《浙江全省圖書館協會會刊》一九三七年四月第二期

兒童節提倡兒童圖事業

王柏年

一，兒童圖對於兒童有什麽好處？

兒童圖事業，在現在雖被初等教育界所重視，但是這種情形很不普遍，所以在全國一致慶祝兒童節的時候，特地提出來向許多兒童和家長們談一談，希望對於這個負責兒童文化宣揚責任的兒童圖，發生一種新認識，進而瞭解兒童和兒童密切的關係，闡明兒童對於兒童圖的需要　。　那就算兒圖節的一點小供獻。

兒童圖事業對於兒童的好處，簡略一點說，有下列各點：

a.培養閱讀能力　現代社會，愈趨繁華，各項記載，益趨複雜，吾人要應付這種社會，必須要曉得所處環境的情形，所以閱讀這種參考書，非常的需要，現在消息最靈通的日報雜誌，是人生必須每日瀏覽的東西；但是看這許多的記載，必須要有閱讀的能力；非但如此，閱讀的速率和瞭解力，並不是不訓練就有成效的。所以在兒童時代，必須藉兒童圖的教育，來使兒童養成讀書的習慣，培植閱讀速率和瞭解能力。此兒童圖予兒童好處之一。

b,根絕「小人書」的禍害　略識文字的小學生，兒童課外讀物的興趣，是非常的旺盛，但若學校裏缺乏了兒童圖的設備，社會上沒有類似兒童圖的組織，那小人書攤就成了他們的臨時兒童圖了。大家曉得，小人書是兒童不良思想的介紹品，雖然裏面也有可取的地方，但是實際上，兒童喜閱的還是充滿了淫穢賊盜神奇鬼怪一類的東西。我們明白兒童對於讀物本身的好壞，是缺乏判斷能力的，所以很容易受不良讀物——小人書——的麻醉。在報紙上，常看見兒童閱不良讀物，而發生入山求道等不幸事件，况昨天（星期四）天津庸報又發生了類似的記載，這是兒童圖事業不普遍的緣故，也就是一般人不瞭解兒童圖重要所致。

c,救濟失學兒童　一般比較幸福的兒童，得受到幾年的文字陶冶，但是不幸而失學，就缺乏了自修的機會，不知埋沒了多少向學的眞才社會上有了兒童圖的設立，這班兒童，還有到兒童圖去閱讀進修。美國人民以圖為平民大學，我們難道就忽略了這個義務小學——兒童圖——了嗎？

看了上面簡短的論說，可以明白兒童圖的重要，對於兒童的好處這麼多，極可證明兒童需要的眞切。

二，爲什麼要在兒童節提倡兒童圖事業？

兒童節，是由政府以及於平民爲兒童謀幸福的一天，我們站在兒童教育前線的小卒，不能跟着人家鬧着玩，所以在大衆注意兒童幸福的這一天，提出實利兒童的幸福組織——兒童圖來討論，希望兒童節後的兒童，得到這個實際幸福的智識享受，我們要督促各地兒童圖早日產生，並須做到實力援助兒童圖產生的辦法自募捐着手。今略論如下：

a,官長的捐助兒童圖辦法　外國人往往應爲注意兒童事業，而捐助的欵，辦救濟兒童事業，中國的官長，很少抱獨身主義的，家裏多有天眞活潑的兒童。所以，在兒童節這一天，應該供獻他們一日所得，去創辦兒兒童，利惠大衆的子女。

b.家長和兒童捐助兒童圖辦法　家長將在兒童節願意替子女化的錢，捐助給創辦兒童圖之用，兒童將歷來的糖果費，捐做自身求識的義務學校——兒童圖。以後的經常費，由公家津貼：並且每年的兒童節，應該永久的募捐若干做兒兒童的基金，那對於兒童永久的利益，就無窮無盡了。

賢明的官長，愛子女的家長，上進的小朋友，你們實地去試試看期待着兒童圖的實現。

廿六年兒童節於師大一小兒童圖

摘自《北平新報週刊版》一九三七年四月四日第三版

圖書館週刊
TWUSHUGOAN JOUKAN
第一一三期
芸社編輯每星期三出版
中華民國二十六年五月五日

我國兒童圖事業受到歐美的影響

——王柏年——

歐美各國旣以文明之邦聞於時，而對於圖事業，尤兢兢業業，惟恐落人之後，且一切設施，實足爲吾人借鏡，是以我國居彼邦研究教育者，都注意此點。此所以直接能影響及我國初等教育界注意兒童圖事業也。

我國於淸光緒之季，新刊雖有問世，而數量極少，論教育者亦不可多得，待商務印書館成立，於宣統元年元月（一九〇九年）發行教育雜誌，是爲有教育專門雜誌問世之嚆矢。然對於圖之論述，仍屬鳳毛麟角，僅於教育雜誌第一年第一期（卽一卷一期）中，有該誌雜纂組編輯莊俞氏之藏書樓與學堂之聯絡一文，該文所論，雖偏於紹介西洋兒童圖事業之梗概，然實爲提倡兒童圖輿論之嚆矢，以該誌在初教界勢力而言頗有直接影響小學校之注意圖書設備今介紹其大略如下：

『近日藏書樓有一事令人注意者卽豫備兒童用書籍是也，非但如此，近且與學校聯絡矣。據星巴力卡氏之言，彼嘗爲卡迭甫之公設藏書樓盡力，其始該藏書樓，曾經學務局津貼，但不久卽中止，越三年學務局見藏書樓與學堂敎員合辦之事業，成績頗可觀，乃大爲所悟，復給津貼；但欲知其成績，注意其借書出納數量。後該藏書樓於改訂章則之第一年，兒童閱覽書籍，不過三萬一千四百九十次。自一九〇〇年九月至翌年七月，出納之數量突增至二十五萬二千四百七十一次之多。』

該文以西洋圖與兒童教育聯繫發達之概況介紹後，復述德國兒童對於圖書閱讀之興趣，亦有論及，據初等小學堂生徒喜閱之書籍，以小說，怪談，冒險談，學校談，故事等。年長之兒童，則喜借閱遊記，歷史。傳記，理科書，初步科學，游戲等云。於本文發表以後，閱十月，有無錫名流孫毓修氏之圖一文刊出，該誌極爲重視，其論說中關於兒童圖事業有：『歐美多有兒童圖，玆事甚盛，吾國圖事業草創伊始，對於兒童部份，尙難別出。』之論，爲我國圖供獻意見。至宣統二年（一九一零年）又有蔡文森之歐美圖之制度一文產生，蔡氏於該文中，曾介紹德國之小學圖。其文曰：『德國各小學校，對於兒童用教科書以外之圖書，大都完備；柏林各小學中，凡第七年級及第八年級（當我國初級中學程度）學生，許借書回家，其圖書亦用架成立於教室之一隅。哈諾巴市之小學校，第六年級及第七年級之小學生，得任意借書閱讀；第三年級以至於第五年級之學生（等於小學中高年級）則以其中之某書准讀。哈市人口約二十五萬，設有圖書館委員會，以當地小學校長或敎員充之；兒童用圖書之應否置備，概由該委員會選擇購置。放課後，每週限學生借書回家一次，如有遺失，由父兄償還。該市全年購書費，年需七千元。』該文介紹德國小學校兒童圖書事業情況極可資各地辦小學校之參考。擬德國各聯邦小學，對此年有津貼。在一九零七年，補助此項事業之費用，達一萬七千元之多。

此外，該文對於美國當時各圖和小學之聯繫，詳細研究其辦法，並有所批評，於此可見當時學者對於歐美各國兒童圖事業之注意，今辦理此項事業者，莫不採歐美各國之所長，凡適合國情者，莫不樂於倣傚，於此益可見我國兒童圖事業受歐美圖界影響之程度也。

摘自《圖書館週刊》（北平世界日報）一九三七年五月五日第一百一十三期第十二版

圖書館週刊

TWUSHUGOAN JOUKAN

第一一八期

本社編輯每星期三出版

中華民國二十六年六月九日

兒童圖事業與讀書務博之關係

——王柏年——

我國歷代研究學術，素主專精，好學之風氣既開，士人欲求出路，惟有努力讀書，雖十年窗下，未嘗引以爲苦，及新思潮輸入我國，報章首先產生，新刊復層出不窮；此類刊物或專門介紹各種科學知識，灌輸新知，或記載當時新聞以供研究資料，但時代愈文明，社會情况，亦愈複雜，是項記載，途大量增加，因此精讀之法，不能適應於當日之社會；且一般之記載，各地之消息，實際上亦不必精詳誦讀，是以「讀書務博」之說，因而盛行。

「讀書務博」之聲浪既起，當時具先見之明的初等教育界，大都感此說之重要，明知死讀教科書，使兒童與社會情形太隔膜，且亦難滿足兒童之求知慾，是以課外閱讀之事業，漸有人提倡研究。惟當時兒童讀物既感缺乏，而舊有小說，不涉於神奇鬼怪即陷於荒誕不經，至孫毓修氏童話出版，一九〇九年教育雜誌曾爲之介紹，其文有：「我國兒童於課本之外，幾無書可讀、非爲不規則之嬉戲、即溺於神怪淫盜小說……欲教育之進步，民德之高尚，不能不待於校外讀物矣……」。於此簡短數語之中，可見當時初等教育界對於兒童課外讀物注意及期待之情况，且進一步，已發現當時兒童之課外讀物中，檢舉其不良之點矣！此爲距今前三十年之事也。

兒童讀書，既由「專精」而改道「務博」，則無論任何小學校欲使小學生得有閱讀之場所，以及「集兒童課外讀物之機關，此直接影響兒童圖產生。考我國兒童圖事業，最早具有雛形者，厥爲各地著名之小學校，二十年後，方於公共圖中，發現兒童閱覽部，此因初等教育上直接需要兒童圖，比較圖界注意救濟街頭失學兒童爲積極也。回憶作者幼年時讀書鄉間小學，（約民國七年以後）校中教員預備室，書架上滿儲書籍，供教員作講故事之參考，並准許成績優良之學生借閱，其中除有舊型小說外，復有商務中華等書局譯本童話，如無貓國，三問答等。傳記一項，有哥倫布等。綜計各項讀物中，雖喜閱各種新譯本，惟作者素嗜歷史小說，如三國志，七國志，岳傳等，每不忍釋手，其他讀物，則無緣得讀矣。然是時兒童讀物，較之淸末已確有顯著的進步。

觀夫今日兒童圖事業之得蒸蒸日上，固屬可喜，但根究其發達之源流，與「讀書務博」之潮流，不無影響，因此風苟一日不長，而提倡兒童課外閱讀之聲浪不起，兒童圖事業亦乏人提倡，將何從起而發達？由此觀之，兒童圖事業之發展與務博之風，亦有密切之關係在也。

摘自《圖書館週刊》（北平世界日報副刊）一九三七年六月九日第一百一十八期第十二版

摘自《圖書館週刊》（北平世界日報副刊）一九三七年六月三十日第一百二十一期第十二版

圖書館週刊
TWUSHUGOAN JOUKAN
第一二一期
甚社編輯每星期三出版
中華民國二十六年六月三十日出版

兒童圖事業發達的五個時期

——王柏年——

兒童圖事業，在我國發達之過程，按諸各項記載，觀察之，其胚胎時期，實據有相當的歷史；蓋中國教育之革新運動，胚胎於鴉片戰爭之失敗，發軔於乙未年（光緒二十一年西曆一八九五），盛於庚子（光緒二十六年西曆一九〇〇）以後，而收功於辛亥（宣統三年西曆一九一一）。中更挫敗，再起於民六以後，盛於民國十三年，而收功於民國十五年。（見王雲五：最近卅五年之中國教育導言），觀此，則兒童圖胚胎之始，當在庚子前後。再從我國教育法觀之；初等教育教學法，清末採注入式，民國二年進而爲啓發式，民四以後，自學主義輔導教育法輸入。民九，杜威博士來華，此風益盛。（吳究因，翁之達：三十五年來之中國小學教育）兒童圖事業之發達，當在自學輔導主義之教學法輸入之後，自杜威博士來華之後更甚。觀此，中國兒童圖事業發達的過程，可分五個時期，茲特列舉如下：

1. 胚胎時期——一八九五——一九〇二（光緒二一——二八年）

2. 倡論時期——一九〇二——一九一五（清光緒二十八年至民國四年）。

3. 試辦時期——一九一五——一九二五（民國四年起至十四年中華圖協會成立時止）。

4. 推進時期——一九二五——一九三一（自民國十四年至二十年，中華慈幼協會請求教育部命令規定四月四日爲兒童節止）。

5. 發揚時期——一九三一——最近止

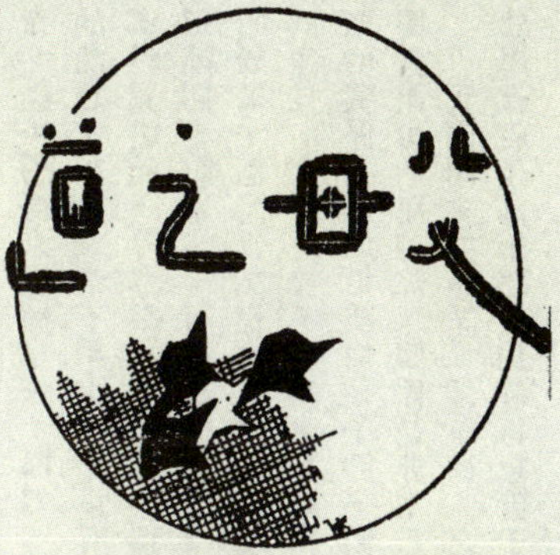

本欄歡迎具體的育兒計畫，尤其是做父母者之育兒經驗的報告或記述，像母親日記，或育兒日記這一種的文字。空泛的理論抓不着實際的高談，我們不需要。在父母的經驗方面，不論是成功和失敗，或在育兒方面，發生了什麼難題，請你不要加以粉飾，記實的寫來，最好。這樣我們彼此可以發掘出育兒的眞理來。關於兒童的飲食睡眠生活表，希望讀者以最合理最實際的寄給我們，藉貢一般作父母者的參考。

兒童圖書館和家庭教育

王柏年

一．家庭教育的重要

現在的學校教育，因爲時間和權力的關係，不能負起兒童的整個教育的責任；從前，學校的確掌着兒童教育的大旗的，差不多整個兒童的教育，學校負十分之七，家庭中僅負十分之三的教育責任。現在，家庭教育和學校教育的責任，漸漸地平衡起來了，而且，一個兒童達到入學年齡以前，五六年的光陰，都在家庭裏生活着，假使在這個時期，他的家長沒有施行良善的家庭教育，那麼，他的孩子不免流入頑童一流的；大凡學校裏的學生，品行列入丙等的，難免不是家庭中遺傳和環境二方面不良的影響。

我國對於家庭教育，可以說往昔就很注意的，因爲從前的明哲聖賢，早已感到這重要的一點，可惜採用的方法，比較有點錯誤，所以，雖然有了『修身，齊家，治國，平天下，』的名論，結果還是達不到「齊」的目的，而竟使極重要的家庭教育，流入腐化之途。

我國家庭教育之流入腐化，推考其原因，第一，家長們的觀念錯誤，第二，家庭中的設備不完備；有了這二個原因，實在也無從施行良善的家庭教育。實際上，公家爲家庭教育，亦未有何助力，去救濟家庭中不完備的教育設備。

二，兒童圖書館和家庭的關係

一般家庭教育的失敗，腐化，和家庭設備的關係，非常的密切，假而家庭中沒有良好的設備，他們的子女，除了上公園和各種娛樂場所遊蕩外，差不多沒有消遣的地方。兒童是合羣的，生性是好動的，那末，家庭中既然沒有設備供他消磨時間．試問，孩子們不同家長搗亂子，弟兄們爭吵，和街上的頑童合流着打架，還有什麼可以消遣的？

家庭裏的設備，含着教育兒童意味，而且眞的能增長兒童知識的，兒童圖書館確乎是頂重要的一種。假如家庭裏有了這種設備，蒐集了有意味的兒童書籍，圖書和雜誌，兒童在無形之中，增長了知識，而主婦的管教工作上，且不知省了多少的時間？省了多少的唇舌？

家庭中有兒童圖書館的設備，當然是一種最好沒有的家庭教育工具；現在，學者大都認得這種新價值了。不過在事實上，這種設備的費用，非一般的家庭都能担負的：卽中下之家庭，也難確實的負担，何況還有『有了早餐無午飯』的家庭，怎樣能強迫他注意這點呢？但是，這種情形，社會上如有好的組織，也能救濟的。

在美國，對家庭中這一種苦衷，他們有公共圖書館去救濟他們，非但城市的兒童能受這種利惠，就是鄉村的兒童，也平均得到這種享受；因爲美國的圖書館事業，特別的注意，在大城市不用說，市鎭有市公立圖書館，鄉村有鄉村圖書館，除了公立的以外，還有私立的去補充不足，這種圖書館事業，可以說推廣得很普遍了。況且他們鄉鎭的居民，也因爲文化水準高，多曉得利用圖書館；有孩子的家長，家境比較不好的，都認爲家庭和圖書館，很有密切的關係，他們更明白孩子們，對於兒童圖書館，或者是圖書館裏的兒童部，關係是非常重要而密切的。

我國圖書館事業，並不落人之後，因爲感念的錯誤，效用就成了落伍者，但是再以近十年來事業發達的情形來說，各國圖書館發展史上，都夠不上我國來得迅速；就兒童圖書館事業來說，在民國二十年以前，小學圖書館已很發達，公共圖書館附設的兒童閱覽部，都是在民國二十年以後注意到的，現在若精確的統計一下，這種附設品——兒童圖書館，也很可觀了，這都是對於家庭發生密切關係的機關，是爲着各個家庭設備不完善而擴充的，孩子的家長，對於這種新設施，要充分的認識才對。

三，家長對於兒童圖書館事業今後應注意幾點

家庭中良善的設備，可以增長兒童知識的，是家庭兒童圖書館；家庭中沒有這種惠利兒童的設備，原因在於經費和管理上；以前有人感到兒童圖書館的重要，而社會上也缺乏這種設備，這是注意家庭教育的人，互相引爲遺憾的。現在小學也有兒童圖書館，公共圖書館，民衆教育館，也附設了兒童閱覽部；這種事業，相信今後更有發展，那末，家庭設備上不完善的問題，至少解決了一半，家長們對於家庭設備上，也用不着抱憾，不過，怎樣去認識這種新環境？怎樣去利用這種新設備，是値得注意的。

第一，爲家長的，怎樣使未入學校的兒童，在未達到了相當年齡之先讓他們先去認識兒童圖書館？或類似的設備？

第二，家長們應該懂得怎樣到公共圖書館去借閱兒童讀物給年幼的兒童看？救濟不能進兒童圖書館的孩子。

第三，在小學及初級中學讀書的孩子，家長們應該曉

得他孩子利用家庭休閒時間讀幾許書？讀那幾本課外讀物？

第四，家長應該研究怎樣去鼓勵你們的孩子到兒童圖書館去？孩子們怎樣的讀書，才能收到較大的利益？

第五，家長們必須和兒童圖書館合作，相信館員告訴你們那幾本書是孩子們不可以看的？在家中作執行的領導人。

四，結論

上面這許多條件，都是爲你們孩子得到純粹的智識和利益着想，實際上家長們是必須執行的，對於兒童圖書館，須加強認識。

作者在上海民報民話欄中，讀到幾篇關於家庭兒童圖書館設備上，發生許多困難問題；這個問題，只有家長和機關——學校兒童圖書館等——合作，方才能解決。

事實是這樣的，一位很注意孩子們學業的家長，見兒童課餘閱讀害人的小人書，而想到兒童圖書館的重要，因而努力的擴充這種設備，以增進家庭教育的效能；但是個人的經費，所備的書籍，對於閱讀力神速的孩子，供不應求，就發生了困難的問題。但是，這種問題，只有和機關合作才能解決，家長最好將購書費捐助於兒童圖書館，使圖書館書籍日增；俾供大家兒童閱讀，自己的問題解決了，順便解決了別人的難題。最後，希望各家長認清家庭教育和兒童圖書關係的重要。

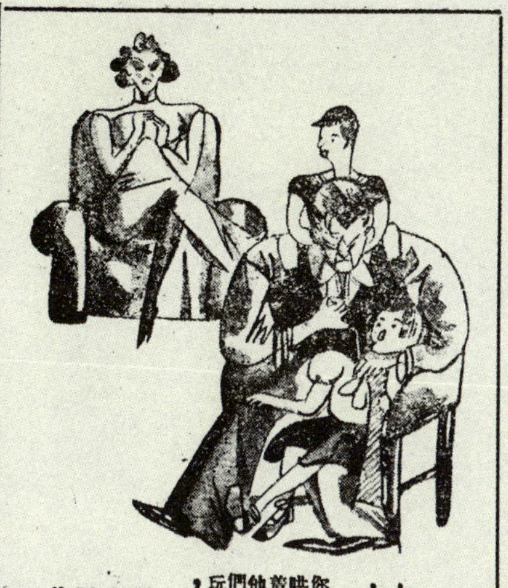

太太·你映着他們玩，我修指甲吧！ 張泰元作

「月初」「月底」的爸爸 顧一作

摘自《方舟月刊》一九三七年七月第三十八期

兒童年中之兒童節

潘寶林

「一番新氣象，呈現在眼前，今歲欣逢兒童年！
親愛小朋友，幸福眞不淺，同來高歌祝盛典！
念國家需要切，感社會技植難，怎敢不及時奮勉？
未來新中國，未來新世界，都待我們去創建。」

以上的一首歌詞，我想諸位一定會知道，是潘公展先生授意，胡敬熙先生編製的，「兒童年歌」，音韻鏗鏘，詞飾典雅的，確是一首兒童年最佳的歌詞。

讀了這首歌詞，不禁想到今年的兒童節，有雙重的紀念意義，因爲今年的兒童節是兒童年中的兒童節，這個節日當然更加熱鬧更加愉快的慶祝這個節日，社會教育機關的我們負推行，兒童節，提高兒童地位宣傳慈幼思想之責任，到了這節日豈能默然無聞，所以我們在這兒童年之兒童節的日子，盛大的舉行一個中華民國第五次兒童節慶祝大會，另外還爲兒童們設立了三個兒童圖書館，一在西頭太平街，一在鼓樓西，一在特二區，並且第五圖書館的兒童閱覽室，也預定了在本年兒童節揭幕，民教館，市三圖也舉辦了兒童健康比賽，足徵本市社教機關對於慈幼熱忱了。

兒童是未來的成人，成人是未來的主幹，那麼兒童節是國家的基礎，世界的基礎，要說一句，「將來世界的人類命運，待決於現在的兒童，我想誰也不能否認吧！兒童既然如是其重要，那麼關於兒童的一切一切，自不能含混其事，所以世界各國在日內瓦曾有過保障兒童宣言：

「第一條　兒童應當享受物質上與精神上的種種權利，

論著

俾能充分達到他的可能發展，

第二條　對待兒童的道理：餓的餵養他，病的看護他，迷誤的感化他，落伍的提携他，孤苦的救濟他，

第三條　遇到危險，先救兒童，

第四條　兒童應有謀生的機會，應當受相當的保護，

第五條　我們應當教導兒童，使他們從小就覺悟他有竭盡才能，爲社會服務的責任，』

看了以上幾條，可以知道世界人類，對於兒童是怎樣的注意，再來看看我國人是對於兒童究竟如何，眞是慚愧極了民國二十年二月間，上海中華慈幼協會，爲提倡兒童教育，喚起社會同情，以造成强有力之輿論起見，曾議决提倡兒童節案於三月七日呈請政府規定四月四日爲兒童節，旋經行政院批准由敎育部製定紀念辦法於八月十八日通令全國各小學校幼稚園，各社會敎育機關，各家庭一體遵行，我國空前未有的兒童乃能宣告確立，

我們想一年三百六十五日，中華慈幼協會爲什麽定四月四日，爲兒童節呢？考其用意所在，或許略如左述：

ㄅ. 意在與我國舊歷之三月初三，五月初五，六月初六，七月初七，九月初九，以及民國後之「十月十日」（雙十節國慶日）十一月十一日（雙十一節），（世界和平紀念）……各節日的名稱，既不重複，且能前後相輝映，

ㄆ、或許因四月四日，恰值春暖花開，韶光明媚的時候，南北氣候屆時均已溫和，

ㄇ. 或許因四月四日，與植樹時間接近，尤默合於「『十年樹木，百年樹人』」的國家大計，現在的成人，即是兒童的尊長，兒童的良窳，端賴現在成人的教養，養而不敎，或是養敎不得其法，或是不知注意感化，提携，救濟、看護、保護…………等事項，關係國家的盛衰，人類的進化至鉅，所以服務社會機關的我們，豈能放棄了責任，不激盪一般人的思想，而辜負了大好童呢。

摘自《天津市市立通俗圖書館月刊》一九三七年第二卷第六期

兒童團教育的功效

齊宣

兒童團教育，在民國十年以前，提倡者頗有其人，但那時初等教育界盛行灌注式教育法，是故兒童團教育之功效，未若今日之顯明，兒童團之需要，固未若今日自動式教學法全盛時之亟也。然而中國兒童團教育有今日之成就，未嘗非極力提倡諸先輩之所賜也。

日前，遇孫惠卿先生，偶討論兒童團教育問題，以爲此支節問題。與整個教育，大有關連，但實施兒童團教育，究從何者着手？爲一頗値得研究之問題；以研究此種事業之人材既少，所發表之論文，爲數亦不多，實無所取法。此等問題，實佈滿於教育專家腦海之中，果無深刻之研究，終未能作一完滿之結論也。然則，初等教育上究需要兒童團否？教學法上待兒童團設備之解決否？兒童在學時需要兒童團否？失學兒童需要兒童團否？凡此種種，在在引起個人研究之興趣，所以在未發表兒童團管理方法之前，先討論兒童團教育之功效問題。討論之方法，先從初等教育及自動的教育法上與兒童團作一比較，以後再從兒童本身需要上及兒童團效力上，比較兒童團教育之功能，以爲研究此問題者之一引，是否有當，尙祈高明教正。

兒童團之意義

初受教育之兒童，程度低淺，思想單純，對於一切事物，缺乏相當之認識，往往一時不易瞭解其所以然，良以天眞爛縵之兒童，入世未久，經驗缺乏，有以使之然也；此亦兒童與成人所以不同之簡單標點。

兒童團，爲適合兒童心理，年齡與程度之智識糧食實庫；因是之故，無論於設備上，行政上，管理上，指導上，以及推廣事業上，均須力求適合兒童的心理，知識程度，以及身體發育等諸點，此項設施，皆與一般之普通及專門團迥異，所以爲名乎其實起見，名之曰兒童團。

論・說　兒童圕教育的功效

雖然，無論任何方式之圕，其主要之目的，不外乎輔助教育事業之發展，與補助學校教育之不足，此為一般圕特具之精神。兒童圕教育於形式及命名上，與一般圕稍異，然其效用與精神，則不能例外；且兒童圕教育，為各種圕之基礎，其重要可知。

兒童圕與教育之關係

（1）兒童圕與初等教育之關係

初等教育，為國家教育之基礎，普及與否，關係一國人民文化水準之高下；是以初等教育列入國民強迫教育之階段。近來各處短期小學等，均先後增設，意在掃除吾國特多之文盲，用意至善。但考究一般學校之教育方針，僅注重現在而未顧及將來，是故小學畢業生之大多數失學者，一離開學校，即與書本脫離關係；學未致用，豈不可惜？進而推考此種原因之所在，質言之，即一般小學校未十分顧及兒童圕教育之設施，如有兒童圕教育之設施，學生完全受閱讀課外讀物之訓練，其將來如不幸而失學，尚可運用其閱讀興趣與能力，有暇之時，去利用公共圕，以繼續求學，以完成其宏願；由此觀之，兒童圕與初等教育之關係，非常密切，且小學當局，似乎具有訓練兒童利用圕之責任。

（2）兒童圕與教師

凡受初等教育訓練之兒童，應具有利用圕之技能，此種技能之獲得，惟日常訓練是賴，訓練之方法，半藉兒童圕設備供彼實用，半在圕主持者之教導講述。但大規模之小學校，學生衆多，兒童圕導師，指導未必能週，於是教學導師，應負有相當的責任。吾人觀察美國威斯康新(Wisconsin State)州檢定之小學教員，於檢定時應受學校附設兒童圕目錄編製法，以及兒童圕利用法等試驗，所以兒童圕事業之發現，美國較英國遲二十年，而美國兒童圕事業之能一日千里，作扶搖直上之發展，至今執世界牛耳者，無他，美人有興趣研究新事物，上下提倡，精神貫注有以致之也。反觀我國一小部份小學教員，竟不知兒童圕為何物，頗堪興歎，希望以後教育當局，亦起而糾正之。

教師訓練兒童利用圕之方法，非特學生受其惠，即教師自身，亦受惠無窮；苟兒童能利用兒童園，或有兒童園可利用，有許多地方，不必自翻參考資料，可令學生自求解釋，頗合於自動教學之原則；由此觀之，兒童園教育與教師之關係頗密切也。

(3)兒童園與訓育

吾人自兒童園對於兒童性情之涵養上着眼，而研究與學校訓育上之關係；小學校對於學生之訓育問題，研究者大有人在，然終不能有圓滿之結論，察其原因，大概因學生課餘工作太少，以致一下課堂，即耽於遊戲，日久遊戲生厭，於是種種越軌動作，隨之而起，原因在於餘暇時缺乏精神上之調劑。如欲免除此弊，謀使兒童課餘時間之不虛擲，則必須充實兒童園，供其利用；一方面兒童有相當探討知識之場所，一方面高尚之兒童讀物，默化兒童頑劣之品行，使其作正當之發展。於此可見兒童園教育與訓育之關係。至於涵養兒童品性等效能，當於下章詳論之。

(4)兒童園與兒童

a. 天才兒童　照現在一般初等教育情形言，各校灌施智識與兒童，完全受呆板之課程所支配：班級制度。成爲牢不可破之陳規；以致具特殊天才之兒童，無發展之機會；低能之兒童，被同學强曳以進；結果，兩無裨益。蓋一班之兒童，具數十之夥，其中愚智賢不肖，兼收並蓄；無論任何學科，總不免發生智者有餘而愚者不足之感；是以愚笨者，日感學科繁重，所習非其所好，以致終日愁眉不展，身心大受其害。反之，聰慧者常感學科太輕，終日無所事事，以致嬉皮笑臉，東奔西蕩，日久則行爲不檢，成爲性情不羈之頑劣兒童；此課程呆板之弊病，遺害於天才兒童者一也。

b. 低能兒童　低能兒童，僅恃教課書講解，不足以開其茅塞，其補救之方法，在於課餘之進修，旁求博稽，藉養其身心，使其於無意之中，逐漸進步。

此種問題之解決，如學校具兒童園之設備，定能除此弊病；蓋天才兒童於課業之餘，充分可用之於園，若指導得法，使彼與閱讀課外書發生興趣，常與此「取之不盡，用之不竭」之智識實庫相依，彼天才者，雖有得一反三之智，亦能使其感到應接不暇，不過其學業之進步程度加速，更可高人一等。

低能之兒童，得利用機會，常入兒童圖，用其所好，揮其所長；於不及格之課業上，時時補習，增其見識，消除其應付學科之困難。至於常態之兒童，於課餘之暇，得相機與此智識泉源相依，日增月益，潤利自多。此學校兒童圖與兒童之關係也。

c.失學兒童　各地方普通圖，至今大都有兒童閱覽部之設立，其目的，在於輔助社會教育，救濟失學之兒童，其間組織完備者，每附設讀書會，以推進義務教育，失學兒童，與之發生關係，無異入學校繼續求學。

兒童圖教育之效用

兒童圖教育與各方面之關係，一如上述；以下研究者，爲兒童圖效用問題，即一般人對於兒童圖教育所抱之疑問也，今從兒童圖在心靈修養上之效用，學校教育上的效用，以及社會教育上之效用三方面討論之如下：

一、在兒童心靈修養上之效用

a.養成兒童智的情操　智的情操，乃兒童對於吸受各種新知識，作用而引起的一種感想，例如兒童受圖員及兒童讀物之引誘後，對於利用兒童圖所發生的一種興趣，所謂智的情操。其原因，爲兒童因閱書而涉獵新知識，因求得新知識而生快感，因生快感而培植其讀書之興會。人生各時期中，每一轉變，均須變換其需要之知識，於兒童時代，極富有創造力與想像力，兒童讀物之本身，頗注意於此，以增加構成此種想像力的材料。使兒童由幻想而致於實用，促其實現創造的思想。

無論兒童與成人，於程度方面，年有高下之分，於理智方面，亦有强烈之別。其所謂程度高者，因能利用其整個精神，運用全力，注意於追求新的知識，步步不懈，以致思想孟晋，理解力因之而强盛，程度因而超人，所謂聰穎的兒童。愚笨之兒童，精神散漫，思想落後，對於研究學識，視同畏途；對於探求新的知識，不發生興趣，其理解力方面，因此日漸低能。識是之故，於兒童時代，對於其智的情操方面，必須盡力培養，並引起其創造力量。

兒童課外讀物，較書本爲有興趣，其取材頗着眼於新奇，以趣味爲中心的述法，引起兒童的幻想。兒童圕爲培植兒童智的情操而使產生新的創造力起見，無論其藏書之多寡，能以啟發兒童新智爲目標，故常設法引導兒童閱覽，搜集新奇之讀物，使兒童隨時感到快感。以致兒童的智的情操，日漸發達。

b-養成兒童美的情操　兒童是愛美的，吾人日久在兒童隊伍裏混，對此可立爲定論，無論任何有刺激性的色彩，頗能引起其瞻覽的興趣。且兒童之富於好奇心，以及模仿性，爲盡人而知的，尤其對於美觀，最能引起其模仿觀念。兒童對於美醜所引起的一種感情，就是美的情操，必須充分培養之。

世人之所謂美，有天然和人爲的區別；好花，明月，青山，綠水，此項是自然的環境，純屬於天然的美；建築，繪畫，雕刻，詩歌，音樂，舞蹈，爲人爲之美感，惟兒童圕既非青山綠水，又乏歌詠畫意，何能養成兒童美的情感？豈非提倡兒童圕教育諸專家唱高調乎？但吾人如能靜心觀察，不難求其答案，蓋兒童圕之資料，分門別類，內容豐富，爲知識之寶庫，凡天然人爲之美，無不俱備，有關圖籍，兼收並蓄。使兒童身入其中，開卷有益，如遊其地，如詠其歌。觀夫歐美資本主義國家之兒童圕，其設備完善的，竟有兒童音樂家之附設，於一定時間內，使入館兒童，遂其所好，各奏其樂器。並有專門導師（音樂專家）隨特指導，使兒童獲得實際的技能。此外尙有映畫設備，將各地風景，人情，風俗，以及其他美術品，利用幻燈顯映，由指導員從旁說明，使兒童一如身入其境。

兒童既爲愛美者，兒童圕的設備，亦以美爲標點，館址四週，多植花草樹木，閱覽室內，牆上懸掛世界名畫，或兒童代表作品，既可美化兒童，並可使養成美之情操。

c.養成兒童德的情操　現代時有人感歎道德淪亡，以爲社會之亂源，於是盡力設法嚴禁，然此種方法未免過於消極，何不在禍害未然之前，用正當方法，導之教之，使作正當之發展？人生培養德之情操，宜於兒童，所謂「先入爲主」之說，並非虛言。教育者如欲培植德之情操於兒童，則有賴於兒童圕之助力。

我國自古以來，素重德治，歷來圖籍雖汗牛充棟，無非以德行爲依歸，其中史籍更重視此點。兒童圕爲圖書之府，其中哲學歷史諸類，不少參考材料，爲兒童喜閱的。此外如名人的嘉言懿行，偉人傳記等，經過史家一翻褒善貶惡之抑揚後，極能引起兒童的崇拜，由崇仰故人，而發生模仿的意識。

近日小人書及不良小說，充滿市場，若無兒童圕供利用，則兒童於閒時未免發生摩擦。即武俠小說，因作者筆法之隱逸，兒童每神爲之往，憶昔往年有小學生入山求道之新聞發生，而失其光明之前途；如有兒童圕可供利用，指道者每運其全力於選購書籍，引導兒童走上光明大道；兒童既與良書爲友，日久受其薰陶，即漸具有辨別善惡之機能，德之情操的基礎，可培植鞏固。

d.培養兒童自治上的效能　「人非生而知之者」，言人生在世，惟在於訓練和學習；但求學非常廣泛，鄉諺說：「做到老，學到老，學不了！」言人生有幾，雖志於學，亦不能盡知天下事。人生學問既無止境，求學之事，又不能多受訓練；未普及訓練，人民無自立的精神，乏自治的能力；欲訓練人民具自治的才力，必須從兒童着手。圕是人民自力求學的處所，但就一般情形言，有許多人未瞭解利用圕的方法，又不知在圕應守的秩序，此等人既未受紀律的訓練，當然缺乏自治的精神和自學的能力。兒童圕教育，是自學兒童的基礎訓練處所，兒童一入圕，指導員即以顯明之規則隨時訓練和解釋；如走近兒童閱覽室時走路要輕；進出圕要順次序，不可爭先落後；借書查目錄時要整齊；閱書時要肅靜，不可隨意談話；書籍閱畢要還到原處；對於公藏圖書，要盡心愛護，凡此種種，均逐漸能養成兒童的公德心，使兒童保守公共場所的秩序，以服從任何環境的紀律，達到自治的程度。

兒童圕又爲養成兒童自力求學的技能起見，多購參考書籍；如：辭典，辭書，百科全書和年鑑等；將各書特別的內容，排列的次序，和利用的方法等，訓練兒童實驗；如在閱書時遇有生字，難句，專門名詞，以及典故等，均可直接翻參考書解決其問題，不必再事請求師長解釋，以培植兒童自立自尊心，以固自治的意志。

就以上情形觀察之，兒童圕教育於兒童心靈修養上，其特具的效果，於智育上，增進兒童的知識；於美育上，使兒童受心靈的欣賞；於心靈的修養上，使兒童思想靈敏，精神快慰；於德育上，使行為善良；於自治方面，使守紀律，愛護公物，養成自立自尊心；兒童受此洗禮，當能意志堅決，不致參預不道德不名譽之事；不參加擾亂秩序之團體，自少無為之糾紛，糾紛減少，在學校為紀律井然，在社會為秩序安寧，大收自治之效，社會易於進化。

二、在學校教育上的效用

a. 補助教課書的不足　從兒童心理發展上言，兒童之好知慾及競爭觀念極旺盛；一般學校課業雖重，然決不能滿足他們的求知慾望。另一方面，兒童的性情極喜新厭舊，使其於一學期間，與三五課本為伍，不免發生單調和厭惡之心，是故兒童每有一見教科書就覺頭痛之感。良以現在所採用的教課書，於質量方面，難免有未妥之處，非取材過於腐舊，則失之於高深，或則洋文直譯，文章枯澀乏味，故實際上難能引起兒童的興味。

我國幅員廣大，各處風俗習慣不同；南方情形，北方不能瞭解，反之亦然，且鄉村風物，使都市兒童讀之，難解其究竟；城市情形，令鄉村兒童講解，亦未免茫然；北方兒童以南方多雨，有以為水澤之鄉者，與南洋羣島兒童不知雪花為何物者極相似。

觀上所論，皆為教課書取材狹隘，呆板的弊病，至於兒童圕究屬何以能補助此項缺憾？第一，兒童圕中各項材料收藏豐富，所有圖書，其介紹一地方或一事一物者，論說完備而詳盡，不受課本式的材料分量與講授時間等的限制；所以兒童置身其間，可以廣稽羣籍，學識自可日博，指導者以良好之方法，引誘兒童利用其深藏，以滿足其旺盛之求知慾，兒童的思想得隨時發展。

b. 適合兒童的個性　人類的身材，分男女之別，有大小之參差；而貌谷不相同，個性固不一致；所以古人說：「人心之不同，一如其面，」極為得當；兒童為人類之幼苗，此點亦不能例外。大凡兒童心理發展上差異之點，據心理學家之評定，有下列二種分別。

1.種族，親屬，性別以及年齡等的影響。

2.品格，興趣，及態度等的差別。

此兩大原因，為兒童羣中所難免者，在一個學校之中，學生數百，具上列差異與影響二大系不同的兒童，以之讀一貫的教課書，豈能謂合適？至於兒童圖何以能矯正此種弊端與適合兒童的個性？實亦具有下列三種，原因的存在：

1.書架採開架制選書可自由。

2.閱讀本自動式可隨自身個情之所好。

3.具有廣博的兒童讀物增廣兒童見識。

於此種設備之下，個性各異的兒童，在僅須遵守舘規之下，隨心所欲，自由選擇其適意的讀物，作廣博之閱覽，以舒適其身心，隨其個性而發展，絕無限制。然則，教師的强輸硬灌之弊病，當可免除、日後進步必速、其程度與日俱增，大受裨益矣！

c.養成兒童讀書的習慣　世界文化，日漸進步，社會組織，日加複雜，文化水準，亦隨之提高，各項記載頻繁，吾人如欲應付此千變萬化之環境，非多讀各種資料及新聞雜誌，以期適應環境；例如：每日必須閱讀的報章雜誌，質量已屬不少，但吾人服務社會，工作亦極繁忙，處處受時間所支配；若不自幼即養成其讀書的興趣與習慣，受相當的速讀和默讀的訓練，實難應付現實的社會。且默讀訓練未週，閱書速率必慢，則閱讀同樣的參考資料，必較人所費時間多，極不經濟。吾人更觀察古今偉人名士，何非在讀書習慣上得來？可見養成此種習慣，不可等閒視之也。

三，在社會教育上的效用

a.救濟失學兒童　今日中國之兒童，得受初等教育者，已極儌倖，至於小學畢業後，不幸而失業者，實比比皆是。此項兒童，除一部份轉入勞働階級外，其他則為商店學徒，或服務其他各界；最不幸的，則空守門庭，終日無所事事，升學則經濟不允許，謀事且不可得，眞苦不堪言，將來有何希望？此項兒童最大的弊病，在於一離開學校，即與書本脫離關係，大有將已學日忘之勢，毫無進取之可言。但其中不少有志取學之士，若社會上缺乏兒童圕之設備，則難免進身無門矣！幸現在各公立圕，頗注意此種設備，以救濟失學兒童，以推進社會教育。

r. 輔助義務教育　兒童圕爲輔助强迫教育起見，組織兒童讀書會，除教導兒童利用圕方法外，並亦教育兒童認字，以及修身等訓練，在讀書會之會員，與入校讀書無異。

總之，兒童圕教育，爲教育上的一部份，綜述其效能，不外如上述各點，今再簡述其概要如下，以作本文之結論：

1. 兒童圕供給有益讀物，使小朋友們得到高尚的知識。
2. 訓練兒童利用圕的方法和技能。
3. 養成兒童讀書的習慣，以應付社會。
4. 供兒童心靈上的修養，以完成守規律的兒童。
5. 防備兒童閱不正當的圖書，以免誤入歧途。
6. 救濟失學兒童，使他們得到繼續求學的處所。

（完）

摘自《教育學報》一九三九年第二期

集納茶室

籌建兒童圖書館我見

呂紹虞

上海第九屆慶祝兒童節籌備委員會為籌建兒童圖書館，業已通過計劃大綱七條，募捐經費一萬五千元。我們對於這個計劃，就圖書館的立場，想貢獻一點芻蕘之見。

創辦一個圖書館，籌募經費是應該包括創辦費與經常費兩項，因為祇有創辦費，未始不可以把圖書館創辦起來，但是沒有以後的維持費用，怎能支撐於久遠？圖書館是一種文化事業，是一個消費的機關，不能生產，即使是一個生產機關，也須有流動的資金，以供周轉。所以我們看了大綱第二條經費用途的分配，僅列第一年經常開支費三千元，不由得不疑慮第二年是否就宣告清理，關門大吉？還是年復一年的籌募經常費用？一個基礎不固的機關，經費成了問題，是很難希望有良好的成績表現出來。所以，這個計劃沒有顧到此後的維持費是一個很大的缺點。

其次，該要說的是分配的不當。圖書館開辦之初，圖書費不必佔很大的一部份，尤其是在經費缺乏的圖書館，因為預算大了，多購圖書，時常會犯漫無選擇胡亂購置的弊病，並且還要增加整理的時間與費用，以致延長開幕的日期。況且我國兒童讀物，根據生活總書目，不過三千種，再加該目遺漏及二十四年以後出版的新書，全部購置，所費也不至超過三四千元，再則，一時也決不能如數辦到，是毫無問題的。因此，我們以為六千元的圖書費，應該大大的減低。更加，這種圖書，在本埠徵募，很有募集相當數量的可能。

第三點是擬受捐款紀念辦法的規定，似欠周到。在第四條上說，其數目在一元以下者，每滿一角贈予乙種兒童幸福章一枚，以留紀念，其數目在一元暨以上者，除贈予甲種兒童福利章一枚以留紀念外，並先後掣置臨時及正式收據各一紙。以這種紀念辦法，或者不夠引起捐款人的多大興趣，謂當再加（一）以捐款人之名名館，（二）為捐款人立半身或全身銅像，（三）將捐款人肖像懸諸館內等辦法。上海不乏殷富之家，尤其不乏急公好義熱心社會事業的人士，也許這種辦法於募款上能有相當幫助。

圖書是圖書館的基礎，上面我們曾經提到圖書費預算太大，圖書也可徵募，捐助圖書紀念辦法，也應該在大綱上列出，如（一）將捐贈人肖像刊貼於書內，（二）將捐贈人姓名書於書內等等。

最後，我們希望擴大籌委會的組織，集各界知名人士，羣策羣力，能夠募集一筆很大的經費，創辦一個模範宏大的兒童圖書館，造福上海全市的兒童，不要以創辦兒童圖書館作為今年兒童節的點綴。

摘自《中美日報》（上海）一九四〇年三月二十六日

一個美麗的夢

——我對兒童圖書館的理想

童世牧

每個成人都要經過「兒童」這一個階段的。我們不要以爲自己「成」了「人」而忘記我們可戀慕的「兒童」年代。或許你是過着暖房一樣舒適的生活，或許你是過着冰寒一樣貧苦的日子，然而，我們的「兒童」年代，都曾做過無數美麗的雖則是空幻的夢兒的。少爺小姐，做的或許是「王子公主」的夢兒，然而貧窮得即使是個一無所有的小丐兒，像「童話之王」的安徒生，他在一篇傳誦全中國小學生間的童話——「賣火柴的女孩」中那個女孩子，不是在一個大雪的寒夜中做着她慈祥的祖母的夢兒，一同昇到「沒有寒冷，沒有飢餓，沒有憂愁」的地方——天堂裏去了麼？

我們雖然對少爺小姐的「王子公主」的夢兒，跟賣火柴的那個女孩兒的「天堂」之夢，有着不同的看法：我們是同情後者的那個夢兒的，——這是一個多麼值得流淚的夢兒呵！是悲哀的，然而也是快樂的！可是，孩提時代所做的美麗的夢，總是值得我們「成人」們所戀慕的。

從前做小學教員的時候，低年級課堂中有着坐包車的孩子，也有着衣衫襤褸的孩子，當一看到他們親親蜜蜜一無顧忌地同在玩樂的時候，往往引起我的「痴想」：人類世界都像這間方方正正的小世界中的孩子們，那該是多麼值得頌讚呵！

我也看見兩家像仇敵似的父母的孩子們，却在沒有父母監視之下，互相追逐，互相嬉遊，把他們爸爸媽媽間的仇恨，忘個一干二淨：這又是在我們「成人」們的世界中所沒有的怪異的，然而是又該多麼值得頌讚的現象呵！

我愛孩子們，孩子們有許許多多的優點，使我愛慕，使我陶醉，使我要「返老回童」地去混在他們的隊伍中，跟他們一同天眞無邪地遊樂着。

唯其過分熱愛孩子們的緣故，所以我的眼中看出來的孩子們，都是命運多可悲慘呵！打扮得漂漂亮亮的，我覺得只是父母們的玩具；衣衫不全，在垃圾堆，在積滿溝水的弄堂裏奔跑的孩子們，我看了心中倍覺慘淡；有時候見大人們毆打他們的孩子，我會走上前去勸阻，一看見孩子們無罪地哭着，我的眼睛濕了，我的內心充滿着悲憤！

然而我總是留下一聲輕微得只有我自己聽到的歎息，我抑鬱地默默地走開去了。

．我也像那個賣火柴的女孩子似地，做起夢來了，我夢見孩子們都得到幸福和快樂，沒有那些可怕的慘象了！

於是我含着淚，帶着微笑，我走回家中。

坐在家中，就會聽見弄子裏孩子們無顧忌的高聲談笑。或許是摔交了吧，哭聲起了，於是接着大人們的駡詈聲。

我常常在這樣的鬧聲中，做起一個美麗的夢來的。

我想創辦一個「兒童圖書館，」然而並不像在報紙上宣傳得很久很久那樣規模宏大的「兒童圖書館，」要開十幾次「籌備會，」一要拉名人聞人做贊助人，然後，募捐！

完全不是那樣的！

我只要一間普通的客堂，四壁都漆着湖水一樣淡藍的顏色，天花板掛着波浪一樣潔白的綢質布幔像天空中的朵朵白雲，在屋子一角，我要裝上一勾很大的彎月，讓一個生着翅膀的安琪兒跨着翅膀正飛揚，臉上是露出大笑的神態，嘴巴張得大大地，在任情地喊叫什麼。四壁掛着眞正爲人類謀幸福的人物的像片，這些像片都要有個笑臉，過分嚴肅孩子們是不歡喜的，像下有着淺近的，然而很簡單的一段介紹，這類像片最好常常要調換調換。

屋子裏的佈置，像一般課堂似的，然而座位絕不像一般課堂裏的那樣機械：長方形的像大寫字檯的桌子，當然是很低的，像這樣地「|||||」排例着。桌上放着「書目單，」小朋友們要借書，只要把放在桌上的「借書單」塡一下，交到一個像電影院售票似的窗洞裏，沒會兒，書就借給他了，小朋友們就可以去坐在他的座位裏看他的故事書，或者圖畫書了。

在門口，有一張小小的桌子，桌子邊坐着一位像姐姐一樣親愛的青年女子，小朋友們要進來看書，「姐姐」就會給他一塊美麗的小方牌，上面寫着座位的號碼，當然，還應該繳一次費：最好二分，最多五分，（否則，房租怎末辦呢，「姐姐」怎末生活呢？當然這是很「淸苦」的。）這位「姐姐，」還兼帶「管理員，」維持這個小小天地中的所謂「秩序。」可是，「姐姐」却並不是用「戒尺」來維持「秩序」的啊！

每個星期日，上午，下午，晚上，都有一小時的「講故事」會，這個並不限於「姐姐，」或者「哥哥，」或者「媽媽，」或者「爸爸，」甚至「祖母」「祖父」都可以的。安徒生窮到無以爲生的時候，曾經在街頭給孩子們講故事過活的，這裏，當然可以收最好二分，至多五分的「聽故事費。」

門口掛着一塊黑板，寫些廣告，畫些圖畫，都可以。還應該有一個無綫電放聲機，放送的當然是音樂，要低低的，並且有一定時候，如圖書館開放之前。

這間兒童小圖書館裏的書，什麼都可以有，連「連環圖畫」也可以，否則，你想孩子們讀些什麼？看些什麼呢？成千萬的孩子們，不都在街頭閱讀「連環圖畫」麼？（這裏，使我想起有把「連環圖畫」加以新的內容大量產生的必要。）

像這樣的兒童小圖書館，每條弄子最好都有一個。有公家幫助最好，否則，一條弄子裏的家長們出錢來設立一個，不是也很好的麼？

……………………

可是，啊呵，這……

這不過是一個美麗的夢兒罷了！正如我對孩子們做着的許許多多別的美麗的夢兒一樣：怎末能够實現呢？

唉！就是這樣一個「廉價」的夢兒，也不能實現呵！

然而我總是做着。

現在，我把這美麗的，在你或許是認爲荒唐的夢兒囈語般地說給你聽了呵！

願普天之下的「成人」們，都來多替孩子們做些「荒唐」的夢兒吧！

摘自《大陸》（上海一九四〇）一九四一年第二卷第三期

怎樣發展兒童圖

救救我們第二代國民精神上的飢渴吧！

慧 忞

我們說到第二代的國民教育問題時，有許多人感到一代不如一代，兒童的程度漸次低落了。凡是從事於教育界的朋友們，直接間接都會感到或聽到吧？是的，這是事實的一部分，我們爲了不荒廢兒童求知的機會，和救治知識水平低落這些問題起見，當然，要關聯到教師的教學效率問題，教師的再教育問題，師資的檢討，教學方法的科學研究，學制問題，教材問題，課程編制問題……等，這絕不是說說就算完了的問題，在各方面都有其相關的因子。同時，對於學生的評判與測驗，也需要一些科學的根據，絕不能信口雌黃，不過，這樣研究起來，範圍未免牽涉太廣，假如說了辦不到，還不如先從小的部分來談，求其必行，收效或許還可以急切一些吧？

那末，我們暫先拋開以上的各種問題，從兒童本身的修習上來檢討一下吧。現時兒童在學期間所求得的一切知識，都是從課本上得來的，但，課本上所涉及的範圍，又是泛而空的結構，只在這一點入門知識上轉圈子，距離豐富學識的途徑，還遠得很呢。即使指導得法，也談不到知識的豐富，指導不得法的，其惡影響當然更不難想見了。在這種情形下，似應鼓舞起兒童自學的興趣和能力，把學得的求知工具，利用到圖裏去，再發展個人所好的天才，去充實，去探討，再進而去研究，然後才能談到學識的日有進益。否則，求其日進，不只是空談嗎？

既然圖在教育上有其重要的地位，那末，儘可以增設圖吧？事實上，却又不是這末簡單的事

。普通圖只合於成人的一般閱覽，專門圖更不是一般人所能利用，在學校裏所需要的，却是學校圖，但，學校與學校又不同，他的性能是供參考用的，大中小學的學生，需求懸殊，當然，不能相提並論。我們既談兒童的求知問題，當然要設法關創兒童圖，使兒童在課餘儘量去參考或補充其學識，這兒的書籍，當然，完全是合乎兒童的程度，需求，能力，和興趣的兒童讀物，絕不是成人的讀物。

但，事實上，從事變以後。所有小學的兒童圖，完全取消，即使恢復，也爲了種種原因，而失去其健全性與適合性了，當然，這是無可厚非的。不過，現時教育已走上整頓之途，各小學似應儘量依照下列各原則來恢復兒童圖，以增進兒童求知的興趣，並充實其學識：(1)購置政府允許發行的各種兒童讀物。(2)和省縣市教育當局取得聯繫，協助購置大批新的兒童讀物。(3)由辦公費中提出一部分圖書費，另外再由學生按期分攤一部分圖書購置費，以便充實圖書(4)獎勵兒童或家長，或地方知名之士的捐贈或借閱。(5)仔細考察讀物的內容。(6)多量購置合乎教育原理，時代需要，與科學思想的讀物。(7)絕對剔除神怪鬼狐，武俠劍仙一流的低級趣味的小人書。(8)剔除誨淫誨盜的讀物。(9)鼓勵兒童充分閱讀和利用。

因爲學校在經費上是受着相當限制的，尤其是在現代的物價高昂時期，書價也高出了兩三倍，當然不易購置多量的圖書。所以，在學校圖之外，省縣市公立的兒童圖尤應特別設立，以多量的經費，予以充實的購置。並應以大量的圖書，分批充作巡迴書籍，在縣市各學區各小學內巡迴閱讀。凡學校圖所不能購置的，或無力購置的，概由公立兒童圖購置備閱。此種辦法，對於經費困難，設備簡陋的學校圖，利益最大。在原則上該項兒童圖應依照下列情形設立：(一)縣裏每學

區至少應設立一座，市裏每足十萬人口，即應設立一座，每省至少應在各縣設立省立兒童圖一座。(二)獎厲私人捐資購置兒童讀物。(三)提倡私人寄贈或借用兒童讀物。(四)和全國兒童讀物出版家取得聯絡，按期贈予或享受優待折扣，以便多量的隨時增置新讀物。(五)充實純粹的兒童讀物，儘量減少成人的和專門的高深讀物之購置。(六)充分利用巡迴圖書(七)謀求圖書館教育之合理化的推動。(八)聘用兒童圖專門人材管理。(九)和學校兒童圖取得聯繫。(十)儘量的隨時購置新讀物。

假如能够普遍的推動了兒童圖教育之倡導，則兒童在求知上，可以充分的利用共精神和興趣，走上求知的途徑，自動的向知識之庫邁進了。兒童有了求知的工具和機會，再予以圖教育的指導與鼓舞，加上兒童讀物本身的誘致力，兒童的學識進步，讀書習慣之養成，就成爲最容易的事了。

從街頭設攤租賃小人書一事來看，已經證明兒童對於精神食糧是怎樣需要，而教育當局是如何忽略的程度了。假如用教育的方法，予以正確的指導，和有計劃的統制，從有害的事件，一變而爲有益的運用，從教育政策上來說，實在是目前急需的一種任務。

有許多人總是責備兒童們，沒有好讀書的習慣，學識不見長進，而忽略了怎樣去指導兒童，怎樣去供獻兒童以可讀的書，和讀書的機會，這實在是不合理的苛責。要知道，這不是兒童的過失，而是成人沒有盡到職責。

如果兒童在小學時代就有了好讀書的習慣和興趣，有了運用求知工具的能力，到了中等學校或是走入社會，也可以養成一位自强不息的求知者，或爲時代的前進的新國民，這不只是個人的幸運，同時，也是國家民族走上健全復興之途的基礎呵！希望負有教導之責的人們，能够注意到這一點，救救我們第二代精神上的饑渴吧！

一九四二、九、十五。北京

摘自《吾友》一九四二年第二卷第九十期

兒童圖書館的理論與實際

東藩

一、兒童圖書館在教育上的價值

圖書館事業在我國，雖由來已久，但是有着現代化的組織和設備的，不過是二三十年的事。它的發展過程，幾經迴折，由屯藏進而開放，由貴族而普及平民。這個演變，從社會教育上言，是一種進步的表現。

圖書館事業的發達，與文化程度，有着密切的關係，所以各大都市中，都有若干圖書館的設立，在交通較便的鄉村中，由於文化運動者的熱心倡導，也逐漸普及起來了。

圖書館不是一個死的文化堆積場所，而是一條促進人文進步的康莊捷徑；它的任務是傳遞文化，廣播知識。從橫的方面說，它是溝通全世界文化；從縱方面說，它是滙聚古今文物。

我國年來關於兒童教育問題，已引起一般人深切的注意。兒童是將來國家的主人，將來的國家如何，與今日的教育方式有着密切的關係。然而，今日的初等教育，除了把大部份精神和時間消耗在課本的傳授之外，很少能注意到兒童的課外教育，更少有人注意到兒童圖書館的創設。這在推廣教育上是個絕大的疏忽。

兒童圖書館是兒童的知識糧食寶庫，無論在設備上，行政上，都要配合兒童的心理和身體的發育，所以和普通圖書館完全兩樣。顧名思義，所謂兒童圖書館，是專爲適合兒童的需要而設的圖書館。

兒童圖書館可以養成兒童讀書的習慣，同時是爲兒童造成一個優良的讀書環境。我們知道，知識的灌輸，固然是兒童教育的主要目的，而做人的訓練，也是不可以忽略的。所以凡是性情的陶冶，身心的鍛煉，知識的涵養，都是屬於教育的範圍。而教育的終極目的，是在培養優良的國民，使將來能負起建國衛國的任務。要建設一個富强的國家，要改進社會制度，這工作，不是在短期間所能奏效，尤其一種社會制度，是根深蒂固，不易改變，所以必須從社會的根本——兒童方面，下一翻潛移默化，循序漸進的工夫，才是根本的辦法。兒童的圖書館既然足以補助學校教育的不足，那麼它在教育上的價值，就可以想見了。

二、兒童圖書館的經營

（一）閱覽室的位置　兒童的心性和習慣與成人完全兩樣，所以在圖書館的設施上也就要兩樣。兒童是喜歡朗誦的，倘使沒有獨立的館址而附設在成人圖書館內的話，必須和成人的閱覽室隔離，避免二者的混合或接近。

（二）閱覽室內的設備　兒童閱覽的設備，要簡單而有趣味，於適當地點佈置圖畫，照片，盆景和鮮花。其中以盆景和鮮花的陳設，對於都市中的兒童尤有裨益。因爲這可讓兒童知道更多的植物名稱，并可以養成兒童的審美心。如經費充裕，可配備鋼琴或風琴等樂器，使兒童視圖書館爲一種娛樂的場所，於不知不覺之間造成善良的風化。此外如逐日將國內外重要的新聞，以顯淺的文句或漫畫摘要揭示，給兒童明瞭世界人事的動態，涵養國際知識，以消除兒童偏狹的胸襟。

（三）兒童用書的選擇　關於兒童用圖書的選擇問題，在圖書館管理上議論最多。然一般來說，約可分爲兩類：

第一類　以啓發兒童的知覺爲主的圖書——圖冊掛圖，遊戲書，運動書，唱歌書類。

第二類　以養成兒童的記憶力，想像力，推理力爲主的圖書——歷史書，人物傳，地理書，童話，探險小說，作文書，訓導書，實業書教學書類。

關於第二類圖書，以選擇最顯淺的爲原則，如選擇得過於深奧，有減低兒童閱讀興趣之虞，要特別加以注意。

兒童讀物內容的優良與否，向無標準。就一般來說，凡是能激發兒童向上的志氣，砥勵其勤儉義勇的精神，暂發民族意識，和含有教育價值的，都可認爲優良的讀物。反之，內容涉及誨淫誨盜，思想不純正，違反三民主義，立論欠正確，足以戕害兒童身心的發展的，均屬不良讀物。

玆列舉具體事實數項於下，以供選擇圖書的參考：

一、能配合現實生活而適合兒童心理的。
二、適合兒童程度並足以引起閱讀興趣的。
三、材料新穎足以涵養想像力的。
四、含有教育價值及啓發兒童思想和引起良好感情的。
五、適應現在國家的需要足以啓發愛國和民族思想的。
六、有文學價值而敍述不呆板的。
七、劇本具有教育價值情節動作不離常軌的。
八、詩歌須音節自然思想超越的。
九、指示兒童於自然界及社會生活上獲得知識與經驗的。
十、揷圖簡單生動，能引起兒童留戀閱讀興趣的。

優良讀物的標準，約如上述十項，在選擇兒童讀物時能加以縝密注意，於兒童就可以無害了。凡含有下列內容的，可視爲不良讀物：

一、含有誨淫的意義的。
二、含有危害國家前途思想的。
三、含有封建思想與濃厚的宗教色彩的。
四、含有頽廢悲觀厭世和足以使兒童精神萎靡不振的。
五、情理近於儌倖欺詐謔浪刻薄的。
六、傳說過於神秘虛妄怪誕不經的。
七、描寫過於兇惡鹵莽殘忍不仁的。
八、內容過於鄙俚陋俗雜亂無章的。

兒童圖書的管理

(一)自由制　這制度，是將兒童用圖書公開排列於特製的桌上或書架上，以便兒童自由閱覽。

(二)選擇制　這制度，是將兒童用圖書收藏在特製的書架或書庫中，編就目錄或卡片，由兒童自由選擇借閱。

(三)折衷制　這制度，是將一部份圖書收藏在特製的價架或書庫中，由兒童按目錄選擇借閱；另將若干圖書公開排列在書架上，讓兒童隨意閱覽。

以上三種制度內，(一)(二)兩種各有得失。如第一項自由制，聽任兒童自由選擇閱覽圖書，往往有閱覽不適合其本人理解程度之弊。爲要避免這種毛病的發生，宜先行審查圖書的內容，依兒童的年齡，知識程度妥爲配合，分別陳列，以便兒童按照自已的年齡取閱，而防止錯誤選擇的發生。第二項選擇制，是將圖書收藏在書庫中，由兒童按目錄選擇借閱。這制度的長處，是藉此訓練兒童利用圖書目錄選書，同時管理員對於兒童選擇錯誤的地方可以隨時加以指正。但是它的短處，是對於兒童約束過甚，足以使兒童對圖書館發生厭惡之感。至於第三項折衷制，可以兼有自由制選擇制的長處而無其短處。可資取法。

三、閱導指導

兒童對於讀物的良否，既然沒有判斷的能力，對於利用圖書的方法，又根本不懂，遇到生字難句，難得解決。所以兒童圖書館的負責人，他除了管理圖書之外，倘有指導兒童閱讀圖書，和幫助兒童解決種種疑難的義務。其工作要項，約有下列諸端；

一、訓練兒童於書架上取書還書的方法。
二、指導兒童檢查目錄。
三、講授檢查字典的方法和摘錄筆記的要點。
四、矯正不合公共衞生各點，如隨地吐痰，用唾涎翻書等。
五、解釋公共場所應守的秩序和應有的禮貌，如進圖書館須脫帽，走路要輕，勿高聲談笑，對人要誠懇和氣，未經許可不可擅取本份以外的東西等。
六、講解時事問題並作種種測驗。

（以下轉接第四頁）

（由第六頁接來）

七、解釋書中的疑難字句。

兒童圖書閱覽指導問題的範圍很廣泛，上列七項，僅其犖犖大者；此外如講話會，展覽會，圖書館與學校的聯繫等，都可以說是閱覽指導工作中的一部份。茲就管見所及，略加說明，以爲熱心此道者的參考。

講話會及展覽會　爲了灌輸兒童新知識和涵養兒童讀書興趣，最有效的方法，莫如經常舉辦講話會和展覽會。前者由圖書館負責人或聘請館外人士擔任講述。講話內容要眞實，有趣和配合現實生活，讓兒童於不知不覺之間，領略做人的態度，做事的知識和方法；措詞要顯淺，懇切，生動，寓教誨於談笑中。後者爲隨時蒐集種種材料，公開展覽，着重在實物教示。

兒童圖書館與學校的聯繫　圖書館與學校的關係，有如唇之於齒。相互爲輔才能收穫教育的美果。歐美各國對這件事，極爲注意，學校教師常率領兒童至圖書館，告訴他利用圖書的方法，以及學校與圖書館定期聯合舉辦圖書展覽會，藉以引起兒童對圖書館發生興趣。無形中使兒童受到閱讀課外讀物的訓練，將來如不幸失學，尚可運用其閱讀興趣和能力，利用公共圖書館繼續求學，以滿足求知的欲望。由此觀之，兒童圖書館與學校的關係，是何等的密切。

兒童圖書館在初等教育中地位的重要已如上述。可是在一般人的眼中看來，似乎還是可有可無的。這誠是一個可笑的錯誤。兒童圖書館的存在，引申起來，不僅在教育上佔有重要的地位，與國家民族的前途，也有極大的影響。希望大人們不要以爲兒童圖書館是「小孩子的」，而竟當作「小事」看待，應該加以縝密的研究和深切的注意，熱心提倡，使兒童圖書館漸次普及起來，這豈僅是造福兒童，且是造福人群了。

摘自《圖書月刊》（臺灣）一九四七年四月第二卷第三、四期合刊

學校兒童圖書館

周炳鑫

一

在人口衆多的城市裏面，化費一筆很大的錢來創辦一所專供兒童閱覽的圖書館，固然不能算是一種失策，然而：

第一，以兒童人數的衆多，僅僅創辦一兩所圖書館，怕仍無法容納大多數的兒童，其能受到實惠的恐還只有坿近的一部分兒童而已。

第二，兒童們于一天之中，大部份時間係在學校與家庭裡面，其所能允許留在圖書館內的，不過一、二小時；如要幼小者在晚上出來到圖書館閱覽，却是更不容易的的事情了。

第三，依據兒童們的心理，常樂與認識的同伴們在一起讀書，如與陌生者同在一起，必會使他們感到興味減少，甚至由于爲了避免和陌生者同在一起而害怕到圖書館來，也是常有的事。

第四，一般圖書館往往定出許多規則來限制兒童們的自由，使他們不能隨意活動，到處拘拘束束，因此也就使兒童們感到不快，不願常常進來。

所以我覺得特地創辦一兩所兒童圖書館，實遠不如充實各級學校的圖書館來得普遍有益得多。

第一，學校圖書館可以依據本校的上課下課時間，隨時開放，使兒童得充分享受利用。又因生活接近之故，每個兒童都可不費任何勞力和手續進入閱覽。在事實上，便是使每個兒童都得有享用的機會。

第二，學校是自已的，圖書館是學校的，裡面的職員—有一部分也就是自已的同學—和進進出出的閱覽者，都是熟悉的，自能使兒童們更容易親近。

第三，圖書館內書籍之購買，可適合于學校方面的經營或教育上之設施。例如要注重理科方面者可採置適當的材料，注重公民教育者亦可同樣辦理。換言之，館內的圖書，可與本校的教育設施完全吻合，這樣不但可提高教育效能，且能加倍增進兒童的興味。

第四，利用圖書館以展開特殊教育或以之訓練兒童，一定能收得頗大之效果，且可使教師獲得莫大之助力。

自然，辦理學校圖書館也不是沒有困難，如儲備書籍的經費是否充裕，搜集充分的書籍是否可能等等。但學校圖書館是比普通獨立的兒童圖書館更合理想，更使兒童能普遍獲得享用，在理論上說，那是沒有疑義的。

二

以學校教育的立場來說，學校圖書館的設置實較其他獨立的兒童圖書館爲佳，這在前面已經申述過了。但因限于經費，要每一學校都能創辦一所大規模的圖書館，在事實上恐怕是很不容易的。現就觀察各地學校所得略述比較理想的學校圖書館的管見于後：

1 學校圖書館的大小與位置

理想中的學校圖書館之大小，最好能使全校兒童得以一齊學習，但爲今日經濟上所不許。如依實際情形來講，則在容納一千兒童的學校裡，圖書館必須具備兩個閱覽室和一個附屬書庫。所以需要二室的緣故，是備二個學級可以同時進去。每級若以五十人計算，那麼一次就能包容一百個兒童了。也因此，閱覽室的大小，應以使一學級的兒童都能入內爲原則，室內須備各種書籍，務使低學年中學年者都能適合，並須使之肅靜閱覽，如能有教師在旁加以指導和督促自屬更好。

其次，閱覽室之位置應竭力避免距離教室過遠或隨便利用空室之弊。光綫必須充足，周圍必須安靜無譁，在室內並須留出相當地位以便放置傘物等等。總之，處處應以有益兒童便利兒童爲原則。

2 閱覽室的設備

閱覽室的設備，不應僅僅以兒童有書可讀爲滿足，尤須使其成爲兒童在課餘唯一的會合與遊樂的場所，所以設備不能單從學習着眼，而必須作爲有益之場所，趣味之場所，與快樂之場所。玆舉閱覽室裝置圖二例如左：

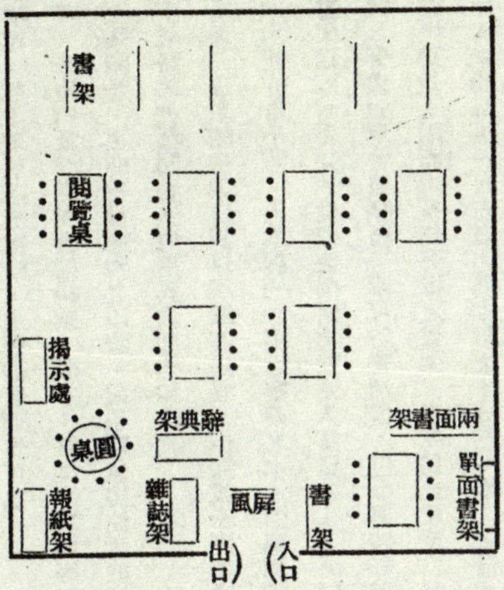

(第一圖)

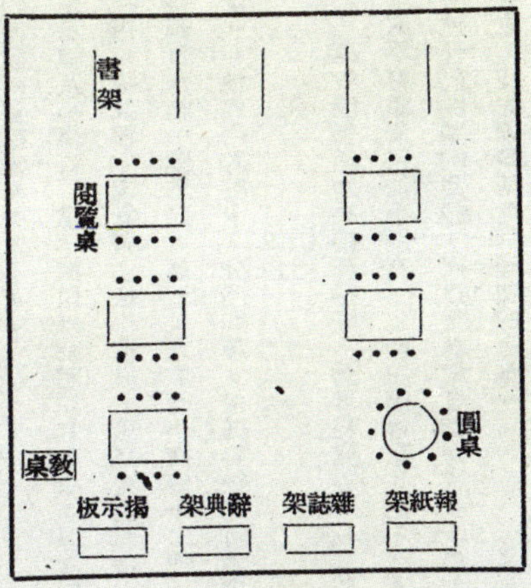

(第二圖)

右第二圖是原有的普通教室改爲閱覽室者，第一圖則是特別地在校內建築一部作成閱覽室的，室用鋼骨水泥或木造西洋式都可，第一圖的門口，分出入口，入口處可以飾些美麗的書畫。右邊設些書架，圍攔成一小間，在這裡放着一般的特別參考書，以供查檢。(須最合乎需要者)而壁近處橫置兩面書架，使兩方均可抽書出入。靠壁並行放置書架，書架用單面式卽可。

左方又有圓桌子，在它旁邊放置報紙什誌可以自由閱讀，又可作爲輕鬆談話之所。最好在其附近安置火爐及飲茶處，更爲便利，中央之長方桌係孩子們之閱覽桌，如以六尺長之桌則每桌可以坐十個人，坐滿時可容納五六十人。屏風旁邊則放置字典之類任其取閱。壁上再懸掛地圖，偉人肖像，風景畫或通告等類，以增美觀而合實用。

還有不應疏忽的是電燈裝置及在飲茶處旁備置自來水，以便墨水染上手時洗濯之用。

至于閱覽室之窗，光線若太暗，須使之明亮然勿散亂。室之兩邊最好均有玻璃窗。窗上玻璃若不嫌暗，用磨砂玻璃也可以。

同時，在室內最好能多備些掛圖，標本，模型，機械等以備兒童們除得書本上知識外，更能獲得實物之印證，這是頗值得注意的一點。

以下且略述幾種閱覽室內用具之製作和樣式：

A書架　理想的書架當然以鋼鐵製爲便，但如設于面壁處，爲保持調和起見，木製的也不妨。但木製的必須用堅硬之木，勿滲樹脂者爲宜。中央所放書架爲兩面書架，惟須使兩面均能見人爲佳。

其次，書架如用普通亮槅，雖可防書汚損，但取書時却感不便，反不如沒有亮槅爲妙。兩面木製無亮槅之書架，高度爲五尺至六尺，橫幅濶約一尺七寸，中間每隔一尺左右—九寸以上—分爲一層，每層用木板隔開，木板厚約五分。書架之最底層，並須離開地面在一尺以上，使不致汚損圖書。

B閱覽桌　閱覽桌有長方形與圓形，同樣之長方形中又有平面及山形等等。圓形者得團聚之樂，且可于中間展放地圖及其他物品。長方形者放在四角形室內，使之整齊劃一，合乎經濟。長方形之山形者，中央高起，兩面相反地成爲斜面，使閱看頗爲便利，並視場所之方便與否，可以廣狹隨意。但若與窗側並行放置，則頗不合。至于如何放置，當視場所之如何適宜而定。

桌子之長者較短者易于使用，大概以長約五六尺最爲便利。至于濶，則須合乎地方之廣大與否，普通場所多採用二尺五寸左右。而其高度，則須依據兒童之身長而分成數等。大體上以依學校中課桌之高低爲宜。在英國之小學校中，課桌椅之高度如次：

年齡	桌高	椅高
五—九	二一吋	一二吋
八—一二	二三	一三，二五
一二—一四	二五，二五	一四，二五

桌椅與其較高，毋寧較低。如使坐在椅上兩足不能着地，則不但容易疲勞，且妨害骨骼之衞生。

其次，椅子以有靠背者爲佳，沒有靠背也易使兒童疲勞。有時一張桌子，用四五人並坐之長凳，往往其中一人之行動，妨害隣近各人之行事，其他亦諸多不便，自須竭力避免。又桌子中以沒有抽屜者較便利而無妨碍，代替抽屜用擱板卽可，俾便放置用具。

C雜誌臺　什誌臺之小者，邊濶三尺，高五尺，裡邊濶一尺或一尺二寸。最下一層放置舊什誌，平面鋪置。其上約一尺之間隔，分設四層，每層土面，斜置什誌，如鏡架中之鏡然，（因什誌以靠着爲宜）或裝置在壁上，另作框子覆着如黑板吊在教室中一樣。框中書本以斜放最好。若在夏季防開窗時書本飛舞，可在框之中央橫嵌橡皮紐以束之。但無論如何，非使兒童們得能一望而知其封面不可。

D揭示板及小黑板　揭示板用以寫明注意事項，須像廣告似的從種種方面去利用。板以樫木或軟質之板作底其上張以青布爲便。

E書籍目錄箱　濶三尺，高三尺左右有小抽屜十二或十六的箱子，下以有脚爲宜。抽屜內貯書卡，分門別類。但低年級則可勿需。

三

總之，學校圖書館如果辦理得好，辦理得完善，收效確實是很大的，它能使本來不喜歡看書的小朋友，也能在潛移默化之中，養成他們閱讀的習慣，增進他們閱讀的興趣。所以很希望各國民學校，能好好地應用它，並且充實它，使它漸漸地達到理想的標準。

摘自《圖書月刊》（臺灣）一九四七年九月第二卷第九期

小學校內的圖書館

黃競白

一、緒言

從前做小學校敎員的萬能的迷信極深，不論文藝，社會，自然……等科若備了商務或中華出版的一本敎授書，卽可升堂授課，不問材料適當與否，兒童需要與否，照書本上儘量的注入。這種敎學，兒童不能得到甚麼益處。經驗了數年，知道這種敎學的失敗，於是積極改進，到今日，自動敎育的成效，已略見端倪。然實行自動敎育端賴圖書館。因此，圖書館如何組織，如何設備，如何管理，又爲亟須研究的問題。不佞願將數年來辦理東大附小圖書館的經過情形，作一度的報告，希研究小學圖書館的同志不吝指正！

二、小學校圖書館的效用

小學校圖書館爲實施自動敎育的場所，效用極廣，概括的說，分左列的四項：

1. 可以增進敎學的效率：兒童的智識慾，較常人更外發達。敎師苟能承順他們的要求，不辭勞瘁，多方指導，必能收得良好的結果。敎師如何能承順兒童的要求，兒童如何能達到求知的目的？舍了圖書館沒有別種妥善的方法。小學校圖書館如能廣羅各種圖書，可供敎師充分地參考研究。敎學指導時，方不發生甚麼困難問題，而兒童在課本研究之外，亦可得到他種圖書，以資參考引證，所得智識，較爲確切明晰。是故，無論小學中學……設立了圖書館，敎學的效率，卽可增進不少呢！

2. 可以養成自學自修的習慣：小學校圖書館苟能時常供給兒童適用的圖書，必能引起兒童閱讀的興趣，久而久之，兒童受圖書之感化，便養成一種自學自修的良好習慣。他日小學畢業以後，雖則因家境的關係，改習工商，工作之暇，亦可常入地方圖書館，閱讀有益於業務的圖書。如此，不特學業不致有荒廢，亦可使地位逐漸增高，自立於社會。由此看來，圖書館的效用，不是很大嗎？

3. 可以愉快精神，改良行爲：小學校圖書館須多陳列富有趣味而有益於兒童身心的圖書。兒童閱讀此種圖書，自覺精神愉快無比，視圖書館爲娛樂場所，竟有揮之而不出的情形。久而久之受圖書的薰陶品性不良的亦自改良學校訓育上無形中亦可省卻許多問題這不是圖書館極大的效用嗎？

4.可以幫助平民教育： 爲提倡平民教育小學校圖書館，可以在課外公開使不受教育的人亦可入館閱覽享受閱書權利此舉既於學校方面並無妨礙而社會之人均可同受其惠，效益不是更大嗎？

三、小學校圖書館的組織

A.行政方面：

小學校中既有設立圖書館之必要，館中應設主任一人，以專司其事；於職務之外，不妨兼課數小時但不宜過多。圖書館主任之資格須以品性端正學力充實爲宜，所掌事務如左：

1.圖書館之經濟。
2.圖書館之設備。
3.圖書之購辦，借貸，整理，修理。
4.圖書目錄之編訂，保管。
5.調查應購之圖書。
6.圖書表冊之製造，統計。
7.指導圖書館值日生服務。

如果部務過多，可將2，3，4，三項另請先生助理。

擔任圖書館職務之先生，如有二人以上，應時開館務會議，討論館務之改進。此外宜另組織一個評議會，請其他先生爲會員—三人至五人—如設分館，可請分館主任爲會員。會期可不必一定，或每月一次亦可，由圖書館主任召集。討論事項爲兒童閱書方法和應守規則之指導，各科參考圖書和兒童愛讀之書報之調查和審定等等。

B.經濟方面：

小學校設立圖書館，最困難之一點就是經濟。就現在的一般小學校而言，每月經常費尚難支持，豈能再籌巨款，爲置備圖書之用。各校可在製造預算時，列入圖書經費若干—至少每月五元至十元—但現在教育經費萬分竭蹶的時候，各校驟然增加巨額，教育當局，勢難應付。一方面各校在他項用費內竭力撙節；一方面請求教育當局，另行籌撥經費。況且當地人士不乏熱心教育，樂予資助，可由各校設法募捐；或開游藝會，或開音樂跳舞會，隨時募集圖書館經費。圖書館主任既知經費之難籌，尤宜格外撙節，先擇有價值而需要之圖書購入圖書館，其次要的不妨在經濟寬裕時再備。每學期或每學年做各項統計表詳見另則。

C.設備方面：

設備方面最重要的分下列的四項：

1.圖書館　館屋宜高大爽塏窗戶宜多光線宜充足地位宜適中而不有他種喧噪之音裝飾宜光潔華美壁上宜陳列名畫或史地圖—設在普通課室中亦可。

2.桌椅　桌椅式樣，不必一定，排列方式也可自由。普通桌子長六呎闊三呎，高二呎至二·五呎；椅高一·二呎至一·八呎，木料宜重。如因經費關係，不能特製，亦可借用課室桌椅或他種桌椅須以不損美觀，不佔地位，不妨兒童生理爲宜。

3.書架　書架式樣如下圖：

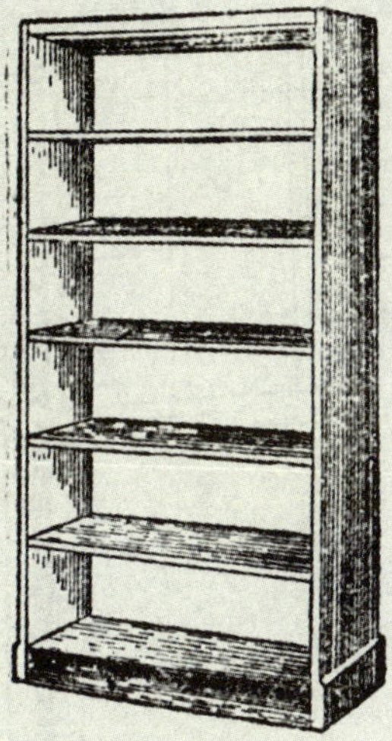

不宜過高須視學生通常之高度爲標準，以便取書。大約高五呎，闊三呎，中間隔梯板七八層每層可以移動任意上下。陳列敎員用書的書架，可以高些。書架安置的方式，取自由而不損美觀不佔地位，取書便利爲準則。

4.其他用具　最重要的爲雜誌架和目錄櫃。陳列雜誌須和他種圖書不同，所以宜特置雜誌架。雜誌架式樣如A圖。目錄櫃爲陳列目錄片用，一備圖書館辦事人之查考；一資閱書人取書之南針。式樣如B圖。其他如借書簽匭報夾掛圖架圖章，目錄片表冊等均爲必備之品。

A 圖

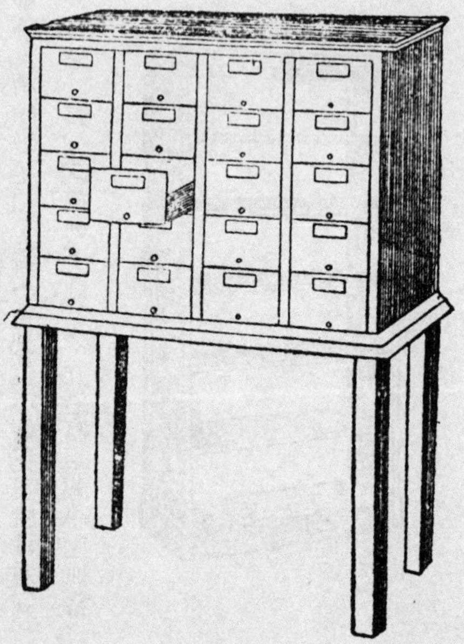

圖B

四、小學校圖書的選擇

A. 選擇標準：

小學校圖書，均須愼重選擇；不可濫竽充數，徒耗經費而妨害閱覽人。選擇標準：教員用書，宜趨重於各科參考和教育研究圖書，視內容之豐富與否，記述之淸晰與否，有必備之價值與否而定棄取。兒童用書，須重下列的各項條件：

(一)實質方面：

(1)適合兒童的程度的。——語體文最好。

(2)適合兒童的心理的。——兒童愛讀的。

(3)有文學價值的。

(4)可供各科參考的。

(5)可引起兒童的感情和知覺的。

(6)可養成兒童記憶想像和推理力的。

(二)形式方面：

(1)字體宜大。

(2)裝訂堅實。

(3)印刷淸楚。

凡野蠻殘忍下等社會行爲動作的書，均宜避免不買。

B. 選擇方法：

搜集各書店圖書目錄，各種出版界，書報中的新書介紹廣告，將圖書館中未有的圖書名目逐一摘下分門塡入左列(甲)表，請有關係之先生，取有入選資格而須付審查的，用色筆圈出，由圖書館向各書店訂妥交涉，取回審查。審查合格卽由圖書館置備；如不合格，卽退還書店。審查時間不可過長，書籍不能損汚，這兩點須請審查者特別注意。城市中小學校，距各書店近，可至書店中選購。如一時不能取決，也可帶回審查。審查表見左列乙表。

甲表：圖書選購表

（文藝）

書名	著作者	出版處	價值	備註
十弟兄	黎錦暉	中華	$0.1	○

備註欄內，填可備或可以不備之記號。可備者記○，可以不備者記×。

乙表：圖書審查表

現有＿＿＿＿＿＿＿＿請審查！

1. 內容如何？
2. 有何關係？
3. 應否購備？

審查者簽字＿＿＿＿＿＿

五、圖書的購置編目排列

A. 購置：

圖書審查已畢，由圖書館主任斟酌經費，再向出版處預約或訂購。購時須注意書中有無缺頁有無損污，購回後，再做下面的各種手續。

B. 編目：

圖書編目，為圖書館中最重大最難做的一件事情。在我們

中國圖書目錄沒有創建以前，只得採用杜氏十分類法 Dewey: Decimal Classification and Relative Index 依圖書的性質分類編目，是為總目。杜氏十分類法附後：

000 普通書籍
010 目錄學
020 圖書館學
030 百科全書
040 叢書
050 雜誌
060 會社出版物
070 日刊
080 特殊文庫
090 珍書
100 哲學
110 形而上學
120 形而上學專論
130 心理身理合論
140 哲學系派
150 心理學
160 論理學
170 倫理學
180 古代哲學家
190 近代哲學家
200 宗教
210 自然神學
220 聖經
230 教義
240 宗教典禮
250 傳教事業
260 教會組織
270 宗教史
280 耶教派別
290 各種宗教

300 社會學
310 統計學
320 政治學
330 經濟學
340 法律
350 行政
360 社會組織
370 教育學
380 商業及交通
390 風俗 習慣
400 語學
410 比較言語學（見註一）
420 英語
430 德語
440 法蘭西語
450 意大利語
460 西班牙語
470 拉丁語
480 希臘語
490 其他各國語
500 自然科學
510 數學
520 天文學
530 物理學
540 化學
550 地質學
560 古生物學
570 生物學
580 植物學
590 動物學
600 應用科學
610 醫學
620 工學
630 農學
640 家政
650 交通及商業（見註二）
660 化學工藝
670 製造事業
680 機械工藝
690 建築事業
700 美術
710 庭園
720 建築美術
730 雕刻
740 畫學 意匠 裝飾
750 繪畫
760 印刷
770 攝影
780 音樂
790 娛樂
800 文學
810 美國文學（見註三）
820 英國文學
830 德國文學
840 法國文學
850 意國文學
860 西班牙文學
870 拉丁文學
880 希臘文學
890 其他各國文學
900 史學
910 地理（見註四）
920 傳記
930 古代史
940 歐洲近代史
950 亞洲近代史（見註五）
960 非洲近代史
970 北美洲近代史
980 南美洲近代史
990 大洋洲及地極史

（註一）四一〇改中國語學，比較言語學併入四〇〇。

（註二）鐵道國有問題等入三八〇。鐵路，汽船，管理方法，開行時刻等入六五〇。

（註三）八一〇改中國文學。美國文學併入八二〇英國文學內。

（註四）中國地理分類法見東方第二十卷二十二號查修先生撰的編製中文書籍目錄的幾個方法。不過號數須更動一下九五〇亞細亞改九一五，九五一中國改九一五・一。以下小數點均移前一位，九五改九一五。例九五一・一，改九一五・一一。

（註五）中國歷史分類法見東方第二十卷二十二號查修先生撰的編製中文書籍目錄的幾個方法。

我國古書的編法可參考東方第二十卷二十二號查修先生撰的編製中文書籍目錄的幾個方法；和楊昭悊先生撰的圖書館學下冊「中國古書分類法。」

圖書分類，如求精詳，須備杜著十分類法原書，否則依照上述分類法各類各號再加小數點分類編目亦可。

圖書分類，僅有總目，還不便檢尋，宜另有子目，以著者之姓氏編目。西文書採用 Cutter author-table；否則以英文二十六個字母，編爲號數，如某書著者第一字爲B，即爲B…號。中文書暫用自編的目錄，取三十九個注音字母編成。如季ㄐ，吳ㄨ，恩ㄣ等可用單音注成的，季爲ㄐ〇，吳爲ㄨ〇，恩爲ㄣ〇…；趙ㄓㄠ，錢ㄑㄧㄢ，張ㄓㄤ等單音注不出的須用拼音的，另把介音，韻母等十五字，用較科學的方法編成號碼，如趙ㄓㄠ爲ㄓ2，錢ㄑㄧㄢ爲ㄑ1141，張ㄓㄤ爲ㄓ42。茲將介音韻母的號碼表列下：

ㄧ	ㄨ	ㄩ	ㄚ	ㄛ	ㄝ	ㄟ	ㄞ	ㄠ	ㄡ	ㄢ	ㄤ	ㄣ	ㄥ	ㄦ
11,	12,	13,	21,	22,	23,	24,	31,	32,	33,	41,	42,	43,	44,	51.

爲編中書著者目錄便利起見，可備國音字典一冊，將百家姓依筆畫多少排列，查出注音，把號碼填上，編目時可以省卻許多手續。舉例如左：

(一)畫　丁ㄉㄧㄥ＝ㄅ1144　　(三)畫　于ㄩ＝ㄩ〇　　(四)畫　王ㄨㄤ＝ㄨ42

圖書購入後，須先分類編目，填入目錄片。目錄片須備二份，均存放圖書館目錄櫃中。一份依杜氏十分類法挨次排列，為圖書館辦事員查考用；一份依各科目排列，便閱覽人檢閱用。雜誌宜另用一種目錄片，以便逐期畫到。實施道爾頓制之小學校各科設分館，可將書和另一份目錄片送至分館保存。圖書雜誌目錄片附后：

(甲)圖書目錄片

No. 918 ㄓ33

名稱 南美洲一瞥	
著者 周傳儒	
數量 1	單件價值 $.3
出版 商務	
13 年 5 月 日購置	年 月 日 消失
備註 入史地分館	

(乙)雜誌目錄片

號數: 050 ㄊ31						名稱: 太平洋							
年	卷	1	2	3	4	5	6	7	8	9	10	11	12
著者:						出版:							

圖書目錄編成後，再將書目號數塡在小標簽上，貼在書背下部，以便根據排列。如果同類之書，備有數份，須在標簽之第三空間內塡明數量。標簽式樣和塡記法附后：

907
ㄓ32
上(1)

圖書館編目時，倘有幾點應注意：(一)同性質之書而著者同姓不同名，編著者目錄時，第二種書依照姓氏編號後，當加名字第一字之號碼，如徐雲龍為 ㄥ13ㄩ43 或 ㄥ13ㄩ。(二)同性質之書有若干種而書名不同，著者為一人，如中華出版

的初級本國歷史和新小學歷史課本均爲金兆梓一人所著，編目時第一種書爲 907ㄐ43.01，第二種書爲 907ㄐ43.02，如有三種四種，祇在小數點後更改數字，即不致相混了。三圖書之缺著作者即以出版處或書名首字編爲號碼。此種辦法，尙在試行，是否適用，須隨時研究改良。

C. 排列：

圖書目錄編了以後，即將圖書排列架中。排列法亦須研究，如不適當，耐人尋索。小學校圖書可分二部排列：一部爲教員用書及古書等須庋藏的；一部爲兒童用書及教員兒童通用之圖書。排列方法亦分二種：第一部圖書用縱列法，依杜氏十分類號數和著者號碼挨次排列。倘使一層不滿，須用書押扶持，以免傾倒。舊式裝訂之圖書不能縱列的，祇能橫置，可在書端塡淸號數，挨次排列。每架存放何類圖書，架上均須標出極明顯的記號。第二部圖書大都爲兒童用書，每種或置備五分以上，不能依杜氏十分類法和縱列法排列，須依科目分類橫列。如文藝書排列在一架上，社會自然書又排列在一架上。每架須標出科類名，每層須標出書名，以便自由取放。

六、圖書的借貸，整理，曝曬

A. 借貸：

校中教職員，均可借用圖書，兒童概不借出。每冊書上均須黏貼借書簽袋，當貼在圖書末一頁裏面或第一頁裏面，留心貼滿有用的字。袋中須插借書簽，借書簽上須塡明圖書號數，借書人借書時可將借書簽抽出，塡上自己的名字，將借書簽投在借書簽匭中，還時交給圖書館辦事人，取出借書簽，劃去名字，仍舊插入原書袋中，將書陳列書架中。掛圖不能貼借書簽袋，另用借圖單，借書簽匭式樣同郵箱，尺寸可改小。借書簽袋，借書簽，借圖單附左：

借書簽袋

借圖書單

今借　　　份
約　月　日還
借者
借出期　月　日

借書簽

No.＿＿＿＿

凡欲借書者請簽字於此紙並將此紙投借書匭中

附圖書借出細則

1. 借用圖書以本校教職員爲限。
2. 教職員借用圖書，須至圖書館自取，將借書簽填就投入借書匭中。
3. 教職員繳還圖書時，須置於圖書館內指定的場所，切勿放入書架內。
4. 借出的圖書，至學期終須一律繳還。
5. 圖書館認爲必要時，得隨時收還借出的圖書。
6. 借出的圖書，如有損壞或缺失，須令借書人賠償，不收償金。

B. 整理：

圖書須排列整齊，絲毫不亂，使閱者不勞搜索。每日閉館之時，須將圖書整理一次，如有損壞，隨即取出修理。兒童部圖書，可指導服務生整理。在學期結束之前數日，將借出之圖書一律收還，全體檢查一次。檢查時如有二人，最便一人可取圖書目錄片口唱書名或號數，一人可逐架檢點圖書，如有缺少，並查明未有借書簽之圖書，一面布告招覓，一面錄於圖書遺失備查冊上，如過數日，未有發現，即在目錄片上註明消失。

C. 曝曬：

圖書最忌的潮濕和蠹魚。每年須曝曬二次，擇空氣乾燥時候舉行。曝曬時，將圖書逐冊平鋪板上，約歷若干小時，翻身再曬。曬後等熱氣退盡，然後依舊排列書架內。如通風之書架，可立即放好。西式裝訂的圖書，不宜曝曬，只須展開陳列空氣流通的地方，聽其乾燥，然後依舊放好。

七、圖書介紹和閱覽指導

A. 圖書介紹:

供兒童平時閱讀的圖書,和新書方入圖書館的,須將書名附以簡單的說明,用易令人注目的廣告法揭示;或開展覽會談話會令大衆周知。

B. 閱覽指導:

入館閱覽,可不必定苛繁的手續;能遵守閱覽的規則,各種圖書均可自由取閱。教員兒童可同在一處閱書,使兒童無形中養成閱書的良習慣。但是圖書館中陳列的圖書極多,閱覽人每苦無處取書。圖書館辦事人,可隨時指示圖書目錄的使用法和圖書的排列法;一方面用揭示牌做取書的南針。每天開放時間,斟酌閱覽人之需要而定。室中衞生宜隨時注意。學生閱書方法和閱書姿勢,也宜隨時指導,隨時留意。

八、圖書館服務兒童的指導

學校教育,不獨重在灌輸智識,更宜力謀養成自治。小學校圖書館也可利用兒童服務,養成自治能力。各級可推舉服務兒童數人,由圖書館主任指導服務。服務細則,共同設計如左:

1. 服務兒童中互舉一人爲領袖。
2. 每月由領袖召集開會一次,討論一切事務。必要時,得開臨時會。開會時,請圖書館主任出席指導。
3. 館務由各人逐日輪值。
4. 當值員每日須準時到館服務。
5. 當值員因故不能到館,須向領袖請假,請次日的當值員暫代服務。到校後,須代還。
6. 當值員任務如左:
   (1) 管理圖書館門的開閉。
   (2) 整理圖書和報紙。
   (3) 注意閱覽人不規則的行動,並負勸告之責。
   (4) 維持圖書館整肅的秩序。
   (5) 受理圖書館主任委託的事件。
7. 領袖的任務如左:
   (1) 召集開會,開會時爲主席。
   (2) 公布執行議決案件。
   (3) 督察當值員勤務。
   (4) 當值員請不到代理人,由領袖代理職務。
   (5) 受理同學請求添增圖書的請願書,交主任審查置備。
   (6) 受理圖書館主任委託的事件。

8. 公訂閱書規則如左，布告大衆，務令遵守。

(1)走路不出聲。　(2)搬動坐位不出聲。

(3)不朗讀。　(4)不談笑。

(5)不食雜物。　(6)不用唾液翻書。

(7)不把書角捲折。　(8)閱書有正當的姿勢。

(9)損壞圖書須照原書賠償。

(10)一人同時不得取閱二種圖書，但參考研究時，不在此例。

(11)圖書閱畢須放原處。

(12)如有不守規則者，處以薄懲，罰則另定。

九、採行設計教學法和道爾頓制的小學校內的圖書館

在採行設計教學法和道爾頓制的小學校裏，不合用一個總圖書館，宜增設若干分館，總圖書館陳列各種教育書報雜誌，及各種高深的圖書，備教員參考研究。各分館陳列淺近有益於兒童身心的圖書，備兒童自由閱覽。在採行設計教學法的小學校，宜在教室中陳列一所小圖書館，中置淺近有趣味的圖書，故事，劇本，詩歌，及其他各種補助讀本等。在採行道爾

頓制的小學校，文藝教室宜設文藝小圖書館，陳列由淺及深的各種文藝讀物；史地教室，宜設史地小圖書館，陳列關於史地方面教員兒童用的參考圖書；（報紙的記載大半為史地方面的材料，報紙一類，亦可列入史地小圖書館。）自然教室，宜設科學小圖書館，陳列關於科學方面教員兒童用的參考圖書；其他各科的圖書，或併入分館，或仍歸總館，或獨立一館，斟酌學校經費，教學情形，地位之寬餘與否而定。

在採行設計教學法和道爾頓制的小學校，均有設立分館之必要，但經濟方面，不免要拋棄若干；而辦事方面亦不易統一。為解決此種困難，有二種辦法：(1)經濟方面：除學校圖書常費以外，每學期可向兒童徵收閱書費一二角，以資補助。(2)辦事方面：總館和分館的職權，宜劃清界限。總館掌經濟，購書，登記目錄，裝訂，寄贈書的收受等；各分館負指導兒童作業，及保管圖書目錄和圖書之完全責任。總館和分館更定細則如左：

1. 總館分送圖書至各分館時，須將圖書以及圖書目錄片點交分館主任。

(2)分館圖書由分館主任負責保管。

3. 分館主任不得自由購置圖書陳列館中。

4. 分館如須添購圖書，應由分館主任負責審查得總館主任許可由總館購置待手續完畢後，卽交分館陳列。

5. 分館圖書，如有損壞，須卽自修理。

6. 分館圖書如有遺失須先布告招覓，如確已遺失，卽通知總館，各在目錄片上註明消失。

7. 分館遺失的圖書，如日後發現，須報告總館，各在圖書目錄片上銷去消失字樣。

8. 學期終，由總館和分館主任會同檢查圖書。

9. 暑假寒假時分館圖書由分館主任自行收藏，保管。

一〇、圖書的統計

圖書館不可不有精密的統計。統計分二種：一圖書數量的統計；二圖書經濟的統計。要做此種統計，圖書館中須備左列的圖書總冊，中西圖書分塡兩冊，冊式如左：

月日	登記號數	書名	著者	冊數	價値	出版處	出版期	分類號數	備考
5 10	56	初級本國史	金兆梓	2	$1.02	中華	12年8月	907 ų 43	史地分館

圖書數量的統計如下表根據此表，可知圖書館中共有圖書若干種，并可知逐年增加若干種。

每年圖書統計表

數量 / 類別 / 年度	中書 種數	中書 冊數	西書 種數	西書 冊數	共計 種數	共計 冊數
十年	88	184	10	18	106	194
十一年	190	432	28	52	218	484
十二年						
十三年						

圖書經濟的統計，有下列的四表：

A表：每年圖書用費表

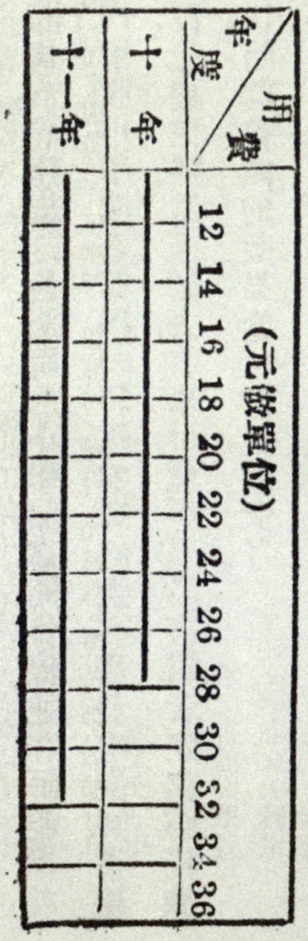

B表：每年學生圖書用費表

年度	學生數	圖書用費	每生實佔圖書用費
十年	5)	$3)	$0.6
十一年			

C表：教員學生每年圖書比較表

年度	圖書常費	教員用費	學生用費	教員用費占常費的百分比	學生用費占常費的百分比
十年	$40	$24	$16	60%	40%
十一年					

D表：總館分館每年圖書用費比較表

年度	圖書常費	總館		文藝圖書館		科學圖書館	
		用費	所占百分比	用費	所占百分比	用費	所占百分比
十年	$40	$20	50%	$:0	25%	$10	25%
十一年							

十一、結論

現在小學校中都已設立圖書館，但對於編目，管理種種，都不講究，此實一大缺點。我願國中研究小學圖書館的同志一而參考西洋圖書目錄之編訂方法而加以推敲；一面斟酌本國情形，趕速編訂最適用的小學圖書館目錄。並在師範學校內增設小學圖書館學一科，作爲師範生必修科，研究圖書編目，管理種種。這樣做去，將來辦理小學圖書館者定能勝任愉快；而圖書館的效果，當可愈見宏大了。

摘自《中華教育界》一九二四年八月第十四卷第二期

小學圖書館問題

杜定友

小學圖書館的需要，已不成問題了。凡是辦小學教育的人，沒有不承認小學圖書館是必要的一件東西。近世小學的設備，若是沒有了圖書館，簡直是不能稱之爲完備。但是要開辦圖書館，手續應該怎樣呢？小學圖書館應該怎樣組織管理？開辦經常費用若干？圖書館內應該買些什麽書籍？這是辦小學校的教職員很喜歡知道的。現在簡單的寫出來，以供一般熱心小學教育者的參考。

（一）組織管理問題

向來學校圖書館的組織，總是由校長聘請幾位教職員，組織一個圖書館委員會。然後在委員會之下，雇用一個書記或派幾個學生，擔任管理。這種組織是很普通的。但是據實際上的觀察，成績不見得很好。因爲所選的委員，未必是熱心於圖書館之改進。即使是很熱心的，却未必是對於圖書館的管理法完全明瞭。而且委員會的最大毛病，就是大家不負責；或是過於負責，以至有意見爭執。所以反爲不美。對於管理員方面，因爲上有委員會，以辦事上既不得自由，又不得權力。所以效率一定很低。從前因爲圖書館尚未成爲專門事業，管理的人，完全沒有專門學識。所以組織一個委員會，或者可以收集思廣益的效果。但是現在無論管理大中小學的圖書館，至少要有多少圖書館專門學識或經驗，方能從事。所以委員會的組織，是不必要的。至於教職員是熱心於圖書館的，隨時可以將意見貢獻於管理員，或襄助他計劃進行一切。不必一定要有委員的名義。我們辦理圖書館的，非但歡迎這種貢獻和襄助；而且希望全體教職員，都是一樣的熱心，一樣的效勞。若是有了委員會，反而有所隔膜了。

但是管理的人才，那裏來呢？那末不得不責成師範學校培養出來。可惜現在的師範學校，還很少能够覺悟到這一點需求，所以全國之中，師範學校課程中兼有圖書館學科的，實絕無僅有。因此我們不能不注意現在圖書館管理員的人選問題。

圖書館專門的人才，在中國還是鳳毛麟角，寥寥無幾。若說是無論大中小學的圖書館，都要專門人才去管理，這是萬萬辦不到的。卽在外國也未必盡是。在小學方面既然沒有專門人才去管理，那末我們對於此項管理人才更加要找相當的人方才可以補救於萬一。據現在的情形，一般校長們還很多以爲管理圖書館是書記錄事或練習生的事，不必用什麼才識較好薪金較厚的人去管理。祇要看守着幾本書，不放牠遺失便了。若是拿這種觀念去管理圖書館，我可以說這種圖書館，是形同虛設，謂之曰藏書樓則可，謂之曰圖書館則不可！

小學圖書館的管理員，應該辦些什麼事？應該怎樣去辦？這個問題，不是這裏所能詳述，而且不是校長們所急欲知道的，所以暫按不提。但是有一句話，是希望閱者們注意的：就是若要設立圖書館，而實收效果，則以聘請專門人才管理爲上。其次，也要找一個他的學識人格，至少要和學校中的教員一樣平等。而且對於圖書館要有研究的興味，他雖然沒有學過圖書館學，但是至少要將普通的圖書館學書籍，瀏覽數種。曾至辦理完善的圖書館去參觀數處。而且具有改進圖書館的志向者，這是小學圖書館管理員的資格最低限度。若是隨便的找一個雇員去管理，是絕對不行的。

至於管理員的人數，我們假定一所小學，共有學生教職員二百人。那末至少要有專任的管理員一人。若是圖書館開放的時間很長，自上午八時至下午九時的，那末添聘助理員一人，或學生數人，襄助一切。若是不滿二百人的，那管理員也可酌量授課。但是無論人數怎樣少，最好是專任的，不要分心外務。因精明能幹的管理員，斷沒有嫌圖書館事務簡單，而可以兼任他務的。我們若希望圖書館的教育化，圖書館爲求學的中心點，其中要辦的事很多，再沒有餘暇去兼職了。

(二)館舍設備問題

若果以全校有學生教職員二百人計，那末圖書館的大小，同時至少能容百分之十。再小是不行了。現在稍爲放寬些，以全館同時能容二十五人計，那末館舍的大小，至少有七百五十方尺。(每人三十方尺計) 大約長三十尺闊二十五尺的房間，最爲合度。(如圖)

室中的佈置分述如下：

(1)爲目錄箱。放在入門附近的地方，以便檢尋書籍者，一進圖書館門，卽可得着目錄。有的時候有許多閱者，專到圖書館來找尋某書。若是圖書館內沒有他就轉身走了。若是目錄箱設置的地方不便，或者是要經過其他讀者方能達到的，那末

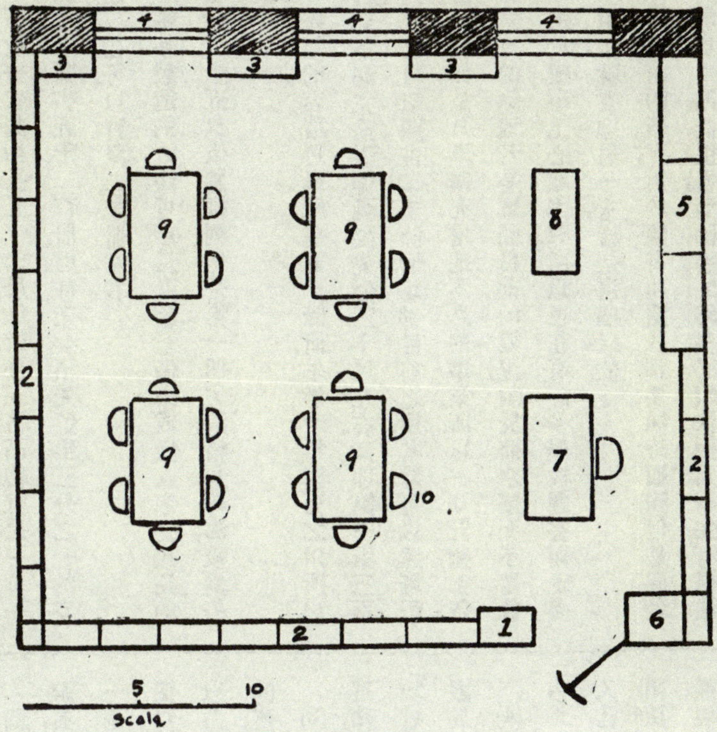

小學圖書館館舍平面圖

1. 目錄箱　　4. 窗口　　7. 辦公桌
2. 書架　　5. 報紙架　　8. 展覽架
3. 雜誌架　　6. 地圖箱　　9. 10. 閱書椅桌

非但找書的人不便，而且還要驚動他人，所以目錄箱要放近門口，這裏的目錄箱，一方面接近出入的地方，一方又和管理員的座位(7)很近。這也是一個優點。因為閱者找尋目錄的時候，或者有什麼疑問，或是找不到某一本書，那末管理員即當幫助他找尋，或介紹相當的書籍。而且管理員有什麼編好的新書目錄，和撤消的舊書目錄，也時時要去目錄箱內檢查或抽插，所以目錄箱，要設近管理員的座位，或辦事的地方，這是緊要的。

目錄箱的大小，是和藏書的數目為比例的。大約在員生二百人的學校，一共藏書至少二千冊。（每人以十冊為標準）每冊平均用目錄卡四張，（書名卡一著者卡一種類卡一或二）那末目錄箱的容積至少藏卡八千張。每抽屜約藏七百五十張卡片，要十二個抽屜，方能足用。但是開始的時候，不妨先做六個，以後再逐漸添加可矣。

(2)為書架。小學圖書館不必分什麼書庫和閱覽室，可以取公開制度（或曰開架式）一方面，從小養成學生的公德心。

一方面便於管理書架可以裝在牆壁的四週。現在分爲三段：第一段，在南面由目錄箱起。第二段，連續下去。第三段，放在辦事員的後面。

三段書架共約長五十二尺。每架分五格，高約五尺一寸。一共可以藏書五千二百冊。但每架要預先留出三分之一的空位，現在可以實藏二千冊左右。

書架製造的方法，可以靠着牆壁做去。或做成每三尺長的書架二十五只。依牆排列。但是第一個方法，較爲經濟較爲美觀。

書架的容積可以藏書五千餘冊。足夠十年擴充之用。所以目前不必完全做備。祇要先做三十尺左右。（即第一第三兩段）已可以藏書二千餘冊。足夠目前之用。其餘可以逐漸添加。圖書館是日漸擴充，增進不息的事業。所以一切計劃，都留有擴充的餘地。若是單顧目前的境況，對於將來擴充，不留餘地，則於辦事上必感困難。所以現在有許多學校圖書館至多一兩年就要遷居一次，就是這個緣故。

圖書館的擴充，對於圖書和閱者，都要同時顧到。但是閱者的增加率很低很慢，而圖書的增多必較快。因爲學生有畢業而離校的，有未畢業而離校的。年年都是來來去去。但圖書一進了門，是很少退出的。所以增加的速率較大，餘留的擴充地位也愈大。

圖書的陳列，也分爲三大類。第一段，藏各種參考書，如字典，辭典，百科全書，年鑑等，以便隨時取閱。而且有許多人專爲了一個字一段事而來的，查了一查，即便離去。所以要放在靠近門口的地方。第二段，藏普通閱覽書籍。距門口最遠，最肅靜，可以循迴細誦。第三段，專藏教員用書，及新到而未編，或已撤消的舊書。學生不易經過，且接近辦事人，可以取還便利。

(3)是雜誌架，共三只，每只闊三尺，高五尺一寸，分爲四格。共可藏雜誌二十五種。最近的雜誌。舊雜誌已裝釘成冊的，可以和書籍放在一起。沒有裝釘的，可以放在雜誌架底下的兩格，或放在雜物箱(6)內。這是各人的管理法不同，可以斟酌辦理。

(4)是窗口。圖書館的窗口要闊要高。全室的玻璃面積，至少占地面面積百分之二十。窗高直達樓頂。那末光線從一面射入，已經足夠。若是窗戶狹小，或上面有屋簷遮蓋的，那末非有兩面光線不可。若是兩面有窗，則書架的地位，自然減少。但幸照現在的書架，已綽綽有餘。即減少幾個，於事實上也沒有困難的。

(5)是閱報架。報紙架長十二尺，可以容報紙四份，展開閱覽。架高約四尺，桌面闊二十六寸，斜約三十度。每份報紙中間用銅梗釘壓，可以左右翻閱，而不至移動。

平常的圖書館大概是用報紙夾的，但據個人經驗，報紙夾對於閱者極爲不便，看時甚爲吃力，且報紙易於損壞，所以要用閱報架。但是不很普通，和很少人看的報，却是可以用報紙夾夾起的，因爲這較爲經濟

從上面看來，可見館內雖然沒有分出什麼雜誌室，辦公室參考室，閱報室，但是各部份仍是井然劃分，形狀整齊，而且一個管理員，已可照顧全部，比較劃分爲數小室的經濟便利得多。

(6)地圖什物箱。特製木箱一個，大約四尺闊六尺長四尺高。上面兩格抽屜，安放大張地圖，及圖畫表冊等件。中間兩格，安放珍藏書籍，及學生不應閱覽的書籍，如算術答案等書。最下爲櫃形，可以安放卡片什物等件。接近辦事員，可以取捨便利。

(7)辦公桌闊三尺，長五尺。各抽屜均需特製，以便安放各種卡片，如借書卡登記卡等。一面有安放書籍的地方，以便學生還來的書籍，或正在編目的書籍，可以暫時放在這裏。

管理員要坐在近門口的地方，有三個理由：一、可以看見館內的人的出入。二、便於借書人的借書還書。三、便於入館詢問書籍或參考事件的人。至於管理員的位置，是較近於教員用書和參考書，較遠於一般用書和雜誌，也無非是爲雙方便利起見。所以管理員的位置，是很要緊的。他是全館的主要人物！

(8)是展覽櫃。圖書館內往往有許多模型標本，要隨着圖書並用和參考的，可以放在櫃內。櫃高約四尺，長五尺。面和四邊，用玻璃門，可以透視櫃內物件。櫃頂最好向兩面稍斜，中間有平板一塊，可以安放新到書籍，或特選書籍，和其他告白圖畫等，以引起閱者讀書研究的興味。若是不用展覽櫃的，可以添加一張圓桌，多坐四五個人。

(9)(10)是閱覽椅桌。共計閱書桌四張，椅子二十四張，連同管理員，同時能容二十五人。各件相離，至少有四五尺。所以極爲寬暢。桌面長五尺闊三尺，（這是標準的閱書桌的尺寸）同時能容六人至八人。若是將來閱者增加，可以將書桌橫擺，此外再添加閱書桌一張，所以全館可以擴充至三四十人，不至過於擁擠。這個計劃，除學校有驟然的變動之外，可以有充分

的擴充之餘地。這是創辦圖書館時，所要注意的。

圖書館的佈置第一件要清潔，第二件要整齊，第三件要雅緻，第四件要安靜。對於閱者的精神上，身體上，衞生上，處處要求安適。學校圖書館要成爲全校最優美最中心的地方，方能稱爲佈置完善。

（二）圖書經費問題

辦理小學圖書館第一個問題，就是經濟問題。我平常遇見了許多小學的校長教員，總是問要多少錢才能開辦一個圖書館？這個問題委實是很難回答。因爲各處地方情形不同，各校經濟狀況各異，而且圖書館有規模大小之別，器具有良窳之分。所以很難說一定要多少經費方能辦理。而且我個人是向來持「大有大做，小有小做」主義的人。學校裏雖然有一間小小的房間，祇要佈置得井井有條，書架上數十本書，祇要能應實用。規模雖小，祇要有辦理圖書館的誠意，管理方法，祇要合乎圖書館的原則。那末雖無圖書館之形，已有圖書館之實。經費多少是不成問題的。而且圖書館不是一朝一夕所能辦到的，現在經費支絀，不妨稍爲簡陋，將來逐漸擴充。所以我說祇要有辦圖書館的誠意。我也知道現在中國教育經費底情形，不必來唱什麼高調，要辦什麼規模宏大的圖書館。祇求切實合用便了。不過有許多人總以爲我的答案太過空洞。這些話，誰也不會說。何待圖書館專家的商榷？有些便因爲經費沒有定準，以爲辦一個圖書館，非有大宗款項不成。於是遲疑不決。有些竟說經費支絀，就置之不理，故意推延。不知圖書館是學校必需的部分。我曾在某處說過：學校沒有課堂，還可以實行道爾頓制，或露天上課。若是沒有圖書館，簡直是不成學校。這句話希望敎育界千萬注意。不過這樣的說下去，總嫌太抽象的。反使一般有意辦圖書館的人，無從下手。所以我現在祇得假定一個學校，學生有二百人以上，在中等經濟狀況之下，開辦一個規模稍爲完備的小學圖書館，大約需開辦費一千元，經常費每年八百餘元。各項開支大略如下：（見下表）

下開辦費預算，總額一千元。以百份之六十爲圖書費，百分之四十爲設備費。其中亦很有伸縮的餘地。比如購書費一項，預算書價七百五十元，以八折算，實支六百元。購書約二千本，每人平均十冊。這是一個普通標準。若是因經濟所限，每人能够有五本以上，也很够用了。而且各校本來總有多少圖書，不必完全新購。若加以各界各敎職員學生的捐助，那末普通標

開辦費預算表

項目	價值	總計
I. 圖書費		
1. 普通類	153.95元	
2. 哲學類	24.32	
3. 教育類	109.00	
4. 社會類	20.42	
5. 美術類	12.59	
6. 自然科類	46.29	
7. 應用科類	28.01	
8. 語言類	90.80	
9. 文學類	150.48	
10. 史地類	72.88	
11. 雜誌類	31.44	
12. 備用類	9.82	600*
II. 設備費		
1. 目錄箱	6.00	
2. 書架	80.00	
3. 雜誌架	18.00	
4. 報桌	18.00	
5. 地圖櫃	12.00	
6. 辦公桌	16.00	
7. 玻璃櫥	18.00	
8. 閱書桌	32.00	
9. 椅	50.00	
10. 花瓶照架	30.00	280.00
III. 用品費		
1. 卡片	45.00	
2. 印件	.20	
3. 文具	.30	
4. 其他	25.00	120.00
		1000.00元

*書費750元八折算折實600元

準，不難達到。至於雜誌一項，校內各教員本來要自定一二種雜誌的。何妨聯絡起來，你訂這一種，我購那一種。各人輪流公開閱覽，覽畢仍可收回自己保存。於個人無損，於大衆有益，何樂不爲？若能將舊雜誌完全送給圖書館保存，更爲歡迎。這樣，學校方面可以減少一些擔負，也是一個很好的辦法。添買新書，也可以照樣出資合購。一舉兩便。若果全校教職員能够聯絡合作起來，則圖書館不難立即成立，日漸發達。所以祇要大家去幹，事無不成的。若是學校已經有了多少圖書，那末這筆購書費完全可以省掉。不過最要注意的：圖書館不是藏書樓。書籍不在多而在實用。若是琳瑯滿架，都是與學生程度，日常需用，格格不相入的，那末雖多何爲？所以購書的標準也非常要注意。據現在各校情形看起來，大約二百元的新書是不可少的。這區區少數諒必易於設法現在各校經濟困難，要求官廳補助恐怕不容易所以祇可出於募捐一途。募捐目的不可太大，太大則令人蹙額。比如學生家屬，若是向他們捐些同學會懇親會經費，他們總說學生們胡鬧。想吃東西。若是說要來買書，我想沒有一個人不贊成的。祇要帳目公開有一塊錢買一塊錢有用的書。祇要父母出一塊錢，他們的子弟得一塊錢的益處。他們無不樂爲的。學校方面，與學生家屬，從此可以充分合作。因爲在小學時代，學生們的前程，做人的基礎，都在父母師長們。所以亟宜通力合作。這是敎育問題圖書館管理問題，這裏不能詳論。但是圖書館募捐，却是一件聯絡的入手辦法。各校不妨試試，必定大有成效。

至於設備費四百元，其中也不無伸縮的餘地。其中書架八十元，雜誌報架三十六元，玻璃架花瓶點綴品都可以斟酌損益。書架八十元，預算可以藏書五千冊。但是開辦的時候，一定沒有這樣多，自然可以少做一些。大約五尺高三尺長，八寸深的書架。每具可以藏書三四百冊。各校可以根據實在情形，酌量購置。閱報桌若是暫時不用，也可以用報紙夾代之。每只不過二三角。不過管理上及閱覽上的便利，遠不如報桌的好。因經濟上的關係，也可暫時應付。地圖箱，玻璃櫃，是暫時可免的。辦公桌，閱書桌也不妨向別部借用，或在庶務部購置項下，逐年開支。所以二百八十元的設備費，開辦時不必全數開支。若分兩學期或兩學年購齊，那麼爲數極少。我以爲無論什麼學校，都可以辦得到的。所以我說辦圖書館祇要有誠意有計劃。比如閱書桌的標準尺寸是三尺闊五尺長。但是一時因經濟關係，本學期先做一二只，其他二只，暫時拿別種桌子湊數。明年再照樣添造兩只。那末目的可達。不過稍遲一點罷了。至於各種物件的質料式樣與價格也大有關係。我所開的都是中等物件。比如椅子一項，平常四方凳是值四五角。洋式圓的靠背椅子，也不過一元六七角。但是這種椅子，不甚經用。現在所開的是圖書館式的椅子。若用上等橡木製成，每只至少四五元。現在以兩元計，已是中下等貨了。花瓶鏡架雖列三十元之多，但要佈置得稍爲優雅，是少不得的。其餘窗簾燈罩檯毯零星什物等，都包括在內。所以三十元並不算多。大約二百八十元中目前至少要有一百元上下，便可以行了。

用品費一百二十元，除文具三十元，雜用二十五元，可以由別處開支外，其餘都是不可省的。統計開辦費一千元，若因經濟困難，不妨分期支付。則開始的時候，大約四百元卽可辦到。這樣說來，豈不是輕而易舉嗎？

經常費每月七十三元，每年八百七十六元。大約以百分之五十爲薪金，百分之三十爲圖書費，百分之二十爲辦公費。這也是普通圖書館的標準。各項開支如下：

經常費預算表

項目	每月	每年
I. 俸薪		
1. 俸薪	40.00元	480.00元
II. 圖書費		
1. 圖書	20.00	240.00
2. 雜誌	3.00	36.00
3. 裝釘	2.00	24.00
III. 辦公費		
1. 印件	5.00	60.00
2. 文具	2.00	24.00
3. 雜費	1.00	12.00
	73.00元	876.00元

右經常費預算表，每年八百七十六元，看來很像很大。但是也不難籌劃的。薪金四百八十元，每月四十元。若是學生二百人，照例應當有一個專任的圖書館管理員。若以中學畢業資格，並研究專門圖書館學一年以上的，每月四十元，在現在底情況下也不難羅致。若是不用專任的人，那末請一位教員兼任，另請一個助手，也可以辦到。每月四十元也可足用。這筆薪金，自應在學校預算內規定。我想有學生二百人的學校，這一筆款，總可籌得。至於圖書辦公費每年三百七十六元，若學生每人每學期繳圖書費一元，則年可四百元，已綽綽有餘了。學生繳學費時，多繳一元，家庭中不見得增多許多擔負。祇要這一塊錢，切實用在學生身上，家庭中沒有不答應的。這句話，我說了兩次；是要引起辦圖書館人的注意和誠意。因爲據我調查所得，每每借圖書館之名，而行挪借之實者很多。所以每年雖有圖書館費的徵收，而圖書館書籍仍寥寥無幾，不能不令人不滿。所以千萬要切實辦去。還有一層，這筆圖書辦公費，要完全獨立。每年既有這一宗收入，便應顧名思義，完全用在圖書館內。不能因學校經濟狀況發生影響，以至遷移挪用。卽使全校經費支絀，教職員薪水欠發，而購書費不能因此止付。仍須繼續添增。如此每年所入雖少，而日積月累，必有可觀。所以圖書費應由學生繳付，完全獨立，原意在此。至於學校經費，稍有充裕，另行撥款添購更好。要知管理員是爲着圖書而設的。

若沒是有圖書，那末何必再請管理員？若請了管理員，而圖書館範圍不是日日擴充，單是守着幾本舊有書籍，豈不薪水虛費？現在有許多學校圖書館，因爲經濟關係，無力購書，而館員無事可辦的，在在皆是，說來眞痛心呵！

小學圖書館的經費情形，大約已如上述。經費決定，就可從事購辦書籍。但書籍的選擇，是最困難的問題。選擇的標準，要合兒童心理，要適於實用，這誰也不曉得？可是在實際上，眼光高的人，每每以爲現在出版的書，是沒有一本好的。眼光淺的人，以爲凡是大書坊出版的書，是沒有一本不好的。所以多多益善。而且選擇的時候，有程度上需用上的關係，有經濟上學科上的限制。若是沒宗旨沒計畫的選擇，必至顧此失彼，偏重一面。所以要以有限的經濟，一定的門類種數，而能選擇得當，寧非易易！我因爲有許多同志的要求，要我代選小學圖書館應用的書。我義不獲辭，祇得拉雜塞責。選擇的時候，我先依圖書館學理，根據普通情形，定了一個購書費的標準。大約以普通類文學類教育類爲最多，歷史語言科學等次之，各類的百分比，以價值的數目較合定則。書數的百分比，因爲書價貴賤不同，本數多少不同，所以略有參差。這是因爲爲經濟所限的緣故。若是不限於七百五十元之數，則冊數較合。茲列表如下：

圖書經費百分比

項目	書數	%	價值	%
1. 普通類	429元	23	153.95元	20
2. 哲理類	34	2	24.32	3
3. 教育類	112	6	109.00	15
4. 社會類	40	2	20.42	3
5. 美術類	22	1	12.59	2
6. 自然類	126	7	46.29	6
7. 應用類	53	3	28.01	4
8. 語言類	150	9	90.80	12
9. 文學類	400	22	150.48	20
10. 史地類	120	7	72.88	10
11. 雜誌類	316	18	31.44	4
12. 備用			9.80	1
	1803	100	750.00	100

根據上表，從事選擇，然後可以免顧此失彼，偏重一面之弊。

各種書籍，大約供三種用途：一、供學生課內參考及課外閱覽。二、供教員研究，此類以教育書爲多。三、供普通參考。因爲圖書館是學問之鑰，有時候忽然有一個問題發生，即須參考，所以普通參考的書，不可不略備數種。

摘自《中華教育界》一九二六年八月第十五卷第十二期

整理小學圖書館的幾句話

章奎元

兒童的智識慾，較常人格外發達，那末做教師的怎樣承順兒童的求知的要求？如何能達到求知的目的？簡單的說，學校如能搜羅陳列各種適應需要，以便瀏覽參攷或有趣味有益兒童心身的圖書，則教學之效率，與養成自學自修的習慣，有極大之效益。是於教育者，目學校而無圖書館之設備者，不可謂完全之學校。

但教育不獨重在智識之灌輸，且宜力謀自治之養成，小學校能設圖書館，既可滿足兒童的智識慾，復可養成其服務的能力。有人說，各地小學都鬧着窮的多，設備圖書，當然要有經費。實在辦理圖書館，確是為不為的問題。如果我們抱定大有大做，小有小做的宗旨，而經費問題就容易解决的。因為無論經費如何支絀的學校，把那小有小做的來設備，雖然沒有琳瑯滿架的圖書，却是比較有勝於無的進一籌了。在鄉村學校，交通既稱不便，而圖書之設備，尤宜源源添置，以備不時研究之需，否則！孤陋寡聞，閉門造車，新教育之趨勢，漠然不悉，誠不知有漢，無論晋魏矣！圖書館在小學校有必備的需要。上面畧已說過，現在試將所根據的幾項列下以便參攷：

圖書館設主任一人掌理圖書經費之籌設，圖書之借貸，與購辦，整理，編訂圖書之目錄，圖書表册之製造，圖書之統計，圖書之保管，指導圖書館值日生服務等，——每月或半月由圖書館主任，召集開會一次，討論館務之改進，與兒童閱書方法，及應守規則之指導，各科參攷書與兒童愛讀之書報的調查等。

圖書的選擇，——書籍最宜慎擇，不可濫竽充數，徒耗經費，與實際無益，大概選擇方法，——教員用書，宜趨重於各科參攷，和教育研究，并審視內容的豐富？記述的清晰？有必備的價值？先搜集各書店圖書目錄，各種出版界書中的新書介紹廣告等，經過詳細的審查之後，將適合校中必備之書目列出，由圖書主任斟酌經費，向各書店訂購或預約，但購時必須詳細查閱書中有無缺錯與損污等。

兒童用書，宜適合兒童的程度和心理的，有文學價值的。可供各科參攷的，可養成兒童記憶，想像和推理力的。形式字體宜大，標點印刷清楚的。裝訂堅實的。而下等社會行爲殘忍者，則宜避免之。

圖書的介紹和閱覽的指導，——在平時供兒童閱讀和新的書籍，須先附以介紹，使兒童未閱書之前，得有一種印象和興趣，或生信仰。教員方面，也可和兒童同在一處閱書，同時兼指導學生的閱書的方法，和閱書的姿勢，使兒童於無形中，養成閱書的習慣。但小學閱書的秩序，不必嚴定苛繁的手續，兒童能遵守閱覽的規則，可自由取閱，一面用極明簡揭示牌、做取書的方針，以便兒童取閱。

桌椅——桌椅樣式，視經濟充裕與否而定。排列方式也可自由，不能特製閱書棹椅者，可借課室棹椅，或他種棹椅改用之，但須不妨兒童生理爲妥。

書架不宜過高，須視學生高度爲準則，而陳列教員用書的書架，則可高些，大概通常高五呎，濶三呎，中間隔以梯板五六層，每層可以移動，便以整潔，其他如雜誌架等，均爲圖書館必備之具。

組織圖書館委員會，選舉兒童數人爲委員，公訂服務細則如左：

1.由學生自治團體的圖書股爲領袖。

2.每二週規定開會一次，討論一切事務，必要時得開臨時會議，每屆開會請圖書主任出席指導之。

3.圖書之整理，借貸，由各委員逐日管理之，因事不能服務者須向委員會請代管理。

4.當值員之任務——管理圖書館門的開閉，整理圖書和報紙，注意閱覽人不規則的行動，并負責勸告受理圖書主任委託事件。

5.領袖之任務——召集開會，開會時爲主席。公佈執行議決案件。督察當值員勤務。當值員請不到代理人，由領袖代理職務。受理同學請求添增圖書的意見，交主任審查置備。受理圖書館主任委託的事件。

6.閱書之規則——走路輕步。搬動坐位不出聲。不朗讀。不談笑。不在圖書館食雜物。不許唾液翻書。不捲折書角。閱書有正當的姿勢，損污圖書須照原書賠償。閱書先後有序，不許爭閱，但同科參攷者，則可互相研究。圖書閱畢須放原處。如不守閱書規則者，處以薄懲。——以上各舉簡而易作的辦法。末了，我們知道教育是永久的，有人類便有教育，有教育便生問題，有問題便不能不研究改良，從前做教員的萬能迷信極深，不論什麼科學，只要備了一本好像金科玉律的教授書，就不管皂白，不論教材與方法了，此種已爲當代教育者所痛斥，那末若要滿足兒童有充分的智識，則小學校設備圖書館，有急切重大之位置了。拋磚引玉，願初等教育界同志宏大其旨焉。

十八，四，一。

摘自《初等教育界》一九三〇年三月第一卷第一期

小學圖書館之重要及其實施

陳培光

我國近年對於圖書館事業，極為注意；創辦擴充，日有所聞。自中華圖書館協會成立以來，圖書館界，密切聯合，進步益速，惟以經費竭蹶，一縣得設一共同圖書館，已為罕得，各小學無論矣，此固一校之不幸，亦我圖書館界所宜奔走呼號，以提倡者也。

當今圖書館學專家，莫不以為讀書習慣，須自少養成，非積多年之力不為功；若在短時期中雖有妙術，亦將無效，是故各地小學，亟宜以養成學生讀書習慣為前提；使對於圖書之興味日濃，則他日庶能自動參考，出校自不至絕跡於公共閱書場所，直接間接，影響於圖書館事業之發達甚大，由此以觀，小學圖書館之設立，誠不容緩矣。

或曰當此經費支絀之際，各地小學，百廢待舉，圖書館之費用何由出？即幸而得之，為數無幾，又何濟焉！竊以為一校之中，圖書館萬不可無，即使經費不多，不妨因陋就簡，暫時維持，徐圖發展；先從實施方面，亟力講求，使所藏圖書，得充分之利用，不至等於虛設足矣，故善批評者謂圖書館之良窳，不在藏書之多寡，而在致用之廣狹，此言誠堪注意！

竊以為實施之法，必須以提高兒童閱書興味為主，兒童有讀書之需要，而後使之讀書，始有成效之可言。

提高閱書興味之法有六：

(1)揭介紹箋　嘗製美麗可愛之介紹箋一種，於每週中擇數册圖書，用生動簡明之文字，摘述，書中內容，寫於其上，揭示於全校往來必經之地，猶憶此牋一出，閱者蠭擁而入，頗極一時之盛。

(2)分團閱覽　兒童好勝心重，惟其好勝，故生競爭之心，此種心理，亦大可利用之機。嘗分全校學生爲親，愛，精，誠四團，團又分爲甲，乙兩組；四五六年級生入甲組，二三年級生入乙組，各團各組人數及程度相若，指導以閱覽方法，使比較而競進之。

(3)設成績簿　各團團員閱書畢，令其塡寫閱書成績簿，摘述所閱之書，并參加己見；一以練習摘要文字，一以保藏其成績。

(4)開講演會　低年級生不懂文字，欲引其入館閱書，實爲難事，應多開故事講演會，將書中有趣之故事，對兒童講述；講之及半，遂將該書介紹各兒童閱讀，亦可引起其閱書之興趣。

(5)閱書報告　每週土曜日下午，規定九十分鐘時間，舉行閱書成績報告會；其目的一在交換知識，一在比賽成績。報告之材料，由導師在閱書簿上任意抽出一兩篇，指定兒童講演，每次每團兩人，用抽籤法決定。報告時，注意其聲音，聲調，次序及態度。報告畢，由導師及兒童共同批評訂正，以判成績之優劣。

(6)成績比較　每月調製各級兒童入館閱書之次數人數表，以資比較；使成績佳者得蒙表揚，成績劣者知所奮勉。

上列六端，建甌一區區立建治小學圖書館，均已一一試行，成績頗佳，每日閱覽人數，平均在六十人左右；而三四年級生，已能閱讀兒童世界，小朋友等書，津津有味，手不釋卷。可見經費多少，在所不計，實施得法，未嘗不能收效；但在當事人之努力已耳！

吾國各處小學，爲數頗多，而絕少設立圖書館者雖謂限於經濟，然亦不無他故，茲略述之如下：

(1)不感需要　我國各省，除江，浙外，教育均不甚發展；教學方法，多從舊式，十九皆用注入法，無搜集材料之必要，故不需參考書籍，學生下課後，如鳥獸散：若何消閒，當局輒置不理，故不需補充讀物。教員授課完畢，或任職他處，或自覓消遣；教學訓練，絕少研究，故不需專門論著，各種圖書既不感需要，圖書館自介於可有可無之間。

(2)缺乏人才　間有一二學校，明知圖書館之利益，不分程度，適應個性，人人皆可就其性之所好，擇而讀之，以補班級教學與考試制度之不及，并可藉以練習共同生活，聯絡師生感情，然以事屬專門科學，辦理不易，懼於嘗試。

(3)徒事敷衍　圖書館既未易成立，而一時又不得不用參考書，遂隨意購置數種，暫應需要。或設管理員，專門保存；或放置架上，自由取閱；缺乏嚴密之組織，聊作權宜之計劃。

凡此，皆爲小學圖書館不能發展之主因，兼之吾國人對於新事業之思想，極爲幼稚，所見尚不及此；而當局又未廣爲提倡，此種專學，研究亦頗乏人，故其現象如此。甚望主持義務教育諸君，急起直追，共同努力，則他日小學圖書館之發達可預卜也！

摘自《福建建甌縣公立圖書館十週年紀念刊》一九三〇年七月

福建圖書館學研究會發行

圖書館學週刊

投稿及通訊處——福州烏石山師範林應蘇君
福建民國日報社江鼎伊君
陳弘毅君
福州烏山圖書館薩士武君

▶二十一年三月廿日◀
▶每星期一發行◀

第五十九期目錄

我對於本市小學圖的意見

照遠

近來本市圖發達的潮流，已擴張到小學校裏去。我看到有二三所的小學裏都設立了圖書室或圖，裏面擺着架架的書櫥和為小朋友而設的桌椅，這真是很好的現象，使我們非常的高興。不過那管這些圖的人，在開始的時候一定沒有什麼經驗，他們或者略略看了一二所舊的…就自己設立小學圖來，那个適當的地方自然難免…善…指導…當…極…滿意。

話說起來，也並不非常…頭一件要緊的，小學校當局要誠心的辦圖，換句話說，不要像從熱鬧似的設一個圖，因為：那般都的，我們也要擺擺，或者爲取媚或敷衍於教育行政人員；無設立有目的，倒不在多數天真活潑的小學生，這是最要不得的心理，（其實世上無論什麼樣事業，所謂革命，所謂政治……又那樣不是這樣？）於是乎第一要務小學圖是要確確實實為着小朋友裏的小學生的利益和幸福而設就好，純是心理上精神上無為的學，其他一切設施和辦法當然都要準這個的而行。無論那個的負照這樣做的，我敢保證他的進步和完美，要於技術和學識，那是由學習而來，可以學習而得的，至於經驗，做了久自然有經驗的。

要誠心的辦圖，當然要有專心一意的人員去辦理。現在許多小學的圖裏，以我看來，好像沒有這樣的人，那麼的事是這個人也管管，那個人也動動的，我以為像這辦法不但不合理而且也太不經濟，因為圖無論怎樣總有他的特別事務，因而要有他的特別智識；所以料理那事務…當然要有那特別的智識（無論深淺）假若許多…那樣料理，那許多人都要有那知識，豈非大不經濟？並且…意見更不一樣，辦事也就不統一，事務更艱難進步，這都是容易知道的事，所以我以為每個小學圖都要有一個專責的人，或者也給他一個名義，像圖主任或館員，我覺得這主任的地位就好像等於小學裏各級的級任似的，因為級任是小學裏除了其他課務之外而專心擔任某級的課務和事務，那麼圖主任是除了其他課務及事務之外而專心擔任圖的事務。（假若能叫圖主任不去担任其他的課務或事務，那當然是更好的了）

選擇這主任或其他人員要緊的要有圖學知識的人，并且要還有耐性，和氣，與小朋友感情最好的人。（許多人說：女性是長於處理瑣碎的事務而有耐心者，一選定某人以後　那就減輕某人其他的職務及事務，使他得以專心於圖的事務，還是關於調用人的地方，以下還要說點關於小規模圖的事情。

（未完）

摘自《圖書館學週刊》（福建民國日報副刊）一九三二年四月第五十九期

一個改良的簡易圖書館

第一屆學員 蔣宗陶

要使兒童個人的自力充分發揮，並養成自力讀書的習慣，須有兒童圖書館的組織和設置。達留哈巴脫氏說，「根據多方面的研究，知道養成兒童接近圖書館的習慣，最適當的時期，當在八歲到十一歲。」照這樣看來，可以曉得兒童圖書館在小學中的需要，很為急切。現在沒有圖書館設置的小學，當然很少，但因校舍狹小，不得不因陋就簡的，却是很多。要使兒童多得到閱讀機會，加增閱讀的興趣，須把那因陋就簡的圖書館改革一下才是。現在把他改革的方法，述之於後，以就正於諸同志。

因陋就簡的圖書館——小學的校舍，大多是很狹小的，除那必不可少的教室以外，確沒有空屋可以布置那圖書貯藏室和閱讀室；因此只可把圖書重叠的放到木櫥裏去；或是利用紙匣權充圖書箱。照這樣的設置，有下列這幾種缺點。

1不能引起兒童借書閱讀的興趣；
2不能多得閱讀的機會；
3不能立時檢出某兒童所需要的書籍；
4借書時容易擁擠；
5難於管理。

改變方式的圖書館——把圖書每本的左角上釘一小洞，用線穿好，懸掛在教室中一部分壁間，如果圖書多或教室多，可把各書分組按週輪流懸掛，兒童須各備一長方形的卡片一張，上面寫着自己的名字和坐位的號碼，取閱書籍時，即將自己的名牌更替掛上，以便指導員和管理員檢查考勤。其閱讀筆記，須擇其成績優良，從無間斷者，隨時公佈與獎勵。這樣設置後，所得到的效果是：

1輪流懸掛，可以引起兒童閱讀的興趣；
2節省借看檢選收回的時間；
3增加閱讀競爭心；
4便於檢查考勤；
5增多自由閱讀的機會；
6培養公德心；
7可以免去借閱時的擁擠；
8容易養成兒童接近圖書的習慣。

摘自《進修半月刊》一九三二年七月第一卷第十九期

兒童圕在小學校中之地位

陸德麟

一、兒童圖書館之作用

圕的事業，在現代社會裏，不停的進展着，這種事業的發達，與文化程度，有密切的關係，所以不但各大都市中總有若干所圕的設立，卽是較偏僻的鄉村，也由文化運動者熱心地倡導，漸次普遍起來，因爲圕不是一個死的文化結合塲所，而是促進人文進步的一條好道路，傳遞文化，散播新知，從橫的方面看起來，可使全世界的文物聯絡溝通，自直的方面看起來，可使古今文物勾連流串，於是努力於此者，不惜以畢生的精力去求貢獻了。

可是普通圕的目標，往往爲着社會上一般成人的需要，而忽略了兒童，雖然沒有明顯的標示他們的對象是成人，總因對兒童的需要成分太少，那麼對於兒童，圕似乎失去了效力，這種責任，當然不在兒童的本身，我們要灌輸兒童做人的能力，使他們接受社會的遺產，必須要爲兒童專門設立圕。

我國年來對於兒童事業或兒童的教養問題，引起了深切的注意，無非爲的兒童是將來國家的主人，將來的國家如何，全視今日的教養如何，有所謂兒童節，有所謂兒童年，一般應機而起的兒童刊物，不知又有多少，然而創設兒童圕，却不見有多少人在倡導，這不是絕大的疏忽嗎？現在且把兒童圕最主要的作用列述如下：

一、養成兒童讀書的習慣　兒童好奇的心理極爲豐富，遇到問題臨身的時候，總要想求得一個滿足的解答，見着什麼新奇的事物，常要探索究竟。因此純潔脆弱的心靈，會受不良知識的引誘，而有惡劣的霑染。如果善於利用這種心理，導入正當的軌道，其成就將不可以估計了。試看街頭巷尾，常有三五成羣的兒童，聚集在一起，看那連環圖畫的小說，其內容神奇鬼怪，有不堪設想的事實。假如叫他們有一個團，可以看書，不是再好也沒有的嗎！並且求知的欲望，人人都有，爲兒童創造良好的讀書環境，則爲兒童團第一作用。

二、暗示兒童的羣衆道德　社會是人的集團，人既不能脫離社會而生存，則人與人的往來，不可斷絕。人與人的關係複雜，就需要控制的力量，也就是社會行爲的束縛。這種基本的約束，無過於道德。兒童團實足以養成兒童的羣衆道德。例如閱覽圖書，不得毀壞，便是愛物的德行；閱書之時，不可談笑，便是守秩序的德行；不能隨地吐痰，便是公共衞生的德行。諸如此類，不必列舉。兒童團對於兒童羣的生活，有深切的暗示，暗示的接受，其力量遠勝其他。如威脅、訓誨，皆有所不逮。

三、補救教育之不及　提高文化，普及教育的呼聲，耳不絕聞，而添設學校，辦理義務教育，皆在積極推行之中。兒童團也是推進兒童教育的好辦法。今日的教育，雖說比較進步了，沒有機會受教育的兒童，還是觸目皆是。城市之中，小學校多有人滿之患，有志願讀書，或者能夠有力量受教育的兒童，得不着受教育的時機，這是一件十分慘痛的現象，倘若兒童團設立，則失學或非失學的兒童，均能受其惠澤。

二、兒童圖書館在教育上之價值

兒童團能指導兒童閱讀正當的書籍，同時爲兒童造就一個優良的讀書環境，知識的灌輸固爲主要的目的，而作人的訓練也並不忽略，人類需要教養而後成立的時間，比較其他的各種生物要長，所謂十年樹木百年樹人，但是樹人的基礎，就在兒童時期，不論習慣道德行爲，一旦有不良的沾染，要把它改正過來，頗爲不易，「江山好改，秉性難移，」正有這種意思。

舉凡知能的陶冶，身體的養護，皆爲教育的範圍，而教育的主要功用，就是要使得個人社會化，利用個人學習的能力，漸漸使個人吸收社會上種種文化制度風俗習慣，以養成個人爲社會的一份子，我們知道，社會的改進，常非短期間內所可奏效的，社會規則及社會制度，每每根深蒂固不易變遷，要轉移社會態度，决非短時期內所可做到，故必從社會的根本——兒童方面去下「潛移默化，循序漸進」的工作，兒童團既是輔助學校教育之不足，則其在教育上之價值，可以想見了。

三、兒童團對於社會生活之訓練

一、社會生活的意義　人不在社會中就不能生存，我們任何的活動處處與他人發生關係。無論言語，風俗，道德，信仰等，都是社會共同一致的行爲，個人生長在社會中勢不能不與社會上流行的言語，風俗，道德，信仰等發生關係，因之個人的一舉一動處處受社會上他人直接或間接的影響，而社會上他人的一舉一動，亦多少受個人的影響，此種人與人的交互與共同關係，極爲複雜，錯綜牽連有如蛛網，蓋個人行動與一般社會關係非常密切，個人依賴社會，社會依賴個人，所以我們的生活是羣的生活，是社會的生活。

二、兒童社會生活訓練之需要　現在的人，都受着以前人類社會的影響，現代的文化，無論是物質的或非物質的，大都是由前人累積遺留下來，我們現在的人，一面保守從前遺留下來的文化，一面創造現代的文化，使人類文化繼續不絕，就是使社會生命不絕，惟其有創造文化的人，而又有保守文化的人，有保守文化的人，尙有創造文化的人，而後人類的文化，擴張廣大，綿延不絕。

人類社會生活的基礎就在家庭，因爲有父母，因爲有兄弟姊妹，敎訓啟廸，潛移默化，使其成人，把積累下來的文化一代一代的傳下去。家庭却不是獨自存立的，也是依賴大的社會生存的文化傳遞的綿延不絕，對於兒童社會生活的訓練，當然不容忽視。

三、兒童團對於兒童社會生活的訓練　家庭固爲社會生活的基礎所在，然而它的範圍究竟有限，擴大兒童的眼界，廣泛兒童的接觸，灌注兒童的新知，公德心的涵養，勤奮向學的興趣，諸如此類，較之家庭來得廣博，那就非仰賴兒童圕不可了。兒童圕裏有好的管理員或指導員，可以對於兒童的行爲做合理的控制，制定若干簡明而通常的閱覽規則使兒童的身心兩方面皆能獲益，方可作將來社會共同生活的準備，庶幾文化的傳遞更能發揚光大。

四、小學兒童圖書館之需要

小學兒童圕是爲小學兒童而設置的，圕這種圕在我國今日的社會中，需要很爲迫切，因僅恃課本上的智識，很不足以應付兒童的需要，難得滿足他們求知的欲望，必須靠着課外讀物，用以來補充；並且小學生除上課以外的時間，多用之於遊戲上去，如果有圕的設立，他們必樂於閱書，減少一部份嬉遊的時間，用工夫在讀物上面，可以免除無謂的時間浪費，我想有些兒童對於故事圖畫之類的書，會感覺得有特殊濃厚的興趣。

反過來看，若是沒有兒童圕，顯而易見的要發生兩大嚴重的問題；第一就是經濟的能力，兒童的經濟能力很有限，要想有多種圖書的獲得，頗爲不易，又有些看過一遍就不想再看的書，買的來太不合算，兒童圕兼備各種兒童圖書，就可以隨意閱覽了。第二就是選擇的標準，兒童對於圖書的內容評判的能力極其薄弱，不知道那種書好，那種書壞，某書該讀，某書不該讀，偶受不良的渲染，將深刻的印於心靈，洗抹不淨，甚而至於表現於自己的行爲上，像此等不良的思想或行爲的暗示，較之任何宣傳的力量來得大，倘經過團的一番選擇，始可避免惡劣思想的侵入，用心於正當的途徑。

現在有些學校，似乎已有小規模的兒童團的雛型，以每一級或一班爲一個單位，在教室的四周牆壁上，陳設許多適合那一年級程度的讀物，用來供給兒童的參考閱覽，但是沒有專門負責任的人，不能擴大組織，圖書又不常更換，簡直一學期之中，就是老陳列着那幾本書，因之兒童的趣味，就索然了，從這裏觀察，可以告訴我們小學校有兒童團的迫切需要。

五、小學兒童團於訓導上之補益

一、品性的陶冶　人類行爲的基礎，幾至完全建樹在幼年時期，所以有句俗語說：「三歲看到老。」因之小學校中德智二育的訓練，分量大致相等，品性不但含有德性的意味，亦有關於情操的陶冶。

品性是次第發達而完成的，中途之上，最易發生動搖，故能持續一定的性格，也很不易，青年時期，心理與生理上的變動最大，然能善加訓導，高潔的品性，自可成立，兒童團能用其適當的方法，不憚煩瑣地注意兒童的行爲，在優美的環境中，循循善誘，例如借書須愛護書籍，閱書不得自由談笑，至於其他妨礙公共利益的行爲，皆有剴切的告喻，使明知其理，知過而不敢再爲，身心皆有裨益。

二、與政教的關係　政治與教化原有密切的關係，所以我國古代就有政教一致的表示，所謂

「人生者三事之如一，」三者君親師也伏羲氏敎民作書，神農氏敎民稼穡，黃帝敎民造作舟車，到了孔子，祖述堯舜憲章文武支配了數千年來中國民族思想由日常的生活推移到智德的敎化兒童團正可利用聖賢明哲的學識思想以及那偉大的人格，昭示兒童，廣爲宣揚使兒童在爲人方面得到最優的理想最高的標準。

六、小學兒童團對於教學上之帮助

敎學的任務，是要注意敎科的內容，授以多量的知識與精確的技能，務使受敎的人盡量收容並且要注意「自發的活動」來養成進取與創造的習慣，這習慣必須自兒童時養成，施敎者可訓練兒童到團去，此等敎授，是活的知識，活的技能，以創作自學自習的素地，鍛鍊境遇變化的知識，涵養促進社會的原動力，便靠兒童團活的敎育，是目前極提倡的，難道把兒童團忽略了嗎？

兒童到了團裏能夠自動的閱讀，天才較高的學生，可以有充分發展的機會，較爲滯拙的兒童也有勤補的可能，不爲敎材所限制，往往不是課室中所可辦得到的事了。

七、結論

兒童團在小學校中地位之重要，已如上述，而在一般人的眼光中，似乎不以爲重要，昔人有言：「

勿以善小而不爲，勿以惡小而爲之，」但是兒童團的地位，引伸起來，不僅在小學校中佔有重要的地位，且與國家民族的前途，也有極大的影響，果能自小學校中做起，漸次普及，則爲兒童造福不淺了！方今爲兒童謀幸福的聲浪極高，如救濟流浪兒童，兒童健康比賽，在在無不表現關心兒童之深，然而兒童團尚不見倡導，則有望於當代教育家，兒童運動者之予以注意矣。

摘自《圖書館學季刊》一九三六年第十卷第一期

小學校的兒童圖

峰

（一）兒童圖的意義和目的——既然說是兒童圖，當然這裡邊的一切設置，都是爲兒童的，所以牠的目的第一應當是爲兒童所有，叫兒童自己管理，第二是爲兒童的利益而存在，一切的設施都須以兒童的利益爲前提；一切的興廢也均應以兒童的利益爲標準，總之都要使兒童方便。

（二）書籍的購置，分類和編號——書籍的購置也應以兒童興趣爲中心，斟酌情形，也買一些確乎是對他們有益，而能爲他們看懂的書籍，分類法我認爲是越簡明越好，因此杜威的十進分類法及王雲五的圖書統一分類法等都不適宜于兒童圖書館，因爲那些方法都太複雜，對于兒童圖可以說是大而無當，據我個人的經驗分四大類，每類都用一個數碼代表，每類中再分若干目，也用數碼代表如左表：

文學 1	童話	1—1
	故事	1—2
	小說	1—3
	詩歌	1—4
	笑話	1—5
	謎語	1—6
	日記	1—7
	書信	1—8
	說話	1—9
	作文	1—10
常識 2	公民	2—1
	歷史	2—2
	地理	2—3
	自然	2—4
	衛生	2—5
	問題	2—6
藝術 3	美術	3—1
	手工	3—2
	音樂	3—3
	遊戲	3—4
	劇本	3—5
雜誌 4	低級	4—1
	低中級	4—2
	中級	4—3
	中高級	4—4
	高級	4—5

這樣既可免掉許多文字書寫的麻煩，又特別清楚，只要把這張表張貼于圖內，兒童就可以一目了然了，標籤的格式如左：那就是小說第七十三號，再一查圖書目錄就可以知道這是一本什麼書了，再這種標籤最好按照年級分出

類 1—3
73號

顏色來，如高年級粉紅色，中高級杏黃色，中級綠色，低中級黃色，低級白色等，一看標籤就知道是適合于那年級看的了，茲更將圖書目錄格式列左：

類號	號	書名	著者	出版處	價目 元角分厘	備攷
1—3	73	苦兒努力記上	莫奈德	兒童書局	0900	23年7月購

1—3 類第 8 頁

這種分年級的標準，除了參攷書局的目錄或廣告外，最好是由負指導圖責任的導師，把書的內容看一下，一方面知道內容了，分年級有標準，一方面要發見不合于兒童的讀物，也便于檢出來。

（三）兒童圖書的出借和統計——這可以分成兩種來說，第一是借出館外的，這又可以分爲兩種：甲種是平常的，就是每班按照人數的多少每三週或四週向圖借一次書，拿回來每天按時候分給全班同學看，每天放學時由班中負責人收回交級任先生保存，第二天早晨來了再發，非經先生許可絕不准帶回家去，乙種是特殊的，就是當先生指定參攷某書時，可拿先生開的借書條向圖書館去借，第二是在館內看的，每天定時開館，如上下午的預備鐘前，午後完課後，這可以令兒童輪流開館（當然是各班中的負專責的）若圖太小，也可以上午高級生看，下午初級生看；或上午初級生看，下午高級生看，圖中可預備兩個牌子一個上寫：「歡迎高級同學來看書」，一個上寫：「歡迎初級同學來看書」當着該高級生看時，就掛出第一個牌子去，該初級生看時，就掛出第二個牌子去，同時圖書館中有出借書簿（專登記各班借的書，不管是平常的，或特殊的）；和借書簿（專登記在館看的書再各班也有一個借書簿，專登記本班誰借的什麼書，這種書當然是合乎自己的年級和程度的，在圖中看的書，可以不分年級，誰願看什麼就給他拿什麼，同時這個簿子上有年級一格，到每週之終，就可以統計出那班借書人的多少來，列成一表，公布出來，每班借的書可斟酌年級讓他們交讀書筆記，每週統計一次，看那班交到的次數多。

（四）圖的組織——可在較高年級中選出兩個人來負管理圖書館的完全責任，再由每班中分別各選出二人，負替本班借還圖書及輪流開館的責任　，教師中也推出一人負指導的全責。

（五）保管和修補——凡是未借出的書都

要很整齊的擱在書架子上，遇有破損，即隨時貼補完整，如有遺失，最好趕快補上，否則註銷，以免尋不出來之苦，再每一學期最好擇一個好天氣，把書完全晒一次，以免生蛀，同時還要隨時注意書架及書室的清潔。

（六）添購——添購圖書，最好先補遺失和破損，再有餘資再添新書，買新書的手續，第一步先徵求全體師生的意見，然後再根據借書簿的統計，看那類書出借的次數多，第二再斟酌各班需要的數目，千萬不要一個圖中，只某一年級的書特多或某一年級的書特少，要各班的圖書都差不多，最後再由指導員和圖書館管理生根據以上三方面的意見斟酌損益，擇最需要儘先購置。

（七）經費——可以有兩個來源：一是學校經費中的圖書費，每月專欵存儲，積到一個相當的數目，就買一次書，二是販賣部（或稱小商店，也有借用消費合作社之名，其實也是小商店的，）的盈餘，這兩宗欵要善于利用，一個小圖也就很爲可觀了，有人主張兒童捐錢買書，這最易招人誤解·還是不用這法的好。

摘自《教育短波》一九三六年二月第五十二期

小學校應設立兒童圖書館的我見

鄭　和　安

現在圖書館事業，已被我國人認爲重要的了；一般熱心教育的學者們，極力提倡，這確是一件可喜的事！但是對於兒童圖書館，却未能顧及到，因此我就提出這個問題來談談：

小學教員，每天授課，大都以解釋教科書爲能事，不問兒童需要與否？便向他們講授了。實在這種教學法，失敗到極點。因爲現在學校的教育，根據蒙習的心理，應該是自動的。即是除課本外，仍須指導兒童去讀些有益的書籍，所以就必須有圖書館的設備。因爲圖書館是智識的寶庫，在教育上有很大輔助的功用，和密切的關係。

兒童是國家未來的主人翁，正如一朵含蕾未放的花，一切事業的開端。培養這朵花，就是爲將來一切事業預備基礎。換句話說；就是兒童自小要養成自學自修的習慣，設立兒童圖書館，搜集多量的書籍，給兒童課外閱讀，能引起他們的興趣，使他們看了，受圖書的感化，這樣便會養成一種讀書良好的習慣。兒童最富於模倣性，那許多有益身心的書，給兒童時常接觸，受了良善的薰陶，品性不良的兒童，也可以改良。並且一個人在年幼的時候，腦質幼稚，經驗缺乏，很容易走入歧途，假如有了良善圖書的指導，使其自小便向光明之道努力前進，將來成功，正未可限量。因此兒童圖書館的設立，不是極重要的麼？

設立兒童圖書館，既是這樣的重要，那末怎樣的去實施呢？就將我的意見寫出，以供討論。

(一)館址　宜設於課室隣近的地方，因爲使兒童在自修或休息時進去閱讀，得到便利。若是館址離課室太遠了，那他們進去的機會就較少了；原因就是他們整天的上課，空暇時間少，所以不能不在休息的時間去閱讀。館裏的佈置，要幽雅美觀，因爲兒童有好奇心與愛美心。牆壁上要多懸些，關於修身的圖畫，才可以誘引兒童進去。光線要充足，空氣宜流通，這才算是完美的讀書地方。

(二)館員　除幾個能幹的兒童在館裏學習幫助外，要聘一位明瞭圖書館學的，對於圖書館學發生興趣的，並懂得兒童心理的人。這館員要使兒童常同圖書接觸，教導兒童去善用良好的書籍，兒童才有宏大的得益。

(三)圖書　關於圖書的選擇，是最困難的事，以普通來看，兒童圖書館必備的有畫册，神話，遊記，博物，歷史，傳記，詩歌，和專爲兒童選用的文學讀物，但每一種是有其一定的功用；例如畫册，可以醒目悅心，引起嗜好的興趣，養成愛美的習慣。神話，博物，遊記可以涵養其想像力，使胸襟擴大，歷史，傳記可以陶冶其品格。詩歌可以鎔鑄其優美性情。但除這幾種外，還有可選擇的，是兒童文庫之類的書籍。總之要淺顯，使兒童看了能明白了解而不致生厭，及能引起兒童趣味，陶養兒童記憶力想像力，並合兒童心理環境的爲標準。

(四)演講會　圖書館，一方面是指導兒童去閱讀，別方面還要舉行兒童演講比賽。每一星期舉行一次，兒童看過有趣味的故事，可作演講的材料，在演講時。可請國文教員幫助，得獎的兒童，應給與獎品，以引起那些落選的兒童去奮勉努力，這樣可以訓練兒童滔滔不絕的口才，也能引起其讀書的興趣。　（續27頁）

（續29頁）

（五）讀書會　以兒童的程度高低而分班舉行，讀書會的目的；即能使兒童每天閱讀一册書，讀完了，便將這書內容作一讀書報告。並定一休息的時間，使各兒童提出在書中所不明白，不能解決的問題，共同互相討論。但這也必要幾位教員協助的，因爲那是對於學校教務，也有很大的關係的。

（六）旅行　天天和書本接觸，日期久了，會覺得生活枯寂。所以圖書館要組織旅行隊，給兒童到郊外去換換空氣，使其心曠神怡。但館員要介紹關於遊記的書籍給兒童閱讀，並鼓勵兒童們，各作遊記文一篇，擇尤給獎，以資鼓勵。

此外關於兒童圖書館的設施事情尚多，我現在祗是略舉一二而已。不過兒童圖書館，現在的急需，是不容緩的，我謹望熱心教育諸先生努力提倡吧。

摘自《培正中學圖書館館刊》一九三六年六月第三卷第一期

中學圖書館幾個問題

沈祖榮
胡慶生

概論中學校與中學圖書館之調查

I 中學是否需要圖書館

（甲）中學之現像急待圖書館補濟

(1) 黑板教育

(2) 課本教育

(3) 被動教育

（乙）中學難辦圖書館之原因

(1) 不明瞭圖書館在教育上之價值

(2) 因循敷衍

(3) 限於經濟之支配

II中學圖書館之經濟如何維持

（甲）經濟支配法（下表係爲中學圖書館計算學生若二百名左右）

(1)開辦費總目六百元．

(a)設備費　一百三十五元

(b)書籍費　二百六十元

(c)薪資　一百八十元

(d)雜費　二十五元

(2)常年經費　三百元

（乙）經濟籌措法

(1)列入學校預算案

(2)規定爲學校的例費（如健身費等）

(3)學生公費購書

(4)學生樂捐購書

(5)學生畢業紀念捐

(6)學生開遊藝會籌捐
(7)舊生或其友人紀念捐
(8)學校特別紀念時籌捐

III 館員選擇問題
(甲)專門人材
(乙)校中熱心圖書館之教職員
(丙)師範生或中學畢業生
(丁)學生助手

IV 圖書選購法
(甲)依學校性質
(乙)視學生程度

V 引導學生利用圖書館法
(甲)標明新書名目
(乙)關於時事問題

（丙）關於功課
（丁）利用學生會社
（戊）館員親自導引

日本圖書館協會規則 大正八年十二月修正

林本譯

第一章　總則

第一條　本會以圖書館辦事人員及與圖書館有關係者組織之專研究圖書館及關於圖書之一切事項藉謀本國圖書館事業之進步與發達
第二條　本會因欲達前條之目的發行機關雜誌及報告書類并時時集會討論公開演講公開展覽或舉行講習會
第三條　本會稱爲日本圖書館協會
第四條　本會公推總裁一名
第五條　本會置本部於東京
第六條　本會得設支部於各處
第七條　本會置府縣立圖書館部部會設主任由會長指定之

摘自《浙江公立圖書館第九期年報》一九二四年七月第九期

中學圖書館的幾個問題

杜定友

(一)需要問題

中學圖書館，爲什麼要存在，不可不研究其需要，現在分述如下：

(1)課程問題　中學敎育的目的，在使學生明瞭個人與社會的關係。使他們對於世界事物，有相當的了解。凡一切人生日用的智識，天然界的物產與動作，宇宙古今的觀念，都要有充分的了解和運用。所以中學課程的範圍，比較小學敎育，當然廣闊得多，比較大學課程，也各有不同。因爲大學敎育是專門科學。以世界眼光看來，實比中學課程，來得隘狹。所以中學課程大有包羅萬象之概。況且現在科學發達，人事日繁，中學課程，那能被幾本敎科書包括完全。所以除了敎科書之外，非有圖書館不可。這不是說敎科書無用，也不是說圖書館是補助品。我以爲中學敎師的敎授，不可以拿書做本位。當拿科學做本位。所以研究某科某課的時候，不可以用一本書，就算了事；還要有許多參考。一切圖書，雜誌，日報，都和課程有密切的關係。所以做敎師的人，應該指導學生去圖書館看書。使他們知道天下宇宙之偉大，學問科學之堂奧。然後能達中學敎育的目的。所以圖書館是必需的。

(2)敎授問題　從前中學的敎授法，無非是先生講授，學生聽解。即一切實驗科學，如物理化學等，都是由先生試驗，學生在旁觀看。並無反覆申論，研究推考的餘地。但是現在的敎授法，已大不同了。先生不過是居於指導的地位。一切都由學生自動。敎授科學，都由學生先行預備，然後在課堂彼此討論。那末若果大家都是看同樣的一本敎科書，還有什麼討論的餘地？所以非有圖書館，供給充分之資料不可。況且現在通行的設計敎學法和道爾頓制，尤非有圖書館不可。總之近日中學敎育科目的範圍，日漸擴大。敎授方法，日趨自動。都有賴於圖書館。若果沒有圖書館實驗室，就施行道爾頓制。那末這種制度，祇有中國發明的了。

(3)社會問題　現在的中學學生，他們要受中學敎育，並非只讀幾本中學敎科書，就算了的。不然，祇要向中華商務，買一套新制中學敎科書，費了三五星期，細念一過，有什麼不明白的地方，再問問他人。那末至多半年，可以讀畢。何必再上中學念書呢？所以中學教育幷非把幾本教科書的內容橫加穿插，故意延長時間爲能事。卽每科多用幾本參考書也不能算盡善盡美。總要除課程之外，加以一般社會問題，研究社會狀況，使學生明瞭他現在所處的社會到底是怎樣一個？他在社會上的地位如何？他將來對社會的貢獻何在？凡此種種，都在教科書範圍以外，有許多必需的日用智識和現今社會問題，是編教科書時所着想不到的。所以單靠幾本教科書幾門普通科學，那裏能盡中學教育的責任呢？至於這種材料的來源，又非靠圖書館不可了。

(4)心理問題　青年心理，是心理學中最繁雜的一部分。所以Stanley Hall，那部青年心理學，共兩大卷，還說「語焉不詳」可見青年心理，是教育學中一大問題。辦中等教育的人，更要謀所以適應青年心理之道。在中學時期的青年，他們的心身，已經差不多發達很完全了。可是這個時期，他們身心不定的態度，最爲顯著。他們的心身，都很活動。一回想做這，一回想做那。身體控制力極大，大有萬能的氣概。什麼事都要他管到，什麼東西都要去研究研究。此時人我的關係，已大明白。好爭鬬，好自炫，眼角至高，希望至大，求智之慾亦最甚。所以他們的活動，斷非幾本教科書和一般中學課程，所能範圍。他們的意志慾望，都應該有相當發洩的地方。此時圖書館，就是最適宜的地方。比如在此時期的青年，最喜歡看名人列傳，有好文的，有好武的，又好看偵探小說，也有要看愛情小說，那時候圖書館長應留心指導他們的閱覽，恐怕他們失了分寸，於道德上發生不良影響。這一層容後再論。

(5)主義問題　現在最流行的，就是什麼主義，什麼主義。五花八門，無所不有。從前在大學方面，間或討論各種主義及信仰。在中學則絕無。但是現在的中學學生，滿口都是主義。這件事實在是很危險的徵象。因爲主義不澈底明了，比較不懂什麼主義爲害更大。但要詳細討論各種主義，則爲課程上所不許。因此學生就一知半解，將錯就錯，非但自己毫無實益，而且貽害他人。所以圖書館應供給充分的參考，使學生們對於所研究者，有澈底的明瞭。青年學生，意志未定，所以圖書館中尤應備關於討論和批評的書籍。使他們知其利害，有所適從。本來無論什麼學問，最忌一知半解。此地特地提出主義一項，不過藉救時弊。辦中學教育的人，明知課程中不能求完滿的結果，就要注意圖書館的設備。圖書館長對於這種地方，就要以教育家自居，盡補助之責。不然祇知把書籍分類排列，便於取閱，就算盡圖書館長的能事，這是不對的。因此可以見得圖書館幷不是一種補助教育，也不是一個死的機關，祇知擺出幾本書籍，任人取閱。圖書館實在是一種教育法。圖書館長，對於學生的心身，他的責任，比諸教師，有過之無不及。

(6)職業問題　中學課程之中，缺少了「職業指導」一門，實在是現行中學教育最大的缺點。因為中學學生，到三四年級將近畢業的時候，職業的選擇，是終生的關鍵。其重要可知。但課程中加入職業指導一門，有時亦為時間上和課程編配上所不許。但是職業指導這件事，是中學校中萬不可少的。圖書館中宜多設關於職業指導，求學方針，投考指南等書。和各種職業狀況的調查，統計，各職業的需要，資格，希望，酬勞等比較表。各大學的章程，新聞報紙的剪裁等等，都可以為職業指導的利器。圖書館長，還要時常和學生討論各種職業問題，報告各職業狀況，所以圖書館和職業指導，有密切關係，異日當另文詳論。

(二)館舍問題

中學圖書館的需要問題，已經解決。那末進一步，就要討論實施問題。到底中學圖書館的規模，辦理和經費，應當怎樣？我們不可不研究一下。也許對於着手舉辦中學圖書館的人，給以多少幫助。以下所論，不過是對於中等的中學而言。講辦理圖書館最低的程度。因為大規模的中學圖書館的經營，斷非這樣簡單的討論，可以講得完全。而且在中國的現在情形，大規模的中學圖書館，恐怕還是理想罷了。

(1)地位問題　中學圖書館所在的地位，最好在全校的中心地點，出入要便利，務使教員和學生，便於閱書進出，這一層是很重要的。設立一所圖書館或圖書室，好像開店舖一樣。無論你的貨式怎樣好，如果你的地位不適中，是斷沒有人去領教的。我曾經見過許多中學校，他們以為圖書室是多餘的地方，所以無論什麼地方，祇要有空位，就可以設圖書室。光線空氣和地位，都不講究。因此圖書館如同虛設。有些放在宿舍之中，或在遊戲場體操場之旁，這都是不適宜的。因為宿舍中的高枕談天，和遊戲場中的爭雄角武，他們的吸引力，當然比圖書館大，而且這種地位，必定喧譁嘈雜，那裏適合於看書人呢？至於圖書館要在教員學生便利的地方，這層也有深意。因為一般人都以爲圖書館是專爲學生補助課功的不足而設的，與教員漠不相關。所以祇要學生出入便利教員是「門外漢」不必過問的。這層却大錯了。有一位朋友說得好，他說：『現在的教員，在未上課之前，翻開書來一看。上課的時候，照書一講。下課的時候，夾書一跑。到了教務室，把書一丟。就往外一跑。』天天都是這樣。除却在課堂上課的時候之外，簡直是沒有和學生見面的機會。所以師生之間毫無感情。學生有所請益也無由問津。這樣辦教育，要是說有絲毫效果，我却一萬個不相信。而且往往因爲師生間沒有感情所以鬧出許多亂子來。這是教育問題，現在不能詳述。有了圖書館，那末師生的感情，可以藉以聯絡。學生看書，有不明白的地方也可以乘機指教。實行個別教授，學生的個性勤惰，也可從中觀察出來。教員自己，亦可以在圖書館中搜集材料，預備功課。一方面可以增加自己的學識。寫到這裏，偶然憶及有一位中學教員，對我說過。他說：『學生教員都在圖書館預備功課，那末假使先生在課堂上所講的，已經被學生在圖書館看過；豈不是大不妙！』唉，這位先生膽小如鼠，煞是令人可笑。我當時對他說：『若果學生在圖書館裏偶有所得，以質之先生。先生若沒有到圖書館去參考一下，那末瞠目無以對。這豈不是更大不妙！』教員教授，不比江湖賣技，以小本事誇耀儕輩。況且見仁見智各有不同，何必以此爲懼。講到這裏，我要說一句老實話，就是現在的教員有許多是爲生計所迫，有許多是沒有上進之心，所以每日除預備幾本教科書之外，足跡不到圖書館一步，坐井觀天的教員，現在實很多呢。我們對於這般教員，就要設法利用圖書館去利導他們，免得他們故步自封，做教育界之贅疣。這是我們所希望的。所以圖書館的地位，對於教員的方便，不可不加以考慮。

(2)大小問題　圖書館的大小，很難確定。學校地方寬敞，圖書館地盤當然大些。學校地方不敷應用，那末自然很小。但是照實際上的調查，中學學生有一千四百人以上者，同時至少有六十至六十五人到圖書館看書。照此看來，圖書館的大小，他的容量至少能容全校員生人數百分之五。這可算是比較的的確標準。照普通中等學校的情形，最好能有房屋兩間。一間做雜誌日報室，一間做閱書室。因爲學生看日報和雜誌的最多，而且在上午的時候最擁擠，秩序最易亂。所以最好把閱書和閱報分開，免得彼此相擾。如果不能够有二間房屋的，也要約略分開，把報紙雜誌，放在一面。不要與看書相混，那末比較好一點。在小規模的學校圖書館內，館員辦事室是用不着的。因爲學校圖書館的管理，最多不過一二人。但是閱書室內不可無人照料。所以最好辦公郎在閱書室內，一方面可以看管圖書。一方面可以指導閱覽。至於分類編目等事，可以在學生上課的時候辦理。那末兩無阻礙。至於學校地方不敷的時候，那末日報雜誌，可以放在走廊內，或其他不甚占地位的地方。閱書室可以分設數處，比如關於教員用的書，可以存在教務室內。各班所用的書，放在各班課堂內。程度相當的班次，可以用輪流辦法，互相調換。或者鼓勵學生將書籍借回家，或在宿舍內自行閱覽。不過無論如何，總要有一個人，一個總機關，管理圖書館事。這並不是說地方小就不要圖書館了。無論怎樣狹小，圖書館還是要的。形式或者簡陋一點，精神却不可不有。無論地方的大小，圖書的設備，閱覽的指導，都是要的。不過地方大些，對於管理上便利得多。地方小些，辦事上較難罷了。

(3)設備問題　圖書館的設備，本來是很費的。但是也要照經濟情形而定。在經濟情形困乏底學校，一切不必求奢，祇要能應實用。比如書架一項，照平常的價格，每具至少十多元。但如經濟不足，大可以把平常的木架代之，四面不用木板。郎擱書的地方，也可以用木條子釘成。大約二三元便可以做一只。每只可以藏書七八百册，做二三只，也暫時可以應用。最緊要的，就是尺寸要適合。要求地位上的經濟。閱書桌最好每桌可以同時坐四人至六人。不可太大，因爲人多了，就不容易安靜，而且占地位。八仙桌半桌，均可暫時應用。可以不必特製。其他目錄盒，借書盒，可以拿厚紙製成，所費甚少。總之圖書館的設備，不必過奢，祇要佈置得宜，出入便利，管理容易。使閱書人不感困難，無不安的狀態。書架宜靠牆安排，取絕對公開主義。這一層要特別聲明的。照普通圖書館的習慣，藏書有書庫。外人是不許入內的。生恐他們將書架上的書籍翻亂，難於搜尋。這種辦法，在公共圖書館，當然應該。在學校圖書館，實不相宜。在中學圖書館，尤其不宜。因爲中學生閱書，很無定心。他們喜歡看那看這。一定要逐一簽字交館員取閱，那末館員將不勝其煩。結果較他們在書架上翻亂尤甚，而且他們在書架上翻亂的理由，是因爲他們不懂得書籍在架上排列的方法的緣故，因此圖書館長對於閱書人，應與以相當的圖書館教育。這一層容後再論。總之圖書館的設備，當以實用爲依歸。其他如告白牌，辦公桌新書櫃，成績櫃字典架雜誌架都可以酌量設備。

(三)經費問題

「沒有錢不能辦事」這是當然的但是我們辦理圖書館，不是能不能的問題，是爲不爲的問題。我們要抱定「大有大做，小有小做」的主旨，那末經費問題就容易解決了。現在把經費的支配，暫且放開。先論來源與預算問題。

(1)來源問題　論圖書館的經費來源，大約有三種：(a)校款(b)省款(c)捐款。辦圖書館的，三方面都可同時設法。

(a)校款　學校每年至少應該撥款若干，辦理圖書館的事。款項數目，自然依學校經費狀況而定。若果學校經費缺乏的，那末可以在學費中酌量增加。充作圖書館費。祇要實心實力去辦，學生和家族，沒有不贊成的。大概最適當的辦法，是由學校支給館員薪水和一切物品用具。由學生每人每年酌加一元至二元，專供添購新書之用。那末一校有二三百人，每年也有三五百元的購書費。積之數年，亦不無可觀呀！若是眞眞經費支絀，那末館員可以由教員盡義務。學生襄助管理。但是無論如何，館中的用具書架等等，應由學校供給的。學校之中，有許多是裝飾的東西，原可以省去的。至於教員之中，在普通的中學，至少有七八位教員。每教員一手之中，至少要買幾本書，定一二份雜誌。那末把雜誌供諸公用，也有一二十種了。我們若是認定了圖書館是必需的東西。那末決沒有「毫無辦法」的。

(b)省款　有許多進步的省份，是有專款補助學校圖書館的。補助的方法，也有幾種。有的是專指定購買書籍的。有的兼付設備薪水的。有的撥給公共圖書館，而於公共圖書館內，指定若干購買中學用書，而轉借給學校的。有的把學校圖書館作爲公共圖書館的分館的。一切經費管理，都由公共圖書館擔任。學校祇供給房屋一所，椅桌書架等件。這種辦法，在學校方面極爲便利。

(c)捐款　捐款是很便利，但是靠不住的方法。學校圖書館有時因爲特別的需求，可以舉行募捐。但是這種事，不宜時常行之。可一不可再。募捐的方法，最好用游藝會和出售學生成績等方法，引起他人興趣。若是募緣式的募捐，令人一見就頭痛，反而不肯贊助。

(2)預算問題　現在的學校，往往拿圖書館作爲特別的機關。與學校各部，不能同一看待。預算之中，也並無圖書館一項。

經費無着，當然沒有發達的希望。所以現在應要求的，就是學校當局，把圖書館與各部份，如庶務部教務部會計部等，同一看待。預算的支配，也要在同等地位。比如庶務主任月薪若干，那末圖書主任至少也要一樣。辦公費也不可相差太遠。總之圖書館不能作為額外的附設機關，要做學校各主要機關之一。一切辦公費用，職員薪水，當有一定預算，然後可以望日日進步。若無指定的款，專靠外間捐募，有時候雖較定額多，但是這種來源，是靠不住的。所以非列入預算不可。即使外間捐款，源源而來，但是預算，仍是不可不有。否則一旦有什麽變故，外間捐款不到，圖書館就要停辦。而且不列入預算的圖書館，學校的辦事人，對於這事，更不重視，以為圖書館不是學校中的一部份，要是這樣，那末圖書館很難發達了。至於列入預算的時候，應該要多少呢？這句話很難答覆。但是大概說來，圖書館的預算，至少要占全校預算百分之五。算是最低的限度了。

(四)圖書選擇問題

中學的學生，年紀大約自十三四歲至十八九歲的多。可是其中大有分別。初級中學一年級的學生，他們所看的書，實在和後期小學差不多。高級三年級的學生，對於大學一年級的書，也未始看不懂。所以中學校的書籍，非但要適合一般中學學生的程度，而且要適合各個的年齡和學力。有許多書籍和書目，雖說指定為中學用書，但其中太艱深，不適於學生的也很多。有許多文藝上的高尚作品，雖然我們希望他們看讀，但這種書，非有一定程度，不能領會藝術上的好處。所以中學圖書館的書籍，非加選擇不可。校內的教員，最可幫助圖書館館長的選擇書籍。不過他們對於專門的科學的書籍，雖知之極詳，至於一般普通讀物的性質，恐怕未必十分明瞭。所以他們所介紹的書，也得要審擇一下。現在把各種圖館的性質和選擇標準，說一說：

(1)參考書　參考書在中學圖書館中，也很重要的。因為中學學生的心志最雜，發問最多，什麽東西他都要問個究竟。我們要養成他們的研究習慣，不可不在這個時候做起。中學圖書館中，無論經濟怎樣支絀，至少也要備幾種普通字典，一套百科全書，各種普通辭典，關於人名地名等字典，都是很重要的。因為他們讀書的時候，往往遇着許多生字和典故，這都要靠參考書解釋的。此外普通文學叢書，和關於新文化的書籍，也應陳列數種。有許多參考書籍價值很貴，如果因經濟關係，不能購買。那末可以向公共圖書館暫時借用。或者指導學生去公共圖書館參考也可。參考書的選擇除普通數種之外中學課程中的各科參考書每科要有一二種以上，以便參考。當館長的人，還要時時指導學生的參考，以解決功課上的困難。

(2)普通讀物　普通讀物是專指圖書館中一類消遣的書籍。這種書籍是和課程無關的，也不是用來參考的。不過這種普通讀物，最能引起讀書的樂趣，養成閱書的習慣。在修養上，功效絕大，所以中學圖書館對於這類書籍，不可不多購。但是這類書籍的選擇，不可不慎，第一要適合學生的程度和脾胃，而且要有美的表現，善的效果，大概小說之類，占大多數。學生對於小說一項，每喜歡淺近的，有結構的，有動作的，詼諧的，言情的，而不注意深遠的，沈重的。小說的體裁，最要簡明動聽，不可太冗長。一般歷史小說，舊小說，都可略備一點。此外那種問題式的小說，艷情和男女問題的小說，學校的秘史，機械式的小說等等，都絕對不能放在圖書館中，以免引誘青年。除小說之外，學生最好多閱傳記，遊記，實在這種書籍比小說有價值，有趣味。其他文學書籍，如傳歌戲曲，都可以鼓勵學生閱覽。個人著作的全套書籍，往往價昂而無用，不如多備各種選本。對於印刷，排列，裝訂，都不可不考究，然後可以引起閱者的興味，和審美的感情。其他關於普通科學，手工，製造，遊藝等書，學生於課餘的時候，也喜歡瀏覽一二，所以必要選備數種。

(3)雜誌　雜誌的用處有二，一可以做參考資料，因為新近的科學發明，新智識，新學問，都靠雜誌傳佈的。一可以做消遣品，因為雜誌的門類極多，可以適合各人的興趣。而且雜誌篇幅都是很短的，易於閱覽。所以看雜誌的人，必定比看書的人多。有些學生，他們向來沒有讀書習慣的，因為圖書館內有許多雜誌，可以隨意瀏覽，因此由看雜誌而引起他的閱書的興味的也很多。所以中學圖書館中雜誌不可不多備。各種雜誌不宜過於專門，總以適合學生的興味為標準。館中的雜誌，除了參考和消遣之外，是圖書館維持學生秩序的利器。因為學生每每在圖書館參考或預備功課，未到上課的時候，他們已經預備好了，這時如果有各種雜誌給他翻閱，他還可以靜候片刻，免得到處亂跑，妨礙秩序。不過對於看雜誌一層，圖書館長也要時時留心，不要任令他們專看雜誌，致碍正式功課。這就是館長應指導閱覽的責任，下節再詳述。

(五)指導閱覽問題

圖書館長最快意的事，就是指導閱覽。因爲我們辦圖書館的，不比從前的藏書樓。他們的責任，祇要把書籍分了類，編了目，排在書架上，然後那個要看什麽書，就照給他，這就算極藏書樓的能事。但是現在不對了。圖書館長和館員，除消極的保存和整理書籍之外，還要積極的指導看書人的閱覽。這宗事，在事務很忙的圖書館中很難辦到。但是館長館員雖然不能對於各個閱書人逐一指導，却以幫助各種研究會學會搜集參考或出版資料。對於學校各課的應用書籍和新到材料，都可以隨時報告，引起閱書人的注意。又可以發起讀書會，每人依性之所近，及其程度，由館長代擇書籍，每月讀若干本。讀了可以互相討論發表意見。這宗事對於學生是很有益的，比較那些有名無實的學會，好得多呢！

指導閱覽中最重要的一部份，就是職業指導。中學學生在三四年級的時候，沒有一個不預先打算打算他們的職業和終身的地位的。職業指導雖然是專門的事，不過圖書館也能盡一部分的責任。圖書館內可以多購關於指導職業的書籍，和各職業狀況的報告。有許多名人傳記，實業調查等書，都可以給與閱書人很强有力的暗示。對於閱書人的影響極大。此外關於各大學的章程，各學校的投考指南等等，都要略備一二。圖書館長還要和學生常常談話，以便他們詢問，且可以從中觀察他們的個性，與以相當的指導。圖書館長個人的人格，對於學生的態度，也有極大的影響；不可不愼。

還有一層，有許多中學學生，因爲家況或他種關係，中學畢業，就不再進學校的。對於這類的人，更要注意。第一要養成他們永久的讀書習慣，使他們輟學之後，還有自進的機會。第二要養成他們專門的技藝，或工或商，總要有些專門的手藝，以免「謀生乏術」。有許多專門家發明家，他們未曾進過專門學校的，不過靠自己研究，靠圖書館的參考罷了。

在公共圖書館內，閱書人是可以自由閱覽的，并沒有什麽人監督他們。不過在學校圖書館，尤其是中小學校，則非監督不可。所謂監督，仍寓指導的意思。就是學生閱覽的時候，館長要注意他們所看的什麽書，是否先生所指定參考的。如果他們預備功課，那末預備到什麽程度了，他們有什麽困難，也可以從中指導，從中敦促。如果他們不務正課，多看無關係的書，或者不依教員所指定的去看，那末館長也不免實行干涉。這都是圖書館長應有的責任。

(六)訓練問題

學校圖書館的秩序，和學校的訓練，很有關係。學生，向來很有程度的，那末圖書館中的秩序，自然也很好。除了這種關係之外，圖書館長的人格本領，和圖書館的設備，都有關係。如果圖書館長是很精幹的人，很容易令學生敬仰他的一舉一動，於館中的秩序，有極大的影響。而且他待人要和藹可親，對人要有機警。大概學生在館中吵鬧，多半是因爲看書看不明白，多所討論所致。或者他們找書找不到了，就四處的亂跑。或者地方太小了，人太多了，或者設備不好，走路不便，或者書架放得不好，阻碍管理員的視察，或者各處空地太多，給學生停留集談的機會。凡此種種，館長都要留心視察。即使有人不安靜，館長當施行個別訓練，不要擺什麽架子，把檯子拍拍，或當衆宣佈。因爲這種辦法，不合兒童心理，結果一定不好的。至於館中的衛生狀況，空氣溫度，和借書取書手續的繁簡難易，都有關係。書籍的選擇，書本的多少，都有問題。如果館中多有趣味的書，使學生看得津津有味，那末館中的秩序，也要好一點呢。

閱書人的擁擠，也是不安靜的原因之一。對於這種情形，可以略加限制，可以和教員商定，每次不要多派學生來館參閱。而且學生的進出，最好有一定的時候。有許多學校，他們上課，就在圖書館內。有時教員不必到校，祇要關照館長，什麽時候讓他們進來，什麽時候准他們出去，他們研究什麽問題，應看些什麽書。那末館長就可以從中指導監督。學生有什麽疑難，也可以解釋。這樣非但館中秩序井然，而且和上課一樣。各人得益必多。這不是說無論什麽時候，都要這樣辦法，那樣太不自由了。不過有許多功課，由教員指定圖書館預習或參考的，便要這樣。這種辦法，現在中國，恐怕絕無僅有。可見中國的圖書館，都是一種可有可無的機關，是課外的事；在外國則不然，無論中學大學，即有些小學課程，非在圖書館閱覽不可的。所以他們已經把圖書館和功課打在一起。圖書館的地位，方才重要。我還聽見過一位中學教員說：『我們希望學生能够完全了解教科書，已經滿足了。更何敢奢求要去圖書館參考研究呢？』這種論調，確是現在的實在情形。可是不知是誰之錯？

(七)圖書教育問題

圖書館是一種教育，新進的教育家，都已承認了。現在的人，都應該受過一種圖書教育，方才便於研究學問，自謀長進。不過圖書教育的程度，有深淺；應用有不同罷了。爲謀中學學生便於研究自習起見，不可不施以相當的圖書教育。這種圖書教育的宗旨有二：一即使學生能立即應用所學，利用現在之圖書館。一即以備將來利用大學圖書館或公共圖書館而助其高深的研究。

圖書課程的內容各有不同，也有祇有一次講完的，也有二三十課和平常功課一樣看待的。大概師範所授的圖書科，宜較其他中學特詳。因為他們將來也有擔任圖書館事和指導學生用書的責任。普通中學能够有六七次演講已經足矣。課程中最要的，就是書籍的保護法；書籍中的重要部份，如序言，目錄，索引等；圖書館卡片目錄之用法；分類法；書籍之排列法；參考書用法；雜誌索引之用法等。科目的多少，依時間之多少及各校學生的需求而定。至於兒童文學；圖書選擇法；圖書整理法等在師範學校內為必需的科目，在普通中學大可省去。

普通中學的圖書課程，因為時間的關係，不必另列一課。祇要在國文鐘點內提出幾點鐘可矣。有許多學校的圖書課程，是四年平均分配的，每年上幾課，有的併在第一年的，有的祇新學生入校的時候，特別上幾點鐘圖書科的各種辨法，都可依各校情形而定，最好是在第一年內授了。

平常的時候，凡是有什麽新書到館，有什麽新資料，凡足以增進學生的智識興味的，圖書館長都應該隨時指示。總要圖書館成為一個活的教育機關，使學生實授其惠。即所講的書，也要時時更換，程度要一步步的提高。學生入了學校之後，他的程度品格，應該較未入學校之前高。學生入了圖書館之後，也應較未入圖書館之前比不入圖書館的學生高。那末圖書館的設立，方才有眞正的教育價值。若果單單陳列幾本書籍，任人閱覽，那末在書舖子內，他們的書籍比較還多些，也可任人閱覽，何必更有圖書館呢？

（八）聯絡問題

中學學校和公共圖書館，要有充分的聯絡和合作。那末可以免去許多無謂的重複動作，且可以省了許多糜費。比如購買書籍一件事，公共圖書館可以專買高深的，價昂而無甚應用的書，和大批舊雜誌等等，至於學校圖書館，則專買普通日用的書，教科書，補助讀物等等。凡學校之外甚少需用的書，都可以由公共圖書館購買，需用的時候，可以互相借用。對於學生的參考書，有過於高深的，學校如果沒有，學校圖書館可以送學生到公共圖書館參閱，並關照公共圖書館，照料一切。公共圖書館一切的印刷品通告告白等等也可藉學校圖書館的襄助轉給各學生。學校圖書館長要時常指導學生到公共圖書館閱書，增加公共圖書館的效用。

至於管理行政方面，對於一切分類編目選擇等等，公共圖書館都可與以相當的襄助，或竟完全代辦。有些學校圖書館長是經公共圖書館長薦任的，有些地方因爲經濟關係，學校圖書館長是由公共圖書館長兼任的。於是可見公共圖書館和學校圖書館的關係了。

(1)分館問題　有許多中學圖書館，是作爲公共圖書館的分館的。大概學校供給地方用具夫役等等，公共圖書館供給書籍和管理書籍一項，也有互相攤派的。大概公共圖書館專買流通的書，學校專買參考的書，也有學校專買課本和課程上應用的書，公共圖書館買其他參考書雜誌等。也有學校每年供給購書費若干，公共圖書館供給若干，合同購買的。這種辦法，公共圖書館和學校可以互相聯絡，至於學校圖書館雖是公共圖書館的分館，但不是一定要公開的，下節再詳論。

(2)公開問題　學校圖書館公開，使一般人民，都有享受的利益。這一件事，說來很合理，可是實際上也有多少困難。在小縣地方，看書的人不多，而且地方經濟困難，不能獨立建設圖書館。那末中學學校圖書館應該盡公開的責任。不過在大城市內，這就不行了。因爲學校圖書館和公共圖書館，二者宗旨不同，地位不同；很難相提并用。第一是地點問題。學校圖書館，多半是不便於外來賓客的，而且學生和外人合在一起看書總有點不便。對於時間上也要斟酌，下課之後，圖書館本來可以停止的，公開之後就不能停止了。於是發生地位問題。如果圖書館的門口，不在校舍以內，則無問題，否則要另闢一門，不經校舍進去的，方才便利。至於學校圖書館往往祇有主任一人，日中應付學生和分類編目等事，已經很忙了。那裏還有精神，對付外界。卽書籍一項，也有問題。因爲適用於中學學生的書，必不能適應一般人的需求。適應一般人的書籍，往往是中學學生不宜看的。所以公開一層，卻非容易。不過要看當時當地的情形而定。如果外賓與學生兩無防碍，而且外賓不多的，或經機關特別介紹的，當然可以招待。總之圖書館的書籍，祇要能適用，圖書館的地位，祇要足用，圖書館的管理員，祇要有時間，則看書的人，愈多愈好。

(九)館長問題

中學校的圖書館長新任的時候，有許多問題要解決的。有些圖書館雖形未具，要開始創辦的。有的是規模略備，而要積極進行的。有的圖書雖多，而管理欠善，要從新改良改組的。有些祗要按步就班，不必改變的。這種情形，接任的時候，都要審查明白。在始創的圖書館，一切規則辦事方針，都要訂定，以便施行。有許多要秉承校長的，有許多要和教員合作的，如果在改組的時候，那末以前所借所失的書籍，都要設法收回。分類目錄，都要改編。學生教員，對於圖書館如有不滿的態度，也要設法改變。學生的閱書習慣和秩序不良的，也要設法更正。凡此種種，都是新任館長所要留心的。總之全館的進行，都在館長個人肩膊之上。他對於圖書館學，至少要有特別訓練和經驗。對於中等教育的原理和組織課程等等，都要明瞭。對人要和靄誠懇。對於青年有服務的誠心，對於校長教員，要有充分的合作和聯絡。除在圖書館學校畢業之外，最好有大學程度。

至於學校的人數多少，方能聘請一位圖書館專家專任此職呢？這個問題很難回答。據調查所得，有一處普通中學，（美國）學生四百人，教員十九人，他們的圖書館長，每星期在館四十二點鐘。差不多是專任的了。還有一處專門的中學校，學生一千四百人，他們的館長每星期四十四點鐘，助理二人，一個二十點鐘，一個十點鐘。這兩所學校的圖書館的書籍分類編目，都不是館長親自編的。外來的賓客，也概不招待。由此看來，普通的中學，學生有七八百人的，就應該請圖書館專家一人，專任館長。

學校經濟如果不甚充足，則有二個辦法。一由國文或歷史教員兼任。一由公共圖書館派助理員兼任。如係教員兼任的，最好在暑假中，請他學習圖書科，方才可以着手辦理。如果沒有這種機會，那末至少要去公共圖書館實習多少日，不可貿然從事。總之我們對於中學圖書館，要認學校中重要部分之一。R. J. Aley 說中學校而沒有完備的圖書館，是斷難完備的。

—No really good high school is possible without at least a fair library equipment— R. J. Aley, Books and high school pupils. (In Nationa Education Association Proceedings, 1909)

（附註）此篇後半段多取材於 G. O. Ward, The High schooll library. A. L. A. 1915

摘自《中華教育界》一九二五年六月第十四卷第十二期

晨報副刊

中華民國十四年九月七日

第一二六七號

目錄

我辦中等學校圖書館之經驗談

許殺

一，中等學校圖書館之經費問題

館中經費，自以多為貴，然苟來源確定，毫無恐慌，則經費雖少，亦能照預定計畫繼續進行。現當學款拮据之秋，首應使圖書館經費獨立於學校經費之外，以期不受學款恐慌之影響。至圖書館經費之來源，可分為下列三項：（一）學校基金之利息，（二）倣體育費之例徵收圖書館費，（三）招致新生時徵收報名費撥歸圖書館。以上惟（一）項因各校情形不同不能一概論，（二）（三）兩項皆輕而易舉，各校皆可辦理。

二，中等學校圖書館事務處理問題

中等學校圖書館，須設主任專務員，對於館務進行負完全責任。如因經費困難，不能特聘專人，可擇教員中對於圖書館事務最興趣最有研究者使之兼任主任，館員則非用專人不可，以免各種事務之廢弛。至於閱書指導事務，須由全校各科教員組織閱書指導委員會共負指導責任。因中等學生閱書須提倡指導之處太多，僅靠館中職員指導，實有照顧不週之虞，且與教學少聯絡，效率亦較小也。

三，中等學校圖書館之閱覽情形

中等學校圖書館閱覽情形，據數年來之統計，學生閱覽之多寡，按圖書性質言之，以關於文學之書籍閱覽最多。其次為關於新思潮之各種叢書。再次為關於時勢之史地書籍。其閱覽最少者，為各科學書籍。且其性質愈專門，則閱者愈少。故辦理中等學校圖書館，對於圖書之選擇，及閱覽科學書籍興趣之提倡，均應注意。學生閱覽之多寡，按時期言之。在暑假前以四五兩月為閱覽最盛時期。在暑假後以十十一兩月為閱覽最盛時期。初開學時閱書者較少，將放假時閱覽者最少，此實有關於考試之方法。辦中等學校者對於此點研究補救，亦增加閱覽之方法。

四，中等學生在圖書館閱書之困難點

1，缺乏選擇能力　中等學生對於圖書之價值如何？個人之程度如何？自己之性格如何？尚無相當之評量及自覺。故選擇圖書，不知取舍之宜。隨意亂翻，聊以解悶。閱書雖多，得益較少。因之漸減閱書興趣者頗不乏人。

2，缺乏持久興趣　中等學生遇事易生興趣但不易維持永久，厭故喜新忽此忽彼。往往此書未終，復易他卷。久之，則雖滿架琳瑯，在彼已有無書可觀之歎。

3，缺乏中心目的　作事必向一定目的，逐漸作去，距目的愈近則興趣愈增，乃能維持永久。學生到館閱書，多無中心目的，不過隨意翻閱而已，此等無『所為而為』之閱書態度非學問專家，自難維持永久。

4，不諳用書方法　參考材料應如何搜集？如何整理？中等學生多不熟悉。往往參考一問題，積書滿案，毫無所得。或得之而無所措手。至圖書之性質及材料之範圍，更無法判定。非不敢採用，即張冠李戴。結果，用力多而成功少，閱書興趣自亦因之減殺。

5，不明閱書程序　無論何種學問，其入手方法及研究程序，均極重要。但中等學生尚不足以語此。每研究一問題，不知應先閱某書後閱某書。遂致按圖書目錄擇其書名相似者任意借閱，結果，頭緒紛繁成效難得。許多勤懇學生失敗於此。

6，缺少質疑機會　中等學生根底尚淺，閱覽圖書易生疑義。館中無指導人員，自少質疑機會，疑難既多，興趣遂減，閱覽成績因之受影響不小。

五，減除中等學生在圖書館困難之方法

1，充分與各科教學相聯絡　各科教學時，多指定參考材料。告以參考之方法並評定其參考之結果。國文教學，並應規定若干鐘點為自行閱讀時間，教員為之選定書籍，指示讀法，評定其結果。

2，充分與各學會相聯絡　館內備書，注意學會之利用。學會作業，注意館內之圖書。學會指導員分配學生作業時，先到圖書館調查材料之來源，擬定研究之方法，俾會員在指導之下，借書研究，許多困難，自能免除。

3，館內周密指導　a，舉行指導講演，說明圖書館行政與閱書方法，及重要圖書之內容。b，於各種目錄之外，擇最適合於學生程度及需要之書籍，編製閱讀指導目錄，c，選最要之圖書，將其內容隨時提要揭示，並彙集保存以期編成館內要籍提要。d，各科教員如定時蒞館，幫助學生解決各科之疑問。e，調閱學生讀書劄記，加以評判，兼示以閱書之方法。f，展覽各種圖書，令學生參觀，加以指導介紹。

十四年六月二日下午二時於北京客棧。

摘自《晨報副刊》一九二五年九月七日第一千二百六十七號

最低限度的中學圖書館

杜定友

在廣東省立第二中學演講

兄弟素來不喜歡演說，也不會演說。所以這次回粵以來，簡直沒有到各處說話。因爲現在是革命工作時代，大家都是努力於實際工作；空口講白話，是沒有用的。所以我也隨人之後，努力于自己的工作。而且在現在國內的情形，有許多工作是急于要我們去幹的。像我所專門的圖書館事業，似乎是不急之務，所以沒有人注意；更沒有需要關于圖書館的演講。今天蒙貴校長不棄，邀兄弟到這裡來演講；非但是兄弟個人的榮幸，也是圖書館界的榮幸呢！

圖書館的事業，誠然是不急之務，在一般人看起來。但是我們且放遠一點眼光，察看國內的形勢，我們對于圖書館事業，似也未可漠視。諸君呵！請你們靜想一刻：看看最近的將來，我國的形勢如何？別的事，我不敢預斷。但是有一件事，是我敢說的。就是國內的軍閥殘餘，不久終必殲滅的。國外帝國主義，是終必打倒的。國民革命，是終必完成的。現在的黨的糾紛，人的爭鬧，不過是暫時的現象。即使現在紛爭不已，甚至中國亡了，中國被人瓜分了；但是中國還是中國。我們現在衹是逆來順受，去破壞，去奮鬭。等到軍閥帝國主義打倒——這時候，或者我們長一輩的看不見了——但是你們——你們青年的學生——就要肩起責任來，去担任建設的工作。但是我試問：你們預備好了沒有？我看坐中諸君，也有年紀不少了，也許有幾位已經做了爸爸了。不久，你們就要出來肩建設國家的責任了。但是，我試問：你們預備好了沒有？要預備肩起這個建設國家的責任，預備的方法，固然很多。教育就是其中方法之一。兄弟也是研究教育之一人，對於「教育萬能」素來信仰的。但是教育眞是萬能嗎？是的。不過祇能到相當的程度罷了。我素來以爲教育的目的，是平均發展的。我們要把天下的賢愚不肖，都養成爲頁好的國民，完善的羣衆。教育方法中，雖是有個別教授，有低能兒優級生的辦法，無非使各級兒童，平均發展，凡大中小學的課程，他們畢業的程度，是齊一的。至少，我們希望是這樣。但是全國的國民，都有了同一的教育，國家就可興盛嗎？不。有了有識的羣衆，還須有羣衆的領袖。那末領袖的人才，在那裡養成的呢？我嘗用一種腐化的口吻說過：「各位要做大總統，就該到圖書館裡來」。大總統是什麼？就是領袖人才之一。怎樣圖書館可以製造大總統呢？因爲根據以上的理論，教育的目的，是平均發展的。若是個個都受了同一的教育，個個都能成大總統，那末全國都是大總統了。那還了得嗎？但是事實上，决不會這樣。因爲我們受了同一的教育薰陶，我們還有自己的個性，個人的努力，專門的技能。所以在同一教育環境之下，養成不同的人才出來。所以教育的萬能，祇能達到同一的程度。其中要自已一番磨練，一番奮鬬，才能够打出一個新天地，起來領袖一般羣衆，去幹天下的偉業！

還有一層：我們在課堂裡所學的東西，在學校裡所得的教育，都是科學上一般的基本智識。這種基本智識，是歷代傳下來的遺物。這種基本智識，愈積愈多；而我們受教育的年期，是有限的。以有限的時間，教授無限的基本智識，教授已經席不暇暖了。還要在基本智識之外，增加見識，適應環境，這不是要全靠你們自己努力嗎？我且舉一個淺近的比喻：從前我們的鄉下人進城，見了汽車，不過祇是驚奇。偶然不愼，便多送兩條命，這是平常的事。但是現在在城裡的兒童，差不多三歲就該知道汽車飛艇是什麽一種玩意兒？不能像鄉下人那般愚魯了。可見現在的環境使我們不得不增加智識，以資應付，比如研究聲音學，我們在中學時代，上物理課的時候；至多不過拿幾個音義來東較一下，西較一下，以辨別聲浪音韻。這是基本智識。是不可少的。但是關于聲音學的，現在有了留聲機器，無線電話等的，遠出于這種基本智識數千萬倍。因此，我們可以知道在教育方面，一切基本智識，是不可少的。而在環境方面，一切進逼我們，不得不增加智識，以資應付。所以你們受了學校教育之外，還須要受圖書館教育。不斷的去增加智識，不斷的研究學問。自已本着自己的天才，審度當時的環境，養成個人的人格，造就傑出的人才。所以我說圖書館才能養成大總統！你們想做大總統嗎？若是想的——并不是想升官發財，是想自己他日爲領袖，去引導一般羣衆，努力于學術社會的事——就該到圖書館來！

諸君：現在國內需才孔亟，你們年紀也不小了。馬上，國民革命快完成了。馬上，你們要出來肩建設國家大任了。你們預備好了麽？別的且不說，卽看貴校長和你們的年紀，相差不多，卽使他不幹了，給你罷，你幹得起嗎？你們已准備肩最重大的責任嗎？現在的工作，年紀是不論的，才識最是要緊。我覺得你們將來的責任，非常重大。

你們現在在校所受的教育，固然很好。但是像以上所講；除基本智識之外，你們不得不另圖捷徑，增加智識。所以特爲介紹一條新路，指導你們到圖書館裡去。但是現在的圖書館，能够適應諸君的要求嗎？我們不可不找一個相當的標準，去估計一下。

本來怎樣是最低限度的中學圖書館，祇要對校長說個明白，請他照辦，便了。何必在此滔滔不絕？不過我以爲圖書館是合作的事業。學校的圖書館，要師生合作而成的。若是校長熱心努力去辦好了圖書館，無如學生們不去利用何？或者學生很需要圖書館，而無如學校當局因經濟人才之缺乏，而漠然視之何？所以要辦圖書館，定要雙方合作，大家努力。那末即使地方經費，或有缺乏，也不至毫無辦法。所以我今天特地來此，說了一大堆的話。我和貴校長相交有年，深知他對于圖書館極爲注意。但今天和諸君初次見面；所以不厭求詳的，把圖書館和諸位的前途，細說一番。諸君若是認爲圖書館有切身的關係，那末我們再進一層，講這個最低的限度。若是根本和圖書館沒有相關，那末不必說下去了。

現在根據貴校的現在情形，述一述圖書館的最低限度。這個限度，並非我個人杜撰的。是根據美國圖書館協會中等學校圖書館標準委員會所定的。不過酌斟中國情形，稍加一點意見。內容分五點：

一　館舍設備

中學校有學生二百至五百人的，圖書館的館舍，至少同時能容三十至五十人。大約占全體學生百分之五至十。藏書的地位，至少足備五年增設之用。其餘書架椅桌目錄箱什誌架佈告箱等，亦當各件齊備。這裡我們要注意的，就是閱覽地位，是指館內書籍除得在館內閱覽之外，還得借出外的而言。因爲圖書能借出館外，已是近代圖書館的例事了。

二　管理員

中學的圖書館管理員，至少是個專任職員。他的資格，除有圖書館智識之外，還須兼有中學敎員的資格。因爲他除管理圖書之外，還有指導學生的責任。他的待遇薪水，自當和專任敎員一樣。這一點，最難得。因爲國內圖書館專門人才，異常缺乏。卽使有了，國內圖書館素來未經專門方法整理，所以大都積重難返。他們整理改頁，還來不及，何況指導？

三　書籍

至少有二千至三千冊。不過諸君要注意：書籍貴精不貴多。這裡我們要打破從來以圖書館爲藏書樓的思想。以爲圖書館藏書，須力求豐富。不知多而無用，返爲有害。因爲現代的圖書館，對于書籍的設備整理，手續異常煩瑣。若是費了許多手續，許多金錢，去整理那無用的書籍，定是徒勞而無功，有損國家經濟。可知現在的圖書館，是和試驗室一樣。若是我們因爲要求試驗室的發展，買了許多試驗中用不着的儀器，比如試驗聲音的音義，一二副便足了，若是買了幾十百副，這豈不是笑話之至？圖書館的書，多而無用，也是同一笑話，同一糜費。

四　圖書館常識

中學校學生，應有圖書館常識的功課。每星期一二點。敎授關于書籍的選擇，和閱覽，目錄的使用和檢查。因爲現代的圖書館，是一種敎育機關，好像試驗室一樣。我們對于試驗室的儀器，旣然要由敎員敎授指導運用，那末對于圖書館的書，至少也應和試驗室一樣。指導學生如何運用，然後能獲得相當的效果。

五　經費

圖書館該有經費多少，是很斷定的。最低的限度，每年每學生須有一元的購書經費。比如現在貴校學生五百人，那末學校方面至少有五百元的購書費。此外管理員的薪俸，圖書館的設備，仍須由學校供給。我想這種經費限度，是很容易辦到。卽使學校經費困難，我以爲寧可減少二個敎員的鐘點，將薪水來辦圖書館。因爲現在中學，每星期上了二三十多點鐘，實在少一二點，也不算什麽。不過被減的敎員，不要怪我打破他的飯碗呢！或學生每年每人捐洋一元，也不是困難的事。須知每年每人一元，每月不過小洋一角。這一角錢，省了下來購一本書，可以供五百個人閱覽；這宗好事，怎不做得？

以上所說，不過是最低限度。貴校圖書館怎樣？我還沒有參觀過。也許不去參觀了。諸君自己去看罷。若是還沒有及到這最低限度的，那末還望諸君努力進行。若是已經及格了還要努力改進要知這不過是個最低限度，不可以此自滿。到了明年今日，也許我還要來看看。若是貴校圖書館能及此限度，那末今日諸君聽講光陰，不爲虛擲。不然呢？我…………再來講過。

摘自《國立中山大學圖書館週刊》一九二八年四月第一卷第五期

最簡單的中學校書圖館

周德之

中學校圖書館的需要

圖書館是一種文化機關，利用圖書以發揚文化，這是我們所深知道的！那末，圖書館與中等教育的關係，已盡在不言中了！如果我們希望教育事業於發展上得到極大的帮助，非從整理推廣圖書館不可！別的不提，單就中學生和教員兩方面觀察，我們便可推知中學圖書館在今日的急需。

（一）從學生方面去觀察　學校設立的目的，在培養一般智識健全的學生。學校中的一切辦法，自應適合學生的心理和生活的需求。所以學校的任務，除掉供給各種教科書和課堂內講授之外，還要多備一些圖書，供他們閱覽，並可藉此養成他們好學的習慣，研究的能力。從小就教他們到圖書館裏去消磨他們的課餘時光，使他們得處於善良的環境，漸漸的涵養他們的心身。如果學校沒有圖書館，不但一方面不能饜他們求知的慾望，並且他方面還不免使他們到惡劣的地方，做惡劣的事情。欲免此弊，惟有設立中學校圖書館。

（二）從教員方面去觀察　現代的教授注重啓發自動，以往的崇拜教科書主義，已爲當今教育家所痛詆。所以在學校裏，應該有圖書館，一方面可以指導學生參攷，他方面自已可以搜集材料。如果還是抱着幾本教科書，視教科書爲萬能，開口新教育，閉口新教育，莫說辦上幾十年，就是幾百年，也是辦不好的。因此，我們當教員的，不可不知道教科書以外，更有什麼東西，可供參考，可供研究。補救的方法，惟有從速設立學校圖書館。

中學校圖書館的利益

不明白圖書館的人，同時也不知道圖書館有什麼利益。大數的中學學生，因爲功課的關係，想不着到圖書館去；大數的中學教員，因爲只求敷衍教授的緣故，也感覺不到圖書館的需要。無如在事實上，中學校圖書館並不是一種裝飾品，確是一個很有利益場所，供給無限知識的地方，不過被大家忽略過去罷了。

（一）增加課外知識　中學學生可以利用圖書館增加課外的知識，或竟可以進一步把圖書館，當作代用的教師。

（二）培養自習能力　教師日夜跟着學生，是沒有用的。現在所謂辦理完善的學校，有許多地方，多半是置學生於被動地位，事事惟恐學生不明瞭，反覆解釋，使學生無思索的機會，自習的能力，養成一種不說不知，不言不明的劣性。有圖書館在，則可力矯此弊。

(三)鼓勵參考實驗　課堂裏所得的一切知識，自然是斷片零碎，不完全的，所以要常常到圖書館裏去參考和實驗，以便求得正確的明證。

(四)學習共同生活　學生在教室內，動的機會很少，簡直是無生活的現象，但在圖書館內，師生可以自由行動，共同研究，無形中表現社會的生活，練習社交和提高對於社會的情感。

(五)提高個人意志　到圖書館裏去看書，差不多是和古今聖賢，同聚一堂。我們個人的意志；亦可由此提高，我們的人格，亦於無形中潛化了不少。

(六)減輕經濟擔負　現在的圖書，種類繁多，價值也很高貴。如果一一由個人自備，恐非少數金錢所能濟事，而且很不經濟。既然有圖書館，即可利用公家款項或個人捐資，購書共讀。這種辦法，不但各人均沾其利，負擔減輕，並且是一椿最經濟的合作事業

中學校圖書館的組織

中學圖書館的組織，無論如何簡單，無論怎樣困於經濟，至少要照下列兩種組織法，否則我們不能認爲一個完善的學校圖書館。

(一)主任一人，由圖書館學教員兼任，另設管理員一人，學生二三人助理。

(二)專任主任一人，館員二人，學生助理數人。

其組織系統，可用圖表明如下：

校長——圖書委員會(三人或五人)——主任——學生助理員(數人)
　　　　　　　　　　　　　　　　　　　——專任館員(一人或二人)
　　　　　　　　　　　　　　　　　　　——庶務會計(兼任)

以上所述中學圖書館的組織，既不違背事實，而且容易施行。要之：做主任的，要有圖書館專門學識和圖書館實際經驗。專任館員要有一二人以上，也須受過圖書館訓練。庶務會計等事，得由學校的庶務會計兼任。學生助理員可由選修圖書館學課程者擔任(中學校高中部必須設圖書館學)如能另推教職員三人或五人組織圖書委員會，襄助一切則更盡美盡善。

中學校圖書館的設備

中學校圖書館的設備，不可妄求寬大，亦不宜過於狹小，要以學生人數多寡為定。例如有學生三百人至七百人之多的中學校，圖書館的館舍，必須計算到同時至少能容四十人至六十人，藏書的地位，務求有擴充的可能，至少也要備五年增設之用。館內用具，雖無須一一辦齊，然其重要者，亦不可一味節省，致感覺種種不便。

一，書架　書架爲安置圖書之用，在中學校圖書館內，大約要備製二十個。每架用五格，闊三呎，深八吋至十二吋，高六呎十一寸。

二，閱書桌　閱書桌爲閱書之用，以每桌容六人閱書計算，八張是頂少的了。每桌大小，闊三呎，長五呎，高三十二吋。

三，閱書椅　閱書椅要用靠背式，不必用把手和脚踏，以每桌支配六張計算，至少也要四十八張。每張大小高十八吋，深十六吋，闊十七吋，背高十六吋。

四，目錄箱　目錄箱爲貯藏目錄卡片之用，圖書館內，至少要備一個，抽屜多寡，可自斟酌增加。抽屜內闊五吋又四分之一，內高三吋半，邊高二吋又四分之一，長十五吋，約藏卡片一千二百張。

五，雜誌架　雜誌架爲擺各種雜誌之用，至少要備兩個。高最多五呎，闊三呎，深十四吋，斜度約二十五度，每格高約五吋。

六，報紙架　報紙架爲擱置報夾之用，至少要備一個。

七，其他設備　如告白牌，字典架，圖書桌，借書台，雜誌箱……等，都可隨時

添置○

八，其他用品，卡片，文具，印件…等器具，亦必須置備○

以上種種設備，都有固定式樣，不得自行杜撰，最好參看各種圖書館學所載，以其大小尺寸爲標準○價格一層則視質量而定○如一味貪圖便宜，把工作交給無專門知識的木工，結果是一件也用不着的這一點，要請主事者注意○

中學圖書館的經費

設在學校裏的圖書館，他的經費，大概都是靠學校供給的，中學圖書館，自然也是如此○學校經費如果充裕，圖書館的經費，當然也可以充裕些○可是普遍一般學校對於圖書館，都不很注意，那兒還想到圖書館的經費？即使學校經費充裕，亦不肯挪作此用○於今學校當局，眾都有意興辦圖書館，則其經費來源，大可無容愁慮○學校圖書館經費的來源，約有下述數項：

一，政府指撥的欵若干，作爲辦理圖書館及購置圖書之用○

二，在學校預算內，劃定一宗欵項，專作圖書館常年經費○凡薪金雜費書費都在內，大約至少要全校經費百分之五○

三，學生每學期納圖書費若干，(五角或一元)專備添置圖書的用○(此項辦法

規定要在校章內）

四，舉行募捐，添購特種圖書與建築，或作基金之用。

但是我們要絕對的主張，圖書是學校必需的東西，無論經費怎樣困難，都要設法辦理。

關於經濟之支配和數目，是要根據各圖書館的情形而定。茲舉其通則數條，以作參考。

1，開辦經費的支配，約以六成購書，以三成購置各種設備，以一成購置用品。

2，經常費約以五成作薪水，以四成購書，以一成購用具。

3，購書費以學生人數為標準，平均每年每學生至少須佔一元五角。

4，購書費中，約用百分之十五，充購置雜誌報紙之用。

5，他如雜費消耗費為數極少，故不必規定。

中學校圖書館的圖書

中等學校的學生，大概都在青年時代。他們心身的發展，已漸進很完全的境界，他們的見解和眼光，也很廣大。除掉力求切身種種問題的解決外，還希望研究精神的生活和哲學科學，以及宇宙人生等問題。職業一項，關於他們的終身，故時的參考。

亦爲他們所重視。黨義更不必說。因此，圖書館內應多備此項書籍、以供他們不

玆假定中學圖書館藏書二千册，其分量支配如下：

一，倫理教育，社會宗教等書約二百册
二，哲學心理論理學等書約六十册
三，言語學各國文字等書約一百册
四，自然科學書籍約八十册
五，應用科學醫學工程建築等書約二百册
六，中外地理歷史遊記等書約二百册
七，文學書籍約二百册
八，小說故事等書約二百册
九，美術音樂藝術等書約一百册
十，體操運動遊戲等書約一百册
11，黨義書藉約二百册
12，其他社會諸科學書籍約一百册

13，普通參考書約二百册
14，雜誌報紙約六十種

摘自《安徽省立圖書館季刊》一九二九年四月第一卷第一期

圖書館學週刊

投稿及通訊處——福州烏石山高中魏應麒君 江鼎伊君 福建民國日報社 陳弘絜君

二十年七月廿五日

每星期六發行

第廿七期目錄

論中等學校應特別注重圖書館

弘絜

中等學校的圖書養在中等教育上佔了超越其他一切設備的重要，這似乎被許多人忽略了。爲要提醒人們的注意的原故，不得不從學於中等學校圖書館的特殊功用的申述。第一，中等學校——無論是普通中學，師範學校，農林學校，職業學校，或是及其他的分科學校——目的無非要供給各科學的基本訓練，這種訓練自然不能說是專業的訓練，只能算爲普通的訓練，或設爲某專科的普通訓練罷了。事實上中等學生很難下手作專科的研究；不過這時他的興趣，他的學力已經能夠使他有一番的選擇。中等教育應給他以選擇的機會，選擇的環境，只有圖書館的設備能夠負起這種的工作，所以中等學校的圖書館會使中學生選擇了專科的研究。第二，中等學校的課程是比較簡單的，基本的，因爲學校經費的關係選修的學科也減少到最低限度。教育不能只限於課本，也不能只限於課程；要使中學生的經驗豐富，學識增加，還有賴於特殊的設備與課外事業的進行。學校圖書館便是其中重要的一種，牠能補充功課所不及。第三 讀書的習慣應在中學養成，學校圖書館卻是養成讀書習慣的最好不過的地方（自然圖書館還要設法指導讀書。）中學畢業生多半不能升學，出來辦事如果沒有讀書的習慣，修養的功夫無疑的不能談到，終久要變成一個不長進的中學畢業生，而且讀書也可以供給正當的娛樂，這只看有否讀書習慣的養成罷了。因此中等學校應有一個比較完備的圖書館，以養成中學生的讀者習慣，使書本與生活結了不解的因緣。

現在福建中等學校的圖書館是怎樣呢？先就設備方面說，省立或縣立的中等學校多半都是由前清的書院改變過來的，學校的藏書自然有許多 從前書院的遺留，什麼圖書集成哪，十三經註疏哪，二十四史哪，正誼堂全書哪，還有其他過去福建的刻本哪，一櫥一架，殊壯觀瞻，其實那些的古籍是不是中學生的需要，誰都能分辨的。至於新書實在少得了不得，學校沒有一筆比較充裕的圖書館費用的預算，自然添購圖書變成很不容易的一樁事；而所收的學生圖書費又恐怕耗費於張資平一類的戀愛小說居多，因爲沒有正確的統計暫且不作肯定的斷案，私立學校的所設圖書館也許只能稱爲閱報室，簡直配不上說藏書，自然烏山圖書館是個例外，然而也是古籍佔多數吧，學校圖書館的建築當然更說不到了。再就管理方面說，規模稍大的學校——特別是省立的學校——都有一個圖書館主任，他的設置又多因維持薪俸的關係，要使學校圖書館辦得起色豈不是難能的事？規模小的學校都設置圖書管理員，目的只是看管圖書能了。這樣看來，現在福建中等學校對於圖書館的確沒有十分注重的，然而中等學校的圖書館又是那樣的重要，又怎能棄置不顧呢？

所以我在此單簡地提出下列數點以供給各中學的參攷：

（一）在各校預算裏圖書館的費用（薪水在外）須佔全部經費百分之十以上。

（二）在可能的範圍內中等學校須有一單獨的圖書館的建築（器具在內）。

（三）中等學校的圖書館須有一萬册（至少須有八千册）以上的圖書，古籍不計。

（四）圖書的分配除根據圖書館的普通標準外須偏重於選購新書。

（五）圖書館的工作人員須有圖書館學的專門學識。

（六）中等學校的圖書館須設一主任，他的工作不僅在保管圖書，而且要用各種的方法引起學生讀書的興趣，指導讀書的方法。

二〇，七，二四，於編輯室。

摘自《圖書館學週刊》（福建民國日報副刊）一九三一年七月第二十七期

理想的中學圖書館

高乃同

引　言

數月前，華東基督教教育會總幹事趙傳家先生寫信給我說：教育季刊社要出一本中學圖書館專號，叫我做一篇「創制中學圖書館的計劃」以實篇幅。我當時遲疑未決；做去吧，從什麼地方說起？不做吧，我自己正在研究中學教育問題，難道一點兒都說不出來嗎？而且趙先生既雅意慇慇，實在不好意思推却，只得寫了回信，糊糊塗塗的答應了。

後來，上海事變，人心恐慌，沒有工夫着筆，同時，我又因事返里，親朋的酬應，幾乎把這一件事，淡然的忘掉了。偶然接到趙先生的來信，又提起這樁事情，並且說：教育季刊已編校好了，只等我這篇文字去付印。我想：這不但對不住趙先生！並且對不住讀者！因此才把我臨時想到的，拉雜說來，聊以塞責而已！

一，我所假定的中學圖書館的幾個原則

我們說明一件事實或研究一個問題，不能不預定幾個原則，以資依據。現在分別敘述如下：

(一)我們以爲學生知識的獲得，不專在課本的誦習，而在乎博覽羣書；教師教課，不專在按書講解，而在乎指導學生讀參考書；學生德性的陶冶，不專在積極或消極的訓育，而在乎圖書館空氣的感化。概括起來，中學圖書館的第一個原則是：「要做學校教學的中心」。

(二)現代的教育，已充分地表現其資產化與階級性，有錢的人獨享其利，無錢的人望洋興嘆！這種現象，在中國尤爲顯著。我們覺得：圖書館不是已往的藏書樓。我們爲大衆福利計，

爲減少文盲計，惟有把中學圖書館公開，兼辦社會事業，以完成圖書館教育的使命。所以中學圖書館的第二個原則是：「要做社會活動的樞紐」。

(三)每個機關或每種事業的發達與否，全視主持人員的得當與否爲斷。圖書館是活的教育機關，中學圖書館又是一種幼稚而新進的事業，尤須有學識豐富經驗充足的人員辦理，才有達到理想的希望。中學圖書館的第三個原則是：「要聘請有學識有經驗的館員」。

二，輔導教學問題

輔導教學的重要已如上述，然而我們主張的輔導教學方法是怎樣的呢？(一)學校圖書館化；(二)圖書館學校化。

圖書館的功能，不僅是智育的授與，還要從德育，體育，羣育，美育，計育，各方面發展，以達到完人教育自動教育的理想，所以我們主張根本改造學校，以圖書館爲學校的中心，圖書館主任充任校長或教務主任，圖書館員充任教員；反之，校長兼任圖書館主任，教員兼任圖書館員。學校組織，除校長或教務主任兼任圖書館主任而外，分智育，德育，體育，羣育，美育，計育，六部，掌理教學及行政，這麼一來，學校圖書館溶成一片，圖書館沒有學校，便失了憑藉，學校沒有圖書館，便失了使命，這豈僅輔導教育而已嗎？

三，社會活動問題

過去的教育，僅囿於學校一隅，教育與生活，便因此隔絕，要曉得教育是社會的原動力，如結果失去了本身的作用，這還有什麽益處！我們既認定圖書館是學校的中心，又覺得學校是大衆的求知所，所以主張圖書館公開，做社會活動的樞紐。我們希望圖書館公開之後，文盲進而識字，識字進而讀書，而研究，而創造，而謀大衆的福利，同時，我們希望圖書館和有靈的空氣，普及於大衆，以促進人類的和平。歸納起來，我們的希望是：(一)學校社會化；(二)社會圖書館化。

四，館員問題

中學圖書館館員，分主任，館員二種，茲分別敘述如次：

(甲)主任　中學圖書館主任，既爲校長或教務主任兼任；則他應有專長的學識，豐富的經驗，外交的手腕，博愛的心理，遠大的眼光，誠懇的態度，組織的能力，研究的精神。他的職責，是管理全校及圖書館一切行政。

(乙)館員　中學圖書館員的品性，第一要敏捷，第二要沉靜，第三要有恒心，第四要誠懇；還要有專長的學識，教學的方法，圖書館服務的經驗，他的職責是：1.襄助主任處理一切；2.指導圖書及圖書館的用法；3.指導及輔助學生和校外人閱覽研究及各種社會事業；4.擔任圖書流動事項。

終結

總之，圖書館是動的活的教育實驗場，不是死的呆的圖書儲藏所。但如何地活，如何地動，卻有待於圖書館員的努力，不是空講可以了事的。近世圖書館教育的進步，一日千里，返觀我國，未免太幼稚了！急起直追，是所望於同志。

以上不過略舉其犖犖大者，至於詳盡計劃，姑俟諸來日。作者學殖荒蕪，加以旅行中煩悶，參考缺乏，錯誤之處，在所不免，幸進而教之！

摘自《教育季刊》(中華基督教教育會)一九三二年十二月第八卷第四期

對于本省中學圖書館改進之管見

陳豪楚

學校圖書館之地位，在今日已日臻重要。今日各級學校之教授法，殆無復以教科書爲唯一之教材者。指定參考書之利用，導學生以自動的研究；或提出應討論之問題，令學生蒐集材料而從事分析，此種教授法，不但已爲多數人認知其價值，且已爲了解教育之教師所實行。然則圖書館之應視爲學校智識之訓練所，供全校教師與學生之取求，甚且將成爲學校生活之中心，當毋庸疑矣。且學生之閱讀于學校圖書館，既有助于其智能心靈之發展，更養成其進而涉足于公共圖書館之習慣；而因學生之有充分的正當課外活動，足以減少其妄想邪行，此又學校圖書館之足以輔助訓育者也。吾人不敢斷言，國內各學校圖書館之功用，是否已臻于此域；惟僅就吾人所知浙江省各中學圖書館之現狀觀之，固不容諱言，離此標準猶甚遠也。不揣譾陋，輒略爲論述之，且以貢其一得之愚，以與本省中等教育界諸君相商榷焉。

一・學校圖書經費之應增加

浙省連年以來，雖亦遭農村衰落與財政窘竭之苦，然各項教育，則實在穩健進展之中。中等學校與學生之人數，年有增加。若併師範、職業、與普通中學而計之，自十八年至二十一年度之中學學生數有如下表：

十八年度	一五、一八三人
十九年度	二〇、六〇七人
二十年度	二二、五七三人
二十一年度	二四、九四五人

採自陸殿揚「四年來浙江省中等學校學生數之研究」，見浙江教育行政週刊，四卷十八號。

學生人數之增加率既大，圖書費之增加，自屬應有之事。但事有出人意料者，則各校圖書費反多見縮減也。省立中學以政府財政支絀，緊縮圖書費，尤屬普遍。

茲據本省二十二年度原列預算數，（本年一月後之縮減預算更減爲九折或九折以下）與上年度相比較，并計算其圖書費所佔之百分比，有如下表：

	（上年度圖書費）	（二十二年度圖書費）	（比較增減數）	（本年度全部預算）	（圖書費百分比）
省立高級中學	一五四二元	一三〇八元	減二三四元	一〇一、六三三元（附小除外）	一、三〇〇
省立高級蠶桑科中學	四五九	三二五	減一三四	四二、八二八	〇、七五九
省立第一中學	一〇一四	九一八	減九六	八〇、八四七	一、一三五
省立第二中學	六六三	六一二	減五一	六七、七四〇	〇、八一〇
省立第三中學	五二二	四八九	減三三	五七、三七三	〇、八五二
省立第四中學	一〇五六	一一〇三	增四七	一〇一、六六三	〇、八四〇
省立第五中學	七三二	六七三	減五九	七二、五二〇	〇、九二八
省立第六中學	五五五	五五〇	減五	六〇、〇七五	〇、九一五
省立第七中學	一五九三	一五六六	減二七	一三〇、九八三	一、二九五
省立第八中學	七八六	六七八	減一〇八	六七、五三二	一、〇〇三
省立第九中學	五九四	五五〇	減四四	六〇、一七八	〇、九一三
省立第十中學	七一七	七五五	增三八	八四、二五七	〇、八九六
省立第十一中學	五九四	四九四	減一〇〇	五七、九六五	〇、八五二
省立女子中學	一一七一	一二八八	增一一七	一〇六、二九一	一、二一一
省立杭州師範學校	二七六	一〇二〇	增七四四	五二、二一八	一、九五三

省立鄉村師範	一二八一	三三四	減九四七	四〇、六一〇	〇、八二二
省立錦堂學校	二三七	二四四	增　七	三〇、二九四	〇、八〇五
省立民衆教育實驗學校	四二六	三六〇	減　六六	五七、三〇五	〇、六二八

右表所示，除四中十中杭師女中大抵因學級增加圖書費略有增加外，其他各省立中等學校之圖書費，幾為普遍的削減，顧其全部預算，大抵皆仍上年度之舊，未有顯著之減縮。此外更有可注意之點，則為圖書費在學校全部預算中所占百分比之渺小。表中最高之百分比為杭州師範之一•九五三，其數已屬甚僅，且以杭師新辦，全部預算又小，故此比率尤不為高，最低者則僅千分之六。綜計十八校之中，圖書費不及學校經費百分之一者，竟達十二校。圖書館在今日本省中等學校中地位之低微，就其經費之絀，卽可推見矣。

至於縣立中學與私立中學之圖書費，更見貧弱；據本館去年調查所得者，略舉數校之全年圖書費，以見一斑：

金華縣中	一〇〇〇元	義烏縣中	✡四〇〇元
舊金屬聯立八婺女中	✡二〇〇元	鄞縣縣立商校	二五〇元
東陽縣中	✡一〇〇元	私立弘道女中	二四〇元
私立效實中學	六〇〇元	弘立甬江女中	六〇〇元
私立宗文中學	✡五〇〇元	私立南潯初中	二〇〇元

右表中之有星號者，僅示約數。觀于此表，可見縣立中學與私立中學之全年圖書費，大都在五〇〇元以下，甚有薄至百元者。但其所謂圖書費者，在若干學校尙須扣除圖書館員薪金，則年中可資為購書之費者，殆不堪設想矣。諸校中雖多為初中，然以此區區之費以購圖書，亦決不能應師生之需。在縣立與私立學校中，又有一普遍之現象，則圖書費多不為學校經常支出之一門；圖書費由學生繳納，每人自一元至二

元不等，學校但從而「補助」之或「津貼」之，且亦有數校，其圖書費直由校友會撥充，所謂校友會者，雖爲全校師生之組織，但其担負經費之能力尤薄。圖書館之不爲學校當局所重視，于此尤顯然可見矣。

在今日社會經濟國家財政普遍衰落之際，吾人誠不敢厚望學校圖書館經費之積極增加；尤其在本省省庫艱窘厲行緊縮之今日，吾人不欲因圖書費而多增全部預算。然吾人鑒于學生擴大求知之必要，今日學校圖書館之幼稚，輒以爲在每一中學全部預算中提出百分之二•五至百分之三爲圖書費，應爲最低之限度，卽全部經費若爲六萬元者，（八中九中六中三中十一中等皆近此數）至少應有一千五百元劃出爲圖書費也。其次，在私立學校中，圖書費應爲學校支出之一經常門類，不當列于「補助」或「津貼」之地位，甚或委之校友會以維持圖書館之費用，使與學校敎學上失却聯繫關係，且因費絀而無發展之希望也。

更有一點爲吾人不能不言者，厥爲學校圖書費之應有獨立之保障。據吾人所聞，省縣立學校校長因公費之欠發關係，于一部分經費不能不遲付或節省，敎職員薪金既不能不籌發于先，于是預算所列之圖書費卽多置于「不急」用費之列、原列每月百餘元，常有僅用十元左右者。累月所節，以彌他費，及至年度結束，此項節餘，往往爲財政當局所提取或轉撥，是圖書費低微之預算，亦不能實如其數之用之于購書矣。吾人深望各校長于此，應盡力保全，敎師學生亦宜予以匡護，使規定之圖書費實際上皆用之于圖書館。吾人更建議于學校及敎育行政當局，公立學校苟有節餘，應規定卽以全數撥用爲圖書費。

二•圖書館員改善之必要

圖書館員爲學校圖書館之主要人物，其職責不僅在整理圖書，編排書碼，掌司出納而已。如求圖書館對于敎學上能發揮其功用，則圖書館員之須爲專一而有訓練者，必不可少。惟以今日國內圖書館人才之缺乏，與敎育事業之缺乏標準，若希求每一中等學校圖書館皆得一于圖書館學術有專門訓練之人員，主持其事，殆類緣木求魚。然圖書館員于各種課程，須有普通知識；于掌理圖書館事務外，不兼他職，此則固事之輕而易舉者。嘗晤杭市某中學一圖書館員，其人于圖書館經驗，既感缺乏；而出身商家，于各科普通知識，亦不完備；其服務于該中學，則除掌理圖書館之外，又兼理教務處繕錄及總務處印刷諸事宜，其所能盡力于圖書館者，僅司書籍之出納耳。此種情形，恐非僅有之事。大抵今日人浮于事，學校校長于聘請教員，尙爲資格與能力所限，惟于事務部分之職員，則爲環境所迫，自將多用親友熟人，而圖書館管理員則固在其考慮中與于事務人員之列。吾人臆測今日中學圖書館管理員之未經中學畢業者，恐不在少。循此以往，欲求發揮圖書館對于教學上與學生知識生活上之效用，豈可得耶？

學校圖書館員之功能，如能盡量發揮，則一方面應爲教師與學生之媒介，他方面應爲動的研究與靜的圖書之聯繫。欲求達到此目的，爲圖書館員者，首宜負責有爲；爲教師者，時與圖書館員相接觸提攜，通力合作，然後圖書館乃能無負其使命。所謂圖書館員之負責有爲者，鄙意乃指自動的供給教師學生以參考書籍，與啓迪推進學生愛好讀書之精神。此類工作，自隨圖書館員程度之高下以爲斷。其至普通者，如編印參考書目以供給各科教師，張貼新到書目及其提要解題，俾供衆覽等是已。此外如圖書館用具之佈置，雜誌之陳列，張貼布告圖示以吸引學生之閱借，以期美化學生之讀書環境，漸漸養成其在圖書館讀書之習慣，則又圖書館員應有之事，然不能責望于今日一般館員者。職是之故，吾人不能不企求教師之通力合作，以匡館員之未逮焉。綜之，求讀書精神之蔚爲一校空氣，則圖書館員之職責，實至爲重大。常聞有若干私立中學，以學校經費支絀之故，但令學生輪流司出納之事，此在學生課外作業之訓練上，或多少可獲其益；惟以學校圖書館之重要，而不設專員以董其事，其漠視學校圖書館之功用，要已太甚。吾人以爲中學校圖書館之管理員，最低限度之條件，應有普通科高中畢業之程度；于專門服務圖書館外，不兼他職；同時對教育與圖書館學有相當興趣，肯自修學習關于登記分類法等普通圖書館知識。其性行方面，尤須能負責有爲，和善熱心，與學生相親善，時時能與教師商酌教學上參考書之需要者，始可勝任。至如學生人數衆多，則管理員亦應設二人爲更宜。圖書館員在學校中之地位實兼教導與訓育而有之；賢明之學校當局，如能明瞭此理，自必能重視其圖書館管理員之人選，然後始能發揮學校圖書館之效能，輔助其全部教育之成功也。

三、圖書之量的增加與質的選擇

欲求圖書館之能盡其功能，館員之外，最主要者自為其藏書之豐富與適用。本省省立中學之藏書，大抵多在萬冊以上；惟縣立及私立中學，則僅有三五千冊，五千冊以上者甚不多覯。此殆囿于經費，難于多購。今就本館調查所得者，列為下表：

省立中學圖書館藏書冊數表

高級中學	三〇、二四六	七中	一五、三四六
一中	一二、〇五七	八中	一二、七一〇
二中	二一、四四四	九中	三、〇〇〇
三中	七、一三九	十中	（未詳）
四中	一三、一七五	十一中	九、八三六
五中	一〇、六〇一	高級蠶桑	二、一六七
六中	七、七〇〇	鄉村師範	一〇、一三四

縣立及私立中學圖書館藏書冊數表

金華縣中	五、〇〇〇	效實	六、三二四
舊金屬聯立八婺女中	一、二〇〇	南潯	一、三〇〇
東陽縣中	二、一〇四	民生	三、三七八
義烏縣中	一、五二〇	秀州	八、〇〇〇
鄞縣縣立商校	三、二九五	杭州	五、二九四
弘道女中	三、三四〇	宗文	（約）八、〇〇〇

安定　三、四四三　鹽務　（約）四、〇〇〇

省立中學圖書館之藏書，雖多在萬冊左右，然以其于初中而外，兼辦高中普通科，職業科與師範科，學生人數大抵達四五百人以上，則以此區區之數，分配于全校師生，其難饜師生之知識慾望也明甚。況其所備圖書，又多陳腐而不適用，此在私立學校中尤爲習見之象。蓋私立學校厄于購置費，于是其藏書之來自捐贈者頗多，然此類贈書，往往皆陳腐而爲人所不甚需要者。藏書之中，亦有一部爲西書，在省立各中學中占全部藏書自百分之三至百分之八不等。日文書亦有之，其百分比較小。西書之能適應中學生之閱讀能力與趣者，恐百不得一；除陳舊之西洋教科書及英文讀本外，能爲教師資參考者，恐尤寥寥無幾。如聞某中學圖書館亦庋有亞丹斯密之原富及穆勒之經濟學原理諸英文本，然該校初未設有經濟學之課程。反之西洋文學西史等適當參考書，轉付闕如，陳舊之英文讀本則頗多；若是試問于教學上有何助益，于學生閱讀興趣如何能使之增進乎？蓋圖書館所備書藉之偏枯不切實用，亦其所以使學生之躡𨇽不前之一要因也。

大抵學校圖書館所備圖書，有一重大大缺點，即爲教學參考書與現代定期刊物之缺乏。前者有賴于教師之隨時介紹，後者則有賴于圖書館員之隨時注意。參考書在現代教學上之功用，當無復贅言；今姑就定期刊物或雜誌言之。雜誌之有助于學生思想之發展，與其閱讀興趣之增進，或且較書藉之影響爲大。蓋青年心理，大抵好動而無常，三四百頁之巨帙，必遭不終卷而廢，轉不若短小精悍之雜誌文字，爲能引起其興趣。且事實上長篇專書，亦多爲中學學生之程度與時力所不逮，而定期刊物中之論文，則包羅多種，可循類以求，足以有助于其常識。雜誌之選訂，頗爲不宜。如「申報月刊」「東方雜誌」「時事月報」之類，固足爲參考取材之資；然爲引起學生興趣，則如「論語半月刊」各種文藝雜誌，或純正之畫報，亦可酌爲訂購；而各種專門性雜志，亦宜擇要羅致，使學生得因所好而求，以助進其學識。吾人爲供一般私立圖書館與學校圖書館之採擇，本期登有定期刊物擬目，于今日湧起之雜誌，各方面擇錄若干種，對學校之徵購，或不無小補也。

爲選購優良適用之圖書，吾人提議每一中學校得設立一「圖書選購委員會」，由校長就各科任教師中聘任之，俾以極經濟之方法，衡別輕重，而購置適于學生程度與需要之讀物。蓋惟適于學生程度與需要者，學生始樂于進圖書館閱讀而能沐其益，否則雖蓄書萬卷，亦終無所補耳。明悉學生之程度與興趣者，惟教師爲能；且圖書館員以一人之力，見聞必多不周，此圖書選購委員會之所由設也。若更能擴大此委員會之性質，成爲一「圖書館委員會」，校長與各主任皆應參與，于選購圖書之外，亦指導學生以課外閱讀之事，則其收效當益宏矣。

四、學校圖書館與公立圖書館聯絡之必要

學校圖書館不僅訓練在校學生之參考研究而已，且當進一步導學生往公立圖書館之參考閱讀也。本省省立圖書館，雖僅本館一所，但本省重要各縣，則大抵均有縣立圖書館。其無縣立圖書館者，亦皆設民衆教育館，其中有數館圖書部之書，亦與縣立圖書館相近。以是各縣所設之省立或縣立私立中學，皆可有與公立圖書館聯絡之良好機會。縣立圖書館之經費與書籍，如不能高于學校圖書館者，尤宜互相合作，若縣立圖書館比學校更爲充實，則于擴大學生智識活動之範圍，尤可大有裨益。茲列本省縣立圖書館之經費書籍冊數如下，以資比較。

圖書館名稱	經費	圖書冊數
杭縣縣立流通圖	一、一一〇元	六、二一九冊
海甯縣立圖	五七六	一九、九八九
嘉興縣立圖	一、三三六	四一、七〇三
海鹽縣立圖	一、五四四	一六、八三二
長興縣立圖	一、〇〇〇	三、九三二
鄞縣縣立圖	三、六〇九	二八、八三四

奉化中正圖	八一二	二、五三五
上虞中山圖	七二〇	一二、二六四
紹興縣立圖	三、〇六六	二三、二一八
黃巖縣立圖	九二〇	一、六五三
舊溫屬聯立圖	一、五〇〇	三〇、一〇〇
慶元縣立圖	二五二	四、四二一

學校圖書館與公立圖書館聯絡之道甚多。圖書之購置，參考書之供給，複本之交換，予學生借閱以特別便利手續等，皆是。本館之訂購西文雜誌，事前卽諮詢浙江大學，相互商定，凡較爲專門之西文雜誌，在杭地閱者甚少，且本館與浙大鄰近，浙大所備者，本館卽不訂購，同時較爲通俗或一般科學之雜志，本館多訂，浙大卽可少備，而示學生來本館參考，此卽學校圖書館與公立圖書館互相聯絡之一例也。學校圖書館誠能與公立圖書館合作，不惟學校圖書館之本身，可多得便利，卽爲學生將來離校後之繼續研究起見，亦大有裨益。就本館之經驗言，杭地學生之來館閱讀者尙不發達，此其故一由于學生無在學校圖書館研讀之訓練，次則由于學校圖書館與公立圖書館猶乏相當之聯絡所致。憶尙仲衣先生去歲在浙江第一學區圖書館協會第二次大會演講，常言「今日普通學生之離開學校者，成卽同時爲脫離圖書館者。此輩對學校與圖書館兩無所取，直如被棄之孤兒。圖書館于此類人最應爲之設法，務使離開學校之學生，卽成爲受圖書館敎育之人。吾人應盡力助其了解圖書館之內容，他方面尤當養成其對于圖書館中有價値書籍雜誌之欣賞，與終身愛好之習慣。」此在一方面固有待于公立圖書館之盡力以圖，然而學校圖書館如何先養成學生之讀書習慣，是又有賴于賢明之學校當局與敎師矣。

＊　＊　＊　＊　＊

梅爾維杜威有言：古代圖書館有如蓄水池，今日圖書館則爲一噴水池。此種變遷，學校圖書館尤須切實認識而推行。本省各中學圖書館，在今日猶多類蓄水池也，如何由蓄水池進而爲一噴水池，實爲今後敎育上當務之急。蓋學校圖書館對學生而能盡其功能，則學校敎育之功績，雖謂已得其全，亦非過語。不過于此自須涉及今日中等敎育之若干基本問題，如中學太遷就大學之需要，授課時間太多，致不能造成思想靈敏，慣于自修之學生；以及敎師之敎學方法，多以講演爲唯一或最好之方法，而不知敎師之重大任務，不僅在于注入知識，而尤在引起學生之求知慾，並示以滿足其油然而生之興趣（即自動參考）等是。此則本文所不遑詳論者矣。

要之，今日中等敎育應行改進之事，何勝枚舉，然爲供給敎師取給新敎材之需要，輔助學生各科課程之參考，養成學生課外自由研究之習慣，調劑學生學習之興趣，（欣賞有趣圖書之瀏覽）乃至充實與延長學生之求知生活，則學校圖書館之改善，實尤爲當前急不容緩之事。

本文所述之增加圖書經費，選任適當之圖書館員，增加適當合用之圖書，組設圖書館委員會，乃至與公立圖書館之聯絡，雖未能盡其所需，向使各中學漸予注意力行，則各學校圖書館當能日臻于蓬勃向榮之境。今日敎師之不慣多讀參考書與學生苟隋偏枯之頹風，胥將藉學校圖書館加以振拔，而學校敎育之進展，與其所以自效于民族之自救者，亦即有賴于斯也。

摘自《浙江省立圖書館館刊》一九三三年二月第二卷第一期

學校圖書館與中學生

周建艺

人類之思想，彼此所藉以傳遞者，姿勢語言與文字已耳。姿勢與語言爲發表思想之工具，文字記錄姿勢與語言，亦發表思想之工具也。然僅有姿勢與語言，難以傳後，是以文字應運而生。文字既造，圖書因之而成。前人之學識經驗所以傳今，今人之所以傳後，唯圖書是賴。圖書與人類文化關係之重，於此可以概見。

在印刷術未精以前，圖書之保存也易；及其既精，出版物日增，保存則較難。欲保存文化發揚文化，建藏書之策，設校書之官，此自然之勢也。則今之圖書館，其演進之迹，固可得而尋也。

圖書館之意義既明，則其所負之使命，自易言也。今之圖書館，乃文化之總機關，學問之導源，智識之府庫。中西學者，成名於圖書館者，不知凡幾。則圖書館在教育上所佔之重要位置，不待言而知。

往者，教育專家皆重視小學校與大學校之圖；其實不然。中學時期，乃求學中之黃金時代。就心理學而言，中學生爲青年時期，亦即人生最危險之時期。當斯時同情心特別敏銳，易受外界印象，並能把握此印象。記憶力特別強健，理想力亦甚豐富，求知慾望，尤爲顯著。就生活狀態而言，亦較有閑暇時間，專心讀書。在此期中，應指導其如何利用圖書，以養成其入圕閱讀之習慣，同時亦可使其閑暇時間，心有所寄託，不正當之思潮與外緣，均不足以擾其心而奪其志。前二十年美國圕界，皆注重小學校及大學校之圕；及經許多實驗之後，亦認中學校圕甚爲重要。於此可見學校圕與中學生關係之大。

學校圕與中學生之關係，已如上述。則圕對於中學生之職能，又復何如？此尤値吾人討論者也。

教室之規則，不許隨意出入，不許看課外書籍。圕則不然。圕之開放，讀者可出入自由，閱讀自由；給閱者以自動之機會，而不加以勉強。並給讀者以嚴肅之自制，不得高聲談話，任意吐痰，以防害他人。此良好之習慣，在圕甚易養成。學校當局宜擴大圕之範圍，增高其能力，令學生能盡量利用圕，以養成其良好之習慣，則可代替抑制個性之訓育。此中學圕之職能一也。

就學習之原則而言，讀書應注重興趣。而學校則聚個性不同之學生，強以讀同一之課程，則其興趣，自然降低；學習之效率，亦自不大。圕之制度，則異於是。其方法則注意自動，務令各讀者就其興趣之所宜，借閱愛好之圖書。苟如此，自動讀書之精神自易發揚，學業之進步亦自迅速。此中學圕之職能二也。

今之學校，多採班級制度。其授課也，不究學生程度之差異，覺授以同等之課程。高材生則嫌其太淺，低能生復覺其太深，學習效率，自然遲緩。圖備有各種程度之書籍，高材生可作更深之研究，低能生亦可借閱相當之參考書籍。似此則圖可補救學校制度之缺陷。此中學圖之職能三也。

學校圖與中學生之關係既如此其大，學校當局(圖館員在內)與中學生可同向此目的以邁進也。

摘自《培正中學圖書館館刊》一九三四年四月第一卷第一期

改進中等學校圕芻議

蔣侶琴

晚近教育趨勢，教授學生，罔不注重自習，優良教師不在善於按書講說，貴能指導學生如何自動鑽研，學生亦不當以了解課本自足，應求博覽，此新教學法之精神也。圕者，庋藏典籍，一方面供給教師教授參考之資料，一方面爲學生之研究室，學生除研究自然學科應于科學實驗室實驗外，若研究人文科學之資料，及自然科學之書本知識，則無不可于於圕中得之、今日之圕，已進爲學校教學之中心，辦理之良窳，與學生之學業，有深切之關係；且也，青年血氣方剛，意志未堅，最易誤入歧途，如能指導學生善用餘暇，在圕中活動，非特有助其智能心靈之發展，且可去其妄想邪行，此圕之足以補助訓育不足之義也。圕之價值，我國人士近已漸加認識，中等學校設立者亦復不少，徒以人才缺乏，經營未盡妥善，宏效未著，茲略述管見，就正大雅，共謀改善，非敢謂陳義之必當也。

(一)經費宜增加並保障其獨立也　無論辦任何事業，俱有賴於經濟，無米之炊，巧婦難爲，況圕爲文化事業，經費不充裕，設備如何能完備，搜羅如何能廣、私立學校圖書費，大抵取諸學生，能盡量用於圖書，已屬難能，欲其增益，無異緣木求魚、公立學校，經費雖有規定，但爲數至微，尚不及全年經常費百分之二，一朝經費拮据，且有被移用之危險，以如斯少數之經費，經營學校中心事業，宜其成績之不佳也、本省教育廳，近今對中等學校設備，已漸加注意，校具之調查也，保管法之規定也，俱爲明顯之表示，意良是矣，惟不先設法增加經費，俾得自謀發展，則此種調查，尚少積極之意義。不觀乎彼圕教育發源地之美國乎，近數年來，美國無一日不在不景氣之狀態中，獨于圕之發展，未嘗少懈，且力求內容充實，國人對之，當有所感悟矣、鄙意今後之圕費，最少應佔全年經常費百分之十，並保障其獨立，無論經費如何困難，此費不得稍減，或被移用，

(二)主任宜專任並愼重人選也　主任者，一館之首領，對館員有監督指揮之權，計劃館中一切興革事宜，其人必品學兼優，曾受高等教育，有辦事才幹，並具有圕學識經驗，我國中等學校圕主任，因事實上之便利，及經費之困難，往往由其他主任兼任，職爲義務，欲求負責，已屬非易，遑論其他，(此爲制度之失，非人之過也。)于是一切事務委諸館員之手，使館員而果有辦事能力及責任心也，則尚無大礙，不得其人，則成績焉得不劣。今後主任除宜愼人選外，應改爲專任，其待遇不得低於其他主任，俾便延攬茂才，蓋非此不足以言改進也。

(三)館員宜加訓練與地位之宜提高也　圕之最大效能，在指導學生研究，供給資料，則館員自身即應讀書甚多，熟知使用參考書之方法，富有研究之精神，方能克盡厥職，故館員之位置，雖次於主任，實爲館之中堅份子，美國如加利福尼亞諸省之所以規定非大學畢業，或圕學校畢業，不得服務中學圕者，蓋因此也。反觀我國則何如，我國因人才缺乏，當局用人，又未盡能以事擇人，中等學校圕館員，以中學生爲多，其服務圕也，非對其職務有何興趣，其來也不過謀一枝棲耳。若詢以專門智識及技能，則知者甚少，與斯人以重任，責其指導學生研究，以增進知能，是何異適南轅而北其轍乎　吾國訓練圕專門人材學校，僅有武昌一所，畢業生大都爲各大學聘去，以中學圕館員待遇之薄，亦絕無聘用此專門人才之可能、爲權宜計，宜由辦理完善之省立圖書館，得教廳之許可，抽調各校圕館員予以訓練，除應注重實習及課以圕學本身之科目外，並應加授中外文學史、文化史、科學史、藝術史、科學通論、等科目，期滿派回原處服務，待遇宜酌予提高，與初中專任教員平等，保障其地位，俾安心服務，此爲改進圕之要着，深望行政當局與以注意也。

(四)圖書數量之宜增多與選擇之宜精也　圕藏書不富，則無以饜學子之望，多而不合實用，雖多奚貴，中等學校圕固有定購四庫珍本者，但細考該書，合於中學生閱讀之書殊少，書之本身

非無價値，自實用之眼光觀之，與其置此種缺乏現代性之古典，不如購彼有實用價値之新書。雜志雖少有系統之知識與高深之學理，以其淺近有味，頗爲一般讀者所歡迎，且確能與讀者以新知，（歐美學者學術上如有發明，往往先在雜志作簡單之報告，以作宣傳，）但須抉擇甚嚴，擇其內容充實，議論宏正者，否則甯缺毋濫，以免浪費，小說號稱軟性讀物，爲任何讀者所樂閱，惜坊間所出，思想類多頹唐，或富于肉的刺激，豈特無益于身心，抑且流弊滋多，南通某中學，所購圖書未經教師審查，不許學生閱讀，頗足取法，至購書時，對於各科宜如何分配，及選擇之標準，容他日爲文論之。

（五）分類編目之宜詳加考究也　圖爲一寶庫，目錄卽其鑰也，無論則寶庫何以開發，目錄之重要也如此，分類與編目有密切之關係，此夫人而知之也，我國中等學校圖，以人員之少及人員專門智識之缺乏，分類編目，多未加以考究，其腐敗情形，雅不欲多述，今貢獻積極意見如左：

（1.）分類　分類誠不必採用最詳細之分類法，但亦不可採用過略者，良以圖書籍，年有增加，分類過略，則將來書多無從容納，更改則浪費太多，故着手時應詳加考慮，與其略也毋寧詳。普通中學可採用劉國鈞所著中國圖書分類法，師範學校，則以採用杜定友所著世界圖書分類法爲妥，以杜著對教育分類特詳，合於師範學校採用也。餘如王雲五所著分類法，亦可酌量採用，三書各有短長，皆單純號碼，易於記憶，採用甚便　中學圖已敷應用，其昧於學術源流者，切勿自作聰明，任意增損。

（2.）編目　目錄在形式上當用卡片目錄，因卡片目錄增減隨意，時時可容納新書，非若書本目錄有失却時間性之弊也。在編制上，如財力許可，除應編詳細之分類目錄外，應另編一字典式目錄，用著者卡，書名卡及類卡混合編成，二者俱備，然後能盡量顯示所有圖書，以供鑽研。此外叢書應有分析卡，如論文彙刻等書，應將書內各篇論文依其內容，分入各類；書中有附錄者宜另用一卡記入。他如有價値之報紙附刊，亦可彙訂成册，將各篇論文一一分類，行之得法，其功用不在普通書下，收藏圖書較少之圖，可於此努力，以補救普通書籍之不足。

（六）館員人數之應加增也　學校圖在形式上，範圍小於公立圖，以有一定之讀者，但人數甚多，事務之繁重反甚於公立圖書館（省立圖在外），若進求其對學生行個別指導，供給研究材料，則事務尤繁。一普通中學，其學生恆數百人，而此數百人，大部份均圖之讀者，以一二館員在館中服務，雖延長工作時間，終不能各方兼顧，今後欲發揮圖之效能應先增加館員，館員之增加與經費有連帶關係，如經濟問題解決，則此問題亦迎刃而解。

茲篇陳義甚淺，一一施諸實行，或能打破中等學校圖不死不生之現狀，對於教育可有相當之供獻，留心中等教育實際問題者，盍稍加意焉。

摘自《無錫圖書館協會會報》一九三五年一月第四期

管理中等學校圖書館的鱗爪

程長源

鄙人過去曾充任過中等學校的圖書館員，以自己管理後的經驗測度他校圖書館員管理圖書的方法，時間與精力不無相當的浪費；故特將我所有對於中等學校圖書館管理的心得，和打量實際上的情形，仍能做到的事實爲主，不管細碎的，普通大家知道的，已做或未做的，逐一把意見貢獻出來，或可稍供中等學校圖書館員的參考。

一、圖書總登記

圖書館內最重要的第一件工作是圖書總登記，這是任何人都所知道的，似乎已不必再說；然而我覺得有許多中等學校的圖書館還欠缺這一步重要工作，有的是不完善，有的是不準確，以至於有許多尚未有總登記。有了圖書總登記冊，我們可知道這個圖書館內的財產以及所有圖書的冊數，萬一遇到意外事件發生時，祇要能夠保存登記冊，就可以知道損失的多少。登記每一冊用一個號碼，登記表可請浙江省立圖書館輔導組代辦，登記方法很簡單，祇要在書中固定的位置打上號碼，照該表中逐項填記，用華脫門墨水，表價每百張約五六角，每百張可登記圖書二千冊；一萬冊書以下之圖書館，購表五百張即可足用；每登記二百頁裝成一冊，新書到時首先登記，未登記之圖書不出借，登記之書遺失，在登記冊上註銷在備註欄內寫明遺失原因及日期。校中如要造財產目錄，祇要在登記冊上照抄一份，此登記冊要永遠保存，往後可知此圖書館之整個購書及遺失現藏等情形。

二、分類編目

中等學校的圖書館員人手有限，編目須以重要者着手；什麼書名目錄，著者目錄，標題目錄等一概暫時從緩編製，首先着手編製一種書架目錄，其式如左：

分類號碼	編著者	
著者號碼	書名	出版年
總登記號碼		

有了書架目錄，就可以當作分類目錄檢查，辦理移交，統計圖書，選購圖書及分類編目等皆已有了根據，又可抄成爲書本目錄，分散各處檢查。

分類法及著者號碼我以爲如果自己稍爲變通一下，王雲五的中外圖書統一分類法尚可適用，因爲中等學校圖書館的圖書大都不很多；使用方法在該書中說得很詳，可仔細審閱試驗，附有中西文分類索引，遇圖書分類無類碼可歸時，在索引上一查卽得。書卡書袋書簽等均爲出納上必不可少的工具，要隨時編配妥善，所有編目上一切用品，均可請浙江省立圖書館輔導組代買，價格較他處低廉，因其爲義務輔導圖書館管理的關係。

三、借書

借書有兩方面的意義，一是借書的規則，一是借書的方法；借書規則是學校行政的一部，借書方法是圖書館的管理範圍。茲分述如下：

(一)借書規則

照現在一般的中等學校圖書館情形看來，大都教員借書可無限數，且無定期歸還，其最大藉口就是供教學方面的參考。學生借書則大都每人每次限制兩部，時間兩星期。照我過去管理的經驗，這種死的規限頗有妨害圖書的運用，非把這死的規率根本取消不可。教員借書參考的固然很多，但借而不用的也很不少，更其是借書不用的教員就永遠不來歸還，圖書館員又不便時常去催討。多利用書籍參考的教員他是多借多還，時借時還，實不致妨害其他閱者；所以我主張該限制這樣借而不還不看的教員借書。其二是學生方面借書，呆板去限制部數冊數也頗有影響其學術上的發展，可由圖書館員酌量情形變通出借。

(二)借書方法

中等學校圖書館的通病，每每圖書館自身內部手續未弄完善就給師生一個借書證，憑證借書。其實學校圖書館不比公立圖書館，借書人都在同一個學校裏的，可根本不用借書證發給員生，一可免員生保藏的麻煩，一可免館員的錯誤；然而借書是總要有記載的，我現在介紹一個方法如下：

a. 要借書的人，不論教職員學生等，皆要向圖書館請求，獲得借書的資格，請求單格如左：

本人擬向
貴館借閱圖書遵守借書規則努力愛護如有汚損願照價賠償此上
〇〇學校圖
請求人〇〇〇蓋章
學生教務處證明
教職員校長證明
中華民國〇〇年　月　日

b. 圖書館員接得借書請求單後，在借書人登記簿上登記，其格式如左：

○○學校圖書館借書人登記簿

登記號碼	姓名	學生或教職員	永久通訊處	入學年月	備考

c. 借書登記好了之後，給借書人立了一個借書證，這借書證留在館內，形式如左：

李桂芳

借書登記號 3245

圖書登記號	借期	還期	圖書登記號	借期	還期

（此卡背面照式應用）

卡上照借書人姓名以字典式排列

d. 借書用開架式，借書人將書從書架上抽來，拿到出納處（出納處設閱覽室門口，以免借書人將未經借書手續之圖書攜出）將書交圖書館員，在書袋上抽出書卡，該書卽可交借書人帶去，在書卡上上面填入該借書人登記號碼及借書日期，又在借書證上填入該書卡上所記載着的圖書登記號碼，其兩卡形式如左：

借書證

李桂芳

借書登記號 3245

圖書登記號	借期	還期	圖書登記號	借期	還期
3275	3,18				

書卡

370.2
4433　　3275

莊澤宣

教育概論

借書人號碼	借期	還期	借書人號碼	借期	還期
3245	3,18				

（此卡之左上角爲書碼右上角爲圖書登記號碼）

上面兩卡塡好之後，借書證仍照李桂芳姓名字典式排列，歸排原處，查某人借書若干或有無歸還時，則查此證。書卡照書碼排列，可以知道某書某人借去。書卡如照借出日期排列，可以知道某人所借某書已到期。兩者可擇其要者決定。如要兩者均完全，可多用一種書單，要借書人借書時塡就，每一天的借書單用回形針夾住，逐日排列，就可知道某人某書已到期，還書時，在上述兩卡還期上塡上日期，用借書單者抽出作統計後撕毀。

四、添購圖書

我們現在所要說的添購圖書並非是說中等學校圖書館應該添置何種圖書，應該如何增加購書經費，而是說如何使購書不致浪費。中等學校圖書館購書經費是在學校購置費項下的一部，而沒有明確規定該多少，大都由校長在該項經費中預決幾多，所以購書費是很有限的。在這有限的經費當中，我們最可痛心的是購買少數人所用的或重複的圖籍；在學校中，敎員主任的地位比職員高，敎員主任要做的事職員無法制止的，則某敎員主任他自己要用某種書籍，他並不通知圖書館，就到書坊上買來，將發票交給會計處算帳，圖書館員以至於有過幾月而未知道的，這樣就出了前述兩種毛病。照我過去管理中等學校圖書館的經驗所得，不論校長敎員主任要購買圖書館的書籍，至少要與圖書館員有一個聯絡的關係，使圖書館員可有購書的通盤打算，或先查館內有無是項圖書，更是否爲大多數人所需要。至要組織圖書選購委員會，這也不過是名義上好聽一些罷了，澈底的責任還是該館員負的。

五、雜誌報章的搜集及保管

雜誌報章的內容是一種新的材料，其他圖書或教科書中所不可得的；在學校的生員，正當是求知的時代，與社會的見解不可隔膜，且雜誌報章的論文能以少數文字論述某種問題的概念，減少生員須讀整部圖書的費時。故學校圖書館對於雜誌報章的搜管十分重要。至於如何選擇定購裝訂等手續非一二言可盡，本文不述及；登記雜誌報章可請浙江省立圖書館輔導組代定登記卡。每百張約價五角。學校圖書館訂購費有限，可索閱者不妨去函徵捐。

六要學生到館幫助

中等學校圖書館員大都祇有一個人，對于各種整理工作是很忙的，這不妨商請教務處於課後派幾名學生來館幫忙，一方面對圖書館有所幫助，一方面對學生也可增加圖書館的知識，相互為益，事實上也做得到的。不過派來的學生不能過多，以免多而混亂，不遑指揮；要事前有計劃有準備，應要多少人，怎麼樣情形的人，等學生來作之後，與他們說明工作方法，及為什麼要如此做的原因，無形中使學生發生了興味，以促成圖書館管理的完善。

七、參考工作的指導

人的知識分為兩種，一種是必須知道的，一種是可以臨時探求的；例如某某欲今日從杭州乘火車到南京，途經上海，那是必須知道的，至火車何時開動，就可以臨時檢查了。因此，書籍也根據了知識，有兩種區別；一種是必須熟讀深思的，一種是可以臨時參考的。前者如學校的教科書，後者如字典百科全書。學校的員生，對於自身的教務課務甚忙，到圖書館來的目的是想找些材料幫助教科書的理解，及增加教學指導的研究，或問題不能解決來求解決，到圖書館的時間都是很匆忙，圖書館員對於幫助閱者找尋參考材料是最大的責任。對於圖書館員利用參考的知識有兩方面，一是書籍本身的基礎知識，如某材料在某書中可尋，這樣可以多看序例及解題目錄報章雜誌等廣告。一是找尋參考書的所在，序就不必說了，當然是圖書館管理方法上問題。此外參考書的性質；有時效性的，有專門的，有普通的等等茲不多例舉了。

八、館員與學生的合作

中等學校圖書館有一種館員與學生間不能合作的毛病，館員他以為自己職務低微不及教員，但不願去遷就學生，歡迎學生到圖書館裏來，在學生方面也當然有同樣的反映，不論什麼事總不願意去詢問職低的館員。這樣一來，兩方面的隔膜愈弄愈深，結果影響整個圖書館的不景氣，白費學校當局的苦心。如此我們祇有希望兩方面都有合作的精神做館員的應如何設法去聯絡學生，以誠懇指示去感動，使其信任圖書館的偉大；在學生方面，希望其能夠為自己學業着想，認圖書館員為自己的指導者，兩者共同諒解，使能充分的發揚圖書館的職能。

九、館員精神的修養

中等學校圖書館員多半是教員或學生兼職，有專聘者也缺少專門興趣的人，他不過是暫時當作混飯的地方，所以對于圖書館的意義無多大發展。這固然是館員的待遇微薄不安於事，但館員本身，也應該感覺到這並不是拿月薪的義務，而是職務上的責任，負了事業上的責任，才不致有敷衍的態度，不事敷衍則對各種工作無形發生勢力，勢力之後對圖書館工作就感覺到一種興味，有興味則逾生勢力，逾勢力則逾有興味，結果各方面自會有良好的反映，新的意義就增加，圖書館生活也未嘗不可成爲專業。

十、其他困難問題的解決

對於圖書館管理法未有相當經驗的館員，各種實際上困難問題是在所不免的，解決此項困難問題有兩個方一法：一個是自己參看書籍試驗研究；一個是去函浙江省立圖輔書館導組詢問，浙館對於浙屬各圖書館的實際輔導工作頗具熱忱（經費困難問題不答復），鄙人也曾受過該館相當的訓練，各圖書館遇有實際問題困難時，可以仔細去函詢問，都有切實答復不致使館員失望的。

廿四年三月十八日夜於蘭谿

摘自《浙江教育行政週刊》一九三五年五月第六卷第三十六期

中學圖書館的重要

然

「可以供給學生教師之教材和參攷書，可以使學生加入圖書館之種種學術研究會，而探討在學校所不能得的學問，」一般圖書館對於學校教育的關係是這樣，但因學生除假期外，不能隨便跨出校門一步，教師亦因功課的限制，不能在距離很遠的圖書館裡，作長期的流覽，而失去了這種補助學校教育的效力，這是學校圖書館所以必須存在的最大原因，然尚不止此，其有於中等教育上的需要，尤不能如此簡單，茲分述數點如下：

一、關於功課方面的補助

中等學校之功課，比之大學小學各有不同，因爲大學教育乃是一種專門課程，比較來得狹隘，比之小學，當然要闊的多，所以中等教育，可以説現在所有的學科，應用盡有，其目的，在使每個學生，都有充分了解人生日用常識，天然界的一切，宇宙古今觀念的能力，如此說來，這樣多的學問，那能被幾本教科書，包括的完完全全，一切的圖書，雜誌，報張，都與各種學科有密切的關係，因此辦中等教育的人，不能僅以教科書作本位，應以學科作本位，所以研究某種學科的時候，教師應指導學生去圖書館作參攷，至此方可達到中等到中等教育的目的，所以圖書館在中等教育上是必要的。

關於青年期心理上之領導

青年期的心理，是非常複雜的，因爲在這一個時期，他們的身心已經發達到很完全了，但作起來，並沒有一定的方針，卽或求知的心，也是一樣躍躍不定，斷非幾本教科書，所能控制住的，如有好偵探小說的，有好武俠小說的，有好……，若任其自選自購，在他們的心理上，或將發生不良影響，但他們的慾望意志，都應有相當發洩的地方，在這個時期，若有圖書館的設置，一切弊病，或可減少一些，因爲圖書館所有圖書雜誌等，全是要經過相當審査，而後纔公開展覽的。

關於畢業後擇業上之指導

中等教育原是學程中的一個重要階斷，由小學到大學的一個必要過程，但就一般學生看來，往往中學畢業之後，因經濟的關係，不能繼續求學，不得不在社會上謀一噉飯之大道，但在中學課程裡，卻沒有「職業指導」一門，一走入社會，那能不張惶失措呢？所以在將畢業，而自覺無力升學的學生，可以常到圖書館裡，看點擇業指導，應用技術的書籍，以備將來踏入社會的補助。

關於信仰上的指導

現在的主義黨派，可以說複雜到極點，五花八門無所不有，從前在大學方面，間或討論各種主義及信仰，在中學則絕無，青年學生，意志未定，信口亂談，實在是一很危險的象徵，所以在這個時期非有圖書館不可，因爲圖書館中有關於參攷，批評，討論等書籍，使他們閱後，知其利害，有所適從。

以上幾段，因礙於篇幅，檢最重要者來和大家談談，其他關於學校圖書館的設置，圖書館的採購等問題，以後有功夫再和大家詳細討論。

摘自《培德月刊》（保定培德中學）一九三六年十月第二卷第六期

中等學校兼辦社會教育——學校圖書館公開問題的商討

王文萊

自抗戰開始以來，久不爲人重視的社會教育，最近復有更生氣象，如教育部先後通令全國各級學校兼辦社會教育，行政院通過知識份子辦理民衆教育暫行辦法，以及最近浙江省參議會第二屆大會通過加緊辦理成人補習教育等等，這自然社會教育在戰時有特殊的使命，正和學校教育一樣，在抗戰建國中有不能缺少的因數在。筆者以工作職務的興趣，願在本業內提出關於中等學校兼辦社會教育——學校圖書館公開的意見來商討，還希熱心的中學校當局和學校圖書館主持人，以及社教同志們能夠予以注意和指正，

一、學校圖書館公開爲中等學校兼辦社會教育最經濟最便利的事業之一

社會教育施教的範圍，包涵至廣，我們且不說書本上所說的廣義社會教育事業的範圍，祇要看一看最近教育部頒佈的「社會教育機關協助各級學校兼辦社會教育辦法」內所規定的事項，已經有辦理民衆學校，家庭教育班，巡迴文庫，播音話劇……等二十多種，這許多事業，在有固定經費，固定人員專業化的社會教育機關，尙無法使其辦理完善，在目下如中等學校經費捉襟見肘的狀況下，更無法促其完全實現，那末我們仍將和過去一般的陰違陽奉敷衍塞責置三申五令於不顧嗎？不，決不，我相信在目下抗戰建國中艱苦任重的教育界人士，決不會再有這種不負責任的行動，那末，事實是事實，巧婦難爲無米之炊，沒有經費，總不能把一件事業創造和光大起來，在無可奈何中，我以爲我們應該先擇切實需要，而又不十分化錢的幾件先做起來，然後再擇要慢慢辦理其他各種事項。

在比較切實而不十分化費錢的原則下，中等學校兼辦社會教育事業，最適宜的工作，如提倡體育，運動場公開，予民衆以運動的機會；利用師生課外時間，舉辦民衆學校，舉行各種通俗講演，組織歌詠隊，話劇隊；以辦學校圖書館公開，使民衆閱覽等等，其間尤以學校圖書館公開我以爲最適宜而且較有意義一些。這自然也需要幾句說明，如所謂「最適宜」，以學校的環境，原是教育人們的機關：從設備講，學校圖書館有的是圖書；從人力講，學校圖書館原有專責的管理員，更有教師和學生的協助，在在足夠應付民衆閱覽詢問的需要。在比較有意義一點說，浙東原是文化比較落後的地方，自抗戰開始，一般知識份子，失學青年，大量從各地

流入，他們都感到無書可讀感到智識饑荒。環顧四周，除了永康，麗水有二個浙江省立圖書館分館，和碧湖浙江省社教實施區的圖書館，比較藏書較多外，有沒有一個可以滿足民衆需要的公立圖書館呢？我們能夠利用原有的圖書設備，滿足一般民衆求知慾，增高其智識水準，以領導其讀書明理走向抗戰建國的大道上去，是不是最適宜而且有意義一椿事情呢？

二．學校圖書館公開應有的準備

在學校圖書館公開前，我們至少得有些兒準備，如學校所在地的環境怎樣？民衆程度怎樣？他們需要些什麼更西？我們應該怎樣佈置，怎樣使民衆，樂於來館利用，和怎樣指導民衆閱讀以求得實在效果，關於這些問題，我也得提出幾點意見。

（一）充實自身內容　一個學校的基礎，建於學校當局的盡責與否，教師的好壞，和圖書館儀器等的設備完全與否？從這一點看起來，圖書館，在學校中是佔着如何重要的地位。無可諱言的，過去一般學校當局，視圖書館是一種點綴品，祇要有一間屋子，有一個圖書館的名稱，祇要他裏面有幾本書。不管他內容如何，有沒有用，也不問管理如何，無論誰都有充任圖書館管理員的資格，更有許多學校有管理員其名，而實在做其他事務事情，因此，圖書館門可羅雀，幾本書都滿積塵埃，這種圖書館雖設而等於虛設，我相信教師和學生一定得不到一些益處。我們知道，圖書館的工作，如征集圖書，分類編目，流通閱覽等，都是份內應有的工作，不僅以經常工作完善爲滿足，也不應以消極地供人需用，謂已盡了圖書館的責任，我們更應該積極地指導閱者，負起教導的責任，尤其圖書館開設，所負的責任更大，要負起溝通學校和社會的隔膜，改善社會環境，達到學校教育和社會教育合作的途徑，所以我說學校圖書館在公開前第一要充實自身的內容，學校當局有辦理完善圖書館的决心，圖書館管理員專門化，全校師生有熱心服務社會的熱誠。

（二）認識時代和環境　我們的時期，是處於求民族的生存，救國家於危亡的非常時代，我們要把握這個偉大時代，一改過去辦圖書館的習慣，尤其閉關自守的學校圖書館政策，我們不僅要供給民衆以閱覽的機會，不僅以提高民衆水準爲滿足，我們要以辦理圖書館爲手段，而以喚起民衆，組織民衆共赴國難爲目的。其次要注意切實效用，要顧到我們所處的環境怎樣，要是所在地是鄉村的話，那末除了灌輸戰時常識，民族意識外，怎樣改進農作物，怎樣提高農產品生產率，應該是我們更主要的目的。

（三）館舍的佈置　爲了學校圖書館公開後，不妨礙學生的作業，和吸引民衆自動到館閱覽的興趣，對於館舍的佈置，也是重要問題之一，因爲過去傳統習慣，對學校具有不可侵犯的尊嚴觀念，深入民衆心裏，因此我們雖然很有意思叫民衆進來利用，奈因習慣和心理作用，學校和民衆，總隔了一度牆。其次不少學校當局，或顧慮到學校圖書館公開後，民衆的良莠不齊，會使學校難於管理。民衆們不知道守公共場所的規則，和吵擾，會使授課大受影響，這些顧忌，確值得考慮，兩全之道，以爲能夠將圖書館館舍，選擇在近校門易於出入的地方，假使能夠在交通適中地點，特地佈置幾間閱覽室；那是更好沒有的事。不過這又要另外化錢了。至於館內的佈置，也應該注意一下，例如要簡單樸素，使民衆樂於親近，陳列圖書，要適合民衆的程度等等，這還要看所在地環境怎樣，隨時變換更改。

三、學校圖書館公開工作大綱

（一）圖書的征集　學校圖書館公開後，供給民衆閱覽的圖書，大致以有關抗戰知識，提高民族意識，培養抗戰精神的讀物爲主，其內容要淺近易曉，言論正確，文字要描寫生動，使民衆易於閱讀明瞭。圖書征集的範圍，也應以上述目的爲出發點，通俗的讀物如獨立出版社的戰時綜合叢書，抗戰建國小叢書，戰時國際小叢書，藝文叢書，中山文化教育館出版的戰時書刊，本省國民出版社出版的國民知識叢書，教育廳出版的民衆輔導叢書等，比較高深的如商務印書館出版的抗戰小叢書，以及中華書局的非常時期叢書，也很合用。至於期刊報紙，爲傳達消息的利器，亦應該廣爲收羅。征集的方法，一般營業書局出版的，自然非用錢買不可，至于各機關出版刊物，大多數以宣傳爲目的，我們可以寫封措辭懇切的信去索取，一定會得到人家的同情，予以贈送。

（二）圖書的陳列　圖書陳列，可以分做經常的和特殊的兩部份，所謂經常的，是指普通圖書的陳列，在供給民衆閱覽的圖書館，圖書陳列以採用開架式爲適宜，其效果要較閉架式大得多多，因爲第一民衆大多數不懂什麼叫做分類，更不曉得檢查目錄的方法，第二即使其間有若干人會檢查目錄，也常有所檢出的圖書，不合閱者的程度和要求，此外圖書已經借出而不能預先知悉，使民衆常因失望而生厭倦心理，所以可能中圖書以開架陳列較爲適宜，至因開架後圖書容易遺失，圖書經多人翻閱，每天的需經數次整理，管理麻煩，這是事實上所不能避免的，我們要是想到因圖書開架後民衆得到好處的衆多，那末雖然增加若干工作時間，其內心所得到的安慰，一定比所化體力代價爲高。所謂特殊陳列，是指因欲引起閱者某一問題的興趣或注意，予以特別陳列而言，或稱中心陳列，這種陳列，並不限定於書籍，如圖畫，插圖，標語，實物，在在都可供我們利用的工具，例如「七七」抗戰紀念日，我們能夠將蘆溝橋事變，上海抗戰的各種書籍圖片，敵人慘殺我同胞的照片，戰利品的實物或照片等，予以適宜的陳列，使閱者一到閱覽室中，即能引起其抗戰意識，抗戰決心。關於此種中心陳列，應隨時變換，如冬令時候，舉行冬耕運動展覽，夏季時候，陳列衛生運動圖書等等，以不失時效，切合事實需要爲要的。此外如經常陳列先賢傳記，趣味的淺近科學圖書等，以期能夠將民衆低級閱讀興趣，慢慢引到較高深，而有實際效用方面上去。

（三）閱覽指導　圖書館的工作，不僅以消極地供人閱覽爲滿足，應該積極地指導閱者，負起教導的責任，這在上文裏曾經約略地提起過一點，一般圖書館館員，常聽到閱覽指導四字，會聯想到自身能力不夠，因畏懼心理而影響到指導工作無形停頓，其實閱覽指導工作範圍很廣，決不像一般想像的艱難，要我們指導一個大學生或專家去研究某一專題，自然我們會感到能力不夠，但是指導一個普通民衆，我相信在學校圖書館一定可以辦得通的。指導普通民衆閱覽工作，淺近一些的，如指導閱者怎樣檢查字典，百科全書有什麽用處，解釋疑問，介紹較有用而實際的圖書，都是較而易舉的，較高深一些的，如指導那一種科學應該從那一本書着手，介紹名著讀物，怎樣閱讀，怎樣記筆記等等，假如能夠聯合全校師生，予民衆以日常生活指導，如修養指導，法律指導，生產指導，健康指導等，因切合民衆日常需要，民衆定更樂於接受。此外如能夠利用團體活動，組織讀書會或時事討論會等，出版壁報或刊物等，養成其自動學習寫作，自動研究的程度，這時候我們的閱覽指導，可以說已到成功時候，而我們圖書館，也已經盡了應有的責任。

摘自《社教通訊》一九三九年二月第十期

中等學校圖書館問題

蔣復璁

（一）導言

教育的範圍，可以從狹廣兩方面來看。狹義的說，學校是唯一實施教育的地方。從廣義方面講，學校以外如家庭、圖書館、博物館，乃至廣大的社會，都是施受教育的場所；其中尤以圖書館與學校教育的關係最爲密切，圖書館中可以不必附有學校的組織，然而學校中却不能不設圖書館；大學校如此，中等學校亦復如此。

關於中等學校的圖書館問題，我們本可從多方面去加以討論，單就圖書館本身說，亦可分出許多重要的題目，如行政、採訪、分類、編目等來談，不過關於這方面的知識國內外時賢早有專書論及，我們不想以此爲討論的對象。在本文所要說的除略及圖書館本身的問題外，討論的重心偏於教學方面；換言之就是想站在教育的立場來研究中等學校圖書館的問題。以下即從「中等學校圖書館的組織及內容」「圖書館在中等學校裏的地位及其任務」，「教員與圖書館」，「學生與圖書館」，「中等學校圖書館的推廣工作」各點來加以討論。

（二）中等學校圖書館的組織及內容

一個中等學校要設圖書館首先就須有主持人；主持人的名義館長可，主任也可，這到很簡單；可是人選如何決定却有研究的必要，館長的來源大約有這樣幾種：一是由校長向校外聘請專門人才，一是由學校裏的圖書館委員中推選一委員充任，此外還可由校長兼任館長職，另請一人主任其事，究竟應採取何種方法來產生館長，則視各校的情形而異，學校的經費充足，最好請一專家主持；學校的規模宏大，校長專事處理份內的校務，已覺忙不過來，更要他兼顧圖書館行政，恐怕實際上是辦不到的。不過，無論館長如何產生，他至少應該具備以下幾種資格：（一）專長的學識；（二）豐富的經驗；（三）博愛的心胸；（四）遠大的眼光；（五）誠懇的態度；（六）組織的能力；（七）研究的精神。

中等學校圖書館中的辦事人，除了館長之外，還要館員。館員可由校外僱請，也可由學生充任。假如可能，最好採取後一種辦法：因爲學生充任館員，不僅因其本身可以得着金錢上和智識上的報酬，而且與借閱的同學們也可較爲融洽，選僱學生爲館員的標準，大概可以家境清寒而「成績優良」者爲合格，此外他的品性更須具有沉靜、有恆

•誠懇、敏捷等優點，他的職責不外是襄助館長處理一切館務，指導圖書館及圖書的用法以及輔助學生或問學步的研究等。

一個中等學校圖書館的組織，如果要詳細劃分，也可照大規模的圖書館一樣，劃出採訪、編目、典藏、閱覽、參考、推廣等部分；不過一般的中等學校圖書館所藏書籍大都不多，用不着小題大做，大概總是館長之下僱用一二或二三個館員分別擔任各項的工作已足。有人以為中等學校圖書館藏書有限。大可不必仔細講求採訪、分類、編目、閱覽諸項手續，我以為職員人數不妨少下續且不可不備，否則很容易發生流弊；諸如買的書不合用，要用的書沒有買；或是將所藏的圖書既不分類也不編目，隨便放置，連遺失了也不知道；要借閱一書，往往費很多的時間；或是閱覽的手續規定不清，閱者常與館員打麻煩。這些不應有的現象都有的。

至於中等學校圖書館究竟應該如何採訪，如何分類，如何編目以及如何辦理出納的手續，本是值得研究的問題，不過我們在前已經申明本文不願在此討論這方面的東西，讀者諸君欲知其詳，請參看專門討論圖書館學的書籍。

(三) 圖書館在中等學校裏的地位及其任務

前面我們已經說過，圖書館中可以不設學校，反之學校中却不能不有圖書館。這是理論，也是事實。有人說，圖書館是學校教育的輔助部門，這只看到真理的一部。圖書館誠然有輔助學校教育的功能，不過他不僅從旁輔助而已，簡直可以領導學校教育的進行；換言之，我們可以說，圖書館是學校教育的中心。也許有人以為這話未免誇大，其實不然，只是一向大家忽視了圖書館在學校中的地位和功能，所以覺得這話不合理罷了。

在中等學校裏，教師在課堂中的講授固然重要，課外的指導也不可忽略；但是如果離去圖書館，則教員在課堂中的講授將變為偏枯，課外的指導也會覺得不充實。因為一般的課室裏所用教本總是大綱式而帶有機械性的；假如在課外不到圖書館去多事參考和補充，不但學生的學習興趣將受打擊，甚而至於根本嫌惡課堂乃至討厭學校生活而貽誤終生。教員的知識究竟是有限的，如果沒有圖書館供其進修和參考，自身已會感到空虛，試問將何以鼓舞和指導生徒學習呢?!過去一部份的中等學校教員只知照本宣科，學生只會死記幾冊教本，以致沒有良好的成績原因大多在此。

學校圖書館的功能，還不僅消極的防止上述流弊，他還可以使教員得以進修，使學生的自動研究性增高，讀書的興趣加濃。至於因善於利用閒暇在圖書館中看書從而免却許多精力過剩的中學生於課餘作軌外行動，更是他附帶的好處了。

(四) 教員與圖書館

教育是偉大而永遠的事業，從事教育事業的人應終身以赴。教育者所負的責任甚大，小之影響生徒的學業，大之有關國家文化的興衰。做教員的人，一方面要教導學生，另一方面還應充實自己的學識，所以做教師的無論自修上和教學上講，均應善於利用圖書館。

教員除為了預備教材，應該常到圖書館外，還應盡量利用閒暇到圖書館去參考並研究自身有興趣的學問。這不但對本身有益還可使學生模倣，跟隨着前去。

教員在學校中，對於學生是站在領導的地位，對於校內的圖書館，則是輔助的地位，他對圖書館的一切設施均可從旁指示或提供意見，使之日漸改良，尤其對於採購圖書上，應該負起介紹的責任。圖書館的新書買到了即可由教員提取到教室中來給學生們翻閱並指出書中的優點和缺點，盡量鼓勵學生前去借閱；於必要時，還可將新書借到教室中展覽一些時間，以引起學生閱讀的興趣。學生不到圖書館的原因很複雜，有的是偷懶，有的是根本不知道如何利用圖書館。做教員的應該探知各生的情形而予以指導或說明；或者專開一課程或是用公開講演的方式，把圖書館的組織內容及其利用法等告訴學生，使人人能完全了解圖書館，並進而加以利用。

近年來，因圖書館運動的進展，時有新的理論發現。有人主張在中學校裏，不僅教室的講授須與圖書館取得聯繫，更進一步以為教室中可設小型的圖書館或是到圖書館內去上課。當然，所謂小型圖書館並非真正一個完整圖書館的組織，不過在教室的四壁排着書架，架上陳列以與各種課程有關的圖書，使學生可以隨意取閱參考，觸類旁通，感到濃厚的興趣。至於說到圖書館中去上課，也是對圖書館偶然的利用，當不能把圖書館閱覽室作為永恆的課堂。在圖書館中上課的好處在使學生知道如何運用參考書，如何檢查目錄以尋找與該課程有關的材料等等。這類的工作要實行起來，誠然增加教師的麻煩，可是教師們不可推卸的責任。

此外教師還須觀察一般學生的需要，斟酌情形發起組織讀書會或研究會使學生能夠集團的利用圖書館。會員雖是學生，教員們須出任指導；並須督促學生在會中作讀書報告，由教員加以刪改之後，更在開會時提出來由大衆討論和批評，用這種方式來利用圖書館，學生方面既可感到很大的興趣而迅速進步；同時圖書館的書，也可大批的盡量的得以利用。這種一舉兩得的事確是值得提倡的。

(五)學生與圖書館

中學時代是奠定一切學問的基礎階段，我們做學問的工夫正如建塔一樣，基礎愈大愈固，則將來修成的塔，纔可以登峯造極；所以中學生讀書，應當在「博」的方面多用一番功夫。

我們大家都明白：學校的教本只是各題旨的大綱而已，內容是欠充實的。如何纔能補救這空虛的缺陷呢，唯一方法就是多到圖書館。圖書館是一座寶庫裏面藏着我們歷代祖先遺留下來的文化產業，我們要補充教本之不足，應該利用圖書館；我們要奠定終身的學問大計劃，應該常到圖書館；我們要做一個孝子賢孫要完整的透徹的承繼祖先的文化遺產，更應該盡量的利用閒暇到圖書館的寶庫中去獲得我們應有的知識。

學校中儘管有圖書館開着，館中的書籍儘管多，學生們儘管有利用圖書館的雄心和時間；可是如果不會利用圖書館，那也只好望洋興嘆。字典或百科全書如何檢查，目錄如何翻閱，架上的書究竟是怎樣排列的，想作文章如何搜集與其題目有關的材料；假如一個學生對於此類問題無法解決，則一跨進圖書館恍如船在海中失去羅盤針，茫然不知所措。能夠指導他們如何利用圖書館的，不是圖書館管理人便是教員。指導的方式或是在圖書館中設立諮詢處，或是普遍的發起一個圖書館學講習會；最合理最易收效的當然要算第二種方式。

做學生的儘管有利用圖書館圖書的熱望，但是教員們不一定都有時間或願自討麻煩來負起指導的責任。已經能夠利用圖書館的學生，當然應該盡量利用暇時到圖書館去參閱圖書，不過，為了收效較大並提攜一般不善利用圖書館的同學計，最好還是由學生們自動出來集團的利用圖書館，組織讀書會或研究會，更請一些熱心而富有學識的教員出來作指導。讀書之後，最好是作讀書報告；更請教師加以修改和批評。

中學生自動利用圖書館的習慣一經養成在校時固然有用，就是升入大學後或是因不能升學而到社會上去就事業，都應繼續保持這種良好的習慣以利用大學圖書館或公共圖書館。這眞是大可寶貴的習慣，無論教員或學生都不宜忽視。

(六) 中等學校圖書館的推廣工作

從前藏書樓中圖書是供少數特殊階級的人的欣賞的；書籍寧可因無人翻動，霉爛毀壞却不願隨便借與他人閱讀。藏書樓的時代早成過去，近代新式圖書館的圖書惟恐無人運用。近來圖書館運動中彷彿有一句標語的大意是：理想的圖書館，要使走進圖書館的人個個只費最短的時間能夠尋得他所需的圖書心滿意足而去；又要使每本書的每一章一節的材料都能得着主顧而感到服務人羣的快樂。一般的說來，中學校圖書館的書不會很多，可是，試問究竟已經將所有圖書盡量的被人利用過沒有？恐怕誰也不敢肯定的答復。所以我們認為中學校圖書館也可公開；就是除去供給學生利用外，還可進而作一些推廣的工作。在前已經說過，圖書館是學校教育的中心；現在我們更擴大的說，要將學校圖書館作為社會文化活動的樞紐。我認為中學校圖書館可作的推廣工作如後：

(一)各學校圖書館間的互借——如

在同一地域內有二所以上學校的圖書館，我們便可倡辦互借的工作，甲校圖書館有的圖書不一定乙校圖書館也有，以有易無，圖書得以盡量流通。至於互借的規程則由各校加的圖書館共同商定。

（二）中學圖書館與學生家庭間的聯絡——學生家裏的人可依照手續到圖書館中借閱書籍；如果學生家庭裏的書很多而爲學校圖書館中所無者，也可借與學校圖書館。

（三）巡迴文庫——先將校中圖書館的較爲通俗的圖書提出來另置一處，然後由學生利用星期日或其他例假分除將圖書裝好，帶到市街中巡迴往來，使無暇到圖書館的人可以借閱。不過，這種方式要管理得法，否則圖書很易遺失的。

（四）設立分館——這只適於規模特別大圖書特別多的中學校圖書館，否則可不必要；辦法也很多，其中簡而易行的一種就是將教員用書提出另放一室以專供教員們參閱之用。借書手續及閱覽規則須與總館的大概一致，否則不便管理了。

（七）結語

我們以上已將中等學校的圖書館問題的某些方面作了一個簡單的討論。因爲篇幅有限，許多地方略而不詳。歸納起來即：

（一）設施教育的場所不限於學校，而家庭、圖書館、博物館、乃至社會，都是施受教育的地方，其中尤以圖書館爲最重要。

（二）中學圖書館的組織規模當視各校的情形而不同，不論規模的大小，管理圖書館的人能使所有閱者明瞭館中所藏何書，並能以最短的時間尋出其所需的圖書。至於分門別類的詳細組織，目前我國的中學圖書館藏書不多，似暫可從緩。

（三）圖書館是學校教育的中心，圖書館的圖書可以供教員參考研究，使教員有進修的機會；使學生學識的範圍增廣，學習的興趣加濃，並養成自動研究的習慣。並且因爲學生能利用閒暇在圖書館讀書，可以免去許多軌外的行動。

（四）中等學校的教員在學校裏可謂有多重的責任。一方面要自求進修，研究自身有興趣的學問；一方面對於校中圖書館須予以指導和改進；再一方面要以身作則領導學生到圖書館去作閱覽及研究的工作並輔導組織讀書會等。

（五）中學生須先明瞭圖書館的功能，然後盡量利用圖書館以補充教本之不足，擴大知識的範圍，養成自動研究的習慣。能力有不足的地方，更可請教於圖書館長及教職員。

（六）爲了要盡量利用圖書館應該從事於推的廣工作。推廣工作的辦法很多，最適於中等學校圖書館的爲：各學校圖書館間的互借，學校圖書館與學生家庭間的聯絡及互借，組織巡迴文庫，設立分館，總期將學校圖書作爲社會文化活動的樞紐。

摘自《中等教育季刊》一九四〇年十二月第一卷第二期

國家圖書館館級課題『民國時期兒童圖書館研究』成果

民國时期圖書館學
報刊資料分類彙編

兒童圖書館卷

黄 洁 主編

中册

國家圖書館出版社

中冊目録

兒童圖書館管理

各地兒童圖書館

兒童圖書館規則章程

兒童圖書館與兒童閱讀（一）

學校圖書館管理法

杜定友

一，圖書館與學校

圖書館是做成完全教育的一份子。他所欲解決的問題就是學校所欲解決的問題，不過在別一方面觀罷了。學校的責任在乎教學生怎樣讀書和讀什麼書；圖書館的責任便在供給學生應讀應看的書籍，和增廣他們看書的智識。學生良好的讀書習慣，大多都靠圖書館員的指引和鼓勵而成的。他常常要細心去揀擇各種書籍和名家著作，他的宗旨要望學生心中發出一種「愛學」的感情，和「求增廣智識」的欲望；使學生與近代世界的大著作家大思想家往來；使他們心身都受利益。除了科學應用的書之外，他又要置備各種有興味的課餘用書，使他們知道讀書的樂趣和讀書的消遣法。

以一班一級的研究，圖書館可以供給特別指定的參考書，專爲那一班一級之用。這種書籍可以放在課堂內隨情形需用而定，以便隨時應用。對於教授，圖書館供給各種參考書，以備他們個人研究和預備功課的用；圖書館又供給各種最近的雜誌和出版物，使他們知道最近的思潮，最新的科學發明，和最新的教授方法。圖書館又存備各種地理圖，參考表，風俗畫等，可以供給地理歷史社會學等各種教案的用。圖書館員又須常常留心，什麼書籍爲學校中需用的，什麼圖書是館中應備的。他又須常常去各處演說，講圖書館用處和用法，要使就他的人民，都知道有借書閱書的機會。教員也要常常和館員商量參考書的配置，和明瞭課室與圖書館相聯的作用。教員先要曉得什麼參考書可以向圖書館借用的。若果圖書館沒有，便不要派學生去參考了。總之，學校與圖書館關係愈切，教員和學生的成績愈佳，所以教育也愈進步了。

二，學校圖書館的需要

學校若是沒有一圖書館，便不能算是一個完全的學校。圖書館在學校的重要實與試驗室一般；圖書館是一所機關，學生可以試驗他們在課堂所受的功課並且可以多求一些學識，好比在試驗室實驗他們在課室所受的學理一樣。一般崇拜課本的教員，已爲當代教育家所排斥。因爲教授兒童乃是教科目，不是教課本。世界上沒有一本書可以將一種科學完完全全詳詳細細的包含在內，這是無疑的；所以現在的學生必要在課本之外，去尋充分的學識。學問這一件事不單單在教室內所得的就是了。我們要從各方面收集起來自己去尋出的方算是一種學問。換言之，一所學校，若要使兒童有充分的學識，自尋的機會，必要有各種參考的書籍和補助的書籍。

學校圖書館的創設應在別的圖書館之先，因爲現在的學生就是將來國家的樑棟；根底打好，纔能起立大屋；況且創設學校圖書館沒有什麼艱難，不須很多的經濟，不比公共圖書館或國家圖書館那樣費事。所需的不過若干種精選的書，精明的館員和有充分光線空氣的房子便了。倘若辦學者是明白的，則每高小及中學都設圖書館皆是不難的。

我要警告一般教員和職員，倘若他忽略了學校圖書館這一件事，他便忽略一部份兒童的教育，忽略他們自己一部份的責任。

學校圖書館本來是圖書科學的一部份，現在因篇幅所限，不能詳細的討論，但應外間的要求，特把學校圖書館的假定一種辦法簡單寫出來，俾急於辦理圖書館的人看見了，一目了然，以便辦理的時候可作參考。

三，辦法

一，宗旨

一，書是要來用的不是要用收藏的

二，書籍要就學生，不要學生就書籍

三，學校圖書館是必須的，不是可有可無的

四，書籍在乎內容，不在乎卷數

五，教員與館員互相聯絡

六，學生看書因爲增加智識和樂趣

七，地方及時間的經濟

八，管理法及辦法的精密

二，地位與館所

一，樓下中心地點便利於教員和學生

二，南向的最佳

三，清潔，光線與空氣充足

四，備回光燈及遮陰簾

五，天花板，牆壁及用具白色或淡黃色

六，窗口開在離開地板七尺以上

七，窗口以下的牆壁都可以置書架

八，辦事室與圖書館相近

九，小圖書館不必有辦事室

十，佈置裝飾要精美雅緻

十一，開館時間愈長愈好

十二，辦事員用輪流任事法

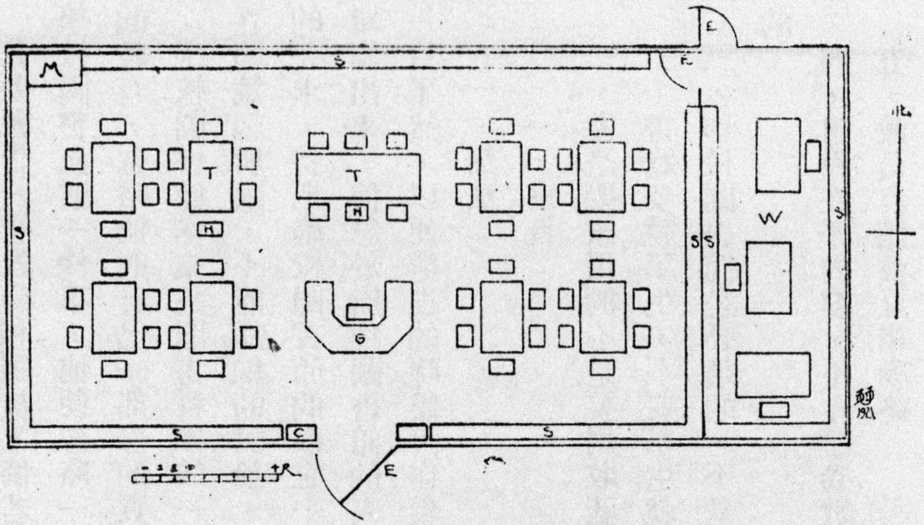

學校圖書館內部擬圖

C＝目錄 G＝借書處 H＝椅 E＝門 S＝書架 T＝桌 W＝辦事室

M＝地圖或照片架

三，大小（參觀附圖）

一，同時可以容學生總數至少十分之一

二，每人約占二十五方尺

三，每桌須隔離別桌四五尺

四，門口至少五尺闊

五，單獨門口比多數門口好

六，預備將來擴張的地位

四，書架椅桌

一，有規定一律的尺寸

二，一律顏色

三，清潔整齊

四，書架用鐵或木製，闊八寸，高七尺，（英尺）每節三尺長，各級可以自由裝配，耐久，白色爲佳

五，書籍增多時，可用兩層或兩面的書架

六，寶貴的書籍，用玻璃門或鐵網門的書

架

七，過大的書零用書架裝置

八，每桌六人，五尺長，三尺闊，三十二寸半高（英尺）堅橡木製，淡黃色

九，至少有一大桌（三尺闊九尺長）以備看地圖及大書之用

十，椅用堅木，高低適宜，籐椅墊

十一，臺脚椅脚均用橡皮包頭

十二，臺椅勿太重笨

十三，不必用奇巧的雕刻

十四，地毯也可用

五，館長的責任

一，管理方面

一，佈置圖書館，購買用具及裝飾

二，規畫預算表，有節省用度的能力

三，購買及選擇書籍，圖畫，雜誌等以配本校之用

四，料理書籍，圖畫，影片，照片等

詳細分類

精澈目錄

編特別書目以應教員學生之用

五，設法規定參考書之時間及分配方法

列參考表

六，立借出方法

七，管理新舊書籍之裝訂及修補

八，編輯各種統計表及報告

九，管理館員及維持自治秩序

十，聯絡學校，公共圖書館，及社會各方面

二，教練方面

一，指點學生如何利用圖書館，參考表及目錄等

二，養成利用圖書館之習慣以備入大學或公共圖書館實用

三，化育方面

輔助學生閱書用以下方法：

一，用誘引的目錄，圖表等

二，用提醒或貢獻的方法

三，用演講圖書用法

四，用表演裝潢圖書法

五，社會聯絡

閱書會

懇親會

午後有趣的閱書會

茶會

在公共會場演講

在課堂演講

四，職業指導

一，關於各職業的勸告

二，供給圖書以備選擇一生職業

三，用圖書館書籍組織繼續學校課程

四，供給學校及公司章程目錄

六，校閱及蓋印

書籍收到後

一，照貨單或書目對消

二，如有貴重圖書逐篇對過，看有無失漏及破壞

三，看書內圖畫有缺少否

四，書卷第一頁（書面）全副圖畫及其中指定數頁上均須蓋圖書館印

七，登記

一，原因

一，要知道每部書的歷史

二，要知道館內圖書數目

三，要保存各書的成績

二，用品，一本空白的簿，有號數，有間行及有印定事項的

三，簿內印定事項擬例如下

號數	著者	書名	印刷者	出版期	價值	裝訂大小	送贈號數	備註
年　月　日								
1								
2								
3								

四，登錄號數須寫在第一頁的背面

五，這本登記簿可以作小圖書館的目錄

八，分類法

一，原因

一，要分別種類依次排列

二，以備在書架上有一定的排列法

三，同種的書放在一處

四，要知道各種類的書籍

二，類目（此種類目係根據杜威十類分法略事變更）

總類

000 總類（普通的）　600 實用科學

100 哲學　700 美術

200 宗教　800 文學

300 社會學　900 歷史地理

400 言語學

500 天然科學

總分類

000 總類

010 譜目學

020 圖書科學

030 百科全書

031 中國
032 美國
033 英國
034 德國
035 法國
036 意國
037 西班牙
038 日本
039 其餘各國
040 叢書
如 030
050 雜誌
如 030
060 社會章程報告
如 030
070 報紙
如 030
080 特別藏書
090 特別書籍
100 哲學(普通)
101－9 中國哲學(經部)
110 形而上學
120 哲學理論
130 哲學原則
140－150 心理學
160 論理學
170 倫理學
180 古代哲學家
190 近代哲學家
200 宗教
210 天然理論
220 聖經

230 教義學
240 祈禱的，實用的
250 說教術，牧師學，教區學
260 教會會所
260.31 |中國青年會
270 宗教史
280 宗教派
290 其他宗教
294 佛教
300 社會學
310 統計學
315.1 |中國
320 法學
330 政治學
340 法律
349.1 |中國法律

350 統治學
354.1 |中國政府
360 會所
370 教育學
380 交通商務
390 風俗學
400 言語學
403.1 |中國字典
410 |中國文
420－480 如 030
490 比較的
500 天然科學
510 算術
520 天文學
530 物理學
540 化學

新教育

550 地質學
560 古石物學
570 生物學
580 植物學
590 動物學
600 實用科學
610 醫學
620 工程學
630 農林學
640 家政學
650 交通
660 化學工藝
670 製造學
680 器械工業
690 建築學
700 美術
710 園藝
720 建築成績
730 雕刻術(石像)
740 圖畫學
750 油畫術
760 雕刻術
770 照相學
780 音樂
790 游戲
800 文學
801－809中國
810 美國
820 英國
830 德國
840 法國
850 意大利

860 西班牙
870 臘丁希臘
880 日本
890 其他
900 歷史(普通)
910 地理
911－939中國日本
940 歐洲
950 亞洲(除中國及日本外)
960 非洲
970 北美洲
980 南美洲
990 海島國

三，分類術

一，將各種書籍先分爲數類

二，詳細辨明及察看全書的目錄，序文，緒論或讀其中數篇以求確實的種類，切勿單靠書名而分類。

三，如果一部書包含很多種類，則以最要之類定之，或者將最普通的定之。

四，定了種類，即照數目編定號數，譬如一本書述普通各國的歷史者，便爲 900，中國歷史 911。

五，小說及名人傳，用著者姓名及名人的姓名照字典次序排列在書架上。(西文書如此排列較爲明切)

六，號數編定，乃查書架單，看有同樣的書沒有，如果有的，那麼，這二本書號數要同或相近的。

七，如果書架上顯明有同樣的書同號數及同著者姓名的，那麼新書的著作號數(見後)要稍爲改動以免有同號數之弊。

八，同類必要同號數

九，分類要照實用上愈分得細愈佳

十，定了號數，便寫在書面的背面上

十一，確切的分類目請觀 "Abridged Decimal Classification" by M. Dewey, Library Bureau, Chicago, U. S. A.

九，著者號數

一，著者號數的用處在分別同種類的圖書

二，英文書的著者號數用 "Cutter Author Table" Library Bureau, Chicago, U. S. A. 例 Adam=A21 Scott=S35。（書籍增多時最好用 Cutter-Sanborn Alphabetic three figure order）

三，中文書籍照百家姓次序，例趙=1，錢=2，孫=3，李=4。

例：李白詩集=$\frac{803}{4}$

四，將這號數寫在書面後面在類目號數之下

五，查書架單有同樣的書同樣號數否如有相同的，便要更改最近的號數（加小數位）

十，目錄學

一，目錄學的原因在答應以下幾個問題：

一，這個圖書館有這個書名的書沒有？

二，這個圖書館有這個著作人的書沒有？

三，這個圖書館有這種類的書沒有？

四，這個圖書館有什麼書？

二，用處

一，尋所要的書

二，找參考書

三，用品

一，白卡片，四寸縱五寸橫，同大小，

同厚薄

二，卡屜斗，卡櫃

四，清潔，同式，照準，合理，完全

五，錄目法

一，卡上寫著者姓名，書名，書號（在卡的第一行）版次，印刷者，出版時，本數或目錄等

二，著者卡：著者姓名寫在第一行，書名第二行，版次，印刷者，出版期，等在書名之後

如著者爲二人以上，寫第一人，其餘列入參考卡如編譯者寫明編譯字樣

著者卡

例

080 杜定友
251 童子軍日記，再版
商務，上海，九年

三，書名卡，寫書名在第一行，著者姓名在第二行其餘在第三行

書名卡

例

080 童子軍日記
251 杜定友
再版，商務，
上海 九年

四，種類卡，寫種類名在第一行，用紅色墨水，著者在第二行，書名等在第三行

種類卡

例

080 童子軍
251 杜定友
童子軍日記，再版，
九年，商務，上海

五，找出書的種類，法同分類法

六，一本書涉及幾種的，便如數寫種類卡

例如『工程學』一書可以包括土木，機械，電機，鐵路四種；我們便要寫種類卡四片

七，參觀 L. C. Subject Headings, Library of Congress Washington U. S. A.

八，將書名，類名，寫在著者卡之後面

九，遺失的或無用的書的卡片，均須收回（收回時用）

十，各種目錄卡片，混在一處照字典排字法排在屜斗內應用

十一，書架單

一，原因

一，代表書架上的書

二，照書號找圖書館內的書

三，要知道每種內有若干書

四，要知道同種類的書

二，照著者卡寫一張，但在印刷者之後加書本大小，卷數，頁數，價目，又加「登記號數」在左下角

最近收到的雜誌卷數號數均登記在此

三，這種卡都照書號排列在書架單櫃內

四，這櫃要放在編目錄及分類者相近

十二，標目

一，每書上有標目以便依次放在書架上

二，用圓形或方形或方形去角或他種形式白色的標目

三，標目上寫明書號及卷次或重覆的卷次

如	921	921	921
	251	251	251
		卷二	重一

四，將標目貼在書脊上，由下一寸高

如本書太薄，則貼在書面離左上角一寸

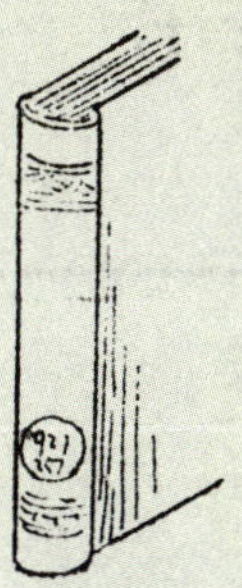

五，標目上宜塗明油 Shallac and Alcohol (或可不用)

十三，排書法

一，書架上的書都照小數點法依書號排列

例：

921	921.3	922	922	922	
251	251	25	255	26	
923	923	924	924	925	930
281	281	29	29	3	1
卷1	卷2	重一	重二		

二，常查看書架上的書號有參錯否

三，如有過大的書另外排列在別的書架者，則於本有的位置，應有紙牌(木板爲佳)指明過大的書在那裏

四，不要信托閱書者自己將書放還在書架上

五，看特別情形學生也有時可以自由向書架取書

十四，選書及買書

一，依教員及專門家所介紹的書選買

二，館員親自查看然後選買

三，參考選書書目

如一，美國圖書館協會書目

二，各圖書館選目

三，書評

四，選買有實用價值的書

五，選買必需用的書

六，選書的時候要有心提高閱者的意志和興味

十五，借出方法

一，學生可以借書，以一星期或若干時爲限，如一星期內無人邀取，可以連續一星期或若干時

二，每人可以同時借二本書

三，每人可取借書簽二張，其上寫明姓名，住址，及借者號數，每人有一個定的號數

四，借出的書每本須有書簽一片插在書袋內，書簽上寫明著者姓名，書名及書號，書袋貼在書皮內面

五，各簽均有空位，以便填印日期及借者號數

借書簽

借者號數	234
李自新	
475 南京路，上海	
到期	
正,七,十,	

書簽

080	杜定友		
251	童子軍日記		
借者	到期	借者	到期
234	正,七,十,		

六，借書時

一，取出書簽

二，向借者取借書簽

三，印到期的日月及寫借者號數在書簽上

四，將借書簽放在書袋內，任他取去

五，依日期將書簽排列在屜斗內

七，還書時

一，在屜斗內取出書簽

二，畫去（取消）二簽上日期和借者號數

三，交還借書簽與借者，書簽放在書袋內

四，預備排列在書架上

八，另列借書者姓名號數單，以便稽查登記每日的出入

九，出入的時候要看看書上有無污壞

十，過期的書可以酌量罰款

十一，特別參考書借出時用簽字單

十二，借者簽字定於某日某時交還

參考書籍

Breck E. J. The Efficient High School Library, English Journal, Jan. 1916.

Cook, E. L. Elementary Library Instruction in High School. Public Libraries, Ap.1915

Fay & Eaton. Use of Books and Library. Boston Bk. Co. Keyes. P. K. How to use our School Library, English Journal Feb. 1914

Dana, J. C. Library Primer, Library Bureau, Chicago.

Nuun, J. Planning and equippinga School Library, Public Libraries, Nov. 1915.

Public Libraries, School Library number, 1918.

Williams, S. High School Library Problem. N. Y. Librariess, Feb 1915, Albany N. Y.

摘自《新教育》一九二二年五月第四卷第五期

論著

小圖書館組織法

陳長偉

小圖書館之意義

當今之時。吾人欲求文化之進步。生活之完善。事業之發達。社會之改良。實業之提倡。事事物物。莫不求之於圖書。因圖書爲已往和現在人類生活經驗之記載。可供吾人之參攷。但一人之經濟有限。必不能遍購羣書。以供其參攷。則不得不求助於他人。設他人亦因經濟之限制。所藏之書籍。不甚豐富。亦不能滿我之所欲求者。故須另設他法。以補救之。其方法則惟有求之於圖書館。圖書館者。乃藏圖書之地方。並爲流通圖書之機關也。雖我國際此多事之秋。然提倡創辦國立省立等規模洪大之圖書館者。不乏其人。但終難成事實。雖有一二處勉强成立者。惜乎能享受其中利益之人。僅少數學者而已。而此少數學者中有因地方距離之較遠者。則又不能享受之。至於一般民衆。則又因學識平常不能插足於其中。長斯以往。我國教育之普及。將不知底於何時矣。教育既不能普及。而欲民衆有組織之運動。如衛生愛國救國等。豈不難矣。是以小圖書館之設立於各縣各市各區各鄉各機關各團體。以便利於讀者。爲普及教育之先導。爲急不可緩之舉也。小圖書館之性質不一。按各地之情形。而購買其所需要之圖書。以灌輸相當之智識。如近於農業地方。則多購農業圖書。近於工業地方。則多購工業圖書。屬於政府機關。則多購政治圖書。屬於商會機關。則多購商業圖書等等。不論其建築之大小。經費之盈絀。但求其用科學與經濟方法組織而管理之。並有民衆化及社會化藝術化之精神。不分階級。無論男女老幼。凡有閱讀之能力者。都歡迎來館享受種種讀書借書權利。其不能讀者。則設法開導之。如開辦民衆學校附屬於圖書館內。或用通俗演講以啓導之。設民衆有若是良好之環境。其精神上之修養與學識上之進益。當隨之而增長矣。今將小圖書館之範圍分記之於左。

一．館員　以二人爲限。

二．經費　創辦費在三千元以內每年經常費在五千元以內。

三．圖書　數目在五千本以下以適讀者心理爲要。

四．閱者程度　高級中學畢業生及有相當學識者。

五．管理方法　以簡單敏速爲宜。

六．建築　不需特別建築。可附設於各機關。或廟宇等處。

我國圖書館界所編出之圖書館學書籍。頗爲不少。但著重於理論。適用於大圖書館。而不適用於小圖書館。因是作者以個人近年服務圖書館之經驗。及圖書館學書籍之參攷。草成此篇。著重小圖書館實際上之應用。其中缺點之處。在所不免。望讀者指示。則幸甚矣。

選擇館員

小圖書館。既與民衆有若是重大之關係。故對於館員人才。則不可不愼重選擇。因館員爲館中之樞紐。

一館效率之大小。卽視館員之管理方法爲轉移。館員受有訓練者。則能運用其科學及經濟方法。而有適宜之管理能力。其館中一切佈置。皆條理井然。陳列齊整。有典有則。整潔可觀。民衆一見。則生興趣。而樂意時來利用圖書。凡來館之民衆。又往往間接受其指導。因此事半而功倍。其造福於民衆。殊非淺鮮。反之未受訓練之館員。則管理不得其當。遂使館中秩序淩亂。頭緒毫無，檢查不易。徒廢時間。致使讀者。諸感困難。望而却步。民衆常有興而來。敗興而返。或有虛裝門面。不務實際。以致浪費有限之金錢。此種圖書館之設立。等於未設立矣。是以英美諸國。非特捐資設立各種圖書館。並同時特設圖書館學於圖書館內。或於大學校內。我國圖書館界。留學研究圖書館學海外歸來者。如鳳毛麟角。而國內各大學校。附設圖書館學者。亦甚寥寥。將來欲小圖書館之普及。則須各大學。都附設圖書館學。或特設圖書館學速成科。以造就適當館員人才。玆就目前小圖書館館員之最要要素。約畧述之。

一。資格爲高級中學畢業生。以學有師範訓練者爲宜。

二。受暑期學校附設圖書館學訓練者。

三。研究已出之中國圖書館學書。

四。身體健全。

五。性情和藹。以禮貌待人。

六。犧牲精神。

七。表同情於民衆。

八。行政才能。

九。長於技能。

十。好讀書習慣。

經費問題

凡舉辦一事業。莫不仰賴於經費。無經費則事不能成。有經費則事可就。至於欲舉辦一小圖書館亦然。雖得有訓練之館員。若無經費辦理之。亦徒然虛有其表。所謂巧婦難爲無米之炊也。雖現在我國政費。尙虞不足。無餘貲以舉辦圖書館。吾人苟本奮鬥有爲之精神。集民衆之財力以創辦之。則未有不能成者也。蓋小圖書館之規模小。其費用少。故易舉也。小圖書館經費分創辦費與經常費二大類。若一小圖書館之創辦費爲數不多。其所定經常費能如數撥付。則數年之後。圖書及設備隨之逐漸增加。其最後之成績。當斐然可觀矣。

籌劃經費方法。不外由下列數種。(一)各縣市區鄉等行政機官撥付指定之雜稅。(一)私人捐助。(一)民衆捐助。(一)受學校圖書費的補助。(一)募集特別捐。

今假設小圖書館之創辦費二千圓。及常年經費一千圓。其支配方法。列表如左。

創辦費　　常年經費

項目	費用	百分比
修理房屋	三〇〇元	一五
設備	五〇〇元	二五
圖書	一〇〇〇元	五〇
事務	二〇〇元	一〇

項目	費用	百分比
圖書	四〇〇	四〇
設備	一〇〇	一〇
薪金	四五〇	四五
雜用	五〇	〇五

購書

(一)選擇圖書時須注意一般讀者普通心理。及其所需要。以能增加讀者身心之能力及學識之興趣而定之。讀者介紹所購書籍。應特別注意。購書費用不能超過預算表。購書時先須將所擬購書籍。塡寫於配書單。或其他簿上。以便新書到時。有所稽核。各館應購之書可分爲普通書籍。(各科書籍或專門書籍按各圖書館之需要而定) 參攷書籍。(如各種叢書，類書字典辭典等書)。雜誌。(如上海商務印書館，中華書局，北新書局，開明書店，及其他書局所出之雜誌。與各機關公報) 報章。(上海申報，新聞報，時事新報，時報，民國日報，京報，及其他各報)等。

(二)通信購書注意之要點如左。

(1)注意雜誌報章上之新書介紹及廣告。並向中國最有名書局。索取目錄。書局名稱。參看中華圖書館協會會報。左列已出各期。

北京書店一覽　第一卷第五期

山西各書店一覽表　第二卷第一期

浙江各書店一覽表　第二卷第一期

濟南上海蘇州長沙福州厦門雲南各書店一覽表　第二卷第三期

南京書肆調查表　第二卷第四期

上海書店一覽(二)　第二卷第五期

甯波書店一覽　同上

桂林書店一覽　同上

昆明書店一覽　同上

北京書店一覽補表　第三卷第一期

(2)函索書目。注意須郵費否。

(3)注意各書局書價及折扣辦法。

(4)務將詳細書名著者版次等。逕寄該店。

(5)書籍寄費約照書價加一二成寄去。若有餘多。書局當退回。

(6)交郵押匯。卽照書價。先寄匯費二成與書店俟書寄到時。再將餘價找與郵局。而取所購書。所謂C.

O. D.代收貨價之辦法。

（7）以郵票代價辦法。（甲）有折扣。（乙）無折扣。（丙）其限制自一角至一分不等。（丁）汚損者無效。

（8）貴重書籍須掛號郵寄。

（9）不論購書索閱書目。均須寫明館址。

圖書館特別廉價劵章程

書局中有因圖書館是公益事業。備有特別廉價劵。贈送與圖書館。憑劵用現錢購該局出版圖書。一律照門市實價外再予以特別折扣。惟須將該館章程及印記并館長簽名。如學校圖書館須加添學校章程。直接送與該局總公司事務所接洽。其有限期間。普通以三年爲限。期滿可再索劵。如圖書館有用長期閱書劵者。須贈送該局一紙。以便該局職員參觀閱書之用。現商務印書館中華書局及世界書局等業已實行此種辦法。

登錄

圖書館收到書籍時。館員須先與配書單核對。再詳細查核卷册頁數有無缺少或損壞等情。然後照賬付出書欵。隨即按書收到之先後。記入登錄簿中。所贈書籍亦記入此簿。此薄爲圖書館藏書總錄。其功用有（一）每本書各有一自然登記號碼。其最後之號碼。卽爲館內所有圖書之總數。（二）記載圖書到館之歷史。（三）核對書架上之書籍。（四）易查複本。以免重購之弊等等。同時用添配圖書單者。則須將此單由添配圖書單匣內取出將其右邊照樣塡寫新到書籍。然後另放於收到添配書匣內按書名排列。此匣書單可用以代登錄簿之用。登錄簿或添配圖書單。小圖書館可擇用其一。若能二者兼用亦無不可。蓋各有特用也。書既登錄。則須加蓋館章於所定之某某頁上。如五一。一〇一。二〇一頁等等。並將(一)書識。貼于書內用以塡寫分類號碼而爲標記。此種形式由各館自行擬訂。對於贈書之標式。或用肖像或用圖畫。以誌贈者之厚意。(二)書單袋。貼於書之後面。以爲放置借書單用而便於讀者借出時簽字。(三)號碼紙。貼於書脊下邊。或左方下邊或右方下邊。按書之裝訂而定之。(貼時高低須求一律。)以寫分類號碼及著者號碼。以爲標識。而置於書架上。便於檢取圖書也。

雜誌收到時。須小心將包拆開。免損傷之。隨即加蓋館章。於所定之某頁上。並記入於雜誌登記單。雜誌登錄後。即放置於閱覽室內。將舊雜誌收存於書庫。而設法裝訂之。

分類法

小圖書館既羅致多種圖書。則宜分門別類。以供檢查。而分類又宜以科學方法。即以性質爲標準。而以號碼記之。置於一處。以便檢取。小圖書館書籍。不必詳細分類。以簡單爲主。又用其分類法號碼。自百位至個位爲止。現我國已有之新分類法。不下十餘種。今將其最著者。列之於左。

杜威十類分類法　　桂質柏著

中文書籍分類法商榷　　查修著

中外圖書統一分類法　王雲五著

東南大學圖書館分類法　洪有豐著

圖書分類法　杜定友著

金陵大學圖書館中籍分類法　劉國鈞著

中外一貫圖書分類法　陳伯逵著

以上各種分類法。曾經專家細心研究。各有其特長。頗可適用。然則小圖書館分類法。以以上分類法中。何種爲最適用。則首推杜定友之圖書分類法及劉國鈞之金陵大學中籍圖書館分類法。以其分類法。適合國情。包羅新舊學術。簡單精細。易於記憶也。圖書分類法可向商務印書館購買金陵大學圖書館中籍分類法。正在編印中。

編目

編目者、卽將書中之內容狀況。（書名　著作人　出版期　出版處　圖表　大小等）一一依法分別而書寫之詳記於目錄片中。以便讀者檢閱。目錄片之種類。有排書架片　書名片　著作人片　標題片　分析片　參攷片等等。排書架目錄片與書名目錄片同。排書架目錄片。照分類號碼排列。放於目錄盒內。專爲館員用。檢查書籍時。可用此片。核對架上書籍。謂之排書架目錄片。分析片在小圖書館。頗爲重要。因小圖館書籍。藏書不多。則不得不借分析片。以扶助讀者之需要。分析片者。卽將書中之重要子目。作片以表明之書名片。著作人片及標題片等。混合排列於盒內。爲公衆用。謂之字典目錄。其方法能指導借閱者。(一)所需何書。(二)所需何人所著之書。(三)所需何類之書等利益。若借者尋着書名片。則著作人片與類別片同時也可尋着。尋着著作人片。同時也可尋着書名片及類別片。尋着類別片。同時也可尋着書名片及著作人片。有尋一得三。檢查便利。無須記憶。時間經濟。永久價值等功用也。

編目條例摘要

1 宜用正楷字

2 合讀者之需要

3 目錄片宜求淸潔

4 目錄程式宜求一律

5 提出書中重要部分

6 選擇標題適合書中之本意

編目格式及舉例如左

（式　　　一）

索書號碼　　書名　　　卷數
著者　　撰　（時代）　出版時　出版地
及出版或刋行人　　　　版本　　版次
冊數，圖表等

附　註

註釋翻譯等人姓名均一律大書在著者時代之後
相距約一生的

（例　　　一）

520.5　　中國教育指南
92　　舒新城著　　民國十五年　　商務印書館　鉛印
民國十四年

（式　　　二）

索書號碼　　著者　　撰　（時代）
書名　　　卷數
（注釋人等）　出版時　　出版地及刋行人
版本　　版次
冊數，圖表等

附註

（例　　　二）

520.5　　舒新城著
92　　中國教育指南
民國十五年　商務印書館　鉛印　民國十四年

（式　三）

索書號碼　標題

書名　卷數

著者　撰　（時代）　出版時　出版地及刊行人　版本　版次

冊數，圖表等

（例　三）

520.5　教育—中國

92　中國教育指南

舒新城著　民國十五年　商務印書館　鉛印

民國十四年

（式　四）

549.5　黃淩霜等譯

84　到自由之路

羅素著（英）　民國九年　上海新青年社鉛印

新青年叢書第五種

（例　四）

索書號碼　注釋者　注　（時代）

書名　卷數

著者　撰　（時代）　出版時　『出版地及刊行人　版本　版次』

冊數，圖表等

『　』內者可省去

小圖書館書籍。既分類編目。則需將目錄片排列於目錄盒內。以便借閱者檢查。其排列法。則暫依康熙字典部首排列。在同部首中。再以筆畫多寡爲次序。最近我國發明漢字排列法。頗有多種。然皆無最後之解決。甚難採用。其最著者。茲列舉如左。

四角號碼檢字法　王雲五

形數檢字法　張鳳

漢字母筆排列法　萬國鼎

出納法

小圖書館之圖書。貴在流通使用。與借閱者得種種利益。書籍之流通。當有一定方法。其方法如左。

(一)借者借書時。須填寫所擬借之圖書於索書券。

(二)館員驗明借者介紹單後。照索書卷將書由書庫取出。交與借者。

(三)借者須將該書之書單袋內所備之借書單。填寫其詳細姓名及借出日期。交給館員後。方可將書取出。

(四)館員每日須將本日所借出書籍之借書單上。著作人，書名，書碼，及借出日期。一一填寫於各借者單上。

(五)館員每日須將本日所借出書籍。按借書單分別種類。計其數目。登入出納統計表。

（六）館員每日將所借出書籍之借書單。須按圖書館所規定之排列法排列之。放入借書單目錄盒內。以備查核。

（七）館員須致催書信與借者。索回過期書籍。

（八）借者歸還圖書時。館員即按書名或書碼。從借書單目錄匣內將借書單取出。仔細核對書名號碼部數冊數等事。而塡註歸還日期於借者單上。

（九）館員將借書單。放入書內之紙袋。隨後將歸還書籍放入原書架上。

（十）館員須熟悉本館章程。以便施行並引導讀者知悉之。

章程要點

管理章程

一．設管理員一二人。主持一切。所有圖書器具。由管理員負責。

二．圖書器具應求整潔。

三．圖書室須力求美觀。

四．圖書在每年夏季應點查或風曬一次。在斯時期內。停止閱覽。

五．注意館內門窗之非時啓閉。

六．管理員須隨時向借閱者指導一切。

七、關於讀者特殊需要或興味之圖書，應陳列於閱書室，以供衆覽。
八、參攷圖書報紙雜誌，陳列室內，概不借出。
九、開放時間，應照各館性質而定。
十、每月須將閱覽人數及借書人數統計報告。

借書章程

一、普通參攷書，應在館內閱覽，其尋常書籍，在館閱覽或借出館外，則按各館性質而定。
二、借閱者須先檢查目錄，照借書單一一塡入，交管理員取書。
三、借閱圖書，每人以一或二册爲限。
四、借閱圖書，如有塗抹損壞缺少，應負責賠償。
五、借出之書，以二星期爲限，如過期不還，照章納金，應納金而未繳者，暫停借閱權利。（罰金數目由各館斟酌情形自定。）

閱書室章通

一、須靜默。
二、不得吸食紙煙。
三、所閱書報圖畫，須留意愛護。

四不得携帶各種器具入室。
五維持館內清潔秩序。
六閱讀書籍須放在桌上。
七書報閱後須歸還原處。
八閱書時同時有數人索閱者須依先後次序輪流閱覽。

廣告術

廣告者商業之宣傳品也。即以貨物名目性質及用途佈告於公衆。使咸得知之。其能力爲『一』推廣商業之雄健工具。『二』實業之進化品。『三』有新聞之價值。『四』心理之權力。『五』創造新需要之智識。『六』化除不經之成見。小圖書館之廣告術。與商業性質作用相同。報告新到書籍。每年圖書館成績。圖書館已往現在及將來情形等等。現於公衆。而能引人入勝。使民衆知道圖書館爲最高尚之消遣地方。可利用閒暇光陰。而作正當之娛樂。以免有小人閒居爲不善之弊。圖書館若無宣傳之方法。則當地民衆恐不知圖書館爲何種機關。作何種事業。甚致民衆對于圖書館生疑竇之心。如此焉能望其來館閱讀也。

廣告之要質。約略述之于左。

（一）其作用不僅在鋪張一切。而尤須令讀者。能發生一種讀書之願望。

（二）利用人類好奇之天性。

（三）須稔知事實而符合之以啓人信仰之心。

（四）用彩色之廣告動人心目引人意味。

（五）披露法，不外乎用新聞紙　雜誌　圖書　大字標題招帖及別種門外廣告法。　車上懸牌　書札　小書　簿册　傳單　月份牌　提要書及他種文學印刷。

（六）文字以簡潔精警爲最要。三數語或一二菁華已足。

（七）、文字以字句有意味。且能易印入于讀者之腦筋爲佳。

（八）費用宜經濟。而顧及預算。

摘自《圖書館學季刊》一九二七年第二卷第四期

小學校兒童圖書館亟宜設置之理由及其管理之方法

張秉彝

美人斯達林朋周氏有言曰：既投大宗金錢於小學教育而，吝惜小費於繼續小學教育所必需之圖書館，是猶爲山而功虧一簣也。余誦斯言，深覺小學校兒童圖書館之設立，誠爲不可緩之事，其要點不外左列數端：

(一)能補經濟困難者　現在教育進步，而學生求知之心，亦隨之俱進，然求知心切，而所需之材料，往往力有未逮，氣餒志沮，比比皆是。圖書館則蒐集宏富，能滿足學生之需要，不至困難而退。此圖書館之設立，能救濟貧家子弟，而與以特殊之便利。例如我國古時匡衡，傭於富家而盡讀其書，卒爲大儒，美國富蘭克林，年幼失學，後入圖書館脩養，遂爲天下之傑士，彼等皆深得利於圖書館者也。

(二)能爲自動的好場所　夫教育作用種類雖繁，不外他動自動兩大別，在課室受教於教師，偏於他動者也，在圖書館自力研究，偏於自動者也。二者固不可偏廢，然自動之價值，尤較他動爲可貴。何以言圖書館爲自動之好場所乎？譬如某校學生讀地理非洲一課，當時該生對於非洲風土人情興味之濃厚，不言而喻。各小學校內設有圖書館，則凡關於非洲風土人情之圖書，雖不完備，然較之教科書之內容，必爲詳盡，該生稍加閱覽，更覺興味濃厚。日後在校或出校，遇有他種疑難問題，輒往圖書館內，費一番自動之研究，而必徹底解決矣。又或教員講及一典故，或一問題，有課內未能盡述者，即指導學生往圖書館作有次序之參考，於是圖書館圖書目錄，及架上之圖書，乃有應用之主顧，不至徒爲收藏，而無應用流覽之利焉。

(三)適應新教法之要求　教法由注入而啟發，由啟發而自學輔導，注入啟發，純爲陋斗式的教授，自學輔導則教學之力參半焉。今則又有純粹自動研究之設計教學，道爾頓制，盛行於世。則自學之力，十居八九，輔導之力，十居其二，教師不過有一定期講演，教授力甚爲薄弱。設一學校中圖書館設備不完全，分配不均勻，皆足爲學生自動研究之阻碍。欲補此缺，則非組織學校兒童圖書館不爲功。果圖書館組織有成，此即足供學者之需要，不致參攷無所，而空費時間矣。

(四)能助教育效率之延長　學生畢業以後，即脫離教育之日，除仍服務于學校事業一部分外，其有就他職業者，既少脩養之機會，復無正當之娛樂，於是流弊叢生，浸染惡習。欲自保其學業品行，且不可得，更無論于改良社會矣。是則欲圖教育效率之延長，必須有圖書館以補助之，使有暇得往館中參考圖書，不但所學者不能忘却，而且知識反以增加。

(五)能補益於勞働界　勞働界多失學，缺乏常識，胼手胝足，僅獲一飽，耳不聞有道之言，目不見可法之事，懦者流爲下愚，强者橫行無忌。苟有通俗圖書館，或開放小學校兒童圖書館，誘導於平日，則社會秩序，可以維持於無形。或備通俗淺說，以啓發其智慧，或行通俗講演，以涵養其德性，或輸以公民智識，以增高其地位。故設立兒童圖書館，非但延長教育效率，而尤有裨益於勞動界也。

(六)能抵制一切壞的動作　吾國民性，多好消遣，且尤好無益之消遣。上等社會，公餘之暇，其消遣多爲無益的，即小學生下課以後，或散步市塲，或聽曲戲院，甚或隨街玩耍，一若散學以後，無有約束，以大好光陰，消耗於無益之地，其貽害匪淺，皆緣無正當脩養所也。設學校立有規模較小之圖書館，教師誘導其閱覽，以養成其好讀書之習慣，無形中可以抵制壞的動作。

(七)能爲普及教育之利器　欲謀教育之普及，不能祇恃學校教育爲已足。在家居般實者，固可入學校，而自食其力者，自顧不暇，何能讀書，如此則永無啓發智識之一日矣。是必在小學校內，創設平民教育，開放兒童圖書館，輸以一般常識，使工作之餘，有社會化之能力，民智啓發，不難立見。如此則得一般國民智力平均發展之根基。

圖書館之與小學生，及一般小兒童，其重要之點，已如上述，故宜亟時建設之，但其經營管理方法如何，是不可不說明之。

(一)閱覽室之建築　京師小學校，既缺乏圖書館教育，揆其原因，皆因其在教學後，未能養成利用圖書館之習慣，以致只知學校有書本，教師有講義，演講而已，誦讀而已，欲求一參攷塲所，不可得也。但京中圖書館教育既無一定經常費，建築亦非常困難，勢不得不因陋就簡。若公開小學校附屬圖書室爲兒童圖書館，而稍以科學的改造，興味之點綴，即可矣。

（二）閱覽室之設備　兒童圖書館設置宜簡單而有趣味，且於最簡單之中，獲得有脩養之標準，及教育的興味。其要點如左。

A簡易格言摘要揭示　在每一學校，其訓育方面，無論團體，或爲個人，總期訓育有效，養成一種高尚的人格。但小學生心地活動，每易流於忘却，漫不經心。故欲除去此種弊病外，須于全體學生訓練外，擇一兒童常到地方，以淺易格言，用簡單語言揭示之，使其有教育的興味。除教室走廊外，其地點以圖書館爲最相宜。

B國恥地圖之標識　關於國恥地圖，用有趣味的繪畫而寫出之。譬如繪一中國地圖一幅，繪如一桑葉，而日本則繪如一蠶，蠶食桑葉，由外及內，朝鮮琉球台灣等，均被食盡，不久將食我腹地。如此辦法，乃提醒兒童之愛國心，使其有國的觀念。

C五色國旗之懸掛　敬我國旗，就是愛我國家。中國人缺乏國家思想，純粹由小學生讀書時，每日讀講，每日書寫，而對於國家觀念，毫不灌輸，遑論懸掛五色國旗，因之小學生目所睹者，完全爲書本上的直觀材料。假使閱覽室掛五色小國旗，隨時可以提起小學生國家觀念，激發其愛國思想。

D偉人圖像之懸掛　見賢思齊之念頭，小學生皆有之，何以言之，由其有摹仿性，即見之矣。此種情緒，非時時誘導不爲功，非時時與以深切之印像更不爲功。譬如室內掛有林肯像一張，上標以「解放黑奴的林肯」一語，對於兒童閱覽上，不能生一種濃厚的興味，因以極深西洋史觀念與之，是乃對夏蟲語冰也。然則必如之何標識，方爲正當？必如下列數語方可：（林肯是一個貧人，讀書時沒錢買書，他走出二十英里，到一富家處，借到一本來讀。那個時候，也沒有圖書館，林肯還想法去看書，你們現在既有圖書館，供給你們看書，你們怎不利用你們的圖書館呢？）如此則可引起其利用圖書的興味。

E各種風景花片之揭掛　都會城鎭兒童之旨趣，異於鄉村兒童之旨趣所見者都爲大建築物及一般奢侈點綴，易起兒童仿效之心至於鄉村之景狀不悉也。若於閱覽室內備置各種風景畫能得關於博物之知識，復灌以一般常識，總以養成小學生好讀書好閱覽的習慣爲要務。

F通告處之位置　圖書館通告處，其地點宜接近閱覽室出入口，俾出入閱覽室者，有所注意。其通告言語宜簡單，宜明瞭。譬如書架之旁宜如下列各語方合。（看完之後，好好放置原處，亂放不好）其他則因地制宜。

G脚擦墊之設置　閱覽室出入口之旁，宜設擦鞋墊，兒童入室之前，先將鞋底擦淨，免汚損屋地緣以圖書爲圖書館之寶庫，務使圖書保持整齊潔淨，不致損壞爲度。

H詢問處之設置　兒童閱書，如有困難之點，必須請問者，若無塲所，終不了解。故宜設詢問處於出納檯之旁，人少則當時卽與以解決，人多則利用早會或午會，以解决兒童閱書困難問題。

關於閱覽室之設備，大概既如上述，茲再言其管理要點如左。

（一）關於揭示者　任何有利益且有趣味之事，不宜完全揭出之，應於必要時分段揭示之，一時不可示以夥多，使兒童注意力漫散，更使其好奇心薄弱。

（二）關於訓練者　每當星期六下午，或當週會時，宜將閱書順序及利用圖書的方法，以及閱覽各種規則，宜宜講與兒童，使兒童有了解的遵守。

（三）關於實行者　管理員須顧及兒童的心理，如有事項，應於適當時而提出之，方能牢固其觀念，正確其印像。若不因時制宜，反增長其不良習慣。

（四）關於保存者　貴重圖書及罕有圖書，以及他人寄存圖書，均不能携出館外閱覽。是兒童閱覽圖書，固應取流通主義，但對此則不能不加以限制焉。

（五）關於貸出者　圖書館借貸圖書取流通主義，固爲必要，然圖書爲圖書館之重要財產，其貸出手續宜簡便，宜周到，庶不至失去副本，而有所缺少焉。

（六）關於修養者　圖書館管理員對于本身之脩養，最爲重要。因爲管理員第一要務就是責任心，第二就是忍耐心，不能以借貸之煩，而以他語搪塞之。

兒童用書的選擇　蒐集圖書，必有一種目的，爲達到此種目的起見，對于購置圖書，應有相當的選擇，否則必增添左列數病：

(一)耗費圖書館經費　圖書館經費，在京師敎育上本無經常費，若選擇不適當，有一分耗費，即有一分損失。因爲選擇不適宜，不能滿足閱者之需要故耳。

(二)增多管理上手續　圖書館內之圖書不在多，總須能應用，若選擇不適當，濫竽充數，徒增管理上手續，而分散管理員之精力，勢必妨碍館務之進行，

(三)妨碍借閱者　選擇圖書不適宜，不合於借閱者之心理，則借閱者日見減少。欲求圖書館敎育之發達，其可得乎？

圖書選擇不得當，易生上列三種弊病，執其事者，不可不注意焉。選擇要之點如左：

第一當適合兒童之心理　自兒童心理學上觀之，兒童全有一種順應本能。吾人生於世間，身體品性，均不完善，欲爲生存之競爭，必賴圖書，以益人之精神智慧。是則人生於世，不僅對於外界刺激生反動力，而反復其動作，能尋求新知識，是即所謂順應本能之基礎也。順應本能，種類甚多，如摹仿遊戲好奇等，其最顯著者，牢固以上兒童三種本能，且能養成兒童之記憶力推理力。故兒童圖書館購書，以養成兒童記憶推理想像等力，如傳記地理人物保險小說等。

第二當適合兒童之程度　自生理學上觀之，成人與兒童所具之形體，雖極相似，但是精神作用，差異極多。選擇圖書而不依照兒童身體及其心理，而依照成人之心理，不僅敎育功效減少，而敎育上大可寶貴之兒童，將被戕賊。故按照敎育原則上立論，一方面須適應兒童身心之發達，一方面又須適合其程度。

第三當備直接敎學所無之書　現在盛行動的敎育，其主要目的，在於學生之自力研究自力參攷。然兒童個人之經濟力有限，必有待於圖書館。圖書館若不備所敎學程參攷書，兒童參攷雖有場所，而無資料，其所得者，仍限所敎本，故兒童圖書館之選擇，又當顧及直接敎學所無者，以使兒童自力參攷。

兒童閱書之指導法　管理員若欲使兒童利用圖書館內之圖書，不可不指導之。其法如左：

1. 管理員宜以懇切之態度，接觸兒童，以忠言暗示，最爲有效。若敷衍從事，其何能濟？

2. 兒童對於圖書使閱讀方法，多不明了，若不指示之，則兒童披覽茫無頭緒，必不能滿足其需要。故宜將圖書內容要點，擇類揭出之。

兒童用書之分類法　圖書館蒐集宏富，若不有一系統之組織，不但于管理上費手續，而於出納上亦覺不便。在圖書較少者，固可一目了然，而藏書之多，總不能一時找出。若欲於極短時間，供閱者之需要，則惟分類法尚矣。其利點如左：

(一)使管理圖書者能于最短之時間內，供閱者之需要，能達到希望之目的。

(二)圖書還原時，有則可尋，不致亂放。

(三)圖書有增減時，均不妨碍已辦的手續。

(四)借閱者依類參攷，且能得一種科學的組織。

由上四點觀之，圖書分類法，極為重要。然兒童圖書館究應採何種分類法？是不可不論。

A按照科學上立論，宜採用杜威十大分類法，因其簡單而又便于記憶，且有詳細的索引和目錄。

B按照門類上立論，亦應採用杜威十大分類法，因其門類輕重劃一，便于參攷應用。

C按照趨勢上立論，更應採用杜威十分類法，杜威十分類法，其數目記號，因其便利，早已通行於世。

故兒童圖書館，名義雖小，然亦不能不採用有科學上的組織，以求適應教育趨勢也。

兒童圖書館圖書排列法　圖書放於架上，仍須有一有系統的組織，以便易于尋找。排列法有左列三項：

A大小排列法　即將大書合置於一處，小書合置於一處，形式整齊，空間經濟。

B分類排列法　即將文學置一處，自然置於一處，按照圖書分類而放置於上，實質整齊，易於記憶和尋找。

兒童圖書館其排列法，仍以分類排列法為最相宜，蓋以兒童便於記憶也，且便於出納和檢查之周到。

兒童用書之貸出法如左：

(甲)自由制，一名開架式，即排列兒童用書於閱覽室閱覽棹上，或開放之書架上，任便使兒童閱覽之也。管理員派值星經理之，其利弊點如左。

開架式
- 利點：時間經濟，且能養成公德心。
- 弊點：泛濫讀閱且秩序稍有紊亂。

(乙)選擇制一名卡片式即排列兒童用書於一定之處所，閱覽室內置有目錄抽斗櫃各應需要而選擇之，有一定的手續和方法方能貸付之也，其利弊之點如左，

卡片式
- 利點：秩序井然，不妨碍他人作業。
- 弊點：時間不經濟，易生厭倦情緒。

(丙)折衷式即半開架半卡片是也，貴重圖書及罕有圖書以及散本無套的圖書，均置於書庫內，用卡片式有一定手續出之。此外一般常用之圖書，如字典辭源等，可置於閱覽室內，用開架式，使之任便閱覽也。

兒童圖書館用書貸出法，以折衷式最爲相宜。所應注意，藏于書庫內者，無論何時，須應兒童之需要而貸付之。更當預審學科與時間，在一定的時間內，展覽一定學科所屬圖書，且陳列其相關連的圖書，以供許多兒童參攷也。

有人謂學校有課程，敎師有講義，兒童決無餘力研究圖書館內之書。又謂圖書館內圖書，比尋常圖書，本有興味，閱之有碍學生正課。其實小學校圖書館開閱時，均當課畢及空堂時，決無妨碍正式工作之理。且現在敎育趨勢，不祇以書本爲本位，而所謂敎材者，又不限一時間直接敎學之資料，更不限一單元的所規定。倡此說者，可謂只知有學校敎育，而不知有圖書館敎育，誠所謂學校敎育家也。

摘自《京師教育月刊》一九二八年三月第一卷第四號

教育論著

最簡單的兒童圖書館之經營法

董明道投稿

兒童圖書館在教育上佔重要之位置，已爲一般教育家所公認，蓋以其對於兒童，既可以增加兒童之快樂，培植兒童之美德，增進兒童修業之能力；復能輔助學校教育，而增長其效用。故居今日而言提倡教育，莫不以兒童圖書館，爲宜急求發展者。茲將最簡單的兒童圖書館之經營法，略述如下：

（1）什麼是最簡單的兒童圖書館

凡圖書館中的圖書，能適合兒童的程度，能夠滿足兒童的需要，能引起兒童自動求學的興趣，能培養兒童讀書的習慣；館中一切的設備，又能與兒童生理上及心理上之條件相投合，館中的職員，又能眞實了解兒童的性情，隨時與兒童以適當的指導；這種圖書館，才是兒童圖書館。

然而兒童圖書館有規模大小之別，又有單獨設立的，與附屬於普通圖書館的及附屬於學校的之分。規模較大的兒童圖書館，大都是單獨設立的，或是附設於規模大的普通圖書館的；而範圍較小的兒童圖書館，多是附設於範圍小的普通圖書館或學校的，今之所言者，僅就第二種規模較小的兒童圖書館而言。

（2）經費

兒童圖書館的經費，可分爲創辦費與維持費二項：

創辦費，所謂創辦費，即館室的建築費，圖書費，及設備費，等等屬之。建築費通常要佔創辦費重大之部分，約十分之六。因爲在創辦時，館室之建築，應亟注意。如有創辦費一千元，建築費須佔六百元，惟普通圖書館及學校原有房屋者，則屬例外。

圖書費，約佔創辦費十分之二，如創辦一千元，圖書費約計二百元。

設備費，兒童圖書館中的棹椅，書架，及一切用具，須適合兒童的需要，故宜特別製造，因此，設備費亦須佔創辦費十分之二，約二百元。

維持費，維持費，亦名常年經費。維持費可分爲薪俸，圖書費，及雜支三項。

這三項費用之分配，不易決定。惟大概可依下列之比較表而分配之：

薪俸			45分
圖書費	圖書	17	31分
	雜誌	8	
	修理裝訂	6	
雜支	修理費	16	24分
	事務費	8	
		計	100分

(3)建築及設備

(a)館舍　兒童圖書館的館舍，必須廣大，整齊，充滿

陽光及空氣。如附設於普通圖書館，須與成人閱書室隔離，免兒童的聲音妨礙成人之閱讀。如在學校裏，須與教室操場隔離，免教室及操場之聲音，侵入閱書室。

(b)書架　書架爲安置圖書之用，在兒童圖書館中，大概須備二十個。每個分五格，約高五十六英寸，寬三十三英寸，深九寸〇四分之三。

(c)閱書棹　兒童閱書棹，每棹容八人，閱書棹約高二十四英寸，寬二十二英寸，長四英尺。

(d)閱書椅　閱書椅須用靠背式，但不用把手和脚踏；約高十四英寸，深十一英寸，寬九寸半，背高十四英寸。

(e)目錄櫃　目錄櫃，即蓄藏目錄片之器具，牠的樣式，彷彿藥店的藥櫃。架置若干抽屜，上下左右排列，抽屜內闊五英寸又四分之一，內高三寸半，長十五英寸，合三抽屜爲一列，合三列爲一櫃，櫃置於高約二英尺之架上，抽屜前後穿一鐵戧，連貫目錄片，以免遺失。

(f)出納台　出納台是收發圖書的台子，大都是半圓形或八字形的，長寬隨館的大小而定，高約二英尺六寸，台內設廣板和抽屜，以便安置收納圖書之用。

(g)洗手台　在出入口的外面，裝置一座小的洗手台，放置面盆，肥皂，手巾，使兒童在進入圖書館之時，可在此處洗手，免其汚手危害館內之書。

其他，如揭示牌，相片架，相片夾，帽傘架，雜誌架，等等，可依各圖書館之範圍而備之。

其他用品，如卡片，文具，印件，等等亦必須置備。

(4)組織

兒童圖書館的組織，本極簡單，大都可設主任一人，管理員一人，學生助理員二三人。

主任一人，須具有圖書館的學識的敎員，或管員兼任。管理員一人，須受過圖書的訓練。庶務會計等事，得由學校的庶務會計兼任。如能另推敎職員三人或五人，組織圖書委員會，襄助一切比較重要的事，則更妥善。

(5)兒童用書

(a)兒童用書之標準

兒童圖書館中最重要的問題，即是兒童用書之選擇。兒童用書不在數量之多，而在於有用。圖書雖多而無用，是徒費金錢！因此，兒童的用書，須加以精密的審定。選擇的標準有三：

一，兒童用書，須質樸，義濃，情眞，描寫明確，及連續不斷的敍述。

二，兒童用書，須多有具體的，實際的敍述，少有論斷。

三，兒童用書，須多有圖畫。

(b)兒童用書之支配：

近來出版事業日漸發達，兒童讀物也隨着增加，即使內容都極完善，也要斟酌經濟狀況，斟酌緩急先後，分別取捨，分別購置。對於各類圖書，應定一個分配的標準。下列之百分表，最為適宜：

書類	百分表
黨義	5
哲學	2
宗教	3
社會科學	5
語言	2
自然科學	6
應用技術	6
藝術	4
文學	4
詩集	3
歷史	6
旅行	8
傳記	8
小說物語	30
總類	8

(C)圖畫之搜集

愛好圖畫是兒童的特性，兒童圖書館應隨時搜集圖畫，以便兒童欣賞，以供兒童娛樂。搜集方法有三：

(1)凡雜誌或無用的圖籍中，不須保存的插畫，可以裁下，分別保存；

(2)凡書店中有的，可以按着標準購買；

(3)凡標本，雕刻，模型，也宜量力購買；

(6)兒童圖書的分類

兒童圖書的分類，實宜求極簡。今日我國通行的分類表，多用三位字，如化學是54等字。但是在兒童圖書館中，可以損去一位字。如化學今則爲54。至於在兒童圖書館採用何種分類法，最爲適當？在今日我國分類法，還沒有大致決定時，實難斷言。總之，無論採用任何分類法，須注意以下數點，(1)記號容易記憶；(2)宜用數目字，次序先後，較爲明瞭；(3)富有伸縮力。

茲就著者，近日所編之分類表的大綱，列表如下，以供讀者之參考，

總表

000總類
100哲學
200宗教
300社會科學
400語言；文學
500自然科學
600應用……
700美術
800地理游記
900歷史；傳記

附注（在兒童圖書館，可以損去一位字，如社會科學，則爲了。）

(7)兒童圖書館之編目

圖書館不能無目錄，因館內圖書，必須有目錄，始能便於利用，這在成人圖書館既是如此，在兒童圖書亦當如此。

目錄有數種，然近來最通行的有兩種，即簿式目錄與片式目錄，

簿式目錄，即編印成冊之目錄　形如書本，攜帶便利，然當作成之時，需款甚多而且不易增加。

片式目錄，即用牢硬紙片（長約四英寸寬約二寸）所製成之目錄。其利可得簿式之反，今之圖書館多採用之。

兒童圖書館所編之目錄，亦應有以上兩種。惟當編製時，均宜求簡明；使兒童易於檢查，方不失目錄之效用。

簿式目錄所載，大都是書名目錄一種，而片式目錄則有書名，著者，種類，分析，參考，等等之別。這種目錄編製法，可見拙著「目錄編製法」一篇，在省立圖書館季刊，第一期。

(8)兒童圖書館之特色

兒童圖書館所以與普通圖書館最不同的，就是兒童圖書館有講演舍和朗讀舍　這兩種會是要補助兒童圖書館事業之進行，指導兒童的閱覽，啓發兒童讀書的興趣。

講演舍，無論圖書館組織如何完善，分類如何適當，編目如何精詳；而兒童對之　都是莫明其妙的很多　因此，管理兒童圖書館的人，應當隨時對兒童，講演館內一切的組織　書籍分類的方法，檢查目錄的方法，借閱圖書的手續，種種，使兒童能眞實知道，如何使用圖書館。

朗讀舍，圖書的朗讀，亦講演方法之一，朗讀的方法，即選某著作中，最精美的一段，或某題中，最善的一篇，命兒童中一人，登臺讀之；或館員自讀之，其他的兒童，坐着靜聽　這種方法，是要使兒童漸漸親近某書籍，歐美各國的兒童圖書館，多舉行之，我國的兒童圖書館，亦宜彷效，這種朗讀舍，可於每星期中，舉行一二次。

(9)兒童圖書館的經營者

理想的兒童圖書館經營者，與理想的小學教師相同，兒童圖書館經營者，應以具有中等以上的學校的知識，與

摘自《安徽教育行政週刊》一九二九年八月第二卷第二十六期

小學圖書館實施法綱要

蔣鏡寰述

十八年夏蘇省四區地方教育研究委員會舉行暑期講習會於蘇州中學集吳縣吳江崑山常熟四邑及蘇州市小學教師二百餘人于一堂利用暑期講習學術誠盛事也鏡寰謬任小學圖書館學講師自維譾陋深滋愧赧而學員選習者達八十餘人類皆原任小學圖書館職務或對于兒童圖書館有興趣者雖値酷暑而研究精神曾不爲之稍減良以教育範圍固非以學校課室爲限此圖書館教育之所以重也而使用圖書又必自幼養成習慣此小學圖書館之尤爲重要也爰將歐美各國對于小學圖書館之實施足資借鏡者略述一二以供參攷並編次綱要附列圖式非敢云當聊以就正有道耳十八年十月鏡寰並識

第一章　小學圖書館之重要

第一節　需要

(一)圖書館爲學校系統所必需缺之卽非完善之學校

(二)不僅輔助課室教學之不足且宜與課室教學並進

(三)兒童有求知之本能應盡量供應其需求

(四)小學課餘宜有正當之修養與娛樂

第二節　重視

(一)英國倫敦經濟學校理治大學利物浦及孟德斯鳩兩市之專門學校均有兒童圖書館學之專門

訓練

(二)美國威斯康新州檢定小學教師有圖書館學之試驗

(三)法國教育部于一八六二年規定每小學必設圖書館一所

(四)我國第九屆省教育會聯合會有呈請教部將學校圖書館經費列爲專項之决議

(五)中華教育改進社第八屆年會有各市區小學校應注重兒童圖書館之决議

第二章　小學圖書館之略史

(一)英國之小學圖書館創設于一八五〇年于一九〇二年獎勵學校圖書館令後益見發達

(二)美國一八八五年漢那威女士(Miss Emily S, Hanaway)已於紐約城中有兒童圖書室之設一九〇〇年潑洛克林公共圖書館(Brooklyn Public Library)亦有兒童閱書室辦理漸善同時小學圖書館亦進步極速

(三)法國一八六二年教育部下令籌設小學圖書館一九一八年波衣孫(Buisson)一九一九年封騰(Fontaine)均有關于此問題之著述現在已有五萬餘學校圖書館小學實占多數

(四)我國自民元迄今除省縣立公共圖書館或私立圖書館均增設兒童閱覽室外各小學亦頗多圖書館之經營及實施之研究

第三章　小學圖書館之目的

第一節　積極之目的

(一)發展求知之本能

(二)養成閱讀之好尙

(三)引導高尙之修養

(四)練習圖書之利用

第二節　消極之目的

(一)避免不良之消遣

(二)防止有害之讀物

(三)却除惰性之養成

(四)補救惡習之沾染

第四章　小學圖書館之性質

(一)須適應小學教學之原則與中大學圖書館之性質不同

(二)須采用簡單便利之方法與專門圖書館之性質不同

(三)須迎合兒童心理之趨向與成人圖書館之性質不同

第五章　小學圖書館之組織

第一節　館務

(一)總務　會計庶務文牘等屬之

(二)選購　選擇采購登記等屬之

(三)管理　出納典藏修訂等屬之

(四)編輯　編目統計報告等屬之

(五)指導　講演集會解答等屬之

第二節　館員

(一)委員制　校長爲當然委員外由教職員中三人至五人合組委員會分任館務

(二)館長或主任制　由校長聘任教師主持館務以專任爲原則兼任者當改輕其授課時間

(三)職員　由高級學生輪值服務分任各部工作

第六章　小學圖書館之經費

第一節　種類

(一)創辦費　建築設備圖書事務等費屬之

(二)經常費　圖書及裝訂布置文具消耗等費屬之

(三)臨時費　集會修理等費屬之

第二節　來源

(一)學校指定特種基金

(二)學校經費預算規定之一部

(三)教師或家屬自願納入之捐款

(四)學生繳納之圖書費

(五)其他捐助

第三節　支配

(一)創辦費　建築60%，設備20%　圖書及事務20%

(二)經常費　圖書50%（圖書及裝訂28%　雜誌報章22%）

薪俸38%（如係教職員兼任者此項可移併上項圖書費）

雜支12%（消耗2%　其他10%）

第四節　手續

(一)預算決算之編造

(二)經濟稽核之公開

(三)單據簿冊之整理

(四)捐助款項之致謝

第七章　小學圖書館之建設

第一節　建築

(一)位置　須占全校之中心而以環境清靜爲尤佳

(二)方向　東南向最佳南向次之西南向又次之北向最不宜

(三)結構　須堅固適用美觀合衞生而能擴充

(四)設計　預計藏書數量之多寡規畫各部之地位而以玻窗間隔爲宜

(五)裝置　防潮濕塵埃及日光直射如係特建尤須注意防寒防暑之裝置

第二節　陳設

(一)室外須栽花植樹能有庭園尤佳

(二)室內牆壁刷白或糊白紙爲宜

(三)書架桌椅寫字台等須飽受好光

(四)物件須隨其用途而處置

(五)桌上不宜多置飾品

(六)地板宜鋪毯蓆以免履聲

(七)室內器具宜避免尖銳突出之角
(八)當于入口處設置洗手盆巾
(九)注意室內之換氣
(十)利用壁隙張挂美麗畫片及教育圖表
(十一)牆壁之一部須有揭示地位
(十二)應備目錄櫃惟分類及號碼以簡明爲宜

第八章　小學圖書館之用具

第一節　原則

(一)書架坐位以耐用便利爲原則
(二)用具器物之尺度須合生理不妨發育
(三)定製器具須因地制宜
(四)雜誌報紙之架須另占位置

第二節　種類

(一)書架　質料有鋼骨木質等
高度以五呎爲宜間隔地位宜在十吋以上能用活板尤佳

多寡視室之大小而定

(二)桌椅　桌椅高低之標準如次

	年齡	桌高	椅高
1依年齡而定者	五—八	二十一吋	十二吋
	八—十二	二十二吋	十三又四分之一吋
	十—十四	二十五吋半	十四又四分之一吋
2分甲乙二種者	甲種	二十五吋半	十四又四分之一吋
	乙種	二十八吋	十六吋

(三)書橱書櫃　宜用玻璃門以便兒童自取

(四)揭示板　宜用深色木板或加絨毯揭示時事問題及布告

(五)雜誌架　插置雜誌排列層次形同信插以一書占一格尺寸依之

(六)出納櫃　式仿小櫃櫝裝置高約二呎五吋能有活落門尤佳

(七)目錄櫃　此係排置書卡之用合若干小抽屜而成中有銅條可穿卡片抽屜尺寸以卡片爲準

(八)報架　用斜度層階式尺寸以報紙爲準

(九)轉輪架　此係安置字典參攷書之架宜取靈巧能置桌上者爲佳

（十）其他　如新書架貯藏櫃文具箱等視財才酌置之

第九章　小學圖書館之選購

第一節　選購之標準

（一）兒童能力薄弱不能判斷而心地清白又易感應故選書極宜注意以免貽害

（二）當審查兒童心理及所處環境如名人傳記遺事遊記童話故事等均所必備

（三）可引起兒童感情及知覺者如繪畫掛圖游戲書運動唱歌書等

（四）可養成兒童記憶想像與推理力者如歷史地理小說數學理科等

（五）其內容須爲兒童所愛讀者及富有文學價值者

（六）查照閱覽之統計考查各書能否適合各生之需求

（七）宜注意兒童全部之程度兼顧年齡之過大過小者

（八）不但求其補充教科尤須注意學科以外之參攷資料

（九）注重外交政治以養成愛國觀念

（十）切忌以教師之好惡任意選書

第二節　選購之方法

（一）預定圖書各類經費之支配

(二)歡迎師生之介紹與代辦
(三)注意報紙之廣告
(四)隨時函索出版界之書目
(五)預印購書或定書單隨時填寄以省手續
(六)指定每學期購書次數
(七)與書局商定優待辦法

第十章 小學圖書館之分類

第一節 分類之原則

(一)分其異而類其同以便檢查
(二)各類應有標記或字母或號碼以求整齊
(三)分類號碼宜求簡單易于伸縮
(四)標題宜求明瞭易于記憶
(五)須適合兒童之利用
(六)使書籍成有系統之排列

第二節 分類法之參攷

(一)外國通行之分類法

1杜威十分分類法 (Mevil Deway's Classification)用數母

2卡脫氏開展分類法 (Cutter's Exqansive Classification)用字母

3布朗氏種類分類法 (Brown's Subject Classification)兼用字母數母

(二)中國通行之分類法

1沈祖榮仿杜威書目十分法 用數母

2杜定友世界圖書分類法 用數母

3中外統一圖書分類法 用數母及符號

第三節 分類之方法

(一)參攷各家之分類法斟酌而活用切忌拘泥

(二)編定適用之分類法大綱不可輕易更易

(三)確定書籍之內容及其性質而定其門類

(四)一書可入二類者比較其分量之輕重而決定之

(五)普通叢書入總類各科叢書則入各科之總綱

(六)指定門類卽可得分類號碼

（七）依書名首字畫數再定書號

（八）再後將兩號書于書脊或書背以便插架

第四節　分類之大綱

〇〇〇　總類　此爲一般之著作題目繁複例如新聞雜誌百科辭典等

一〇〇　黨義　此爲關于黨之主義學說以及革命著述等

二〇〇　哲學宗敎　此爲研究人類之思想關于行爲氣質性理以及關于神話信條等

三〇〇　社會科學　此乃人與人之關係例如歷史地理公民以及家族學校國家政府法律等

四〇〇　語言文學　此乃包含語言及文學二種舉凡國語文法論文詩歌小說戲曲童話寓言等均屬之

五〇〇　自然科學　此卽關于動植礦理化天文氣象衞生以及一切自然界之書籍

六〇〇　數學　此乃包含筆算珠算二種以小學所注重故特立一綱

七〇〇　實用技藝　此乃關于生活實用之技藝如商業農耕建築工業機械等

八〇〇　美術　此乃包含圖畫手工音樂書法園藝等

九〇〇　體育及娛樂　此乃關於各項運動與童子軍之圖書及游藝書籍圖畫等

第十一章　小學圖書館之編目

第一節　目錄之種類

(一)種類目錄　以種類名稱爲主　可以檢查某類中有某書

(二)書名目錄　以書名字畫爲主　可以檢查某書在何類爲何人所著

(三)著者目錄　以著者姓氏爲主　可以檢查某人所著有何書

(四)其他　如分析目錄介紹目錄互見目錄等名目繁多

第二節　目錄之格式

(一)書本式　便于傳佈印刷而不能隨時插入及移動部位行目

(二)卡片式　可以隨時插入而便利耐用

(三)籤頁式　雖可前後活動臨時插入惟不及卡片之耐久小學圖書館以卡片式爲適用而以書本式副之

第三節　目錄之排列

(一)種類目錄　依照分類表所規定之號碼而排列

(二)書名或著者目錄

1西文者以字母順序排列或以譯名照中文排列之

2中文者有用四角檢字法起筆檢字法形數檢字法部首法母筆法等而以先依筆畫數目次以

起筆分別爲最簡明

第四節　編目之手續

(一)登記　有簿式　卡式　活頁式三種詳載書名著者或譯者册數版本價目及來源備注登記號碼等

(二)蓋章　在相當地位加蓋圖章書面及書內各一

(三)分類　審察內容確定號碼

(四)黏籤　黏貼有號碼之書籤于書上

(五)製根　塡製書籤黏附底頁

(六)繕卡　製就書卡插入目錄櫃中

(七)入架　將書籍按號入架

(八)備覽　卽可發應閱覽

第五節　漢字起筆檢查表

(一)點　、　如施美之類

(二)橫　一　如柏春之類

(三)直　丨　如范星之類

(四)撇 丿 如兪秋之類

(五)横折 ㄱ 如韋建之類

(六)横撇 ㇇ 如胥勇之類

(七)撇横 ㄥ 如紀紅之類

(八)撇折 ㄑ 如姚姣之類

第六節 部首筆畫計算法

(一)凵 作二畫 如出共五畫

(二)匚 作二畫 如匡共六畫

(三)匸 作二畫 如區共十一畫

(四)厶 作二畫 如參共十一畫

(五)幺 作三畫 如幾共十二畫

(六)廴 作三畫 如建共九畫

(七)弓 作三畫 如弘共五畫

(八)疋 作五畫 如疏共十一畫

(九)禸 作五畫 如禹共九畫

(十)糸　作六畫　如純共十畫

(十一)辶　作四畫　如近共八畫

(十二)阜　作三畫　如陳共十一畫郡共十畫

(十三)肅　作十三畫　如簫共十九畫

(十四)黽　作十三畫　如黿共十七畫

(十五)鼎　作十三畫　如鼐共十五畫

(十六)龜　作十六畫　如龝共三十一畫

第十二章　小學圖書館之閱覽

(一)書籍應以開架自取者占多數

(二)陳列冊數必三倍于室內可容人數

(三)陳列書籍宜隨時定期更易

(四)紀念日陳列有關係之圖書

(五)隨時指導檢書及閱讀之方法

(六)維持室內之秩序

(七)注意室內之衛生及美感

(八)誘發讀者之趣味
(九)管理員須居慈母之地位
(十)對于問題應有詳確之解答
(十一)訂定閱覽規則以簡明爲上
(十二)規定開放時間遇必要時得延長之

第十三章　小學圖書館之借貸

(一)保證　須有父兄或担任教師之保證而領借書證
(二)時間　須有一定之時間或各級輪流
(三)借閱　憑證借書每書以二星期爲限逾期處罰
(四)更換　亦須按照定章歸還再行更借
(五)愛護　借閱之時勿使圖書折角汚損
(六)書卡　借書證須保勿失亦勿轉借他人
(七)疾病　家庭發現傳染病時得先行通告暫緩歸還
(八)數量　每星期內每人得借書一册或二册過多恐妨身心

第十四章　小學圖書館之指導

(一)對于閱讀時之指導
(二)利用公共裁制力以養成道德
(三)預期學生能永久利用圖書館
(四)國恥之圖書應特別注重以激發其愛國心
(五)應多蒐集關于本鄉之風景照片及歌謠故事等
(六)利用偶發事項及時令以應其需要如種痘清潔防疫育蠶除蝗等
(七)對兒童宜親切和諧
(八)規律宜嚴格管理上不可不絕對公平

第十五章　小學圖書館之集會

(一)談話會　促其相互間之親善
(二)演講會　或請教師講演或由兒童分講故事
(三)朗讀會　將平日之讀文就已所愛者各讀一章或數人合讀一章
(四)展覽會　展覽會之性質不一材料力避平庸而重在兒童自動徵集
(五)娛樂會　或映幻燈或開話匣以資娛樂
(六)紀念會　圖書館成立紀念會等

第十六章　小學圖書館之規程

第一節　種類

(一)全館組織大綱
(二)各股辦事細則
(三)閱覽規程
(四)借貸規程
(五)集會規程
(六)徵書條例
(七)獎勵辦法

第二節　訂定

(一)條文須求簡單明白
(二)斟酌本校之各項環境使無妨礙
(三)各項規程須注意其普遍而不偏于局部
(四)規程訂定後務使其效用期間較長
(五)教師首先遵照規程不可自破其例

（六）規程修正時須鄭重考慮

第十七章　小學圖書館之統計

第一節　種類

（一）對于各類圖書總數之統計

（二）對于新增圖書數量之統計

（三）對于贈書之統計

（四）對于借出書籍各類之比較

（五）對于經費之統計比較

（六）對于閱覽人數之統計比較

（七）對于各級兒童閱覽之比較

（八）其他各項詳細統計或比較

第二節　式樣

（一）或用圓周圖

（二）或用方格式

（三）或用平行比較線

(四)或用高下統計法
(五)其他方法

第十八章　小學圖書館之改進

第一節　改進之方法

(一)出外參觀
(二)購書參考
(三)實地研究
(四)練習創作
(五)通信商榷
(六)開會討論

第二節　改進之愉快

(一)日常接近多數之著述
(二)親近兒童所現之種種氣質
(三)握有指導兒童身心之特權
(四)增進小學教學之効力

第十九章　小學圖書館之要義

(一)不必有獨立之建築而必須有獨立之經費

(二)書籍不僅求其多而尤須求其切于實用

(三)圖書館並非爲少數人而設

(四)圖書館亦非暫時之設施

(五)圖書館之對象爲兒童

(六)圖書館爲課室以外之教育

(七)兒童在小學圖書館即爲其一生利用圖書館之出發點

第二十章　小學圖書館學之參考書

(一)圖書館學　楊昭悊著

(二)圖書館通論　杜定友著

(三)圖書館概論　杜定友著

(四)圖書館管理與組織　洪有豐著

(五)現代圖書館序說　馬宗榮著

(六)現代圖書館經營論　馬宗榮著

(七)圖書館之使命及其實施　　蔣鏡寰著

(八)History of Children Library (Bowell)

英美兒童圖書館之研究　　錢亞新譯

(九)Childrens Library of France　　里斯原著

法蘭西兒童圖書館　　錢亞新譯

(十)A Study of The Childrens Library

兒童圖書館之研究　　陳　逸譯

(十一)A Study of The Chiedrens Library

兒童圖書館之研究　　曾憲父著

(十二)Library Work With Children (Hozeltine)

圖書館事業與兒童

書架

附圖(一)

目錄櫃

附圖(二)

書櫥

附圖(三)

雜誌架

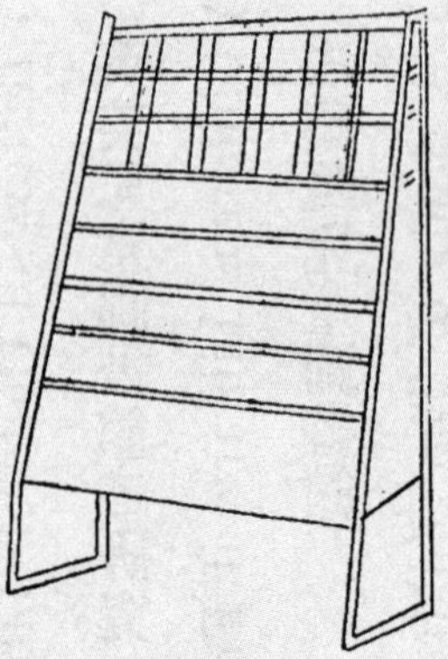

附圖(四)

報紙架

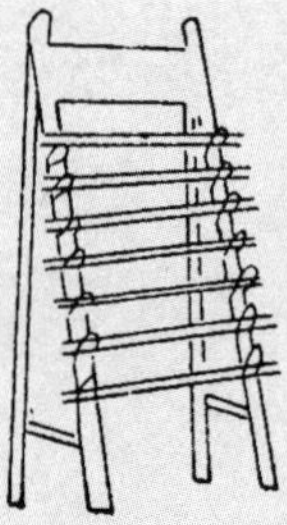

附圖(五)

文件箱

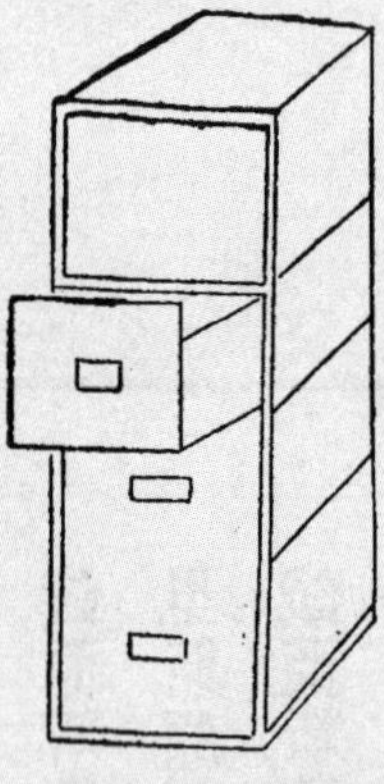

附圖(六)

附圖(七)

圖書登錄簿

登記號	類碼	書名	著譯者	冊數	價值	出版處	備註	收到日期

附圖(八)

取書單

書名		冊數		號碼	
借者		日期		某級	

附圖(九)

借書證

正面

圖書館借書證			
人名		年級	
規約	1.借書須先填明書號 2.還書勿過一星期 3.交還後仍可展借 4.勿損圖書損壞照賠		
時效	年 月 日起	年 月 日止	

反面

類	號	冊數	借出期		交還期		備註

附圖(十)

書卡式(分類目錄片)

461		小說
9	秋	星集　　民十三上海圖書館
		蔣吟秋著
		一冊
		200

461……分類號碼　9……書名首字晝數　200……登記號碼

附圖(十一)

(書名目錄片)

461	秋	民十三，上海圖書館 星集
9		蔣吟秋著
		一冊

附圖(十二)

書識式

圖書館

登號 200

書碼 $\frac{461}{9}$

著者蔣吟秋

書名秋星集

冊數一冊

附圖(十三)

中式書籤

秋星集	461 9

附圖(十四)

461	9

西式書籤

摘自《江蘇省立蘇州圖書館館刊》一九二九年十一月創刊號

管理兒童圖書館的實際

黃熾甫

兒童圖書館在學校教育上所占地位的重要，這是誰都不會否認的吧！說起來眞可憐，我國的學校，尤其在鄉村的地方小學，當局者！費了九牛二虎之力，東湊西移得來的錢，馬馬虎虎的買了幾本書，隨隨便便的拉一個人去管理，結果弄得雜亂無序，效率一些沒有顯出。

現在的學校，無論是小規模的鄉村小學或實驗小學，範圍雖有大小，圖書館的牌子，却沒有那一校不掛：可是實際呢，顚横倒豎的七零八落，管理得法的竟是鳳毛麟角，不可多見，要想兒童得到多大的效益，眞是南轅北轍，那裏能夠呢？我們辦學的目的，是在用最少的金錢和勞力，得到最大的效能，像那樣浪費金錢，浪費精力，而效果反在零點，我們反省一下，說得過去嗎？

我認爲這個問題十二分的重大，所以極願把個人的主張和經驗，和服務兒童圖書館界的同志們來討論，不過在未討論本問題以前，先把管理圖書館館員的本領，共同商榷一下。

一種事業做得好不好，可以說完全在做事情的合宜不合宜，圖書館是一種事業，所以擇人的問題，很是重大，差不多各個兒童的生命，和管理圖書館的人員，有絕大關係，千萬不容忽視。視凋人的意見，圖書館管理員至少要有下列的幾條，才能勝任而愉快。

甲、要有清楚的頭腦：

圖書館的事務，瑣屑得很，所以辦起事來，一定要有科學的方法，井井有條的做去，處理起來，依最合宜的手續和順序，所以管理圖書館的人員，第一要有清楚的頭腦。

乙、要有緻密的心思：

辦理兒童圖書館的人，大都有這種經驗，覺得事情千頭萬緒，實在討厭，做了一個相當時期，沒有不棄之如敝屣，這都因生性暴躁的緣故，所以一個不如意，就要心灰意冷，管理員於查點書籍，登記新書時，應十二分的審愼，切不可隨便，所以管理圖書館的人員，第二要有緻密的心思。

丙、要有忍耐的德性：

圖書館是永久事業，不是短時期內就能馬上成功，所以管理圖書館人員的第三個條件，要有忍耐的德性，圖書館事業才能繼續增長的發展。你如果存着五日京兆之心，未有不失敗的。

丁、要有和藹的態度：

圖書館管理員，往往對於來借書的人，抱着擋駕的態度，深閉固拒，好像極不願他們來打擾的一般，其實圖書館本身，就好像一個店，管理圖書館的人員，像開店的老班，開店的老班，沒有不希望自己店裏的生意興隆；如果對人家不客氣，主顧還會源

源來嗎？所以管理圖書館的人員的第四個條件，是要能和藹可親•

戊、要有研究的興味：

一種事情，自己有興味去幹，沒有幹不好的；管理圖書館的人員，每天至少須抽出一部份時間，對於圖書館學方面有相當的研究，自己對於事業本身，發生濃厚的興味，圖書館的事業，一定可以一天天的光明燦爛起來，所以管理圖書館的第五個條件，是要有研究的興味•

己、要有豐富的學識：

圖書館包羅萬象，無論文學科學，色色都有，樣樣俱備；所以管理圖書館的人員，對於各門功課，都要有相當的學識和經驗，那麼經營起來，管理起來，才不致茫無頭緒，程度方面，至少要完全中學畢業，如能於着手管理前受初步的圖書館員的訓練，那是更好•所以管理圖書館的第六個條件，是要有豐富的學識•

上面六種，担任圖書館員的，並非一定要有這種本領，不過以上幾條，都能辦到，那麼他經營的成績，一定大有可觀•

兒童圖書館効能的大小，差不多全在指導者的得法不得法；指導得好，可以虎虎有生氣，指導得不好，也可以懨懨無生氣，現在把怎樣指導的問題，隨便談談•

A,書籍依階段分類•

兒童的閱讀程度，是各個不同的，你去强程度不齊的兒童去看同一種書，一定感不到什麼興味；一個五六年級的學生，拿着一本兒童畫報去看，只感着乏味，三四年級的兒童捧看一本少年去看，常常感到文字深奧，摸不着頭腦•所以一本書，無論是新購舊存，你如籠籠統統的放在書架上，隨隨便便的聽兒童去看，那麼一定會弄得手足無所措，閱讀效率幾等於零•

書籍依內容深淺分類，已成一般辦理兒童圖書館的通例；事前館員參照別校情形，再把各種兒童圖書細細把牠分類，怎樣分類，可以活動伸縮，校裏各個學生的閱讀程度，用測驗方法去檢驗•然後依各個的閱讀能力，確定他應入何種階級，一面於書架上，（最好分成一格一格的）標出這架裏，有那許多書，什麼書合什麼程度，用很顯明的紙筆寫出，那麼各個學生可以在各個的書架裏拿書放書，這麼一來，書籍能合兒童脾胃，自然很努力的看了•

現在把我們校裏所分階段錄出，以供參考•

第一階段（合初小一年級）

幼稚圖書　幼稚唱歌　幼稚遊戲　兒童教育書

兒童畫報　兒童故事畫　好孩子

第二階段（合初小二年級）

兒童教育畫　兒童畫報　小朋友畫報　兒童故事畫

故事　笑話　謎語　歌謠

好孩子

第三階段（合初小三年級）

兒童詩歌　兒童故事　兒童小說　兒童遊記

兒童劇本　笑話　謎語　故事　小說

第四階段（合初小四年級）

家庭童話　京語童話　兒童世界　小朋友

中華故事　中國故事　兒童劇本　俄國童話集

第五階段（合高小一年級）

兒童遊記　兒童劇本　中國寓言　中華故事　我的書

小工藝　中國童話　世界童話　小小說　兒童世界

理科叢書　小朋友　童話三集　全世界的小孩子

兒童文學讀本　兒童中國遊記　兒童創作集　小小說庫

第六階段（合高小二年級）

理科叢書．　西遊記　三國志　小小說　七俠五義

東周列國志　文學叢書　自然科學叢書　水滸　我的書

模範軍人　世界叢刊　衛生故事　小工藝　封神傳

儒林外史　藝術叢書　少年叢書　兒童創作集

世界童話　托爾斯泰兒童文學類編

B增加閱讀興趣。

書籍依深淺分類了，兒童照程度分等了，但是閱讀興味，要常常保持最高點，圖書館員對於種種方面，應該加以十二分的注意，使閱讀興趣增加，現把增加興味的方法，詳述如下：

（甲）用廣告吸引觀衆。

現在的戲院劇場，或是大商店拍賣廉價；總是在報章雜誌上，牆頭壁角上，大登廣告，大貼招紙，誇奬自己的內容怎樣完備，價錢怎樣公平，使一般民衆，都樂於光顧，店裏生意，自能蒸蒸日上，圖書館是公衆事業，自然希望館子生意興隆，所以廣告手腕，不能漠視，譬如一本新書到了，時常用很有趣味的字句，把書裏的任何一篇介紹起來，使兒童們注意來看，下面就是幾個例子：

例一、　大家來看

孔子給父親的信。

「上大人丘乙己化三千七十士爾小生，九子佳作仁可知禮也」

上面的信，你們看得懂嗎？如果看不懂，一看少年十七卷九號就一定明白的！

快　來　看　吧　！

手二、　兒童世界二百九十四期有篇「英雄的父親」故事，一個父親斬斷了繩救他的大兒子，自己和次子却跌死了，這篇故事，異傷心得很，你們要知詳細情形，快到這裏來看吧！

（乙）館內設備富刺激性。

佈置環境的重要，研究教育的誰都知道；怎樣佈置才有效，曉得的未必甚多。圖書館的設備，無論標語，圖表，自然脫不了「書」字，現在把本館的標語圖表，寫出來供諸同志參攷。

（一）書是什麽？

白利說：書是我們的教師，可是教訓我，不用激語，沒有怒

容；你去親近他，他總不會不理你的；你去誤用他，他是不出怨言的；你的程度淺的，他亦不來非笑你。所以一個智慧的圖書館，比一切財富寶貴得多哩！

愛看書的人，就是沒有忠信的朋友，健全的顧問，也不妨事的，所以書籍是

- 憂悶時的安慰者！
- 臥病時的看護婦！
- 寂寞時的好朋友！

（二）名人戴季陶先生的演講。

（見『青年之路』P195）

總理的學問，很是淵深浩瀚的，他的學問的根柢，可以說是倫敦圖書館的三年當中，不斷的苦讀造起來的。總理自己說：「在倫敦圖書館用功的時候，有許多日子，晚上十分疲倦了，就在棹上假睡一會，醒來又再繼續着看書。」他一直到了病危之前，總是手不釋卷。

（三）看

來看

快來看

到這裏來

有許多好書

使你看得快樂

連疲倦也忘記了

不但使你覺得有趣

並且使你能增長知識

願你省下些遊戲的工夫

到我們這圖書館裏來坐坐

【附註】以上一二三均用大鉛畫紙，用顯明的顏色寫起來，掛在壁上，至第三張則掛在館門口，以吸引觀衆，下面的標語，都是鑑底白字，寫起來掛在壁上，亦頗觸目，附錄於下：

（一）孫中山先生說：我一生的嗜好，除了革命，就是讀書。

（二）吉朋說：一個好讀書的心，就是給一個全印度的財寶，亦不肯調的。

（三）大科學家牛頓，用心看書的時候，把計時錶當做雞蛋，投在鍋裏煮，作他的午餐了！

（四）孫中山先生購買的書籍，大概在革命失敗的時候，每年五六千元，革命很忙的時候，每年二三千元。

（五）看了書不把他牢牢記住，是沒有多大益處的。

（六）我要做一個有學問的人，小時就要養成看書習慣。

（七）有這麼豐富的圖書，不把他時時閱覽，好好利用，不是一個蠢人嗎！

（丙）時常懸賞。

為提高學生看書的興趣起見，每一學期有一次以上的懸賞徵文，在學生們時常看的書裏找出；各項程度都出些題目，使無論高級和低級的學生都能盡力去做，各級以投稿的多少可以比賽，個人做得好的或團體投稿最踴躍的，都有相當的獎勵，下面就是一個例子。

1．三四年級

（一）畫一條蠶。

（二）把「懸賞」兩字組成一幅畫。

（三）下面不通的字，錯的字，都把他改正。

桑葉淸，桑枝黃，姊姊妹妹去採霜，用心喂得蠶兒大，吐出絲來再又張。

蠶兒肥，蠶絲西，姊姊妹妹心觀戲，識成許多好綫路，大家預備家時衣。

（四）日本模範村叫什麼名字？

（五）猜一猜！

行千里，脚不移，吃魚吃肉肚中飢，銀錢到手仍無有，下雨下雪不淫衣。

（六）寫一封信，叫人家用功讀書（字數不得過五十字）

2.五年級

（一）小孩子什麼時候長得最快？

（二）什麼地方的人黃瓜叫情瓜，椰菜叫人頭菜？

（三）什麼地方的風俗娶親的資格，一定要殺一個人頭的？

（四）生平最快樂的一件事情。（字數不得過百字）

3.六年級

姊弟二人，同到街上去買水果吃。

姊姊對弟弟說：「請你給我一個銅元，我就夠買蘋果兩個。」

弟弟說：「蘋果比橘子貴一倍哩！不如你給我一個銅元，我就夠買二個橘子。」

姊姊說：「好的！還是我的錢都給你，合買六個橘子，還有剩下五文，不是很好的嗎？」

小朋友，橘子幾個錢一個，蘋果幾個錢一個？

注意

（一）稿紙向各級幹事那邊去拿。

（二）截止期：下週日曜日。

（三）謄寫要淸楚。

（四）做得好的有獎。

（五）看那一級小朋友投稿最踴躍？

C.怎樣去指導？

指導大綱，現分積極消極兩方面分述：

積極方面的指導如下。

（一）利用餘閒看正當的書籍。

（二）養成「手不釋卷」的看書興趣。

（三）愛護書籍，注意公共道德。

（四）看書時專心一志。

（五）記載看書筆記。

（六）所閱書籍，適合自己程度。

（七）認識和使用標點記號。

（八）閱覽工具—字典—的用法。

（九）看書時能輕能靜。

（十）靜聽指導員和幹事的吩咐。

消極方面的指導如下：

(一)矯正不正當的姿勢。

(二)矯正亂放亂拿書的惡習。

(三)注意時常調書。

(四)嚴防書籍無故攜出室外。

(五)注意看書時的心不定。

(六)注意「不專心記憶」的兒童。

(七)注意無價值的書——家中帶來或由自己購備。

D怎樣去考查？

兒童看書時內容是否記得，字句是否明白，意義是否了解，圖書館館員應不時考查，使兒童閱讀，不致隨便，圖書館服務的人員，亦可藉此測驗各個兒童的閱讀能力。考查方法，分口頭筆頭兩方面來予以討論。

口頭考查。

一二年級因為智力關係，不能用筆頭記載，所以一本書看完了，指導員可以先把內容問他一遍，或是任意指些書叫他解釋書意　如果有十分之六不錯，就可通過，平常開故事會時，叫他把看到的講給大家聽，開遊藝會時，把劇本當場表演，藉此都可考查各個兒童的閱讀能力。

筆頭考查。

高年級除口頭考查外，還要加以筆頭考查，每個學生發一本閱讀筆記簿，把書中問題早先編好，假定每個學生，必須看完十本書，每本書尋出十個或二十個問題，早早印好、等兒童一面看，一面填寫；或者嫌呆板，那就不必指定應閱讀那本書，每人發看書記載表（表附下）等，學生各就所好，自由閱覽，看了一篇或一章，就把大意心得疑難等記載簿上，指導員每過一二週，考查一下把記載又詳盡又清楚的，揭示公衆地方，並將時常有進步的兒童製成圖表，懸掛相當地方，以資激勵，照這樣認真考查，學生決不至囫圇吞棗了。

附看書記載表。

第　週	學校學生看書記載表		月　日
	姓名	年級	
	書名	篇名	
	該書號數	字數	
大意			
感想			
疑難			
心得			

摘自《地方教育》一九三〇年六月第十五期

兒童圖書館之新設施

劉自昭

近世歐美各國圖書館的設立，已經發展到可驚的程度，而我國則雖不能說全無成績，然而比較起來進步實在太小，就中尤以兒童圖書館爲幼稚。

我們試看國內各公私立圖書館，除了有些還能注意於成人圖書的發展外，很少很少的有關於兒童圖書的完善設備，至獨立的兒童圖書館是更談不到。這實在是教育上一個急不容緩的努力。

因爲中國現在經濟力的薄弱，我們要和歐美各國作圖書事業競爭或仿效，實在是一件難事。凡事要顧到力量的可能，才不致於空談無補，所以本文說的兒童圖書館設備，只限於目前社會經濟力能做到的一部分，內容明知是淺薄，然而我們只能慢慢的一步一步的做去，如果各種圖書館能夠照這樣簡單的方法設置，我想或者比天天紙上討論理論的爲強，固然我也希望有人在理論上澈底的發揮。

我已經說過，獨立的兒童圖書館在中國還是鳳毛麟角。要重新創辦一些獨立的兒童圖書館事情不易。所以兒童圖書的設備，不能不就公共圖書館或學校圖書館內兒童閱覽室一部分言。中國各種圖書館，有的也有一部分特爲兒童閱覽，然而這種兒童閱覽室，始終是被看成成人圖書館的附設品，並沒有得着一種特殊重要的地位，而且多數的有下列幾種通病：

a 成人與兒童混在一起

b 兒童圖書的稀少與缺乏美術性

c 兒童圖書的排列與分類不得其法

d 兒童衛生習慣及館內衛生之不講求

e 館員沒有引導及管理兒童的知識與訓練

這是就其比較重要的缺點而言，其他的不良處還多。像這樣的兒童閱覽室，第一是不能適合兒童的心理，第二是不宜於兒童的生活，不但兒童沒有興趣來館，就是來館也不會使他們得到身體知識和道德上的好處。我以為成人圖書館內不設兒童閱覽室則已，如果要設，上列五種通病必須先行改良，然後才可以談到增加特別的設備。就第一項言，兒童好動，成人喜靜，如果混在一起，不特兒童的歡喜聲音妨害成人的秩序，兒童自己的天真活潑，也要被成人的死板損傷。而且在現在的中國社會，成年人的壞習慣太多。種種惡性根，雖在幽靜的圖書館內，都不免時時表現出來。富於模仿性的兒童如雜在中間，間接直接就沾染了不少。就第二項言，兒童最是愛美，美能夠提高他的興趣與養成他的藝術心。圖書如沒有美術，兒童就感覺索然，縱然書的內容很好，效力也一定減少。第三項圖書排列分類的不得其法，容易使兒童頭腦紛亂而感覺困難，減少他自由尋取書籍和循依規律的能力。第四第五兩項最是重要。因為兒童與成人不同，我們不僅是要他在館內讀書，而且要極端注意他的生活習慣及身心健全。這一點不是兒童自身能夠做到，館內館員實負了極大的責任。所以管理兒童的館員比其他館員重要得多多。

以上簡單的指出現時兒童覽閱室的缺點，以下我來舉出幾條具體改良或增加的設備方法：

1 兒童閱覽室建築及器具的設備

理想的兒童閱覽室，光線要很充足，天花板要高，而且要裝飾得很美麗。這一點，有人會以為裝飾美麗能夠養成兒童的奢侈心，這是錯誤的。兒童並不知道奢侈，只知道美的可愛。我們如果能夠把室內佈置得和春天的公園一樣，他們也就活潑潑乖乖兒的在裡面生活。這樣一方面增加了他們審美的觀念，他方面助長了他們身心的發育。

閱覽室要寬大，越大越好。寬大既然空氣多，兒童讀書也不擠，走動非常方便，而且我們還可以擺許多花草兒進去，鮮嫩生生兒也像孩子們一樣。閱覽室要和成人部隔開，免得兒童們走進走出。室內地板上，能夠鋪一層花氈，是再好沒有了，軟茸茸的，走起來沒有聲音。如果這層辦不到，最底限度，也要使地板是木的。磚的最不相宜，濕氣太重，容易使兒童受病。閱覽室的入口，也應該另闢。

閱覽棹的形式，有的主張方的，有的主張圓的。方的可以多擺些書，圓的光線稍為調和。方圓形式，不成甚麼問題，到是棹與座席的高矮很該注意。英國小學校所認為適當者，有如下表：

年齡	桌之高	坐席高之
五——八	二十一吋	十二吋
八——十二	二十三吋	十三吋四分一
十——十四	二十五寸四分	十四吋四分一

這種棹椅的尺寸，也可以用於中國的兒童。但是這種高矮的棹椅，在整齊的美觀上稍有缺陷，所以有的主張還是齊一的為好，也斯林頓圖書館就是一例。他們桌用二十七寸，椅用十七寸，以為這是最適宜的標準。我的意思整齊的

美固然很爲要緊，然而爲兒童的方便起見，還是照表內的尺寸製備爲宜。

有的人反對兒童閱覽室用靠背的椅子，以爲這樣會養成兒童的疲頓性，這實在不對。有背的椅子比較適宜於兒童。第一使兒童坐得穩不致跌蹶，第二使兒童舒服，感着讀書的安樂。

書架用鐵質者爲最好，至少也要用堅質紅木。書架厨板必須有伸縮性，可以高可以矮。這樣則大小的兒童均可以取書不發生困難。書架的底下如果有一張階級梯，那更爲方便。

室內要有兩種黑板：一種是固定的，即嵌在壁內，爲永久使用：一種是活動的，可隨便移置。黑板的用處，一是爲講演便利，一是爲兒童練習寫畫與演算問題。

燈光要特別明亮，若是電燈，外面須加一層白罩，以減少光的直射力，免得害兒童的眼睛。燈兒掛得高高的，又好看，又不易使兒童破壞。

2兒童閱覽室內書籍的設備

兒童的天眞活潑大抵相同，然而興趣却並不一致。圖書的設備，當然要各種具備，但是總要有一個共同的目標。入這種目標，就是要使兒童成爲一個完善强壯愛國愛親的國民。

歐美的兒童圖書館，多半喜設備童話與冒險的書籍。童話可以增長兒童的想像力，冒險可以增兒童的勇敢。然而二者比較起來，我以爲冒險的書籍勝過童話，因爲童話雖然能夠使兒童有創作物語的精神，但是在現在中國，善本的童話書很是少見，選擇得不當，最容易使兒童有空幻宗教怪誕等等迷信的崇拜。關於童話的可用與否，歐美學者有很長的討論，正反主張的都有理由。我的意思童話不必全廢，然選擇必極端審愼，如果能夠引起兒童如上舉迷信的觀念者，必須取締。至於冒險的書籍，各國認爲必要，中國尤其該努力提倡。中國幾千年來，以保守退讓爲道德，以遠遊離鄉爲可怕，結果形成現在落伍不進取的民族性。兒童生來就是英雄。如果你把科崙布的航海，與文天祥岳武穆的軼事說給兒童聽，他一定鼓舞歡欣，恨不得馬上就坐一隻船到海裏去尋一個島，馬上就拿一枝槍去替文岳報仇。我們要利導兒童這種英雄進取心，助他保持發展，使他成爲中華民國將來强有力的分子。還有兩件最要緊的，就是要把中國的國恥及道德的書籍多多設備，使兒童自小就養成一種愛國心進取心奮鬬心及自律心。日本的小學校教員，時時告訴學生中國如何地大物博，如何生活適宜，鼓勵他們如何取滿蒙和侵佔中國內地，我們也應該使兒童如何認識敵人，如何自己强盛，如何保持民族的歷史與生存。所以在圖書裏，國恥愛國和自尊自强的書籍是越多越好越刺激越好。

少女的天性與男孩稍有不同。她們比較幽靜，所以勇敢不如男孩，據歐美圖書館有經驗者所發現，少女讀書的興趣比男孩的更大。她們九歲時喜讀童話及冒險小說，到了十四歲就漸漸喜看愛情小說而且一天天喜歡哀情的描寫。此種興趣，是否應該抑制或提倡鼓勵，是一個很大的問題。然而我們的圖書館的書籍設備，總應該以使她們轉向樂觀方面的爲原則。

童話及冒險小說愛國道德以外的書籍，種類很多，但量數多寡的設置，不能不有所講求。我國出版事業的不發達，實在可悲，兒童圖書尤其缺乏，因此在選擇書籍上發生大大的困難。茲就美國兒童書籍多寡，列爲一表：書名

哲學	二
宗教	三
社會學	五
言語學	二
理科	七
實用技術	七
美術	四
文學	四

詩集	三
歷史	七
旅行	九
傳記	九
小說物語	三〇
總說類	八

看上表，小說物語爲最多，可見兒童在此方面的興趣。然而這不過是舉別國的一個例來參看，我們幷不一定照此比例購備，如宗教一項，我根本就主張取消。而且在事實上，我們要想每年照此比例購買進來，還要等到後來國內出版事業的發達。

書籍的編目分類與排列，要非常條理整齊。不繁複也不草率，要使兒童練習自己可以尋找書籍。至於書面與裡面插畫的美觀，出版書店負了責任，圖書館很難求其至善。

3 兒童閱覽室書籍以外的設備

全靠書本內容外觀的優點，還不能使兒童達到進圖書館最高的興趣，所以必須有其他種種的設備。這種設備好的很多，茲就我們所能做到的舉幾種如下：

a 圖書的展覽，兒童最歡喜美術。我們爲迎合他們的心裏起見，閱覽室內必須設有種種美麗的圖畫。這不僅是促進兒童來館的興趣，而且在他們的知識修養上也有許多好處。如風景的圖畫，看上面的標題，可以增加他們地理的知識，又可養成他們愛好自然的心意；人物的畫，若是名人的相片，可以使兒童多懂歷史。花草木蟲魚鳥獸的畫，也是足以增進兒童的生物常識。又刺繡圖案的樣本，也該多備，以爲兒童取法。

b 各種標本的陳列，想着的聽說的與讀得的，總沒有親眼看見的親切。兒童在閱覽室內讀科學書籍，如果有標本陳列，可以使他們堅信與深印入腦筋。而且標本也具有美觀，更能使兒童受與圖畫一樣的成效。

C 幻燈與留聲機的設備，有許多的事務，沒有標本，也不能用圖畫表現，必須示其動作形相。於是幻燈的設備乃爲必要。這種東西，兒童最喜歡看，看了深入腦筋永不會忘。歐美各國的兒童閱覽室，大都有此種設備。所費也並不算多，我們有效法的可能。此外留聲機，也可以與幻燈受同樣的效果。

4 兒童閱覽室衛生的設備

在中國各圖書館閱覽室裏，很少很少的有關於兒童衛生的設備。豈止兒童部，就是成人部都很不多。這是如何的一個絕大疏忽與缺點，清潔就是道德，西洋人把他看成極端重要與生命一般。中國的成年人是馬虎慣了，就是有衛生設備，他也不見得能衛生。這是少成天性，習慣自然，自小兒就已養成，大了最難改良。因爲如此，所以兒童閱覽室的衛生設備尤其緊要。

閱覽室裏面，必須有盥洗所，用白色帶紅花紋的洋磁盆，清潔的水。香馥馥的肥皂，花露水則可以不用，如果有熱水管的設備固然很好，就是沒有，也要有類似的水管。架上置有白色羅巾，時時用肥皂洗滌與更換新的。管員要時時教導兒童清潔，以能使兒童手上面上稍有墨污，即自動去洗滌爲佳。水的溫度要注意，太熱太冷都能使兒童感着不快，而減少洗滌的興味。

兒童穿的衣服，要清潔，不清潔的由館內一次二次通知其家長，請快快給兒童洗換幾次，無效，則寧可少這個閱覽的兒童，不要使他做別的兒童的榜樣，不許他入館，有病的兒童，不到病已全愈，沒有入館的閱覽權。

閱覽室內應不應該設痰桶，是一個值得注意的問題。北平各圖書館內，大都設有痰桶。這種東西擺在室內，於美觀上實有妨碍。我所知道的，清華大學圖書館閱覽室內就不設痰桶。據該校的同學說，他們在圖書館內，無論一連看幾點鐘的書，把吐痰這回事全行忘却，絲毫沒有感到無痰桶的不便。可見吐痰一半是病，一習壞半是也慣。兒童身體活潑，本來很少吐痰的病，也還沒有這種壞習慣，所以兒童閱覽室內，以不設痰桶爲好。

5 講演會與獎勵

歐美兒童圖書館，近日大都很注重講演。未講演以前，用美麗動人的標語圖畫引起兒童的興趣來聽，講演時又以幻燈和標本圖畫助興。講演的題目除一切學科的常識外，又注重兒童的讀書方法，如選擇書本，私人藏書，利圖書館等等。此外更注重兒童的道德養成，如公德心，慈愛心，進取勇敢愛國心等等。講演者要擇那聲和貌麗，又會說話的人，用教師和慈母的口吻，慢慢引兒童入勝。千不要板着學究的面孔，未開口就把兒童嚇得畏縮不安。除了講演會，我主張還要獎勵兒童讀書的辦法。兒童每日所看的書，應該分別為他們記下來，到了每一月個底，清算一下看兒童讀書的多少，並考查他們是否眞正讀了這些書，就分別給他們的獎。這種獎不必給得太多，太多會養成兒童的貪心。但總要美麗有用，如畫片信紙筆墨書本之類。這樣，來館看書兒童必一天天多起來。

6 性別問題

男孩子與女孩子是否應該坐在一處，許多人曾詳細討論過。我主張應該要在一起。因為分別男女的原因，是為防閑的關係。這在兒童實在不成甚麼問題的，而且男女孩子在一處，彼此還能比賽競爭的唸起書來，許多歐美有經驗的學者都這樣談過。

7 朗讀會

英國哈謨柏司台脫公共圖書館與勃路讀利之坎特公共圖書館，有少女朗讀會，行之五六年，大著成效朗讀會就是把一些著名的文章，用特殊美好的聲調，朗讀給兒童聽，使兒童對某種文字著作有深切的了解與認識。朗讀會在各國圖書館還未盛行，但我覺得非常重要。我以為朗讀會的範圍應該擴大。第一，不但館員定期朗讀給兒童聽，還要兒童自己朗讀。第二，朗讀不僅限於文章，最要緊的還要高唱樂歌。這樣不僅兒童在館內能快快活活，而且也從樂歌文字裏得許多知識。這種朗讀會，應定期舉行，最好每星期開會一次。

8 兒童閱覽室的館員

這是一個最重要的問題。館員的好壞，關係兒童的一切，至重且大，所以慎重管員的人才，比慎重書籍的選擇更為要緊。因為兒童閱覽室與成人部不同，館員不僅是辦理書籍出納的手續，並且同時還要管理引導鼓勵兒童。能夠兼管這些事的館員，必定要有以下幾個條件：

a 愛兒童也能得兒童親愛

b 懂兒童心理教育學及有幼稚園的經驗

c 容貌態度和藹，說話聲調也好聽

d 自身的行動習慣足為兒童表率

具有上列條件，以女子為最多。所以兒童閱覽室內的館員，必定要用女子。女子生性好靜，能安於教導兒童，同時不論是男孩女孩子都親近女子。我們的幼稚園為甚麼要用女子？就是這個同樣的理由。

以上說了許多，都是現在國內圖書館應辦的事。然而說話作文是一回事，能不能實行又是一回事。比我說得好聽的多於河中沙石，懂得兒童圖書館設備重要的也大有人在，可是誰能奮鬬真正作出一點事來？中國一切事業的沒出息就是空談的太多，實際建設者太少。因為本館發行刊物，我想到這個問題，所以很淺薄的拉雜寫了幾句。最後我要申明的，我這篇文字，一半出於自己想像，一半從下列各書中參考得來

1 兒童圖書館之研究　陳逸譯述

2 Powell The Children's Library

3 Hazeltine Library Work With Children

4 兒童圖書館　楊昭哲編

摘自《北平市市立第一普通圖書館館刊》一九三一年六月第一期

中等學校圖書館設施的討論

余　湘

前期本刊（二卷一期）嘗載有「本省中學圖書館改進之管見」及「學校圖書館進行計劃之商榷」二文，以爲改進學校圖書館者之一參攷；近見浙江教育行政週刊四卷三十一號（今年四月一日出版）亦刊有余湘先生「中等學校圖書館設施的討論」一文，就圖書館學立場，發揮宏論，頗多與本刊前期所載二文互相發明之處，知學校圖書館事業之改進，漸爲社會所注意也，因欣喜而爲轉載之。余先生當勿以事前未徵同意而見怪歟？

編者識

敘論

圖書館被認爲教育文化事業，不過是近幾年的事，在圖書館學尚未成爲專門學術以前，牠祇是庋藏圖書的地方，至於如何編目，如何活用，那就談不到，至多無非設了幾位專員負管理之責，其餘就非他們的分內事了。社會對牠也似乎漠不相關，當牠不過是碩學宏儒的研究所罷了。但是我們知道教育並不是專賴學校就可藏事，學校並不是專賴教授在課室裏一味的注入就能收效。所以要教育發展，社會應設立多量圖書館，以補學校教育之不足；學校更宜設立適當的圖書館，供師生的參考，促進學術的研究。因爲近代教育的新趨勢，是「注重在學生的自動。教授上也由教科書制度趨於講授制度，由教室制度趨於實驗室制度」。所以有一位教育家曾經說過：學校如無經費建築課室，但圖書館却不可不建。這說未免過分，但其中確很有意義。現在圖書館既被認爲文化的中心、地方和學校都有圖書館的設立，在教育落後的中國，的確是可以引爲幸事，但細察其內容，除了幾所規模較大的圖書館外，其餘不過是冬烘先生混飯地。最可憐的要算各縣所屬的圖書館了，經費既少，人材當然不能羅致、圖書館就變成一團糟，那裏還談得上教育的使命呢？至於學校也是如此，除了幾處歷史較久的大學圖書館外，其餘也是無關緊要，說得好聽些，就是學校的點綴品；館員受過圖書館學專門訓練的可說絕無僅有，連絲毫沒有圖書館經驗的人也可濫竽充數，甚或有將圖書館的職務請校中書記兼任的也很多。在這種情形之下，要圖書館事業充分地發展，不至成爲以前的藏書樓的地步，眞是空中樓閣。本文的動機就是鑒於學校圖書館地位的嚴重，又圖書館的業務漫無標準，於發展上有很大的影響，爰就管見所及，把圖書館的各方面分門別類的逐一討論。範圍祇限於中等學校圖書館，因爲中學圖書館在事實上最不易辦，學生都是青年，正是知識慾最旺盛的時候，處處都能影響到個性的發展。思想上的糾正，學業上的指導，關係又鉅，但經費的困難，館員的限制，都是業務上莫大的窒碍。現在祇在可能範圍內說一說，一得之愚，敬請專家教正之！

一　經費問題

學校圖書館的經費除大學外大都不能獨立，在學校經費極度困難的現在，圖書館的經費也同受影響，甚或學校因經費困難，暫時將經費內的圖書費一項移補別用。這樣，圖書館的前途，就沒有希望。要免除這種困難、就不得不用下列方法補救。

A. 預算獨立

現在的中等學校圖書館經費既不能獨立，照一般統計，館員少則一人，多至三四人薪水由學校經費薪給項下支撥，購書費由圖書項下支撥，事務方面的事情，都由事務處代辦。在這種情形之下，校中經費倘能按月領到，事業上尙無多大的牽制。但事實上各校因經費的困難，圖書的購置往往因此停頓。所以圖書館要有獨立的預算，方才不能阻止館務的進行。如因事實上的困難，館員的薪水可由學校經費薪給項下開支，但購書費必須獨立，按月要有一定的數目，逐月支付，不得因經費困難而移作別用。

B. 圖書費的繳納

雖有獨立的預算、但學校經費如不能按月領到，則圖書費也無從取得。要補救這種困難，學生和教職員方面，應有圖書費的繳納。學生方面，數額不可過大，以輕負擔，大概每學期每人五角左右；教職員每學期每人一元至五元，數額也不算大。這樣每學期有定額的收入，不受他種的影響，將此款專用以購置圖書，積時既久，厥狀可觀。圖書爲全校師生研究學術的必需品，當亦樂於繳納。

C. 捐募　學校圖書館如欲館務發展，惟以限於經費，力所未能，又可向校外捐募，以充購書及設備之用。不過自身對於社會須有相當的信譽和貢獻，則易於觀成。否則，徒事宣傳，無補實際，竊爲不取。

二　組織問題

中等學校圖書館既非獨立性質，組織的系統上大都屬于教務或總務兩處。這也未始不可，只要在辦事上不受牽制爲原則。但館中的分科分股，須視規模的大小而定。往往小規模的圖書館裏也分科分股，冠冕堂皇，表面上看起來好像一個組織完善的圖書館，但實際上祇有一二個館員，這未免太不符事實了。所以學校圖書館如館員不多，或祇有一二位館員，可不必分科。但是主任和館員的人選，却不得不考慮一下。

圖書館既屬專門事業，就需要專門人材去負責管理。但現在的情形却不然，專門人材幾如鳳毛麟角，就是有相當圖書館經驗的人材也很難找到。因爲圖書館學還未被一般人所習知，自然很少有人去研究。要絕無經驗又無專門學識的人去辦理，那眞是糟糕，圖書館事業不能進步也在于此。所以人選問題，的確是目前一大困難。爲適合現實情形起見，規定主任及館員的資格如左：

A. 主任　中等學校圖書館主任須受過高等教育，對圖書館學須有相當的研究和經驗才算合選。近來一般學校圖書館的主任，大都由教務或總務主任兼任，這未始不可。但事實告訴我們，担任教務或總務主任的人未必對圖書館學有專門的學識或相當的經驗，那影響到館務的發展就很大了。所以主任人選，須要十分審愼，門外漢是絕對不行，最好不得兼任，以專責成。

B. 館員　館員是圖書館的中堅分子，須有高中畢業的資格或相當程度，對圖書館學有相當的研究和興趣，有術的經驗，對各科要有普通的常識，方爲合格，他更須具有服務的精神，和藹的態度，高尙的人格。有許多學校因經費的困難，館員往往教學生担任，養成他們辦事的精神，用意至善，然而事實却不如此。他們對于自己的功課已很忙碌，還要他們為學校服務，結果是敷衍塞責。所以館員要學生担任，實非妥善。

此外圖書館主任及館員外，應組織圖書館委員會，負經營及設計之責，委員可就教職員中熱心于圖書館事業者充任，以補主任之不足，藉收集思廣益之效。

三、建築及設備問題

圖書館建築和設備的完善與否，關係於事業之發展甚鉅。外國圖書館對此都十分注意。館舍的建築，用具的製造，處處要適合於圖書館學的原理。中國圖書館事業尚在幼稚時代，除了幾所著名的大圖書館外，其餘都因經費關係，因陋就簡，將就了事。至於中等學校圖書館的設備和建設的更是談不上了。但是有幾點注意事項須在可能範圍內使其實現，今錄之如下。

A. 館舍　中等學校因沒有特建的館舍，可在學校中擇一地位適中，光線合度，環境幽稚的屋舍為館址。佈置要雅潔簡樸，地位要寬大，有伸縮的餘地。如館員祇一二人，學生數不多的中學，一室式的佈置最為相宜。左壁安放書架，中間是雜誌架，右壁放參考書架，出納台位於中心，可以左右瞻顧。其餘如T字形也很合式，但求能適合於當時需要就是了。

B. 設備　圖書館雖因經費的關係，設備上或因圖書館用具繁多，所費甚鉅，未能一一置備，但最低限度的用具是不可缺少的。開列如左。

名稱	注意點
出納台	下面要有格板，可安放圖書。
書架	格板要有升降。有單面及雙面兩種。
雜誌架	格板要傾斜，加一邊緣，以免漏出。

目錄櫃　抽屜視書籍及目錄卡之多少而定。

閱書棹　每棹至少可容六人。

閱報枱　以傾斜爲適宜。

掛圖架　架子釘以鈎子，安放已裱挂圖。

書　櫥　專藏線裝善本及名貴圖書。

參考書架　樣式較書架低一半，頂上可平放參考書籍。

四、選擇問題

圖書的選擇，本非易事，但在中等學校圖書館因經費的限制，選擇更屬不易。出版界對中學生閱讀的良好圖書又極缺乏，(指質的方面言)，過於高深的書籍，則不合於中學生的閱讀，太淺近了，就足以減少他們研究的興味。所以選購時要處處合於經濟的條件，眞是難乎其難。但是我們究竟應怎樣選擇中學圖書館應購的圖書呢？現在可分開二方面講。

A. 學生方面　杜定友先生在學校圖書館學裏說：「中學生是在青年時代，他們心身的控制力已經很完全，他們的眼光智識，也很廣大。自尊心，反抗心，都有不可以理性和道德制止之勢。好懷疑，好推論，凡一事一物，都要窮其究竟，固執已見，好管他人之是非……」他已把中學生的心理說得透澈了。所以圖書的選擇，就要根據以上特點，以適合于他們的程度，地位，和需要爲標準，更須使他們閱後能增進智識及精神上的愉快，此外如文化上的價值，科學上的貢獻，也須同時顧及，總不使費了多量的金錢而獲得些微的實益。中學生既自我觀念很重，勇敢的精神很發達，在這個時期，他們都喜歡看英雄的故事，名人的偉蹟，言情和俠義的小說，人生問題的書籍。他們對于科學却也十分注意。圖書館在此時就要糾正其思想上的謬誤，辨眞僞，明是非，自居於指導的地位。

至于圖書數量的分配，在選擇前應根據購書費的多寡，分別輕重，酌量選購。大概總類佔5％，哲學和宗教佔5％，社會科學佔10％語文學佔10％，自然科學佔20％，應用技術佔8％，美術佔7％，文學佔20％，史地佔15％。

B.教師方面　現代教育重啓發，貴自動，教授上就須在課外搜集材料，充實自己的教材，增進學生的智識。所以圖書館除選購學生閱讀的圖書外，還應選擇教授的參考圖書。普通的書由圖書館自行選購，比較專門的參考書可由教師開單介紹，但過於專門則由教師自購，以節經費。

五、分類及編目問題

近代圖書的分類多注重於圖書的實質，不尚形式。中國固有的四庫分類，因受近代東西文化學術的影響，已成爲歷史上的記載，除了幾個落伍的圖書館依然採用外，其餘都已棄如敝屣。的確，在學術無國界的現在，我們應研究如何將世界圖書用科學的方法分門別類的把性質相同的放在一處，把不同的不在一起，這就是所謂分類的原則。杜威的十進法，卡特的開展法，美國國會圖書館的分類法等，都是根據以上的原則而產生的圖書分類法。中國的圖書館採用以上諸法的已很多，但其中很有未盡善處，就是分量分配的不均，致中國圖書館沒有相當的地位。現在杜定友的世界圖書分類法，王雲五的中外圖書統一分類法，陳伯逵的中外一貫實用圖書分類法，沈祖榮的仿杜威書目十進法，桂質柏的譯杜威十分分類法等，就是根據了上述的缺點加以改良。以上諸法在比較上確已能適合于中外圖書分類，而且都是十進，以數字爲符號，當然比用字母的方法易于記憶，便于伸縮，不論大小圖書館都可適用。中等學校圖書館究竟採用那一種，作者沒有成見。綱目大致相同，無甚差異，除了順序的變易。杜法于地理分類十分詳盡，且有學理的根據；王法于地理分類用四角號碼代表地名，使用上亦甚便利。其餘各法，採用的圖書館尚少，不加批評。

「分類只把內容相同的書放在一起；編目是把一本書的要點提出，依一定的次序，逐項列明，使檢書的人可由各方面去找他所需要的圖書」。這是杜定友先生所說分類與編目的區別。圖書館要把牠所有的圖書儘量地顯示出來，使讀者充分利用，非有完善的目錄不爲功。目錄有書本，活叶，卡片三種，各種都有牠的特點和效用。中學圖書館應備卡片目錄外，如經費可能，須編印書本目錄，刊期可數年一次，以省經費。卡片目錄的種類很多，中學圖書館至少要製下列各種。

一、著者目錄卡—以著者爲標題，下載書名，版次，出版期，出版處，冊數及書碼。

二、書名目錄卡—以書名爲標題，下載著者，版次，版期，冊數及書碼。

三、分類目錄卡—與著者卡同，但在出版處後加載實價，以便查考。

四、類名目錄卡—以類爲標題，下載書名，著者，出版處，冊數及書碼。

其餘如分析卡，參考卡，同名卡，異名卡，可視時間及經濟的充乏而定。有了以上各種目錄，讀者可任意檢查，祇知一書之書名，類名，或著者，均可於目錄卡中尋得，可解決找書一切的困難。

至于著者號碼的編制，方法不一。卡特的著者姓氏排列表，將每一姓名除取其第一個字母外，再以排列的順序，給以一定的號碼。Manroe 的號碼爲 M753 爲杜定友的姓氏號碼表是按漢字的形位給以相當的號碼。如「汪」字屬縱形，號碼爲12。(註一)王雲五的中外著者統一排列法是四個數字代表著者的姓名。西文用十個號碼代表二十六個字母，(註二)中文以四角號碼代表著者名姓。如(註三)西文 Henrg' .O B.的號碼爲0401，中文蔡元培號碼4414。以作者個人的意見，王法比較劃一，使用上最爲便利。但是詳細的方法，以限於篇幅，不能一一說明，讀者諸君須請參考原書，卽能瞭解一切。

六、排檢問題

排檢問題是現代圖書館界最値得討論的問題。西文按照ＡＢＣＤ的順序，排列上不成問題。但中國字的組織太複雜了，欲求一有自然順序，合于習慣，能排檢便捷的方法，的確是件難事。部首困難于檢查，已在打倒之列，新發明的排檢法又如雨後春筍，都未能完全適合排檢的標準。除了王雲五的四角號碼檢字法，杜定友的漢字排字法和漢字形位排檢法外，簡直沒有最完善的排檢方法。四角號碼檢字法是按照一字的四角每筆給以一個號碼；漢字排字法是以全字的筆畫的多寡為排列的順序，同筆的再以永字筆法為次序；漢字形位排檢法是以字分為八種形狀——縱、橫、斜、載、覆、角、方、整、——每形狀的字，指定一定的位置為部首。各個部首，依筆順排列。同部首者，依其餘一部分(即部尾)排列。(註四)此法在查檢上的確十分便捷，因為牠是根據中國字的自然現象和組織而成，比較合於習慣，近於情理。但是排的時候，稍覺痲煩，沒有四角號碼的簡捷。但是四角號碼的本身也有缺點，牠沒有意義和理由，牠不能適合於查檢的習慣。但是在中國字還未有完善的排檢法之前，以上三法，的確是比較最能差強人意。中學圖書館可任選一種。不過在採用之前，須有熟練；採用後，對於讀者應有解釋及指導如何查檢方法的必要，使他們都能熟知，以利查檢。

七、閱覽指導問題

以前中學圖書館何以竟被人視為點綴品或是累贅，並非絕對沒有理由，因為牠不能充分地行使牠的本能——教育的目的。許多學校圖書館或因經費的困難，或因當局不明圖書館的真相，就隨便地集合了校內的圖書，請任何人担任圖書的管理。至於圖書如何整理，如何選購，如何流通，如何指導，非所計及。這樣的圖書館試問與藏書樓有何分別？牠的確是學校的點綴品，在經費困難的時候，也就是累贅。但是圖書館的任務決不這樣簡單，牠有教育的使命，牠要指導學生的閱覽，輔助教師的參考，她要使學生養成讀書的習慣，以圖書館為良師益友，以圖書館為生活的中心。要達到以上目的，就應注意於閱覽指導的事件。

A. 館員的態度

館員的態度是閱覽指導的先決條件。中國人有一種不好的習慣，就是對人沒有親善的態度。我們到郵局去寄信，銀行裏去領錢，處處看見辦事員鐵靑的面孔，你要多問，他就和你不客氣。但是圖書館館員决不能這樣，他要有和靄的態度，誨人不倦的精神，指導讀者對於材料的選擇，疑難的解答等等。至於目錄的用法，更要十分詳細講述，館員决不可將所有圖書分類編目之後，任人閱覽，即算已盡其能事，這是一大錯誤。

B.讀書會的組織　要養成學生讀書的習慣，就應組織各種讀書會。如文學研究會，科學研究會等等。研究會可由學生自行組織，圖書館負指導之責。再可請各科敎師參加，担任各該科研究會的導師，指定階段，在一定的時間內研究指定的書藉。每階段可作一報告，公開發表。這樣，在學生方面，對學業的增進，得益實非淺鮮。圖書館亦可充分發揮牠的本能，以收書盡其利用的效果。

C.編印書目　圖書目錄的編印，在圖書館內也是不可缺少的工作。目錄是檢查圖書的工具，沒有牠無從知道圖書館的內容。目錄更宜分類編製，作系統的介紹，以供讀者選擇，並能引起讀者的興趣，從事研究高深的學問。

D.舉行展覽　圖書的展覽可以引起讀者對某科研究的興趣和注意。舉行的時候，可將某一科的圖書作系統的陳列，由淺入深，由簡入繁，讀者可由自已的目的，找到他適當的書籍，對於學問智識的長進非可量計。

E.讀書方法　讀書方法的講述，對學業上確有很大的幫助。何書應精讀，何書應博覽，又如字典辭典的翻檢，材料的取拾，著者的選擇，內容的次序，都應隨時指導，在讀者方面，可收事半功倍之效

結論

本文作者對圖書館學無甚研究，也可以說是門外漢。以上各點是專供小規模學校圖書館參攷用的。但掛一漏萬之處，在所難免，尙請同志共同討論，加正指正，不勝欣幸！

註一　見杜定友著著者姓氏表（在新中華圖書館管理學附錄內）

註二　見王雲五著中外圖書統一分類法羅馬字母號碼表

註三　見王雲五著四角號碼檢字法

註四　見杜定友著漢字形位排檢法

摘自《浙江省立圖書館館刊》一九三三年四月第二卷第二期

兒童巡迴文庫的嘗試

祝萃清

在留心兒童教育的人，或執教於小學的人，他們一定會說「讀過一二年書的小孩子，不論他生得怎樣聰明，或怎樣呆笨，更不問他文理通與不通，他喜歡聽故事和讀童話的心理，正和愛吃糖菓一個樣子。」這樣的情形，有錢的孩子如此，沒錢的孩子，也是如此；不過有錢的孩子，除掉應分享受學校圖書室的常年粮食之外，還可以自己加肴饌，添小菜，換口味，可是清寒的兒童，因窮命注定，不管你胃口怎樣強，食量怎樣大，除掉公共的食料以外，不許你有嘗他物的可能。設使他家左近有個圖書館——最好兒童館——那眞是得天之獨厚，可以隨時進去叨教叨教；然而還要這館開放夜館，否則還是有飯吃不到吧！

人造的機會，偶然的禍福，大家一定要說他是天注定的命運。譬如小而言之，同樣是十個月養下來的孩子，大家都有求生求知的欲望和目的，但是會因了他父母有錢沒錢的關係，就可判定他們前程的好歹禍福。大而言之，同一樣納稅完粮的人民，在省會都市裏，可以享受博物館，運動場，游泳池，無線電等各項娛樂品及中大學校幷闢的進取，在小點的縣裏鎮裏，不要說娛樂場沒有，就是小小的通俗圖，也不會有，小學圖書室，尤其談不到了，這也是鄉村兒童的命運注定吧！ 這世界不是同舟互助的世界，乃是彼此相殘的世界，不容說成人有勢利的觀念，便是小孩子也是如此。你看富家的孩子肯和窮家的孩子通有無嗎？他只是將他的書借給和他一樣漂亮的孩子。這樣的世情，原足以予有心人痛哭流涕，深長太息；但是流涕太息，于事何補？不如起而直追較爲於事有裨！可是我們辦教育的人，兩袖冬風，要想救濟窮人，委實問題太大，徒興望洋之嘆，可是就範圍以內，能設法幫助窮小孩得以有書讀，也就夠了，不過所爭的問題，在我們肯不肯做，倘使肯做，那總有辦法。什麼辦法？就是創辦兒童巡迴文庫。茲將組織的各項手續分別說之如下：

1.巡迴圖書的購置： 在原經搜藏兒童圖書的圖，除陸續購置補充之外，對於購置的經濟上，不會發生影響。在未曾搜集兒童書或搜集不多的圖，那末可以把經常購置書本的錢，臨時移用幾個月來買兒童書。現在且講到購置的量和質；

(一)在量的方面講：

a.當視他環境以內兒童程度的高下？b.兒童數量的多寡？c.學校學生學級的高低？倘經濟許可能把低中高三級的各類兒童書搜集到三千本以上——大約二百元——就比較充分點，次一點二千本——大約一百五六十元——再次點一千本——大約一百元。那也足以辦起巡迴文庫來，因爲設使以每組三十冊論，除掉館中自存四百本外，可以支配到二十個文庫，供給二年的巡迴了。

(二)在質的方面講：

講到選購兒童書，爲要適應兒童的興趣，和使兒童獲得智識的進步，那也有和選購成人書一樣的困難。所以在沒有標準和沒有明白兒童閱讀趨向之先，寧可多買整部的叢書，如商務的小學生文庫，北新的小朋友叢書，自然叢書，兒童書局出版兒童科學叢書，和新中國所出的分年文藝讀物。因爲這些書他們在門類和年級的支配上已經替我們派得很好，其他的支配，我們可以用十分比來做標準，如文學書十分之四，科學書十分之二，史地書十分之二，藝術書十分之一，其他十分之一。

2.巡迴的處所：

(一)固定的巡迴：

a.在省市地方以沒有圖書室的公私立小學，公私立貧兒院，苦兒院民衆學校，及兒童集團爲對象。

b.在縣鎮地方以貧兒院，鄉村裏的公私小學，民衆學校。及兒童集團爲對象。

(二)流動的巡迴：

由圖定製一種活動書車，或輕便的書架，足以安插圖書一百冊左右，每日令館役車送到兒童叢集的場所，如小菜場，公園，和寺廟前去巡迴陳列，使遊散的兒童，得以隨處獲得有書讀的利便。

3.巡迴圖書的支配：

舉辦巡迴兒童圖書的目的，一在使兒童有書讀，二在使兒童讀好書，所以要達到這目的，那每組巡迴圖書的支配上，不得不審慎致意，現在假設以三十冊一組論；先照分類支配，a.文學書十冊，b.科學書五冊，c.史地書五冊，d.社會及藝術書五冊，e.技藝及勞作書三冊，f.其他二冊。次照年級支配，a.低年級五本（因爲閱讀的興趣較低）中年級十五本（校課少而閱讀的興趣較高）高年級十本（校課多，其他閱讀的書本也多） 至於流動巡迴文庫的支配，因館中存書較多，移挪較便，可以每次出巡携帶六十册至一百册，類別和年級的高低，可以以讀者的統計為標準。

4.巡迴的時日：

小學的兒童巡迴文庫，視路途的遠近，定為每半月或每一月交換一次，除寒暑假外，每年可以交換到十次或二十次，每次以三十册算，一個小學每年可以看到三百册至六百册書。巡迴書車，書架上的圖書有每週更換一次的必要，因為除掉出納稍上稍感到麻煩外，對於運遞上，並無若何困難。

5.巡迴圖書交換的程序：

行之于鄉村小學的兒童巡迴文庫，每屆交換的時候，可以直接由被巡迴的甲校將上月閱過的兒童書 包裝妥善，寄給乙校。乙校的寄給丙校，丙校的寄給丁校，亥校的寄給甲校，再下月仍是照這門辦，不必將書還寄館中，再由館中重複交換寄出。但到每學年終了或寒暑假開始，那各校非將書寄還不可，因其中有破損缺乏，可以加以整理補充。至於城市小學巡迴的交換，不妨由館派員行之，乘便也可以考察他們閱讀的成績和指導閱讀的方法。現在將交換的秩序繪圖如下：

第一個月	甲，乙，丙，丁，戊，己，庚，辛，……………亥
第二個月	亥→甲→乙→丙→丁→戊→己→庚→辛→………戊
第三個月	戊→亥→甲→乙→丙→丁→戊→己→庚→………癸
第四個月	辛→戊→亥→甲→乙→丙→丁→戊→己→庚→………壬

6.巡迴的效益： 每天能有一二百人進館閱讀的圖，他的成績可謂斐然可觀，但是他支配於管理，出納，及指導上的人工和薪水，也當然很可觀。現在倘使我們辦起兒童巡迴文庫，和巡迴書車不過在初創時候費了些購書費和一個推行書車的工役之外，就沒有這麼大的靡費，然而他的成效，到却不可小看，假使每一巡迴文庫，少算一點，每天祇有十個兒童前來閱讀，三十組文庫，每天就有三百人閱讀。再加起巡迴書車每天至少五十到一百人，那不是更外有氣色嗎？在我們費了區區的幾個金錢，和一點點的人手，能收到這麼大的效果，在社會上能救濟這麼許多兒童；獲得有書可讀的實利。設非因循苟且，坐視危亡，誰不願起來嘗試一下！至於詳細的辦法請讀陳獨醒先生所寫的怎樣辦理流通圖，因為在那書中，各種流通，巡迴和陳列圖書的辦法，比我說得更詳細。牠的出版處，是杭州，鼓樓私立浙江流通圖，每册價值祇有三角。

摘自《中國出版月刊》一九三三年十月第二卷第二、三合期

師範學校之圖書設備

邱鶴

近來各公私立中等學校，雖然也購置着相當的圖書，設立了一個學校圖書館；可是設備完善，能盡學校圕之効用者，，實屬鳳毛麟角。一般學校，還是依賴着教師的教書，而不重視學生自己研究。不過我們感覺到近代學術的繁賾，任憑那一科，憑你教師宏博到怎樣程度也包辦不了。應該有完善的學校圖，置備着相當的圖書，供給青年學生取精用宏的需求。美國教育家范勵士 Ferris 說：「近代的新教育，不單是教科書的記憶；應包含各方面知識的收集，批評與組織，以發展學生閱讀欣賞的習慣，供給他們最新最完全的知識。」因此圖書設備就成爲學校中的一個重要問題。並且學校圖非但供給學生課外閱讀，增加其各科科內的知識，更可作課外活動的中心，養成善用休閒的良好習慣，是中學生生活訓練上必要的工具，牠的含意多麽重大。上面一番話是闡明學校圖書設備之重要性，是本文的一個引子，至於正文方面，在說明師範學校圖書設備之重要，與設施之特點。

工圖書設備與師範生

學校的充實圖書，正式成立學校圖，最早者當推法國；一八六三年法國教部已令各學校設立圖書館。中華民國四年，教育部圖書館規程中有：「公私立各校均得設圖書館。」良以學校對於圖書之設備異常重要。故各級學校均應有圖書館之設立。尤其在中等學校裏面；中學的學生年齡正當青春時期，心身各方面，均有異常的發展；因此需要不斷的體力和智力的活動以訓練之。中等學校最大的責任，即在供給此種活動訓練的良好環境與動機，引起他們研究學科的興趣，奠定了一生事業的根基。所以中等學校圖書館不但供給學生之知識發掘已也，牠還含有適應青年心身發育過程，而穩定其職業趨向之特質在。師範教育是一種專業教育，培植師範生，實以增厚其教育興趣爲重要工作。擴充學校圖書設備，富豐教育的環境，也是加厚教育興趣要件之一。我們知道剛從高級小學或初中畢業的青年，進入初級或高中師範學校，他的興趣還是多方而不穩定的。單是上了幾點鐘教育功課，所啓發的教育興趣，殊屬有限。在他們初萌興趣之時，須設法繼續不斷地延長之，苟無法保持，則必中止。學校圖書館是延續教室中或實習時所發生興味的最好處所；要言之，師範學校，有完備的圖書館，置備着有關係的多量書籍，供給師範生課外參攷和瀏覽，則師範生對於教育了解得多，知道得深刻，自能增强其教育的興味了。但是圖書設備對於師範生的關係還不祗此，吾人更得引申如次：

a. 就師範生應具備之學識方面觀察

師範生將來服務於教育，是傳遞社會文化的重要份子，是鼓鑄新民的工匠。他的責職異常重大，他所需要修養的知能，迴出乎其他一般中學生之上。所以像德國他們的小學教師都在大學中養成，程度既儘量的提高，訓練又異常之嚴格，蓋不如此，不足以副師範生服務時之隆重使命。其他如英法美等國，近來也眞在鬧着所謂師範教育的昇格運動。但是照中國的經濟情形以及小學師資之需要上講，决不允許你用大學教育來訓練小學師資。所以祗能眼巴巴的看着歐美師範教育的向前走，自己格於其環境和地位，無從倣傚與跟蹤了。但是正惟因爲社會文化之低落，民族知識之幼稚，而對此最有關係的教師，愈是需要才識優長，本領高强之輩來工作。譬如一個工廠，出品是希望絕對精良，但是資本不足，購不起上等的原料，買不起良好的機械，在這種情境之下，眞是路逢絕處。然而也還有一個差可彌補缺憾的方法；其法維何？曰：「儘量的，拚命的，從次等的原料中精選的製造出優良的貨物來是也。」我們既無力以大學教育來訓練師範生；那末我們在短短的三四年受師範訓練的期間，應該充分的豐富其訓練的環境，充實其訓練之資料。具體些說就是增加師範學校圖書的設備，儘師範生，用其最高度的努力，最經濟的時間，對於各類學術飽飫一下，俾得發展其才能。由此觀之，圖書設備在現今中國的師範學校，站一個什麽地位？與師範生有怎樣一種的關係？也可不言而喻了。

b.就師範生畢業後之進修方面觀察　師範學校的圖書設備，如果是很豐富的；師範生在受訓練期間，就養成一種讀書習慣，並且得了一些讀書方法，這種習慣，這種方法對他是終生有幫助的。何以故呢？因爲師範生畢業服務時，他的責任，雖說是要教育他人，但同時不可不教育自己。現今教育學說與方法，日新月異，做教師的不能故步自封，不求上進。所以應該有閱讀圖書繼續研究的習慣。這種習慣是要在圖書設備豐富的環境中養成的。一經養成習慣之後；縱在鄉僻之區，一無圖書可看的地方服務，也會千方百計去羅致圖書的。所以師範學校充實其圖書，與師範生之進修，間接發生了關係。况且學校圖書設備充實之後，一定出現了一個很好的學校圖書館，有了設備較完美的學校圖，我們藉此可以對於師範生之如何利用圖書館？如何研究學問？加以一種適當訓練；使他們畢業出校，利用社會上一般的圖書館以爲進修之資，而不覺得有所扞格和困難。

c.就教師的工作方面觀察　學校圖書設備影響於師範生之學業及進修這是人人都認爲很重要的，然圖書設備還有一層重要的意義，卽使師範生就學校圖書館中學習到管理與運用圖書之方法是也。此種技能的獲得，可以增加工作的效率不少。因爲我們知道此刻的教師，不能和從前塾師相比擬；除掉直接對學生教學之外，還要啓發學生自動研究。除掉在教室裏指導之外，還應指導學生到圖書館去參攷書籍幫助他們閱覽。卽就小學生而言，單憑教師在教室裏幾小時的教學是不夠的。應該養成自學自習的習慣，叫兒童在課外多閱覽些書籍，擴充些見聞。如教師受了圖書管理及圖書訓練的方法以後，則服務時指導小學生，自能勝任愉快，本人工作的效力自然增加。近來的小學，凡設備完善的，都設有一個小圖書館。縱使設備最簡陋的小學，多少終有備置幾冊兒童課外閱讀的書籍。小學既然有這樣的設備，那末教師應該指導兒童充分利用去。所以教師平日須灌輸小學生以利用圖書的技能。在英美等國的小學裏，每一學期中教師常規定幾小時對全校兒童，或一級兒童，作利用圖書的講演。而且美國威士康省在檢定小學教師，早已加入「學校附屬圖書館目錄編製法」一門。作爲考驗的科目。所以在師範生的責任上看，「怎樣管理學校圖書」的技能是非獲得不可的。因此之故，我們在師範學校裏面，除加設「圖書管理」一種學科之外，應設有一個完備的學校圕，一方面供給學生學科上的參攷和研究；一方面可作師範生養成圖書管理技能之場所。所以其他中等學校之設立圖書館，祇有一種本身修養的意義，而師範學校的圖書館，實發生本身以外的指導的功能。即如民衆師資訓練機關的學生，他對於指導民衆如何利用圖書，以及其本人如何管理圖書之技能，需要更屬迫切。所以師資訓練機關對於圖書方面的設備，實在須了解其在訓練師範生上之重要性，而不能馬虎從事的。

d.就社會上管理圖書方面的人才上觀察

此刻社會上普通圖書館，一天一天的加多起來，然而管理圖書的人才，實屬很少。環觀國內，據作者所知的訓練圕人才機關，祇有武昌文華大學的圕專科一處。他所訓練的人才，爲數既屬有限，不敷分配。然而也太專門些，叫他們的畢業生到內地普通通俗的圕去服務，未免大才小用，使無用武之地。圕的人才既不敷分配，於是所有之通俗圕，大都用非其人，以致失去了圕的効用者，所在都是。於是不得不亟想方法，訓練一批合宜於管理通俗圕的人才出來。鄙意師範敎育原來是訓練敎育工人人員之處，圖書館也是敎育工作之一，如果師範學校能對於師範生附加一種管理圖書的訓練，實在是惠而不費，擴展師範敎育効能的一種舉動。因爲師範學校爲增進學生的學識起見，本應有很充實的圖書設備，你利用此項設備來訓練師範生管理圖書的技術，不是一舉兩得之事麼？而且使師範生多獲得一分技術，就是多替他闢一謀身之路。我們叫師範生畢業後，改業工商，那是背了設立師範學校的本旨，絕對不可。如今稍變其方針，叫他服務圖書館，則其所做工作，仍在敎育範圍以內，亦屬情理可通。現在社會上的普通圕，既逐漸加多，而各公共機關之附設圕亦日盛月滋，小學校既大都設有兒童圖書室或圖書館，公私立中學，沒有圖書館的，已是絕少數了。圖書館既如此之多，我們站在敎育的立場，要想擴展和發揮圖書之効用，則此項管理人才之訓練，實須加以注意。鄙意以爲管理此項通俗圕，實以師範生而兼受有圖書管理訓練之人才爲最適當。張文昌君也曾經說過：「現在普通中學圖書館所需要之人才，爲受有師範訓練而能指導學生者。」鄙意則以爲圕管理不單要有管理圕之技術，更須懂得敎育，而能盡指導閱覽者之責任。所以師範生之懂圖書管理方法者，不單適宜於作中學學校圕之管理員，且適宜於作各大學圕，各專門圕之中級職員，以及一切普通圕，中小學圕之重要職員。師範生，既含有做此等圕管理的本質，那末師範學校儘可因勢乘便的附帶的來訓練管理圕之人才，眞是輕而易舉惠而不費的工作。至於師範學校如何達到此項副目的？則於學校的圖書設備非力求完善不可。

所以師範學校之圖書設備，對於師範生之學業及服務時之責任上，影響異常重大。並且對於師範生之出路及整個社會圕敎育之發展上亦頗有關係。希望主辦師範敎育者對此切勿漠視。爲擴展學校圖書設備起見，吾們再須把師範學校圖書館之設施討論一下。

II 師範學校圕之設施

師範學校圖書館，在館舍之建築上，用具的置備上，可說和其他學校圕沒有多大差異。不過師範學校圕是比較專業化的圖書館。而且要能夠供給學生對於圖書管理的實習，所以牠的設施和普通學校圕，當然也有出入增損的地方。在相同的方面，我們無容贅述，茲就其和其他中等學校圕不同之處，稍抒意見。

a. 闢設兒童圖書部　師範生是以兒童為對象，他所修養的學識技能，大部份在兒童方面奏其効能，為進增師範生了解兒童起見，所以在師範學校圕中，應該闢設一兒童圖書部。即使師範學校設有附屬小學，而此附屬小學已設有兒童圖書館者，亦應另闢一部，其理由及辦法，可以約略的敘述如左：

(A)理由

(1)闢設兒童圖書部，能吸引校外一班兒童，使師範生常與兒童接觸，增進其對於兒童的了解，並改進其對於兒童的態度。

(2)作實習管理兒童圖書之場所，作實習指導兒童閱讀之場所。

(3)可作研究教材的寶庫；兒童圖書部所置備者多為兒童的讀物。師範生研究教材時就得以此為研究材料。並得在其中蒐輯教材供給實習時之應用。

(4)師範學校的藏書得以充分利用；本來在師範學校裏，為師範生研究教材起見，購備的兒童讀物異常之多。其他師範學校不必講，即就我身歷其境的省立杭州師範來說，圖書館中關於兒童文學，兒童詩歌及其他兒童讀物等書，佔着老大一個地位。這些書在普通中學圕之分類中，只有一個很小的類目，而所占的地位確如此之多，並且他的分目也不能詳細，在圕管理的心目中，實有些奈何牠不得的一副神氣。如今我們利用這批書籍除供給師範生參考之外，再儘小學生來享用，又是一個最經濟的辦法。而且圕中劃出了一部份兒童讀物，他的分類和編目，可以按照兒童圖書的方法以求完善，在整個學校圖書的管理上亦覺得十分方便。所以在師範學校的圖書館中分設一個兒童圖書部是費力不多而收效宏大的事情。

(B)辦法

(1)設備　兒童圖書部可就原有圖書館之餘屋佈置之，如無餘屋則就校中近校門之房屋一二間佈置之。

除置備兒童閱覽椅桌外，其餘均可就一切原有設備移用。

(2)管理　由師範生日常執行管理工作。並就學生中推選一主任，支配一切。

學校圖書管理員總其任而督察之。

(3)開放時間　每日根據附近兒童相宜的時間開放兩點鐘。

星期及例假則開放半天。

b. 添設民衆圕及民衆文庫　如其為民教師資訓

練機關，則應租賃附近學校之屋，設一民衆圖書部，如其係其他師範學校，則亦宜置備一民衆文庫，設置於學校附近之茶園中，或其他民衆集合場所中。卽係普通師範學校，牠的圕中也終有些民衆讀物，把牠分開來，略爲添備些，成立一個民衆文庫，責成學生管理，叫學生抽其餘力來推行民衆敎育，也是訓練師範生應有之事。並且使師範生接近民衆，了解民衆（因爲籍着民衆文庫，可以看見民衆閱讀的好尙等。），將來畢業出校，服務社會，也不致與一般民衆格格不入。

c.添設敎育研究及參考室　師範學校圕應闢室一二間，作爲敎育參考室。通常敎育方面之成册及正式書籍，可以仍舊保藏在圖書館書庫之內。其他如各學校有關敎育之小冊刊物。統計圖表，敎育行政機關之印刷品，及其他關於敎育方面之非整冊書籍，以及敎育的報章雜誌等。如果保存在書庫之中，牠的分類排列，也異常煩麻，而且學生方面不能很便利的利用。如今特闢一圕專室陳列，學生要找尋參考時一索卽得，便當非凡，這也時增厚師範生研究敎育興趣的一種設施。

D學生實習指導在前面已經說過，師範學校之圕，負有兩種使命；一在供給學生智識之探發，課業之參考。一在供給師範生圕管理之實習，訓練其管理理圖書之技術。與使用圖書之方法。因爲師範學校圕較其他中學圕，多負一種使命，所以師範學校圕之設施當與他校不同。

或者說師範學校之圕，供給師範生之參考與研究則可，欲以之供給師範之實習，則未免不足。所以師範生爲增進管理圖書之技術起見，應當在規模較大之獨立圖書館實習。這種見解雖是不差，然而事實上有幾點困難。一、在中國社會上，設備完善之省縣市立及其他普通獨立圖書館爲數實屬不多。二、圖書館所任用之人負實屬有限。不能兼顧各師範學校學生實習之指導。三、實習生須提出整個時間，從事圖書管理實習，未免拋荒其他功課。且圖書管理一門專門學術和技能，决非幾天的實習所可了事。所有各項問題也非短時間，所能解決。基上數因，所以師範生實習圖書管理，還以在本校圖書館中爲是。在本校實習，可以乘自已課餘之暇，不必拋棄正式功課。且實習時間可以延長，此時間上之便利一也。如果學校圖書館供給學生實習，則所任用之圖書館主任或管理員等當係富有圕之學識及經驗者，如果圖書館聘用得人，則學校圖書館之效能加高。所以學生在本校圕實習，就是間督促改善本校之圕。其利二也。

師範生所需要者，尤推管理兒童圕之技能。師範學校，如其添設兒童圖書部，則就其所需要之部份學習，更覺親切有用，其利三也。但是師範學校圕要供給學生實習，則須注意下列各點；

(1)應有指導委員會之組織，由圖書館長或主任管理員，及其他有圖書館管理學識或經驗之敎師組織之，指導學生實習及設計。

(2)實習應施行督促及考察；督促考察之責，由圖書館主任及管理員負之。籍以糾正實習時之謬誤及考核實習之成績。

(3)書籍之編目製卡務求完備。

(4)圖書館各項設備務求標準化。

(5)出納圖書之手續，及其他管理之方法務求周密詳備。

(6)平日館員對於非正式實習之學生，凡在借書及閱覽時，應當詳爲指導，使籍此亦得領略圖書管理方法之一斑。爲正式實習時預立基礎。

E館員之選任　師範學校之圖書館管理者，不可與其他中學等量齊觀。其人選應該稍爲嚴格。但在浙江方面，學校圖書館不設富有研究或經驗之專員，而隨便指定一事務員或書記管理之，這種現象，實在覺得不大好。在學校當局，固然爲經濟所限止，不能爲所欲爲，然圖書館在學校所處的地位，實甚重大，不可不可加深切之注意。蓋一所學校，廣羅圖書猶其餘事，最要緊者，就在物色能指導學生利用圖書之人，擴展所備圖書的功用。如果一個學校，圖書購置得很多，因爲管理不得法，學生不知利用，於是用許多經費購置等於無用的圖書，一任塵埃的堆積，書蠹之蛀蝕，這筆錢豈非化得冤枉！然則學校又何貴乎有些圖書？所以學校圖書館中書籍的多少，還是餘事，選任適當的圖書館員，確是最要緊的了。

若是館員任得其人，則充分利用所有書籍，吸引閱者，指導學生閱覽，參考，研究，這非單對於學生之學識上得益非淺，即其他敎師亦受賜亦不少。所以良好的圖書管理員，其價值等於一個良好敎師，甚且在功績上有過之無不及。尤其在師範學校方面，其責更重，其人選亦當更嚴。如今假設

有學生四百餘人的一所師範學校，學校圖藏書有一萬五千冊，那末這個圖書館，所應當任用的人員，及所用人員的標準，其最低限度擬具如左。

(A)人數

館長或主任一人

管理員一人　如添用館員一人可以裁去書記

書記一人

工役一人

(B)人選

(1)館長或主任　由本校敎員中之有圖書館學識和經驗者兼任之，但在學校所兼功課不宜過多。

(2)館員　以畢業於師範或中學曾讀過圖書管理一科或曾在相當圖中實習滿若干時期者。充任之。

(3)書記　以能知曉分類號碼而書法恭正者充任之。

III師範學校應置備些什麼圖書？

閱讀有効的圖書，牠的影響實在異常之大。譬如小學兒童，商店學徒，讀了一些神怪故事，竟至離鄉背井，不避險阻的登山求道。讀了一部紅樓夢，竟變成了一個癡情男女。書籍有這樣大的勢力，我們眞可以採用適當的書籍做我們敎育青年的工具。因爲這一種工具是太鋒利了，如用非其物，那麼把一般青年改變壞了。所以敎育者對於這些工具——書籍——不能不加以愼重的選撰。至於站在師範敎育的立場上該當依據那幾個條件來選擇學生所應讀的圖書呢？

a 選擇師範學校圖書之標準

圖書之選須認清利用此圖書者為何許人？他希望在圖書館中得些什麼？更參酌其興趣與能力以決定選撰書籍的標準。法爾哥 Fargo 說：「學校的圖書可分為三類：

(1)一般參考之圖書——字典，百科全書，年鑑，索引，章程，書目圖表。

(2)補充讀物——各科有關係而適合程度的補充讀物。

(3)休閒讀物——文藝小說及圖畫照相等。」

法氏以為選撰學校書圖書館之圖書可分三類。此不過就普通中學而言。師範學校是專業學校，所有學生都是受一種專業訓練之青年。其選撰之種類與受普通訓練之中學生自有不同。據鄙意，專業學校之圖書館，已帶着些專門圕之性質。故教育書籍應請充分添備。而休閒方面的書，可以少備，甚且不必備。蓋此類文藝小說，因其為低級讀物，較能報合閱者之興趣，多置小說，則學生參考正式學科書籍之時間為所剝奪。反而妨碍學校圕的正眞功能。且學校圖書經費有限，安能置備此項無大效力之圖書。吾人之意，並非謂師範生不宜閱讀文藝小說，及其他娛樂消閒之書籍，此類書籍為普通圖書館所宜置備，學生為消遣而需要閱讀，可向普通圕借閱之，學校不宜濫置耳。若必欲置備文藝書，則採各種含有科學教育意味之作，然為數亦不宜多。

師範學校圕之客體有二，一為教師，教師所需求於圕者是其教學科之參考書，一為學生，學生所需求於圕者，範圍較廣，其學識各方面之修養與補充，課業之參考，胥藉乎此。我們可根據學校所設置之科目，而添置教師應用之參考書。我們根據師範生應具備那些知識而選擇學生閱讀之書。據杜佐周先生說：「良好的教師，學識方面，應包括三部份：一為普通學識，如小學教師，應具有普通高中畢業程度。二為專門學識：如教社會科，必須對於社會科學有特殊研究，如教自然科學，必對於自然科學有特殊研究是。三為教育的學識；如指導兒童必須對於教育原理，教育心理，教法，教材有相當研究是。」圖書直接的效用便在增長學識。杜先生所稱小學教師應具備之三種學識，可作師範學校選擇圖書之參考。至於教師所需各項科目之參考書，亦可作學生參考書之用，故不必另劃範圍。根據以上各點，師範學校所應選的購圖書，可分左列幾種：

(1)普通的參考圖書——字典，詞典，百科全書，年鑑，索引，章程，書目，圖表等

(2)基本書科之參考書與補充讀物。

(a)自然科學之參考書與補充讀物——生物、物理、化學、數學。

(b)社會學科之參考書與補充讀物——歷史、地理、社會。

(c)語文科方面之參考書與補充讀物——國語、國文、英日文。

(d)體育科方面之參考書。——運動、球類、音樂、歌曲。

(e)圖工科方面之參考書。——圖書、工藝等。

(3)教育科學方面之參考書

(a)教育理論方面之參考書

(b)教育事實方面之參考書

(c)教育方法方面之參考書

(4)兒童閱讀之標準圖書

(5)適當之報紙及雜誌刊物

以上就圖書的性質方面加以擇別，至於該種圖書內容之是否良好，是否適宜，亦應顧慮及之。美國偉爾遜女士 Wilson 說：「學校選擇圖書，須合學生能力」。這句話確是十分要緊。如同是購置一種教育書籍，若其過於低淺，則不必讀，過於高深，則不能讀，兩者都不能達到圖書之効用者也。但是除上述幾條外，還有其他要點，茲舉於左：

(1)思想正確，見解不偏頗者。

(2)文字明顯流利者。

(3)組織有條理者。

(4)行文措詞能帶有興會者。

(5)適合讀者能力者。

(6)在時間上未嘗失去効用者。

內容方面之條件，為一般圖書館選擇時所根據者，合併與上列選擇種類相參照，則成為師範學校選擇圖書之標準。

b 圖書之分配

圖書之分配，亦是圖書選購中一個重要條件。尋常學校圖，購書一憑擔任各科之教師，某科教師好多參攷書籍，於是某一科置備之圖書便特多，以致畸輕畸重，應購圖書，不克平均支配。似非所宜。茲參酌其他中學之圖書分配標準，立一師範學校圖書分配約數如次：

(1)普通參考圖書 約百分之十五

(2)自然科 約百分之十

(3)社會科 約百分之十

(4)語文科 約百分之五

(5)體育科 約百分之五

(6)圖工科 約百分之五

(7)教育學科 約百分之二十五

(8)兒童圖書 約百分之十

(9)雜誌刊物 約百分之十

10 圖表類 約百分之五

以上不過大略的加以規定，得視各師範情形而損益之。因為學校圖書館經費終屬有限也。以上所述，不過說到一點抽象的條件，最好是將此刻國內外所關於師範學校師生應用與參考的圖書，開列書目，分成等節，印成專冊，以作師範學校圖書館設備之指針。此種審定及選擇之工作，必由圖專家會同有學養之教師担任之。非少數人之所得臆造也。吾人當認識學校圖之重要，希望注意學校設備的教育行政工作者，與省立國立圖書館工作者，起來規劃這項工作，執行這項工作，則學校教育及圖書館事業前途實利賴之。

討論師範學校的圖書館設備，換言之就是討論師範學校的圖書館。圖書館是一個學校的營養器官，組織學校的重要機體有二種；一是教師，一是學生。二者多須時時向着這一器官來吸取養料以維持其生命，以發展其生機。所以一個學校沒有了圖，差不多等於斷絕了生機。尤其在師範學校裏面，圖書設備更是重要。我們希望訓練一班腦手健全的教師出來，一方面要提倡勞作，一方面就要擴展學校的圖書館設備。近來勞作教育的呼聲，甚嚣塵上。而學校圖書館則尚覺不大為人注意。我們應該隨同提倡勞作教育者一同呼喊起來充實學校的圖書，用牠來營養和發展師範生的腦子，提起師範生埋頭鑽研的精神，達到我們訓練手腦健全教師的目的。

一九三三、十一、二〇、

摘自《浙江教育行政週刊》一九三三年十二月第五卷第十四、十五期合刊

一個小小圖書館

小規模幼童圖書館的管理方法

顧元培

誰都知道學校中不能不設有一個兒童圖書館，不論他的規模是小到怎樣。兒童圖書館的足以增進兒童智識，養成兒童自動學習的習慣，以及培養兒童研究心等等益處，現在都丟開不談，所談的祇是怎樣管理兒童圖書館。——幼童的小小圖書館。

一 書櫥的設置　小小圖書館，是不需要整間的房子，他祇要附設在普通教室裏，只消佔教室的一角，或後面一排桌椅的地位就够了。但是書櫥倒必得備幾具的。

書櫥的構造須視書籍的安置方法，而異其做法。假使書籍要直豎的，那末書櫥要照直豎的做法，假使要平放的，那就得照平放的做法。現在幼年兒童所閱讀的書，大概都是很薄的，宜於平放。所以書櫥的構造，也得照平放的做法。

依個人的經驗，和參觀各兒童圖書館的結果，認為左圖的式

樣，是最適合的一種，但是假使有現成的書架，那也可以使用，祇要中間可以分隔，以免混亂便是了●

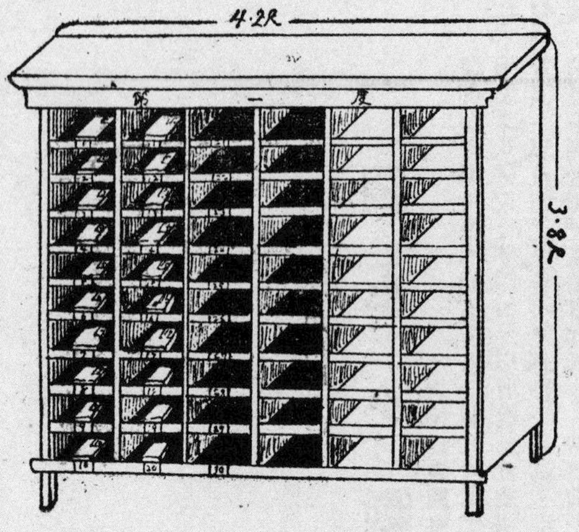

說明：
1·所列尺寸係市尺
2·抽屜都能取出
3·可裝塞板式的門

二 圖書的選擇 幼童所閱讀的圖書，在內容方面應注意的，用字是否淺顯，語調是否合於兒童口吻，詞句是否多反覆練習，所說的事物是否在兒童經驗界裏所有的，而且組合的方式，是否新奇而不涉恐怖；並且所用的插圖，是否生動有趣，最好是文字所佔的地位，不要較多於畫圖●像圖畫故事和看圖講故事這一類的，最為適合●至於有插圖而詞句淺近的兒歌謎語等，也是極好的兒童讀物●

在形式方面，也當十分注意●因為一本書，往往因為形式的美觀，而引起兒童的閱讀興味●常見一個小孩子，選擇一本書的時候，先看一看封面，封面看對了，再翻一翻裏面的插圖，於是便決定了取捨●因此我們在選擇幼童讀物的時候，最好揀彩色的，或是套色的，至少限度，也得揀中間有幾幅彩色的插圖，而其餘插圖，也畫得不差的●至於字體方面，切勿採用鉛字體的，應當採用楷書的，並且也不能太小，恐傷兒童目力●其他紙張和裝訂方面，也得揀耐用的●更應當注意因為兒童的注意力很薄弱，篇幅要揀短一些的●

三 圖書的登記 在幼童圖書館裏所有的圖書，一定不甚多，所以登記的手續，不需如何繁複；同時這也祇供教師的查考用，因此每本書只要登入分度登記表裏就行了●表式舉例如下：

第____度 圖書登記表

安置地位	書名	冊數	出版書局	價值	著者	購置年月	備註
				$		年 月	
				$		年 月	

四 圖書的分類 小小圖書館裏，不需要杜威的十進法，也不需要王雲五的統一分類法●他祇要把圖書分別深淺，分放在各個書櫥裡就行了●

譬如有四個書櫥，那末把全體圖書，依深淺分成四度，每個書櫥一度●（或分成八度，每個書櫥二度●）各度圖書的右上角，都貼着不同色的紙一小方●例如：第一度每本書的右上角，貼紅色紙一小方；第二度的在同樣的地位上貼黃色紙一小方；第三度的照樣貼着藍色紙；第四度的貼黑色紙●再把各度的圖書，編排次序，排好的次序，就寫在那塊小方色紙上●例如：第一度裡的一冊小山羊，次序排到第八，那末就在這本書右上角所貼的一

塊紅色紙上，用白色或黃色寫個「8」•其餘各度的圖書，也用同樣的方法都寫好•

同時各書橱的抽屜上，也貼着（或插着）和各度書相同的各種色紙•例如：第一度的書角上，貼着的是紅色紙，那末在安放這一度書的那個橱上的各個抽屜上，也都貼着（或插着）一小方紅色紙•並且也用色筆，挨着次序寫上號數•同時各個橱上，也需要一張總的，用同色紙寫上第幾度貼着•（參看插圖）

這樣每一本書的安放，便得依照他右上角所貼的那塊色紙的顏色和號數而固定他的地位了•例如：拿到一本小兎兒，右上角所貼的一塊是藍色，寫着的號數是「16」那末這本書，就可以放到第三度那隻橱裡的第十六號抽屜裏，手續十分簡便•

五　借書還書的手續　幼童的看書，决不像成人那樣的有目的，一定要看某某類的某一本書，所以不需有卡片一類的東西，查了這本書的地位，再去拿，儘可由兒童自己到書橱裏去拿•好在書橱就設在普通教室裡，他愛看那一本書，就直接拿那一本，拿了到座位上去看，看完後，也由兒童自己按色紙的顏色號數去放好•這樣既省管理員的精力，兒童又得自由取閱•（幼年兒童不知保管圖書，且注意力薄弱，故以不借出為原則，每日祇需定時開放，任憑閱覽•）

六　圖書的整理　這圖書的整理，可全由兒童去辦•在學期開始時便選定幾個人輪值做這件事•（大概各校都有兒童自治的組織，這也就是兒童自治的一部分•）除了整理圖書以外，還需管理橱門的啓閉，和閱書時的秩序•

管理小小圖書館的話，到此完了，在個人覺得這個方法，或可供之於一般的單級和低級的兒童圖書館用•但是個人相信，這决不是最好的方法，最好的方法，還得靠同人們未來的努力研究呢！

一九三四，九，十五•於蘇州實小•

（編者按）單級小學對於書橱，恐不易照作者所提出的式樣，從事設置；至於其餘管理辦法，都可採用，并且不限於「幼童」之用。

摘自《江蘇省小學教師半月刊》一九三四年十月第二卷第三期

中華民國二十四年八月二十八日　星期三　世界日報副刊　第二十版　第二十八號

圖書館週刊

TWUSHUGOAN JOUKAN

——書社編輯　每星期三出版——

第二十六期　廿四年八月二十八日

兒童圖書館管理法講演大綱

——梅心——

平市暑期小學教員講習會，本屆有兒童圖書館管理法一科，東余任講演之役，惟時間較促，內容未能充分發揮，而學校圖書館之需要，及一般管理方式，已約略爲之介紹。

現代教育法之趨勢，就學校設備方面言，謀科學之實驗則在實驗室，知識之增進則在圖書館，故圖書館與實驗室在任何學校爲不可少。

至於小學校圖書館之需要由學生與教師雙方面分析言之：（一）學生方面，兒童入學時，好奇性與模仿性極爲強大，教科書外，須多備圖書供其瀏覽，藉資模仿，如名人傳記之類是。不獨鼓勵其研討之心理，更足以養成其好讀書之習慣，以後歷中學大學置身社會，必能以圖書館培植其身心。（二）教師方面，現代教學注重啓發自動，此盡人皆知，若無圖書館以臂助，則教者學者，咸有不能運用自如之苦。蓋一方面指導學生參考，一方面自己爲教材上之預備，功效尤大。

準諸上述諸端，學校圖書館之設備既爲不可少，而管理諸法，猶須略具門徑。不然，效率減低，化有用爲無用，人旦詬病之。

爲時間所限，講演時多示具體方法，不尚理論，曾印發講演大綱爲聽衆之記憶線索，末附關於兒童圖書館之論著舉要，以爲將來之參考；講述雖在未盡，參閱諸書，仍可獲其所求。爰爲刊佈於此，藉可就正於閱者焉。

一，兒童圖書館之意義及其功效

A. 滿足兒童之求知慾
B. 培植自學力
C. 養成讀書習慣
D. 增加研究趣味
E. 陶冶性情
F. 爲課外之補習或溫習

二，兒童圖書館之管理

A. 圖書之選擇
1，使兒童精神愉快且可增進其生活力
2，能引起兒童之自然興趣
3，可養成兒童之記憶想像及推理力
4，有文學價值
5，不悖於道德
6，程度相當
7，有永久性
8，有普遍性
9，各項書籍應使平均，不應偏於一部分
10，書中之繪畫，色彩不可厚重
11，書中色彩須諧合
12，印刷用字不可太小
13，紙張不宜有光
14，裝訂須堅固耐用

B. 圖書之訂購與登錄
1，訂購方法
2，登錄要項
登錄號　著者　書名出版處　出版期　價值　來源　備考

C. 分類
1，分類之意義及方法
2，分類表舉例

【１】杜威十進分類法

○○○ 總類
一○○ 哲學
二○○ 宗教
三○○ 社會學
三一○ 統計學
三二○ 政治學
三三○ 經濟學
三四○ 法律
三五○ 行政法
三六○ 會社
三七○ 教育
三八○ 商業，交通
三九○ 風俗
四○○ 語言學
五○○ 自然科學
六○○ 應用藝術
七○○ 美術
八○○ 文學
九○○ 歷史

【２】杜定友氏小學圖書館分類表
——學校圖書館學第八章——

○○ 普通總類
一○ 哲理科學
二○ 教育科學
三○ 社會科學
四○ 美術
五○ 自然科學
六○ 應用科學
七○ 語言學
八○ 文學
一 總集
二 童話
三 神話
四 笑話
五 戲劇
六 故事小說
七 圖畫書
八 筆記
九 外國文學
九○ 歷史地理

D. 圖書之編目
1，目錄之意義及功用
2，自錄之種類
書名目錄
著者目錄
分類目錄
3，目錄之序列

E. 圖書之陳列與流通
1，陳列方法
2，借書與還書

三，兒童閱讀指導

A. 誘導方法
1，利用兒童之求知慾以誘導之
2，講演故事以誘導之
3，利用圖畫音樂之感籍以誘導之
4，其他

B. 閱讀指導
1，指定閱讀書籍
2，授以讀書方法
3，讀書競賽
4，圖書館之使用

【關於兒童圖書館之論著舉要】

一，兒童圖書館　王京生譯　民一八　自印本　一五二頁
二，兒童圖書館　陸靜山著　民二三　上海兒童書局　一四○頁
三，兒童圖書館之研究　陳逸學　民一三　上海商務　一○八頁
四，兒童圖書館講義　錢亞新　民二一　武昌文華圖書館專校
五，兒童圖書館之研究　曾憲文　文華圖書科季刊一卷一至三期
六，可愛的小圖書館　張九如　民一九　上海中華　一三九頁
七，小學校與圖書館　李文裿　中華圖書館協會會報六卷二期
八，小學圖書館管理法大綱　杜定友　民一三　開封小學教員講習會
九，兒童圖書館之設施　劉自昭　北平第一普通圖書館館刊
十，圖書館與兒童　李鍾履譯　圖書館學季刊第七卷二期
十一，兒童圖書館問題　杜定友　教育雜誌十八卷四期
十二，兒童圖書館在教育上之價值　楊鼎鴻　教育雜誌十八卷三期
十三，對於兒童圖書館之我見　李振權　同前
十四，兒童圖書館的必要　李璧白　福州實小校刊第四期
十五，兒童讀書研究　王定增　民二二　上海中華　一二八頁
十六，兒童書目彙編　羅靜軒　民二二　北平圖書館協會會刊第五期
十七，兒童圖書之分類與編目　曾憲文　文華圖書科季刊第一卷　三七一至三七九頁
十八，兒童讀物目錄　民二二　教育部選定本
十九，小朋友讀書　徐學文　民一九　上海北新書局
二十，安徽省立兒童圖書館讀物目錄　民

摘自《圖書館週刊》(北平世界日報副刊)一九三五年八月第二十六期副刊

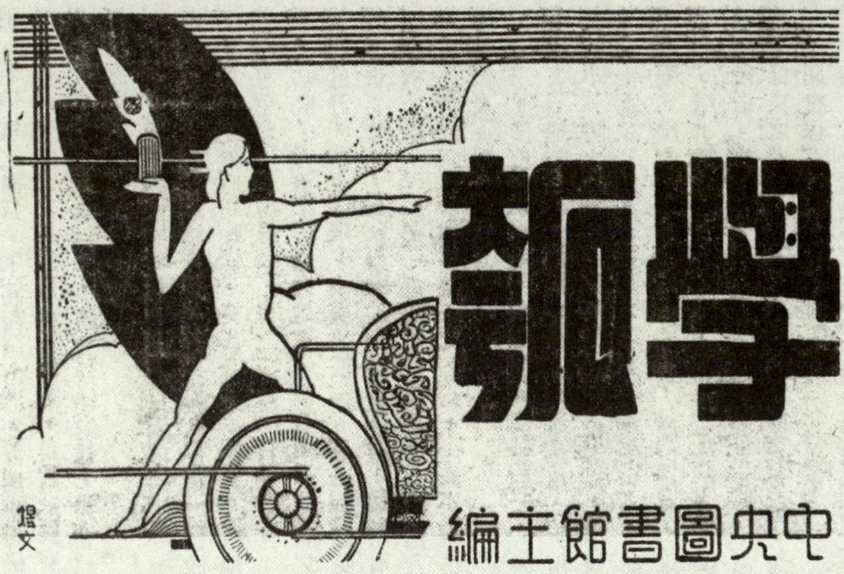

論評

現代兒童圖書館之建築

查介眉

兒童圖書館事業，創始於一七九七年英國伯明罕，完成於一八〇三年美國賓海氏之私立兒童圖書館。近年因兒童在社會上地位日見增高，世界先進各國對於是項事業之推進與擴充，頗有顯著之成績。然反覩我國之兒童圖書館事業，有待創設，尙在黎明時期，此後如何推進，全恃各方之倡導與努力。我國政府當局爲策進各項兒童事業計，已規定二十四年度爲兒童年，網羅專家，組織實施委員會，爲實施各項兒童事業之準備。其所頒發之實施大綱中第十九條有督促各省市縣區籌設兒童圖書館之明文，可知兒童圖書館在各項兒童教育事業中，佔有相當之地位，從此富有求知慾本能之兒童，不乏利用圖書館以開展各個天才之機會。惟創辦兒童圖書館之先決問題，即館舍之籌建，因兒童圖書館之對象，既爲多數兒童讀者，則建築館舍時，自應以適合兒童心理，生理爲最高原則。至於兒童圖書館應如何建築，實爲值得研究之重大問題，近來兒童事業突飛猛進，專家朝夕從事於此，力謀研究改進。誠以建築之良窳，影響於兒童身心甚鉅，務於事前精密設計，以求建築之合理化，玆將鄙見所及，撮舉原則數項，與熱心兒童教育者，詳爲商榷焉。

一、宜擇大廣場爲兒童圖書館建築地，取其空氣新鮮，陽光充足。惟周圍有大建築物，如工廠等，或多季候風之處，則空氣陽光俱感妨礙。兒童圖書館爲兒童進修知識之所，其環境須安靜舒適，力避市囂。閱覽室之窗戶，不宜面向街道，否則車馬擾攘，易使兒童精神受極度之刺激而流於疲倦，以致減低圖書館之功用。在此不良環境之下，雖有精明館員，恐亦難展其指導控制之能力。

二、館舍之地點，是否在人口密度之中心，以及交通是否便捷，此二問題亦當先加攷察。俾得一面吸收多數讀者，可使兒童時來閱覽，免感交通之困難。館地之四週，尤應避免危險，如電車火車之經過，皆非所宜。其他如墓地，病院，殘廢院等接近地帶，恐有傳播疾病之虞，爲兒童健康計，不宜建築。土質之堅固，爲一般建築物保持久遠之重要條件，洪積層與冲積層等區域，隨時有發生地震之危機，故不宜建築；近山近陵之處，遇有地震，甚易波及，亦須注意。苟因事實上之需要，不得不建築者，則應首先顧及災患之減輕。

三、屋頂構造必有「勾配斜急之部分」，因屋頂有調節寒暑，補助換氣，速瀉水量之三種功用，所用材料須傳溫力小，防水力強，草製屋頂，最爲適合，惟因其不能耐久，故通常多用瓦，蓋瓦之傳溫力雖比草大，而防水力確比草強。屋內各部如牆壁縫合處，塗以灰泥，以防鼠穴之發生。屋下溝渠爲排洩水量之要道，使屋基常保乾燥，溝渠之設置，應以屋基之面積及高度爲正比例，如面積大，屋基低窪之處，則溝渠宜多設置，總之鼠患，潮濕，蠹蛀，爲圖書保存之大敵，建築時應力爲避免。

四、館舍面積之大小，應以足敷容納附近兒童人數總和十分之一爲標準，同時亦受經濟（建築經費之多寡）環境（地帶之繁盛與荒僻）之支配。應於館之四週，預留三分二之空地，蒔植花木，增加環境之美化；並備爲將來擴充之用。至於館內兒童座位之多寡，亦應有適當之定額，因光線之明暗，空氣之疏密，均須有相當之研究，據所定一般原則，每一兒童至少須佔空間體積二百立方市尺，每一兒童在每小時內需要之空氣量（清潔與新鮮）爲二千立方呎。此尤爲兒童圖書館建築時所不可不注意者也。

五、館舍之支配，應依經濟，便利，需要，三方面而定，其支配方式大概可分爲三種：即小規模制，大規模制，及混合制是。小規模制，即以書庫，閱覽室，辦公室，研究室，參攷室，貯藏室均集合於主要建築物內，將宿舍廁所及其他附屬室列入副建築物中。大規模制將書庫，閱覽室，辦公室，研究室，參攷室，貯藏室，及附屬各室，均爲各自獨立，皆具有合宜建築。混合制即將可合者合之，不能合者分之。

六、建築之方式，可視地質，地勢，四週環境，及需要而定，大概地質堅固，地勢低傾，及周圍有樓房之區域，可建樓房，但不得高過二層以上，總以建平屋爲宜。其形式採用丁字，工字及口字形等均無不可。屋之高度以十二尺爲適當，(自地板至天花板)如此，于採光通氣均有裨益，此實爲最近建築學之新制度。其外形應絕對採取我國固有之東方藝術，含有民族意識之象徵。屋內之門窗樑柱，切忌雕塑，以符幽靜之原則，且可節省清潔修繕之手續與經費也。

七、油漆粉飾之顏色，須有適宜之配合，一面須避免有損兒童之目力，同時不致使兒童受不良之影響。天花板當用白色，以利用其光線反射而增室內光線强度。牆壁宜用淡灰色或淡黃色，不使日光反射，此乃根據曩光器試驗之結果而定。惟于須注意者，紅綠兩色，有收光之作用，均須避用之。至於地面宜用洋灰以免潮濕。又如欲避免行道聲音，則設置橡皮，輭木或地氈，當更佳妙。

八、窗之作用，原爲流通空氣，採取光線。窗之底部，離地面應以三尺爲度，上部愈高愈佳。窗之總和面積，與通常建築物之面積爲一與五之比。窗戶宜向外開，或上下能推動。門戶，須居建築物中間，司交通兼有通氣採光之副作用，每一建築物單位，至少有門二重以上，在兒童圖書館，既欲容納許多兒童，進出之處自應規定，養成兒童之紀律生活，並減少擁擠現象，同時使有災患時易於逃避。

九、屋基材料，在經費可能之範圍內，最好採用優良之鋼骨水泥，此種材料其價格固屬昂貴，至對於防水火，風災，及地震，甚有效能。且冬暖夏涼，減低濕氣，抵禦寒風。在平時亦可減少修理之耗費，建築物之低層，離地應有三呎，使一面保持乾燥，一面備作溝渠氣窗之設置。

十、光線空氣，及調溫三方面，乃建築上重要之條件，而兒童圖書館，爲兒童健康計，更應注意及此。採光方法，不外二種。卽自然光線及人工採光線，於大都市中兒童圖書館之建築，除注意自然光線來源外，當更計及人工光線之取得。自然光線之來源，完全由于日光，故窗戶之多少大小，均極有關係。空氣亦可分爲自然人工二種：通常在建築物之上下部分，闢有氣窗，以便空氣之對流。如能用科學方法裝置換氣設備，自然更佳。調溫係欲保持室內各個人之常溫，如國外兒童圖書館中，設有驗溫器，以測屋中氣溫之高低，同時更建有冷熱氣管以調節氣溫。故此後我國兒童圖書館建築時應注意光線空氣調溫，以維護兒童之健康。

考察我國社會教育現狀，對於兒童圖書館之建設當爲急需，惟以經濟能力之薄弱，容或未能如理想者，建築合理化之圖書館，確爲事實。然吾人決不能以經費之困難而存因噎廢食之想，惟有利用原有之公共建築物，如廟宇等參照最新之學理，經專家之設計，加以合理之改造。使不背兒童心理生理之健康，以謀進求實用，吾人深信苟依此辦法，縱於事實上經濟困難，亦不足以妨礙兒童圖書館事業之進展也。本編所述，僅略舉數端而已，掛一漏萬，在所不免，深望國內學者加以指正，若因此而能促成社會人士之注意，俾兒童圖書館充量發展，則更幸甚矣。

摘自《中央時事週報》一九三五年第四卷第二十三期

一個兒童圖書巡迴辦法的介紹

程維潘

兒童讀物，是兒童精神的食粮，生活的寶庫。所以近來一般的小學，無論經費怎樣的拮据，對於兒童讀物尙能設法添置，這不能不算是小學當局對於兒童課外讀物的重視。不過，我們一方面固然要謀讀物數量的增加，一方面也應設法推廣圖書的效用。因爲目前的小學裏，有了豐美的兒童讀物，却少有兒童願意走進圖書館去閱讀，以致灌輸知識的兒童圖書館，形同虛設，對於兒童的實際生活上，也就很少影響了。這確是一件重大的損失！

其實，敎育是要以最少的經濟，獲得最大的效率。因此我們爲謀兒童學業的推進，圖書效能的展布，就有這圖書巡迴文庫的舉辦。施行以來，對於我們敎學上，平添了不少的助力。現在特地把他紹介出來，以供實際從事小學兒童圖書館指導者的參考。

兒童圖書巡迴各級辦法

（一）目標：

1增多兒童閱讀圖書的機會；

2推廣圖書的效用；

3供給兒童自修或課餘時的閱讀。

（二）巡迴辦法：

1圖書分組：

甲、低年組——選擇合於低年級兒童閱讀的圖書若干種，分成文庫若干個，每個文庫約備書五十本至六十本。

乙、中年組——選擇合於中年級兒童閱讀的圖書若干種，分成文庫若干個，每個文庫約備書五十本至六十本。

丙、高年組——選擇合於高年級兒童閱讀的圖書若干種，分成文庫若干個，每個文庫約備書五十本至六十本。

2文庫裝置——裝置方式力求簡單，可用白鐵皮製成(如下圖)。上面書明號次，適用年級，圖書冊數等。

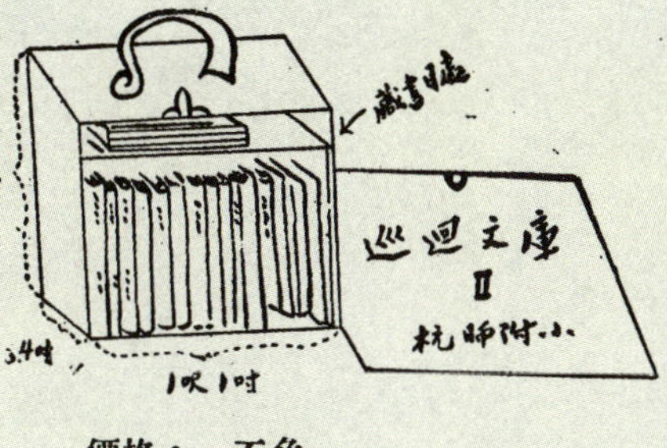

價格： 五角

3巡迴時間：

甲、各組文庫俱就各相當年級依次巡迴，在一級內停留時間爲一週。

乙、每週星期六下午，各級將圖書交還圖書館；於星期一各級向圖書館換領新文庫，雙方均須當面點明冊數交換。

4加裝新書——圖書館新到圖書，由管理員依據新書程度，添入各組文庫內。

(三)各學級管理圖書辦法：

1一級內由兒童選出圖書幹事兩人至四人，負管理之責。

2圖書幹事應於巡迴期滿之日，將圖書交還圖書館，於下星期一向圖書館換領新文庫；均須點交或點收。

3圖書之出借及收還，均須備簿登記。

4各級圖書幹事選出後，須將名單送交兒童圖書館備查。

最後，我認敎爲師對於兒童閱讀讀物的努力與否，也須不時的考查；否則那些心猿意馬的兒童，仍然是無所獲益的。我們對此，是常常使用一種默讀問題答案片(見前文附表)，從這裏可以診斷出兒童內容的了解，要領的擒捉，組織的程度，閱讀的速率，已是達到某一階段？以便我們相機地予以一種適宜的有效的指導。

摘自《進修半月刊》一九三五年十一月第五卷第三期

滬兒童團流動書車推行

上海兒童幸福委員會主辦之兒童團南市閘北各有一所成立以來，按日到館閱覽兒童，頗爲踴躍，南市第二兒童團會實行流動書車辦法，尤著成效，現在閘北第一兒童團，亦已製就流動書車一輛，定於七月一日開始在租界內推行，並由工部局免費給予車照，車外亦有商店廣告，以資挹注，又該館識字學校定七月一日開學，第一館設兒童班，第二館設兒童婦女各一班云。

摘自《中華圖書館協會會報》一九三五年第十一卷第二期

及借書者頗爲踴躍，第二館並用流通書庫，在南市巡廻借閱尤著成效，玆悉該會第一兒童圖亦已製就流通書車，擬在租界內巡廻，一俟裝製完竣，年內卽可出發。

第一兒童圖創辦流通書庫 申報十二，十四

在租界內巡廻

本市兒童幸福會主辦之兒童圖，計有二處，第一館附設閘北和安小學內，第二館設南市蓬萊路近泮坊，自成立以來到館閱覽

公立小學應有兒童圖書館設備之芻議

王柏年

目錄

甲、理論

一、兒童圖書館之意義與價值

二、兒童圖書館在初等教育上之地位及效用

（1）初等教育與兒童圖書館

（2）兒童圖書館與兒童

（3）兒童圖書館之效用

（A）補助學校教科書之不足

（B）適合兒童之個性

（C）養成兒童讀書之習慣

乙、計劃

三、公立小學設立兒童圖書館之實務

（1）建築

（2）組織與管理

（3）經費

（4）設備

（5）佈置

（6）行政

（7）閱覽指導

四、兒童讀物選擇之要點

（1）讀物與兒童思想之關係

（2）選擇兒童讀物之標準

（A）一般之標準

（B）內容之標準

a　優良讀物之標準

b　不良讀物之標準

（C）形式之標準

丙、結論

甲、理論

一、兒童圖書館之意義與價值

初受教育之兒童程度低淺思想單純，對於一切事務，無相當之認識，往往一時不易瞭解其所以然；良以兒童入世未久經驗缺乏使之然也此亦兒童與成人不同之簡單標點。

兒童圖書館，爲適合兒童年齡與程度之智識糧食寶庫；因是之故，無論於設備上，行政上，推廣事業上，均須適合兒童心理及身體發育各點，皆與一般之普通及專門圖書館迥異，所以爲名稱其實起見，名之曰兒童圖書館。

雖然，無論任何方式之圖書館，其主要之目的，不外乎幫助教育事業之發展，與補助學校教育之不足，此爲一般圖書館特具之精神。兒童圖書館於形式及命名上，與一般圖書館稍異，然其效用與精神，當不能例外；且兒童圖書館事業爲各種圖書館之基本，顧名思義，其事業之重要也可知。

二、兒童圖書館在初等教育上之地位及效用

（1）初等教育與兒童圖書館

初等教育爲國民教育之基本，普及與否，關係國民文化之水準；是以教部以初等教育列入強迫教育之階段。近來各處短期小學與民衆學校均先後增設，意在掃除吾國特多之文盲，用意至善。但考

究各處公立小學及其他平民學校教育之方針，僅注重現在而未顧及將來，是故小學畢業生之大多數失學者，一離開學校，卽與書本脫離關係；學未致用，豈不可惜？再推考此種原因之所在，實言之，卽一般小學未顧及兒童圖書館教育所致。

反之，若小學校有兒童圖書館之設施，學生完全受閱讀課外讀物之訓練，其將來如不幸而失學，尙可運用其閱讀興趣與能力，有暇之時，去利用公共圖書館，繼續求學，以完成其宏願；由此觀之，兒童圖書館與初等教育之關係，實大矣哉。

（2）兒童圖書館與兒童

照現在一般公立小學之教育情形言，各校灌輸智識與兒童，完全受呆板之課程所支配；班級制度，成爲牢不可破之陳規，以致具特殊天才之兒童，無發展之機會；低能之兒童，被同學強曳以進，結果兩無裨益。蓋一班之兒童，數在數十，其中愚智賢不肖，兼收並蓄；每一學科，故常有智者有餘與愚者不足之感；是以愚笨者，以學科繁重，所習非其所好，終日愁眉不展，身心大受其害；反之，聰慧者則以學科太輕，終日無所聊聊，以致嬉皮笑臉，東奔西蕩，日久則行爲不檢，成爲性情不羈之頑劣兒童；此呆板課程遺害天才及低能兒童之一例。

此種問題，學校有兒童圖書館之設備，定能除此弊病，蓋天才兒童於課業之餘，充分可利用之於圕；若指導得法，使彼與閱讀發生興趣，常與此「取之不盡用之不竭」之兒童智識寶庫相依，彼天才者，雖有得一反三之智，亦能使其感應接不暇，不過其學業之進步，確已高人一等矣。

低能之兒童，得利用機會常入兒童圖書館用其所好，揮其所長於其不及格之課業上，時時可補習，旁引博採，增其見識，助長其應付學課之困難。至於常態之兒童，於課餘之暇，得相機與此智識泉源相依，日增月益，潤利自多。此外於兒童之行爲及修養上，尤有極明顯之幫助，此爲兒童圖書館對於兒童本身供獻之一斑。

（3） 兒童圖書館之效用

（A） 補助學校教科書之不足

從兒童心理發展上立言，兒童之好知慾與競爭觀念極旺；一般學校科業雖重，然決不能滿足彼求知之慾望。另一方面兒童爲喜新厭舊者，使其於一學期間常與三五課本爲伍，單調與厭惡之心早已發生，故兒童每有見教課書覺頭痛之感。良以現在所採用之教科書，於質量方面均有不妥之處，非取材過於腐舊，則失之於高深，或則洋文直譯，文章枯澀乏味，故實際上確難引起兒童之興趣。

我國幅員廣大，各處風俗習慣不同；南方情形北方兒童不能瞭解，反之亦然。且鄉村教育使都市兒童讀之，難解其究竟；城市情形，與鄉村兒童講解，亦覺茫然。余至北方之初，校中小友時來問訊，以南方多雨，疑爲陸沉之水國者，卽其一例；南洋羣島兒童不知雪爲何物者，亦其一例也。

觀上所論，皆爲教本呆板之弊病。至於兒童圖書館何以能補助此種缺點？第一爲兒童圖書館中，各項材料收藏豐富置身其間，學識自可日博指導者以良好之方法引誘兒童利用其深藏，以滿足其旺盛之求知慾兒童之思想自可脫離狹隘之境地。

（B） 適合兒童之個性

人類之身材，有大小之參差面貌各不相同，個性亦不一致；是以古人有「人心之不同，一如其面」之說，極爲得當；兒童爲人類之幼苗此點亦不能例外。大凡兒童心理差異之點據心理學家之評定有

1. 品格，興趣及態度之差異。
2. 種族，親屬性別及年齡之影響。

此二大原因爲一般兒童所難免者，故一校之中學生數百，具上列差異與影響二大系不同之兒童；以之讀一貫之教本，豈得爲合適？至於兒童圖書館何以能矯正此弊端與適合兒童之個性？實亦具有三種原則之存在：

1. 書架採開架制選書可自由。
2. 閱讀本自動式可隨自身個性之所好。
3. 具有廣博之優良讀物以增廣見識。

在此種設備之下，個性各異之兒童僅須於絕對遵守館規之下，自由擇其所好，作廣博之閱覽，以舒適其身心，隨其個性而發展，絕無限制。然則教本之強灌硬輸之苦，當可免除，日後其程度定可與日

俱增，大受裨益矣。

（C）養成兒童讀書之習慣

世界文化日漸進步，社會組織複雜，各項記載頻繁，吾人如欲應付此千變萬化之環境，非多讀各種資料及新聞，以期適應；例如每日必須閱讀之雜誌報章，質量已多，但處處須受時間所支配；若不自幼即養成其讀書之興趣與習慣，受相當之速讀默讀訓練，實難應付現實社會。

今日中國之兒童，得受初等教育者，已極徼倖，至於小學畢業後而不幸失學者，比比皆是。此輩兒童，除一部份轉入勞動階級外，其他則爲商店學徒，或投筆從戎，最不幸者則空守門庭，無所事事。若輩唯一之弊病，卽一離開學校，卽與書本宣告脫離關係，大有將已學日忘之勢，故可謂毫無進取之可言。考其原因，亦爲現在一般之公私立各小學未注意到兒童圖書館教育基本問題，故畢業之兒童，毫無閱讀課外讀物之興趣與習慣，此對於失學兒童之弊病又一也。

今日吾人於學校圖書館或公共圖書館中，常可見到不守館規與違反公共衛生之讀者，是以糾紛迭起，四座爲驚；此亦幼年未受兒童圖書館教育訓練所致。此外有一部分讀者，於某種情形之下，偶然發生讀書之興趣，而欲找尋某種材料，苦無門路可尋；他如公共圖書館中雖收藏豐富，質量宏偉，而附近居民對之茫然，不知引爲利用者，恐成爲一般之現象，凡此種種，均可歸咎負有普及教育專責之公立小學，未注意兒童圖書館教育兒童（卽他日之民衆）未受閱讀之訓練，少讀書習慣所致也。

作者於空餘之時，曾參觀各地公立小學數十大都爲負盛名於一地者。其中無兒童圖書館設備者，占十分之六，有簡陋之設備者，占十分之三，兒童圖書館辦理完善者，占十分之一。觀夫無兒童圖書館設備之學校，學生於課餘之暇，爭集操場及走道，除一部分有正當運動者外，餘則無禮打鬧，訓育處對之毫無辦法。有簡陋之設備者，亦能吸收一部分讀者。兒童圖書館辦理完善者，一至開放時間，學生爭先恐後，入館閱讀，一時門庭若市，生氣蓬勃之現象，使人興奮。於此亦可見兒童閱讀興趣之一般也。

總之學校有任何良善之設備，兒童得相當之福利；有新式之運動器具，可引起兒童之興趣而鍛練成健康之體魄，若任以腐舊之器具雜陳，亦足以喪失兒童之生命。兒童圖書館莫不如此，辦理完善者，指導優良者，實可適合兒童個性之發展，補助教本之不足，而養成兒童讀書之習慣，遺澤於國家社會以及於個人，反之，讀物不選擇，設備過簡陋，亦足以戕害兒童身心之發展，危害及國家社會以及於個人。各公立小學若不顧慮到此點，實失去國家辦教育之初志與其自身應負之責任也。

乙、設施

三、公立小學設立兒童圖書館之實務

地道之兒童圖書館，須有專址之建築，完善之佈置，美麗之裝飾，合適之用具，光線充足，空氣流通，地址高燥，環境雅靜，各點均合條件；此外於兒童唯一之智識糧食——讀物——除收藏富庶外，應注意是

否有毒汁之含在？是否適合於整個兒童？行政方面，亦須負起推進事業之全責；管理與指導上，是否有利惠兒童？均須顧到，而後能發揮其固有之精神與效用。

在目前各校經濟困乏狀況之下，關於設備方面難合乎理想，於措置方面極須注意到。上述各點，方可避免戕害兒童身心發展之危險，今將各項應注意之設施，述之如下，以供參考。

（1） 建築

經費不十分充裕之公立小學中，建築一完美之兒童圖書館，事實上實難辦到；不過兒童圖書館址與學校教室情形不同，結構稍異，理論上尚有此專門建築物之需要；但於此情況之下，唯一之變通辦法，須在全校之中心點，擇一地址高爽，環境較靜之教室，特別改造，以代此建築物，亦極適宜。不過採此中設施之時，須注意：

1. 地址是否高爽與適中？
2. 環境是否雅靜？
3. 光線是否充足？空氣是否流通？
4. 面積是否能容全校人數十分之一强？
5. 四面有擴充之可能否？
6. 建築堅固否？高度是否適宜？

以上六點，於改造之初，須充分計劃，絕對注意，尤其爲面積一層，過小則閱者擁擠，能使小讀者發生不滿之感覺，以減少其閱讀興趣，事業上受其影響，將不能得完美之收獲；是故在五百學生之公立學校，則其兒童圖書館須同時能容五十人閱覽之地位，以每人占空間一二·〇方英呎計算，則其閱覽室之面積，應有六〇〇·〇方英呎之空間，較爲相宜；館址如能擴大，固然最好，不過再小於此面積時，則不甚相宜矣。

至於館址之形式，最好爲一長方形之面南背北建築，南方爲指導者之辦公桌出納櫃，東方置書架，西面陳列雜誌報章，閱覽桌須靠近北方。故南北兩方均須多開窗戶也。

（2）　組織與管理

組織與管理等事務，於小學兒童圖書館中，雖極簡單，若不十分重要；但組織不健全，其整個精神不至於充足，管理不合理，事業難以推進，二者均須注意。不過於普通公立小學中，須視其範圍之大小，方克決定耳。

在單級或兩級小學中，兒童圖書籍決不甚多，故組織當較簡單，更無請專人處理之必要；故於每班之中，挑選有辦事能力之學生，分任館長職員各職，自行管理。此外請圖界設有諮詢機關處，請求指導，或請本校有是項智識之導師指導亦可。

全校學生人數在三百人以上者，爲夠分配起見，書籍必較多，事務當較忙碌，事實上須設館長一人，助理若干人。館長請專門人材任其職，處理館務指導閱讀。助理人員，可由每班中挑選能幹者五人，每班設一小組，設組長一人，管理其一組之人員合全校各組，設團，舉團長副團長各一人。聽受專員指導之下，分班輪流值班，助理機械式之工作及維持公衆秩序，定其名爲兒童圖書館××團，與專員共同推進兒童圖書館事業。

全校學生人數在五百人以上者，除如上之組織外，尤須設專任助理一二人，處理各項較機械式之事務，俾館長可利用其空餘時間，得充分預備實施兒童圖書館教育，講解淺近之圖書館學說，及圖書館利用法；此外尤須作審查讀物等工作。於此種情形之下，以一人之力，週旋於數百兒童之中，負推進事業之完全職任，事務確極繁重，勞心盡力，學校極應改善其待遇，使專心事業，俾兒童圕事業可作蒸蒸日上之期待。

（3）經費

現在之公立小學校，無論國、省、縣、市、區立，經費均不可謂充裕，其中感週轉困難者，亦在所不免；但兒童圖書館創設之先決問題，卽爲經費，經費之充裕與否，卽可決定辦理圖書館規模之大小。不過於籌備之初，當費用有著時，須請專門人材或向諮詢機關請求指導，以期分配之得當，而避免無謂之浪費。

辦理兒童圖書館之費用，雖不一定要大量之現欵，但亦須預先計劃到數節之經費，有着落時，然後開始進行。今將公立小學，辦理時所需要之費用略述如下：

（A）　開辦費

公立小學於籌備組織兒童圖書館之初，須向主管機關申明理由請領若干開辦費；如學校儲有存欵，則可省去此項手續，動用存款中之若干；視學校規模之大小，然後決定用費之多寡。經費枯竭之小規模學校，卽以三五十元之費用，亦可開始辦理。因書籍及用具，學校本有若干；於設計之時，卽須將舊式改成新式，不合用者卽可合用，其後隨時謀發展亦無不可。

（B）　經常費

兒童圖書館之經常費，照例有數種來源，如將學校經常費中抽出若干或向學生徵收圖書費，隨時募捐等均可。

關於向學生徵收圖書費一層，於公立小學之立意上，不甚合適，在私立小學中行之，或無人加以非議，蓋公立小學之唯一責任，爲普及國民教育，兒童圖爲輔助推行機關之一，故不能違反此意義而徵費。他如隨時募捐，更非永久之計；故兒童圖之經常費，於學校經常費中抽出一部份爲最佳。

關於兒童圖經常費與學校經費之比例，最低限度兒童圖書館經常費應占學校經費總額百分之五。如每月支五百元經常費之學校，兒童圖經常費應每月調出二十五元；如每月有二千五百元收入之小學，兒童圖經費每月應支一百二十五元。此項分配可如下表：

項目名稱	占百分比	支出
薪水	六〇%	七五・〇〇元
購書費	二〇%	二五・〇〇元
定日報雜誌費	五%	六・〇〇元
文具費	五%	六・〇〇元
裝訂及修補	五%	六・〇〇元
積存	五%	六・〇〇元
共計		一二四・〇〇元

上表薪水占全數百分之六十，供主任及助理之用；購書費佔百分之二十，每月可購兒童讀物一百五十冊；定雜誌報章費文具費裝訂及修補費各佔百分之五，比例亦不緊縮；最後之積存佔百分之五，係留作臨時發生問題之用，或添購設備之用。其他經常費不同者可依此比例分配。

（C）特別費

特別費用，供兒童團大量購置或添購用具及特別改良之用。此項費用，經常費中既無供給，故遇學校經費不能供給時，不妨向上級機關具領，或設法特別募捐，至最無辦法之時，則向學生徵收特別費用。

（4）　設備

現在公立小學普通之狀況下，兒童圖設備，決不致於富麗堂皇，爲適合環境起見，亦不妨因陋就簡，以圖逐漸擴充。若於開辦之初得到相當開辦費者，當然最好，不過於購置一切用具及其他設備時，於選擇及設計上，仍須商請兒童圖專家指導，或致函於當地圖協會之設有諮詢機關請求設計，必能得圓滿之結果。因用具設不合用，直等於廢物也。

兒童圖設備上最宜注意之點，須根據兒童之心理及其身體發展之情形爲轉移。此項於兒童衛生方面大有關係，今將館中必要之設備設計如下：

1. 書架．開架制兒童圖之書架，爲便利中高年級學生取置起見，不宜過高，其高度適當者爲五英呎，寬三英吋，深十英吋，用六分之一吋厚板格爲五層，每層分爲十英吋；因現在通行之二十四開本讀物高度爲七英吋半，寬約五英吋，故此項書架措置已爲合適；但爲宜於變通起見，其層板之裝置須裝製能上下活動者爲佳。此項書架，每層可裝半公分厚之書籍一百八十册，全架可置此項書籍九百册。但兒童自行取置之書架不可滿裝書籍，每層須空餘四分之一；又爲將來擴充之計算起見，有書籍一千册者，須做是項書架四隻以上。

2. 新書及雜誌陳列架　此項陳列架，通常有三種形式，a. 將書籍及雜誌直放者；b. 將書本横置者，c. 將圖籍斜放者。三者之中，各有利弊，a. 式便於取置，b. 式經濟地位。c. 式可將全身顯示於外。不過

a,式所置書籍雜誌,閱者較多時則一日之間,卽可將書籍四角捲曲;暴燥之兒童於取置之時,易將書皮撕破。b. 式雖節省地位,然完全將所陳列圖籍「美」之成分隱蔽,而不能收其效用,蓋兒童之與讀物,毫無目的,大都爲色彩之引誘而致閱讀者;故此式於大學圕則合,不合於兒童圕之用。c. 式既能將書籍完全顯露於外,尤便於取置,形式方面亦整齊,且不佔多量地位,靠壁安置,非常合適。是故此三者之中,c. 式最有價值。其他二種,弊多利少。

3. 雜誌舊書存藏橱　新到雜誌陳列過後,與破舊書籍同需儲藏。此種設備爲節省地位起見,其高度可自六英呎至八英呎。橱深一英呎,寬三英呎,每層空十英吋,外面設玻璃門,以便鎖起。

4. 珍貴圖籍存藏橱　兒童圖書館中,遇有較貴重之書籍,不宜隨便供衆翻閱,宜存橱收藏;此橱之結構,與雜誌舊書存藏橱同。

5. 參考書架　此項書架有兩種,一供指導者之用,一供兒童用。指導用者,放置新書及分類編目辭典,辭書等參考書;兒童用者,專置國語辭典,常識辭典,以及其他兒童用參考書籍,專爲兒童而設也。

6. 閱覽桌　中高年級兒童身體發育不同,閱覽桌亦須分爲:

a 高級用者,高二呎半英吋,長六英呎,寬三英呎。桌面須光潤平整。

b 中級用者,桌高二英呎,寬二英呎半,長六英呎。

此種桌子,每張設座位十個。

7凳椅　中高年級兒童之閱覽時間不久，故凳椅有無靠背，多可隨便，但其高度極須注意，可分爲：

a高級用　高一呎六吋，取長方形圓形四方形均可。

b中級用　高一呎二吋，形式同前。

8辦公桌椅　供指導者及職員辦公用，在小學校中，不必有出納櫃之設置，辦公桌實可代之也；是故用度較大，抽屜須多，而後夠用。

9目錄櫃　兒童用目錄櫃，通常有兩種，一種脚長二十六吋，櫃高一呎，寬二十吋，長十六吋。置高四吋，長十五吋，寬六吋之抽屜六隻。又有一種脚高十五吋，櫃高二呎，其他則同。初辦之兒童圖書館中，可參照其自身將來發展之可能而採取何種方式均可。

（5）　佈置

兒童圖書館中佈置之合實用與否？優美與否？均須特別研究；良以小學兒童課餘時間之短促，其閱書之時間，完全受課程之限制，是以各項設備與佈置，尤須注意易取易放，以經濟時間。開架制者，尤須注意使兒童易於記憶所取書籍之位置，以免歸還之時發生錯誤，整理時感覺困難。

至於內部之佈置，亦須多方研究，俾得興利除弊，一室之兒童圖書用具等布置，最好如圖甲，較爲合理。

圖甲：一室之兒童圖佈置圖

*說明：每一閱書桌容十人之座位

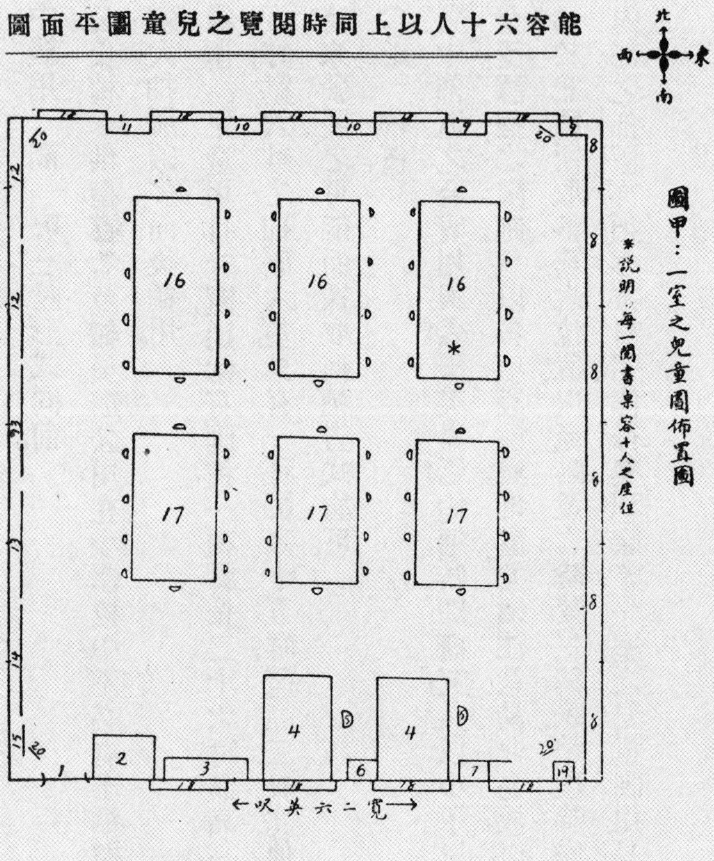

註：

1.入口門
2.目錄櫃
3.普通參考書架
4.辦公桌
5.辦公椅
6.暫存新書架
7.職員參考書架
8.書架
9.兒童叢書架
10單張週報架
11日報架
12新到雜誌陳列架
13新書陳列架
14貴重書櫥
15舊雜誌櫥
16高級生閱覽桌
17中級生閱覽桌
18窗戶
19文件箱
20值日生值班座位

1.目錄櫃　目錄櫃與簽名處分設於門口左右二方，一則便利兒童入館閱覽時簽到，二則便利讀者找尋材料時檢查目錄。

2.辦公桌　於開架制之兒童圕中職員辦公桌可兩用為出納櫃，故其位置宜置於近門口之目錄櫃旁，俾職員便利照顧出入圕之兒童，又便利檢查目錄。

3.書架　兒童圕設書籍不多，以室之東面置書架，如其室深度有二十八英呎者，可置三呎寬之書架九具，每架空留四分之二餘地後，尚可置厚約半公分之書籍五百册，總計能容四千册左右。按現在我國出版之兒童讀物，完全購置，尚可安插。此外於北方窗隙之處，設置書架一二架，以安插在三十面以下之薄本兒童叢書；此項叢書之裝置，按諸經驗，照書籍之大小定製布匣裝置，易取易放，效用最良。

4.新書及新到雜誌陳列架　新書及新到雜誌陳列架，單張週報日報陳列架，所陳列之讀物，有時間性；且兒童生性喜新厭舊，對於此項新穎材料，大都歡迎；故為使便利閱覽及使讀者易於厲目起見，須置於門之入口方面。

5.閱覽桌　利用北方之光線，將閱覽桌南北横陳，俾光線自旁射入，較適合衞生，故閱覽桌須分中高級，靠近於北方窗隙之處。另一方面書桌居正中，三面為書架，取置書籍方面較為便利；但桌與桌之間，須保留三呎以外之餘地。

上列五點，均根據圖甲一室之兒童圕布置圖而設計，如形式不同時，亦可相機變通。其他如關於光線與空氣方面者如：

1. 牆壁內層宜用綠色油漆而後塗上白粉，俾不反光而少刺激性。

2 光線須利用自旁射入者而後不損目力。

3. 電燈每桌裝置二盞，用磨沙燈泡，不使光線直射入兒童眼簾，致傷目力。

4. 館址除注意高爽外，須多闢窗戶，使空氣流通；于南北二方空隙之地，宜植長青樹木，設圃種花，以調節空氣。

除此之外，於四週牆壁空間，須懸掛美麗畫片，我國歷代民族英雄像片及事略，及能激發兒童思想之格言國恥地圖，閱書之衛生姿勢等。既可增空間之美感，又具有教育之價值，而增長兒童中心之智識與快感。他如閱覽桌上，亦須按時設置鮮花，時常變換，芬馥之氣，亦能提高兒童讀書之精神。最後，全館之佈置，其主旨極須注意全館之整齊，清潔，美觀，雅靜各條件，使兒童讀書心境，趨於安適之途。

（6） 行政

1. 選購 兒童讀物之選擇問題，非常重要，另於下章討論之。至於普通選購之方法爲：

a. 留意各書局之新書廣告。

b. 參考專門學者之介紹文章及評論。

c. 注意審定之兒童書目。

d 自赴各書局實地觀察。

於上列四條之外，主持者猶須處處注意，勿爲廣告及論文所朦蔽，至於其標準，請參考第四章。

2. 登記　兒童讀物經選購來館之後，首先檢查有無缺頁與損壞之處，俾發現此項弊病時，可向書局退換，反之，如無毛病，卽行盖章登記。至於登記簿之格式，須依照各大圕所通行者，以期統一；另一方面其中漏失之處可減少也。

3. 分類編目　兒童讀物之分類法，全視其學校之基本與發展能力而後定；設書籍在一千册以內者，採通行之分類法，統分爲十大類卽可。在一千册以上而前途甚堪發展者，須採與各大公共圖書館之分類法一致；例如國立北平圕與北平第一普通圕等所採用之劉國鈞著中國圖書分類法，兒童圕亦可採用，以期統一，使學生畢業後不幸而失學，尙可利用其故技至公共圕以自修，增廣其學識。

關於學校兒童圕分類法，一部份學者主張須另立新法，或使用二個類碼，以減少兒童記許多書碼之痳煩，期適合兒童之心理。不過事實上並不如此，蓋小學之兒童若無兒童圕學識之訓練，利用兒童圕問題根本不懂。反之若隨時解釋利用方法，及講授簡單之原理，兒童自可瞭解，困難自可減少。大凡兒童頭腦之簡單一點，未若吾人之想像也。

又有一層，小學兒童之用書大都漫無目的，見其書之美麗，名目新奇，則取而閱之，當時並未計及其內容之爲何；若內容不合其個性，卽另換他種閱讀矣。分類法不過作管理者歸其類之工具而已也。

其他如公立學校中時常發生之問題，如民族英雄故事表演，捕蠅運動，宣傳衞生，演講比較等，其找尋參考書等之工作，均須指導者負責指示，師生非常合作，師生間有事商量，司空見慣，未若公共圖閱者與館員有客氣存在也。是故各小學校長之來參觀者，作者以此解釋其諮詢之問題，大都以爲此說可實行。

兒童圖之目錄，亦宜採卡片制，每書作分類書名二種卡片分排，以便利多數兒童檢查之用。書本目錄除呆板不便外，使兒童翻閱，實在太費，其弊病爲損失太多故耳。至於編目之規則，當然須採用劉國鈞著中文圖書編目條例，因其勢力遍於全國也，如不合處，可稍爲變通。

4. 新書揭示　新書於各項手續完畢後，如何使全校兒童知悉？確爲一大問題，設有新書而無人知悉，則失其原來之效用，故兒童圖之主持者，須多方設計，布告欄中用活動之辦法介紹其內容，設新書陳列架，口頭隨時介紹，均可收效。

5. 出納　兒童圖書籍至可供給全校學生閱覽之外，尚有餘可流通時，卽開始借書，其方法須簡單而少弊病，注意兒童健忘，設計使增長記憶力，其出納之辦法與規程，須合適其兒童圖自身，並參照學校之情形而定。

（7）　閱覽指導

兒童本身對於讀物之良否，既無判斷之能力，利用圖之方法，又根本不知，偶遇有生字難句，字典辭典不能解決時，每無辦法，是以主持兒童圕事業者，有閱讀指導之需要，以帮助兒童解決一切疑難之問題，矯正關於姿勢禮儀上各種之錯誤，其所負之責任，亦非常重要，其工作之主要點有：

1.指導兒童檢查目錄找尋材料。

2.訓練兒童上書架取書還書之方法。

3.矯正不合公共衞生各點，如坐立不正，隨地吐痰，用涶涎翻書等。

4.解釋公共場所應守之秩序及應有之禮貌，如進圕須脫帽，走路要輕，對無論何人要和氣，不可隨便食物喧嚷等。

5.講述檢查字典之方法與摘錄筆記之要點。

6.隨時事之變遷作種種測驗。

7.解決兒童不能解決之一切問題。

8.作指導之心得及成績報告等。

兒童圕閱覽指導問題之範圍非常廣泛，除上述八點外，可參考拙著：「小學中高級自由閱覽指導之研究」一文，（師大月刊社有單行本）論述皆本於實驗所得，且較詳盡也。

四、兒童讀物選擇之要點

（1）讀物與兒童思想之關係

黃金時代之兒童本心地坦白，思想單純；但彼爲初入世界之人類幼苗，見識既淺陋，經驗尤空乏，是以性喜學習，善於模仿。蓋若輩對於各種事物，乏相當見地，毫無判斷能力故也。尤其爲一般初受敎育之幼童，每受富於感情超乎現實之言論思想所矇蔽；思想及精神上大受影響，行爲趨於瘋狂；最甚者，終身蒙受其害，影響國家社會之健全細胞組織莫此爲甚！於其本身則爲偶一失足，成爲千古恨事，豈不可惜？

反之，有正當之導師，指導兒童閱讀思想純正之良好讀物，例如優良之文學讀物，科學常識及先賢遺跡等，兒童閱讀時，爲指導者隨時加以解釋，則兒童自可明白自身之責任，而促進其好學之意旨，激發其堅苦忍耐忠國力行之純正思想，以造福人類，惠及整個國家社會。好惡之間，相去不啻天壤，唯兒童讀物能使之然。觀乎此點，可知兒童讀物之良好與否，危險之大，深堪注意。讀物與兒童之關係既如此密切，吾人負有此項責任者，益不可忽視，另一方面，兒童讀物之作者譯者，亦須以吾人國家地位環境爲背景。吾國之兒童當今急需者，須含有：

1 激發國家觀念及民族思想者。

2 注重現實環境發凡科學而非迷信者。

3 適合兒童心理而含有純正觀念之暗示者。

凡此三者，腐舊之兒童讀物均未注意及。是故不良讀物充斥市面上，報紙上亦不時可見兒童入山求道訪師習武之奇異新聞，於此可見戕害於有爲兒童者實非空洞之理論。但此種事實，說者謂小之尤者，可畏者，在於無愛國思想及勞苦服務精神之讀物，影響最大；古人有「亡心甚於亡國」之說，極堪注意。

作者既服務於兒童圕界，目睹讀物與兒童心理關係太密，不可稍爲忽視，是以糾集同志有「北平兒童讀物繪畫研究會」之組織，專門研究及審查讀物之內容，設嚴格之標準，將來研究所得之資料，一有成數，即將發行刋物以問世，諒於小學兒童圕界當能供獻一點參攷資料也。

（2）選擇兒童讀物之標準

尤其爲自動式之開架制兒童圕，於選購讀物之時須特別細心，審查讀物內容是否含有毒汁？是否含有教育價值？關於其弊害，上節已略論之，此處不遨述。大凡選擇兒童讀物，須有一定之標準，毫不可苟且，大略言之，其標準可分爲下列之三部分：

（A）一般之標準

公立小學購書之標準，須按照其經濟情形爲轉移；於程度方面，亦需絕對之注意及研究；如高年級用之課外讀物，較重文字，其字體之大小，可用清晰之鉛字自三號至四號。中年級用之課外讀物，須圖畫與文字並重，其字體之大小，宜用清晰之鉛字二號至三號，文章須短篇者爲佳，過於冗長者，於中級兒童學力與興趣兩不相宜。關於低年級讀物，首重圖畫，文字副之，圖畫須用彩色印刷，須精良，畫法須簡單，使幼童易於辨識字體之大小小學一年程度者用特大號鉛字，二年級程度者，用頭號鉛字。封面須美麗有意義，以便引起兒童之閱讀興趣。書內插圖有連續性質者兒童較為歡迎。

（B）內容之標準

無論何種兒童讀物，其重心所在，厥為內容；彼精神之發揮，優劣之判斷，均集於此。故論兒童讀物內容之標準，須分二部分討論之。

a 優良讀物之標準

兒童讀物內容之優良與否，素無定名，內容之標準，極為籠統；現在我國注意此項問題，討論者甚多；大凡以能激發兒童向上之志氣，砥勵其勤儉義勇之精神，與絕對含有教育價值者，名之曰優良讀物。反之誨盜誨淫，內容之思想不純正，立論多不經，足以戕害兒童身心之發展，消滅其向上之志氣，及有蒙受不良結果者，謂之不良讀物。優良讀物之標準，須有：

1 根據現實生活情形而適合兒童心理者。

2 適合兒童程度與口胃，並足以引起其閱讀興趣者。

3 含有教育價值及啟發兒童思想與引起良好感情者。

4 指示兒童於自然界及社會生活上獲得知識與經驗者。

5 適應現在國家之需要，示有愛國與民族思想者。

6材料新頴具可想像之事理而供研究者。
7絕對含進化思想而非迷信者。
8有文學價值而敍述不呆板者。
9文學書籍須有和諧之詞意誠懇之語氣，描寫生動活潑之一貫情節而有雋永之興味者。
10劇本須具有敎育價值之感人情節動作不離常軌者。
11詩歌須音節自然思想超越者。
12插圖須簡單生動表現書中情節，能引起兒童留戀閱讀之興趣者。

優良讀物之標準，雖僅此十二種主持選購之兒童讀物者若能遵而行之，於兒童方面，亦可以無害矣。

b　不良讀物之標準

1含有誨盜誨淫之意義者。
2含有危害國家前途思想者。
3含有封建思想與極深之宗敎色彩者。
4不合現實生活思想過乎不經者。
5含有頹廢悲觀厭世與足使兒童精神萎靡不振之一者。

6 情事近乎儌倖欺詐詭涙刻薄者。
7 傳說過於神秘虛妄怪誕不經者。
8 描寫過於兇惡鹵莽殘殺不仁者。
9 內容過於鄙俚陋俗雜亂無章者。
10 圖畫謭陋毫無意義者。
不良讀物之標準，僅此十條，若兒童讀物中含有上列各條之一者，為避免散佈毒汁起見，兒童圖書館寧願不購，以除去反乎為兒童而服務之目的。
（C） 形式之標準
中國之出版界專事謀利，於兒童讀物形式之結構上，毫不注意，印刷除不清外，尤多錯誤，裝訂與紙張方面，尤使吾人之失望，此點尚望今後之出版界，特別改良，與兒童圖書界之期望，趨於一致。至於形式方面之標準有：
1 書籍形式不宜過大或特殊者。
2 印刷須精良美觀清楚整齊者。
3 字體之大小，須適合兒童程度年齡及不損目力者。
4 紙張須耐用潔白而不反光者。

5須布面裝訂堅固者。
6定價低廉而價值不劣者。
7板本須最近者。
8不失時效者。
9封面及書皮須顏色美麗堅固耐用者。

綜上數節，於選擇兒童讀物方面已略述其大要，其辦法與實施，皆本諸專家之理論與實驗後修改而成者，公立小學於設備兒童圖之初，深可引爲參攷。其他未盡善事宜，希望各專門學者多供獻意見，俾得集思廣益，增删此項標準。

丙　結論

辦理兒童圖事業，於各公立小學校中，因經費之不裕，而致遲延不辦，成爲各校之一般原因；但主其事者，不設想於各項經費中，每月節省一二元之費，以供購置兒童讀物，以充實其兒童圖之基礎。於地址方面，若無闢專室之可能時，亦可採變通辦法，設置兒童讀物於其終日相依之教室中，亦無不可。然則於兒童本身則受益不少矣。但考各公立小學何以不如此設想？其原因大略有二：

1. 圖界宣傳不力，教育界對之微有隔膜，不能瞭解其重心所在。

2.小學主持者以爲辦理兒童團,須專家主持感耗費太大。

有此二因,亦足使事業不表彰於世。但小學之於兒童團事實上爲必須,且成爲一致之言論,尤其爲公立小學,因其負有普及國民教育基礎之重大責任;主事者不能因循敷衍,以失國家辦理各小學之深意。觀夫上列二種原因,其感覺困難之點,在於經濟與人材兩告缺乏而已。作者有鑒於此,曾擬利用中華圖協會在青島舉行之第三屆年會之機會,有要求「中華圖協會應組織兒童圖事業諮詢委員會」之提案,其理由於本文中屢反映其需要之事實,已成爲刻不容緩;蓋小學教育界實需要此種機關之提携與指示一切也。

總之,公立小學有設立兒童團之責任,已極迫切,且亦義不容辭,至於開辦時之經費及經常費,自每月一二元起至數百元止,可視各校情形爲轉移;不過於設備方面極須注意各年級兒童之學齡,首重衛生,桌椅可用舊式,唯一之要點,必須改造合適,空氣務必流通,光線須求充足,各項設備務必根據兒童心理爲依歸。於兒童讀物方面選擇一道,尤須按照上列各項標準。果能如此施行,則可深信不致涉於爲兒童謀福利而反戕害兒童也。

最後,希望中華圖書館協會,速組織兒童圖書館事業諮詢委員會,期卽日成立,俾使負起責任,推廣此種事業;於各公立小學方面辦理兒童團事業,若有良師可以依循。各地公立圖,亦須負起援助各公立小學兒童團事業發展之責任,速擬特別提借兒童讀物辦法,以期通盤合作,共同完成其偉大之責任。待此項事業試驗有效時，再擴充到私立小學，完成兒童圕事業在中國絕對之普遍化。

本文論説及計劃，雖根據實驗所得者多，然成於倉卒之際，各項論説與引證，或未週到，敬請各專家不吝指正。或另以宏文巨著見示，則本文實有拋磚引玉之效焉。

參考書

1. 劉國鈞　圖書館學要旨　（中華）
2. 張九如　周翥青　可愛的小圖書館　（中華）
3. 盧震京　小學圖書館概論　（商務）
4. 今澤慈海　竹貫宜人　兒童圖書館之研究　（商務）
5. 王柏年　小學中高級自由閱覽指導研究　（師大月刊單行本）
6. 王人路　兒童讀物研究　（中華）
7. 曾憲文　兒童圕之研究　（文華圖書科季刊一卷一—三期）
8. 葉章和　圕與初等教育（圕學季刊八卷二期）
9. 劉斐漪　關係兒童知識糧食的設備圕（江蘇省小學教師半月刊三卷十七期）
10 余文豪　兒童圕的組織與設備（中央時事週報四卷十六期）
11 遲受義　第一附小兒童圕計劃大綱（師大月刊十三期）
12 陳德徵　天才教育與少年圕（上海教育第七期）
13 張秉彝　小學校兒童圕亟宜設立之理由及其管理方法（京師教育月刊一卷四期）
14 李鍾履　圕與兒童（圕學季刊七卷二期）
15 李璧貞　兒童圕的必要（福州實小校刊第四期）
16 管文南　兒童圕教育之研究　（浙江教育行政週刊五卷廿三期）
17 遲受義　兒童圕的價值（文化與教育八十四期）
18 劉衡如　兒童圕與兒童文學（中華教育界十卷六期）

此外又有短篇論文多篇為節省篇幅起見不錄

摘自《圖書館學季刊》一九三六年三月第十卷第一期

兒童圖書館設計與設備論略

徐家璧

導言——前提——地點——分配——光線——地板
裝飾——書架——器具——其他——尾語

（一）導言

我國圖書館的歷史，肇自蘭臺石室，雖然是由來已久，但是有着現代化的組織，時代化的精神和設備的，還不過是近二三十年事。其中發展的過程，確是幾經奮鬥，由屯藏進而開放，由貴族普及平民，進步迅速，有時也可使一般爲新興圖書館運動努力過的人捋鬚而喜。但是我們也不能就因此自以爲滿，要知中國事事落人之後，就圖書館論，並沒有例外。國內圖書館事業，沒有開闢的園地還多，正須待我們繼續努力。現在卽就進展程序一端而言，便覺權衡不均，輕重失宜。一方面學校圖書館是方興未艾，邁進不已，另一方面則公立圖書館，民衆圖書館，尙在稚齡，急待發展。推而至於鄉村圖書館，兒童圖書館，專門圖書館，則更無論矣。所以今後圖書館的目標，是在如何求普遍，求均衡，使得各界人士，每個國民，都可得着閱讀參考的機會，那才是我們應盡的責任了。

談到圖書館事業將來的發展，筆者以爲兒童圖書館，尤爲當前急務。人們常說：「今日的兒童，卽爲明日的主人翁。」兒童旣是社會上的一份子，他就有享受圖書館服務的權利。並且在現下倡導平民敎育，打倒文盲的時期，我們必需從兒童做起。在美國，以過去四十餘年的經驗，覺得眞正敎育成人，使他知道如何去利用書籍，非從幼借重圖書館的訓練薰育不可。於是在各大民衆圖書館，公立圖書館中，都設有兒童部，並且鄉村也設鄉村兒童閱覽室，在管理上的得體，成效的卓著，實在足以驚人！至于英國兒童圖書館的進展，也不可妄加漠視。在一九一七年全國圖書館協會大會的當兒，曾經有一條議決案，引起了各個熱心有眼光的圖書館學家注意。那條議案的主文大意是說：

「現在國內最急切的需要，就是如何使兒童發生求知好學的興趣。學校的責任，只在敎兒童怎樣去知，但爲滿足他們好學的慾望，還有賴圖書館的協助。認眞說，兒童圖書館應該是所有圖書館事業的基礎。願本會能本此精神，從速在各公立圖書館，民衆圖書館成立兒童閱覽室，並委幹員專司其職，庶幾有成績昭人的一日。」

自該次年會而後，英國圖書館界有很大的奮興，結果全國都一致起來共謀發展兒童圖書館的大計，藉以達到他們最後的標的。此事到今才不過十有餘年，英國兒童圖書館也竟具有相當規模，可以和美國並駕齊驅，分庭抗禮。這種精神毅力，不得不令人欣佩折服，深盼我國同志借鏡效法才好。筆者記得中華圖書館協會在過去三次年會中，也曾有若干議案是關於兒童閱讀和兒童圖書館的，但是迄今年復一年，議案始終保留未動，更未見諸實行，的確是一件很可嘆惜的事。惟望今後，大家能于猛省之餘，聯合起來，分進實施各項議決案，那才不負我們年會的使命，也不辜負我們的兒童了。

辦理兒童圖書館的途徑很多，要考慮到的事情也很繁。比如如何選書，如何出納，主管人員如何遴選，都有牠們眞得特殊研究的地方，現因限于時間篇幅，這些問題暫置不談。筆者覺着要領導兒童到館裏來，必先要有美麗可愛的環境，使得他們願意來，並且一次來過下次還想來。所以一所兒童圖書館，應當首先注重牠的設計和設備。倘若我們能顧慮周至，規劃得宜，使兒童感到興趣，那我們的事業，一定是事半功倍。在下便要簡單談到兒童圖書館設計和設備的本身，倘或所論還有一二足資參考，那末筆者的希望也就如願以償了。

（二） 前提

兒童圖書館固然應有良好的設計和設備，才可收相當的成效。但是我們應以何者爲依據？何者爲憑藉？倒是我們在實施設計和設備之先，必需研究的。兒童圖書館的中心，應該是兒童，但是同時還有一般研究兒童讀物和兒童興趣的成年，也是我們顧主的一部。所幸成年的人數不多，對于整個設計，並無十分影響，所以假定我們純粹卽以兒童爲對象，還不致犯很大的錯誤。

第一，我們的設計，應以兒童的體格和天性爲依據。兒童普通的特徵有五：（1）身材矮小（2）好動不好靜（3）喜合羣結伴（4）富于好奇心（5）對環境和人物的授意易于反應。因此在設施上，應當適應這些要求，使得每個兒童都能合適相安。于是棹椅不可過高，室間須要充分，在可能範圍內劃分組別，設置掛圖或展覽櫃，細心一事一物的安插，這些都應在佈置上特加注意的。

其次是應以服務的數量為依據，這個問題直接影響館內的設計頗大。通常我們辦理圖書館，大多數沒有注意估計閱者因之每每許多閱者失去享受服務的機會。這在辦理圖書館的立場言，是不對的。兒童圖書館的閱者，可以根據該市區學齡兒童的數目估計。不過應當注意的是：（1）同市區的兒童閱讀設施若何？有無小學圖書室？家庭巡廻文庫？（2）天然的障碍，如有無山川的阻梗？地勢的不便等等，（3）交通系統的組織，如鐵道電車公共汽車之有無以及各項發達的程度等等。以上三事調查清楚以後，便可決定我們服務的範圍，應行舉辦的業務，然後才不致茫然失所。除此還應附帶的調查兒童年齡性別，家庭狀況等，知道兒童的興趣需要所在，這些將來對于設計佈置，都是有莫大助益的。

最後是應以館裏的經濟狀況為依據。兒童閱覽的設施，固以單獨創立兒童圖書館為最相宜，但以國內圖書館事業的現勢言，恐怕在事實上未見可能。至少在最近初步建設期中，應當着重在大圖書館中成立兒童部或兒童閱覽室。顧名思義兒童閱覽室或只佔據房舍一間，兒童部或許有兩間以上。故此大規模的兒童圖書館和小規模的兒童部兒童室，在設計上，都不無差別。兒童圖書館在建築之初因為經費充裕，自然最好延聘專家縝密設計。卽是兒童部兒童室也不宜因陋就簡草率從事。有時以同樣的經費，同樣的設備，就因處置分配之得當與否，在成績上，便也造成鉅大的差異。經營圖書館的要旨，是以最經濟的方法，來達到最大的效果。所以儘管規模雖小，我們也必需盡力策劃。談到此處前提便算告一段落。

（三）地位和地點

談設計，首先要解決的，便是地位和地點問題，在獨立兒童圖書館，地位並不是問題的中心，但在公立圖書館，民衆圖書館另闢一個兒童部或閱覽室，地位又須待我們考量。兒童部成人部二者究以接近爲佳，還是以遠隔爲宜？倒是個煞費斟酌的問題。通常在較小或中級圖書館內，兒童室是設在館舍前方的一端，正和同面積之成人參考室或大閱覽室對立。歐美都市地價昂貴，館址有限，于是有將兒童室設于二樓或地下層的。這樣未免任兒童時刻履險，無論上下，稍不經意，便有發生意外的可能。所以我們選擇地點，總以第一層爲宜。還有些圖書館學家主張兒童與成人完全劃開，因爲如此秩序較好，紀律也易于維持些。不過若是我們的目的，是在逐漸訓練兒童去用成人讀物，又使成人便于接近兒童，則兩方似又不應距離過遠。

獨立兒童圖書館的地點問題，正像普通新創其他圖書館時的問題一樣，並且解決的途徑，也大致相同。立館之旨既在敎人研讀陶淑習性，所以宜擇四週較靜風景較佳的場所。但爲方便讀者往返起見，也不宜離市區中心太遠，倘設市區小學多未設置閱覽室，地點不妨和校址鄰近，這也未嘗不是

小學教育的一大佐助。

（四）分配

分配一端，初看似乎不成問題，但若稍假思索，我們一定承認這個問題確實存在。按理說，成人圖書館所有的部股，兒童圖書館也應當有。至少展覽，閱覽，出納，辦公，盥洗五室，是必不可少的。除此再因需要所致，故事，參考，集會等室，也可添設。假定有某兒童圖書館設此八室，勢將如何分配呢？現為舉例起見，姑就一樓一底西式房舍略加說明。通常的分配法，是將盥洗，閱覽，出納，展覽，故事等室設在樓下。並且盥洗必須在入口處，閱覽出納應連在一起，互通聲氣。這個理由極為明顯，因為兒童入館，大都雙手不潔，盥洗處設在門內，可使事先濯手，然後閱書，這于館裏的庋藏，是有莫大利益的。圖書既然公開閱覽，當也可出借閱讀，因之閱覽出納，關係極為深切，便使之不可分開隔絕。展覽設在樓下，可增館內環境的美感，引起兒童的興味，而且參觀人數既多，可免上下擁擠之弊。故事室泰半為稚年兒童而設，躋緣樓梯，無異是輕視生命，所以也應設在樓下。集會佔地較多，樓上正好容出廣大地位，作為是項用途。年齡稍長兒童，有時也需作些簡單參考，樓下既無隙地安置，在樓上，也比較相宜，讓他們可以得着更清靜的境域，編目登記購訂等項工作，移在樓上，一面得便照管兒童參考，同時辦公也可安寧些。

大圖書館內附設的兒童部或兒童室，倘若只能分配一間，應擇其光線充足面積廣闊者。佈置用

具分配工作，應按房間的方向內情而定。若是地位不大，一切事務都在一室，很可不必明劃界域，但爲進行方便計，設置若干暗示也就行了。室內的兩端可分作年幼和較大兒童閱讀的所在。如地位許可，閱讀出納參考，分開辦理更屬適宜。不過在劃分界限時，最好少用木料，採用玻璃磚比較美觀且易照料。再者卽用長桌書架隔離，只要陳列得當，也是可嘗試的。

（五）光線

不論兒童室的地位如何，或是兒童圖書館的位置怎樣，充分合適的光線，爲必不可少的要件。兒童閱覽，旣宜在白日開放，所以光線應以天然陽光爲最佳。全館的設計和餘出室內書架的地位，便可形成窗牖的式樣和所在。無論情形若何，陽光務必盡量納進，使其可以照射室頂才是。從學理上說，最理想的天然光線，是從北面來的，因爲這樣日光不能直射書上，與目力無損。但也許有人喜得日光照耀才覺愉快。在平素陰暗的城市，若將天花板和四壁全塗粉白色，也略得補救陽光的不足。然在普通情形之下，只須天花板和四壁上半粉白，就可容納充分的陽光了。

但天氣不常，季節時變，在在都足影響天然光線的强弱。例如雨天，冬季陽光自然比較薄弱，我們便不得不假借人工光線的輔助。用間接照射的電光，是最適當，惟裝置費或較貴些。裝燈時，必須注意的事有幾件：（1）燈數要够應用，不可過少使光線不足，也不可太多以致靡費。（2）裝燈如係爲照亮

書架，必須使全架由上至下都有同等的光線；如爲閱覽便應下垂使與兒童目力接近。（３）燈盞不宜懸掛太低，檯燈尤不宜配置，因爲這樣易使兒童接觸，或者會發生意外的危險。

（六）地板

凡屬公共場所人羣薈集之處，肅靜爲第一要着。但爲維持安寧秩序，非在地板或地面上多加防止不可。圖書館既爲閱讀研究之所，更宜寂靜無聲。因此對地板的設施，是決不容忽略的。兒童比成人好動，喧嘩難免，利用特製地板來減輕館內的嘈雜，似乎也是一種最有效的方法。

圖書館地板的裝備，也有若干種不同的方法。通常上等楓木地板，也很能够合用，有些館裏採用橡皮或輭木鋪墊，收效自然更佳。最新式的還有海軍油布，也很適合應用。除此，採用地毯蔴墊的，或亦不在少數，但此等物品極易藏灰納垢，難于打掃，未免是美中不足。總之，選擇資料應當顧慮到：（１）每日需用照料的程度？（２）是否易于修補？（３）是否經久耐用？以及（４）價錢的貴賤和（５）服役的效果等等。

（七）裝飾

兒童室的牆壁，色彩不要鮮艷，但也不宜冷淸，壁上只須留出公告牌的地位，其餘全可用着掛畫

的所在。倘使上半刷白，下半刷成淡綠或淺灰色的，光綫既不防碍，又可作懸掛圖畫的背景，是最爲適合的了。

按尋常慣例，兒童室是決不油飾壁畫，這個一則因爲繪飾好壁畫太貴，再則似乎太莊嚴太固定一點。兒童喜在活潑變動的環境，壁畫若是不佳，日久生厭，一定也會影響到他們的閱讀，其次對于掛圖，也應仔細選擇，牆上掛得太多固然不好，少而缺乏意義也是不行。與掛圖極有關係的，便是彫塑和花草的佈置。彫塑的質料不論怎樣，形式是以小巧玲瓏爲宜。古代偉人的肖像很多，或者不易使兒童體會賞識。市面出售一種揷翅勝利神像，製法倒還精美，可認爲是比較上最合式的。瓶花，盆花，安置在相當的地點，準可增加室內的美感，但與其他裝飾一樣，只要能配置得體，並不在數目的多寡。

若是室量容許，還可陳設幾張展覽橱。每次陳列品，最好有確定的主旨，每週或每十日按期更換一次。展覽的題材，正和掛圖相似，總要求之與兒童身心有益的。比如衛生習慣，鳥獸生活，地方民俗，自然景象，偉人童年，均可隨意揀選。展覽的資料來源亦極豐富，書籍，小册，畫片，手稿，圖案，表格，無一不可。要造成館內或室內優美的環境，非由這些無數微小的事物綜合組織不可。這樣兒童的好奇心，多少才可得些慰藉。

（八）書架

兒童的書籍，多數價值很廉，因之歐美兒童圖書館，普通都實行開架制，藉以方便兒童的閱讀，我國也不妨照樣試辦。但爲比較不常用或珍貴些的參考書，可以預備幾個便于封啟的書櫃，只要櫃門用玻璃裝設，兒童也可隨時向館員索閱所要看的書。書架的標準尺寸，英美不一，但最高不得過六尺。尋常爲適合各齡兒童的應用，架高總在四尺半到五尺半之間。矮架的目的，是在使兒童看見架上每一層書，取着每一本書。沿牆的空壁，當然是書架上好的歸宿。那些正和窗牖相向的，光線充實，應擇兒童愛看常用以及有意使他們多用的書。窗下各架，光線稍弱，但常用的書也該放在此處。書架的材料，有鋼質有木質，式樣極夥，儘可按館裏的財力和趨向去定。架上各層，必須可以上下自由移動，俾使各式書體均可容納。平均每層的尺寸大小如次：

尺寸 架式 書式	長	高	深（闊）
普通書	三尺	十寸	七寸
大本書	三尺	十二寸	十寸

再者室內也應置備一二特製斜面書臺，陳列大本畫冊，以供幼小兒童隨意翻閱。

（九）器具

選擇器具的要點，類似選擇其他各種設備，務求其簡便，求線條色彩的調和，求效能致用。所有器具，應當避免極明極暗的色調；在製成之後，應當堅固結實得不顯露日用的摩擦抓痕。近今風尚摩登，因之種種花樣圖案應運而生，圖書館乃爲作業研究之地，應求實際，不必追世隨俗。圖案越新奇，越不易于修理，配置雕刻過多則易納垢，想求拭淨保潔也很費事了。

兒童圖書館所切需的器具有閱覽桌椅，辦公桌椅，書櫃和書架。書架大致已如上述，書櫃和書架大同小異，變通調整想也容易，辦公棹椅可按成人製法，在此都不必一一討論。現在僅將室內最重要的閱覽桌椅簡略說明。

桌椅的數量，形狀，大小，應以建築的式樣，閱覽的需要，和室內的面積爲轉移。桌子的形狀甚多：圓形的分開讀者較便，又可供友伴的閱讀，長方形的爲寫字作參考最相宜，他如正方形的，橢圓形的，三角形的，都可在某種情形之下適合應用。爲稚年兒童習慣正坐翻閱書畫，也可定製幾張斜面形的閱覽桌。有時室內或者也需要一張活面玻璃桌，專爲陳列比較珍貴美麗的畫頁或圖片之用。爲免除單調起見，以上各式的桌子，都可製備一些。倘使一室地位有限，工作繁多，只要桌椅有法收叠起來，閱覽室也可變爲臨時集會室，故事室。佈置桌子，不可太近，至少每桌之間有五尺以上的過道，這樣到了兒童擁擠匆忙的時候，便不致行走不通。桌高既與兒童身材適合，桌底一切的障碍，例如踏脚板，橫木之類，應當竭力避免。子是兒童要使棹椅靠近，當也不致被阻。桌邊棹角，須略作圓式，以防兒童不意之碰傷跌倒。坐椅須與桌子式樣一律相稱，並應具相當重量使兒童不易推翻。

關于桌椅的高度，各館標準不同，兒童圖書館的閱者大概可分三級。五歲到八歲是第一級，八歲到十二歲是第二級，十二歲到十六歲是第三級。或者攏統一點，分爲五歲到十歲，十一歲到十六歲兩級也可。若在獨立兒童圖書館房間較多，桌椅尺寸應多具備幾種，藉以供應各級的閱者。倘或因地位和經濟所限，高矮完全一律，也是一種暫行通融的辦法。以下介紹幾種桌椅常用的尺寸，以備採擇。

式樣	尺寸量度項目	桌（長方或圓形）	椅	附註
第一式	高 長寬或直徑	二十八寸、 長方｛長五尺或五尺半 寬三尺｝ 圓形｜直徑五尺或五尺半	十六寸（指由地面至坐位）長寬無大關係可自由斟酌	適用于十二歲至十六歲兒童
第二式	高 長寬或直徑	二十六寸 長寬或直徑與第一式等	十四寸或十五寸	適用于十二歲以下兒童
第三式	高 長寬或直徑	二十四寸 長寬或直徑與第一式等	十三寸	此式對幼年兒童尚可適用惟採取者頗少

除此目錄櫥，文件櫃，出納檯，送書車等兒童圖書館，可按需要的緩急，加以配置。在製法上與成人所用差別無幾，只不過尺寸都必需略較矮些而已。

（十）其他

以上各節，是兒童圖書館設計與設備最基本的因素，我們必須在可能之中盡力規劃。假設情形許可，還可再進而講求更富麗更堂皇的設備。比如在歐美，和國內幾所大圖書館，還有通風，暖氣，電氣，運書機，印刷所，裝訂室等項設備，恐怕是非為現時兒童圖書館的財力所能及，或其需要亦非如是迫切，所以並沒有提出討論。茲為留着參考起見，再將通風和暖氣兩點，約略申述如次。

通風和暖氣，論理本為圖書館的要素，但在實施上滿意的例子，很難見到。空氣流通得好的，多少有些機遇成份，靠設計還在其次。空氣儘管要流暢，但遇于强烈，使人感到不適，也是不好。在任何情形之下，我們應當盡量採定自然通風法，因為卽令費許多代價，裝設通風機器，效果終是很微妙的。此外，尙有假借電扇的力量，轉換室內的空氣，倒是一種比較通用的辦法。

暖氣的設備，可費可省，費者自備暖房，發放蒸氣；旣清潔，又美觀，自然很好。省者裝置鐵爐，傳播暖氣，作用也可一樣。但為愼重公物，和顧及兒童安全計，壁爐火盆，萬不可用。

還有少數圖書館，為要維持出入秩序，養成兒童良好習性，而採用旋轉門的。遇有許多兒童同時出入，必令彼等排列成行，依次而行。但這類門扉，並不是絕對必需，卽或利用長桌條案，佈置門前，也未嘗不可收同等的效果。

（十一）尾語

一館一室，經緯繁多，若要設計周至，佈置得宜，眞是談何容易！當然不是本篇所可盡罄的。各地各館的情形不同，在特殊環境之下，也便產生特殊的適應。設計設備原屬外表事物，並無絕對的定律，華貴樸實，權宜在人。主管人員均可本一己之經驗，隨機措置，因時地關係，各制其宜。如此進行，方可達到服務最高的水準。

國內兒童圖書館，當前的問題很多。不過最重要的，還要算此類設施太少，不足救濟薰育一般失學或在學的兒童，倘設我們認爲現下有設立兒童圖書館的必要，就該不再遲疑，從速量力舉辦：這與社會國家，都有莫大利益的。其次，凡已立有是項設施的，應當藉此審查組織是否健全？設備是否周到？其中必須改進的，也應卽時整頓策劃，使得內外生機蓬勃，那才不負當初創設的苦心。筆者草文將竟，因略有所感，姑一併誌之，敬待明達賜教。

摘自《圖書館學季刊》一九三六年三月第十卷第一期

兒童圖書館館員之訓練及責任

冷淑媛

圖書館對於教育上的助益，久爲各國教育家所公認，所以凡是教育先進的國家，他的圖書館事業也必定很發達。兒童時代是教育開始時期，當然也是需要圖書館來促進教育效力的，但是兒童在這才開始受教育的時候，他們的知識及閱書能力都很有限，所以在他們閱書的時候，是需要有人去指導他們，帮助他們的。在圖書館裏這種工作祗有交給一般館員去擔任，所以在兒童圖書館裏的館員，除了要有普通圖書館經驗技術外，更多一重教導兒童的責任。當然這種館員決不是一個普通人所能勝任，而是非受一番特殊訓練不可。我們要訓練館員一定要先知道館員所有的事務和責任，來做訓練的根據，訓練的目標，今分舉於次：

I 兒童圖書館館員的責任——兒童圖書館館員的責任是很重大，同時也是很繁雜的，現在舉那重要的如下：

1. 管理圖書館——圖書館館員最顯明的責任就是管理圖書館，因爲辦理一個圖書館，在有了館址和書籍以後，就需要館員去把書籍分類，編目，辦理出納的手續，然後才可以開闢閱覽室，供人來看書。就是平日的選添書籍，整理書籍，也都是要館員去工作的，兒童圖書館館員當然也要同樣有這種工作。

2. 誘導兒童入館——兒童的天性是好遊戲的，就是偶爾看書也脫不了遊戲的性質，拿書當作娛樂品，消遣品，想從這裏得到一點有趣的資料。但是兒童圖書館裏的書籍是經過一番選擇的，所有的書，不單要他能供給兒童有趣的資料，同時還要顧到教育上的價值，這許多帶有教育性質的書，也許有許多不是兒童所歡喜的。兒童因爲書籍的不合口味，就會減少他們到圖書館的興趣，甚至于厭棄圖書館，那圖書館本身就失去了他的價值，這是很危險的現象，在這種情形之下，就得要館員用誘導的方法去指導兒童，鼓勵他們來讀書。

3. 指導兒童閱書——兒童的看書，雖然是像上面所說的，是想找點有趣的資料，但是圖書館的目的，是在補助教育，所以在兒童來看書的時候，館員就要代他選擇含有教育意味的書籍，使得他們看一本書得一本書的利益，在兒童看書時，又往往因爲學力的不夠，對書籍不發生興趣，這時就得要館員去指導他，幫助他，使他們對所看的書能澈底的明瞭。

4. 養成兒童讀書習慣——兒童的看書都是偶然的高興，尤其是到圖書館來讀書，更沒有一定的管理約束，如再加以對書籍不滿意，那是很容易失去圖書館效用的，館員對于這種現象，應當盡力的指導他們，使他們領略書中的眞意，然後對書籍有留念的意味，有繼續閱覽書籍的需要，久之自然的養成他們讀書的習慣。

5. 陶冶兒童德性——兒童圖書館是公共的地方，所來的兒童良莠不齊，有品性優良的，同時也有不良的，在這團體裏面他們是會互相摹仿互相影響的，所謂「近墨者黑，近朱者赤，」那品性不良的兒童能染了好習慣當然是很好的現象，但是品性本來優良的兒童，也有學壞的可能，這樣就會引起兒童家長反對子女入圖書館，同時圖書館本身也失了他的價值，要知道這種現象，並不是圖書館本身不良，而是管理方面有了疎忽，要免除這種缺點，祗有館員去留意循視兒童，在指導他們閱覽時，同時注意他們的行動，遇有不良行爲，加以糾正，加以解釋，指示他們一種正當的行爲，及兒童應有的德性，使得不良的兒童變良，優良的兒童更加以優良。

6. 培植未來的國民——國家是由人民組成的，一國的興亡盛衰，就是人民優劣的表示，而國民的優劣是由教育培植的優劣而定的，兒童是未來的國民，一切的知識道德的培植，都在這時，那兒童時期的教育，是多麼的重要，兒童圖書館是學校家庭教育外最好的教育場所，他可以補學校教育，家庭教育的不足，而這其中的施教者，就是館員，所以兒童圖書館的館員，是負有培植未來國民的責任。

7. 造就國家人才——圖書館是可以補助教育的，若館員對兒童指導得宜，造成他研究的興趣，那定有進展的可能，或因之成爲有用的人才，來領導羣衆社會。且圖書館又是無機會求學，或不能繼續升學兒童的最好讀書場所，假如館員盡力的指導他們，使他們讀書有一良好基礎，將來不斷的研究，也有成就學者偉人的可能，例如愛迪生對于人類的供獻，是任何人都驚嘆的，他的成就就是因爲富有研究的精神，而在他幼年並沒有受什麼正式的教育，所以兒童圖書館的館員應當注意培養兒童研究的精神，同時也就是代國家造就人才。

II兒童圖書館館員的訓練——兒童圖書館的館員，他的責任有這樣的重要，那這種職務決不是可以隨便交給一個普通人去擔任的。所以對于圖書館的館員要施以嚴格特殊的訓練，使他有特殊的技能，去管理圖書館，尤其是兒童圖書館館員，還要陶冶兒童，訓育兒童，所以要想館員對于圖書館事業有良好的成績，一定要根據他們所負的責任，分別的去訓練他們。現在舉其所必訓練的重要科目如下：

1智能的訓練——圖書館的智能，可從下列幾方面去訓練：

A圖書館智識的訓練——兒童圖書館館員的第一個責任，就是管理圖書館，而圖書館的管理是一件很複雜的事務，所以要受下面幾種訓練。

(1)圖書館教育——圖書館教育的訓練，可使他們知道圖書館的意義，歷史，和圖書館的重要，然後使他們知道怎樣的慎重處理圖書館。

(2)圖書館組織——普通圖書館大概可分購訂，收受，編目，藏書，裝修，出納，會計，庶務，八部分，這裏每部工作本要有專門學識的人去分任的，可是有的圖書館因規模較小，或因經濟關係，不得不一人兼任數職，所以一個圖書館的館員，是要具多方面技能的，而在訓練館員時必使他對各部的工作都能明瞭，並能實地的去作。

〔3〕圖書館管理——圖書館管理也是很複雜的事，要想管理得法，須受下列各方面的訓練：

a. 圖書館法令的訓練。

b. 圖書館建築法的訓練。

c. 圖書購入法的訓練。

d. 圖書計算法的訓練。

e. 兒童室組織法的訓練。

f. 兒童室管理法的訓練。

g. 兒童圖書選擇的訓練。

h. 圖書分類法的訓練。

i. 圖書目錄編製法的訓練。

B 師範教育的訓練——根據兒童圖書館館員的責任，是需要誘導兒童入圖書館，培植未來國民，造就國家人才的，這種工作都是要靠指導兒童讀書得法才能作得到，而這種指導方法，祇有在師範教育中學習過兒童心理，教育心理，才能深深的知道兒童心理，後然順應着兒童心理，用兒童喜歡看的廣告，和合乎兒童好勝心理的閱書比較表等方法，來吸引兒童到圖書館來看書研究過教授法，就可利用合宜的方法來指導兒童讀書；又因兒童在閱書時因環境的接觸和內心的興趣關係，往往無系統的提出問題來問他們的指導人，這時館員就應當好好的指導他們給他們得到一個相當的滿足。所以館員對于一般普通的智識都需要知道一點，而師範教育是相當于高中程度，他們的目的也是爲教育一般兒童，他對于兒童所發的問題，一定能够應付，所以兒童圖書館館員最好要受過師範教育。

2. 德性的修養——兒童圖書館的館員，他負有陶冶兒童德性的責任，當然他自己本身更應當對德性加一番修養。修養的方法，可自己作日記或自省錄，寫出自己的優點劣點，以便自己對德性有所遵從或改正；也可以閱看名人傳記，以作德性方面模仿的準則。有時對自己的缺點不易發覺，可以請求別人指導批評，使他的德性達到下列的標準：

A. 能熱誠的辦事，以盡他的職務。

B. 勤于辦事，使對于他的事業有成效，且便于兒童摹仿他的勤勞習慣。

C. 要有寬容忍耐的精神，對於任何事件都要平心靜氣的去作，對于兒童不易受教，不必去煩腦，對于他人不正確的批評，也不必去介意。

D. 對于兒童要親愛，像父母待子女一樣，使兒童不知不覺中受他的感化，養成良好的習慣。

E. 館員和兒童在一處時，要設身處地的也像一個兒童對兒童，要有同情心，這樣才能感動兒童，互相間接近，發生好感，那兒童也樂意受他的教化。

F. 館員要能誠實守信使兒童對他有個好觀念，並且信任他，那他在作事時，必定比較的順利。

G. 對於貧富不同，愚慧不同的兒童，要一律看待，並且還要調解兒童互相間的不良觀念。

H. 對於自己的事業，要負責任去作。

3. 儀態的修養——一個人的態度會影響到別人對他的觀念；直接間接對于任何事業都是很有關係的。所以圖書館館員，也要注意到對自己的儀態，加以修養，使合乎下列標準：

A. 兒童圖書館館員要威重溫和，若館員不威，就不會引起兒童的信仰，但祗威而不溫，則兒童對他怕懼，使得陶冶工作反而不能進行。所以一個館員，對這兩種態度，要兼有並用，使兒童既樂于同你接近，同時又敬你信你。

B. 館員對于任何人都要有禮儀，這樣可影響兒童在不知不覺中也養成有禮儀的習慣。

C. 容貌要端莊，使兒童對你既敬又畏。

D. 衣履整潔，使兒童對你有好觀念，同時也是陶冶兒童的好榜樣。

E. 口齒清楚，使得兒童樂意聽你的話。

摘自《圖書館學季刊》一九三六年三月第十卷第一期

關於兒童知識粮食的設備——圖書館

劉斐漪

(一)小學圖書館之組織

在單級或兩級小學的兒童圖書館，祇須有兩個或三個兒童担任管理圖書的職務。其名義稱管理員或幹事，都可隨便。

在兒童數甚多的小學，可以酌量情形多設若干人担任職務。大概有正副主任兩人，管理兒童圖書館一切事務，另由三年級以上各級兒童担任幹事，每星期輪值一次，專門管理借書還書及圖書保管事宜。

此外，要設一兒童圖書館指導員，由學校導師中擇一人担任。其最重要的責任，不在機械方面，物質方面，把書籍整理，分類編目而已，須在精神上，使圖書館與教授有密切的聯絡，對學生學業上，智識上，有切實的貢獻。卽使書籍很少，編目告竣，若能每天在閱覽室內與閱者周旋，以補助學生的研究，引起他們讀書的興味，觀察各個兒童的心理，也是很重要的。(兼任館務之導師，當減經其相當授課時間)

(二)小學圖書館之經費

現在一般學校，都感着經費困難的時候，圖書館的經費，當然不能够十分充裕。不過，圖書館是學校內必需設立的機關，不是可有可無的，因爲若是沒有圖書館，那末學生除教科書外，別無參考，他們的得益，也就有限制了。所以學校經費無論如何困難，而圖書館的經費是必須籌募的。至於數目多少，可視各校情形酌定。這裏祇列一種經費支配的標準，以便參考

(1)開辦費：圖書50%設備40%文具10%

(2)經常費：
- 圖書50%(以百分之十五充購訂雜誌日報，及裝訂費用)
- 薪水38%(如係教職員兼任者此項可移併上項作圖書費用)
- 雜支12%(消耗4%其他8%)

(3)圖書館經費，除由學校預算項下支付外，得由政府特別資助，或向外界募捐。

(三)小學圖書館之設備

在小學校內，建築一個獨立的圖書館，也不是必須的。祇要在全校活動的中心點，爲最適宜的地方，那末教員學生往來就便利了。館內光線，須直達閱書桌面，四壁宜多開窗戶。室內四周，安放書架。借書處目錄等件，可放在入門附近的地方。在入口處，並須置一洗臉架，安放面盆，肥皂，毛巾等物，使兒童把污穢的手面，洗淨入室。全館佈置，力求精雅簡樸。用具器物之尺度，須合兒童生理，不妨發育，書架坐位，以耐用便利爲原則。下面所舉的設備，以作欲添置設備者的，一個參考。

(1)書架：高度以五呎爲宜。間隔地位，宜在十吋以上，能用

活板尤佳。

(2)桌椅：高低標準如下：(依年齡而定)

年齡	桌高	椅高
五—八	二十一吋	十二吋
八—十一	二十三吋	十三又四分之一吋
十一—十四	二十五吋半	十四又四分之一吋

(3)書櫃書櫥：宜用玻璃門以便兒童自取。

(4)揭示板：宜用深色木板，或加絨毯，揭示時事問題及布告。

(5)雜誌架：插置雜誌，排列層次，形同信插，以一書占一格，尺寸與書之大小相仿。

(6)出納櫃：式仿小櫃檯裝置，高約二呎五吋，能有活落門尤佳。

(7)目錄櫃：此係排置書卡之用，合若干小抽屜而成，中有一銅條，可穿卡片，抽屜尺寸，以卡片爲準。

(8)報架：用斜度層階式，尺寸以報紙爲準。

(9)其他：如新書架貯藏櫃文具箱等，視財力酌置之。

(四)小學圖書館之圖書選擇

(1)內容方面

a.兒童能力薄弱，判斷力未强，但心地清白，又易感應。故選書極宜注意，以免貽害。購置圖書，當審查兒童心理及所處環境，如名人傳記遺事遊記童話故事等均所必備。

b.可引起兒童感情及知覺者，如繪畫，掛圖，遊戲，運動，唱歌書等。

c.可養成兒童記憶想像與推理力者，如歷史，地理，小說，數學，理科等。

d.其內容須爲兒童所愛讀者，及富有文學價值者。

e.查照閱覽之統計考查各書能否適合各生之需求。

f.宜注意兒童全部之程度，兼顧年齡之過大過小者。

g.不但求其補充教科，尤須注意學科以外之參考資料。

h.注意外交政治，以養成愛國觀念。

i.切忌以教師之好惡，任意選書。

(2)形式方面

a.字體的大小，要適合兒童的目力。

b.應有簡明的標點符號。

c.段落分明，使兒童易於明瞭。

d.插圖在七歲以內兒童用的圖書中，應多用彩色的，平面的，有輪廓的線條畫，到十歲以下，才可漸漸減少畫幅。

e.印刷要清晰，切勿糢糊。

f.裝訂牢固，不易散開。

(五)小學圖書館之圖書分類

圖書館是彙集圖書的地方，如沒有一方法來處理它，非但取閱不便，而且整理也不便。如能把圖書分門別類，使同類性質的書籍，聚在一處，這樣才有條理可尋，取閱和整理，都能便利了。

圖書的分類方法，最著名的有卡特氏(Cutter)的開展式分類法，用二十六個字母來分類，有杜威氏(Dewey)十進分類法，用三個數目字來代表其主要的類別。不過，他們那種分類法，都不合我們小學圖書館之用，現在爲便利起見，茲介紹杜定友氏小學圖書館分類法，本分類法，分爲十大類，每類用一個號數代表他的次序。每類再分十科，共成一百科，足供小學之用，現錄其總目於下：

〇〇　普通總類　此爲一般之著作，題目繁複。例如新聞雜誌，百科全書等。

一〇 哲理科學 此爲研究人類之思想，關于行爲氣質性理以及神，信條，人類信仰等。

二〇 教育科學 此乃包括一切的教育問題。

三〇 社會科學 此乃人與人之關係，例如國家，政府，家族，經濟，法律等。

四〇 美術 這是供給人以趣味的技術，例如繪畫，雕刻，建築，手工，音樂，遊戲等。

五〇 自然科學 這是關于數學，動物，植物，礦物，理化，天文，氣象等。

六〇 應用科學 此卽關于醫藥，衛生，工程，農業，工藝，商業，實業等。

七〇 語言學 此卽關于言語，文法，國語，作文等的著述。

八〇 文學 這是動人感情的作品，例如詩歌，戲劇，小說故事，格言，寓言，神話等。

九〇 歷史地理 這是旅行某地的描寫，偉人生活的記錄，人類大事的編述，國家興亡的實敍。

(六)小學圖書館之編目

杜定友先生說：「圖書館的書庫，是一個寶庫，分類法，就是一把鎖，他可以維持書籍在庫內的位置，目錄就是圖書館的鑰匙。」所以如果一個圖書館裏，要是沒有目錄，便很不容易知道究竟有些什麼書，有了一份目錄單，要找起來便容易了。目錄的種類很多，有類名目錄，書名目錄，著者目錄等：目錄的式樣，有卡片式，簿子式等。至于兒童圖書館的目錄，只要一本簿子來編訂成書名目錄，既省錢，又合用。

(七)小學圖書館之圖書標簽

在兒童所看的書，最好用以色彩的標簽來分別。十類的書籍，用十種顏色來表示，則陳列在書架上，一看就知道，各類各色，一目瞭然。「顏色秩序法」如下

赤	= 0
妃	= 1
橙	= 2
黃	= 3
綠	= 4
靑	= 5
藍	= 6
紫	= 7
赭	= 8
黑	= 9

標簽紙的大小，須歸劃一，以求美觀。每張可裁成闊二分之一吋，長一吋，以便標貼。標貼地位，由書根一吋半貼起。

(八)小學圖書館之圖書借貸

(1)保證 須有父兄或級任教師之保證，始得領借書證。

(2)時間 須有一定之時間，或各級輪流。

(3)借閱 憑證借書，每書以一星期爲限，逾期處罰。

(4)更換 亦須按照定章歸還再行再借。

(5)愛護 借閱之時，勿使圖書折角汚損。

(6)書卡 借書證須保留，勿失，亦勿轉借他人。

(7)疾病 家庭發現傳染病，得先行通告，暫緩歸還。

(8)數量 每星期內每人得借書一冊至三冊，過多恐妨身心。

(九)小學圖書館之閱覽指導

設備完善的圖書館，有精良的圖書，借給兒童來閱讀；但因爲缺乏相當的指導，以致這些圖書，都擱置在架，這情形未免可惜，所以我們對于引起兒童閱讀興趣，那是不可忽略的。

(1)張貼廣告 用優美淺顯的文字，滑稽有趣的圖畫，發表圖書館中內容的完美，及入館閱書的快樂，利益，引得兒童們爭先入館。

(2)講故事 利用集會的時間，講述本館圖書中的故事，亦爲引導兒童閱讀圖書的好方法。故事的內容，大概以冒險故事及新奇的遊記等，爲一般兒童所歡迎的資料。

(3)展覽會 把有關于某種題目的圖書，彙集了陳列在一處

，舉行一個圖書展覽會，使兒童自由去取閱，必能喚起兒童最高的興趣。

(4)紀念會　利用一切的紀念日，把有關係的圖書，介紹給兒童，或者把有關係的圖書目錄，揭示出來，同時在校內張貼着有關係的圖書廣告，以便兒童們的注視。

(5)利用解決問題　如在上課的時候，忽然見到一架飛機飛過，大家好奇觀看，在這裏便有飛機的問題發生，那就可引導兒童到圖書館裏去取書參考了。兒童在閱覽時，教師當從旁指導。

(6)製閱書成績比較表　每月調查各級兒童入館閱書的次數，人數，以資比較。使讀書成績較好的，在級上便得到一面優勝旗，以致鼓勵。

摘自《江蘇省小學教師半月刊》一九三六年五月第三卷第十七期

怎樣引導兒童常到園來

壽喬

兒童園的設立，在使凡屬兒童——不分男女及在校與失學——均自動的來館閱覽，以期收效普遍；惟兒童時期，天性活潑，大多數貪圖玩耍心理較勝於求知識心理，中欲常常使兒童來館閱讀，勢必須用招徠方法，引起兒童來館閱覽的興趣，方可以廣收實效。至於能引導兒童來館閱讀的方法，約有下列數端：

(一)廣告宣傳——用淺顯的文字，及滑稽並有興趣的圖畫，優美的印刷，製成廣告，粘貼，牌示，或分散給兒童，使明瞭兒童園內容的完美，及來館閱書的利益與快樂。

(二)開展覽會——陳列各種有趣味的圖書及圖畫，引得兒童瀏覽欣賞，發生常到園閱書的興趣。或擇與佳節及紀念日有關係之圖書，畫圖，在佳節及紀念日特別提出展覽。總使兒童與園接近，閑暇的時候即想到園來。

(三)開演說會——演說故事具有特別感動兒童的力量，凡屬兒童時代均喜聽講故事，故園應投兒童所好，常開演說會，講演有趣味的故事，及歷史英雄賢聖的事跡，示以道德的訓練，使兒童聞之發生羨慕之心，則心目中便與園發生好感，視園為樂園。

(四)製備閱書成績比較表——兒童時期，均具有好勝心理，園中應於每月月終製備各級兒童來館閱書的次數及人數表，以資比較，成績好的，有以表揚，成績劣的，知所奮勉。

(五)與兒童親長及教師合作——園應接近兒童的親長，使澈底明瞭園的意義，閑暇的時候，督催子弟常到園來，不識得的字，不明瞭的事體，使之到園裡自己尋找，以養成閱讀及參考的習慣。學校教師不論上什麽功課時，總要留下幾個問題，不替兒童解決，要他自己解決，如此可引起兒童期待解決的心理，那末，他們不得不自己跑到園裡來尋解決的途徑了。

上列諸端，為管窺所及，未免掛一漏萬，期待高明有以補充。至於園之設備完善，館員之態度和藹，亦為引起兒童來館閱讀原因之一，願與我負有是項責任者，共勉之。

摘自《天津市市立通俗圖書館月刊》一九三六年十一月第二卷第五期

圕界

通俗圖書館附屬兒童圕管理處移交第一二圕負責辦理

兒童圕於二十五年內由第三通俗圕負責籌備，已成立三處，並經呈報，教育局有案。該館依據兒童圕管理處組織規則管理期現已屆滿，前經圕聯席會議議決由本年二月一日管理處事務分交於第一二通俗圕，管理處設於第一通俗圕內，辦理人事及會計事項，關於購書及圖書分配與編目等項由第二通俗圕負責辦理。前圕聯席會議以三處兒童圕原由七處兒童圕負責合辦，及每月供給經常費及其他雜費。兒童圕經常費尚能維持，現第七處已奉令結束歸併第一二民教館，因之第年減少四百二十元，管理處因本年經費無法維持，召集六處圕會議，決呈請教育局設法維持，並擬請第一二民衆教育館每月各津貼十七元五角，以資補助，茲將呈文抄錄於後

為會銜呈報市立第七通俗圕自歸併民衆教育館後兒童圕經常費及購書費每年減少四百二十元伏乞　鑒核維持示遵由

案查市立通俗圖書館附屬兒童圖書館業於二十五年內次第成立三處，呈報各在案。所有各該館經費，原由七處通俗圖書館經常費項下，每月各勷支三十元，該館購書費，則由七處通俗圖書館書費項下，每月各支出五元，統計七處通俗圖書館，每年供給三處兒童圖書館二千九百四十元，始克維持現狀，現第七通俗圖書館已奉　令結束歸併民衆教育館而兒童圖書館經費，因之每年減少三百六十元，購書費每年減少六十元，依此情形，兒童圖書館事業，此後礙難維持，若謂停辦一處，而各館已樹有相當成績，此議似不可行，且職館等為擴充社教發展兒童教育計，不特擬保持原有兒童圖書館館數，尤擬設法增加，現在所有缺少之經費及購書費，擬由市立第一二民衆教育館分別擔負，每月各出洋十七元五角，視此區微數目與各該館事業上不致發生若何影響在彼出欵無多，而對兒童圖書館利益甚鉅，倘該民教館有任何困難，惟有懇請　鈞局設法挹注，每月頒發三十五元，以資抵補，是否有當理合具文呈請　鑒核示遵，實為公便。

再此呈係由第一通俗圖書館主稿合併陳明

謹呈

天津市教育局局長凌

市立第一二三四五六通俗圖館書管理員　呂錦麟　李丹忱　劉燕東　鄭恩榮　王錫齡　譚濱

摘自《天津市市立通俗圖書館月刊》一九三七年第二卷第七、八、九期合刊

學校圖書館管理員應有的任務　陳友松

Dickson Jr. C. W.: What Services May Be Expected From School Librarian, American School Board Journal, Volume 93, No. 2, August, 1936.

圖書館在學校裏地位的重要，是誰也知道的。學校行政當局如希望圖書館能有優良的成績，必須（一）聘用一個或數個受過專業訓練的圖書館管理員，（二）徵集優良的圖書、雜誌、報紙、等刊物；（三）設置適宜的屋舍；（四）在每年學校的預算上規定圖書館經費。而這四項之中，尤以第一項爲最重要。

最成功的學校圖書館管理員是受過專業訓練的，他一方面要是一個圖書館管理員，另方面又要是一個教師。他要有機警、同情、創造、忍耐等良好的德性，俾便在教師中取得領導的地位。他要明瞭基本課程及課本的內容，以備對教師們有所貢獻，使他們知道更廣泛地應用圖書館的材料。尤其重要的是在學期開始時，要能够得到教師們的友誼的互助與合作。

好的圖書館管理員是一個好的教師。他與普通的教師不同，是兼具有圖書館學的訓練及師資的訓練的。他必須幫助其他教師，教導學生應用圖書館，以滿足他們的需要。

圖書館管理員應注意的事項

學校圖書館主任的地位，要比各科系主任高，或者相等。他要徵集、預備、指導各級學生在圖書館中應用的各種材料；他的任務是供應教師及學生的需要；他應該知道從那裏找出資料，怎樣安排資料，敏捷地用適當的方式把資料表現出來，使人一見就知道。

他對於普通的資料應比教師們精熟，但千萬別讓教師們感到他所知道的太多。一個有圖書館常識的校長，一定要給圖書館主任以特殊職權，使他能够盡力替兒童發展圖書館業務，但切不可濫用職權，使教師們感到他的權力太大而感到不安。

謙恭實是學校圖書館管理員所需的德性，對於一個才畢業而無實際工作及教學經驗的圖書館管理員尤其是必要。假如在專門學校裏讀了五年出來之後，毫無經驗而又不能謙恭則將永遠沒有成功的希望。

圖書館管理員的工作

圖書館管理員是學校裏工作最忙的人。正如教師們受訓練之後還要有經驗一樣，他必須知道圖書館管理法，有廣泛地選擇圖書的能力，也必須博覽精詳，獲得兒童書籍及兒童文學的學識，并由實際工作中得到經驗。

他必須瞭解并幫助學校的計劃，而且要竭力獲得學校組織上領袖的地位。他必須參加學生的活動，應付學生的需要，供給各種消息及材料，又須知道課本的內容、目的、用法，以及何時何地如何應用圖書館的材料來補充它。

對於各部門有用的新材料的常識及欣賞也是必要的。他要給活的兒童介紹活的書籍。一切書籍的內容，在學校圖書館主任的指導之下，都應當和兒童發生了生活的聯繫。他要適應各種形式及各種年齡的兒童，要有佈道師的精神，愛護兒童，熱心工作。當然他的服裝也要整潔，態度要和藹，具有吸引力、精勤、練達、同情、忍耐和合作。

他必須注意并供應那些由於常變的課程所加於圖書館的需要。兒童是喜歡新奇的，圖書館主任必須鼓勵領導這些青年去研究各種學問的問題。

宣傳事項

凡能使學校圖書館業務發展的集會，如家長教師協會的圖書館委員會、婦女俱樂部或其他普通團體，學校圖書館管理員都必須加入。他也必須參加國家教育協會及圖書館員協會，而且要極願意實現他們的計劃。他必須利用各種機會對公衆宣傳他的工作，寫作關於圖書館的新聞，在各種日報和雜誌上發表。

圖書館主任也要熟悉圖書館的行政及組織的各項程序。圖書館的通常工作可由館員來負擔，圖書館主任可把他的時間來應付教師及學生的需要。他對於與學生閱讀有關的研究必須熟識，而在學校裏的一切研究也必須得到教師及學生的合作。

學校圖書館管理員還要做很多的工作，如排列、登記、書目的分類、論文圖書的收集與組織等等。不過這並非他活動的主要任務與目的，而是他主要工作的一部分，使圖書館能夠替教師及學生效力，以及適應教材的佈置而已。摩根有一次寫道：『圖書館運動最大的錯誤，乃是把圖書看得比任務更重。』

正當書籍的選擇

其次，圖書館管理員在學校裏重要的工作，即在於選擇適合於兒童的書籍。今日適合兒童的書籍，上自高級學校下至幼稚園，爲數甚多，如何去選擇正當的書籍，以合乎圖書館的標準，實成爲一個嚴重的問題，必要受專業訓練的圖書館主任和校內人員商酌決定。學校購書，若不用科學的眼光去選擇，或毫無組織地把它們堆疊起來，那是浪費的。

學校圖書館不必徵集價目最昂貴的圖書，除非用那些書在教學上可收極大的效果。受過訓練的人就知道怎樣選擇組織圖書，所以有專業訓練的圖書館主任每年會替學校省了許多錢。

以前，大家認爲幾部百科全書、一本字典、一些雜色的小說和參考書是最適宜於學校圖書館收藏的書；近年來教學方法變更了，每每趨向於用大量的圖書材料來代替簡單的課本，但是在中學裏選擇的標準，「質」應該比「量」更着重。普通說起來，一個學生用六本至十本的好書是最合標準的。

圖書館位置

圖書館是學校的消費機關，學校在預算上必須規定相當的專款，以備書籍損壞的補充及購置，并須劃出一筆經費購置雜誌、報紙、論文、圖畫、用具、郵票及作其他雜碎的消費。

假如學校行政當局希望圖書館業務有效率，他必須給以相當的代價，如受訓練的圖書館管理員的薪水，圖書的購置費，常年圖書館的維持費以及其他用品設備等等的費用。比較說來，費在圖書館的錢，要比撥作別用收得更厚的效果的。

圖書館的地址應當在學校的中心點，而且必須在校舍最高一層樓上的中央。它的面積應該能容納每個沒有課內工作及課外活動的學生。

設備事項

在設備上我們姑且這樣假定：適合標準的椅桌，能支持五年的書架，辦事桌，卡片櫥，文件保存櫃，雜誌報紙架，以及其他用具等等，都是閱覽室應有的主要設備；此外還應有與閱覽室毗連的最少應有參考室、圖書管理室，備有盥洗器的工作室，及最少能够貯藏三年雜誌的貯藏室。其他仍應有許多標準設備，分配於學校的建築中。

適宜的設備及壯麗的外觀，不僅使圖書館能引起人家的好感，即於學生愛護圖書館的良好態度及習慣的養成，也很有關係。優良的圖書館設備并不在於奢華名貴的圖畫、茂盛的植物、磁器……等等，都不是必需的。設備的標準及比例，應視地方當局對於圖書館所定的任務的性質及種類而異。

很多小縣及鄉村學校行政當局，都以為圖書館的設備近於奢侈，遠非他們的能力所能供給。但是鄉村學校圖書館的需要，卻并不比城市小，事實上因為鄉村社會背景及學校課程的限制，更覺必要，這問題該怎麼解決呢？

教師兼任圖書館員

對於小規模的鄉村學校，最簡單的解決方法，只有僱用「教師兼任圖書館員」(teacher-librarian)。所謂「教師兼任圖書館員」，就是一個人每日把一部分的時間做圖書館的工作，另一部分時間在教室裏上課。「教師兼任圖書館員」必須受圖書館專業的訓練，同時對教育也應當有相當的涉獵。事實上一人要擔負兩種工作，是要感到煩劇的，所以非有特別的訓練不可。

這兩方面的經驗也可以互相助長，圖書館學校的畢業生，得到「教師兼任圖書館員」的位置，不要因為不能專任而煩悶，他正可以把這種工作當做一種嘗試，趁機把教學的經驗應用於圖書館，同時把從圖書館所得的經驗應用於教學。此種經驗的獲得，其價值眞不可以形容。有些專業訓練的圖書館學校畢業生，每每有此路不通之感，以為要兼教學的事，就不能在本行大有發展，這種心理是錯誤的。

圖書館之任務

在圖書館的任務中，關於學生方面的可如下列：(1)能供給經驗，增加他對於各種印刷品的解釋與評價的能力。(2)能供給機會，使他學得怎樣利用圖書館得到更大的效率。(3)能使他搜集書籍、圖畫及其他印刷品，以增長他的課室研究，并使他能把握他所發生的興趣。(4)能給予同情的援助，使他解決課外的問題及興趣，尤其是當這些問題發生在校外的時候，不僅能供給有創造性的閱讀，而且幫助他進行他所喜愛的研究。(5)能培養他進圖書館的習慣，使他懂得公共圖書館的規則，并鞏固他在假期中遇到難題即依賴圖書館解決的信念。

學校圖書館對教師應負的任務有五：(1)刊物不僅能幫助他的教學，也能幫助他德智及專業的發展。(2)幫助他正常的及活動的工作。(3)課程上各種問題得到參考及補益。(4)幫助他處理留級或升級的有問題的兒童。(5)刊物對於課業工作及教師個人的興趣都有用。

至於圖書館對家長的任務則是(1)在懇親會中，教師可以暗示對學問有興趣的家長可利用圖書館的材料以爲進修之計。(2)精熟地指導他們爲子女，選購圖書。(3)幫助他們解決難題。(4)由於學校圖書館所具壯麗的外觀和悅的氣氛和快樂的任務，使他們的子女養成對書籍的愛好在休閑的時間內能够滿足他們智力上的興趣，指導他們德智的生長與精神能力的創造。

全國中學教育督學會歸納校長「教師兼任圖書館員」，及圖書館管理員的報告，列出圖書館的七項功能：卽增加課程及參考的材料；供給善用休閑的時間；訓練學生應用書籍及圖書館的能力；作學校經營的中心點；陶冶品性；供給教師應用及幫助課業指導。

上列七項任務，優良的圖書館都該具備。但這不過是論列而已，事實上除非僱到一個有積極人格、受過專業訓練而能耐勞吃苦的圖書館管理員，同時圖書館有充分的設備及經常費這幾項未必都做得到。

摘自《教育雜誌》一九三七年二月第二十七卷第二號

怎樣籌措中小學校圖書館的經費

犂牛

凡百事業的興辦，其第一步的規劃，便是經濟問題，經濟充裕，則甚麼事情都好辦，經濟支拙，則許多事業都感到難於下手。我們從事教育文化事業的建設，對於經濟所發生的問題也不能例外。譬如創辦學校，最要緊的就是籌備基金，若無充足的基金，或指定的欵項，作學校的經常經費，這個學校，便辦不成。我國教育經費本來是很窮困的，故全國教育機關設立，雖有指定的基金作經常費，可是十有八九總是感到經費的支拙，因了學校的經費支拙，所以有許多學校的開辦都只是勉強維持，不易發展，而校內的設備也多從儉樸。尤其鄉村教育的經費，來源更困難，因此鄉村學校的設備也更顯簡陋。在這樣的情形之下，欲辦理學校圖書館就能使學校當局大感棘手。然為學生的好處，學校圖書館的設備郤是必需的，如何籌措這項經費，郤是一層大問題。

講到要設備一個圖書館、自然會使人想起要特闢一二間房子作圖書的貯藏室及作學生的閱覽室。校舍高大的學校，這層是不成問題，若校舍狹小的學校，那就成大問題了。有些學校往往借用詞堂廟宇，或租賃房屋，無力自建校舍者，欲多用幾間房子以作圖書館，在經濟上就要發生困難了。還有圖書館裏的種種設備，如藏貯圖書用的書架書櫥，閱覽室裏的桌椅及其他關於圖書館中需要的用品，都要購置的。最要緊的就是購置書籍報紙刊物的經費問題，因為圖書館的設備，最重要的是購置書籍，沒有書籍便不成為圖書館。其他設備或可從簡陋，惟獨購置圖書是必需的，不能馬虎的，而且不是購一次就完事，是要時常添置新書的。所以這項經費的籌措，就够使學校當局猶豫起來，不易負担。

學校當局倘真實能為學生的利益打算，那麼無論如何困難，都可想個辦法。學校經費充足些的，辦起來自然較順利，學校經費窮困的，也有窮困的辦法來經營圖書館。我們現在為經濟窮困的學校想個辦法，因為窮困的緣故，對於圖書館的設備雖不可少，但儘可從簡儉。校舍寬大的可另闢圖書閱覽室及貯藏室，若校舍狹小的，便可不必另闢圖書貯藏室，也不用閱覽室。可製造幾個輕便的能上鎖的書櫥，擇教室的餘地，或學生休息室中，緊靠着四周牆壁妥為安置。至於新到的雜誌或報紙，可用一二書架陳列，或把它懸掛在靠牆的地方。學生課餘有暇，便可在休息室中閱覽，或借出去看，限期歸還。至於購置圖書的經費來源，可由下列幾個辦法去籌措：

（一）由學校經常費中撥出一部份，即學校當局於每學年的經常費預算中加入購置圖書費的一項。這在經費充裕的學校是容易辦到的，中學校每年劃出二三百元，小學校每年劃出幾十元，都不成問題。若在經費困難的學校，每年收入只够勉強開支教職員的薪水，而無餘金充實學校的設備者，這項辦法就不能用。

（二）用募捐的辦法籌措購置圖書費：1.向校董或鄉紳募捐，用學校的名義，以學校設立圖書館的理由，向這等人募捐，他們或肯量力捐助。但這辦法只能行一次，若多行了，便會惹人的厭煩不理了。2.向教職員募捐，教職員為愛護學生的緣故，應當設法捐助多少。惟小學教職員月薪所入有限，有些還不够維持一家人的衣食者，這又是很難辦到的，雖教員愛護學生，可是愛莫能助。中學校的教職員待遇較優，他們爲學校圖書館的設備各捐助幾元是辦得到的。3.向學生募捐，在中學生方面較易辦，因爲能入中學校肄業的學生，大抵家庭經濟是比較過得去的，所謂中等人家，不妨教他們各自節省一點零用費，捐助購新書，也爲他們自己有利益。至於在小學生方面，因爲家庭經濟的關係，教他們捐錢，就不很方便了，若小學生中有家庭較富裕者，向他們的家長募捐，也是可行的。

（三）學生繳納學費時，加收圖書費。即當學期開始繳納學費時，向每生加收幾角或一元的圖書費，或不說明用途，把學費數目定加一成，然後由所收入學費內劃出一部份來作購置圖書之用。

（四）用生產的方法籌措經費。這個辦法既不向外人募捐，也不向教職員及學生募捐，因爲募捐在鄉村學校是很困難的，故最好由教師領導學生自己想法生產，把生產所得的利息，用在圖書館的設備上。這個辦法有許多學校採用了，都有很好的成績。所謂生產的方法有下列幾種！即利用學校農場種菜，或養蠶，學校有池塘的可以養魚。實行此種辦法的，如南京曉莊中心小學，無錫河埒口小學及新攢小學，福建集美鄉村師範中心小學，都把每年農場出產，購置圖書。新攢小學的辦法，卻把農場所入，半作農場工具設備及修理費，半作購書費。故鄉村窮困的學校欲進行圖書館的設備，不妨採用這個辦法。

摘自《公教學校》一九三七年六月第三卷第十五、十六期合刊

學校應有圖書館的設備

黎禎祥

(一)圖書館設立的意義與價值

世界文化日益進步，社會組織益形複雜，我們人在社會中生活，欲應付現社會的複雜的環境，必須有廣博的知識，欲求知識的廣博，又必須時常閱讀書籍及雜誌新聞，因爲各種書籍報紙刊物是備載着各種學問知識。社會文化進步，各種書籍報紙刊物的出版亦隨之增加。人類文化的歷史，是靠着文字和圖書記載下來的。在未有文字和圖書記載的時代，人類的文化歷史便很難推考了。自文字發明及有圖書記載以後，人類文化的發展愈快，人類知識愈高深而愈繁複，而書籍的出產量亦有增無已。世界古今出版的圖書何止千萬？即現代中外所出版的圖書亦難以統計，欲盡一人之精神，遍覽古今圖書，固不可能，欲盡一人之力量收藏古今所有圖書更不可能。然知識學問究竟是無限的，而知識學問卻是藉圖書以爲推廣留傳，也可說人類的文化是藉圖書的保存而保存。故我們欲求廣博高深的學問知識不可不從書籍中去尋求，即不可不多閱覽書籍，欲多閱覽書籍，又不可不多購置書籍。但尋常人的購書力是有限的，欲人人購置多書來閱讀是辦不到的。普通人得書既不易，而學問知識便萬難普及，爲此有設立圖書館的需要。圖書館的設立，不但能保存文化，且能推廣文化。規模宏大的圖書館非一人之力所能爲，必須合社會之力以舉辦，於是有國立圖書館及各省市的公立圖書館。各處有公立圖書館，人人得有權利借覽，即人人皆有讀書求學的機會，故圖書館的設立是推廣教育文化最善的方法。圖書館設立的意義及價值也就在這點上。有富豪之家，性喜藏書，於是有私人圖書館的設立。但私人設立圖書館，其目的若僅在於收藏古玩一般的收藏圖書，不肯公開任人借覽之便，那麼這種圖書館的設立便失其意義與價值了。

(二)學校應有圖書館的設備

學校設立的宗旨，是爲教育人民，促進文化。本此宗旨，學校就應有圖書館的設備。學校教育的責任，在小學法規定：『小學應遵照中華民國教育宗旨及實施方針，以發展兒童之身心，培養國民道德基礎，及生活所必需之基本知識技能。』在中學法規定：『中學繼續小學之基礎訓練，以發展青年身心，培養健全國民，並爲研究高深學術及從事各種職業預備。』大學教育則在造就高深學術或專門技術人材。欲培養兒童生活所必需的基本知識，並爲研究高深學術及從事各種職業預備，是否僅賴學校教室中每日數小時的講授便能養成？是否僅學得幾冊教科書上的知識便算完備了？在中小學課程上所習的科目，都只是普通的比較淺近的常識，欲預備將來研究高深學術及從事職業生活，單靠中小學的教科書知識，無論如何是不夠的。且學生將來研究某種學術或從事某種職業，因各人的興趣與資質不同，當然也不能一致。中小學的課程既爲普遍的必修的，那麼就很難養成學生對於某種學術及某種職業作特別的準備了。所以單在教室中的講授，及僅修畢教科書的教材，是不能達到照教部所規定的教育宗旨，這必須有另外的補救，且常在教室講授以外去謀補救，即在課本知識外去另求知識。且中小學教科書的編製因篇幅課數所限，多言簡意核，而教員的講授又因時間的關係，亦不能求其詳，所以學生欲詳悉教科書所舉的事理，必須在教科書外，有適當的參考書籍以資證而後可。爲此，學校中有設立圖書館的需要，且不論那種那等學校都應有圖書館的設備。

所謂圖書館不一定就要收藏汗牛充棟的圖書。大規模的圖書館，學校因經濟的關係，這是辦不到的，爲普通的學校也不需要的。圖書館的佈置與設備，當按照學校的等級與需要及經濟的難易而定其規模。大學及專門學校需要規模較大的圖書館，因大學及專門學校是爲造就高深學術及專門技術人材，故大學圖書館的設備，就當按其需要而購置專門的高深的廣博知識的書籍。中等學校的圖書館的設備是要按着青年的心理及其知識程度，購置適合需要的各項重要的有價値的書籍。在小學校的圖書館的設備，則當按照兒童的心理及其知識程度，購置適合需要之圖書。各級學校因學生的年齡，求知欲與閱讀能力之高低不同，故大學校的圖書館儘管規模宏大，且越完備越好，中學校的圖書館，就不必那樣大的規模，小學校的圖書館，就更可縮小其範圍了。然不論大學生中學生小學生雖其程度有深淺，要皆有閱讀書報的能力與興趣，故各級學校皆應有圖書館的設備。

（三）圖書館可以輔助學校教育

學校應有圖書館的設備，這不是因爲學校有了圖書館可以增高學校的聲譽，更不是爲求學校的美觀。學校設立圖書館，其目的是爲謀學生的好處，爲輔助學校教育之不足，賴以增進教學的效率。故學校圖書館所購置的有價値的並有益於學生的書籍，應盡量指導學生閱讀，使學生們個個都能善於利用這圖書館而勤奮的去研究學問知識。

現代的教育方法，應該注重啓發，更該培養學生自動自學的精神，纔能收教育的實效。教師當站在指導者的地位來輔導學生怎樣去學習，自動的去研究。若以爲將教科書中的知識灌注給學生便算完事，强迫學生熟讀教科書，那不惟無益，而且有害。兒童們和青年們的興趣所及之範圍是很廣闊的，若只管逼迫他們去讀枯燥的幾本教科書，而忽略他們其餘的興趣，那麽一定要使他們感到讀書求學是一層痛苦的事。倘學校設備有圖書館，購置有適合他們需要的有益的書籍，教師們又能指導兒童們青年們各依其知識程度及興趣去閱讀課外讀物，便可調劑其對於教科書的枯燥無味，又能養成學生自學研究的精神，增進他們讀書的興趣。使學生的興趣與有餘的時間消磨於圖書館中，便可避免他們去作不正當的遊玩，或習染不正當的嗜好，這於學生的品德修養上是很有助益的，爲學校當局也可以減少對於學生行爲方面的顧慮。所以圖書館的設立可以輔助學校教育的不足。

（四）圖書館對於學生方面的利益

上面說過，學校圖書館的設備是爲學生的好處，不消說圖書館對於學生方面一定有許多利益。但爲使人知道學校有設立圖書館的需要，不妨列舉重要的利益數點如下：

1.調劑在校的生活　兒童及青年的心性，多喜新而厭舊，倘使他們日與學校中所教授的幾册課本接觸，便不免要生厭惡之心，要感到生活的單調，甚至於會使他們看到教科書都要頭痛的。兒童的心理是喜歡活動而多變化的，倘圖書館陳列關於各種生活知識的書報，便容易適合他們個性的要求，而課外讀物的文字又往往比教科書的文字淺明而多趣味，插圖又美觀，爲學生所愛讀。在圖書館閱書既不限於專讀一册，儘可自動選擇去看，看完一册，再來一册，這本不合適，可換一本合適的來看。這樣便可調劑他們在教室中教學生活的單調了。

2.滿足求知慾　學問知識是無限的，一個人的求知慾也隨其知識程度而增高，在學校中教授的幾册課本，也就難以滿足用功學生的求知慾。有了圖書館，則學生有餘的精神可到圖書館裏去閱書或借書，他喜歡閱讀那一類的書，教師可指導他們閱讀那一類書，於是學生的求知慾得以滿足。

3.養成讀書的習慣　圖書館藏有適合學生個人興趣的書籍，借與學生閱讀，便能引起他們對於讀書的興趣，有了興趣，便時常願意到圖書館去借書看，於是漸漸養成他們看書的習慣，並且喜歡看書，那麼離校以後便能自動讀書。

4.得知讀書的方法　學生喜歡到圖書館去看書，又得善良教師指導其看書的正當途徑，於是能够明識讀書的方法，並知道選擇去閱讀。

5.養成高尚的意志　學生在圖書館中，若喜閱有益於心身修養的書報，又在書中得知聖賢豪傑及學問家事業家是怎樣努力的，那麼漸漸的潛移默化，便能提高其意志，而決定自己將來的志趣，並勉力去效法那些高尚的人格。

6.訓練公共道德　在圖書館閱書，必須遵守圖書館的規則。圖書館既是公共的地方，大家就該知道愛護。圖書館裏有好的管理員或指導員，對於閱書或借書者施以合理的控制，指導他們守閱覽的規則。故青年在圖書館閱書可以養成公德心，及遵守規則的習慣。

7.培養勤苦的精神　青年們常肯到圖書館去閱書，養成了閱書的興趣，且漸漸知道奮勉，於是勤苦勵志的精神便可由此而培養。

（五）圖書館對於教師方面的利益

學校圖書館的設備為學生有很大的利益，同時對於教師方面也有利益：

1.教師可多得參考資料　社會生活日益複雜，吾人應付社會生活的知識亦愈繁多，學校教材必須隨着社會生活的需要而改變，所以學校中所用的教本編製亦屢有改變或增刪，教師的知識若不隨時代而增進，那麼對於新的教本所增加的新教材，新知識，便要感到困難了。學校裡若有圖書館，時常購入新的書報雜誌，教師可藉此以求得新知識，在新書報中可得到許多參考資料，教師在教學上就感到便易了。

2.教師可搜集教材　我國幅員廣大，南北東西的風土習慣及生活情形未免有很大的差異，坊間出版的教科書既推銷全國，為全國所通用，則這種教科書的編製自然很難遍合於全國各地的生活環境的需要。適用於北方的教材，未必適用於南方；適用於南方的教材，又未必適用於北方，在這種情形之下，教師就應活用教科書，把不適用的教材删去，而自己搜集適合地方需要的教材。但搜集教材為普通的教師是必發生困難的。若學校中有圖書館，那麼教師便可利用圖書館，從圖書館的藏書中去選取適當的教材。

3.為教師進修的便利　社會文化時有進步，知識日新，教師若不求新知識，便容易變為時代的落伍者，又難以適應學生的需要，對於教師的職責上不免有缺陷，故教師欲為時代的導師，欲善盡其教導後生的責任，便不可不設法努力進修新知識。教師進修的方法無他，即時常留心閱覽新出版的書報雜誌。學校有圖書館的設備，那麼為教師進修上也就感到便利了。故學校計劃圖書館，除為學生們着想外，也當為教師着想，就是要特別為教師們訂購幾種定期的報紙和雜誌，因為教師們獲得豐富的新知識，不但為教師自己有利益，也為學生方面有利益，同時學校可得優良的教師，而為學校前途着想也是有利的。

綜觀上述各節，可知學校應有圖書館的設備。圖書館在教學上有很大的輔助，不論那種學校都有設立圖書館的必要。

摘自《公教學校》一九三七年六月第三卷第十五、十六期合刊

學校圖書館的設備與管理

兆 興

要佈置一個圖書館，不能不談到它的設備與管理。若設備不良，則圖書館徒有其名而無其實；若管理不善，則圖書館的設備雖佳，亦失其效用。所以設備與管理二件事很是重要。

一 設備

學校圖書館要有怎樣的設備？這得視學校經濟的狀況而定。經費充足的設備講究些；經濟不充足的，設備可以簡單些。還要視在校肄業的學生人數多寡而斟酌之。學生人數較多的，其設備的範圍也須廣大些，人數少的，其設備的範圍就可縮小些。

一個圖書館，至少需要藏書室和閱覽室。學生人數少的，就可把一室兩用，一半做藏書的地方，一半做閱覽的地方，或四壁靠牆安置書架，作為藏書處，當中安置桌椅，作為閱覽處，這是更經濟的辦法。

1. 書架的高度最多，以六尺為限，因過高則取書或整理書籍，均感不便。闊以三尺為度，過闊則隔板容易壓彎。

2. 雜誌架，每只高五尺一寸闊三尺，分為四格，共可藏雜誌二十五種。若已裝釘成冊的舊雜誌可以放在書架上。

3. 報桌，桌長十二尺，可以容報紙四份，展開閱覽，桌高約四尺，桌面斜度為三十度，闊三十六寸。

4. 地圖雜件箱一個，要有抽屜，可以安放地圖及表冊等件。

5. 目錄櫃一個以放書目卡片，其高度以小學生能打開最高抽屜為度。

6. 閱書桌或長方形，或圓形，均可，圓桌周圍可以坐人，長方形桌兩面可以坐人。

7. 揭示板一個掛在入門的地方，以便張貼時事新聞或佈告，讓兒童去看。

8. 辦事桌一個，為管理圖書人員辦事的地方。

二 管理

圖書館的事務，要管理得法，使各項圖書佈置得秩序井然，毫不紊亂。

圖書購到之後，要把它登錄起來，以便查考，有了這項手續，其便利有六：

（一）知道圖書的購置前後次序。

（二）做稽核圖書數目的根據。

（三）做稽核圖書價目的根據。

（四）容易檢查，可免重複購同樣的書籍。

（五）知道圖書的來源。

（六）知道圖書的內容。

圖書登記單式樣如下：

日期……

登記號數	著者	書名	卷數	出版者	版期	來源	價目	備註

圖書登錄的手續，須先把書的封面蓋收到日的期章，和圖書館章，重要的書頁上也要蓋館章，然後再填寫在登錄單上。把登錄單集裝成冊，便成了圖書的總帳。

還有雜誌刊物也要登錄，其登錄表式樣如下：

月刊登記卡（正面式）

年	卷數	一月	二月	三月	四月	五月	六月	七月	八月	九月	十月	十一月	十二月	備註

編輯處　　　　出版處

月刊登記卡（反面式）

年	購訂機關	起			訖			備註
		月	日	期數	月	日	期數	

創刊　年　月	刊期	每年卷數	雜誌名頁	定價
停刊　年　月	冊數	每卷始期	目次索引	實價

圖書登錄完了，便要把它分類，以便尋找，出納和稽核。圖書的分類，要有系統和計劃，並須適合學生利用。茲錄盧震京小學圖書館概論所列小學圖書分類法大綱表如左：

〇〇總類
〇一圖書館學　小學圖書館，兒童圖書館，圖書館規程，兒童書目，檢字法等。
〇二讀書法　讀書指導等。
〇三類書　小學字典詞書。
〇四百科全書　兒童少年日用百科全書等。
〇五叢書　師範及兒童各類常識及叢書。
〇六普通演講報告．兒童演講集等。
〇七新聞紙類　兒童日報等
〇八雜誌年鑑　兒童雜誌，小朋友年鑑等。
〇九其他。
一〇自然科學
一一算術　小學算術珠算等。
一二物理學　初步和可以供遊戲的淺近物理等。
一三化學　初步和可以供遊戲的淺近化學等。
一四天文學　星球，氣象，日曆等。
一五地質學　地質，河海，礦物等。
一六生物學　淺近的生物學和進化論。
一七植物學　花草木果木等。
一八動物學　爬虫飛鳥，游魚，走獸等。
一九其他。
二〇應用技術
二一生理衛生　人體結構衛生大要等。
二二醫藥　極淺顯的醫藥常識。
二三農業　農業淺說，耕植，牧畜等。
二四化學工業　含有趣味，容易做的化學工藝。
二五製造工藝　日常習見用具的製造法。
二六工程　足以啓發科學知識的工程淺說。
二七交通　水陸空交通淺學指南等。
二八商業　小商人，小商店，小銀行等。
二九其他。
三〇教育
三一小學教育　兒童學教育行政等。
三二教學與課程　教師教學的參考等。
三三教科書　小學各類教科書等。
三四體育　兒童體育運動等。
三五倫理　公民道德，兒童性教育等。
三六家事　家庭衛生，家庭簿記等。
三七職業　兒童職業指導等。
三八特殊　盲童讀物等。
三九其他。
四〇社會科學
四一黨義　三民主義淺說，問題答，國民黨黨綱等。
四二政治　政治淺說，外交常識，自治等。
四三經濟　兒童經濟生活，儲蓄，合作等。
四四法律　法律常識等。
四五軍事　童子軍組織訓練等。
四六社會　含有趣味的社會問題，家庭問題，新生活運動等。
四七禮俗　兒童禮節，中國風俗等。
四八會社　青年會，小學生會，成績展覽會，小朋友會等。
四九其他。
五〇語言
五一國語　國語初步，國語字母，兒童識字等。
五二國音　音符，發音淺說等。
五三會話　兒童日常應用和交際的普通國語會話。
五四演說法　兒童演說及辯論法。
五五文法　各種語詞用法，虛字用法。
五六作文　聯字，造句及淺近作文。
五七讀本　語文讀本等。
五八初級外國語　初級日文英文文法會話等。
五九其他。
六十文學
六一詩文　詩文，尺牘，日記，記事文藝創作等。
六二童話　家庭歷史世界中國等童話。
六三故事　史，地，訓育圖畫一等故事。
六四小說　長篇，短篇，圖書，小小說等。
六五笑話謎語　簡短而有趣的笑話，及淺近的謎語謎書。
六六寓言　世界中國及民衆寓言。
六七神話　世界中國各地神話。
六八物語傳說　中西兒童物語及各國傳說。
六九其他。

七十歷史
七一人類生活史　上古中古近古人類生活史，兒童生活史。
七二中國史　上古，中古，近古史。
七三中國革命史　淺近的革命史。
七四中國國恥史　歷年來外交失敗略史。
七五世界史　亞洲歐洲，美洲，非洲澳洲等史。
七六中國名人傳，名人英雄烈士等。
七七兒童傳　模範兒童，愛國兒童傳等。
七八世界名人傳　各國科學家政治家文學家軍事家等。
七九其他。
八十地理
八一遊覽指南　世界及中國各大都會淺近的遊覽指南。
八二中國地理　各省各都市。
八三中國地圖　各省各縣各都市。
八四中國遊記　有趣的中國各省各縣各都市遊記。
八五兒童遊記　理想的淺近的兒童遊記。
八六世界地理　世界列强各洲各大都會。
八七世界地圖　世界列强各洲各大都會。
八八世界遊記　理想的或遊戲的世界遊記。
八九其他。
九十藝術
九一書畫　初步的書法畫範等。
九二手工　摺紙，剪紙，竹木工，泥工，縫紉等。
九三裝飾　家庭佈置，集社，裝飾等。

九四園藝風景　園內佈置。
九五攝影　攝影淺說，攝影集，
九六音樂歌舞　初步音樂練習，兒童歌曲，詩歌，歌謠舞蹈等。
九七劇本　兒童劇，歷史劇，學校劇，歌劇。
九八遊戲　兒童遊戲，魔術，玩具等。
九九其他。

分類的方法：

(一)分類系統須確定大綱，細目不可輕易更動。
(二)確定書籍的內容和性質，而定門類。
(三)一書可入二類時，要比較輕重，而後決定之。
(四)普通叢書入總類，各科叢書入各科的總綱。
(五)檢查分類號碼：

(1)決定書籍為某類以後，就在分類表中查核他的類號，例如「小朋友遊記」，其類號為「八五」用羅馬字寫為85

(2)將類號和著者號碼寫於書標上，貼於書籍上，做為書碼。以便插架和核查之用。

(六)著者號碼的編製，可採用王雲五的「中外著者統一排列法」，簡易便記。這個方法，中文姓氏根據四角號碼，西洋人姓氏，依字母所代表的號數替代寫出，其方法如下：

0	1	2	3	4	5	6	7	8	9
A	B	C	D	E	F	G	L	M	S
OH	P	K	T	IJY	VUW	Q	R	N	XZ

對於姓取其兩碼，兩名各取一碼，如果祇有一單名，那就對於名也取兩碼。例如蔡元培的號碼為 4414，胡適的號碼為 7430，Henry O.B. 的號碼是 0401 Monroe Paul. 的號碼是 8010。如果有相同的書，那就對於相同的幾個號碼，再按書名第一字的第一角或第一字母加一位小數在上述四碼之後，就不至再有相同了。

(七)圖書館所藏的書籍，應有簡明的目錄，以便檢查。目錄的格式可採用卡片式，隨時易於改正或插入。所用卡片大小，橫為五英寸，直三英寸，最好印成一種固定的格式如下：

(1)著者卡

書碼
著者
書名
卷冊數　圖表　頁
版次
出版處　出版期：
附註

(2)書名卡

書碼
書名：
著者：
卷冊數：　圖表　頁
版次：
出版處：　出版期：
附註：

上述兩種卡片，一種是以著者姓氏為主，可以檢查某人所著有何書。一種是以書名為主，可以檢查每書在何類，如何人所著。

摘自《公教學校》一九三七年六月第三卷第十五、十六期合刊

小學兒童圖教育實施法

齊　宣

學校兒童圖事業，近年來方為教育界所重視，時至今日，無論公私立小學，大凡均有是項設備，以為兒童的知識糧食，實為近年來教育界之一種好現象也。但對於兒童圖教育實施方法方面，研究者既少，論著亦不多見，致使辦理是項事業者，無從取法，或則徒費金錢，辦理不得其法，或則書籍高擱，以致無人過問，凡此種種，足為當前憾事：個人辦理兒童圖教育有年，常處天真爛漫兒童羣中，對此深加研究，設施既久，經驗不無所得，爰將辦理方法，貢諸於教育專家之前，並作拋磚引玉之試，想亦有志辦理斯業者所樂聞也。

完美的兒童圖，當然，須有專址之建築，完善之佈置，美麗之裝飾，合適之用具，空氣流通，光線充足，地址高燥，環境靜雅各點均須適合條件；舍此之外，即對於兒童唯一的智識糧食—兒童讀物，必須收藏豐富，對於此點，尤須注意者，如讀物內容方面，是否含有毒汁？程度方面，是否適合於兒童？行政方面，效率是否增高，能否負起推進事業之全責？管理與指導上，是否利惠兒童？以上諸點，均能顧到，而後能發揮兒童圖教育的真精神。

在目前各種學校經費困乏狀況之下，關於設備方面，難合乎理想；於措置方面，則極須注意上述各原則，方可避免戕害兒童身心發展之危險，今將各項應注意之設施，述之如下：

(1) 建築

經費不十分充裕之公立小學，建築一完美的兒童圖，事實上實難辦到；不過兒童圖的館址，和學校的教室，情形實在不同，結構自然互異，所以在理論上，還是需要專門的建築物，但是在此種情況之下，唯一的變通辦法，須在全校中心點之建築物中，擇一地址高爽，環境較靜的房屋，特別加以改造，也可以代替專門建築物的；那麼，所費不多，而能收得相同的效果，亦極適宜。不過在採用此種辦法的時候，須注意：

1. 地址是否高爽與適中？
2. 環境是否雅靜？
3. 光線是否充足？
4. 空氣是否流通？

5. 面積能否容全校人數十分之一強？

6. 四面有擴充的可能否？

7. 建築堅固否？高度合適否？

以上七點，於改造之初，須充分計劃，絕對注意的。尤其爲面積及容量一層，過小則閱者擁擠，能使小讀者發生不滿意的感想，以減少其閱讀的興趣，否則有向隅之患，事業上終得受其影響，將不能收得完美之結果；是故在五百學生之公立學校，則其兒童圖書館須同時能容五十人閱覽之地位以每人占空間一二•○方英呎計算，則其閱覽室之面積，應有六○○•○方英呎之空間，較爲相宜；館址如能擴大，固然最好，不過再小於此面積時，則不甚相宜矣。

至於館址之形式，最好爲一長方形之面南背北建築，南方爲指導者之辦公桌，出納櫃；東方置書架，西面陳列雜誌報章；閱覽桌須靠近北方。故南北兩方，均須多開窗戶也。

(2) 組織和管理

組織和管理等方法，在小學校兒童圕中，雖極簡單，但是不可以因其簡單而稱爲不重要，因爲兒童圕教育的實施上，每因組織不健全，而使牠整個精神的不充足，以致於管理上不合理，事業難以推進。不過於普通小學校中，須視其規模之大小，而決定其範圍耳。

在單級或兩級小學中，兒童圕書籍決不甚多，組職上當然簡單，更無請專人處理之必要；至於其管理辦法，最好在高級班上，挑選若干有辦事能力的學生，分任職務，自行管理。此外如能請兒童圕專家指導或向圕界設有備諮詢機關請求指導最好，否則由本校具有是項智識或對兒童圕學有興趣之導師請求指導亦可。

全校人數在三百人以上者，以其比例相稱論之，書籍必多，事務當較忙碌，事實上必須設館長一人，必須請專門人材任其職，担任處理館務，指導閱讀等工作。

全校學生在五百人以上者，除館長外，尤須請專門助理員一二人，幫助館長處理各項機械化工作，俾館長可利用其餘暇，得充分預備實施兒童圕教育事務，計劃推進事業方式，統計實驗結果，並對於兒童講解淺近的圕學說，以備他日能利用公共圕；此外尤須審查兒童讀物，書籍陳列及美化佈置等設計。近日教育注意實踐，學校每組織各種團體，使兒童在校有爲公共服務之機會，以養成堅苦忍勞之精神，兒童圕必須有使兒童服務之機會，使之維持公乘秩序等。此種服務團體之組織與指導辦法，頗堪研究，當另文專論之。

(3) 經費

現在之普通學校，無論公私立小學，經費均不可謂充裕，其中有感週轉困難者，亦在所不免，但兒童園創設之先決問題，就是經費，經費之充裕與否，就可以決定兒童園規模之大小。不過於籌備之初，如經費有着落時，須請專門人材分配，以免浪費。在一般人腦海中，以為辦理兒童園，必需大量現欵，但實際上並不如此，經費多少，並無一定限制，今將辦理費用，分論如下：

（A）開辦費

於籌備組織兒童園之初，公立學校則須向主管機關申明理由，請領若干開辦費；如學校儲有存欵，亦可酌量實際情形，動用若干；一切情形，須視學校規模之大小，然後決定用費之多寡，各項支配，則須請兒童園專家指定分配之，使細微金錢，不致浪費，是為要着。經費比較枯竭之學校，即籌三五十元之費用，亦可開始辦理，因書籍及用具，學校本有若干，可備應用也。至於用具方面，則必須將舊式的改成新式，本不合用的就能合用，其後隨時徐圖發展，亦無不可。

至於籌備開辦費的方法，公立學校宜向主管機關請領，私立學校如因來源不裕，可開游藝會募欵，或向全校師生及校董熱心的家長等募捐，隨愿樂助，亦能聚金成山也。

（B）經常費

兒童園之經常費，習慣上有數種來源最好將學校經常費中抽出若干；其次向學生徵收圖書費，及臨時募捐等。

公立學校之兒童園經常費，以前者為宜，對於向學生徵集園費一層，在普及國民教育之責任上立意上均不合適，私立學校，亦宜酌量實在情形，徵收少許園費，但必須將收入之園費完全供辦理兒童園之用，方不違背初衷。

關於兒童園經費與學校經費之比例，最低限度，兒童園經費應占學校經費總額百分之五。如每月支五百元經常費之學校，兒童園經常費應占二十五元。如每月收入二千五百元之學校，兒童園經常費占一百二十五元，其各項支配如下表。

項目名稱	占百分比	支出
購書費	○六○·%	七五·○○元
訂日報雜誌費	○一○·%	一二·五○元
辦公費	○一○·%	一二·五○元
用具費	○○五·%	六·○○元
裝訂及修補	○○五·%	七·○○元
積存	○○五·%	六·○○元
共計	一○○·%	一二五·○○元

上表各數應視實際情形而稍加變更之，但無論經費之多寡，其比例則不可變易也。至於職員薪水，應於學校教職員薪金項開支，不宜混入園經常費中也。

(C)特別費

兒童園如欲翻漸建築，或購置大批書籍，或特別改良等項，則需要特別購置費；此項費用，學校經費充足的，自不成問題，如學校不能供給時，公立學校得向上級機關請領，私立學校只有特別募捐或向學生徵收特別費用之一途。

(4) 設備

在最近普通小學狀況之下，兒童園設備，決不致富麗堂皇，爲適合環境起見，亦不妨因陋就簡，以備逐漸擴充。經費充裕者，用品用具等的構造及設計上，應請兒童園專家計劃之，指導之，自能得到圓滿的結果；若因一時隨便，用具不合實際應用，直等於廢物，難期收穫行政效率也。

兒童園的設備上，最須注意之點，各種用具，須根據兒童心理及其身體發展等實際情形爲轉移，於衛生方面，尤須特別注意，若違反此原則，實難收效。今將館中設備設計如下：

1.書架：開架式之兒童圖，爲便利中高級學生取置圖書起見，其高度最適當的以高五英尺，寬三英尺，深十英吋，用六分之一吋厚板隔爲五層，每層約十吋，頗適合現代三十六開及二十四開本之兒童讀物。計書架一座，能容厚半公分厚之書籍九百冊；一兒童圖，置備十個書架，已經可供數年擴充之用，因書籍不宜裝滿書架也。層板最好能上下活動，俾便庋藏大本書籍。

2.新書及雜誌陳列架 此項陳列架，通常有三種形式，a.將書籍及雜誌直放者，b.將書本橫放的，c.將書籍斜放的。三者之中，各有利弊，兒童圖則以c.式爲合理，因其能將書籍全形顯露於外，不損書籍之美觀，而取置便利，不佔地方，亦其優點。

3.雜誌舊書存藏櫥 新到雜誌陳列過後，與破書籍，均須存藏，爲節省地位起見，其高度可自六英尺至八英尺，每櫥深一英尺，寬三英尺，每層隔十英寸，外面裝門，以便鎖藏。

4.珍貴書籍存藏櫥 遇有貴重書籍，不宜隨便供衆翻閱宜存櫥收藏此櫥的結構，與雜誌舊書存藏櫥同。

5.參考書架 專置兒童用辭典及參考書之用，其高度不得過三英尺，寬度不得過二英尺，以便兒童取置。

6.閱覽桌椅 低中高級兒童，身體發育不同，閱覽桌可分：

a.低級用的，桌高一呎半，寬二呎，長五呎。

b.中級用的，高二呎，寬二呎半，長六呎。

c.高級用的，高二呎半，長六呎，寬三呎。

此項閱覽桌，須桌面光潤，以深邃色爲佳，俾不損目力。每桌閱覽凳十張，凳椅有背無背均可，但高度宜注意。

7.辦公桌椅 供館長或指導者辦公之用，在小學校中，不必有出納櫃之設因辦公桌實可代用也。但其用途既大，抽屜須多，九屜桌最爲合用。椅子能用自由轉動的最好。

8.目錄櫃 新式的兒童圖，以採用卡片目錄最佳。兒童用目錄櫃，普通有兩種，一種脚長二十六吋，櫃高一呎，寬二十吋，深十六吋，可置高四吋，長十五吋，寬六吋之抽屜九隻。另一種脚高十五吋，櫃高二呎，其他則同，此櫃可置抽屜十八隻，初辦之兒童圖，可參照其自身之需要，酌量情形辦理也。

(5)佈置

兒童圖之佈置，以合於實用及生動美麗兩原則爲要，對此應作切實的研究：良以兒童課餘時間短促，其閱書的時間，完全受課程的限制，是以各項設備與佈置，尤須注意易取易放，以經濟時間。採開架制的兒童圖，尤須注意設計，使兒童易於記憶取出書籍位置之目標，以免歸還時發生錯誤，整理時感覺困難。

兒童圖內部的佈置，更値得隨時研究，方可興利除弊

：如欲深加研究，則何處置書架？閱覽桌應如何佈置？新書應如何陳列，方能引起兒童的注意？處處皆成問題。以個人經驗所得，幼稚園及小學一二年級兒童，未養成默讀習慣，且處處需要師長指導及教訓，中高年級的兒童，已經過默讀的訓練，且略具有自己選擇兒童讀物的能力，情形與低級兒童不同，故宜分開閱讀。現今一般學校，大都地址狹小，兒童圕不能估許多地方，所以於設計佈置之時，尤須估計如何節省地方？

今設有長二八英尺寬二六英尺之北房一所，欲以之爲兒童圕館址。計算其空間，可容小學生六十人以上，爰將各部分配情形，設計一平面圖如下，以備研究者參考之用：

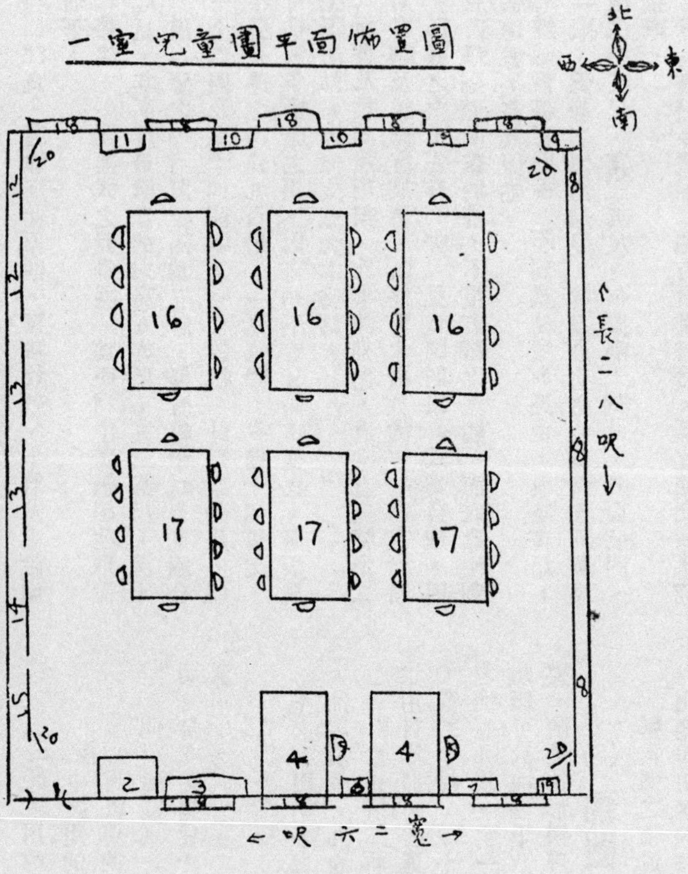

註：
1. 入門口
2. 目錄櫃
3. 普通參考書架
4. 辦公桌
5. 椅子
6. 暫存新書架
7. 職員參考書架
8. 書架
9. 叢書架
10. 單張週報架
11. 日報架
12. 新到雜誌陳列架
13. 新書陳列架
14. 貴重書櫃
15. 舊雜誌櫥
16. 高級生閱書桌
17. 中級生閱覽桌
18. 窗戶
19. 文件箱
20. 值日生值班座位

上圖爲一室之兒童圕設計，情形不同時，可本此原則相機變通。除此以外，於光綫及空氣方面，宜注意下列四點：

1.牆壁內層用綠色，而後上白粉，俾不反光而少刺激性。

2.光線宜從左旁射入。

3.電燈每桌至少二盞，用磨沙燈炮。

4.舘址除高爽外，須多闢窗戶，使空氣流通，南北二方，宜多植長青樹木，設圃種花，調節空氣。

此外，於四壁空間，可掛美麗畫片，英雄像片，衞生常識圖畫等，以增長兒童中心之快感，閱覽桌上，按時設置鮮花，均宜時常調換，芬馥之氣，亦能提高兒童讀書的精神，總之，全舘以整齊，清潔，美觀，雅靜等條件爲原則，使兒童讀書之心境安適。

(6) 行政

1.選購 兒童讀物內容不齊，故須加選擇，其方法爲：

a.留意各書局的廣告。

b.參考專門學者的介紹文章及評論。

c.注意研究審定兒童書目。

d.常到各書局去考察。

此外，應注意讀物內容，須與兒童環境合宜，符合教育宗旨。

2.登記 兒童讀物選購後，即檢查書籍有無缺頁及損壞之處，即行蓋章登記。至於登記簿之格式，應與各大圕的一致。

3.分類編目 各大圕的分類法，不適合兒童用，近人爲兒童編製的分類法，以陳獨醒及王柏年氏的兒童圕分類法較好，前者子目較略，後者極爲詳盡。

兒童圕目錄，應採用卡片制，每書作書名著者及分類等片，指導兒童檢查。分類編目事務，爲兒童圕的專門事業，非三言兩語能說明之，以後有便，將另專門討論之。

4.新書揭示 新購書籍編目後，即應供衆閱覽或出借，但一校兒童衆多，如何能使兒童咸知何種新書到館？確爲一大問題。但揭示之法，不外二途，一方面在新書佈告欄中揭示書目，一方指導者利用集會及閱覽時作口頭介紹。

5.出納 兒童圕如書籍較多，具有出借書籍能力時，即可努力將書籍向外流通。但在出納時，應規定章則，使兒童知悉，每人出書以一冊爲限，借期不得過一星期。

(7) 閱覽指導

兒童對於讀物的內容，自身缺乏判斷能力，利用圕的方法，又根本不知；偶遇有生字難句，不能求參考書解答，處處需要指導老師幫助及引誘，督促。導師指導兒童閱讀時，有下列各點：

1. 指導兒童檢查目錄及找尋材料的方法。
2. 訓練兒上書架取書還書的方法。
3. 矯正不合公共衛生之點：如坐立不正，隨地吐痰，用涎涎翻閱書籍等惡習。
4. 解釋公共場所應守之秩序及應有之禮貌；如進圕要脫帽，走路要輕，對無論何人要和氣，不可隨便食物喧嚷。
5. 講述檢查字典的方法與摘錄筆記的要點。
6. 隨時事之變遷作種種測驗。
7. 解決兒童自身不能解決的問題。
8. 作指導之心得及成績報告等。

除上述各點須注意外，須隨時隨地研究，自可及時進益。

(8) 結論

兒童在學校讀書，所得課本上的知識，極爲有限，自不能滿足其知識慾，是故完善的小學校，必須有完善的兒童圕，以解決此項困難。但兒童圕教育事屬專門，因此由怕懼之始，而忽略於後，以致兒童圕教育的實施；未能和各部份作平均的發展。且主持兒童圕的導師，如不能盡心研究，與某種學校視兒童圕事業爲裝飾品的是共同的錯誤，也就是整個教育發展上一大障碍，希望出版家及教育專家等，對於兒童圕教育的實施上，應極力提倡，從旁督促及指導，方能與先進國家圕事業并駕齊驅。

摘自《教育學報》一九三九年第一期

推行兒童巡迴文庫

呂紹虞

爲謀上海全市兒童的福利，這一次上海第九屆慶祝兒童節籌備委員會發起籌建兒童圖書館，依照我人的理想，應該要有宏大的規模，才能嘉惠全市的兒童，譬如說，圖書館裏至少要有一次能容五百或一千以上的兒童各種閱覽室，藏書至少要有三五萬冊，以這樣規模的兒童圖書館，估計非有充足的經費是辦不到的，可是我們並不因經費短少的緣故，就不開辦，經費少可以辦規模小的圖書館，以後再圖擴充好了。

此時，我個人的意見，以爲除了圖書館本身各部事務健全之外，最應着重巡迴文庫的推行。因爲上海區域廣大，館址無論怎樣選擇適中，住在離館較遠的兒童，恐怕是很少機會能夠享受圖書館的利益，雖說上海交通稱便，代步的工具有電車；公共汽車、人力車，但爲時間經濟所限的一定很多，而路上行走，又是不甚安全。那末，圖書館對於兒童不能發揮普遍的效用，兒童們也祇有想館興歎了。如能實行巡迴文庫，用流動的方法，遷就於求教的兒童，自然要比較圖書館的地位固定，期待於求教的兒童來得普及。這是第一個理由。

我們時常在街頭巷尾的小書攤旁邊，聚集着一羣一羣的兒童，手裏拿着書本，目不轉睛的在那裏孜孜閱讀，一方面我們自然欽佩他們這班小朋友好學的精神，求智慾望的旺盛，另一方面，我們卻着實爲他們抱着無限的憂慮，因爲他們閱讀的，不但紙質不良，印刷惡劣，而且內容實在太壞了。多半是些不合現實生活思想，或情事近乎徼倖欺詐謊浪刻薄，或傳說過於神祕虛妄怪誕不經，或描寫過於兇惡鹵莽殘殺不仁，或鄙俚陋俗雜亂無章，或含有封建思想與極深宗教色彩，圖書譾陋毫無意義，甚至誨盜誨淫。我們如何能希望他們會有良好的收穫。日報上不是有入山求道學習武藝的兒童新聞嗎？這顯然是受了光怪陸離的劍俠奇傳的影響。假如有了巡迴文庫，供給他們以適當的精神食糧，就可拯救他們，不再被這些含有毒素的讀物所遺害了。這是第二個理由。

巡迴文庫是每日規定時間，分區巡迴。巡迴車可由運輸汽車改造，募捐經費時，同時也徵募巡迴車。有獨捐或合捐一輛者，車上就題其名，名爲上海兒童圖書館某某巡迴車。並得接受捐助的意見，指定巡迴某區某地，捐助現款購置者可，其有捐助巡迴車以紀念親友者，也得以其親友之名名車，這樣巡迴閱覽，實施數月，成效必定大有可觀。

從前上海市中心區市圖書館，曾有兒童閱覽室一所，單獨設立兒童圖書館，可說上海還是創舉，主持上海兒童圖書館者必須謹慎將事。辦圖書館不是容易的事，辦兒童圖書館更不易。希望將來的發展，尤應在起始奠定穩固的基礎。

摘自《中美日報》（上海）一九四〇年四月四日

集納日曆

中華民國二十九年
一九四〇年肆月

十三

土曜 星期六

君子死知己，提劍出燕京。（陶潛）

去年今日 歐亞航空公司第十九號機在滇越交界處遭遇日機二架追逐，被逼降落，德籍機師一人受傷。

103—263

地，我底眼睛定落在一個着着鮮紅色彩的山城：紹興。

在那里，我有一隻心上的蝴蝶在翱翔；不，她不是蝴蝶，她是一翼捍衛祖國疆土的巨鷹。

她是一位年青的姑娘。她勇敢，她天真，她有決心，她又有毅力，憑着她在苦難的故鄉所感受的壓迫，給她燃燒起了愛祖國的熱情。

她也愛我。

一年前，我們每星期不間斷地通着消息：我灌給她工作和生活上的知識；她報告我祖國在艱苦中的

再談兒童巡迴文庫

呂紹虞

我此時還沒有知道這一次籌募兒童圖書館的經費：已經募到了若干，總之，現在要辦一個大規模的兒童圖書館，恐怕還談不上，必有待於將來。不過巡迴文庫的設立，我想總須實行，問題就在方法上的變更。

辦理巡迴文庫，巡迴的工具，最好能用載重的運輸車，因爲一次可以載運多量圖書及一切器具，如椅櫈之類，可是運輸車的價值和日常消耗，現在非常昂貴，購置或捐贈都不能辦到的時候，也就不妨改用三輪脚踏車或其他運輸工具。

假定全市分設二十四個巡迴站，每天就祇須巡迴四站（星期日除外），每站停留的時間爲兩小時，以辦理該站附近兒童借閱或歸還圖書的事情。譬如本星期一第一次巡迴的是甲站，下星期一第一次巡迴的也是甲站，圖書當然每次不同，這是假定借書的期限爲一星期。每天巡迴四次，每星期就可巡迴二十四站。巡迴站的所在，是假各學校或各機關團體的地方，最好有閱覽室及花園草地，兒童不欲借書攜歸家中閱覽，也可在裏面借讀。每站的事務，即請所在地學校教師或對於圖書館有興趣的士女担任，（否則，惟有本館館員隨往照顧。）指導兒童閱讀並担任借還圖書的職務。

我們希望如此辦理巡迴文庫，第一不必開支房租，第二不必開支管理人員的費用。這就是一個非常經濟的辦法。但是圖書一項，如設置二十四站，每站平均需用圖書五百冊，二十四站即需一萬二千冊。所以，關於這一點，又須牽涉到圖書館的經費了，經費不足即不能多購圖書，不能多購圖書即不能多設巡迴站，換句話說，須視經濟情形而定分設站數的多少。

像現在春光明媚風和日暖的時候，我們以爲每逢星期日能將巡迴文庫送到各大公園裏去，但這是必須獲得租界當局的同意，每一個公園停留二三小時，在這巡迴車裏面，載有豐富的兒童讀物，高低不等的椅子或櫈子，三五十隻或更多的數量，並且還有幹練的對於兒童教育有相當研究的館員，給與各種年齡不同智識程度，不的兒童們以適當的讀物，有時且講述兒童的故事給他們聽，這是多麼美妙的一回事啊！

什麼事情都是計劃易而實行難，兒童圖書館的事務，當然也不能例外，尤其像在環境複雜情形特殊的上海，但是主持的人不能就此畏縮不前，盡一分力量自有一分的成果。

我們這裏要向各界呼籲的，要能付與兒童圖書館以莫大的同情，以及物質上的贊助，敎育界人士，尤其是小學敎育界要能和兒童圖書館密切合作起來，我們相信上海的兒童圖書館一定可以辦得很好，上海的兒童也一定受益不淺！

摘自《中美日報》（上海）一九四〇年四月十三日

關於上海籌設兒童圖書館之商榷

匡一

兒童圖書館問題，八一三以前祇有人談，沒有人實行；八一三後不但有人談，并且有人實行，居然在上海開始籌備，至今數月，已有相當成績，感覺到一件格外興奮而快樂的事情。良以文化事業，爲立國之本，兒童教育，尤爲教育之基，目下的一切是暫時的，將來的一切是永久的。而合乎將來一切新時代的需要，都必須在這個時期建設起來，眞是十二分的欽佩從事籌備兒童圖書館各委員的眼光遠大呢！

兒童圖書館的功用在那裏？我看了陳青士先生的一篇兒童圖書募捐啓內，說有六點：

（一）輔助兒童教育。

（二）輔助家庭教育。

（三）培養兒童讀物的興趣與能力。

（四）打倒不良的兒童讀物。

（五）改造遊蕩兒童的惡劣性格。

（六）協助貧苦兒童獲得求學之機會。

在我看來，這六點似乎是說明兒童圖書之功用，而非說明兒童圖書館之功用。要說明兒童圖書館之功用，須說明將購買那許多優良讀物，館內將有何種合理的設備，如何使兒童得到借書的便利等等問題，使「館」的功用，儘量發揮。要發揮館的功用，全靠館的組織與管理。這個行政問題，籌備委員，均係教育專家，諒必早早計劃不容我來置喙。作此文的原意，不過愚者一得，供諸參考而已。

（一）兒童圖書之購買問題——目下兒童圖書，究屬有多少，沒有確數。我從事於兒童圖書之編寫十餘年矣，在戰前曾經從事搜編兒童目錄，關於上海出版的，幾乎完備，惟上海以外出版的很少很少。戰後已出版的有一部分售罄或停版，尚有少數新書，此目錄已不復適用。乃於四月四日去參觀兒童圖書館主辦的一個古今兒童圖書展覽會。古書方面最多的爲各種三字經，均係歷史上之產物，現代兒童，當無閱讀之可能。（其中陳列一冊「傷寒三字經」，乃係一種醫書，竟亦列入，想來主辦者忽於審查所致。）新書方面主要的爲商務中華出版之兒童圖書之一部分，其他北新大衆開明亦有之，尚有另星小書局出版的數十種，大多是戰前出版的，戰後出版的，寥若晨星。統計所展覽之書，已占上海各局出版之大部分了。如照該館募捐目標五萬元，如願以償，勢成「有錢無書可買」之苦。所以據我看來來提倡兒童圖書館，固然是當今之急，而編寫與出版兒童用書籍，尤爲切要。故這個時期主辦兒童圖書館的人，一方面儘量搜集圖書，一方面當編輯圖書，甚至出版圖書。或與書局合作，貢獻編輯出版的計劃，如此兒童圖書漸漸增加，兒童圖書館的內容，漸漸充實。惟須聲明，兒童圖書館之主要職能，在購買圖書，供給兒童閱覽，編輯和出版，不在其職能之內。但爲適應我國現在之特殊情形，故有此種需要。

（二）兒童圖書之選擇問題——選擇兒童圖書，當然有一定之標準。使不良之兒童圖書，不致混雜其中。選擇之標準，另文討論，現在祇談選擇之步驟：

（a）搜集各家目錄，爲購書之預備。

（b）根據目錄購買或商借書籍以審查其內容。

（c）書籍衆多，可分類後，（如文藝……）請專家審查之。

（d）審閱後將其優點及內容摘出，作爲提要。以備將來指導兒童閱書之用，這個辦法非常有用。

（e）更要注意小書局出版之圖書，以免不良的圖書混入。

（f）惟選擇之標準，不可太高。因目下的兒童讀物，數目不多，選擇的標準提得太高以後，以致無書可買。

（三）兒童圖書館館址問題——要發揮兒童圖書館的功能，對於館址選擇，頗有商榷之必要。上海一處，包括市區租界，要找一個適中的地方，頗非易事。決不能使多數兒童到館閱覽。因兒童到館閱覽，發生下列幾個困難問題：

（a）時間上的困難——大多數的兒童在學校裏讀書，每日下午三四時散學，無暇再往圖書館。設家庭與館址距離較遠，來回一次，起碼二小時左右，時間上發生困難。

（b）經濟上的困難——要節省時間，可以利用車輛，惟上海的電車，屢屢加價，往來一次，平均非二三角錢不辦。每日如此，爲數可觀，對於經濟上發生困難。

（c）安全上的困難——上海馬路上車輛肇禍的事，幾無日無之。兒童致命或受傷者，亦不在少數。兒童每日到館閱書，萬一遭受不測，豈非冤枉呢？所以行路上亦發生困難。要解決上列三種重大的困難問題，有下列各辦法，可以參考：

（A）設立分館——除總館一處以外，在學校區或住宅區，多多設立分館。爲節省經費起見，可以設在學校之內，或公共機關內，租借一室，按時啓閉，兒童借閱，大感方便。

（B）巡迴車輛——將兒童圖書置於車上，由館役推至各學校內，任憑兒童借閱，每日一次，或隔日一次，可免除租借房屋之麻煩，而得隨時流通之效。

以上兩種方法，均爲簡便切實，頗堪採用。

（四）經費之分配問題——一切事業，無錢勿辦。金錢成爲一切事業之原動力。故經費之分配問題，也是一件非常重要的事。募捐啓事上說，以五萬元爲開辦費，開辦費與經常費對待之名詞，茲分述如下：

（A）開辦費——普通商業上之所謂開辦費，指：

一、承頂房屋　二、購買用具

三、裝修佈置　四、籌備期間之費用

五、其他一切必要的開支如廣告費文具用品等

開辦圖書館除購買圖書以外，對於以上各費用，當然也是需要。但各費用之分配，一定要有相當的比例。不然在籌備時期內，浪費太大（如交際費，宴客費等）等到圖書館正式成立，捐款已消耗一部分了，妨礙事業的進行，豈不可惜呢！

等到正式成立，第一步當然是決定館舍，在未曾自己建築以前，當然要租賃。目下上海房屋，求過於供，非有頂費不辦，爲數相當可觀。第二步購買桌椅及書櫥書架等一切必要的用品，目下木料價格，數倍於戰前，購置此等器具，所費甚大，若不將捐得之款，加以分配，不難大部份用於此等設備上，以致無充分之款項，可以購買圖書，結果內容空虛，徒存形式而已。

（B）經常費——經常費是指下列各項費用而言：

一、每月房租，房捐　二、電燈水費

三、職員薪水　四、僕役工資

五、其他必要的開支，如文具用品，修理器具費等等。

今募捐啓上謂以五萬元爲開辦費，則經常費當然不在其內。經常費的來源，並未說明。經常費之來歷不外有二：

（a）將捐得之款，存入銀行，按月支取應用。設每月房租三百元，其他開支二百元，水電一百元，員工薪水二百元，每月八百元。每年約萬元。捐款有限制，費用無盡期，何以維持久常呢？

（b）一次捐得若干，存入銀行，作爲基金，將來按月支取利息，作爲開支。取之不盡，永久維持。維照上述開支每月支取八百元，最少要在十萬元以上的基金，方可辦到。籌此巨款，恐非易易。

經費爲一機關存亡之樞紐，得之則生，失之即死。若對於上述兩項辦法認爲困難，則前途未可樂觀，

（五）結論——在此時期，生活費用，步步高漲，捐款感到相當困難，故辦理方面，必須近肌着膚，切合事實，踏準步驟，漸圖進展。不可太唱高調，太重理想，以致徒勞而無功。

摘自《正言教育月刊》一九四一年第一卷第三期

學校圖書館的經營

～～三十年一月九日圖書館工作人員講習班結業訓詞～～

郭有守

諸位先生，諸位學員：諸位入班受訓，已經兩個多月，今天便結業了。在這兩個月當中，諸位先生辛勤的教導，諸位學員孜孜的研習，所以講習的結果，比較的圓滿。諸位經過此次的講習，對於學校圖書館的理論，以及管理的方法，都有了相當的研究，將來回到學校，當然可以實地應用。過去省立學校的圖書設備，多是比較簡陋，就是有些學校，圖書設備比較充實，因爲管理運用的不得法，也沒有能充分發揮圖書館的效用。現在諸位受過短時間的講習，回到學校，對於學校圖書館的管理及運用的方法，當然可以充分的應用，並可根據各學校實際的情形切實加以改進。至於學校圖書館究應如何的經營，我願意藉今天結業典禮的機會，提出幾點具體的意見，供大家參考：

第一學校圖書館的經營，應有一個比較永久的計劃，分年的完成。我們知道學校圖書的的設備，比任何設備，都來得重要。所以我們對於圖書設備，應盡量設法加以充實，不過充實學校圖書的設備，也不是一件容易的事。要有長久的計劃，分年來完成。無論學校經費如何困難，我們總要列一部份購書的經費，學校經常費所列的購書經費，以及征收學生的圖書費用，一定要完全拿去買書，無論如何，不能移作別用。像我們川省辦學校，已經三四十年，至今學校方面，尙無較有規模的圖書館，便是因爲對於圖書設備，沒有作較永久的計劃。還有已購的圖書，要妥爲保存，不要使他有意外的損失。如過去廣安縣中圖書館被焚，敘永中學的大部書籍，被扯零數十冊，實在很可惜。學校主管人員，就是有了更動，對於學校圖書，無論如何要交代清楚。教員離校的時候，所借的圖書，要交還清楚，果能如此，學校圖書的設備，當然可以逐漸的充實了。如果每年買的圖書很少，原有的圖書，又逐漸遺失，那圖書設備，便永無充實的希望。這一點很關重要，希望大家特別加以注意。

第二我們應當多方面的去徵集圖書，去充實學校圖書的設備，學校圖書設備，除去自行購買以外，並且要多方設法去徵集。希望不化錢，還可以得到許多的圖書，如各學校裏學級所組的圖書館或讀書會，等到畢業的時候，可以將全部圖書送至學校圖書館。又如函請各機關贈送各種刊物，函請各書局贈送各種教科書作爲樣本，函請著作家贈送他自己的著作，請當地各藏書家捐贈一部份藏書，或請將所有藏書，存入學校代爲保管，並可代爲專架陳列，只要能多方注意，一定也可以獲得相當效果。還有校長或教員出外參觀或開會，只要留意，一定也可以搜集到許多的書籍這些書籍，化錢還買不到，是很可珍貴的。我們在經營學校圖書館的時候，對於此點也應當加以注意。

第三，我們經營圖書館的時候，要盡量發揮圖書的效用。 就是每一本圖書，要使他常常在教師或學生面前流動，每一本書被教師學生看的機會愈多，他的效用愈大。要增加圖書的效用，應當注意下列幾件事：（一）各種雜誌，及日報，應編成很完備的分類索引，以供教師及學生參考；（二）應舉行書報介紹，各種書籍的內容，應用最有效的方法向教師及學生介紹，引起大家的注意；（三）指導學生組織讀書會，定期開會報告讀書的心得；（四）與各科教師聯絡，對於學生舉行讀書指導，並且禁止學生閱覽不正當的書籍；（五）教師學生借閱書籍，要限期讀完，讀完即歸還，不要常常放在一個人的身邊，失去大家閱讀的機會；（六）如果有了特殊的活動，可以將有關的圖書，集中展覽，引起教師學生閱讀的興趣。果能如此，那圖書的效用，當然大得多了。

第四，學校圖書館應部份的開放，供民衆閱覽，教育部規定各級學校，都要辦理社會教育。而開放學校圖書館，供民衆閱覽，實在是辦理社會教育最經濟有效的辦法。我希望諸位回校，辦理圖書館的時候，最好將一部份圖書開放，供民衆閱覽。也許有人以爲學校圖書開放，供民衆閱覽，圖書容易散失，其實是不成問題的。只要管理得法，組織嚴密，一切都可以控制的。諸位試看省立圖書館，是供社會人士閱覽的，對於圖書，何嘗有多大損失呢？我們現在推行國民教育，希望學校能夠社會化，更進一步，便要希望中學，大學都能社會化。學校圖書的開放，可以說是學校社會化的初步工作，希望各學校都能做到。

此外關於學校儀器的管理，與圖書的管理，是同樣的重要。 本省對於學校儀器的設備，與圖書的設備，是同樣的重視，所以特地成立科學儀器製造所，負責製造各種儀器，供各學校應用。過去各學校對於儀器的管理與運用，也缺乏專門技術的人才，這次舉行圖書館講習的時候，對於管理儀器的方法，也分別加以討論。希望諸位回校的時候，除去對於圖書能有一個合理的方法去管理外，對於科學儀器登記及管理方法，也應當設法加以改進，還有學校的檔案，是學校文書之主要部份，也應當用科學的方法去管理。管理檔案的方法，與管理圖書的方法，有些相似，所以諸位在講習的時候，對于檔案的管理，也加以研究。希望諸位回去的時候，對於學校的檔案，也要分別加以整理。關於檔案的管理，教育廳印有叢刊一冊，將來可發一冊給諸位，以供參考。我想諸位受了兩個多月的訓練，對於學校圖書儀器，及檔案、都能用科學的方法去管理，並發揮其效用，那我們辦講習班的功效，才可以完全發揮出來了。請諸位從今天起，努力吧！

摘自《中等教育季刊》一九四一年三月第一卷第三期

組織聯合兒童圖書館

奐春

浙江自抗戰以來，圖書館事業，幾乎又失去了人們的注意與提挾了，許多圖書館因受環境各種困難而停辦；而剩下來的呢？又因經費的貧乏而將事業的範圍縮小了，所以今日的浙江圖書教育，沒有比較可觀的成績表現出來。

在這圖書館事業急待整飭之中，推廣兒童圖書閱覽，是一件尤其重要的工作，這是一般人所公認的。

本省現有各單設圖書館，對於兒童閱覽工作，既未見有如何相當的計劃；而各初等學校有適合兒童實際需要之圖書館室附設的，也是很少見的事。小學行政當局與其教師們，多數只聽小朋友們唸唸課本，抄抄黑板上的筆記，除了這些以外，差不多就沒有所謂其他閱讀研究的供應與指導了。換句話說，就是兒童們除了在教室里唯唯受教以外，未曾得有較廣博的求知機會，因此，不能養成其自動的求知精神與習慣。以隨時補充其識力的不逮，與助長其學業的進步。

本省目前提倡兒童課外閱讀，我以為有賴各初等學校的互相合作。最好各校能共同組織一聯合兒童圖書館。茲將幾條容易實施的辦法揭舉在下面：

（一）各縣城區中心學校或各鄉鎮中心學校，就近聯絡數校籌設聯合兒童圖書館。

（二）各校將所有藏書（包括各校已備，及臨時向兒童家或各界徵求寄存之圖書），全部編寫書本目錄數份，每校各存一份備查，同時以一份連同圖書送交聯合兒童圖書館。

（三）聯合舉辦兒童圖書館之各校，各推派代表，組織理事會，討論徵購圖書，推選閱讀指導員，決定工作方案，訂立規章，籌劃經費以及一切興革事宜。

（四）聯合兒童圖書館，每學期輪流主辦一次，即附設該館於該校中；並利用該校高年級或年齡較大，程度較優學生輪流担任圖書管理員。

（五）聯合兒童圖書館的經費，除由聯合各學校平均負担外，並募集捐款以補充之。

（六）訂定紀念捐書及捐資辦法，儘量推行捐募工作。

書館的方法。使指深刻的認識圖書教育與他們生活有密切相關。

總之，吾國各地圖書館事業，在平時既未能平均發展，自經戰亂以後，更覺得冷落而消沉了。所以姑不必說步武世界各國，就是要恢復原有事業，亦還須熱心社教者們，再費一番心血，再流一身大汗的。

摘自《浙江圖書館通訊》一九四三年第一卷第三、四期合刊

山西省立第三師範附屬小學校近況撮要

劉杰

引言

近年來談敎育者，每推許晉省；考其原因，蓋由晉省於民國八年曾公佈一全省義務敎育推行計劃，引起敎育界人士的注意；故每有以省爲單位而談敎育者，輒稱山西。至提出山西的一個學校批評討論者，實不多見。此其因由於山西學校皆無精彩特出之處，以引起人的注意者一；地方偏僻，留心學校敎育者，無相當之機會，以考察山西學校的內部情形，亦其一因。有此二因，致山西的學校改進上大受影響。敝校僻處晉北，欲得一敎育家之蒞臨指導，尤爲困難！遂以我校既不能得一富有敎育經驗者來校批評指導，或將我校實況逕陳於富有敎育經驗者之前，獲得一相當的批評指導！亦不無補益。是本文發表的目標，在求敎！非敢以優良自居也。

行政

一、行政組織說明

本校行政組織，以統一而有系統的分工合議制爲原則。全體職敎員會議於每週土曜日舉行，其主要任務有二：(1)計劃全校興革事項。(2)解決各股間有連帶關係的事項。此會爲最高行政機關，校中一切事體，皆取決於斯；依議決的計劃分股執行，以一事權。主任不過一執行上之領袖。敎務會處理研究討論的事項。委員會處理臨時發生的事項，由職敎員會應時籌議組織——如實習委員會，各種測驗委員會等；——校務會分學校行政部，少年共進市指導部；此不過表明一係學校直接辦理，一係與兒童共同合作，其實皆學校行政。卽因本校將校內凡直接關係於兒童的事務，皆讓兒童自行處理，敎師只任指導，此指導部內的事項，皆應少年共進市幹事部各分股的指導而設。擔任各股事務的人，卽少年共進市幹事部內相當股的指導員；依據少年共進市幹事部各股細則，指導協助兒童處理一切。所以學校行政部內的事體，多屬靜態的；少年共進市指導部內的事體，多屬動態的。少年共進市，乃本校統一的自治團體，由全體學生職敎員組合而成，採委員制，其中職員，概由兒童直接選出；關於全體者，由全校兒童共選；關於局部者，——如級幹事，圖書經理員等，——由兒童分別選舉;俾知選舉的眞實意義以養成民主政治下最有社會效益的公民。惟職敎員無選舉及被選權;此因兒童對於敎師的信仰心甚高,選舉時每將敎師選出,或受敎師的暗示,選敎師所選的人,失其自主心及審愼力,易致退縮而無勇於負責的精神;故特加此限制。每一敎師,只就校務會少年共進市指導部內任擇一股;充少年共進市幹事部相當股的指導員。本市於每學期開學始,開全體市民大會一次,議決本學期內應進行的事項,選舉各股職員,分別辦理。議事會籌議臨時發生事項,——如滬漢案講演運動事項,籌備全校聚樂會事項等;——由各級級幹事組織而成,每級二人。——限三年級以上。

二、敎員任用及課程分擔

本校敎員的任用,採級任科任縱橫編制法;每級設級任一人,擔任各該級敎務上的事項,——如學業操行等成績的評核,施行各該級的各種測驗,……;——及管訓上一部分的事務;——如請假考勤……等。——所擔課業,以各該級的國語算術爲主;其他隨其興趣之所好,及所長,任擇他科。其主要任務,即在級務上的處理;圖謀各該級敎學上的統一,補救,以及改進的方法,各科的聯絡等;並會同各該級訓育上直接關係的人員,——指導員等;——籌議關於各該級訓育上的特殊方針,或臨時的改進辦法。如有關係或影響於全校者,提出於職敎員會議,共同討論,以謀全校大體上的統一。——參看訓育段——科任制,每科設科主任一人,由敎員就其興味之所向,及所長的學科,擇任一科或二科,研究籌劃各該科,在各年級內適用的敎學方式,敎材的分量,前後各年級的統一聯貫;並辦理下列各事:(1)就出版界內,選擇適合本校應用的書籍。(2)審查關於所用敎科書內應行增删的材料。(3)搜集各科臨時利用的材料。(4)擬定各該科的敎學綱要。(5)審查各科縱橫聯絡的材料上,列各種事項,概先由科主任,招集有關係的敎員,——即擔任同一科目者,——預爲討論研究——即敎務會內之各種分組會議,——擬定具體辦法,提出職敎員會議,作最後的討論研究,以便實行。其由局部能解決者,即逕行解決實行。如斯一級的各種學科,有級任的籌劃,可使橫的方面互爲聯絡;全校各種科目,有科主任的研究檢討,各學年間縱的方面,亦可互相銜接;以免彼此分歧,各自爲政的弊端;敎學效率,可藉此增加,敎學上的缺點,較易發現,敎學上的改進亦易收效。關於行政上其他的設施,及詳細規程,辦法,表册等;請參看本校出版的山西三師附小。

教學概況

本校對於教學上的改革，持一種漸進主意由部分漸及於全體。每於一新方法的試行，必先審查此方法發生，及成立的背景；——一法之發明，必與其社會環境有莫大關係。——斟酌自己的環境狀況及需要，以定採行的範圍；改進上，雖不免有遲滯的弊；但失敗較少，亦免去大部分的犧牲。在本校教學的歷史上，啟發式佔的時期最長，影響亦最大；他如自學輔導等，因與環境不適，所受影響甚小。自十二年八月起，試行道爾頓制，及設計教學。試行時，將全校學級分爲兩組：高小科，試行道爾頓制；國民科，試行設計教學法。——斯時本校因全省教育行政關係，尚未改行新學制，——學級編制仍舊。高小科的道爾頓制，先從各科內分別入手；時間表仍舊保留，不過每時間內多留伸縮餘地，與教者學者自由活動的機會。此外並留出一部分自由作業的時間，使兒童得自由活用。教材以問題爲中心，打破教科書的順序，採用大單元的學習。同時並將圖書室，重行改組，以應兒童的需要。當時對於道爾頓制內的作業概要，作業細目等，極力倣行；經試驗及屢次研究的結果，認高小校時期——十歲至十二歲——的兒童，其想像力，初由虛誕的，自然流動的進而爲支配行爲的工具；尚不出狹小的，與直接的關係。對於一事，覺其關係之重，或與已甚切者，用力方能持久；其意志有實用的性質，凡事必供給其實用的環境，纔能繼續練習；思想乏抽象的系統，對於學科仍無科學上嚴密的組織，與興味。完全倣照道爾頓制，由教師規定作業概要，揭示於作業室內，令兒童照作，難引起其注意；多發現盲目的，機械的學習。並覺得高小科一年級與國民科四年級，兒童身心發達的程度相近似，遂又劃分高小科一年，與國民科四年爲一組，參用道爾頓制，及分科設計的一種混合教學法。初國民科，完全試行設計教學法，試行時取消受課時間表，每日於早晨七時至八時，定爲談話會時間，討論規定本日內的工作。由試行的結果，除如前述將四年級與高小科一年合爲一組，參用道爾頓制，及分科設計的一種混合教學法外；又將一二年作爲一組，用學級設計；三年用各科聯絡的設計。本校於十四年改行六年制，遂總結試驗的結果，規定下現行的一種教學方式如下：

1. 初級一二年，用學級設計教學法，各該級的時間表，作爲敎師的參考，及敎學上各科調和的標準；各級學習室內，設一小黑板，作揭示公共定下的全日工作之用。訓練方面，廢除舊式課本子上的修身，純重實行及偶發事項的指導；其他知識技能方面的各學科，皆重觸機教授，或利用暗示的方法，以引起其學習的動機。

2. 初級三四年，用各科聯絡設計，以問題為中心，綜貫處理；各學科，依時間表作共同的敎學；此外多與兒童自由伸縮支配工作的餘地，使得到充分個別自動研究的機會。凡在自由作業時，敎師亦隨伴在作業室內作業，以備兒童自由發問，或行相當的指導。

3. 高級各年，適用分科設計的敎學法，並參用一部分道爾頓制，自由支配時間工作，自發活動，團體合作的精神。各敎科打破課本順序，純取大單元的敎學。敎師於每學期開學時，規定各科的敎學概要，作為本學期內敎學上的標準；——此概要在作業室內揭示不揭示皆可。——每於一單元敎學之先，由敎師用設計敎學的方式，作共同的討論，規劃本單元學習的步驟；——即作業細目，——並指示學習上的要點，及參考用書等。此段所用時間的長短，按敎科敎材性質臨時酌定。將

學習進程規定後，讓兒童各自學習，敎師從旁輔助指導；學習所用時數，在規定細目時共同規定；但因兒童才能的差異，作業狀況絕不能均齊一致，必然先後參差；其調節法，要在敎者依兒童才能，導以繁簡深淺不同的作業，以利下一單元的進行，免優等生虛度光陰之弊。以上是本校敎學改進的情形，及現時敎學狀況的概要。詳情可參看本校出版的敎學程序。

訓育概況

一、訓育的標準

本校的訓育，期由他律的進於自律的；以養成兒童善良行為習慣為指歸。所有訓練的方法，即擬向解決此問題的方面走。對於兒童的訓練，重在行為的指導，使兒童由行為獲得經驗；指導的方法，則以抽象的標準為目標，而以具體的事實為指導實踐養成善良行為習慣的途徑。蓋無抽象的標準，訓練近乎盲目的，東鱗西爪，易使兒童迷於途徑，不知善之所在；無具體事實以為指導實踐的途徑，易致兒童入德無門。茲將本校訓育標準，及具體事實例舉的方法，分述如下：

1. 訓育標準的擬定　本校訓諫上的主義，既重在行；而童子軍敎育的主旨，在知行合一，養成完全獨立，最有社會效益

的公民。——童子軍教育與教育上的國家主義關係甚大，俟另文發表。——所以本校卽將童子軍訓練爲訓育的中心，童子軍課程，作爲四年級以上的必修科。訓育標準除按國民性，及社會環境所需要的道德酌定「誠毅公勤」四字爲校訓外，並加入童子軍的「智仁勇」三字；又考查多數兒童易犯的毛病，加入謙和，節儉，淸潔三德目；以備矯正。綜合以上三者，共爲十項；爲喚起兒童的注意，又將此標準略加具體化，定爲十大規約以爲指導的目標。

2. 事實的例舉　上述的標準規定後，用最完善的方法繕寫裝置，揭示於公共處所；並舉出具體事實以作指導兒童實踐之用。其所舉事實係由教師，搜集兒童易犯的毛病；並令兒童投票選舉各人所欽佩信仰的同學，且註明所以欽佩信仰的地方；由此二者彙集統計於十大規約每條下，舉出兩個實例，合十大規約印爲一幅。自三年級以上兒童每人發給一份；詳爲解釋使之實行；並作教師指導的依據。操行成績卽以實行此規約的程度爲評；使兒童不至視爲具文。茲將十大規約及實例附後：

山西省立第三師範附屬小學校十大規約

規約	實例
第一條　三師附小的學生要誠實	(1)不自欺 (2)不說謊話
第二條　三師附小的學生要堅忍	(1)作事耐久 (2)作事不了草
第三條　三師附小的學生要公正	(1)熱心公益 (2)愛惜公物
第四條　三師附小的學生要勤敏	(1)能利用餘暇 (2)對於課業不推諉
第五條　三師附小的學生要明智	(1)能判斷事物之眞僞 (2)不作愚昧的思想與行爲
第六條　三師附小的學生要仁愛	(1)能與他人互助 (2)富於同情
第七條　三師附小的學生要勇敢	(1)遇事不畏難 (2)能負責任
第八條　三師附小的學生要謙和	(1)對人有禮貌 (2)言語和藹
第九條　三師附小的學生要節儉	(1)不虛度光陰 (2)處身質樸不買零碎食物
第十條　三師附小的學生要清潔	(1)能保持容儀用品的整潔 (2)注意公共衛生

二、訓育的設施

本校訓育上的設施上，要以能適應兒童行為上的指導為準；負指導之責者，即在行政段內所謂各股的指導員，各負一部分的指導責任。就一個兒童言各股的事體，——少年共進市幹事部內的各分股——皆與之有關；各股的指導，由教員分擔，所以全校教職員無一人不負指導此兒童行為上的責任；只所負責任的範圍不同而已。故本校的訓練設施，是以事為本位的訓導制。前言級任教員所負訓育上的責任，不過前邊舉出的幾項，大部分仍由各教員分擔。至在校寄宿兒童的管理，採分團訓導制，不拘年級，按所住區域，分為數團；各團的指導員，即由與各該團住在同一區域內的教師擔任。至每日上下班時校院內的秩序，由教師分別輪流值週照料。此外並有早會及學級談話會：早會集合全校兒童，於每週月木曜日早課前十分鐘舉行；其主要目的在報告校內變更的，或臨時發生的事項。學級談話會，由主任依學級於每週日曜日輪流舉行，招集一級內的兒童共同談話；一方面調查兒童家庭狀況及個性；——備有調查表。——一方面令兒童各自發表其對於校內的希望，及意見作為進行或設施上的參考。此本校訓練的大概，詳細的情形，可參看山西三師附小。

圖書室辦法概況

本校圖書室，採一種級圖書室的辦法。按學級，每級設一圖書室，與學習室合併；將圖書櫃置於學習室後方；所有的圖書，完全公開，使兒童得自由取閱，充分利用餘暇時間，以滿足其求知心。並於實行道爾頓制上，較之整的圖書室，甚為適合。整的圖書室，啟閉必須有定時，讀書時也必須有一定閱覽的手續；否則管理上諸多不便。但此種辦法，宜於成人，不適用於兒童。兒童的工作興味，完全受本能與環境衝動的支配，時過境遷，自動繼續努力的能力甚弱。整一的圖書室，啟閉既有定時，閱書又必須有一定的手續，加之於兒童，不勝其繁，因而減殺其興味者不少。本校於民國十二年試行道爾頓制，同時將整一的圖書室，分為幾個級圖書室。茲將管理的方法，閱覽的手續，圖書的購置，分述如下：

1. 管理　圖書室與兒童的關係最為密切；在少年共進市幹事部內，設為一股，——書報股。——使兒童自己辦理；由教員一人擔任指導，分配各級圖書室書籍。——以年齡學力為標準，將書籍分置各級圖書室內。——各級圖書室，由各該級兒童，舉出圖書經理員二人，擔任本級圖書的登記，及圖書一覽表的製定等事項，每日由本日學習室內的清潔值日生，會同翌日的清潔值日生點交一次；如有短缺，由本日值日生負責找尋，倘找尋不到，或由全級共同賠補，或由值日生賠補三分之一，他人賠補三分之二不等，其詳細辦法，由各級兒童自定，各級間各不一致。

2. 閱覽的手續　各級圖書室內的圖書，分類放置圖書櫃門上，標明圖書的種類，以便檢尋。又於圖書櫃旁，置一圖書一覽表，註明每書所有的冊數，部數，及存放書櫃的號數；並於每一書名下，留一掛籤欄。兒童每人備一閱書籤，取閱某書時，先檢查圖書一覽表，此書存於某號書櫃內，再檢此書有無他人取閱，如此書下已掛有某人的閱書名籤，則此書即已被某人取去，免去尋找時間的浪費；如有必要參考時，可逕找某人；以免尋問之繁。值日生點書時，亦可按籤查點。若取書而不掛籤者，則由全級公定一種處罰辦法，大家遵守。倘此級圖書室的書，彼級兒童有參考的必要時，可向該級圖書經理員聲明借閱，指導員只幫助兒童解決其中進行上的困難而已。

3. 圖書的購置　各級圖書室內的書籍，每年由校內劃出一部分經費，作為購置之用。所購書籍，由書報股指導員，就各書坊圖書彙報內檢查，並令兒童投票，或由教員指定課業上必須參考者，提出於職教員會議，審查決定。但校內限於經費，所購無幾；此外另由兒童組織一購書合作社，即一級內的兒童，公同決定每人購一定價格的書——現時高級每人極多五角錢。——所購書籍公共擬定分認，以免重複。將書購回後，掛號登記，置於圖書室公共使用；離校時，各自取還；倘耗費過甚，由校照原書賠償。此辦法行於小學頗可，兒童出少數之錢，得閱多量的書，——至少能閱所出款三十倍的書籍，——甚為經濟；且可救濟校款之不及。

工作概況

本校為發展兒童建造的本能，以養成職業上的普通觀念；設一少年工廠，供給兒童課餘的各種工作。後來漸漸擴充，教員兒童共同集股，組織成一股分有限工作股；製造各種學用品，及簡單的理化儀器；遂於少年共進市幹事部內，設一工作股，由兒童辦理。完全倣照市面上有限公司的組織法，使知商業上的組織，並啟發其企業心。茲將其組織法，出產品的消售，紅利的處分，工作狀況，條舉如下：

1. 本股設經理二人經理本股一切事項司賬一人,會計一人,分掌帳簿之保管登記及錢項的出納等事。

2. 指導員二人由教員分擔;一爲工作指導員,關於工作上技術方面的指導;一爲事務指導員,幫助兒童處理一切事務。

3. 股東會,由股東組織而成;每學期開會一次,籌議一切興革事宜。股東會主席一人,由兒童擔任,執行股東會的議決案;並監督審查工作股的進行,及帳目等。

4. 本股工作品由本校少年商場代售。所獲利潤三分之一作工作人員的獎金;三分之一開支少年工廠內一切人力花紅;三分之一,作爲股東紅利。此對集股者含有一種獎勵的意思,以養成其儲蓄性。

5. 本股工作時間,定於每日課餘,工作時用分工合作制;在工廠內,分爲數組分別工作。工作人,爲高級全體兒童;由本股經理員,會同指導員,分配按日輪流,每人每週內約有一小時的定期工作;其隨意工作不在此時限之內。

6. 附工作品一覽表:

山西省立第三師範附屬小學校工作股工作品一覽表

類別	項目	工作品
木工	日用品	臥椅 衣架 鏡框 花盆架 營造尺
	學用品	丁字尺 三角板 吸墨器 筆架 放大尺 硯台匣
	理化儀器	斜面 音波試驗器 擺動試驗器 七色盤 光度表 結晶體模型 槓杆試驗器
	心理測驗器	迷津 短時間記憶力測驗 視覺測驗器
	兒童玩具	積木 小茅屋 乒乓球拍 乒乓球架 小桌 小椅 活動雞 不倒翁 七巧益智圖 小鞦韆架 偶人 小樓閣 軍棋
竹工	日用品	竹筷 鏡框
	學用品	英尺 放大尺 字帖架 筆筒 筆架
紙工	印刷品	大楷九宮格式紙 小楷格式紙 雙行作文格式紙 信箋
	訂本	各科筆記簿 圖畫練習簿 算術練習簿 國語練習簿 作文謄清簿
	厚紙細工	筆筒 名片匣 紙夾 信件插子 色板 各種硬紙匣
毛織物		手套 毛帽 表套 錢袋 毛線鞋 毛線襪

摘自《中華教育界》一九二六年二月第十五卷第八期

蘇四師小協動教學部兒童圖書館概況報告

王述之

本報告原爲應去歲江蘇省立師範附小聯合會第十三屆常會暨蘇浙皖三省師範附小聯合會第三屆常會附開的「兒童讀書展覽會」做的。事後蘇浙皖三省師範附小聯合會議決特組「兒童圖書館組」從事研究兒童圖書館各種問題可見小學教育界同人對於兒童圖書館問題的注意了，是以特將本篇發表出來作同人研究的資料，更爲引玉而拋磚呢！

本報告曾蒙馬客談先生詳爲較閱指正，特爲附言誌謝！

十五年三月十八日述之附誌

一、緒言

本篇報告是將本校——蘇四師小下仿此——兒童圖書館，本年度——十四年度——情形，裸實的概括的寫出來的。敢請閱者爲增進兒童福利起見不吝賜教，無任欣幸之至！

二、本館的界說和程度

本館不是本校全體兒童公用的兒童圖書館；也不是本校「試驗教學部」——本校有「普通教學部」「試驗教學部」的分別。——全體兒童公用的兒童圖書館是「試驗教學部」中的「協動教學部」——另有「道爾頓制教學部」——全體公用的兒童圖書館利用該館的有一百七十餘個兒童，程度相當新學制初等教育段初級小學。兒童年齡自七歲至十四歲。本館與本校「普通教學部」學級閱書會，「道爾頓制教學部」各科圖書室平居水平線上這是要請閱者注意的！

三、我們爲什麼設置兒童圖書館？

我們知道想訓導一個兒童成爲一個良好的「公民」不是用些機械式的德目式的訓練就可以成功的——因爲僅是有形的訓練，效力不大。——是必須注重養成高尚思想，絕大抱負，陶冶性情於無形，才可以奏效。

我們又知道想培養兒童將來成爲一個「適應時代的人物」是首要養成他閱書的習慣，——因爲沒有閱書習慣的人，是不願多事閱書，自然不易成爲一個適宜時代的人物。

我們又知道「休息教育」是很重要的。那末，對於兒童娛樂方法，當然是很要注意的了。遊戲等等，固是很好的娛樂方法，但是看有趣而又合乎自己程度的書，確也是一個最好的無上的娛樂方法呢！

我們也知道要想兒童得到某科學的系統知識，不是只靠着幾本死教科書可以奏效的。——因爲世界上沒有一本書，或是幾本書可以將一種科學完完全全詳詳細細的包含在內。——是要閱讀多量的參考書籍，或補助讀本才可以的。

上述種種，我們既都知道；知道又要實行；實行又要得完滿的結果。；那末兒童圖書館的設置，有迫不及待的需要了。因爲兒童圖書館負有四種使命，可以解決我們的問題，滿足我們的需要呀！請看兒童圖書館負的四種使命是：

ㄅ、兒童修養，和改良行爲的福地。

ㄆ、養成讀書習慣的良所。

ㄇ、兒童利用餘暇的樂園。

ㄈ、供給兒童多量書籍的處所，是知識寶庫。

四、本館怎樣組織的？

爲便於敘述起見，把本館組織情形，分爲ㄅ、行政事項，ㄆ、經濟事項，ㄇ、設備事項，三方面說來：

ㄅ、行政事項　指導一人，由本部——「協勤教學部」下彷此——導師兼任，任下列各事項：

1. 設備事項。
2. 購書事項。
3. 審查圖書事項。
4. 分類分段事項。
5. 目錄編製事項。
6. 圖書陳列保管事項。
7. 表冊編製事項。
8. 指導兒童服務事項。
9. 新書介紹事項。
10. 擬定一切規程事項。
11. 公開閱讀指導事項。

指導兒童圖書館非輕而易舉的事，人人可以做得的。我們認爲備有後述四端的，方爲上選：

1. 性情和平有忍耐性，能使兒童視若慈母的。
2. 熟悉館內所有各種圖書內容情形的。
3. 熟知兒童心理的。

4.對於兒童圖書館富有研究和好研究的。

六、經費事項　學校經費支絀，不得不酌收兒童閱書費，以謀福利於兒童現在經費的情形，分述如次：

1.來源　約有後述三種：

A.學校圖書費　每月規定五元至十元。

B.兒童圖書費　規定兒童每學期各繳大洋五角。

C.特別捐助　無定額；於必要時行之。

2.總數　每學期約有百元之譜。

3.保管人　由校中會計負保管責任。

4.支取　隨時可以支取。

七、設備事項　我們要想完滿達到前節所述對於設置兒童圖書館的希望。那末館內不能不有美麗動人的裝飾和合乎兒童心理生理的設備。本館設備情形是怎樣呢？現在分述於後，求正方家。

1.館室　長二丈七尺，寬二丈，高二丈，同時可容六十人。門二分出入口，窗與地板面積相差一百方尺。地板面積五百四十方尺。壁為淡灰色。

2.空氣　流通，亦清潔新鮮。

3.光線　採自南方，極充足。另有窗簾，以調節光線，免日光直射桌面。

4.館址　在本部中樞，交通便利。

5.環境　接近教室，與兒童休憩場所。

6.椅　長二尺五寸，寬一尺，高自八寸至一尺，黃黑色，二人合用，共三十件。

7.桌　長二尺五寸，寬一尺，高自二尺至二尺五寸。黃黑色，二人合用，共三十件。

8.書架　高四尺，寬五尺，共五十六方格，計有三具。

9.擱板　用寬二尺長六尺的板，與墻成三十五方度釘成，高二尺。

10.架書線　用鉛絲或線繩，聯結於壁間，或書架間。

11.雜誌放置架　長二尺，寬一尺六寸，分為三格，平放於黑板的一端。

12.辦公桌　一件，借用教壇桌。

13.辦公椅　一件，借用導師用椅。

14.小黑板　一方，

15.小木衣夾　四十件。

16. 報夾　三件。
17. 圖章　一件。
18. 筆墨硯　各一件。
19. 自鳴鐘　一件。
20. 印色　一盒。
21. 中堂　一幅。
22. 對聯　一副。
23. 架鏡　一架。

以上是本館館室和器具方面的設備。

一、兒童圖書待購簿。
二、兒童圖書審查券。
三、分類圖書目錄簿。
四、分段圖書目錄簿。　二本。一備借閱圖書的兒童檢查；一備服務員的翻閱。
五、雜誌目錄片。
六、借書單。
七、借書約。
八、借出圖書登記簿。
九、圖書遺失簿。
十、新書登記簿。
十一、舊書存査簿。
十二、捐書簿。
十三、各團閱讀人數統計表。
十四、讀書心得記錄簿。
十五、兒童閱覽須知一。
十六、兒童閱覽須知二。
十七、兒童圖書館規程，
十八、服務員勤務表。

以上是本館暫時應用的表，簿，券，約。至於兒童讀書好尙的統計表，……以改組伊始，無以報告，只可從略。

1. 四壁上掛有中堂，對聯，古今名人照片，本外埠風景照片。風景畫，及本館圖表等等。力求整齊美觀，每月更換變動一次，以引起兒童閱讀興味。
2. 空中懸有紙球紙鍊，及萬國旗等。
3. 辦公桌上，放置自鳴鐘盆景。——兒童由家中帶來的。——架鏡等物。

以上是本館裝璜的情形。

五、兒童圖書選擇標準是怎樣的?

兒童圖書現在雖不能說「汗牛充棟」但是亦不患無千數百種。萬物有良莠的不齊,圖書又何獨不然。良者兒童讀了幸福無窮;莠者兒童讀了便要遺誤終身,所以選擇的工夫要做了。不過既言選擇不能漫無標準,我們——本部同人——曾為此事開過二次會議研究討論,訂出下列標準來:

ㄅ、實質方面:

1. 要含有文學價值的;行文呆板平直的不要。
2. 要有科學價值的;不配作兒童參考採用的不要。
3. 要切近生活的;徒尚非非談的不要。
4. 要可以發展記憶力想像力推理力的;有過分刺激性的不要。
5. 要內容豐富適合兒童程度的;單調的不要。
6. 要能擴張高尚思想足供兒童修養的;卑猥兒童志氣,鼓舞兒童邪念的不要。
7. 要有積極主義的;悲觀的不要。
8. 要有德謨克拉西精神的;有階級色彩的不要。
9. 要有和平精神的;野蠻殘忍的不要。

ㄆ、形式方面:

1. 語體文的最好。
2. 語句自然,可以口語講說的。
3. 敍事正確明晰,兒童讀過可以曉得大意的。
4. 格調清真,不尚堆砌彫琢的。
5. 外觀美麗能引起兒童閱讀興趣的。
6. 字體要在五號鉛字以上,不傷兒童目力的。
7. 印刷清楚,一目了然的。
8. 裝訂堅實耐用的。
9. 圖畫——與書中意義符合的——多的。
10. 生字多重複的適合兒童程度的。

六、兒童圖書選購方法是怎樣?

我們選書的標準是規定了;但是那一種書纔合乎我們的選擇標準,是要加一番審查功夫纔可以知道,審查後再行擇取合乎標準的購置,選購手續是先搜集新出版的圖書。用下述二種方式:

ㄅ、調查各書局出版的新舊兒童用書,於各書局(館,社)

的圖書目錄或彙報。

ㄆ、再調查我們平時記載的「兒童圖書待購簿」見(一)簿上記的，是平時各報紙上，雜誌上介紹的兒童用書，和兒童報告的或導師提議的新出版或舊版的兒童用書。調查出所要購買的圖書開單向本地各書局交涉，先將書帶到校裏，請有關係的導師用「兒童圖書審查券」見(二)依兒童圖書選擇標準審查。於最短期內畢事，合乎我們標準的購置，不合的退還書坊，如此庶不致有不合乎我們選擇標準的書籍混入館內，遺誤兒童於無形，也不至濫用經費了。

(一)兒童圖書待購簿

書名	類別	卷冊	價值	出版期	發現人	審查人	購否

(二)兒童圖書審查券

現有　　先生　　書　　冊請審查

ㄅ、實質方面怎樣？
ㄆ、形式方面怎樣？
ㄇ、應否購置？
ㄈ、應入那一段？

年　月　日　　審查者

七、兒童圖書怎樣分類呢？

圖書有了，因為要「滿眉目，」「好排列，」「易知各書的數量，」「便於明瞭書的性質，」所以把所有圖書，分類別種。我們分類要注意下述四個條件。

ㄅ、要合乎兒童心理。
ㄆ、根據兒童閱覽圖書好尚的調查統計。
ㄇ、免去論理的分別。
ㄈ、要力與科目相近。

圖書分類法通行的有杜氏十進式，和氏展列式，又有件名式科目分類式種種，因為前二種過於細密，不合乎我們的兒童圖書館，於幼小的兒童心理，也有點不合。我們避去不用。第三種第四種各有長處，亦各有各的短處。——我們不適用的地方。——所以我們拿件名式科目分類式混合起來把兒童圖書分爲十六類，如此庶不背乎上述四條件。玆將本館分的十六類的名稱，和每類現有卷冊數詳列如後

ㄅ、小說	八一	ㄌ、劇本	一六
ㄆ、故事	三九九	ㄍ、常識	二〇七
ㄇ、童話	二七一	ㄎ、尺牘	一四
ㄈ、詩歌	四七	ㄫ、國語	二二三
ㄪ、笑話	十三	ㄏ、算術	八
ㄉ、寓言	四	ㄐ、畫報	六五
ㄊ、謎語	六六	ㄑ、雜誌	二七三
ㄋ、遊戲	二四	ㄬ、雜書	四

八、兒童圖書怎樣分段呢？

書是有了，內容不一，合於甲兒童閱讀同時不一定合於乙兒童，爲「指導便利起見」，爲引起「兒童讀書有興趣起見」，有將兒童圖書分成階段的必要；但是分段是無具體標準的，是極不容易的事，我們現在所分的，不過是假定的，暫時的罷了！

圖書分段的標準——假定的——是：

ㄅ、內容以兒童發育時期，和心理狀態爲標則。

ㄆ、形式以兒童程度爲標準。

ㄇ、參考他校兒童閱讀圖書的指定。

ㄈ、本校兒童閱覽圖書好尙的調查統計。

根據上述標準，將所有圖書分爲五段階編成分段的兒童圖書目錄。

五段階是：

第一段階——信團——多七，八歲兒童。

第二段階——智團——多八，九歲兒童。

第三段階——禮團——多九，十，十一歲兒童。

第四段階——義團——多十一，十二歲兒童。

第五段階——仁團——多十二，十三，十四歲兒童。

仁義禮智信是代表五段階的名詞，也就是我們「協動敎學法」中「藏修生活」內讀書時所分的五段階的團名。

九、兒童圖書怎樣編目法？

類既不好，段亦假定的分就，我們爲要

ㄅ、便利兒童檢查借閱，

ㄆ、便利服務員的檢查整理，

ㄇ、作購添新書時的參考，

有將所有圖書依分類法或分段法編目的必要，編目法很多，但是要

ㄅ、合乎兒童心理，

ㄆ、切於實用。

至於我們編目的方式，分為三種方式，述之如次：

ㄅ、分類圖書目錄表　將一類的書由淺及深，編成「分類圖書目錄表」見(三)由服務員抄謄於圖書紙上，貼在某類圖書放置處，以便檢查。

ㄆ、分段圖書目錄　將已分類的圖書，由淺及深，依分段標準，編成「分段圖書目錄」見(四)懸在館內，作指導和閱覽圖書的兒童參考；某段兒童可以照填一份，作某段兒童閱書時參考。

ㄇ、雜誌目錄片　雜誌是有期的刊物，特為另製「雜誌目錄片」見(五)以便登記。貼於置放雜誌處，以十二期為一號，如小朋友，兒童世界，少年良友等雜誌，均用本片記錄。

(三)分類圖書目錄表

……類圖書目錄表

號數	書名	卷冊	出版處	備註

(四)分段圖書目錄

段別	類別	號數	書名	卷冊	價值	出版處	備註

(五)雜誌目錄片

……雜誌目錄片

號數			名稱						出版處			
年 卷 期												

十、兒童圖書怎樣陳列排列法?

各類圖書均依編目號數爲序排列起來洋裝書用「縱列法」本國裝用「橫列法」將每類圖書劃分爲三部,每週以一部輪流陳列,採用書店方式架在線上以引起觀者注意和興趣。但新到的圖書陳列二星期後方歸入某一類,部幷於陳列期內不准借出館外閱覽。

十一、兒童圖書借貸方法怎樣呢?

我們採用後述二種方式。

ㄅ、公開借閱　爲謀兒童便利,任兒童於公開借閱時內,到館自由取閱不加限制。但爲

1. 便統計某書借閱人數多寡又
2. 便利兒童知道某時某書是否有人借出。

要填「借書單」見(六)

至於公開借閱時的「借書手續」是先查分段圖書目錄表,決定閱覽什麼書。——最好同時選定兩種,方免某書被人借出時,再查分段圖書目錄的麻煩。——是那一類?什麼號數?再查分類圖書目錄表旁借書單夾子內,是否有該書的借書單;如有,則再查次一類。查到書後,取出借書單,填上姓名年歲,段別,夾在借書單夾子裏。——要依號數爲次——書看見後,或是到了閉館的時候,把該書的借書單取下,填上還號,夾在書裏,放置原處。

夂、館外借閱　爲要增多兒童閱覽機會,和便利兒童參考。准將所有圖書借出館外,但要在館外借閱時間去借;公開借閱時圖書是不准借出館外的。

至於館外「借閱手續」是先依公開借閱手續把書查出,再填「借書約」。見(七)送交服務員登記「借出圖書登記簿」見(八)才能將書借出館外。閱完後,於館外借閱時間送交服務員,在借出圖書登記簿上註明日期,幷檢查該書有無損毀,再交借書人,照公開借閱還書手續把書放置原處。

(七)借書約

借書約

●謹慎閱覽

今借……………類……………號
……………………書……………冊
約於……………月……日送還
借者……………在……………段
借出日期………年……月……日

●污損照賠

(七)借書單

(六)借書單

類別	號數	書		名	出版處	段別	備註
姓名	年歲	段別	還號	姓名	年歲	段別	還號
1				17			
2				18			
3				19			
4				20			
5				21			
6				22			
7				23			
⋮				⋮			
⋮				⋮			
14				30			
15				注意　還號△			
16				請你注告換紙頭呀!			

自　　年　　月　　日起至　　年　　月　　日止共　　年　　月　　日

(八)借出圖書登記簿

日期	借者姓名	書名	類別	號數	還期	有無損汚	備註

十二、兒童圖書怎樣整理？

館內圖書要力求整齊。兒童每日借閱難免有雜亂不齊之處，於是整理工夫需要了。不過因為時間關係，和日的不同，有下述兩種的整理：

ㄅ、每日的整理　在每日最後一次閉館時，由服務員等分任整理檢查一次、整理檢查時要注意的是：

1. 有損毀的圖書，取出修理。
2. 有缺少的圖書，一面佈告招覓，一面錄於「圖書遺失簿」見(九)三日後不見送還，註明遺失日期。
3. 書要號數次序放好。
4. 書要置放原處。

ㄆ、職員改選時的整理　於職員改選期前三日，將館內圖書大加整理，以便點交，并分別填記遺失簿。

(九)圖書遺失簿

類別	號數	書名	卷冊	出版處	價值	遺失原因	備註

十三、兒童圖書怎樣保管?

新購入的圖書由服務長登記於「新書登記簿」見(十)所有舊書和不合程度——以前購來的;或是他處贈捐的。——的書,均登記於「舊書存查簿」見(十一)兒童捐來,或他人贈與的書,均登記於「捐書簿」見(十二)以便檢查。至關於保存圖書的事項,現分「防遺失」「防損毀」的兩方面詳述如後:

ㄅ、防遺失 略有後列數種方法

1. 書上多加圖章,如封面,書內圖書上目錄上等處,厚本的側面亦可加印圖章。
2. 每日檢查一次,於職員改組時,再總檢查一次。

ㄆ、防損毀 略有下列數種

1. 書內滲樟腦,防蟲蛀。
2. 每年夏季曬三次,防着潮腐爛。
3. 書架書櫥的脚,要離地板五寸以上。

(十)新書登記簿

書名	卷册	購入年月	分類	編號	出版處	出版年月	價值	備註

(十一)舊書存查簿

類別	號數	書名	卷册	調查年月	出版處	價值	備註

(十二)捐書簿

姓名	書名	卷册	價值	分類	編號	捐入年月	出版處	出版年月

十四、怎樣指導兒童閱覽?

指導兒童閱覽的人,和方法,有下述二種的分別:

ㄅ、公開借閱 由圖書館指導教師負責指導事項是:

1. 注意兒童所閱圖書,是否合乎程度。

2. 閱覽工具——字典辭典——的用法指導。

3. 記憶，注意及閱書方法的相當指導。

4. 秩序的注意和維持。

5. 閱覽時，兒童身體方面——聲音，姿勢，衛生等——的注意。

6. 兒童閱覽時，疑難的解答。

7. 指導兒童借還書的手續，

8. 鼓勵兒童喜歡閱覽方法是：

A. 利用講演有趣故事，無定期的舉行，

B. 利用同樂會——本部每週土曜日，全部兒童俱樂的一個會。——時機的表演。

C. 新書和舊書的介紹。利用廣告術，在小黑板上介紹，并加以簡單的說明。

D. 規定時間，報告閱書心得——用文字。

F. 利用「各團閱讀人數統計表」，見(十三)

9. 指導第三段階以上——仁，義，禮，——各段兒童填記「讀書心得記錄薄」。見(十四)

10. 注意讀無價值書——家中帶來的，自己購置的。——的

兒童。一方面消除他的惡習慣；要一方面養成他讀書的好習慣，

11. 目錄索引的查法。

12. 標點符號的認識法，和使用法。

ㄆ、某段全體兒童閱覽　由指導某段兒童閱讀的導師，負指導閱覽責任。指導事項：與上述相同，但是「8. 條鼓勵兒童喜歡閱覽方法」可以增多後述二條方法：

F. 讀法比賽。

G. 搜集材料，解決問題。

閱讀指導，雖如上述，尚不能盡指導能事。所以對於兒童閱覽所得的結果，心得如何？不能不有「相當的考查方法。」我們採用的方法是：

ㄅ、開講演會。無定期由兒童圖書館指導教師招集，演講材料，是要在閱書時間從書本上得來的。

ㄆ、投稿本部的讀書週刊，或本校的誠毅週報。

ㄇ、檢查讀書心得記錄簿。

ㄈ、舉行識字或默讀測驗。

ㄪ、口試兒童閱覽過的書

(十三)各團閱讀人數統計表

第　週各團閱讀人數統計比較表											
團別＼人數	5	10	15	20	25	30	35	40	45	50	55
仁											
義											
禮											
智											
信											

(十四)讀書心得記錄簿

年　月　日　時	
書　類　號　段	
卷　冊自　頁起至　頁止共　頁	
題目　經過　時　分	
生字或難辭句	
大要	
摘要	
閱讀意見或問題	
導師檢查後意見	

(十五)兒童閱覽須知一——公開借閱時適用

1. 本部兒童都能在本館公開借閱時間入館閱覽

2. 公開借閱時間:

上午八點十分鐘——八點四十分鐘。

十點四十分鐘——十一點十分鐘。

下午十二點三十分鐘——一點。

3. 閱覽人要塡借書單，不塡的查出停止借閱，

4. 損毀圖書照價賠償。

5. 圖書不准取出館外。

6. 同時不准借閱圖書二本以上，但某段兒童閱覽時，不在此例。

7. 看書時要無聲音，要坐直，走路要輕些。

8. 不在館內吃東西，不談笑，不隨地吐痰。

9. 遵守閱覽規則，服從服務員的勸告。

(十六)兒童閱覽須知二——館外閱覽時適用

1. 本部兒童均可在本館館外借閱時間，借出本館圖書:

2. 館外借閱時間:

上午九點三十分鐘——九點五十分鐘。

下午二點十分鐘——二點三十分鐘。

3. 借閱圖書要塡借書約借書單和登記借出圖書登記簿。手續不全的不借。

4. 損失照賠。

5. 要依次借閱，不得爭擠。

6. 同時至多可借圖書二本。

7. 一星期送還，并可續借，不還亦不續借的，除將該書追回外，停借一星期。

8. 要遵從服務員的勸告。

9. 本館圖表，報紙，和到館不滿二週的新書概不借出。

十五、兒童圖書館兒童服務怎樣指導？

圖書館中事務紛繁，指導教師必不能致全力於此。倘若有兒童服務，一方面兒童可以練習辦事能力；他方面館內有人負責，不至使館內事務廢弛。但是要有一番指導，兒童才能辦得如去呢！

我們對於兒童服務「人選問題」，認爲要先儘自願的兒童來做；但是要合乎我們擬定的「服務員當選的資格條件」。「服務員當選的資格條件」是：1. 熱心辦事的兒童。2. 喜歡看

圖書的兒童。3. 讀書力强的兒童。4. 性情和善雅靜的兒童。5. 身體强健精神充足的兒童。

「服務員人數」我們以爲每日至少要有六人，連服務長一人，共七人在館內服務，各有專責。服務員不要只由一段中「推出」，要各段兒童中都有。不要由各段兒童推出的服務員，混在一日中服務；要各段兒童推出的服務員，自爲一團體，負若干日責任，再易他段兒童負責。如此含有競爭性質在內，兒童服務必更起勁。「兒童服務時期」不可過長，免生懶惰心；但亦不可過短，致使兒童手續生疏，服務不克盡職。我們認爲服務員服務適當日期，最好「每組一星期」。每組輪流服務三次後，改選，服務長服務九星期後改選。——將每學期分爲二段。——「鼓勵服務員服務長勤務方法」A. 用「服務員勤務表」見(十八)於每學期先用 B. 用名譽獎勵法，登本校出版的「誠毅週刊」和本部出版的「讀書週刊」。再用 C. 物質獎勵法，提出圖書費若干，購買圖書，獎於勤務兒童。

(十八)服務員勤務表

姓名	段別	職務	服務狀況	日期	備註

（十七）兒童圖書館規程

1. 本館爲本部兒童公用的兒童圖書館。

2. 本館請導師一人，爲本館「指導」。

3. 服務長一人，服務員十八人。

4. 服務員十八人，由第三段以下——仁，義，禮，——各段兒童，每段推出六人。十八人中互選三人，請指導於三人中指定一人爲服務長。某段服務員，被指定爲服務長時，某段得再推出服務員一人。

5. 服務長九星期爲一任，連舉得連任。服務員每一段選出的服務員爲一組，以一星期爲期，各輪流服務三次後，改選。連舉得連任。

6. 職務

服務長——一、定期招集開會。——服務長爲主席。二、公佈議決案件。三、新書蓋印登記。四、派定服務員職務。五、於開館時督同服務員檢查整理圖書一次。六、登記遺失簿。七、招覓圖書。八、指導服務員勤務。九、做指導員的委託的事。

服務員——一、啟閉窗戶，調節光線和清潔館室。二、維持館內秩序。三、勸導閱書兒童服從本館一切規程。四、分任登記，守門，收發圖書，檢查圖書和圖書整理的責任。五、做指導員委託的事項。六、做兒童請求的事項。

7. 服務長或服務員，有事缺席時，要請代理人。

8. 每日按時開閉館室。

十六、結論

本館報告正文，言止於此，照例尚有幾句副文，一併附記於後，希望閱者諸君，勿以副文見棄是幸。

ㄅ、本館改組伊始，所有新訂——假定的——辦法，是否行之無弊，可以完全達到前述設備本館的目的，還是未知數。尚須證之異日。方家不吝指教批評，不勝歡迎之至！

ㄆ、所有種種統計，以改組不久，不能供獻閱者，只能待之來日，殊爲歉歉！

ㄇ、本館館室，尚兼他用，種種設備，辦法，無不勉强牽就之處。日後當力謀改進，造福兒童，想爲閱者所樂許的吧？

十四，十一，於南京。

摘自《中華教育界》一九二六年十一月第十六卷第五期

北京兩圖書館停辦　京師學務局爲撙節經費起見，已下令將京師兒童圖書館停辦；東方大學附屬圖書館亦隨同學校停閉。兩館皆爲本會之機關會員云。

北京公師附小設兒童圖書館　京師公立師範學校附屬小學，前因校舍狹小，極關重要之兒童圖書館，尙付闕如，近聞該校已决定騰出敎員宿舍，改設兒童圖書館，現已着手籌備，日內即可成立云。

摘自《中華圖書館協會會報》一九二七年第三卷第三期

（丙）兒童閱覽室

陳列各種雜誌圖書，以適應兒童之需要，而發展其自動能力，與內部精神生活之向上爲目的，閱覽人數以下午爲最盛，每日平均可得百餘人，館員常爲講解，亦頗足以慰兒童之希望，以夜間未便於兒童，故獨不開放，然常有少數兒童於夜間來館閱覽者則趨就民衆閱覽室，以該室圖書頗多合於兒童之心理也。

九

摘自《福建省立圖書館年報》一九二九年

安徽省立圖書館對于兒童之工作

安徽省立圖書館

兒童閱覽室，近置兒童讀物多種，意在養成兒童自動閱書之習慣，並助其課業之進步。現爲推廣特與安慶市各小學校聯絡，並在各校貼布一書信式之歡迎閱覽廣告云

摘自《中華圖書館協會會報》一九二九年第五卷第一、二期合刊

中才小學淑賢圖

北平宣外麻刀胡同私立中才小學校，年前經校董趙君珠華，將女公子淑賢女士遺奩及珍貴器物凡四十餘件，悉數捐入校中。該校察環境之需要，以遺奩折價創立淑賢圖書館附設校內，以備本校學生及附近民衆閱覽。現經籌備就緒。已於五月二十五日開幕云。

摘自《中華圖書館協會會報》一九三〇年第五卷第六期

西湖民衆圖之進行狀况及將來計劃

許學欽

圖乃教育機關之一，宜與學校教育相輔而行，蓋其功用能利用圖書，以灌輸新智識，保存舊文化，對於國家之文明，有絕大影響，福建教育廳廳長，程柏廬先生，有鑒及此；於民國十八年五月間，即委派李煜，許學欽爲西湖民衆圖管理員，並命即日開始籌備，彼時因經費支絀，僅劃出開辦費八百元，除購置費五百餘元，修繕費六十餘元，什支五十餘元外，購書費不及二百元，故所購書籍册數有限，幸從前教育廳，購備民衆教育師範講習所學員參閱之各類書籍，五百餘卷，全部移用，方得略撑門面，成一小規模之圖。於十八年六月廿三日，正式開幕。嗣後按月購書費雖有四十元；但爲數甚微，致書籍美不勝收，新購舊存計有二千六百餘册，殊不足以饜民衆要求。至其組織，則直轄教育廳，置管理員二人，以分理分類，編目，出納，購置等事，每日開放時間，上午九時至十一時，下午三時至八時，若天寒晝短，則下午提前開閉，館之地點，初假西湖紫薇廳，現遷澄瀾閣，全廳用活動櫃檯及欄杆，分爲三段，右爲閱報處，中左爲閱書處，後爲出納處，其左右耳房，則一爲藏書室，一爲辦公室。該廳建築雖然未盡完美，然空氣流通，處公園之適中地點，遊園者多進內閱覽，除風雨外，人數頗見發達；但圖爲社會教育之重要部分，規模既具，不可不逐漸擴張，當此教育經費困頓之秋，維持現狀，尚覺爲難，更何餘資，以談建設。茲僅就輕而易舉，功效最宏者，約有二點述之如次：一宜增兒童閱覽室，按兒童之所以宜另設一室者，其原因有二：一、兒童程度幼稚，多視找書及謄寫借書券，甚爲煩難，故宜採用開架式，將書籍排列四周，任其選擇，以引其興趣，二、宜另置專員，隨時指導講解，以增其智識，以較普通閱覽室之鴉雀無聲，禁止朗誦，書籍深存書庫者，不無區別，二宜附設代筆處，及問字處，圕既爲社會教育機關，然則除利用書籍，灌輸民智外，對於文盲，宜負盡其扶導誘掖之責，使其對於圕，由聯絡而發生信仰，朝夕盤桓，耳濡目染，開通智識於無形之中，果能如是，則社會教育之前途，未始不無希望也。

摘自《福建圖書館協會會報》一九三〇年創刊號

我校的圖書館

李亞華

兒童課外閱讀的重要，和小學校設立圖書館的必需，稍有教育學識的人沒有不明瞭的；對於這個問題的研究，在各種書報雜誌，經有許多人發表過，學識淺薄的我，實無與人論列的必要，也未敢妄加言議。本文所述，不過將本校的圖書館辦理的情形，作簡單的報告，以供閱者的參攷及指正。

(一)組織

我校圖書館的創設，已歷十餘載；其目的在供教師研究新教育的資料，與兒童日常研究的參攷，并陶養其讀書的興趣，能力等。故對于組織方面，時有更改。茲將本學期的組織列表如下：

- 總圖書館
  - 1. 國語圖書室
    - 低年級
    - 中，高年級
    - （附設在國語學習室）
  - 2. 自然圖書室
  - 3. 社會圖書室
  - 4. 黨義圖書室
  - （2.—4.）中，高年級（附設在各科學習室）

總圖書館設主任和審查員各一人，所掌職務如下：

A 主任── 1，圖書之購辦，借貸，整理，裝修等；2，圖書目錄之編製保管；3，圖書之蓋印核對；4，雜誌之編定；5，圖書之晒曝，6，指導組織兒童圖書館之方法；7，調製圖書館員輪值表；8，新到圖書之揭示；9，重要新聞之揭示；10，調製各級兒童閱書比較表。

B 審查員——專掌採集及審查應購書籍等事務，遇必要時得會同主任治理之。

分科圖書室，各設主任一人(由各學習室室任兼之)，及助理二人(由各級兒童選任之)，所掌職務如下：

A 主任——1，圖書之保管；2，圖書之借貸；3，圖書之審查；4，兒童閱讀之指導；5，指導助理的服務。

B 助理——1，圖書之整理及裝訂；2，閱覽秩序之維持。

(二)設備

我校圖書館，房屋寬大，空氣流通，光線適宜；壁間裝飾名人肖像，及山水畫圖，頗能引起兒童來定閱讀的興趣。室中重要設備分列如下：

1，桌椅——現有兩種，一為長方桌，一為二人合座桌，椅皆有靠背，共有座位三十座左右。

2，書橱——高約六呎，架中隔層皆可移動，架上掛一牌，標示圖書的類別。

3，雜誌架——高約五呎，有斜板三層，下面備抽屜數個，以存舊雜誌之用。

4，新聞架——架為木質的方框，大小與報紙相仿，可架日報數種。

5，借貸櫃——櫃列成一排，內向分兩層，上層有抽屜，貯藏各種表册及館中用具；下層為橱，收存舊報紙。

6，辦事桌——辦事人員用的，桌面寬大，下有抽屜數個，收存館中各種應用表册。

7，特別書架——放置特別圖書，及未編目的書籍。

8，其他——如各種統計圖表，目錄片，均完備。

(三)圖書的選擇

小學校圖書選擇最為重要，假若選擇不當，不特徒費金錢，且貽誤閱覽的人，我校選擇圖書標準：教員用書方面，都取重於各科參攷書，教育研究的圖書，視內容之充實與否，敘述之清晰與否，而購置之；兒童用書方面，則按下列標準，而定棄取：

A 實質方面：1，適合兒童程度，而內容豐富的；2，適合兒童心理，而容易記憶的；3，要含有文學的價值，可供兒童欣賞的；4，要含有科學的價值，可供各科參攷的；5，要能發展思想，可供兒童修養的；6，要切近於生活，可以陶冶兒童將來職業的。

B 形式方面：1，行文活潑流暢，可增加兒童快感的；2，生字新詞不宜過多，而易兒童了解的；3，插圖與書中意義要相符合，可增加兒童興味的；4，外觀要美麗，能引起兒童閱讀的興味的；5，裝訂要堅固，而能耐用的；6，字體的大小要合度，不傷害兒童目力的；7，印刷要清楚，可以一目瞭然的。

(四)圖書的編目

圖書館所藏圖書，少則數百册，多至千萬册，種類又甚繁雜若無相當的編目，不特閱書入館時渺茫無從，對於管理上亦甚困難。我校圖書編目，現採用杜威氏(Dewey)十分法，依圖書的性質，分類編目，塡入目錄册，然後將書目號數再塡在小標簽上，貼在書背下部，按次排列。如同類之書，備有兩部，在小標簽上之空白內塡明數量，中西書籍合編一類，標簽樣式和塡記法如下：

中
370
38
上(1)

(五)借貸

凡本校教職員都可借出本館圖書，惟兒童要借出圖書時，手續較繁，須先塡寫借書單，交與管理員登記借書簿，始得帶出館外，還時將借書單取回，並請管理員於借書簿簽還。借書單樣式如下：

<table>
<tr><td colspan="3">借者</td></tr>
<tr><td>書名</td><td rowspan="2">分類號數</td><td rowspan="2">函
本</td></tr>
<tr><td>著譯者</td></tr>
<tr><td colspan="3">借出日期</td></tr>
<tr><td colspan="3">預約還期</td></tr>
</table>

附圖書借出規約

1，新到雜誌報紙，可以自由取閱；（但不得携出館外）閱畢仍放原處；其餘各書須向管理員填單方得借出。

2，每次借出圖書，以三部爲限；並規定二星期內交還；到期如未閱完，宜再塡單續借，以三天爲限，到期未還，管理員得直接向之索取。

3，借出之書，如有損壞及遺失，應購原書賠償。

（六）兒童閱覽的指導

兒童閱覽的指導，最要注意的，就是引起兒童閱覽的興趣，及養成喜歡閱覽的習慣。我校低年級常用講故事，以介紹兒童閱書，高年級則將書中大意揭示在各課室——注意美術及書寫——，以激發兒童喜歡閱讀的心理，各科參攷書，視兒童研究問題，隨時介紹閱讀。

在館中閱覽，手續極簡便，使兒童不嫌麻煩，而喜閱讀；唯能遵守規約者，都可自由取閱。教員與兒童共在一處閱覽，於無形中養成兒童一種良好的習慣。

附兒童閱覽須知

1，圖書不得携出館外（惟參攷時有級任借單者不在此限）。

2，取閱雜誌書，均須向圖書員簽字借閱；閱畢將書交還，俟圖書員簽「還」後，方得出館。

3，走路要輕聲。

4，不朗讀；不談笑。

5，不用唾液翻書，不把書角捲折。

6，閱書時要有正當的姿勢。

7，一人同時不得取閱兩本以上書籍（參攷時不在此限。）

8，損壞圖書，須按原書賠償。

9，須服從圖書館員的勸告。

（七）兒童服務的指導

現在的新教育，不獨在乎灌輸智識，又須設法養成兒童自治的能力。小學校的圖書館，亦爲訓練兒童服務場所之一，我校自四年以上的學級，每級選舉圖書館服務員三人，由圖書館主任指導工作，幷共同擬出服務細則如下：

1，圖書館員互選領袖一人，

2，每月初召集開會一次，討論一切事務，必要時得開臨時會。開會應請圖書館主任出席指導。

3，館務由各圖書館員逐日輪值。

4，當值員須準時到館服務。

5，當值員因故不能到館，須向領袖請假，並請人代理。

6，當值員任務如下：A.管理圖書館門的開閉；B.整理圖書和報紙；C.注意閱覽人不規則的行動，並負勸告之責；D.司圖書出入登記借書表等，及其他圖書館主任或審查員委託的事件；E.每日須塡寫報告書一紙，呈報領袖。

7，領袖的任務如下：A.召集開會，開會時爲主席；B.督察當值勤務；C.受理同學請求增添圖書的請願；D.受理圖書館主任及審查員委託的事件；E.查核每日當值員報告書，並在簽字後，轉呈圖書館主任。

附當值員每日報告書樣式

拾　年　月　日　曜天氣　溫度							
閱	明級	人	總計	借	明級	人	總計
書	⋮	⋮		書	⋮	⋮	
人	⋮	⋮		人	⋮	⋮	
數	教員	人	人	數	教員	人	人

<table>
<tr><td rowspan="3">新到書籍</td><td>書名</td><td>册數</td><td>編著者</td><td>出版處</td><td rowspan="3">損失書籍</td><td>書名</td><td>册數</td><td>編著者</td><td>出版處</td></tr>
<tr><td></td><td></td><td></td><td></td><td></td><td></td><td></td><td></td></tr>
<tr><td></td><td></td><td></td><td></td><td></td><td></td><td></td><td></td></tr>
<tr><td colspan="10">缺席當値員：姓名　　事故　　代理人</td></tr>
<tr><td>紀事</td><td colspan="9"></td></tr>
<tr><td colspan="2">報告者</td><td colspan="2">領袖簽名</td><td colspan="3"></td><td colspan="2">主任簽名</td><td></td></tr>
</table>

(八)統計

圖書館對於統計，是不可缺少的；設無統計，則對於圖書各事，無從稽査。玆將幾種重要的統計表附下：

1，各年度圖書比較表

年度＼種別・數量	中文		西文		共計	
	部數	册數	部數	册數	部數	册數
十六年	1011	1154	80	92	1091	1246
十七年	1062	1232	82	94	1144	1326
十八年	1173	1691	88	102	1261	1793

2，各分室圖書數量表

室別		國語(低)	國語(中)(高)	自然	社會	黨義
數量	種數	48	81	76	78	92
	册數	162	372	326	294	175
備註						

3．各級每月閱書人數比較圖

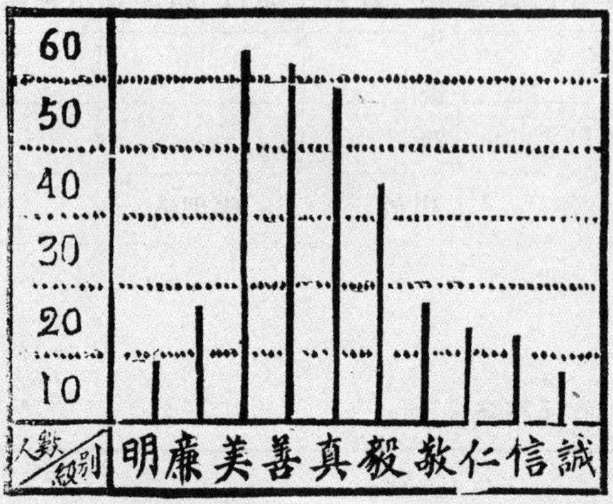

（九）附言

民國十八年春，我剛卒業於高級師範學校，蒙梁君士傑的介紹，擔任集小教員，葉校長即以圖書館之職委任。我在校時對於圖書館學雖稍有修過，可是未曾實地工作．又以所任課務很多，故對於館中一切應興應革的事項，不能十分的措辦，覺得很抱憾。

拉雜寫來，閱者諸君或許覺得煩瑣罷；但我自信還是一種忠實的報告，并非浮誇的敘述。我願小學校中有創辦圖書館的，亦同樣的報告，互相參攷，以求改進，這是我十二分的盼望！

一九三〇，五，於延平故壘。

摘自《初等教育界》一九三〇年七月第一卷第二期

小學圖在建甌

陳培元

建甌之有小學圖，還是前年的事。那時省立實小設到建甌來，同時附設了一個小圖；但是現在因爲種種關係，已經無形停頓。去年，區立建治小學，也創辦了一個小圖，在建甌地方小學當中，可算是最早成立的圖了。現在除了那些籌備而未成立，成立而又停頓的不說，單把建治小學圖的概况，簡約地述在下面：

建治小學，是一個地方的小學，每月的經費，不過兩百多元；要辦一個小圖，原非易事；但是本著杜定友先生「大有大做，」「小有小做」的精神，盡力去幹，雖然只有半年的歷史，已經很有可觀。

一、藏書　(甲)普通書籍五十二册。(乙)兒童讀物八百七十六册。(丙)教育參考書六十四册。(丁)其他三十一種。

二、雜誌（甲）關於教育的四種。（乙）關於文藝的八種。（丙）關於普通的二種。

三、分類編目　分類根據杜定友著小學圖書分類法；目錄用書本式。

此外，最值得注意的有兩件事，就是一、連續不斷的提起學生興趣，和二、每天閱覽的人數。提起興趣的方法有好多種；如：ㄅ、介紹書籍用介紹箋，展覽會；ㄆ、鼓勵讀者用分團閱覽，閱書成績比較表；ㄇ、考查成績用閱書成績簿，講演會等等；（參看建甌公立圕十週年紀念刊拙著小學圕之重要及其實施一文）一一都試行過，覺得很有效驗。最奇怪的，便是由此竟使學生和圕發生密切的關係，一有空閒，就到館裏看書。該館因爲藏書不少，所以學生看不完的書，都讓他帶回家去看。統計起來，每天借書最多達一百零三人，最少也有三十二人，平均每天借書總數在六七十人左右，（館內閱覽的還不算）不可謂沒有相當的成績了。

建甌實小圕的停頓，上面已經說過；但是目前雖然如此，以後或有徐圖恢復，也未可定。就以該館從前辦理的情形，和建治小學圕比起來，尙有幾個缺點：

一、圖書的陳列，用格子式，不用開架式，取放似不便利。

二、未注意學生的興趣，閱覽人數不發達。

三、主任不是專任的，時常更換，辦事效率減少。

臨了，我要補充幾句：圕的管理方法，是『日新月異』的，大家不要『故步自封』！建甌的小學圕，正當發軔時期，還要通力合作，力圖發展，這才是做主任的應具有的態度。

十九，四，二三。於建甌公立圕。

摘自《福建圖書館協會會報》一九三〇年九月創刊號

我們的兒童讀書所

劉岫雲

小學是學校教育的基礎，但是在貧乏的中國裏，打算教育普及，只靠學校教育是不成的，必須用別種方法來彌縫。彌縫小學之不足，使兒童讀書的機會增多，惟有多設兒童讀書所。可是隨便一間閑屋子，裏面有一兩個書架子，上面擺了幾本書並用一個工友看守着。這樣對兒童有何幫助？對於中國教育改造上，有何貢獻？

我們既然知道兒童讀書的任務，是挽救小學教育之不足。所以兒童讀書所裏僅僅放幾本書，用一個工友看守着，是不成的，必須有一個管理員才成。管理員選擇的標準，最低限度要師範畢業生。因爲他所負的責任，與小學教員無異。

○……麻煩是好現象……○

我們民衆教育館的兒童讀書所，與各小學校的兒童讀書所略有不同：任何一個小學的兒童讀書所，都是只爲他們本校的兒童所設，外人無入內閱覽的權利。我們的兒童讀書所却是任何兒童無論是在學校的，不在學校的，高小的，初小的以至於民衆學校的，智力高的，智力低的都可入室閱覽。所以全是兒童讀書所，而所生的效力大有天淵之別。因爲來所讀書的兒童程度智力高低不等，所以關於指導方面，不免比較麻煩。站在改良教育的立場上看，麻煩實在是教育進展的初步的好現象。所以作兒童讀書所的管理員，應當不辭勞苦，不怕麻煩的向前努力，把他所能盡的力量，供獻給一般兒童。

○……圖書之類別與數目……○兒童的書籍，本無甚多。因此排列分類應當非常簡單，勿使他們莫名其妙。我們現在把所有的書籍分作六類：(一)，文學類(二)，史地類，(三)，讀本，(四)，遊記，(五)，叢書，(六)，雜誌。按着次序把這些書，陳列至書架上。總計本室兒童讀物共有

(一)文學類　共五百五十六本
(二)史地類　共五十三本
(三)讀本　共三十本
(四)遊記　共二十本
(五)叢書類　共一百二十八本
(六)雜誌　共三百三十本

以上共計一千一百十七本

○……室內的設備……○凡是一種設備總希望很完善，但也必須依經濟的狀況，以定標準的高低。我們兒童讀書所的設備，雖不能算是完全，但是亦可對付下去：(一)書架子是矮的，兒童拿書的時候，非常便利。(二)書桌子椅子都很矮小，對於兒童身體方面，不致受壞的影響。(三)牆上滿掛了掛圖，貼了許多標語。兒童的心理與行爲上全可以得到相當的利益。並且又用美麗的綢

紙點綴起來，使兒童入室，精神上，思想上也不致獲得一個不快樂，不振刷的印象，以免減少了兒童讀書的興味。(四)注重兒童的清潔。兒童智識淺薄，理想力不強，他自己根本不懂得不清潔對於身體的康健有妨礙，男孩子尤其如此。我們既負了指導訓練的責任，要使兒，養成清潔的習慣，成爲將來中國的健康國民就不可不注意兒童衛生。因此我們便備了兒童洗臉手的用品，位置在室內的一部份。

理想與事實，總沒有符合的時期，經濟就是很充足，往往也有許多的阻障，使你不能實現你的理想。何況在二十世紀中國經濟支絀之下，焉能使我們滿意呢？就像我們的小小的兒童讀書所，不過是中國之一份子中一個原子之一小部份罷了！這裏面的設備，決不是我們理想的，能夠使他差強人意已經不容易了。

○……借書的手續……○

借書的手續，非常簡單。閱書的兒童，先到管理員的桌前，填寫閱書券。較小的兒童，如果不會填寫，就由管理員指教之。如果填寫時筆劃有錯誤，管理員就給他改正過來。填寫畢就可以拿書到書桌上去閱了。

○……每日閱書人數之統計……○

每日閱書的兒童人數，平均起來，不過十七八人。雖然對於管理指導方面很合適；但是我們爲了多數兒童，得到讀書的機會，希望每日閱書的兒童逐日增多！

兒童最喜歡讀的是兒童畫報，小朋友，兒童世界這三種雜誌。其次便是神話，寓言，兒童故事，童謠，這四種文學。現在依照六類的分法，統計于下：

兒童最喜歡讀的書

雜誌	$\frac{60}{100}$
文學	$\frac{20}{100}$
叢書	$\frac{10}{100}$
史地	$\frac{5}{100}$
遊記	$\frac{4}{100}$
讀本	$\frac{1}{100}$

兒童的家長職業，與兒童的性別年齡之統計

家長職業：

商	$\frac{40}{100}$
學	$\frac{30}{100}$

政	15/100	軍	5/100
農	7/100	工	3/100

性別：

男生	80/100	女生	20/100

年齡：最大的是二十歲，最小的是六歲。

廿歲	5/100	六歲	10/100
自七歲至十九	85/100		

本來兒童讀書所閱書兒童的年齡，應當有限制。像十九歲，二十歲，還能叫他是兒童嗎？不過因爲我們是民衆教育館附設的兒童讀書所，應當注重在民衆方面。某人的年齡雖到了成人時期，沒有讀書的機會，他的智力年齡與兒童相同，成人圖書館的書籍，他當然是看不懂的。如果兒童讀書所再禁止他，豈不是更沒有讀書的機會了嗎？因此，本所對於年齡不加限制。

○……本所閱書規則……○

(1)時間：每日上午七時至十一時。下午二時至六時。星期一休息。

(2)先到管理員的桌前，在圖書目錄上找你們所願意讀的書，寫在閱書劵上，然後，把書拿到書桌上去閱。

(3)在室內不亂跳，不高呼，不談話，不隨地吐痰。
(4)閱書的時候，不要出聲，或帶着玩具，食物，或任意出入。
(5)書不可污損，撕頁，並且禁止攜出室外。
(6)雜誌類(如小朋友等)可以自取閱覽，閱完的時候，放在原地方。
(7)文學，史地等類的書，管理員代取，閱完，仍繳管理員。
(8)兩個人不可看一本書。
(9)如果你們的手不清潔，先到洗手的地方，把手洗淨，再去拿書。
(10)如果你們有問題，生字，可以問管理員。

我們的缺點與將來的希望

無論辦一個什麼機關，一個學校，或者一個工廠，總免不了有缺點。我們的兒童讀書所當然也不是例外，所以也有兩點缺點：

(一)「本所的環境不好」。本所的位置，在成人圖書閱覽室的後面，民衆俱樂部的西隣。兒童天眞活潑的態度，足以妨礙成人的讀書，同時民衆俱樂部的吹，打，彈，唱的聲音，也影響兒童的閱覽，易使兒童的心不在書上。

(二)「本所狹小，不合衛生」。本所狹小並且缺少天窗，空氣不甚流通，光線也不足。地是木板作的，兒童行走，易發聲音，對於秩序也有影響。

「將來的希望」。希望在經濟可能的範圍內，把本所設在一個寂靜地方，與民衆俱樂部距離愈遠愈好。並且建築一個較寬大的屋子。這移在比較清靜的地方的最低要求，大概不難作到罷。

摘自《民衆教育月刊》一九三一年八月第二卷第一期

口本館兒童室十個月來進行狀況

管欣榮

兒童閱覽室自從今年二月接收以至現在，計有十個多月的歷史。這十個多月中的工作，值得報告的也有幾件。現在為便利起見，分為幾方面敘述一下：

一．房屋及其佈置

當接收時，本室僅居於丈餘見方面積的一座戲台。既無門扇又無窗戶，所幸朝北的一面，與寬廣的天井相對，所以室內的光線很好，空氣也很新鮮。祇是面積太小，所容傢具不多，為一憾事！自從四月十七以後，本室便遷移了，這座屋子面積；比較那座戲台，要大幾倍，並且也高朗些。可是朝南的一面的，完全是玻璃的格子門；朝北的一面有三個舊式的窗子，上面嵌了玻璃，所以光線和空氣，比較那座戲台要差得多。

在那座戲台時；容積既很小，佈置方面需要的東西，也就很少。初來時，室內僅有灰白色的油漆書架八個，牠已陳舊不堪，此外還有長方閱書桌二張，矮的椅子十二張，至書架的高度以及樣式，很不合於兒童用的。所以後來又從新添置書架，高度樣式比較已往的要合用得多，共安放新書架二十個，添閱書桌三張，同時能容三十六位小朋友。在裝飾方面，也積極設法增加室內的美感。自曝書時期後，室內的佈置，更從事改善，除掉專為兒童作的幾條格言外，並且還有優美的風景畫片，和那活潑可愛的兒童畫片，釘在四壁，——館長十月自滬杭遊歷歸來，購得幾種教育掛圖，都在室內都懸掛了。該室之常常改變佈置，無非是想引起兒童在這閱書室內，發生一種留戀的感情，增加閱書的興趣，所以現在的閱書室與過去的閱書室；比較比較，已大不同了。

二．室內的圖書

當接收時，所存書籍，僅有二百餘冊，並且多半是殘缺不完的。因遂立即增置兒童讀物數百冊。後又增加各局出版的小學教科書；共有四百餘冊。如是書籍驟增。以後每月俱有新書的添置。現在的室內圖書，總計有二千七百餘冊分為三大類；每內之中又分為九項。至於分類的情形，本館出版的兒童用書書目；上面記載很詳，茲不贅述。

三．兒童閱書的踴躍

本室自之改進擴張，自不待言，為的就是要使兒童能養成看書的習慣。所以時時注意從事改良，三月間，據統計的報告祇有一百四十一個兒童來看書，十分之七八是一中實小的學生，其餘則一實市一，各佔其半。而女生僅居十分二三，至於看書的兒童，可分為三等程度：低級，中級，高級，上午多為低級兒童，下午多為高級兒童，至於中級兒童，來的很少。在這頭一月中，每日閱書人數，最多的不過九人，有時甚致一天也沒有人來。四月間，因爲下半月已搬入了大的房子，統計的報告，便有四百十五人了。上半月每日平均，看書兒童也只有十二三人。最多有二十四五人，最少只六七人。下半月因爲搬了房子，看書兒童便多了。每日平均有二十一二人左右。這時書籍也增多，閱書室範圍也大了，環境也較前好了。看書兒童所屬的學校，也增加了，如中心實小，市五，市六，市八等校的小朋友們底足跡，也繼讀不斷的來了，——女生閱書人數，也增加了幾倍。

到了五月，閱書兒童，平均每日有六十九人。各級兒童都有，每日閱書人數最少也到四十八左右，最多有一百五十餘人。這種驚人數目的加增，眞是管理人所最感愉快的。六月間每日閱書兒童最多的到一百八十餘人，最少也有七八十人。所以在這個月中，閱書兒童的統計，達至二千五百一十一人。除去幾個距離很遠的小學以外，私立學校的學生也有足跡留在這個閱書室裏。還有私塾的學生也來看書了。從那時以後，閱書兒童都這樣不斷的增加。十一月份，最少每日可到一百七十餘，最多有三百八十餘人，統計這一月有四千零八十五人。閱書的兒童除小學生私初中學生以外，商店的學徒；和沒有在受教育的兒童，都是源源不斷的來了，這是一個多麽可喜的現象！

以上所言是閱書人數的增進。至於看書方面，初中學生都愛翻閱俠義小說，尤其是男生。——據我實際觀察所得，在十一歲以上，十七歲以下的男生都愛看俠義小說劍俠小說，中級兒童最愛讀故事，低級兒童愛看畫報及有圖的故事書和謎語之類。女生則多數愛看故事，童話以及定期出版的兒童刊物。也有少數是抄寫音樂。然而以全數觀察，自七歲至二十歲的人，都愛看最近各小書局出版的連環圖畫書。這便是兒童閱書室的大概。

四．兒童對於閱書的態度

上面說過，兒童閱書的情況，至於兒童本身；對於閱書所持態度如何？也不可不知道的，在這兩月中，人數來的很少，其原因是兒童不知道他的讀書環境；除學校以外還有圖書館。雖然近年來，各校都設立學校小圖書館，供兒童在深餘的時間，仍有較好的閱書環境，一方面使他們能有自動閱書的機會，他方面也就是養成看書的習慣。所以一級之中，甚至有級圖書館的組織。學校雖如此的提倡，但所收的效果很少。書籍的缺乏和經濟的困難，自然是重要的原因。——省立圖書館，負有發揚文化的使命，不但對成人要養成看書的習慣；研究學術的精神，就是對於兒童也負了同樣的責任。所以本館對於效率方面，特別努力，兒童閱書室內之設法添備當兒童讀物，以及力求環境之舒適，都是這個作用最近幾個月中，因室內圖書業已加增，爲欲以增他們的看書趣味起見，便於這兩月中，開始借書辦法。只要由學校教師擔保，便可領得一張借書證，隨時來本室借書，手續很簡單。領證的人很踴躍，借書的成效也很好，並無一人借書不還的。

五．最近的擴充與改進：

1．閱書方法的制定，雖然借書沒有不還的，閱書時則每有將書偷帶而去的。因爲本室原用開架式，自由閱覽。兒童用書，本子較薄，一不經意，就有把書藏到衣服裏帶着走的。最近將書架都排在一邊，用長櫃欄住，看書要由管理員代拿，并在入門劵背後註明書名冊數，還了書的，才能換出門劵，否則不能出門。這樣或可減少損失。若一任自由閱覽，助長偷書之風，本館損失尚是小事，養兒童之不道德心，是最不好的。

2．兒童書目之出版　書籍既多，爲便利檢閱計，不得不編印書目，現已編好付印。本館所有中文書籍擬印行書目五冊，第一冊爲社會科學，業已出版。第二冊語文學，第三冊總叢經哲宗教，第四冊自然科學應用科學及史地，都在趕編。第五冊便是兒童用書，本月內可以出版。關於兒童書目情形，可參看本期本刊另文。

3．組織兒童讀書會　本館久有組織兒童讀書會之意，因別的方面工作太多，無暇實現。現年假期近，各小學都有三星期的休假這時若組織讀書會，加入的人，一定踴躍，故定本月下旬報名，二十年元旦開成立會。情形如何，當俟下期本刊報告了。

摘自《學風》一九三一年十二月第一卷第三期

18.建甌公立圖書館擴充計劃

福建建甌公立圖書館近擬定二十一年度擴充計劃，已在進行中。其計劃分六項如下：

(1)設備　該館現擬籌募捐款，定造新式閱書棹椅，以期適合閱覽人之衞生爲要，書庫內書籍，遞年增加，擬定製四面嵌玻璃書櫥四具，將一切參考洋裝新裝，陳列於閱覽室中，以遮蔽塵埃，而便閱覽人參考。(2)書目　該館書目，原用書本目錄，爲便利閱覽人檢查之故。祇因經費問題。編就目錄，均係手抄，當未付印。前奉教育局長面諭，囑將書本目錄抄齊，呈局撥款印刷，現將編就之七類目錄分別抄寫，呈局先行撥款付印，俾社會人士，得以檢查閱覽。(3)實行兒童閱書會各組工作。該館去年擬定兒童研究練習各組，均未實行，現擬分別實行，並函聘專家義務指導。(4)請增補助經費　該館經費，去年收歸教育局後，自五月份起，由教費管理處，月撥一百一十元，實屬不敷開支，茲擬自二十一年度起，與初級小學同等待遇，庶可免掣肘之患。(5)組織建築委員會　該館去年承商會將借給縣政府劉縣長等一萬餘元，全數捐助該館，爲建築費，此款業奉財政廳批俟財政稍裕時撥還，現擬即組建築委員會，俾便向財政廳呈請撥款，興工建築云。(6)擬辦巡迴文庫　該館久擬辦巡迴文庫，以迫於經費，致未進行。現擬請教育局撥發開辦費二百元，又於社會教育經費項下，每年劃出五十元爲常費，以期實施云。(轉錄十月份廈門圖書館館聲)

摘自《浙江省立圖書館月刊》一九三二年第一卷第九期

8.瑞安縣立第四鄉村小學設兒童圖書館

瑞安縣立第四鄉村小學校長趙錢辦理該校頗有計劃，校內設置，亦稱完善，所惜限於經費，未能完全實現。茲以供應兒童閱覽及使練習閱讀起見，特置兒童圖書館一所，現已購得兒童圖書多種，並佈置完妥云。（十二月十九日溫區民國日報）

摘自《浙江省立圖書館月刊》一九三二年第一卷第十期

浙江省立圖書館兒童閱覽室一年來之回顧

王文萊

▲兒童圖書室一年來改進之經過情形

▲兒童書顏色位置分類法之試驗報告

▲希望各小學教師的指導與合作

▲希望各家長領導兒童常來館閱覽

本館之有兒童閱覽室，始於民國十七年，初設於新民分館前進西首前間，容積甚小，不能暢其應用。二十年九月，移至東首，雖較前略大，亦僅能容二十人左右，且設備未周，光綫不足，圖書未充；而於圖書之分類保管及閱覽指導，更未能特加注意。每逢假期及星期日，閱覽者頗衆，室小人多，擁擠不堪，秩序甚爲紛亂，書籍常多缺少，閱者尤感不便。去年一月，本館改組，鑒於兒童閱覽之重要，卽籌謀其改進，乃將原有之辦公室（後進平房）遷讓，規定爲兒童閱覽室，並添置書橱及壁上書架等。該室面積較前約大一倍，可容兒童五十餘人，同時對於佈置，則務求適合兒童之需要，於圖書則盡量充實其內容，且試用簡便分類法，俾兒童易於辨識，而能充量利用。至於管理方面，鑒于已往無人負專責，諸多不宜，乃聘張韞佩女士專任其事，因張君曾服務小學教育，管理可期適宜。此後對於所以誘導兒童，指導容覆，俾養成其閱書之習慣與興趣，皆盡力以赴，假期時室中仍不免擁擠，此則由于經濟所限，一時不能大加擴展，對杭市兒童，實爲抱疚。惟自改革至今，已一年有餘，內部之整理，與閱覽之增加，差幸稍有成效。吾人竊抱發展兒童讀書之願望，爰將一年來進行之經過，略述於後，以告小學教育界與社會諸君。尤望教師諸君與爲家長者，盡力提倡兒童之讀書，且對本館之設施有所指敎焉。

一、閱覽室之佈置，兒童之身心，與成人均有所不同，是以兒童閱覽室應有別於成人之特殊布置。卽就桌椅而論，成人與兒童必須有高低之別。本館以限於經濟，一切設施雖未能盡合理想，惟於閱書桌椅之高度，光綫之强度，以及室中之溫度，亦曾注意及之，務求以適合兒童身心之發展為原則。近更添置書櫥報架，以及沿壁書架，並於入口處添置盥手處，以為兒童兩手不潔者洗滌之用，不惟書籍可不被汚損，且有益於衞生，如經費許可，當更擴充一室，備講演故事及陳列簡表報紙之用，室外曠地，現正樹植花木，作兒童閱讀後露天休息之處，俾兒童有賞識自然之興趣與研究。

二、圖書之選購　兒童圖書之選購，實為一困難之問題，何種圖書宜多添購，館中向乏統計可檢，何種圖書值得選購，國內亦無標準書目可資參考，本館以前藏書不多，二十年底止，兒童用書計一三二六冊。本年中新購書籍一二四一冊，圖表二二八張。現時共達二七九五冊，兒童理解力較成人為弱，圖表較之書籍易於領會。故圖畫表格之置備，甚為重要，今後自當加意於此。至稍涉高深之圖書及雜誌，則購置較少，因成人閱覽室均已購買，所以節省金錢，而兒童之讀書機會仍未減少，此與普通兒童圖書館或有所不同，本年度兒童圖書選購之百分比，大致規定如左：

〇〇〇	總數	八	五〇〇	自然科學	六
一〇〇	哲理科學	一	六〇〇	應用科學	六
二〇〇	革命文庫	四	七〇〇	美術	五
三〇〇	社會科學	四	八〇〇	文學	三五
四〇〇	語言學	五	九〇〇	史地	二六

三、圖書之陳列　圖書陳列之方法，在管理法中實佔重要地位，蓋兒童閱書無一定目標與系統，若不引起其注意，卽將書藏之櫥內經年，亦必無兒童要求借閱者，反之，如能利用兒童心理，加以善誘，則圖書之功能定顯，本館採用輪流開架式陳列法，新置圖書，卽陳列於沿壁之書架上，俾得隨時隨意取閱。於舊書則每星期更換陳列數次：例如星期二三陳列童話故事，星期四五陳列自然科學圖書，星期六與星期日則陳列遊戲圖畫之類，以醒兒童之耳目，不致因舊而生厭，採用此種方式之結果，可免除兒童書目的翻書

之弊端，同時各書之效果，亦因比而增進不少。

四、圖書之分類——顏色位置序列法之試驗　圖書分類之最大目的，固爲就其性質相同者，列在一處，以便于保管。惟於檢取及排列，尤有相當關係。其在兒童閱覽室，則養成兒童將來對圖書館之善用，亦爲不得不顧及之事。是以兒童圖書之分類，自不能如成人圖書分類之細密。本館於此，特於去春以後採用「杜氏顏色位置序列法」，編制則兼採杜威杜定友二氏之分類，稍加更改而成，以十位爲最大數，書本不用書碼，惟以各種顏色高低分類序列，俾使適應兒童簡捷之心理，此種分類法使用於兒童圖書，其便利有二(一)兒童書大都極薄，書脊上不能多寫號碼，即用書標，亦不能十分顯明，於此可有辦法。(二)分類手續簡便，每一書僅費時約一分鐘左右，即可完全。而於檢取及排列，亦可節省時間不少。

此項「顏色位置分類法」，因係初擬，其試用雖已一年，但時有修改，雖可謂已收一部份之效果，但猶未能應付敏捷而無餘憾，而有待於改進。茲特將此項分類法之應用方法及手續列表說明于後，倘望對圖書分類有研究興趣諸君，有以進而指正之也。

彩色位置分類表

總類	0	大紅	其他 09	叢書 08	新聞學 07	會社報告 06	普通雜誌 05	論文叢輯 04	百科全書 03	經類 02	圖學 01	總記 00
哲學	1	淡紅	宗教 19	占卜雜技 18	倫理學 17	論理學 16	心理學 15	兒童研究 14	13	外國哲學 12	中國哲學 11	哲理科學 10
革命文庫	2	淡黃	國民黨史 29	宣傳政策品 28	中山傳記 27	中山學說 26	國民黨組織 25	演講 24	建國大綱 23	五權憲法 22	三民主義 21	革命文庫 20

C　B'　B　A'　A

	史地	文學	美術	應用技術	自然科學	語言學	社會科學
	9	8	7	6	5	4	3
	黑色	淡綠	灰色	青蓮	褐色	深綠	金黃
9	外國人傳記 99	謎語故事圖畫 89	戶外運動 79	家政及其他 69	動物學 59	外國語言學 49	習俗禮制 39
8	中國人傳記 98	講演 88	室內遊戲 78	交通 68	植物學 58	方言 48	軍事學 38
7	列傳 97	日記 87	音樂 77	商業 67	生物學 57	讀本 47	統計年鑑 37
6	外國地理及遊記 96	笑話寓言 86	印刷術 76	農業 66	自然研究 56	文法 46	社會 36
5	中國地理及遊記 95	神話 85	攝影 75	工業 65	地質學 55	書法 45	行政 35
4	一般地理及遊記 94	故事童話 84	手工 74	機械工程 64	化學 54	44	法律 34
3	外國史 93	小說 83	彫刻 73	化學工程 63	物理 53	字典 43	經濟 33
2	中國史 92	戲劇 82	字畫 72	衛生 62	天文 52	音韻 42	政治 32
1	上中古史 91	詩詞歌曲 81	建築學 71	醫藥 61	算學 51	字音 41	社會學 31
0	史地 90	文學 80	美術 70	應用科學 60	自然科學 50	語言學 40	社會科學 30

Scale (left margin): 8, 7, 6, 5, 4, 3, 2, 1, 0

AA' 著者帶地位；BB' 分類帶地位；C貼彩色紙地位。

茲將上表分別加以說明如下：

(甲)分類表之製法　用長八吋，闊六吋半之馬糞紙板一塊，將上項分類表貼上卽成。

(乙)顏色之選擇　顏色分類法，完全用顏色表示之，是以顏色之選擇，務須顯明而易辨。本館所用者爲：大紅，淡紅，淡黃，金黃，深綠，褐色，靑蓮，灰色，淡綠，與黑色，至顏色表示的意義有二：

(1)分類的意義　大紅代表總類，淡紅代表哲理科學，淡黃代表革命文庫，金黃代表社會科學，深綠代表語言學，褐色代表自然科學，靑蓮代表應用技術，灰色代表美術，淡綠代表文學，黑色代表史地。

(2)著者的意義　十種顏色亦可代表著者號碼十個數目，如大紅代表0，淡紅代表1，淡黃代表2，金黃代表3，深綠代表4，褐色代表5，靑蓮代表6，灰色代表7，淡綠代表8，黑色代表9。

(丙)位置的分配　顏色之足以表示分類與著者二種意義，既如上述；同時其在書脊上位置之高下，又足顯示另種意義。茲再將其位置分配及其所含意義伸述如下：

(1)分類位置　分類位置，佔在從離底端一吋至六吋之間，(卽BB之間其間實長五吋)，隨分類之不同而爲高下之別。又因吾人于十大類之中，復各分十小類，故又分成縱十格橫十格，(每格半吋平方)成爲一百個位置。

(2)著者位置　著者位置，佔在距離底端書根上四分之二吋至四分之三吋之地位。(卽AA之地位)

(丁)帶數的指示　顏色位置分類法，最重要工具爲顏色帶。顏色帶一方面代表分類意義，一方面又指示著者號碼意義，因之顏色帶亦分爲二項：

(1)分類帶　分類帶的意義，所以表示此書應屬於何種。用某種顏色的帶貼在某種地位，則卽可明瞭該書屬於何類。例如：范祥善編「新法兒童中國遊記」一書，照本表卽應歸入95中國地理及遊記欄內。史地係黑色代表，則可用黑色的分類帶貼在離書根三吋半至四吋高的地位上卽得。再舉一例「小刀哥哥」係一本手工書，手工的分類號碼係74，則用灰色的分類帶貼在離底端三吋至三吋半卽得。

分類帶長半吋，闊約吋半，可隨書之厚薄而定其闊狹。

(2)著者帶　著者帶之功用，所以代表此書爲何人著作，本館著者號碼取法，係用四角號碼，取著者姓之第一角，用顏色來表示之。例如范祥善編的「新法兒童中國遊記」一書，范字之四角號碼第一角係4，則用深綠色的著者帶(因深綠色代表4)貼在距書根四分之二吋至四分之三吋地位上(卽AA之地位上)卽得。著者帶之長四分之一吋，闊約吋半，亦可隨書之厚薄，而伸縮其長短。

五、管理方面　管理方面，既設定專責管理之人，故於圖書登記，出納手續，可較前周密。閱覽人數，既有統計可尋；而閱覽指導亦得有相當之實施。玆分言之：

(一)圖書之借閱　本室之圖書，原祇可在室內閱覽，爲使小學高年級兒童自修，及不須來館閱覽之兒童便利起見，亦可將圖書借出館外閱覽，惟須繳相當之保證金。現正擬發行兒童之不用保證金借書證一種，俾兒童得多有借書之機會。

(二)閱覽時間之更改　本室去年春初開放時間，原定爲上午九時至下午九時，然事實上上午閱覽者甚少。自去年九月大學路總館開放後，因人員不敷分配，且以兒童閱書時間不宜過長，因改爲每日下午一時至八時，大抵每日四時至八時間閱覽者爲較多。

(三)閱覽人數。去年一年中，總計閱覽人數爲一五、六五九人，每日平均五二人，閱覽及借出册數總計五〇一九五册，每日平均約一六七册。茲列各月之統計於後：

去年全年兒童閱覽人數

月份	人數	閱借册數
1	542	3406
2	(十天)243	855
3	1539	6101
4	1380	5102
5	1588	5845
6	1734	4377
7	799	1833
8	1120	4018
9	1576	5384
10	1848	4901
11	1595	3816
12	1686	4334
共計	15,659人	50,195册

(四)閱覽指導　來館閱覽之兒童，除在小學求學之學生外，亦不少失學兒童。彼輩未受教育，亦少受家庭教育是以在館時頗難使之遵守秩序。而不良習慣如竊書及損毀圖書等事時有發現。是以管理員一人，雖忙於整理圖書，亦常致力於指導工作如答覆問字，代爲按程度選書，以至糾正不良習慣等。現因一人應付甚感不遑，乃於晚上將總館助理一人移至本室協助，原管理員對於閱覽指導與管理諸端，當可視前稍減困難也。

本館之專設兒童室，雖已歷五年，而擴充此室與專設管理員，則尚爲最近一年之事。因本館同人能力有限，與經濟之限制，進行尚少成績。兒童程度不齊，應付亦感困難。尚望教育界力予指導與贊助，俾本館除成人讀書以外，對於兒童讀書益智，亦得增其效能，以輔益學校教育或應付學校教育之所未及也。

摘自《浙江省立圖書館館刊》一九三三年四月第二卷第二期

3. 杭州市兒童節盛況

——省立圖書館市立兒童圖書館特別布置開放——

——民衆敎育館舉行招待兒童大會——

近世世界各國爲改善兒童生活，增加兒童幸福，多有兒童節之規定。中國始于去春由敎育部規定每年四月四日爲兒童節，當時已不及舉行。至本年四月四日，爲吾國第一年兒童節，各處敎育界多有表示。本市各圖書館及民衆敎育館等，均於是日招待兒童。茲分紀省立圖書館市立兒童圖書館及省立民衆敎育館之活動情形如下：

（1）省立圖書館　省立圖書館向以星期一爲例假，四日雖値星期一，惟爲適應佳節提倡兒童閱書起見，特將新民路分館照常開放。所有有關兒童敎養之圖書，悉行開架陳列於各室，并懸貼各項掛圖標語，由職員分別担任招待指導外，并由推廣組主任劉濼講演有趣味之故事數次。兒童來館者，塡就愛閱圖書表後，各贈特製之兒童節紀念箋一冊。總計全日來館閱書聽講者，達一千四百人以上，可謂開該館閱覽人數之新紀錄云。

（2）杭州市立兒童圖書館　橫河橋市立兒童圖書館，是日自照常開放外，特從事臨時布置。館中壁上，滿貼强壯活潑之兒童照像及有趣味之故事圖畫，兒童節消息等。並由橫河小學供給各項敎育玩具，以娛兒童。上午九時左右來館兒童最多，下午閱書者亦仍不少云。

（3）省立民衆敎育館　湖濱省立民衆敎育館於是日下午舉行招待兒童大會，到會兒童八百餘人。自館員報告講故事以外，並有兒童表演，後又分送糖果書報，游覽及攝影。自四日至十三日，該館舉行兒童恩物展覽會，又于五日至十三日間舉行兒童幸福演講五次，各項比賽三次，參加兒童甚多。此外又發刊「兒童生活」「兒童的呼聲」二書，作爲兒童節紀念刊物云。

此外省立實驗民衆教育館及市立各民教館等，皆開放特別招待兒童，各小學皆休假一天云。

（4）本省識字運動預誌

本省自組成識字運動宣傳委員會以來，每年舉行識字運動一次。二十年度識字運動宣傳週，去年經該會規定辦法若干條，定二十一年三月十五日至四月十四日期間爲宣傳週擧行日期。茲該會因鑒於各方多忙于應付國難，特定延期至五月十五日後擧行，幷函請教育廳通令各學校機關查照云。

摘自《浙江省立圖書館月刊》一九三二年第一卷第二期

樹德二小成立兒童圖書室　外東樹德第二小學校，現聞為提倡兒童課外讀書起見，特成立一兒童圖書館。

摘自《圖書館月刊》一九三三年第一卷第二號

查上項議決辦法，於輔助學校教育，養成兒童閱書之習慣，以促進義務教育之推行，最關重要。相應檢同原案，（見中華圕協會第二次年會報告第五四頁）函請貴廳查照轉令所屬照辦，並希將辦理情形，隨時見復，至紉公誼！

兒童圕

關於本會年會通過「各縣市應設立兒童圕並規定各圕附設兒童閱覽室」一案，執行委員會除通函全國各圕查照外，並通函各省教育廳轉令所屬照辦。其文如左：

案查國內各地圕年來推廣設立，極形踴躍，一般人士均覺便利。惟兒童圕新立者尚不甚多，於兒童課餘假期，頗乏閱書之機會，似有亟待提倡之必要。頃本會舉行第二次年會於北平，對於「各縣市應設立兒童圕，並規定各圕附設兒童閱覽室」一案，業經議決通過。

摘自《中華圖書館協會會報》一九三三年第九卷第三期

二十年來廣東省圖書館事業辦理概況與其計劃

温仲良

十八年一月教育部頒發之社會教育調查範圍一覽：內列圖書館類有普通圖書館專門圖書館（紀念圖書館附入），通俗圖書館三種。民衆教育類有通俗書報社巡廻文庫小說流通社通俗教育館四種。竊惟以上各種設置，對於保存文獻，研究學術，與夫普及民衆知識，均有關係。易言之，即與教育有關係。凡教育發達之國家，其於圖書館一類之設置亦必隨之而發達，每一都市，一鄉村，或一學校，如無相當之圖書設置，以供成人與青年閱讀研究之資，則其地之社會教育學校教育亦無由進展，可斷言也。

圖書館一類之事業，在教育方面既佔有重要地位，則其設置情形若何，凡辦理地方教育與留意嶺表文獻者均應加以考查，并當爲之提倡促進。現查廣東省內藏書之屬於公有者，在三十年前，學校未興，舉凡省府州縣之書院，莫不廣儲圖書，搜求善本，部分類別，管理得宜。如廣州之廣雅書院；肇慶之端溪書院星巖書院，惠州之豐湖書院等，其最著者也。此項藏書，可視爲書院設備之一部分，猶今之學校圖書館或圖書室，同爲學校設備之一部分，而非有獨立之性質也。本省圖書館之獨立設置，權輿於廣雅書局，前清季年，南皮張之洞督粵，特建此局以爲藏書之所。民國肇建，改名廣東省立圖書館，內藏書籍十萬餘卷，木刻書版五十萬餘片。十八年二月教育廳黃晦聞廳長以廣雅書局舊址不敷用，所藏書版有蟻蝕之虞，特呈准政治會議廣州分會及省政府，遷館於惠愛路之舊法國領事署後座，并由省庫撥給舊法領署修建工程費九千八百三十元，其後增給裝修費六百元，工程完竣，即將廣雅原有文籍書版暨增置各書，遷移其中。但新館面積視前者雖爲較廣，而書箱放置，仍嫌狹逼，且爲管理利便起見，擬將閱書室與藏書庫劃分，而於現有書樓之後另建一藏書庫，十九年度教育廳所編教育經費預算書，在臨時費內有省立圖書館藏書庫建築費五萬元，即爲此也。此項建築費，省庫未有實行支撥，然在省內應有一建設完備之圖書館，用爲廣東文化之標徵，則爲粵人所公認而不容中輟者也。省立圖書館移設於舊法領署內約近年半，旋爲外交部借用，該館於二十年五月遷回文德路舊址。洎廣州市立中山圖書館成立，以新館址同在文德路，有合併之可能，廿三年二月一日教育廳謝仙庭廳長遂明令將省立圖書館歸併於市立中山圖書館，另抽出圖書一部分移放淨慧公園內省立民衆教育館之圖書部，原有館址改爲廣東省立編印局。茲將謝廳長提議設立編印局及改組省立圖書館之理由與辦法錄後：

查編印圖書爲介紹學說溝通中西文化之津梁，貢献於學術思想界者至鉅；又查省立圖書館現設文德路，與市立中山圖書館相距甚近，事業性質，完全相同，似無重設之必要。爰依照本省三年施政計劃，擬具編印局及改組省立圖書館辦法：一，停辦文德路省立圖書館，將現藏普通書籍，移送市立中山圖書館，其屬社會教育範圍者，移送省立民衆教育館，以免駢設機關。二，就原有文德路省立圖書館址，設立廣東省教育廳編印局。三，原有省立圖書館經費，暫行撥充編印局經常費，俟下年度開始編造新預算再擴充。四，編印局工作第一步整理廣雅版片，印行舊籍，以維國故；第二步俟下年度預算開始添置鉛字機，再羅致專門人才，編譯印行新籍，充分介紹近代學術。

此一段史實，於本省圖書館沿革，可云重要。在目前則無省立之圖書館矣。

圖書館之在各縣市獨立設置者，如地方公立之圖書館，或某團體某氏族私立之圖書館，其託始何時，未能詳考。大抵在入民國以後，社會教育推行之時，功令所在，縣市政府應得奉行，而民衆團體或私人抱一種願望出而籌辦圖書館以嘉惠於其鄉黨者，亦隨風氣而興起。現就調查所得，縣市立，區立，或鄉立之圖書館約有一百間。民衆團體或私人設立之圖書館約有二十餘間，而閱書報社不在內焉。市立圖書館，以廣州市中山圖書館規模爲最大，組織亦較完備，該館在文德路，佔地約一百八十二方丈，建築費三十一萬三千三百餘元，於十八年十二月開始建築，廿二年十月工竣。內部組織，於館長之下，分設總務，購訂，編目，閱覽，兒童各部，每部設部主任一人，現有館員二十七人云。

學校圖書館之設置，當清季將各地書院改辦學校，原日書院藏書隨而轉移，今之學校圖書館所有中國文學經史地志等書，多爲書院之所遺留，其所增置者不過小部分而已。入民國而後，兵革迭興，軍隊時有進駐學校，舉凡前此書院遺留之善本，多有散失，或毀於兵火。例如省立第七中學校之藏書樓，合有端溪星巖两書院存書，內多善本，十二年三月三十夜以駐兵失火，全樓盡燬，遂無片紙留存，可爲太息！惠州之豐湖書院，爲前清梁鼎芬先生主講其間時所建，海內人士捐募圖書者頗多，且有單行孤本，民國十五年間，惠陽歷遭戰禍，院內藏書亦被蹂躪，原有董事將書籍遷往城內義倉，乃得保存，亦云幸矣。囘憶民國八年龍氏軍隊圍攻雷州之役，余將省立第十中學圖書，肩運城外，再移鄉落，鋒鏑逃生，與此同命，亦以學校設備以此爲最要，而搜羅之不易也。今後學校圖書館之擴充整理，在改進全省教育方案中，應爲一重要問題，現時設置數量，雖視其他地方公立與團體私立者爲多，但其間有祗設圖書室，而未嘗另設規模相當之圖書館，或有圖書館之名，而未能設置專員管理，編成圖書目錄，訂立閱書借書規則，與不依照規定時間開放者，凡此諸端，均宜早爲注意者也。

廣東私人藏書，在昔聞以南海孔家三十六萬卷樓爲最富，近歸散失，雖有好事君子繼起搜藏，如東莞莫氏之福功書屋，順德李氏之太華樓，番番徐氏之南州書樓……等，然其規模不大，且非公開展覽，其於保存善本，使傳習有資，墳典不墜，不爲無補，但圖書爲天下之公器，原在流通，閱書興趣，亦爲人類所同具，是宜於保存善本之中兼收書本之益，此所望於省內藏書家有以溝通而改善之也。

今後本省圖書館事業，如認爲有提倡整理之必要，應由政府與地方人士合力以赴之。在政府方面，宜任規劃指導之責，在地方人士亦宜努力經營，未成立者籌欵開辦，旣成立者分期擴充，各級學校更宜注意圖書設備，以期增加教學效率。茲就省內圖書館規劃設置經過情形，撮錄大要，以備留心此問題者之參攷。

廣東教育行政機關對於圖書舘規劃指導部分之組織，宏大圖書舘之籌建，圖書舘管理人才之養成，均有相當工作。查前清光緒三十二年五月，廣東省裁撤學務處，在提學使司提學使公署之下，設學務公所，內分六課，即有圖書一課。民國十年三月全省教育委員會成立，其組織法有圖書儀器事務委員，用以辦理圖書館教育事務。委任杜定友為委員。以後所訂圖書館教育計劃，多出杜先生之手。十一年十一月教育委員會改組，擬於督學部之下設圖書館科，會議時未能通過，該科原訂主要權責如次：

一，改良已成立之圖書館。經營未有而應有之圖書館。

二，統一各圖書管理法，訂為互助之制度。

三，促進圖書館與學校社會之聯絡。

四，訂立圖書館與各書店之購書條例，及贈書與圖書館之獎勸條例。

五，提高圖書館事業之標準及性質，誘導各界人士閱書之興味。

十二年十月廣東省教育廳成立，關於圖書館之修建事項，列入第一科掌理。關於圖書館之計劃管理促進事項，列入第二科掌理。二十年二月修正教育廳組織法，添設第三第四科，從前由第二科掌理之圖書館事項，改歸第四科為之。

廣東省政府前擬建築一宏大之圖書館，附設博物館於其中。十一年七月將省立圖書館歸入教育委員會管轄，每月增加經費六百餘元。一方面設立圖書館博物院籌辦委員會，所需新館經費，擬由旅外華僑担任募足三十萬元，政府撥給三十萬元，以半數供建築，半數購置圖書及其他設備。至其內部組織，擬於館長之下，設置文牘庶務會計外，分立十四部：

一，購訂部　專司購訂圖書雜誌及選擇等事項。

二，登記部　專司圖書之登記標目插目等事項。

三，編目部　此爲圖書館最重要之部，專司圖書之分類編目等事項。

四，參考部　此亦圖書館重要之部，專司參考書籍，以備閱覽者之質疑諮詢等事項。

五，閱覽部　專司書籍收發及誘導人士閱書等事項。

六，通俗教育部　專司學術演講會，科學研究會，讀書會，以提高人民文明程度等事項。

七，鄉土部　專司收集廣東省，及關於廣東省之歷代圖書，與夫有價值之出產品等事項。

八，紀念部　專司收集古今中外堪資紀念足以啓發人民志氣之圖書器具等事項。

九，借書部　亦日流通部，專司書籍之借出收入等事項。

十，藏書部　專司書籍之收藏保存等事項。

十一，修理部　專司書籍之修補裝釘等事項。

十二，出版部　專司圖書館出版品之編輯，及介紹圖書雜誌等事項。

十三，分館部　專司本館分設之兒童圖書館。及巡廻文庫等事項。

十四，博物部　專司博物院內一切事項。

此項組織，未能見諸事實，然以廣東爲南中國之重要省分，年來各項建設，均有長足進展，則此項大規模之圖書館，應由政府完成其事業，自爲事勢所當然也。建設館所而外，關於養成圖書館管理人才，審查適用圖書，亦爲要務。十一年間廣東省教育委員會曾設立圖書館管理員養成所，召集中學以上之職員，授以新法管理之綱要。又設立圖書審查會，擬定審查圖書方法，以便中小學圖書館之遴選書籍，凡此皆爲政府已往之計劃與措施也。

各縣市政府及地方人士對於圖書館事業，未認爲重要，蓋以現時辦成之公立圖書館，各縣市平均約得一間，而所置書籍不過千百册，而管理復不得宜，故其内容無可觀。在各縣市社會教育經費未有確實劃定以前，圖書館經費因而無着，或有之而爲數極少，僅可支給館員雜役薪水，更無餘欵添購書籍，至使社會教育中之圖書館事業不能與該地之學校教育同等發展，此爲今日之通病，願各縣市政府官吏與地方人士有以補救之也。

在同一地點之各圖書館，如其購書經費未甚充裕時，可互爲聯絡，分任購置，且可使其配置合宜。查廣州市内現有，市立中山圖書館，省教育會圖書館，仲元圖書館，及中山大學圖書館等，其館址均相去不遠，又其經費多由政府供給，設其内容均欲求充實，恐非現時之力量所能一律辦到。設使能辦到，而購置重復，或爲衆所共有，或爲衆所共無，亦不合宜也。所謂聯絡方法，擬將各圖書館就其原有設備，分别經營，其傾注於甲部者，可缺畧於乙部。例如中山大學圖書館原有科學書籍比較其他各館爲多，今後購置應趨重科學方面，其他部分雖不可全無，但可從畧；省教育會圖書館原定計劃，爲辦理教育專門之圖書館，今後補充，應趨重教育方面；新辦之市立中山圖書館，可趨重市政及工商業方面；仲元圖書館，可趨重青年修養及兒童讀物方面；如此分别經營，用欵不至虚糜，參攷可無缺乏，此有望於市内圖書館職員加以考慮者也。

各縣市之公立圖書館頗少積極經營，聞南路方面以合浦縣立圖書館爲辦理妥善。西路如順德台山之縣立圖書舘，東路如潮安之縣立圖書舘，藏書均在一萬冊以上。瓊州所屬，以文昌縣立通俗圖書舘藏書爲多，謂有八千餘冊，北路各舘藏書最少，此由地方財力困乏，與連年受軍事影响比其他方面爲較深，有以致之。

私人設立之圖書舘，現以馮平山在新會縣城仁壽坊設立之景堂圖書舘爲較完備，景堂乃平山之先君，用以名舘，以示紀念，蓋有孝思存焉。該舘面積九十餘井，前後两座，前座上下两層，後座上中下三層，全間用鋼骨三合土築成，建築費六萬餘元，分設書庫，閱書室，報紙雜誌室，兒童閱覽室，舘員住室，會客室，辦公室各部，書庫位於後座之三層，列書架九十座可藏書籍六萬冊。該舘經費十四年度爲六千零七十元，十五年度爲四千九百二十八元，十六年度爲六千五百四十元。十六年度結算，謂有書籍一萬八千五百二十四冊，圖表二百七十七幅。

此外如防城縣之謙受圖書舘，爲陳謙受私人捐欵設立。謙受，乃伯南之尊人也。該舘辦理情形若何，未見有報告，聞說藏書頗豐富，辦理亦完善云。

各縣市教育會有兼辦圖書舘者，此種關係地方文化之事業，教育會應得負責提倡，切實經營，在教育會多辦一種事業，亦不至徒掛招牌也。

學校圖書舘爲補 助書本教育之必要設置，現時各校以購書經費不多，（除取諸學生所繳圖書費外甚少另撥專欵）且管理人員缺乏訓練，管理方法未有講求，以是內容均覺簡單凌亂。民國十年十月廣東省教育委員會擬具推廣全省學校圖書舘計劃書，其辦法如次：

一,由教育委員會通告全省學校增設圖書館。

二,設立圖書審查會,及教育委員會圖書館,以便編訂書目。

三,通告全省各師範學校設圖書科,以研究指導兒童用書之方法。

四,設圖書館管理員養成所,以養成圖書館管理人才。

五,設調查部,以調查各圖書館成績,及謀改良之方法。

以上五項,擬由教育行政機關負責辦理,除第四項已實行外,其第一項爲當然之事。廣東省教育廳金湘帆廳長於十九年十月編訂之改進全省中等教育方案,編列中等學校各科必要之圖書及進一步設置之圖書,分令各校遵照辦理。至於省立各校圖書費,由省庫特別指撥者,查十九年度臨時費項下:曾列支省立各校一次過購置圖書儀器費各三千元,迄未實行。是年在臨時費項下實際撥助省立各中等學校者,共九千六百元,連購置儀器費在內,如以半數爲購書費,則不及五千元也。各校徵收學生圖書費,每人每學期所繳由五角至二元不等。另有每學期徵收入學新生每人一次過圖書費五元者,如台山縣立中學校是其一例。如平均每人每學期徵收圖書費一元,每校平均約以學生三班,每班四十人計算,全年所收圖書費爲二百四十元。以全省公私立中等學校三百間估計,由學生繳得之圖書費應爲七萬餘元。若另由學校籌撥同等數目(二百四十元),則全省中等學校一年購置圖書應爲一十五萬元,(此項書價,學生所用各科課本不在內。)若循此遞年增益,各校圖書館必有可觀也。

一間中等學校之圖書館,或一間小學校之圖書館,應如何經營,實爲目前之重要問題。從前全省教育委員會印行之「推廣全省學校圖書館計

劃書」,可資參攷。該計劃書中關於選擇圖書之標準一段,尤爲重要,茲轉錄如次:

類目	科目	小學校	假定一千卷	中學校	假定二千卷
		百分比	册數	百分比	册數
德育	一、公民、倫理、教育、宗教等	一〇	一〇〇	五	一〇〇
智育	二、普通參攷書	五	五〇	五	一〇〇
	雜誌報紙	五	五〇	一〇	二〇〇
	三、哲學、心理學、倫理學等	一	一〇	二	四〇
	四、言語學、各國文字等	二	二〇	二	四〇
	五、自然科學、算數、物理、化學、生物學、動植礦學	四	四〇	一〇	二〇〇
	六、應用科學、醫、工、建築、製造等	二	二〇	一〇	二〇〇
	七、歷史、中外正史	四	四〇	一〇	二〇〇
	名人列傳	一〇	一〇〇	六	一二〇
	雜記	一	一〇	二	四〇
	八、文字	二	二〇	八	一六〇
美育	童話神話	二〇	二〇〇		
	小說	一〇	一〇〇	一五	三〇〇
	雜類	四	四〇		
	九、美術、藝術、音樂等	一〇	一〇〇	五	一〇〇
體育	十、體操、運動、游戲等	五	五〇	五	一〇〇
羣育	十一、社會、諸科學等	五	五〇	五	一〇〇
總計		一〇〇	一〇〇〇	一〇〇	二〇〇〇

以上所述,就現時中小學校之經濟力量觀之,似易辦到。民國二十年

上半年調查：省立第一中學圖書館現存舊書二萬二千九百八十七冊，新書八千三百零二冊，省立女子師範學校圖書館現有書籍五千餘冊，台山縣立中學校圖書館謂有書籍二千七百三十五部，九千八百九十一冊，圖表一百一十餘種(見「二十年來之台中」一書)，汕頭市立第四小學校圖書館謂有書籍一千八百餘冊，(見市四概況一書)由是可推想所假定之一二千卷書籍不難購置。但管理上最要講究，且必須編成圖書目錄，以便查考，且免散失。

學校圖書館之面積，應視學生人數而定，省立女子師範新建之圖書館，佔地二十五井，可容一百二十人之閱書座位，約合全校學生數五份之一。省立第一中學之圖書館，佔地一百零四井，謂可容八十人之座位。台山縣立中學之圖書館，謂可容六十六人之座位，今後各校可參酌此數爲之。總之學校圖書館應分隔書庫與閱書室，而閱書室之面積又不宜小於普通教室也。

小學校宜設置兒童圖書館，現時各地小學尚少注意及此。十六年九月廣州市立第三小學印行之兒童圖書館概况一小冊，規畫頗備詳。關於兒童圖書之選擇標準，其主張如次：

甲，實質面方

一，適合兒童程度的

二，適合兒童心理的

三，適合兒童年齡的

四，適合兒童環境的

五,引起兒童感情的

六,可供各科參考的

七,適合黨化教育的

乙,形式方面

一,字體宜大

二,印刷清楚

三,裝釘堅實

關於選擇圖書之方法,該書亦有說及,謂搜集各書店圖書目錄,各種出版界,書報中新書介紹欄,及閱覽者介紹圖書卡之記載,分別審查,將本館未有之書籍名目,逐一摘下,就閱者是否需要,及與選擇標準是否適合,而定棄取,以便採購云。

學校圖書館比較其他獨立設置者爲數較多,亦較易整理;惜其對於社會非取公開性質,爲用不廣。今後各校如能將圖書館酌定時間開放,或將一部分通俗圖書另室陳列,概予開放,其於普及民衆知識,殊有效也。

現時全省公私立圖書館究有若干,未能核定,因學校圖書館應否獨立計算,或辦理至如何程度始有獨立資格,成一問題也。現行辦法,學校圖書館不必另行立案。民國二十年十二月廣東教育廳指令南海縣政府云:「查縣立中學校附設圖書館,係學校設置之一部,按照教育部頒行圖書館規程,無庸轉報備案。」余於民國二十年八月編印之廣東全省公私立圖書館通訊錄,有二百四十間,此數將學校圖書館計算在內。惟各校圖書館規模之大小,辦理之良否,有相差甚遠者,自不能一律認爲有相當之價值,從事圖書館事業調查統計者,應當預定一標準,方能決定全省圖書館之眞實數量也。

摘自《廣州大學圖書館季刊》一九三四年第一卷第四期

省立十一小六上辦理級圖書之經過

梁星拱

一、說明

一

本文所述辦理級圖書館的方法，原係上期我在六年級上期所實施的，所以有似報告性質，不過在敘述的時候，若覺有不妥處，也會略為改動。

二

關於本文所述的辦理級圖書館方法，原係本校中高年級所通用；不過一切的設計，除僅一目錄表為同事所擬定外，其他表簿規程和辦理方法，都是我經手的。因為當上期我要整理六上級圖書的時候，整個的學校，亦早有此需要，所以經由學校方面的囑咐贊助，便在中高級全體實施了。別級實施的情形如何，我尚不很清楚。至於我在六上所實施的結果，自認卻還滿意，所以現在僅就我的辦理經驗，作一草陳，其所以由我個人名義來談「怎樣辦理級圖書館？」的問題，也就是這個原故了。

三

本校因房舍不敷，全校圖迄未成立，學校本身的幾本書，就其深淺，分入各級圖書館借閱。因此連帶着下面的一個問題，就是：

「一個小學裏邊各級分組圖好呢？全校合組圖好呢？或者兩種並行不悖，各有其宜呢？」

對於這個問題，我還未加理會。好在我所談的，僅是辦理級圖的「方法」上面的答案，如果是「各級分組圖好」或「兩種並行不悖各有其宜好」固然都不成問題，就是「全校合組圖好」也未嘗不可將這個辦法，略加修正，取而用之。所以把這個辦法，作一報告，對於小學方面的辦理圖，總或有點參考的價值！

四

關於「怎樣辦理級圖書館？」還有一個重要的附帶問題，就是：

「怎樣利用級圖，指導兒童閱讀，並考查之？」

對於這個問題，本當繼續努力，以求系統的解決，不過小學裏邊的問題確實太多了，小學教師的責任似乎太重了，每遇一個問題，總只能作個最低限度的解決，再作一步深究的工夫吧，就不免要「顧此失彼」「致干未便」的。所以關於這個問題的繼續努力，在本期便被「怎樣實施公民訓練？」的問題糾纏住了。好在「利用級圖 指導閱讀，並考查改進」諸端，在國語及其他各科教學中，也並非毫無辦法，而祇此最低限度的解決，因為兒童是愛閱讀的，所以只要級圖辦理得當，便會竭力取讀，養成習慣。不信，有上期的成績在！再者，本文之後，還擬續作一篇「怎樣辦理小商店？」也順便給讀者，作個預告片吧！

II．圖書的來源

一

教師——級任教師如果有兒童讀物，或雖係教師指導書而爲兒童所能讀所可讀的，都可付與本級圖，公開借閱——不過後一種是最少數的。

二

學校——如有校圖的，僅放些各級都能閱讀的圖書，以備各級兒童借閱；其爲某一級所能閱讀參考的圖書，就不妨直接放入某一級圖裏邊，以便某一級的兒童直接借閱參考。報章雜誌刊物，都是如此。說到這裏，附帶的要談談學校買書的問題：按學校所需購買的圖書，當然不僅A．兒童讀物；此外還應有B關於學校行政的和C．關於教師教導所參考以及教師平時所進修的兩種。一個學校要打算辦好，在圖書方面固然需要AB兩種，但我覺最要緊的還是最後一種的C。因爲作教師的若徒以在求學時所學得的和在教學法上所參考的爲教導實施的惟一參考，不再就其直接的教導上作額外的探討，間接的學識上作多方的研索，孤陋寡聞，閉門造車，一定不會有長足的進展。或竟至畫地自限，久已落伍而不自知。固然作教師的若要在教導上著有宏效，當然不僅要在A．閱書上努力，其餘之B，加意實驗C．多處參觀及D之通訊聽講談話等等都可有很大的幫助；不過從閱書上得到的助益，因爲既無時地之限制，又有精力之省却，確可算是很重要的。但若以教師個別的能力去置備需要的圖書，恐怕有限的很，再者也不經濟。我想作教師的在一個學校裏邊除聯合起來，分行訂購，交互閱讀外，其餘便要由學校方面担負了。教廳有鑒於此，記得關於省立各小學的活支分配，圖書儀器所佔的在先是百分之四十，此刻是十分之三，雖是較前減了一成，然若專實奉行起來，積年累月，也就差强人意了。可是有些學校（或者是多數的，那我就不很淸楚了）除了各教師用的教科教法以外，簡直可以說沒有給教師們着想過讀書的問題（儀器比圖書更可以說沒買）。據說別項的開支若不挪用此項金額，簡直學校沒有辦法，不過這又是另一問題了。總在負責的教行機關，切實加以注意，若所說的屬實，自然不妨加多活支，就是爲經費所限不克多加，又何如爽利地把此項費用的分配，再減少些成數，以求名副其實推行功令！若所說的因爲開支不當，自然又須乎切實地指導了！我今的最高教育行政機關啦！您祇以爲各校的教師沒有研究改造精神，也知道不願妄自菲薄的我輩簡直成了精神滋養品缺乏之下的餓莩嗎？如何振濟，恭懇垂慈！庶不負我在此附帶的說這麼長有似乎題外的話。

三

學生——這是級圖圖書來源的重要處所。因爲哪個兒童都要有幾本課外的圖書。有些好的家庭，還要計劃的給子弟們訂購書誌報刊的，如果合攏一處，相互借閱，收效自可宏大。不過兒童原有的圖書，有的過了時代，無甚價值，有的太形殘破，不便再閱，所以各書局隨時出的嶄新的有價值的圖書，也不能不陸續購備以補學校經費之不足。至於購備的方法，我曾命高級兒童每期隨同課品費附徵伍角大洋的圖書費 除下家境眞正困難的，都要繳納。比方一級四十個兒童，每期就可以購買二十元有價值的新書。而每一兒童所繳納的伍角大洋，看起書來，就無異繳納了廿元，得到大至四十倍的好處，這不是很滑得着的事嗎？到了學期末尾，可以按照實價，斟而酌之地取盈補虛實行分有，教師雖不免臨時麻煩，而得到的好處，却眞正不小。不過買的時候，也不必一次購齊，總要就着本期的各科教材，同兒童們細加參詳，然後再去書局找定參考，一時不全，也可分作幾次去買，這樣，也可以顧及到兒童們其他方面的興趣與需要。若到了再一期，兒童這一期所買的圖書，最好仍放入本期級圖內。不過有的兒童覺得自己多拿了圖書，未免有點不合算，因爲既然供給全級閱讀，結果總不免弄得破舊起來。關於處理這個難題的方法 一方固然要在教師的勸導，一方也可略加獎勵，比方拿書多的兒童 給他們贈送些圖書啦，文具啦，教育玩具啦，其他課業用品啦，都是可以的。這項的需款，最好學校担負。如果數目較大，就設法出到各個兒童身上，也不爲過。本期在我担任的一級，已商同學校，將學校以小商店名義代售各書局教科書所額外得到的一成存款，按本級購書的金額，比例分得，作爲此用。這樣以兒童之公欵，辦兒童之公益，當然更爲合宜。至於這樣的用途，究竟約須多少款項呢？因爲兒童們在家庭中既無經濟之權柄，在化用上，亦無浩大之需要，所以希望都也不大。本期恐怕我自己的主觀[illegible]較大，所以曾以五本書爲一組，票測了兒童們的慾望。結果，有少數是不願受獎的，只有一兩個是願受值價一兩串的獎的，其餘多數，都是四百五百，平而均之，爲四百三十多個錢。商談的結果，就以每多交五本在一期之內，可以得到四百文的獎品爲定，就共所費不過三兩元之譜。如此辦法，雖或不免以爲易養成兒童之受奬的心理，實在一方面是事實的需要問題，一方面連及了整個的奬勵問題，我覺得並無什麼不妥之處。再者我校之高級課品費，每期若合圖書費計，始與其他各校之兩元相等。而我可以爲課品費倒可儘量的撙節，圖書費却不妨按期徵收。

、此外收到各人圖書的時候，由教師認可的，可由級圖給他們個收據。樣式如表一：

河南省立開封第十一小學校級圖表之一

級圖書收據

交者	第　　號
收者	圖長
時日	22年　月　日　午　時
冊數	本次共交　　冊
圖書名稱及卷編冊次	
備註	

22年度上期

第　　號

存根簿

交者	第　　號
收者	圖長
時日	22年　月　日　午　時
冊數	本次共交　　冊
圖書名稱及卷編冊次	
備註	

22年度上期

Ⅲ．圖書的分類（編號附）

說到圖書的分類，在　學上，原有好幾種分法。不過那是就普通規模較大的圖說的，若是像我們說的只有三五百冊圖書的級圖，似乎用不到那末細密的區分，只要就住各科的門類，略加甄別，以便按類查考，實行統計就得了。在上期我的級圖初次整理的時候和一位同事把原有的圖書分作下列七類：A普通文學類，B實用文學類，C數理類，D社會類，E公民生類衛，F技能類，G刋加能物類。在每一類中也曾就原有各書再加區分，雖未必盡有價值或全皆妥當，但亦不妨分述於下，以資叅考：

A普通文學類（1．長篇舊小說，2長篇新文藝，3有韻文，4短篇論說文選，5短篇童話傳說劇本，6短篇故事小說寓言。）

B實用文學類（一應用書信，二遊記日記，三詞典，四雜組。）

C數理類（一算術，二自然。）

D社會類（一常識，二社會，三各科地理，四分地地理，五歷史。）

E公民衛生類（一公民，二衛生。）

F技能類（一勞作，二美術，三音樂，四體育。）

G刋物（一定期的，二不定期的。）

在最初分類之後　以續有所增時　設法歸人類目之內，當然更好。如果不便的話另設新增一類，包括以上各類圖書，不加區分，也沒大關係。在這裏順便的把圖書的編號也向讀者報告下子，按我所編的號有兩種，一是總號，一是類號。所謂總號就是把所有的圖書，按住上面七類的次序，整個地從一號起編排下來，共有幾冊書，就可以編到那一號，書有所增，號亦隨之。比方上期我的級圖，共有書二百四十八冊，即按次排到二百四十八號（A類一至九十二。B類九十三至一百一十八。C類一百一十九至一百三十。D類一百卅一至一百七十七。E類一百七十八至一百八十一。F類一百八十二至一百八十七。G類一百八十八至一百九十八。H類（即新增的）一百九十九至二百四十八。）所謂類號就是每一類的圖書，另有號次：比方A類第一冊書爲一〇一號依次以至於一〇九二號；到了B類第一冊書，便是二〇一號，依此類推，而至於最後的一冊，便是八〇四八號。這個類號，在上期使用的結果，還沒有見到好大的用處。所以這一期的類號，直到現在還沒着手編排，如果再感不到需要，也許就暫不編排這個類號了。

這兩種號次印貼在每一冊書的什麽地方呢？先講號次的印法。請看下面的表二：

館書圖級	
類號	
總號	

二之表圖級小一十

這個卡片，俱用阿拉伯碼填寫，級前填如6上，以其年期而別。再講卡片的貼法：關於這個卡片的貼法，當時我曾同學生拿着書試了好幾轉，最後決定貼在書的背面左下角裏爲最合適。因爲正面的各角處，不是書名，著題者姓名，便是封面的插圖，一律在此處黏貼，總要有不少的被壓。若是貼在背面的上兩角裏，因爲放置起來，不能顯露在外面。貼在背面的右下角裏，又容易捲折（如算術類裝訂的書，也只好貼在此處了）所以只有背面的左下角裏，較爲利多弊少。在各大圖或有些學校，當然是把這類的卡片貼在書背上的，不過我們的書櫥的樣式，是完全不適用那個貼法的。

Ⅳ. 圖書的登記

級圖收到的圖書，分了類，編了號，印貼了卡片，接着就要作登記的工作了。這樁工作，若把目錄表印訂成冊，還由一兩個兒童輪流抄錄，那便非常的遲緩，而且只用一兩個兒童來作，也太勞苦，所以初次作的雖很恭析，入後就要了草，以致辨認不清，或竟錯誤百出，難資查考。最好把圖書目錄印成單頁，在同一時間之內分配給多數或竟全體的兒童來作，級任教師從旁指導，那便半點鐘——至大一點多鐘也即可竣事。如果計劃妥當，指導得宜，不但作的快，而且還能作的好。及至分別登記以後，就可送交庶務處裝訂成冊。（後邊要再加上若干空白頁，以備登記新增圖書之用。）現在我把圖書目錄的樣式，附作下面的表三，略加說明：

三．有韻文

河南省立開封第十一小學級圖表之三

河南省立開封第十一小學校6上級圖書目錄第6頁普通文學類

類號	總號	書名	冊次	編制	編譯者	出版處	年月版次	價值 $	所有人	備註
1036	36	大家玩得疲倦了	全	全一冊	朱荄湯作	北新書局	二十年一月初版	0·1	徐文祥	
1037	37	將死的猴	全	全一冊	計志中	商務印書館	十九年七月四版	0·05	周世卿	
1038	38	春風	全	全一冊					周世卿	
1039	39	小哥哥	全	全一冊					周世卿	
1040	40	泥菩薩	全	全一冊					周世卿	
1041	41	兒歌	第一冊		計志中	商務印書館	十九年七月四版	0·05		
1042	42	自然的詩歌	全	全一冊	陳伯吹	兒童書局	二十二年七月初版	0·09	竇春發	
1043	43	風景的詩歌	全	全一冊	陳伯吹	兒童書局	二十二年七月初版	0·09	李長春	
1044	44	動物的詩歌	全	全一冊	陳伯吹	兒童書局	二十二年七月初版	0·09	楊百川	
1045	45	勞作的詩歌	全	全一冊	陳伯吹	兒童書局	二十二年七月初版	0·09	任善福	

民國22年度下期10月25日　　表進先　　謄繕

A.書名——不管某一部書是怎樣的編制，總要登記其某一冊本身的書名。如小學會考升學指導的編制共有四冊，分國語之部，社會之部，自然之部，算術之部。如此書爲國語之部，即應登記爲「國語之部」。

B.冊次——無論何書，俱分冊登記。有「全」的，有「第幾冊」的，有「第幾輯」的，因書而異，各有不同。

C.編制——這一欄驟然看來，好像不明所指。其實略一思維，也可即文生義。比方，蚊虫的來歷全一冊，即可愼作「全一冊」。又比方，水滸分「一二三四」四冊，即可愼作「全四冊，分一二三四」依此類推以名而異。

D.謄繕——二字之前有一空白，是登記本頁的兒童姓名的。

此外各項；似無另加說明的必要。雖然在登記時，仍有不少的瑣細問題，但作教師的，滿可斟酌解答。不過上面所說的圖書目錄是僅在圖書櫃裏備作查考的。兒童們按照着借閱圖書的，却另外有個表填掛在教室的後面。這個表式，有如下列的附表四：

河南省立開封第十一小學校 6 上級級圖書館圖書目錄P.1.

類別	總號	書名		類別	總號	書名	類別	總號	書名	類別	總號	書名
A 普通文學類	1											
	2		1									
	3											
	4											
	5		1									
	6											
	7		1									
	8											
	9											
	10		2									
	11											
	12		1									
	13											
	14		3									
	15											
	16											
	27											
	28											
	29											
	30											

22年度上期 級圖表之四（此表內指導教師用鋼筆恭析繕正）

開封民衆教育 新第一卷 第六號 省立十一小六上籌理級圖作之經過 九

右表每個書名後的括弧，是塡卷編用的，所謂卷編，也就是本文附表三所說的冊次。括弧後的書位——啊，所謂書位，這是本辦法最重要最簡便的一部分啊——那是塡明本書是在圖書櫃裏橫幾竪幾的斗格裏邊的。原來本校現在用的圖書櫃，本是先前專爲擱放閱讀筆記用的。（下面的少半是個通格較大的斗子，上面的大半橫七行竪六行，共隔爲四十二個小斗格，大小可以安放普通如教科書樣的圖書。）後來課外閱讀既不另設筆記了，就先利用以安放各個兒童的茶碗，嗣即利用作中高各年級的圖書櫃了。我級的利用方法，便是按着橫格的次序自左而右，自上而下的每格放書五本。所以本表書位之下，每書五本，都有?～?用阿拉伯碼上代橫下代竪的寫法。兒童欲取某書，即塡寫其位置於取書單，交由經理圖書的人一看，按圖索驥，便能毫不猶疑的立即取付，其便利爲何如乎！不過這是我對於原有圖書櫃的利用，究竟別校的圖書櫃是何樣式，用法如何，當然不能一概而論。就是新製圖書櫃，如能比這個使用方法更爲便捷，當然也是可以的。惟其重要原則，應以取書簡便爲指歸。再者：格斗之大小雖有一定，而書籍之厚薄却不相同，五本一斗，也是要畧作安配，或竟因情變動的，無容固滯！

Ⅴ．圖書的管理

說到圖書的管理，也便是級圖內部組織的問題。關於這個問題，雖尚未曾有明文的規定，然數期以來，在實施上已有漸趨固定之形勢。爰就管理方法，畧陳於下：

級圖設正副館長各一人館員三人，級任教師，則作指導。正館長於每學期開始兩週內，在整個級自治會改組之下，由全級兒童票選三人，提經指導教師擇定之。副館長則由正館長提出三人，經由全級兒童選定一人，以便協作。至於館員則每週三人，依定課室座位輪流，以求全級兒童之勞逸均等。常見有些教師對於此種情形，不加顧及，一期之中，每令一兩個兒童專負其責，其流弊不僅勞逸不等已也。在專負此責者，對於功課，無暇研習，對於所事，因疲而僨；在不負此責者，既缺乏練習之機會，且以不明此中眞況，妄事挑剔。固然，一級之中，還有別的服務，分工合作，然似此持續麻煩之事若貯蓄等，還是以輪任爲宜。館員三人，按次一是負登記之責的，一是負取書之責的，而另外一人則是負監察之責的。其工作程序，當於「圖書的借閱條論列•現僅述作館長的是何任務。按正館長的職務，實甚簡單；其不很固定的像秉承指導教師之意旨作改進之事項啊，處理偶發之問題啊，監督全館之工作啊，都還沒有什麼。其業經固定的工作，便是每週館員更易時，出作監交，至於副館長，則襄同正館長工作，以補不足。

監交是本辦法很重要的事項之一，因為常見辦理某一種事情的人，沒有一定交代的手續，東西的損失，更始的稽延，種種流弊，更僕難數——按本辦法移交的時間是在每來復五的早晨。因為每來復五將借出各書一律收回，移交下班館員後　翌日來復六，還可連作下週開館借閱，以備各個兒童在更翌日的來復日工作之一。若規定在來復六移交，當日便留出開館借閱的時間，而愛於來復日閱讀的兒童，便會感覺苦痛。（不過這一項，各校課程時間的分配不盡相同，當然不必固定這個辦法）而「圖書借出一覽表」所以「沒有來復五」「一開始便是復來六」便是這個原故。移交時舊班兩人各挾一雞毛拂塵分立書櫃兩旁，新班兩人之地位亦如之。按定斗位，抽出書籍，驗其號碼，而此時手執拂塵的便將斗內塵垢拂去。如此順序驗竣，及至連同所有簿籍表格用具移交後，便算完事，至於所剩的有關係人，一個副館長立於櫃旁，監視移交。一個正館長於附近一桌填寫移交表，而新舊班各剩之一人，便復監視填寫的有無錯誤。茲將移交表式，列作表五，附繪於後：

22年度上期第12週圖書管理移交表

時間	民國22年11月4日							
移交人	錢國寶　李遠志　魏燕青							
接收人	楊士杰　李文治　楊春榮（第二班）							
監交人	竇春發　蘇成義							
簿籍類	圖書目錄		備閱簿		圖書			
	1冊	44頁	1冊	52頁	1號起　248號止	二四八冊	缺失	無
表格類	目錄	借出	統計	移交	取單	圖釘	犯約簿	紅粉筆
	2張	1張	21張	13張	68張　又交50張	34個	1冊	1枝
用具類	掛板	插板	鎖	匙	毛筆	鉛筆	鋼夾	
	3塊	2個	2把	2把	1支	1支	1個	
備注	1.取書單白費11張。 2.210—248之圖書，是另外交入的。 3.又交第十一週之單一包．							

河南省立開封第十一小學校級圖表之五

移交人——第一次可由指導教師遴交第一班，而監交人仍是正副舘長。

其他各項無甚說明之必要。

Ⅵ・圖書的借閱

關於圖書借閱的手續，上期曾規定了一個辦法，現在修錄於後，如有必要，並逐條加以詮釋：

一・通則（這是無論何人，遇到下列的情形，都要遵守的。）

1・寫數碼的時候，要力求清晰正確。（數碼書寫的模糊或錯誤，對於一切的事情上，都非常的討厭，不但別人的，有時連自己也會莫明其妙，或竟至弄出錯誤來，於是精神的虛耗，時間的浪費，都是附帶的影響。比方貯蓄表的登記呀，算術題的演習呀，無一不然，所以我有這一條的規定。）

2・各個職員，都要准時到場，切實服務。（這是僅對各個職員約定的，正副舘長除監交外，都不在此例。至於時間上當然另有規定。）

3・填寫各項單簿表格，都不過於潦草（填寫各項表簿，當然用不到恭楷，但若過於潦草，便易致誤。）

4・心思要精細，態度要謙和，作事要敏捷。

5・除「圖書書借出一覽表」外，其他各表簿的填寫，概用毛筆。

二・借書（這是僅給借書人的）

6・認定要借閱的圖書後，先看「借出表」上，是否借出。

7・如未借出，就趕快在「借出表」上登記，（所謂「借出表」就是「圖書借出一覽表」的前稱・其式樣列作表六如下：

六上級圖圖書借出一覽表

第11學週共取102次													
號	6	1	2	3	4	總計	號	6	1	2	3	4	總計
1	174	84	173	173	317	3	26						
2	60	86	86	86	86	2	27	79	79		207	210	3
3	27	28	28	22	22	3	28	14		172	172		2
4	57	87	79	34	28	5	29	82	82	82	170	170	2
5	2	2	120	120	120	2	30	65		203	36	36	3
6	97	204	57	57	171	4	31	21	21	56	56	174	3
7	172		84	84	84	2	32	203	1	29	29	24	4
8	23	23	23	23	2	2	33	25	25	88		76	3
9	78	69	69	28	56	4	34	22	25	22	1		2
10	11	171	174	174	128	4	35						
11	75	172		2	165	4	36	204	203	67	67	89	4
12	122	202	121	121	202	4	37						
13	173	173	200	200	127	3	38	68	68	68	68	29	2
14	30	20	20	59	59	3	39				27		1
15	83		15	15	23	3	40	178		65	65	65	2
16	56		13	13	13	2	41						
17	28	56	56		172	3	42						
18	37		210		115	3	43						
19	73	73	83	83	20	3	44						
20	87	206	206	206	200	3	45						
21	1	3	3	4	4	3	64						
22	202	202			206	2	47						
23						0	48						
21	29	29	199	199		2	49						
25	55	55	25	25	25	2	50						

第12學週共取97次													
號	6	1	2	3	4	總計	號	6	1	2	3	4	總計
1	45		225	218	5	4	26						
2	56	56	56	81		2	27	205		25,	211	20[illegible]	4
3	22	22	22	22			28			29,	28		2
4	89	28	88	230		4	29						
5	73				82	2	30			57	57	230	2
6	51	88	237	297	237	3	31			172	172	172	1
7	66	66	65	79	83	4	32	80	288	228	73	211	4
8	174	213	227	222	248	5	33	36	226	226	201	103	4
9	55	84	81	24	171	5	34	28	228	223	238	238	3
10	170	221	2 7	29	29	4	35						
11	207	174	174	55	55	3	36			146	225	247	4
12		224	224	80	13	3	37						
13	78	29	247	224	29	5	38	23	23	23	23	23	1
14				231	81	2	39						
15			20			1	40	66	66	66,	66	66	1
16					15	1	41						
17	173	173	242	242	242	2	42						
18	90	207	231	233		4	43						
19	29	115	[illegible]	[illegible]	199	4	44						
20			199	199		1	45						
21	2	2	2	243	243	2	46						
22	171	171	171	171	20	2	47						
23							48						
24			213	214	216	3	49						
25	25	25	28	226	231	4	50						

河南省立開封第十一小學校級圖表之六（22年度上期）

號——是借書人的號。是我担任過的年級，每一兒童都有固定的號，自初入以至終離，迄不變更。是凡號次規定之後，使用的次數，非常的多，不久之後，教師兒童對於任何一同級的號次，都能熟曉。這樣免却無謂的姓名填呌，不知多少。

來復下及號後之空格——是填自己要借閱的圖書總號的。但自己要借閱的圖書如何知道他人借出與否呢？其中有個辦法，比方今日是來復三，借書的時間是午發之後，自己認定要借的書號，如果別人沒取，就趕快在來復三之下自己的號之後相交的一格裏填入，別人看了，就知過此號的書已被借出了。還書的時間是下自習的當兒，如果自己借的書，明日來復四不還，館員就照原借書號移入本格；如果還了，也由館員先就本格，點上一點，及停止還書後，是沒加點的，都是續閱未還的，也就都給他們昨日的書號移入本日的空格裏。因爲每一兒童在同一時間之內，只能借書一本，如果還後不借的，其格即空而不填。所以自己要借閱的圖書，究竟他人借去了沒有，只要在當日的豎行格裡一看，就可以毫不困難的知道了。

總計——每人每週借書幾次，便算幾次。如某一兒童在一週的五日內只借了一冊書讀，其總計之次數，便算是一。各總計相加，便是某一學週共取次數，此表每張使用兩個學週，每學週之來復五即由負登記之責的一個館員統計填寫。

8．登記後，就填寫取書單，交由館員，登記人入簿取書。（取書單的樣式，列作表七如下：

22年度上期六上第　週取書單

書位		總號	
書名			
卷編			壹冊
借者	第		號
時日 借	月	日	午
時日 還	月	日	午
動機	閱核	稱感	其他
此欄原想作考查用的　後來因爲沒有工夫深切的着想，所以迄未用之。			
簽字		簽號	

河南省立開封第十一小學校圖表之七

借者——第幾號之後，還兼填借者的姓名，以昭愼重。

簽字——是登記人按單入簿後，簽上自己的名姓名中與衆不同的一個字，交由借書者憑單的取書人借書。

簽號——是借書者另以較大的阿拉伯碼簽上自己自的號。這個作何用呢？原來每天可以還書的早晨，最見到的兒童，就在黑板的一邊寫上「今天要還書的」六個字，惟來復五則由館員寫「今天應還書的」是當天要還書的兒童，都要把書帶到學校，簽上了自己的人號。這樣館員就可照着黑板把要還的取書單從一疊子取書單中，在一個邊角上，略一掀看，即為取出，要比掀看中間借者的號省力得多。取出之後，按號的大小排列起來，及查清潔給一搖，還書的人，也就攜書按着號的大小趨向黑板前排列起來。這樣不到幾分鐘，就可把要還的書，按單夾入，一一收回，再由館員們在圖書借閱登記簿中，一一註收，照定原位，放入圖書櫃。

9．還書的時候，要先在黑板上，簽定自己的號次。並於打查潔鈴後，趕快到黑板前帶着書按着號站定。

10．對於借到的圖書，要妥為保存，加意愛護，並准時交還。

三．登記（這是只向登記定的）

11．審查借書人對於取書單的填寫是否完善。（不完善的，令補正後再入簿簽字。

12．如果完善就登記在「借閱簿」上，並在右下角簽字後，交付借書人。

13．接受還書後，除在「借閱簿」上註收外，並要在「借出表」上作點，和在取書單上填寫還的時間，連同原書交由取書人依位安放。（借閱簿，就是圖書借閱登記簿的簡稱。原樣列作表八如下：

6上級圖書借閱登記簿　第　頁

復來					日 月	復來					日 月
還	書	人	還	書	人	還	書	人	還	書	人

第　學週　登記人　22學度上期級圖表之八

說明——人書俱塡號，時，則塡來復幾之幾，都非常的簡便。

14・借閱人對於圖書的有無汚損，也歸登記人在接受還書時，詳爲審查。

15・停止還書時，要把未作還點的書，照碼移至本日。（這條前邊已有說明．亦爲最重要之一步．不可忽畧。）

四・取書（這是專爲取書人定的）

16・圖書借出後，要把取書單按號揷入鋼尖裏邊．如果忙時，也可在閉舘時一次整理。

17・收到還書務要按號放入原位・並把原單穿入插板上。

18・開館時，要把應用的什物，取放在一定地點。閉館時逐一驗入後並把上下櫃門妥爲關鎖，隨將鑰匙交放級任室內。

19・逐日上午開舘時首先塡寫學週月日木牌，並將公用鉛筆刻尖掛在借出表上以便使用。（學週月日木牌的塡寫是便借書人塡寫取書單用的）

20・時常保持書櫃內外的整齊乾凈。

・五監察（這全是是給監察人規定的）

21・維持借書和還書時的秩序。

22・指導借書和還書時的手續。（如過新生更覺需要）

23・按照本辦法各條，公正的，切實的奉行監察職權。（另有監察表列作表九如下：

六上第12週圖公約犯記簿第　頁

人號	約條	人號	約條	人號	約條	人號	約條
12	2	4	4	21	1	40	10
17	6	12	2	20	2	18	1
12	4	21	5	24	3	18	1
10	3	11	6	18	6	18	1
18	3	11	3	3	6	18	15
20	3	19	6	20	2	18	2
18	23	4	4	31	10	13	6

河南省立開封第十一小學校級圖表之九

本表所登記的，就是某一兒童犯了本辦法的議案一條，即行登記，與整個的公民訓練的登記，合併統計，以見各個兒童的品性。）

24．開館時佈置一定的桌位，閉館時即復還原狀。（各級教室之後面，地位多不充足，對於桌位的佈置上，一定要十分用心，總使出入方便，手續省捷。在這一項上，我費的精力却很不少——看着好像沒有什麽。）

25．活動監察人除受固定監察人監察其守時與否外，並受指導教師及其他職員的監察。（活動監察人即每班館員之一。固定監察人，即吾級每日午餐因路遠不返的一兩個兒童，因其不返，可以察知各館員是否准時到場。）

VII．圖書的統計

這是指一級之內在某一時期借出之統計的。在上期只做到了一種統計，而且這個統計，尚未着想最簡便的方法，所以暫不多所論列，留籌以後，再定再談。現只將統計表列作表十，以附於下：

第12學週圖書統計報告表

週累計		本週	累計	誰閱都未
總次數		79	199	武德敬
未閱數		1	2	
1	普通文學	44	108	
2	實用文學	2	4	
3	數理	0	5	備考
4	社會	8	22	武德敬本週完全請假
5	公衛	0	1	
6	技能	0	0	
7	刊物	0	0	
8	（新增）	43	9	
9				
主計	寶春發	時日	22年11月11日	

河南省立開封第十一小學校級圖表之十

三天的課外的功夫草成斯篇，錯誤之處，在所難免。最後倘希

讀者諸位，不吝指教！

二十三年三月一日脫稿于河南省立開封第十一小學校

摘自《開封實驗教育》一九三四年三月新第一卷第六號

教學做報告

蕭場兒童流通圖書館的初步活動

張新夫

（一）兒童節的送禮

工學團聯合辦事處為要充實各工學團小先生教人工具起見，特送每團圖書一包，計一百五十三本，算是兒童節的送禮。我們蕭場也收到一份，大小朋友們跳躍着提了回來。

（二）組織流通圖書館

有了這一包圖書，如何去利用教人？誰來登記？誰來編號？誰來保管？……這許多問題之迫近，事實使我們不能沒有一個組織。於是八日之工學團聯合討論會上，遂一致贊同組織兒童流通圖書館，并由各團推出一人共同負責起草組織大綱草案，再由各工學團全體大會按其實際環境予以修改補充通過後實行。在九日的早會上，我們的組織大綱通過了。（條文見本期特載）

大綱通過之後，隨即推舉負責人；主任俞文華，幹事錢士英，陸錫濤，顧問請我擔任。負責人雖推好了，可是大家都推辭不肯做，不是不肯做，是不會做：

『我不會做呀！』

『圖書館是怎樣幹的呢？』

『我沒有做過，不會呀！』

『…………』被推的負責人都愁着臉向大會用這一類話推辭。是的，十三四歲的孩子，而且是鄉下未曾受過常期教育的孩子，教他來幹這所謂專門工作的管理圖書館，他當然是一點不懂，其實連被請做顧問的我，也是個茫然無知的門外漢。可是我們主張「在行動上追求真知識活學問，」「不會的在做上學，」騎馬要在馬上騎，學管圖書館是要在實際管理圖書上學的，而且因為不會，才格外急得學值得學。根據了我們這樣的主張，我便笑着向大會說：『我聽見幾位被推的小朋友說是「不會做」「未做過」「就不做」，其實我也是「未做過」「不會做」呀，可是我們未做過不會做「就不做」，這件事究竟怎麼辦呢？難道就任意把這許多圖書（我們舊有的也有百餘本）隨便拋置不問嗎？』

『不能拋置不問。』

『既然不能拋置不問，那末我們就要做。不會不要緊，可以在做上學呀！大家曾游過水嗎？』大一些的孩子急忙說：『游過格，好白相來。』『那末你們游水還是天生會的呢？還是學的？』『學的。』『在什麼地方學的呢？』『在水裏。』『對哪，游水要在水裏學，辦圖書館要在什麼地方學呢？』『在辦圖書館上學。』『未做過，格外要做，格外要學。不會做，尤其要做，尤其要學。我們現在雖然沒有專門家來當面指導做，但現在已買了一本可做指導的參攷書——兒童圖書館。做什麼事，用什麼書，我們現在要做管理圖書的事，要學管理圖書的事，便得要用管理圖書的書；祇要你們三人眞的有興趣有決心，怕什麼不會做！做一件未做過的事情，就是學了一種新本領，是非常值得做的。我現在就是抱這種態度來幹，不知道你們意思怎樣？』他們的神氣早活躍起來，我剛說到這里，他們遂毫不猶豫地說出：

『好！我來做！』

有了幹的興趣幹的決心幹的勇氣，我們便開始拜先生，——用兒童圖書館，三人廢去一切平時之課，專幹這管理圖書教學做。先擇定圖書館處所，後遂開始登記編目佈置，因了初次工作之繁雜，特請了六位小朋友來幫助，工作的分配是：俞文華陸錫濤錢士英負責登記，徐治平陸降春張福標負責穿掛線，徐祥仙張耀祖濮煥章負責貼編目紙於書角上，我負責釘掛釘，分工合作，做得起勁而有條理，有了出乎意料的成績。由此我們相信：小孩子做事，只要分配得當，指導得法，是有不可思議的力量的。

登記事先印好登記簿，編目簡單分為五類：

一　普通類

二　勞動類

三　科學類

四　文學類

五　藝術類

六　社會類

每大類之下，再分小組，亦以 1 2 3……亞剌伯字母代之，如文學類下之童話故事，即為：1—1（首1代表文學類末1代表童話組其冊數則可這樣寫 1/1………），1—2（首1代表文學類末2代表故事組），也是參照兒童圖書館而加以補正的。

登記編目做好，即行佈置。四分之三擺在書架和木板上，四分之一掛在板壁釘上。掛分三行，每行為一個階段，即下行為低年生用，中行為中年生用，上行為高年生用。每星期拿下來換掛別種，因為掛得時間過久，封面既會褪色，同時書角易於捲起，所以分做四次調換。

（三）流通的記實

我們的圖書，不是擺式樣給人賞玩，而是要盡量利用的：利用牠充實已入團之團員的力量，利用牠充實小先生的力量，並且利用牠做小先生教人工具。圖書館加上流通，即可見我們是要盡量活用，活用到附近村莊每一個兒童成人面前和手裏。

我們的圖書館是整天的開放着，隨時可來借書和閱覽。（閱書簡則見本期特載）

我們開放借閱的第一天，來閱書的非常擁擠，但秩序極好。第二天便開始流通起來。

小先生帶回家去，在我們組織大綱第六條圖書流通第一項下，便有這樣規定的，所以我們第一步便使小先生帶回家去。第一次小先生帶回家去的經過，在下面所舉的例子，一看便知。

徐治平代借農民千字課第一冊一本，教他父親；小山歌一本，教他堂姐。（參看本期小先生的筆記）

徐祥仙代借噹噹噹一本，石板一塊，石筆一根，教他弟弟妹妹及隣居一十三歲的小孩子。

濮煥章代借看圖識字上冊一本，教族姐及隣居小孩各一。

陸培德代借幼稚園課本第三冊一本，教隣居小孩二人。

張耀祖代借看圖識字下冊一本，幼稚園課本第四冊一本，教妹妹及隣居小孩共二人。（參看本期小先生的筆記）

俞文華代借圖畫故事兩本，教阿哥及堂兄共二人。（參看本期小先生的筆記）

還有五位小先生因事未有來園，未能帶去。且看小先生第二天早會的報告：

徐治平——昨天我教父親，他很用心，一晚教了一課；阿姐也有興趣。

徐祥仙——我教我的妹妹弟弟，還有一位隣居家的小朋友，他們都很開心，並且學寫字，寫得不錯。

濮煥章——我教堂阿姐還有隔壁一位小朋友，他們看見圖書很歡喜，昨天各人已經認得四個字。

陸培德——我昨天只教一個人，還有一個晚上不高興，聽說是他父親罵他的，今天我正在想法子。

張耀祖——我教妹妹，還有一位林珍小朋友。她們都很好。不過晚上時不能長，一長她們就不高興，要睡覺的。

俞文華——我教阿哥，他很用心。鄰居的堂阿哥也很高興。昨天各人已用完兩本。

這中間最令我們高興的便是徐治平教他的父親，成績極好。每晚他父親工作完畢後抱着小女兒坐在燈下，他的兒子——就是他的小先生——便來教他認教他寫。外面人看見都不禁發笑，但都得了一個深刻的影響。

我們因了工具之增加，小先生人數也一天天增加，教人成績也很有進步。因爲有了一本書拿着教人，在小先生固因有工具感着起勁，同時受教者看見書上紅紅綠綠煞是好看，也就感覺很大的興味了。

附帶還要補充一點的，便是我們小先生已能從家中把很小的弟妹帶到工學團來，一面求學，一面看護，因此時農忙期屆，父母都要下田去，——做田間工作去，大孩子是要在家裏帶領小孩子的。可是我們小先生却把他小弟妹帶到工學團來看護，而我也做了一個大保姆。這是這幾天來我們一件最有趣而同時又是一舉數得的事。

挑着書擔送上門，這是我們流通圖書館最重要的一件工作。在組織大綱第六條圖書流通第二項下，便有這樣規定的。書擔用布縫成，輕便易於攜帶，其式樣正着手計劃中。可是小先生的熱忱，同志們的起勁，我們的工作，是不待圖書擔子之完成卽行開始，下面便是第一次送上門去的記事：

我們抱着硬碰釘子的態度來幹這件事，雖然這件事不一定能達到我們的大目的，但藉此多結識一些朋友，多和朋友們談幾次話，多瞭解一些農人小孩子們的生活實況，多給他們一些影響，其收穫也就不少。

四點鐘到了，館主任俞文華發口令排隊出發，因爲書擔未曾做好，各人只好把書拿在手裏。先到胡家宅，在田間遇見朱根素農友在翻土，我們是相識的，便跑到他面前，他見我們手裏拿着花花綠綠的書向他走來，便現着驚奇的眼光笑着打招呼了：

『張先生！你們今天都出來白相啊！』

『是格，出來白相。現在翻土準備種什麼菜呢？』（因這塊原是菜地）我們也笑逐顏開地和他攀談。

『種茄子。你們手上拿着這許多書做啥呀！』

『來給大家白相的。你看看，好看不好看？』小先生隨手揀本彩色鮮明的看圖識字書。他接過去翻開一看，看見畫着許多東西，遂卽脫口說出：

『這是手呀！哦，這是一隻黃牛，這是一隻老雄雞，……』小先生看着機會來了，便趕緊接着他的口氣說：

『這就是一個手字，這就是一個牛字，這就是一個雞字。……』

『哦！這就是手字啊！哈哈！……』他很開心的跟着小先生說。我們這樣不說出教他認字，他却很自然的認了五個字，後來他很堅決的表示：

『張先生，你要辦夜校，我一定來。』這第一遭的影響，給了我們至高的興奮。爲了時間關係，我們便直接向妙家菴走去。

姚家菴本來已有四位小朋友來入團的。這季因了一位大孩子姚文祥須在家守牛不能來，其餘三位小孩子也都不肯來了。所以我們到姚家菴最大的目的，便是訪問這四位孩子最近的生活情形。剛到姚家菴村頭，會見了姚文祥母親，知道文祥此時正從田裏工作回家，便一直到他家裏。一月多的離別，自不免有些依依的情愛：彼此心中都有些又驚又喜的滋味，一時會見竟說不出什麼話來。不一會龍祥也來了。據他倆說，家裏工作實在忙來些，不能不做，阿發根寶年幼膽小，都不肯來。不來不要緊，請小先生送上門來好了。因他倆每天上午可以不必下田去，遂決定每天上午來教，書籍全借。同時他們四人也要做小先生教另外的孩子。

別了文祥龍祥，便又向茶園走去。

到了大家照例是很客氣地招待，經了小先生一番宣傳，大家一定要我說書；這是一件可喜的事，同是也是一件難題。可喜的便是他們能受小先生的鼓動而發生興味，我爲難題的便是我不會說書。可是農友的情意能違背不顧嗎？小先生的興致和熱忱能給他們一個沒趣嗎？不能，絕對不能。我腦海打了幾個轉頭，便鼓着勇氣起立開口哪。我講的便是武松打虎一齣故事。這齣故事的內容，大部份農友腦裏都有點輪廓，所以講起來，倒還能引起他們的興味。

約莫有五分鐘的光景，這齣故事完了，可是我的喉嚨幾於要破，有兩位鬍鬚斑白老者，連忙搶倒了開水送來給我喝（他們都知道我們是喝白開水，）我於謝謝聲中坐了下來。

有位青年農友，聽得很有興味，因爲他認識一些字，便來借這本武松打虎，這當然是我們最歡迎的。下面便是他親自寫的姓名年歲住址：

凌湘桃，貳拾捌歲，住在百家頭浜西花園

原來他是一個花園小工，爲人誠實忠厚，經十分鐘的談話後，我們便做成了很要好的朋友。

像武松打虎這類小說是很有意思，現在社會上「人面虎」太多了，是急須大批的「新武松，」「打去無商量。」（引用陶知行先生詩句）而且這類小說是最受民衆歡迎。可惜像這類小說太少了。

因此我想到連環圖畫小說，採用歷史有名故事，而溶冶以近代的思想，那是鄉間農民再歡迎也沒有了。前進的藝術家們！請爲嗷嗷待哺的勞苦大衆們，製些精神麪包吧！

在帶着勝利微笑的歸途中，心裏這樣想着望着。日前申報本埠附刊所載猛先生（想是魏猛克先生）所給的寶哥哥達妹妹同遊世界，每幅畫上寫一首小歌，那是更爲民衆歡迎，甚望早日刊成單行本。

（四）不做書獃子

我們現在這樣起勁的幹着識字運動，也許有人要誤會我們走上傳統之路幹着「書獃子」的把戲了。其實據陶知行先生說：『書有兩種：一種是吃的書，一種是用的書。』我們現在所採用的書本，大都是些『學以明生』的科學用的書，而不是一些缺乏滋養料的零食以及富有麻醉性的鴉片烟的吃的書。

要想衡量這本書究竟是不是用的書，可以依據陶先生所提出的三個標準：

（一）我們要看這本書有沒有引導人動作的力量，有沒有引導人幹了一個動作又幹一個動作的力量。

（二）我們要看這本書有沒有引導人思想的力量，有沒有引導人想了又想的力量。

（三）我們要看這本書有沒有引導人運用動作思想以產生新價值的力量，有沒有引導人產生新益求新的力量。

識字是開發知識寶藏的鑰匙，是進步生活上的切要工具。但工具只能用，只能用着做，只能用着運用行動思想以產生新價值。我們要活用書，活用到實際生活上，以達到我們的「學以明生」的目的，決不做「書獃子，」更不願製造「書獃子。」

一九三四年四月一七日

摘自《生活教育》一九三四年五月第一卷第六期

第一附小兒童圖書館計劃大綱

第一附小任級
兼兒童閱主任 運受義

一　爲什麽要創辦兒童圖書館？

第一，補助教科書的不足；

第二，養成兒童自動自學能力和好學心；

第三，打破班級制度；

第四，廢除考試制度；

第五，誘導兒童作深一步的研究，以滿足兒童的求知欲望；

第六，實施天才教育；

第七，引起兒童閱書興趣，養成讀書習慣；

第八，防備有害或不當的兒童讀物；

第九，養成兒童的公德心和愛羣觀念，增加兒童對于社會關係的强度；

第十，供給有益讀物，以愉快兒童生活；

第十一，輔助訓育；

第十二，擴大兒童經驗，發展兒童思想；

第十三，引起兒童發表的動機（語文的訓練）；

第十四，涵養兒童的情緒，陶冶兒童的感情；

第十五，經濟（少數的書籍，可供多數兒童閱讀）；

第十六，提高兒童意志；

第十七，解答兒童的好問；

第十八，滿足遊戲本能；

第十九，供給兒童留心時事的機會；

第二十，明瞭參考書的使用方法。

二　創辦兒童圖書館的幾個原則

第一，購買來的書，是要應用的，不是拿來做古董收藏的；

第二，一切設備，如：書架，雜誌架，桌，凳……皆以兒童爲本位，力求適合兒童身心發展；

第三，採取開架式，任兒童在館內自由閱讀，尊重兒童的「自尊心」；

第四，書籍的選擇以兒童爲中心；

第五，出納手續，以簡便迅速爲原則；

第六，不以圖書館爲學校的裝飾品；

第七，書籍不求其多，而求其能充分實用，採取「寧缺勿亂」的態度；

第八，以最少的精力，最少的空間，最少的時間，最少的經濟，求得最大的效果。

三　兒童讀物的選擇

第一，選擇的方法：

1.看兒童讀物目錄：

(A) 向商務，中華，開明，兒童，世界，現代，北新，大東，廣益，神洲國光社，新中國，良友，大衆……等書局索要圖書目錄；

(B) 看專門學者編輯的目錄，如：中國出版月刊，第二卷第二三期，全國兒童圖書專號，和開封實驗教育，新第一卷第三四合刊，兒童讀物審查專號……等；

(C) 看圖書館藏書印刷目錄，如：北平圖書館協會會刊，第五期，兒童書目彙編專號……等；

(D) 看二十二年三月教育部選定兒童讀物目錄；

2.介紹與批評的收集：

(A) 看出版處的介紹（此種介紹多不可靠）；

(B) 報紙雜誌上的介紹與批評；

(C) 專門學者的介紹與批評，如：周作人之介紹「阿麗思漫遊奇境記」（見自己的園地），和批評「童謠大觀」（見兒童文學小論）。……等；

3.自己閱讀：

我已讀過兒童讀物近千種，按照個人所定的選擇標準，評定採購與否。

第二，選擇的標準：

1.特殊的標準：

(A) 按照閱覽兒童的程度，分爲：

甲高級——五六年級——重文字；

乙中級——三四年級——文字圖畫並重；

丙低級——一二年級——重圖畫。

(B) 按照經濟情形，來決選擇的多寡。

2.一般的標準：

(A)內容：

甲、積極方面：

(1) 根據兒童心理，切近於兒童生活的；

(2) 注重眞實生活的；

(3) 兒童本位，而非成人化的；

(4) 可以增進自然界和社會生活的知識的；

(5) 可以啟發思想，激起感情的；

(6) 合乎時代而非過去的；

(7) 讀過之後有工可做：有事理可想像或研究的；

(8) 合於自然進化法則，而非迷信的；

(9) 增加兒童與社會的強度的；

(10)多變化，多動作而非呆板的；

(11)有文學風味的：

a.有一貫的情節；

b.有雋永的興趣，

c.有生動的描寫；

d.有誠懇的語氣；

e.有和諧的詞意；

(12)含有戲劇情節之動作的；

(13)詩歌要音節自然，和諧響亮的；

(14)語法合乎兒童口吻的；

(15)插圖簡單，生動，能引起兒童興趣的；

乙、消極方面：

以教育部所定之消極標準爲標準：

(1) 教訓與黨義顯相違背者；

(2) 旨趣與國情不相適合者；

(3) 思想含有封建意味與宗教色彩者；

(4) 性質與進化的時代相背馳者；

(5) 意義近於誨淫誨盜者；

(6) 事實與兒童生活懸殊隔絕者；

(7) 現象過於違背自然法則者；

(8) 精神近於萎靡，頹廢，悲觀，厭世者；

(9) 情事近於徼倖，譎詐，謔浪，怨恨，刻薄者；

(10)傳說過於神秘，虛妄，怪誕不經者；

(11)描寫過於兇惡，鹵莽，殘忍不仁者；

(12)文理過於高深，兒童未能領略者；

(13)文字過於鄙俚或雜亂無章者；

(14)內容過於譾陋了無意味者；

(15)選譯過於拘呆辭不達意者。

(見中央日報，二十二年，四月十五日)。

(B)形式：

甲、印刷精美，清楚；

乙、字體大小，適合兒童年齡：

(1) 一年級每字至少須九粍見方(即頭號字)；

(2) 二三年級每字至少須七粍見方(即二號字)；

(3) 四年級每字至少須五粍見方(即三號字)；

(4) 五年級以上每字至少須四粍見方(即四號字)；

丙、紙張潔白而不反光，堅厚不透明；

丁、裝訂牢固，不易散開；

戊、封面美麗，封皮紙不易破碎；

己、圖案字要能使兒童看得明白；

庚、定價低廉，不昂貴。

(C)其他：

甲、最近的版本；

乙、要洋裝的(取其堅固不易破散，省却重裝手續和費用)；

丙、有價值的書要有副本；

丁、少買叢書(以內有不適用的)；

戊、少預約書籍；

己、少買珍貴的版本。

四　設備和佈置

第一，設備：

1.書架——

(A) 高——五呎

(B) 寬——三呎

(C) 深——十吋

用洋槍木製，不用門。分六層，層板可以上下移動，每節二吋。下脚離地六吋。

2.雜誌架——

(A) 高——四呎

(B) 寬——三呎

(C) 深——十五吋

分八層，每層可放置雜誌五冊，共容四十冊。用洋槍木製。

3.閱書桌——

(A) 高年級用——長七十四吋，寬三呎，高二十六吋。(用舊桌改造)。共三張。

(B) 中年級用——長七十四吋，寬三十呎，高二十三吋。(用舊桌改造)。共三張。

每張桌可容十人，共容六十人。全校共六百八十六人，中高級四百九十三人。約可容中高級人數十分之一。

4.凳——

(A)高年級用——高十六吋，用舊凳改做三十個。

(B)中年級用——高十四吋，用舊凳改做三十個。

(按一般原則：桌高應爲兒童身長七分之三，凳高應爲兒童身長七分之二，我打算把中高級全體兒童之身長，分別統計，求其中數 (mediau)，以定桌凳之高矮) 。

5.目錄箱——

做九個抽屜。架高二呎二吋。

6.其他——

出納台，辦公桌，報紙架，告白牌(在室外)，圖書櫃，字典架，帽架，盥洗處各一。

第二，佈置：

1.館內四圍靠牆設書架，雜誌架，以便兒童自由閱覽；

2.出納台設於靠近門口的地方；

3.天花板用白色，牆壁用蛋黃色，不使日光反耀目光。地用洋灰，以免潮濕；

4.光線由兒童左側射入，不直射兒童之目或背；

5.桌與桌之間，相距約三呎，桌與書架間相距約四呎。

6.書架上懸精美畫片，桌上置鮮花，以增加兒童美感；

7.電燈用磨沙燈泡，不使光線直射眼簾，電線能高低自如；

8.室長28市尺，寬 26.40 市尺，為 739.2 方市尺。六十人，每人平均所佔面積為12.3方市尺。(按一般原則每人須佔面積至少應為二十方市尺)。

9.室高10.5市尺，全室為7761.6立方市尺，六十人，平均每人所佔空氣體積為 129.4 立方市尺。(按一般原則每人至少須佔空氣體積二百立方市尺以上) 。

10一切佈置，以清潔，整齊，一塵不染，和靜，安適為原則。

五 購訂與登記

第一，選擇：

1.根據第二章所定之選擇標準；

2.油印下列圖書介紹單，分發各教師添寫，彙集購訂：

書名	著者	版次	發行所	出版期	冊數	定價	備註
介紹人							

第二、購訂：

1.將介紹單按出版處，分別開出清單；

2.各書盡量在北平購訂，以省匯錢，掛號等手續，若北平無此種書時，再到外埠函購；

3.雜誌北平無分發行所者，託北平現代書局代訂；

第三、校對：

1.購來的書，是否與訂單相符；

2.檢查書內有無缺頁，殘破。

第四、蓋章：

1.書面中央(但不損傷封面畫的美觀。)

2.第一頁角下；

3.每張彩畫的後面；

4.指定的頁數，如25,50,75.100,125……等。

第五、登記：

1.雜誌報紙登記：

(A)月刊登記卡片(半月刊亦適用)：

號數					雜誌名								
年	卷	一月	二月	三月	四月	五月	六月	七月	八月	九月	十月	十一月	十二月
訂期				起					止				
訂費每年$				出版處					每年		卷		冊

(B) 十日刊，週刊，三日刊登記卡片：

號數													雜誌名																		
月＼日	1	2	3	4	5	6	7	8	9	10	11	12	13	14	15	16	17	18	19	20	21	22	23	24	25	26	27	28	29	30	31
一																															
二																															
三																															
四																															
五																															
六																															
七																															
八																															
九																															
十																															
十一																															
十二																															
訂期											起									止											
訂費每年$													出版處									每年					卷			冊	

2. 圖書登記：

圖書登記簿：

登記號數	類號	書名	著者	出版處	版數	冊數	出版年	價格	到館日期	備註
1										
2										
3										
4										
5										
6										
7										
8										

六　分　類

第一、總表

000　總類

100　哲理科學

200　教育科學

300　社會科學

400　語言文字學

500　自然科學

600　應用科學

700　藝術

800　文學

900　史地

第二、簡表

總類

000　特藏

010　目錄

020　圖書館學

030　新聞學，報紙

040　百科全書

050　雜誌，年鑑

060　會社出版物

070　論叢，國學

080　叢書

090　經籍

哲理科學

100　哲學總論

110　中國哲學

120　外國哲學

130　形而上學

140　哲論

150　心理學

160　論理學

170　倫理學

180　占卜雜技

190　宗教

教育科學

200　教育科學總論

210　行政

220　管理與訓育

230　課程與教材

240　教學法

250　教員

260　幼稚教育

270　推廣教育

280　特種教育

290　職業教育

社會科學

300　社會科學總論

310　統計學

320　政治學

330　經濟

340　財政

350　法律

360　社會學

370　行政

380　軍事

390　禮俗

語言文字學

400　語言文字學總論

410　注音符號

420　字源說文

430　字典辭典

440　書法

450　文法

460　作文法及修辭學

470　教科書與讀本

480　方言俗語

490　外國文

自然科學

500　自然科學總論

510　數學

520　天文學

530　物理學

540　化學

550　地質礦物

560　生物學，博物學

570　植物學

580　動物學

590　生理學

應用科學

600　應用科學總論

610　醫學

620　工程

630　農業

640　化學工業

650　交通

660　商業

670　建築

680　製造

690　家政

藝術

700　藝術總論

710　園藝

720　裝飾，手工

730　雕刻

740　中國書畫

750　西洋畫

760　印刷刻版

770　攝影

780　音樂

790　遊藝

文學

800　文學總論

810　童話(包括物語)

820　故事

830　神話與傳說

840　戲劇(包括歌劇)

850　小說

860　笑話

870　寓言

880　詩歌

890　函牘及雜著(筆記，日記，書信，應用文)

史地

900 歷史總論

910 地理總論

920 中國史

930 外國史

940 通史

950 雜史

960 中國地理與地圖

970 外國地理與地圖

980 遊記與指南

990 傳記

第三、詳表

(因編幅關係，從略·)

七 編 目

第一、種類

1.書名目錄 以書名的筆畫作索引；

2.分類目錄 以該書所屬的種類的類名作索引。

第二、用卡片：

1.目錄卡片；

2.指引卡片。

八 藏 書

第一、方法：

1.同類的書放在一處，出納和歸還都容易；

2.以分類的次序爲次序；

3.採取開架式

(A) 兒童取書省時間；

(B) 許多兒童可以同時取出各自愛讀的書；

(C) 尊重和培養兒童的公德心；

(D) 用積極的方法，養成良好的習慣；

4.一部份貴重的書，則採用閉架式；

5.書籍在架上的排列，自左而右；

6.每書貼書標，方形的，注以類號，著者號，書號；

7.參考書另列一架，書標與目錄上，記一「△」號；

8.過大的書，另列一處，書標與目錄上，記一「大」字：

9.教師用書，亦另列一架，書標與目錄上，記一「廾」號。

第二，點查：

1.每書製一卡片，

2.分類目錄之排列，與書架上書籍之排列同；

3.點查時，一人念卡片，一人在架上查書號是否與卡片同，有錯誤時，記之，存查；

4.每星期或兩星期點查一此．

第三，保護：

1.指導兒童應怎樣愛護書籍：

(A)手要乾凈；

(B)不折角，

(C)不批畫，

(D)不撕毀，

(E)不隨便亂放，

2.洋裝書，不晒太陽，

3.修補或裝訂舊書，

4.許多頁數少的書，而能自成一系統的，用兩塊木板夾起來.

九 出 借

第一，出借類別：

1.個人借書——只限中高年級；

2.班級借書——祇年級及以班級名義借書，但出借本數不得超過該班兒童數；

3.團體借書——如算術研究會，可同時借閱館內一切有關算術的書籍；但不得借出館外，館內可專闢一閱覽處.

第二，不出借的書籍：

1.貴重的不易買到的；

2.雜誌報紙；

3.指定爲參考書的；

4.新到不滿半月的.

第三，方法：

1.借書時間與閱覽時間同；

2.借書手續力求簡便迅速；

3.中高年級，每兒童發一借書證，証用紙袋裝好，袋上印有借書規則，如下：

(A)借書時，將此證交出納處；

(B)每本以一星期爲限，但得續借一次；

(C)每次借一本；

(D)須按期還書，過期一天罰洋一分或停止其借書權；

(E)書籍須愛護；污損遺失，照價賠償；

(F)此證不得轉借他人；

(G)補發借書證，須交費五分；

(H)此證遺失，須報告圖書館主任．

借書證(長五吋，寬三吋．)

姓名＿＿＿＿＿＿號數＿＿＿＿＿＿

班級＿＿＿至＿＿＿年＿＿月＿＿＿日截止

住址＿＿＿＿＿＿＿＿＿＿＿＿＿＿

國立北平師範大學附屬第一小學

兒童圖書館借書證

書號	還期	書號	還期

借書証袋(比借書證略大·)

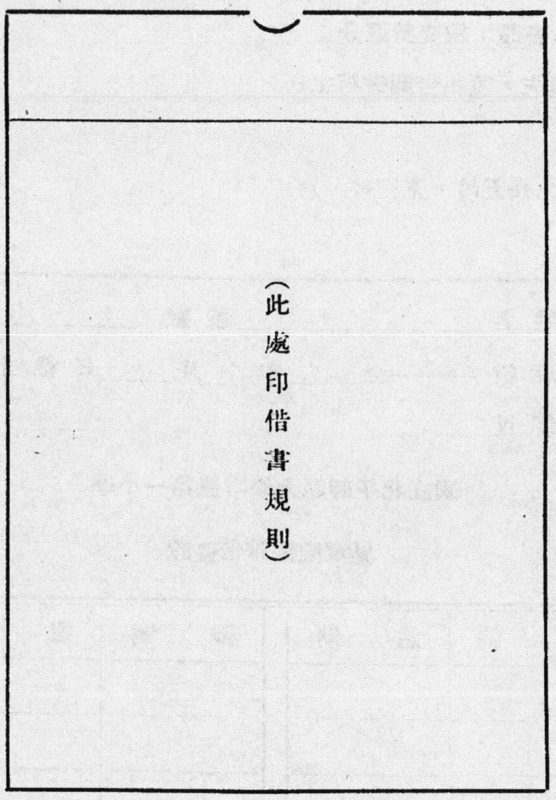

十　閱覽指導及其他

第一，閱覽指導法：

1.開故事比賽會；

2.組織課外讀書會，報告讀書心得；

3.利用週會，紀念週，朝會時間，介紹書籍內容，以引起閱讀興趣；

4.作佈告畫；

5.讀物展覽，於十一月三日舉行；

6.以某人，某事，某物作中心，引起兒童研究興趣，如以「安迪生」爲中心題目；可包含：

(A)安迪生的幼年時代，

(B)安迪生的科學試驗，

(C)安迪生的發明，

(D)安迪生的死，

(E)安迪生的軼事………等·

使兒童作筆記，誰作的好，給獎鼓勵；

7.做各班及個人統計，以資鼓勵·

第二，其他

1.我正在做這個計劃時，一個朋友看了我主張開架式的一段，問我：「開架式不能保護書籍，書籍都毀了多可惜.」我當即解答，並述理由如下：

(A)圖書館不是藏書樓，買來的書是要給兒童看的，用的；並非以之爲裝飾品·若一年以後，館內的書和買來時一樣的嶄新，還不如不買來，藏在書店裏好，何必花了錢，又費許多時間去整理，打許多麻煩呢？反過來說，若一年後，館內的書籍都被看或用破了，這正是辦理兒童圖書館的成功。

(B)並且現在各書店的兒童讀物，價錢非常便宜，破了一本，再添一本也用不了許多錢·同時用這筆「添補圖書」費，是有極大的代價的·

(C)有些書是有時代性的，破壞了可以提出來作廢，省得放在架上佔地位·

(D)貴重的書和不易買到的書，採取閉架式，損毀當然少，即有損毀，可以重行裝訂·

(E)一起六十個兒童到館閱書，若一個一個的站隊向館員借閱，每一個兒童至少須兩分鐘辦完借書手續，最後一個兒童須等兩點鐘（一百二十分鐘）才能借到，對時間既不經濟，又足以減少兒童閱書興趣·開架式則六十個兒童可同時到書架上找他喜歡讀的書．

（F）我們到各中學大學或公共圖書館去看一看，沒有一個圖書館不損失書的．我以爲在小學就應該指導兒童愛護書籍．所謂指導，是積極的訓練，並不是消極的防止，並且防止過嚴，很足以引起兒童的反感，那樣，損失的書籍就更多了。

2.我做這個計劃大綱的目的有二：

（A）有這麼個計劃，我好照着計劃，按班就步的去做，省得弄得沒有頭緒；

（B）把計劃寫出來，請對於兒童圖書館有興趣有研究的人指教。

參考書：

杜定友　學校圖書館學　十九年版
杜定友　新中華圖書館學　二十一年版
張九如等　可愛的小圖書館　二十年版
楊昭悊　圖書館學　十五年版
陳逸　兒童圖書館之研究　十三年版
沈子植　圖書館學ABC　十八年版
陸靜山　兒童圖書館　二十三年版
何日章等　中國圖書十進分類法　二十三年版
楊昭悊等　圖書館員之訓練　十七年版
王雲五　中外圖書統一分類法　十七年版
嚴國柱等　兒童閱讀書報指導法　二十二年版
徐學文　小朋友讀書　二十一年版
周作人　兒童文學小論　二十一年
陳伯吹　兒童故事研究　二十一年
葛承訓　新兒童文學　二十三年

趙景深　童話評論　二十三年

杜定友　圖書館通論　十四年

呂伯攸　兒童文學概論　二十三年

王人路　兒童讀物研究　二十二年

張聖瑜　兒童文學研究　二十年

魏壽鏞等　兒童文學概論　二十三年

Library　Furniture and Supplies　1932

文華圖書科季刊　1卷1—4期　十八年

此外參考各雜誌論文繁多，不及備載．

23,10,2,於第一附小兒童圖書館．

附錄：

國立北平師範大學附屬第一小學兒童圖書館開辦費預算

科目	預算數						說明
	千	百	十	單	角	分	
裝修			5	0	0	0	粉刷墻壁裝電燈八盞安門窗布簾七幅
器具		2	3	0	0	0	活板書架十二張雜誌架二張閱書桌六張目錄櫃一張出納台一張辦公棹一張凳子六十個椅子兩把
文具			1	0	0	0	墨盒印台鋼筆毛筆鉛筆尺子橡皮刀子漿糊紙捕寫字熟各二份
表冊			2	0	0	0	表格卡片等
美術品			2	0	0	0	花瓶六個花盆四個畫片六張
書籍		1	6	5	0	0	教員參考書六十五元兒書讀物一百元
雜項				5	0	0	痰盂二個茶壺一個茶碗四個及清潔用具
合計		5,	0	0	0	0	

國立北平師範大學附屬第一小學兒童圖書館經常費預算

科目	預算數						說明
	千	百	十	單	角	分	
津貼			1	0	0	0	館員一人每月津貼
文具				2	0	0	
印刷				8	0	0	
購書			3	0	0	0	
合計			5	0	0	0	每月五十元全年六百元

學生一離開學校，就拋棄書本，不再讀書；其最大原因，在在校時未能養成濃厚的讀書興趣。救濟此弊的最好方法，唯有學校充分供給良好讀物，佈置優美讀書環境；訓練學生有自動自學的能力和習慣。

這種自動自學的讀書習慣之養成，應自小學始。

祇注重「教科書」的教育，是一種殘廢的教育是一種皮毛的教育。用「教科書」做鑰匙，來開啟「圖書館」這個知識的寶庫的教育，才是完全的教育，才是整個教育。

摘自《師大月刊》一九三四年八月第十三期

報告

本館兒童閱覽室概况

趙銀棠

社會的環境，往往能影響到個人的行動；個人的行動，又往往足以造成社會的環境○在我們中國，惟其有那種黑暗，敷衍，貪鄙，欺詐，自私的社會，所以人民多是黑暗，敷衍，貪鄙，欺詐，自私的人民！換言之，設有了這種人民，才有這種社會，亦無不可○

這樣情形，人人都知其危險，都知其足以亡國○於是，救國的呼聲，也日高一日○有的主張，以武力救國，有的主張，以實業救國，有的主張，以教育救國，我們姑勿論其誰是誰非，以教育的立場，且假定以教育救國吧！教育救國，應當從何着手，從何努力呢？上自大學，中學，下至小學，幼稚園的學校教育，早已有人提倡，有人整頓，有人擴充了○惟對於社會教育，大家素多漠視，殊足痛惜○其實，社會教育，才是真正的救國教育，功效比學校教育多，關係比學校教育大，事業也比學校教育煩難○並且，天眞爛漫，中無所主的兒童，最容易感染社會無形的教育，自然也容易接受社會的有形的教育○所以，社會教育爲今日的救國教育；而兒童的社會教育，更爲今日的建國教育呢○

本館閱覽部的兒童閱覽室，就是兒童的社會教育之初步實施○這個閱覽室，規模雖然狹小，設備雖然簡陋，但本市附近的男女兒童，散學回家，或星期休假，無所事事的時候，都喜歡來這裏看書○平均每日人數，有五六十人，儲書有二千册左右，定期雜誌，畫報等有五六種，又有小學生文庫一部○我服務此間，常見有許多兒童，很能孜孜不倦地，看了一册，又看一册，或今日看上半册，明日仍來看下半册，這樣持續不斷的，有暇即來，久而久之，就養成一種每日非來看書一次不可的習慣○所以，我們也高興，有機會，就和

這些小朋友們談談講講，介紹給他們和她們以種種有益的圖書，指導以種種讀書的方法，只要在我們的可能範圍之內○

年齡尚小的兒童，識字無多，讀書沒有擇閱的能力，由我們把兒童畫報，小寶寶一類的書畫，和各種低年級的讀物，選在一邊，分別給低年級的兒童閱讀○我們時而見他們露出歡喜的歡容，時而見他們情不自禁的大笑，又時而見他們默然地沈思○在這般活潑而自然的狀態中，我們隨時可以覺察，那一種書，對於那一種的兒童，發生那一種的感應○

另外，還有些只入過幾年的小學，因為家境貧寒，不能繼續升學，已在工業界，或商業界，過着小徒弟，小伙計生活的兒童，他們對於讀書，依然有迫切的需求和濃厚的興趣○他們於百忙中偷得片刻的閒，就來到這個兒童閱覽室裏，讀書，問字，我們見這樣難能而可貴的情形，也會感動得幾乎下淚○

惟有一種最可恨，又最可憫的兒童，他們是生長在惡劣的，下流的家庭，自來沒有受過良好的教育○他們在學校讀書，也不過是胡混○若是來到兒童閱覽室裏看書的時候，他們便以偷書，竊錢，買東西吃為目的○有時，室內人數太多，管理微不周到，書即不翼而飛了○但是，小孩子畢竟免不了孩子氣，只消我們隨時注意，此種舉動，很容易覺察出來○並且，兒童的羞恥心，也不弱於成人，矯正他們的過失，更比成人容易○所以，他們的這種不道德的行動，一被我們查獲了，看那驚惶，畏縮，慚愧不安的樣子，絕對使我們相信，他們都是可以改過自新的○

人類根本是有靈性的動物，假使在兒童時期，得到優良的環境和優良的教育，優良的人格是不難造成○我們要正本清源，自然非改善兒童教育，改善兒童環境不成功○然而，要想急於改善整個社會的兒童環境，現在似乎還在理想的幻夢中，難以實現○不過，近來的許多作家，已很努力的從事於兒童學術的研究和著述○有些兒童書籍，的確很好；內容分明是機械的，科學的，而作者懇切溫婉的語調，編為極有趣的故事，把事物分析得很清楚，很生動，使牠們的小讀者，未感到絲毫的煩難，已獲有深刻的印象○關於兒童文學方面的作品，更饒有妙想天開的奇蹟，如海外各國著名的偉大傑作的譯品——兒童文學類的——也漸漸和我們的小朋友們見面認識了○愛的世界，美的世界，樂的世界，只有在小朋友的讀物裏，可以尋求，可以發現！我們希望，這一類小朋友讀物的多多產生！兒童圖書館，兒童閱覽室的各處成立！各處的小朋友，都得到一個理想的環境！理想的世界！

二十三年，八月三十日於昆華

摘自《昆華民眾教育》一九三四年十一月第三卷第二、三期合刊

靈傑山小學生自組圕

江蘇宿遷城南靈傑山初等小學，校因主持得人，校務頗爲發達，惟全部學生，以貧寒子弟居多，而校中經費又極困難，故一切設備，均甚簡單，關於各種兒童讀物，更付缺如。最近該校學生，自行發起捐欵購置兒童讀物辦法，卽由全校學生每人在家長給予之零用費內，每日節省銅元一枚，作爲購書基金；並組織一兒童圕，公舉正副館長，及收費員，購書員，管理員，監察員多人。所有每日之捐欵，由收費員收齊後，交與購書員，購辦書籍，現在每日可購六本，由學生自由翻閱，不明瞭處，則由教師解釋，實行以來，成績甚佳，而學生尤感覺興趣，預計半年以後，可購書千餘本，將成爲較大之圕矣。此法事輕易舉，而收效又宏，各地小學，曷起而做行之。

摘自《中華圖書館協會會報》一九三四年第九卷第四期

吳興縣立小學圖公開

吳興縣立後林二禮小學係戴季陶氏所創辦，該校原有圖書八九百冊，本年二月戴氏又慨助圖書五百多冊：現聞該校不欲私之于一校，略加整頓，即定開放借閱辦法，以期普及一般民衆云。

兒童幸福會兩圖成立

上海市兒童幸福委員會設立兒童圖按照第一步計劃在閘北南市各先成立一所，與兒童晨報社合辦，各項章則業經訂定並委趙增祺第一館長，錢弗公爲第二館長第一館址設閘北和安小學內該館自向各方徵募圖書以來捐贈者頗衆各書局所有兒童讀物均經普遍贈送，該館對于各項兒童圖書仍繼續徵募無論書坊學校機關團體私人均一律歡迎，將來該館兒童圖書目錄及圖書卡片之編訂于書名之下均註明贈書人以誌紀念。第二館設于南市蓬萊路近泮坊六號第一託兒所內得兒童書籍二千餘冊將來事業分四部，一爲到館閱覽二爲流動書車三爲巡廻出借，四爲流動出借。定于九月一日正式成立，是日上午九時在和安小學舉行聯合開幕典禮由教育局潘局長蒞場致訓即日起開始閱覽云。

摘自《中華圖書館協會會報》一九三四年第十卷第一期

施之可能性更增多許矣。

厦門圕將增兒童室

厦門圕曾于去歲八月奉思明市籌備處指令改稱爲思明市立厦門圕茲聞又因厦門市政籌備處奉令撤銷，復奉思明縣政府訓令改館名爲「思明縣立厦門圕」，並頒新鐫鈐記一顆焉。該館前曾于三月一日起稍改閱覽時間，現因夏季日晷更長，特再定于五月一日起，午後延長一小時。即每日午前八時至十二時，午後一時半至六時爲開放閱覽時間，星期日亦不休息。該館并擬增設兒童閱覽室，以嘉惠小朋友，終以市籌備處不予經濟上之資助，致被擱置。聞本年五月杪閩教育廳派省督學葉松坡到該館視察後，頻行表示「希望對于兒童閱覽室加以添設」。新任縣教育局局長鄭永祥亦有「增籌經費，加以充實」之語，似此項新設

上海兒童圖之流動書車

上海市兒童幸福委員會暨兒童晨報社合辦之第二兒童圖學辦流動書車之意義，爲便利兒童沿途閱覽。用積極的方法，使馬路上專備惡劣書籍之小書攤，得於無中形消滅。同時將圖書送到商店裏，任由學徒借閱，定期再往收還，免學徒跑奔走借還之苦，亦即把教育送上門去之具體表現也。流動書車由該館設計定製，二輪，有柄，便於推行；兩旁插有圖書，車中貯藏圖書及帆布凳十只，車頂有「第二兒童圖流動書車」字樣，顏色鮮明闊綽，並有廣告。聞此項書車之購置，工役之雇用，均以車上招登之廣告費挹注。九月十六日第一次出巡，特由錢館長伴同出發，親自指導兒童借閱手續，上午由館出巡向北，直達老北門，沿途停車八次，閱坐借閱者達七十二人。下午由館出巡至中華路及蓬萊路各里弄內，停車十三次。閱坐借閱者九十四人，以該車式樣美麗，行人到處圍觀，出巡一日，已引起南市全體人民之注意。此後按日出巡，由館劃定路程，上午九時開始至十一時半，下午一時開始至六時。該館鑒於此項書車效率之廣大，業又定製四輛，本月底一律完成。現正分向各大商號，徵登廣告，十日中行見南市各處，到處皆有該館之流動書車。該館預定計劃，本年內無論如何須備有十輛以上之流動書車云。又訊：該館自開幕以後，閱借即非常發達，聞自九月一日至九日到館閱覽人數達七百十三人之多，中以學生爲衆，占百分六十四，學徒次之，居百之三十，借出圖書自四日至九日，共有一百七十二人，其間以學徒爲最多，占百分之四十八，學生則占百分之四十一云。至閱覽人數最多時，厥爲每日下午四時以後，因各小學校正均放學也。第一兒童閱自九月一日至九日到館閱覽人數爲九四五人，亦以學生爲多云。

平教育界籌設兒童圖書館

北平市教育界顧彥生等，因鑒於學校教育甚爲發達，社會教育均欠提倡；特發起組織兒童圖書館，聘吳雷川陳國梁等爲董事。日內呈准立案後，即進行籌備。經費方面已募有數百圓，地址在北池子一帶，最遲明春方可實現云。

上海第一兒童團添流動書車

上海市兒童幸福會主辦之兒童圖書館計有兩處，第一館附設閘北和安小學校，第二館設南市蓬萊路近泮坊。自成立以來，閱書及借書者頗爲踴躍，第二館並用流動書車在南市按日巡廻借閱，尤著成效，已誌上期會報。該會第一兒童圖書館現亦已製就流動書車，擬在租界內巡廻，一俟裝製完竣，年內即可出發云。

摘自《中華圖書館協會會報》一九三四年第十卷第三期

54. 開封將設兒童圖書館

河南省垣兒童節紀念會籌備委員會已於敎廳開結束會議，各小朋友已聯名呈敎育廳，請設立兒童圖書館及兒童運動場，其呈文大意謂昔日對於兒童向不甚重視，殊不知兒童乃將來之主人翁，對現代之兒童，應加以學識上之修養及體格之鍛鍊，自應設立圖書館以充實兒童課外學識，設兒置童運動場以鍛鍊身體云云。（四月二十三日庸報）玆聞已經敎育實驗區委員會委定李蔚穠等爲籌備委員，並由敎育實驗區撥款八百元作開辦費，現已着手籌劃一切，館址亦已覓妥，約暑假中卽可開幕矣云。（六月九日庸報）

42. 平市第一圖書館舉行兒童考試

平市立第一普通圖書館，爲促進社會教育，及鼓勵兒童閱覽興趣起見，該館兒童部，前曾公布獎勵辦法，暨考試規程；（編者案據規程定每月舉行試驗三次云）其第一次考試，與試兒童達一百二十餘人；計得奬者分優甲乙丙等共卅一名云。（三月廿六北平晨報）

1．杭市兒童圖舉行時事測驗

杭州市市立兒童圖書館，爲鼓勵兒童研究時事興趣起見，決於十二月十一日舉行兒童時事測驗。其測驗辦法如后：一、測驗分高級初級兩組，每組以四十八爲限。二、凡杭市兒童及各校學生，均得參與測驗。三、測驗題由該館編印分發。四、裁判員聘請二人，各組成績優良在五名以内者，定期酌贈獎品。五、報名日期，十二月四日起至九日止，逾期或逾額不收。六、報名地點，横河橋市立兒童圖書館。七、報名分：到館填寫報名單及通訊報名兩種，並以該館所備報紙如：中央日報，大公報，浙江新聞，新兒童時報，新兒童報，圖畫晨報，兒童晨報，杭州民衆等；以供參考。（十二月一日東南日報）計届時參加比賽者有大廟巷平海路等十六小學學生七十九人。是項比賽試卷，業經市教育科及該館分組批改完竣，成績優良者，計有高級組第一王鳳儀（靈慶里）等八名；初級組第一許宴儒（横河）等六名，並定于同月二十日舉行給獎式焉。（同月十七日同上報）

3．杭縣兒童圖成立

杭縣南塘民教館與餘杭塘小學合設兒童圖書館一所，以爲兒童年之供獻，館址暫用餘杭塘小學新屋，茲悉于昨晨舉行開幕禮，到各機關代表及兒童二百餘人，由館長陳志燡主席，報告籌備經過後，即開始借閱。（十一日十日東南）

三

天津市市立第一通俗圖籌設兒童閱覽部

本市東馬路市立第一通俗圖自呂子珍先生長館以來，對於一切設施，莫不大加改善，尤對於館內外閱覽，亦竭力擴充，慘淡經營，不遺餘力，最近鑒於各小學校學生及附近兒童每日到館閱書者不下百數十人，因以樓上之普通閱覽室狹隘不敷應用，特於東面房闢爲兒童閱覽室，另委專人負責辦理，聞該館現已動工安裝地板并裱糊房舍；所有書架及雜誌架等，業已備齊，至於閱覽手續及管理，完全採取開架式，凡閱覽者，可自由取閱，聞工竣後，即行開幕云（林）

天津市市立通俗圖月刊　第四，五，六期　一九

摘自《天津市市立通俗圖書館月刊》一九三四年第一卷第四、五、六期合刊

整日開放不限時間，每日下午並巡迴各村，實爲圖事業中之好現象云。

蕭場工學園兒童流通圖

蕭場兒童工學團，近成立蕭場兒童流通圖書館，主任俞文華，幹事錢士英，陸錫濤，顧問張新夫。由小學教員負責介紹各村兒童借閱。

摘自《中華圖書館協會會報》一九三四年第九卷第六期

籌設兒童圖書館的經過

第八屆學員 葉耀遠

課外閱覽，是補課內教育的不足與增長智識的惟一妙法。所以設備圖書，已經公認為學校裏一樁重要的事情了。一般經費萬分困難的各小學，現在大都努力注意於圖書的設備，這確是現在小學界的好現象，現代兒童的福星。

我校在二月十三日的上午，當我在春三四複式班上國語課退班將要走出教室的時候，忽然一位小朋友用很尖銳的聲音叫着「葉先生！」我回轉頭一看，原來是一位姓徐的小朋友叫我。他看見我回轉頭去，便又縮頭縮脚起來，有似處女之含羞，我問他什麼事？他便笑迷迷地用他似斷似續的聲音說出他的主旨；原來是要我到民教館去借幾本兒童的圖書來給他們看看。我覺得他的要求很好，當然是滿口答應，由我負責去借。十七日是星期日，我便乘空至城去借。孰料天不由人，我們的民教館，正在新舊館長接交之間，館內的書籍，宣告停借。這一個停借期間，差不多延長三月之久，所以無形中便是關門的樣子。可是因為兒童們求智慾的急切，我們便抱着求人不如求己之決心，決定自己來辦一個小小圖書館，以供他們閱覽之用，免得去求人的討厭。

主意打定以後，第二天，校長詹先生便將組織小圖書館的原因和目的告之於鄉紳之前；他們亦都滿口贊成。我們為求做事有根據，有效力起見，校中同人便推我起草一張聘請書式的信，去聘請校董及鄉紳等組織兒童圖書館籌備委員會。即日我起好了信稿，不揣譾陋的發出去了。

敬啓者：成範自接辦本校以來，對於一切校務，力謀改進，實事求是，不敢稍懈。最近因念兒童圖書，實為兒童生活之要素，推行教育之工具，酌量置備，實不容緩。然而本校經費奇缺，力有未逮，思之悵然。茲經同人談話結果，擬向地方賢明之父老兄弟姊妹，募捐購備，集腋成裘，成效定卜可覩！惟是同人等獨力難持，措施維艱。素仰 先生熱心教育，擬請擔任本校兒童圖書館籌備委員會委員，共策進行。倘希惠允勿却為荷！此致

先生 台照。

平演小學詹成範敬啓

三月一日開第一次籌備會議，被聘各委員，均皆到會，並抱着熱烈的態度

，希望我們成功，會議結果，甚覺圓滿。對於經費，決定校內由師生捐助；向外界勸募，由被聘各委員負責。並限定在三月末日結束捐款，四月一日致函溫州各大書局購買，四月四日正式成立。果然大家合作，則事半功倍！至三月末日，捐款結束，總共得銀二十餘元，四月一日便函溫購買，三日一切書籍均皆到校，所以我們便在兒童年兒童節的四月四日舉行兒童圖書館成立典禮。

後來我們爲適合兒童程度與興趣起見，把各種書籍分爲中低兩類，交與本校兒童自治機關教育股，負責出借與保管，每日由敎師輪流指導。這一個辦法，起初因兒童沒有閱書習慣、與教育股人員能力經驗的缺乏，很覺不便，現在已漸漸不覺得有什麽困難了。

這樣一個簡陋的圖書館，本不足向同志們報告，不過處於現在農村經濟破產，生活維艱的時候，能夠籌款購書，我們是已認爲可以自慰的了。但願將來能夠慢慢地擴充，漸臻全美，那就好了！

於青田縣半演小學

報 告 二

對於本校圖書館整理之概言

張志道

(一)引言

國書館者，古今文化之樞紐，國民智識之泉源，學術研究之寶庫也。故凡考察一校教育之優劣，其重要標準，咸以圖書館設備良否爲轉移，蓋學校圖書館之功用，既可播智識，助考證，俾教師有充分之準備，學子養成愛讀之習慣，且足供給個性嗜讀之作品，依其天性，發其本能，以期修業之完成。故圖書館對於學者之關係，誠不可須臾離也。

夫圖書館事業之發達，以我國爲最早，如周之守藏室，漢之石室蘭台，宋之崇文祕閣，遼之乾元，明之弘文，清之四閣，他如宋之方羅郎王，明之諸藩天一，是皆古代公私圖書館之事跡，其在歷史上我國未始不爲先進也。惜乎，歷代人士，只知死讀書，忙科舉，對於國家文化之應如何保藏，曾未顧及。而掌教者，亦只圖學生多、經費大，如願已足，其於一校圖書館之優劣，甚至或有或無，毫不加戚於其心，竟若視同弁髦，宜乎我國圖書館事業有退無進也。

當三千年以前我國雖有圖書館之組織，然大都注重秘藏，專供貴族之瀏覽，彼一般平民不得與聞焉。在十八世紀以前，歐洲各國，除亞方山大圖書館准許民衆入覽外，其餘所有圖書館，亦多屬於君主之私產。此種封建思想，愚民制度，與現今圖書館之目的，則大相左悖矣。粵自十九世紀以還，歐西對於圖書館始積極提倡流通，因流通而對管理上，便發生諸多之問題。如經營，管理，分類，編目，出納，參考等等，無不精討細究。馴致今日 圖書館遂成專科之學術。故我國雖爲圖書館發達最早之國家，而今亦不能不師法外邦矣。

圖書館學，乃新近產生之科學也，傳入中土，歷時未久，當今朝野人士，雖在竭力倡揚，然該科要旨，仍不能收普通之效果。吾人若罪執教者，對于圖書館常識宣傳之不力，本非苛論。而身居圖書館界者，苟能不時闡說，其有裨于教育前途，豈淺鮮哉？

現在教育之宗旨與方法，既已變更，故圖書館亦由秘藏制，變爲活用制，由特殊階級使用制，變爲普通享受制矣。如近代圖書館專家杜定友氏曾謂：「圖書館之設立，有三大要素，一，要能積極的保存，二，要有科學方法以處理之，三，要能活用圖書館，以增進人民的智識與修養。」不才卽本此旨，以作整理之計劃，期達活用之目的，使全校同學，皆能明瞭圖書館之意義，圖書館與自身之關係，以及利用圖書館之方法，此乃不才之所幸望也。

綜上所述，關于圖書館學之真諦，只以篇幅所限，深憾語焉未詳，茲就整理之手續，聊加說明于后，庶幾閱者，或可略知圖書館學之涯涘矣。

(二)整理之經過

本校創立已二十三年，在此二十餘年中，歷任當軸，對本館之經營，我雖未及見，然亦不可抹煞前人之苦衷也。唯其管理失宜，故措施難當，於今所有圖籍，旣乏系統，而一切事項，又欠規律，繼斯以往，豈徒對本館前程，難期發展，卽於同學之參考與閱覽，亦有莫大之影響也。今程校長允明先生，鑑及此弊，特於去秋，面約不才，前來整理，受命之餘，夙興夜寐，未敢或懈。曾幾何時，晌一年矣，涉思所作，雖不能蔚成大觀，然已略具端倪，謹將整理之經過，概述一二，以貢衆鑑，而便明哲者有以教之耳！

甲，行政方面：　本館有委員會之組織，該會委員，以校長，教導主任及圖書管理員，爲當然委員，再由校務會議推舉教員四人充任之，至其職責在厘定各項章則，審查各種圖書，又常年圖書購置費，以及一切應進方針，均由該委會籌劃之。

乙，管理方面：圖書管理，事本繁煩，故其手續，亦甚複雜 茲爲敘述便利起見，爰分列于后：——

(一)選擇 今日圖籍，浩如煙海，以有限之經費，欲購盡無限之圖籍，非特理論上難得允許，卽事實上亦所不能。且各書內容，未必皆合於某一圖書館之性質，苟不早爲選擇，豈徒有損經費，增加館員工作而已？恐對讀者，亦有重大之妨害也。故選擇目標，關於圖書館之性質，圖書館之經費，閱覽人之種類與程度，以及著者之身分，出版處之地位，書之性質與文詞，凡此各點，均不可不注意及之。

(二)校對與登記 凡一書到館，首應對照發票，以檢有無訛誤，次應細查書內有無缺頁，破壞，汚損，倒裝等情，以便退回更換，上述手續，如均一一辦到，卽應加蓋館章，(至於蓋章方法茲不多贅)以資識別。蓋章後，必須登記，夫登記，乃爲圖書館中不可缺少之手續。既可查知各書入館之先後，來源與價格，圖書收藏之統計，且可將各書價格相加，計其總值，以作保險之根據，但登記冊，有賬簿式，與卡片式兩種，本館所採者 賬簿式之登記簿也。其圖形如下：

圖書登記簿

登記日期	登記號碼	書名	著者	出版處	冊數	價值			分類號碼	備註
						元	角	分		

(三)分類　分類與編目，在事實上，雖爲兩事，但其關係之密切，猶皮之於毛。齒之於脣，不能判然分離也，夫圖書之有分類，所以定號數，明條理，便閱覽也。我國自七略以至四庫，是皆歷代圖書之分類法。惜其有分類，而無號數，易使同類之書，分置數處故欲參考某類之書，甚至翻檢多處，尤不能得。故分類法，類別須精而確，子目須謹而當，號碼須簡而明，無重雜，易伸張　使吾人一見類碼，即可知其書之性質，然後方爲盡分類之能事矣。但今日出版之分類法，亦云多矣，其不失之太繁，則失之過簡，故爲圖書館界者，無不深感其煩。茲按本校藏書之性質，以及閱圖者之需要，爰依劉衡如先生所編之「金陵大學中國圖書分類法」一書　爲本館分類之依據，查此書之編制，尙無弊端，用之於本館，當無若何軒輊也。

(四)編目　編目，乃圖書館中最重要　最複雜之工作。苟無相當之訓練與經驗者，誠難担任之。夫編目之爲用，在因目以尋書　故每書不得不有相當之節述、

使未見書僅見目者，即能知其書之內容與形式，著者與出版之年代。在管理者，亦可循書排列之次序，一檢即得　不致東翻西查，茫無線索也。現在本館所用之編目法，以裘開明先生中國圖書館編目法爲依據，沈祖榮先生簡明編目法，黃星輝先生普通圖書編目法爲輔助。竊按一書之編製目錄，概有四種，曰書名目錄，著者目錄，標題目錄，參見目錄是也。本館茲受時間上之限制，誠恐有誤諸同學愛讀之熱忱與光陰，除將叢書另製叢書參見卡片外，每書只製書名卡片目錄一種，其餘容待陸續補製。特此註明。

(五)排架　分類定，編目成，則每書皆有其固定之號數矣。藏書時，按分類號數之次第，順置架上，凡同類之書，依分類號數之大小，而定排列之先後，若分類號數相同者，則依著者號數之大小，而定排列之先後，此乃排架法之大要也。于是架上之書，既井井不紊，且便紳縮移動。緣斯以往，不僅爲當今載籍之用，即使數十百年後，亦可入此範圍耳。

唯今所用之卡片目錄，係本校已往之所無，茲爲啟發

不明使用之同學，乃依照本省圖書館卡片目錄檢查法，製訂檢查說明表如后：

安慶女子中學圖書館卡片目錄檢查法說明表

一、本館圖書的分類，是根據金陵大學圖書館館長 劉衡如先生，所編的中國圖書分類法，現將這分類法的總表，介紹如下：

〇〇〇總部（叢書羣經皆屬之） 一〇〇 哲學部
二〇〇 宗教部 三〇〇 自然科學部
四〇〇 應用科學部 五〇〇 社會科學部
六〇〇至七〇〇史地部 八〇〇 語文部
九〇〇 美術部

一、假如你來看書時，心中沒有一部知道書名的書，不過只想找一套關於某類的書 例如：哲學，教育，或自然科學等，那麼，你只要依照上列的總表，檢查這下面的分類目錄，就可解決了。

一、按照書的性質，打開目錄櫃的抽屜，例如：要找一部中國哲學史看，就打開標明哲學的抽屜，

一、在抽屜裏，有幾張或幾十張的指引片（黃色的）。幾千張書名卡，（白色的）。指引卡片高出一角，一看便知，上面標明有各種類中的某類名，例如 哲學類中標有中國哲學，西洋哲學等，你如果要找的中國哲學史一類書的卡片，便在中國哲學的指引片的後面一找，便可發現中國哲學史大綱，中國哲學史概論等書的卡片。

一、同性質的書很多，先後再依著者號碼的大小排列，（本館採用王云五中外著者統一排列法，姓取二角，名字每字各取一角，單名的姓名，各取兩角，甲字的著者，每字各取一角，）檢查時，遇類碼相同時，請再按照著者號碼的大小去檢查。

一、假如本表的說明，有未遇到的場合，請你們隨時向本館管理人詢問之。

六、雜誌 本館已往雜誌，雖有多種，（約七十餘種）但其大部，蝟集無章，以致殘缺難免，查閱時感不便，夫雜誌之與言論界，思想界，實居一重要之地位。故求文化之

演進，智識之增廣、教育之普及，恆當利賴之。本館茲將各種雜誌架，分門別類，裝訂成冊，並製雜誌架，（仿萬有文庫書櫃式）陳列閱覽室，既便檢查，且壯觀瞻。維雜誌與參考書之性質，緣無大異，茲恐借出，難免剪裁污損等情發生，姑以不外借為原則，只許在館閱覽。其他各書，則不在此限也。

七，出納　凡一圖書館之書籍，除參考書以外，其餘書籍，概以出借為原則。蓋館內閱書，僅能供彼無目的之閱覽者而已，若潛心研究某一書者，決非數小時所能讀盡，故為增加閱者之興趣，發揚圖書館之本旨，當以借出為宜。但書之流通既廣，而出納規則，不可不嚴矣。茲將本館出納與閱覽規則，附后：

（甲）閱覽規則

一，閱覽室內，不得高聲誦讀。

二，閱覽室內，言語須低微，不可喧嘩，行動須文雅，不可浮燥。

三，閱覽室內，不得隨地吐痰，或亂拋紙屑。

四，閱覽室內，陳列一切圖書雜誌，以及報章等，須有愛護心，不可隨意撕毀，或攜出。

五，閱覽室內，所陳一切雜誌，閱後須擱原處，不可任意亂置。

（乙）借書規則

一，借書時，須按來者前後，以次發借，不可爭先恐後，有礙秩序。

二，借閱圖書，須持本館所發之借書證，就目錄卡片中所選擇之書籍，將書名，號碼，冊數，日期，暨借者姓名，班次等等，詳細填明，交由管理人檢取。手續不齊者，不借。

三，每次借書，至多七日，如欲續借，應攜該書至本館，填寫續借聲請單，續借之。但續借以一次為限，且不得超過前期。

四，每次借閱書籍，不得超過二部以上，一書未經交還前，不得再借他書。如遇本館檢查，或必要時，經本館通知後，應即送還。

五，凡借閱之圖書，如有遺失、污損、剪裁等情，即按照原價賠償。

八，用具 關於圖書館之設備與用具，歐西各國，均有圖書館用具之專門製造廠或商店；年來我國，對於此項事業，雖在積極提倡，但其成績，終不能與歐西並駕齊驅。查圖書館之用具，繁不勝舉，本節所論，乃關於圖書上之用具，在使同學聊知其名稱與功用而已。至於其它用具，不遑逐一說明矣。

本館所用之書名卡片

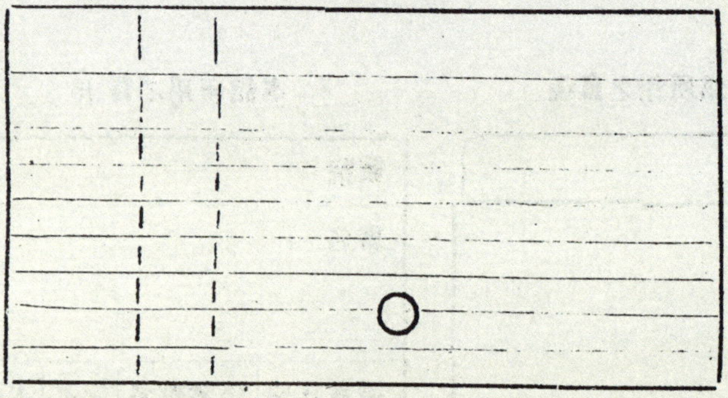

說明：本卡是代表架上之書籍，譬如：吾人需用某類書，只要查得此名卡，交給管理人，便可尋得該書，無庸親臨書架尋找。書名卡所載之事項：一，書名，二，著者，三，出版年代，四，出版地，五，冊數，及頁數，圖表等等。

本館所用之指引○

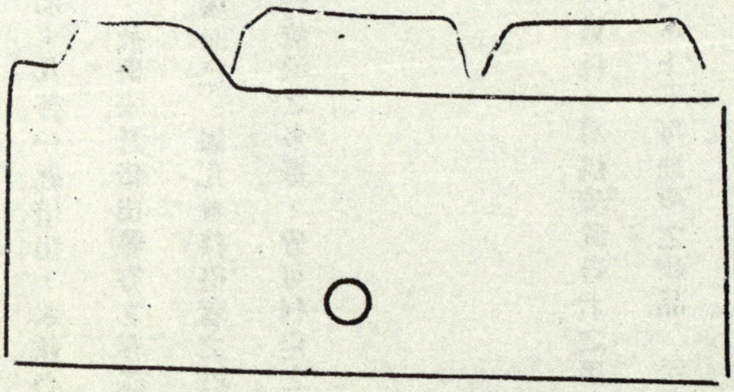

說明：本卡功用，在指示各種卡片之終始與排列之次序。否則，雖經分類，其大類中之細類，仍是茫無頭緒，故有指引卡之標明，則一目瞭然矣。

本館所用之書卡

書號			
書名			
本次	卷次	借者姓名	還書日期

說明：凡書一經借出，本館必須留一存根，以備不時之查考、故書卡乃借出圖書之存根也、該卡之用途，不止上述一端而已　舉凡稽核借者之姓名，借書之日期，以及統計書籍流通之多寡，皆可利用之。

本館所用之書袋

說明：書袋，專供安置書卡之用，別無他意，其用雖小，亦爲書本上不可缺少之物品　至其粘貼之地位，或在書之低頁，或在書之封面後一頁，均可。要以無字跡處爲適宜耳。

本館所用之學生借書證

姓名　　學號
齋號
中部　　年級　　組

安徽省立安慶女子中學
圖書館借書證
發出期　　截止期

書號	借期	還期

本館所用之教職員借書證

安徽省立安慶女子中學
圖書館借書證
先生
發出期　　截止期

書號	借期	還期

說明：借書證者所以憑證借書也。故該證之功用，既可限制借書之冊數，歸定送還之日期，且可統計一般閱者，對於某科研究之興趣。

本館所用之取書條

遵守規則	書名				愛惜公物
	號碼				
	冊數		日期		
	姓名		班次		

說明：凡閱者查得書名後，應逐一填寫此條，向管理人取書，但於必要時，亦可作為存根之一種。

本館所用之限期表

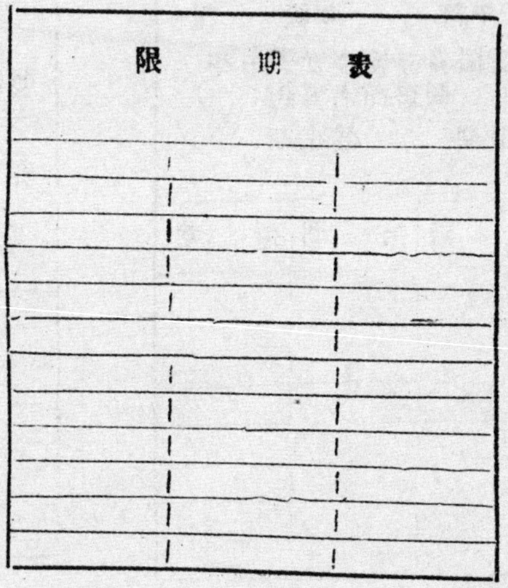

說明：書既借出，書卡存館，至其限期，館員亦難記憶，故有限期表，書明期限，使借閱者一見，即知該書應於某日歸還，否則，亦常擧請續借。

本館所用之書標

說明：凡書分類後，便有其固定之號數，前已言之矣，此號數必需寫於書標，貼在書脊，（距書根約一寸二分）所以便檢査也。至於標內橫線，上書分類號碼，下書著者號碼，特附誌●

九，統計　圖書館之統計，與各種企業上之統計，絲無二致，不過後之所期者，以金錢爲目的，前之所期者，以發揚文化，普及敎育，流通圖書爲目的耳。然圖書館之成績，既不能如商人之可以量計算，則祇有恃各種之統計表，以表現之。按圖書館之統計，概有三種，一爲財政統計，一爲圖書統計，一爲閱書統計，茲除財政方面，由本校事務處另行統計外。其餘兩種，表列於后：

甲　本館圖書統計

圖書分類	中文書			西文書			雜誌			報章		
	部數	冊數	價值	部數	冊數	價值	卷數	期數	價值	種數	份數	價值
總類	383	5430	168,5				120	4.600	460	9	1.134	378
哲學宗教類	383	5430	202,5									
教育類	415	450	268,1									
社會科學類	603	823	431,8									
自然科學類	386	446	299,7	32	32	64						
應用科學類	276	310	119,3									
文學類	714	1617	576,5	17.4	19.3	98.8						
語文類	79	176	112,8									
藝術類	121	268	77,6									
歷史地理類	546	1067	509,									
總計	3.746	10,993	4,283	206	225	1.628	120	4.600	460	9	1.134	378

附註：本表係根據二十三年度省府統計委員會所頒定之表格，故其分類與本館稍有出入。

乙　學生閱覽統計

茲根據二十三年度第二學期之統計報告

類別 \ 冊數 \ 級別	高一	高二	高三	初三甲	初三乙	初二甲	初二乙	初二丙	初一甲	初一乙	初一丙
普通參考書	21	25	30	10		5			1		
叢　　書			5								
宗　　教											
自然科學	45	51	41	36	19	25	16	5	4	4	8
歷　　史	18	16	98	30	25	8	15	18	32	2	5
地　　理				5			6				
中國文學	160	173	58	61	58	21	41	26	31	22	11
西洋文學	63	65	41		2				10		
美　　術				8							
小　　說	165	75	92	103	285	125	179	191	202	109	201
線裝古書		1	1								
雜　　誌	10		10	75		3		18			
報　　章	1		2	5		9					
合　　計	3345冊										

本學期平均每人閱覽八冊有餘

摘自《安慶女中校刊》一九三五年十二月第六期

論　著

擬議中的天津市兒童圖書館

蕭綱

兒童是將來社會的中堅人，是將來國家的主人翁，關於兒童習性之癒，與國家的前途，社會的演進，實有莫大的關係。所以世界各國對於兒童教育事業之研究，均極注意，以求國家將來礎石的穩固。兒童教育事業，除了家庭教育和學校教育以外，在社會教育裏，當首推兒童圖書館爲最重要，蓋因兒童圖書館既可增進兒童之知識，且可以養成兒童之自動精神，公民道德，規律生活，愛美習慣，……等美德。因此東西各國無不竭力推廣兒童圖書館事業，爲發達未來國民之良好習性。

津市圖書館事業，至今仍在萌芽時代，雖在民國十七年以後，陸續增設了圖書館八處之多，而所謂兒童圖書館，則未一見，僅各小學中設有兒童閱書室，增加了閱書的鐘點，或是各圖書館中附設有兒童閱覽部，以供兒童閱覽，然大半規模簡陋，實質上連粗具雛形的兒童圖書的程度都够不上，無怪乎津市兒童，在放學後或休假時，因無處宣洩他的求知慾，而跑到了「小人書」肆，費去幾枚銅元，賃那荒誕不經而有害身心的「小人書」，以致於使兒童養成惡劣的習性，阻礙國家和社會的進展，負教育責者，雖極注意怎樣取締「小人書」，但是忽略了甚麽是「小人書」和「小人書」肆的代替者。

依上所述，兒童圖書館之設立，在吾津環境之下，是不容再緩了，積極的成立兒童圖書館，同時消極的取締「小人書」，雙管齊下，一定可以收美滿的效果。不過教欵拮据，同時設立多處兒童圖書館，恐難辦到，若以無米之炊，而責難教育當局，又豈是我們唱高調所能蔵事的。

好了津市各通俗圖書館附設代辦處原有四十二處，每處每月津貼五元，這種設施，每月需洋二百十元，因爲牠收效很微，當局頗有裁撤的意思，如果該欵沒有相當的用途大可把省下的二百十元，設立幾處兒童圖書館，造福兒童誠非淺鮮。茲將，擬議中而適合吾市的兒童圖書館組織概要，縷陳於左，敢以質諸高明。

ㄅ、地址——就津市住宅區和小學區人口稠密的地方，選擇交通便利，環境幽雅，地勢高爽的地域，儘先設立兒童圖書館三處或四處。(西頭一帶，城內一帶，河東一帶。)

ㄆ、館舍——在原則上應請工程家設計，就兒童圖書館之需要而建築，但建築館舍，不是現在能力所可辦到的，又是唱高調了，祇好租賃民房若干間，暫做館舍，不過須特別注意的，就是通風，採光，整潔，和租價適宜。

ㄇ、設備——要與通俗圖書館大略相同，不過是具體而微，書架最低須有四座，適合兒童體質之矮桌凳若干套，環境佈置要美感化，以引起兒童的興趣，凡關於科學，歷史，……掛圖，更應佈置完備。

ㄈ、經費——

1. 經常費——不必另籌，就以各通俗圖書館裁撤的四十二處代辦處津貼二百十元充之，如設立三處每處每月經費七十

元，四處每月五十二元五角，支配如下

每月經費七十元(三處)	每月經費五十二元五角(四處)
一、事務員一人車費二十元	一、事務員一人車費十六元
一、工役一名工食十元	一、工役一名工食八元
一、筆墨紙張二元	一、筆墨紙張二元
一、茶水三元	一、茶水三元
一、電燈費五元	一、電燈費四元
一、報紙五元	一、報紙三元五角
一、房租二十五元	一、房租十六元

2.開辦費——所有在開辦以前，修繕館舍，置備傢具……等費，也無須請欵，即以未開辦以前的經常費挪用，一俟佈署就緒，再行開始閱覽。

3.臨時費——冬季煤炭費，各通俗圖書館如無力量補助，好在為數不多，也可呈准教育局支領。

ㄈ、統制——此項兒童圖書館，既挪用各通俗圖書館代辦處之經費自應由各通俗圖書館統制，庶可名實相符，其組織如下：

1.由七處通俗圖書館，組織兒童圖書館管理委員會，以七館管理員為當然委員共負設計管理責任，另推一人為委員長

2.各兒童圖書館設事務員一人，受管理委員會之支配。而處理各該館一切出納典藏及指導閱覽各事項。

3.各兒童圖書館雇用工役一人受事務員之指導，辦理館內外一切勤務事項。

ㄉ、定名——此項兒童圖書館既由各通俗圖書館統制，其定名似應定為「天津市立通俗圖書館附設第〇兒童圖書館」以符名實，而專責成。

ㄊ、圖書的來源——「天津市立通俗圖書館附設兒童圖書館，」所需圖書，因經費關係，完全由各通俗圖書館供給，各通俗圖書館每月在購書費項下提出十二元為補助費，計七館每月共補助洋八十四元，以兒童圖書館三處計算每處每月可有購書費二十八元，至於圖書的選擇，須經管理委員會議准後，方得選購。

ㄋ、員役的任用——兒童圖書館的職員和工役之任用，完全用考試制。

摘自《天津市市立通俗圖書館月刊》一九三五年十二月第二卷第二期

寫於兒童專刊之前

天津市市立通俗園附屬兒童園成立始末記

（燕東）

緣起

甲 動機

社會教育之進展，一方面向前推動，另一方面是消除足以防碍推進之障碍物。

在推動的過程中，欲求達到既定之目的及其效力之迅速，須有非常之設施，其原則要普遍化。但因對像之需要。緩急關係得先急而後緩。本市七處市立通俗園，原設有代辦處四十二處計每館六處。蓋利用少數經費以達社會教育目的之一部，及其效力之迅速，其設施固普遍也。代辦成立伊始，甚屬需要，緣彼時除通俗園外，閱書報所，尙未如今之普遍，此項設施殊爲當務之急。迄乎閱書報所普遍設立已達十所，同時通俗園，復有家庭及學校巡廻文庫之設施共計巡廻書箱達二百餘，是於園閱覽方面之進展既普遍矣復環觀社會上，尙有一阻碍兒童閱覽之障碍物，其潛勢力頗大，此種潛勢力，適足以影響兒童之思想其名維何，即風行市上之小人書，查小人書百分之九十爲荒誕不經之故實，間有合於教育主旨者，而不過百分之十而已。七處園對於此種有阻碍教育之小人書，思有以取締，只以小人書，係行政範圍，非園力所能及，無已而思其次，乃積極籌設兒童閱覽處所內設多量兒童讀物，以易感覺興趣及能增進兒童之知能者爲主遂有創設兒童園之動機。惟第一項頗感困難，另外請款，雖邀俯准，否則碍難進行，惟有改之快心，恐亦終成畫餅，不得已在原有經費內另闢途徑，適李局長到任伊始，首廢代辦處，七園以代辦處經費每館三十元七館合計二百十元洽可成立三館，遂由七館聯席會議，擬具計畫呈局核准，而四十二處代辦處，一變而爲三處兒童園矣；是卽創設立之緣起

乙 計畫

七館聯席會議，對於籌設兒童園經過多次的會議而決定

其計畫如下：

天津市市立通俗圖附設兒童圖書館計畫大綱

一、引言

自民十七津市改制以來社會教育日益發展尤以圖事業如雨後春筍蒸蒸日上林立市內此足徵普及社教已盡美善然我津市關於兒童教育之設施尚不完備況近數年來有所謂「小人書」者市內到處皆是此項閱覽組織甚至有用車巡廻街巷者查該項刊物皆爲神怪武俠兒童閱覽者趨之若鶩此不僅妨碍社教進展且對於兒童心身影响頗鉅若不加以補救其流毒不知伊於胡底職館等曾經兩次聯席會議擬於市內增設數處兒童圖書館以期普及兒童教育兼抵制小人書流毒蔓延但又爲經費所限不克如願以償查七館代辦處共四十二處多設於公共場所昔之閱覽者頗形踴躍近以市面影響前往借閱者甚屬寥寥各館爰以代辦處成績鮮著擬將全數經費另籌設兒童圖方不致虛糜公帑而收碩效茲將兒童圖各項辦法臚陳於左：

二、定名

天津市市立通俗圖附屬第一二三兒童圖

三、宗旨

增進兒童知識陶冶兒童性格爲宗旨

四、組織

由市立通俗圖書館設立兒童圖管理處管理員組織之組織規則另定之內設指導員六人主任一人任期一年不得聯任指導員聯選得聯任主任總理全處及計畫兒童圖事務指導員負指導及兼督兒童圖之責每處兒童圖以指導員二人互理之各兒童圖書館設事務員一員工役一人

五、經費

甲各兒童圖經費由市立通俗圖在一定之範圍內供給之

乙各館經費暫定爲六十元或七十元其分配如下：

A 薪工

1. 事務員每月薪金二十元
2. 工役每月工資洋十元

B 房租

1 每月十五元至二十元

C 辦公費

1. 茶水每月三元
2 文具每月二元
3. 燈電費每月四元

D 報紙

1. 每月訂購五份至13份約用洋五元

丙開辦費

以第一第二兩個月經費充作開辦費爲購置修繕及電表押

金等用

六 書籍的供給

各兒童圖書籍由市立通俗圖分別供給之每月按月由各通俗圖造具清册一併送交管理處由主任分發各兒童圖書館以供陳列而利閱覽

七 閱覽規則

由管理處擬訂之呈請教育局備案

八 地點分配

設於小學叢集區內或住戶稠密區內三館分配如下：

1. 城內一帶
2. 西頭太平街一帶
3. 河東特二區一帶

籌備

甲 管理處

依計畫大綱第四款之規定，應設立管理處負籌備及管理責任，管理處之組織，經七館聯席會議決定如下

天津市市立通俗圖附屬兒童圖管理處組織規則

第一條 本處由市立七處通俗圖管理處組織之

第二條 本處設指導員七人公推主任一人任期一年均由管理員兼任之

第三條 本處暫設兒童圖書館三處各館章則另定之

第四條 主任負綜理全處事務之責指導員每二人負指導一館之責

第五條 本處設幹事一人由附設本處之通俗圖書館職員兼任酌予津貼

第六條 本處設事務及圖書二部

第七條 本處幹事秉承主任意旨辦理事務及圖書二部事宜

第八條 本處附屬兒童圖各設事務員一人由本處任用之

第九條 本處主任指導員爲無給職各館事務員爲有給職

第十條 本處處務會議每月奉行一次由主任召集之

第十一條 本處辦事細則另定之

第十二條 本規則如有未盡事宜由處務會議修改之

第十三條 本規則自呈教育局核准施行

管理處之組織，既如上述，而管理處辦事之職責，依七館聯席會議議決者，有管理處辦事細則，茲用以說明，列下：

天津市市立通俗圖附屬兒童圖管理處辦理細則

第一章 總則

第一條 本細則依據天津市市立通俗圖附屬兒童圖管理處組織規則第十一條規定之

第二條 本處辦公時間每日上午九時至十二時下午二時至五時又七時至九時但因季候之關係得變通之

第三條　本處放假日期依市立通俗園之假期辦理

第四條　本處一切文件非經主任蓋章不得印發

第五條　本處如遇特別事件得由各通俗園調撥職員協助之

第二章　會議

第六條　本處處務會議依本處組織規則第十條之規定每月舉行一次遇必要時得舉行臨時會議均由主任召集之

第七條　開會時以主任爲主席主任因故不能出席時得公推臨時主席一人代理之

第八條　本處處務會議須有全體指導員三分二以上之出席方可開會表決時須有出席指導員過半數之同意方爲有效

第九條　本處處務會議其由主任交議或各指導員提議之案件應先期交本處編列議事日程但臨時提議者不在此限

第十條　本處處務會議遇有重大議案得由主席臨時指定指導員審查或組織審查委員會審查之

第十一條　本處處務會議各項重要議決案應由本處呈請社會局核准辦理

第十二條　日常事務應由主任負責辦理但每月開會時須向本會議報告

第十三條　本處會議記錄及議決案由本處整理之

第三章　指導

第十四條　本處依組織規則第二條之規定設指導員七人及第四條之規定指導員每二人負指導一館之責其分配由會議決定之

第十五條　指導之任務如左

一、關於兒童園之改進計畫

二、關於兒童園之督促及考核事項

三、關於會議議決之交辦事項

四、關於兒童園之研究事項

五、關於其他一切指導事項

第十六條　上列各項除第三項外須先經會議決定後執行之

第十七條　各指導員每月須將各館情形向本會議分別報告

第四章　事務部

第十八條　事務部(以下簡稱本部)秉承主任之命辦理本處對內對外一切文書之撰擇收發保管會計庶務等事宜

第十九條　本部經辦稿件送由主任核閱後繕發

第二十條　凡收支欵項應於每月作成簡明報告表連同各館收支清冊一併送處審核

第廿一條　各館遇有特別用款時須再行動支

第五章　圖書部

第廿二條　圖書部任務如左

一、選購圖書

二、分登目錄

三、登　記

寫於兒童專刊之前

四、分配圖書
第廿三條　五、審核併造報閱覽統計
第廿四條　預選圖書經主任核准後再由事務部購買
第廿五條　已購圖書先行登記再分類編造圖書目錄
·　己編造書目之圖書登入送書簿分送各館並由收書
第廿六條　之圖蓋章證明
第廿七條　本部應造圖書總目錄以備檢查
　　各館圖書定期列表巡廻

第六章　附則

第廿八條　本細則有未盡事宜得提出修正之
第廿九條　本細則自呈准社會局之日施行

乙、兒孩圖書館

一　館舍

依計畫大綱之規定，應在城內，西頭，河東，設兒童園三處，首由市立第一通俗園在鼓樓西大街覓妥舖房門面及退身各二間，繼由市立第三通俗園在西頭大夥巷覓妥門面三間退身三間，當經管理處查勘尚可應用，先後修葺開幕定名爲「鼓樓西兒童園」及「大夥巷兒童園」在河東一館，刻由市立第四通俗園負責尋覓房間矣！

二　設備

館舍既定，設備爲當務之急，關於器具一項，由管理處招標，經七館聯席監視開標，由聯興順承做，掛圖一項，亦由設備費支出，在概算不得超過二百元。

三　圖書

園之主要貨品，確爲圖書。但在開館伊始，圖書一項實感困難，蓋兒童園之購書費，係由七處通俗園每月每館補助五元合計三十五元，以此些少經費，欲使書架裁滿又談何容易，後經七館聯席會議議決，由各通俗園酌量暫借若干本，但各館購置兒童書籍，爲數甚少，僅由市立第一通俗園供給一部分，其每月三十五元之購書費，近幾月以來，所購圖書，尚能差强人意。

四　開幕

各項籌備既定，即應開幕先由管理處定期呈局報告籌備經過及備案，並請局派員指導，同時通知各社會教育機關，出席指導，鼓樓西兒童園在五月開幕大夥巷兒童園在六月開幕。

現　況

兒童園，成立已三個月，茲將該館現況分別如下：
一圖書共計一千三百九十五册
二覽人數統計如下：

摘自《天津市市立通俗圖書館月刊》一九三六年第二卷第五期

天津市市立第一通俗圖二年來之兒童閱覽室

林鳳春

圖事業首在普及民間，尤貴乎從初級教育着手，以引導兒童趨入於讀書正當途徑，陶冶兒童思想，培養兒童正身方爲施教之鵠的，津市省市立圖書館到處林立，對於此種設施尚付闕如，而各小學校學生除在校內圖借閱書籍外，於校外每若無相當讀書處所。又乏相當指導，與補習方法，則於散課後或無課之暇，多嬉於庭外，其家長若能顧及兒童教育或家庭教育善良者，兒童則不致荒於課程，若家庭教育不良，或其家長漫不經心，則其兒童資質聰穎者或無問題，苟其資質愚鈍，又無正當指導，殊難有進步之望，將累及終身，殊深惋惜，本館爰鑒於此，爲補救此種弊害，增進兒童福利計，特於民國二十四年一月一日創辦兒童閱覽室，以補學校教育之不足，而又爲貧苦無資之失學兒童予以教導機會，自二十四年一月起至本年七月止將及二十閱月，每日來館兒童以平均計算，男女兒童約一二百人，除一部分爲各小學校學生外，大部爲附近居民之兒童，於本年二月間又行舉辦讀書考勤，由圖發給閱覽考勤證，每一名發給一扣，凡到館閱覽者，按日記錄，數額最高者給獎鼓勵，茲將閱覽室情形列後，

一、圖書—現巳採購商務印書館之幼童文庫，小學生文庫小學生分年補充讀物，及兒童書局中華世界，北新，中國等書局圖書計七千餘本

二、雜誌報章—報紙七、八種，雜誌十五種，

三、圖書管理方法—完全採開架式，並定每星期日將全部圖書流通更換，每次規定二百本，一部陳列於雜誌架上，一部置於書架之上，由閱者自由取閱，遇有不明瞭取書方法及不識字者，本館女指導員加以講解，或徵詢兒童之意見，以其所需要之書籍供給之，而饜其要求，如是以善誘教導方法，則兒童莫不喜形於色，視圖爲樂園，每當課餘之暇，即徘徊於圖門前，以待開關時間，由此觀之，非兒童喜於游戲，實屬缺欠正當指導及讀書處所之所致也。

四、閱覽時間—上午九時至十二時，下午二時至五時，七時到九時。

五、入覽手續—到館閱覽者須親自簽名

六、圖書種類：以兒童文學—小説，故事，笑話，神話，童話，日記，散文，爲最多，其次即爲社會科學書籍自然科學，應用科學書籍爲最多，再其次即以史地傳記美術者言。

七、獎勵兒童方法—爲引進兒童讀書增益兒童興趣，特有志向學者，於閱覽時間，交給出納員登記於每月終總結一次，考核其勤惰，凡欲參加讀書者，無論男女兒童年在七歲以上十五歲以下者，爲合格，並由圖書館備考勤証給予。凡到館讀書次數於一個月內達五十次或三十次以上者，皆酌給獎品，以增進其讀書與

趣。本館爲兒童課習作文計並指定必條讀物四組分高低二級，每組定爲十種，兒童如欲作文者，得任選一組，限三星期內讀畢，兒童對任何一組讀畢後，即由於指定讀物中，擬定題目於第三星期日，公佈之，凡欲參加作文者，須於一星期內交卷，但非出於自手者此後不許參加，但所作之文體，不論語文，字數不拘多寡，交卷後，加以評判，其最優與次優者，均酌給獎品，以上二種，均於每四個星期，發獎一次，並預期開列榜次公佈於衆，每當發獎之際，管理員有一番鼓勵演說，勸導向學，及指正讀書方法。

八、參加讀書兒童考勤記錄最高者之姓名

1. 二十五年二月份—

王長孔　陳克昌　梁世基
李嘉沛　李嘉珩　李松樵　侯寶禎
鄭家彥　楊永福

三月份—

李嘉沛　梁世基　楊永福　李嘉珩
侯寶禎　李松林　秦玉貴　張文藻
李春洪　李春珩　李石元　吳　維
鄭家彥　鄭家生　李　寅　唐耀庭
李松樵　劉鴻年　康治國　孟廣藻
徐世俊　韓家琛　蔣金玉　胡宗輔
陳克昌　趙文明　徐文灝　韓淑貞
王玉祥　蔣金福　康文如　馮士棋

孫奎元　楊樹春　于世華　袁治隆
李錦波　顧德珍　李柱齡　陳陸友
陳陞明　孫奎吉　王廷章　陳毓賢
靳士萃　徐文蘭　孫士元

3. 四月份—

秦玉富　楊永福　秦玉陞　侯寶禎
李松林　秦玉貴　李松樵　李松茂
李嘉珩　李嘉沛　陳秉文　吳　維
李希綸　康文如　李秉謙　康治國
李鴻藻　蔣金玉　孫奎元　孫士元
蔣金福　靳士華　劉筱林　陳玉珂
趙文明　鄭家生　鄭家彥　李德連
李春洪　徐文灝　康文仲　陳陞明
王之君　張金學　孫奎吉　李春珩
陳陞友　王昇海　張金蘭　傅宏旭
王廷璋　岳　洲　竇慧芳

4. 五月份—

蔣金玉　秦玉富　侯寶禎　李嘉珩
秦玉貴　李希綸　李春珩　張文玉
潘世昌　劉鴻年　秦玉陞　王家起
王玉英　蔣金福　李秉謙　唐耀庭
李春洪　劉筱林　高繼武　胡松琦
吳　維　宋恩淮　李嘉沛　李鴻華
李燦云　康文仲　吳元洪　靳士萃
張金學　黃池中　劉魁英　劉鴻鈺
徐文灝　侯寶祿　李奎富　王鳳展
劉松年　范登錫　趙文明　李俠云

岳淑惠　李朶雲　康治國　桂雲城
寶慧芳　徐金漢　李翰章　張奎蘭
李義慧　王之君　陳玉珂　于金生
朱維康　張萬和　姜玉英　張順輝

5. 六月份—寶慧芳　秦玉富　劉鴻年　吳永順
王寶餘　李松茂　李秉謙　李希輪
潘世昌　王錫武　王寶平　王錫文
吳　維　靳士萃　宋恩湛　張士傑
李松樵　李嘉珩　武玉文　耿允襄
趙文明

九、參加徵文成績優良之兒童姓名

1. 二十五年二月份高級組
張文元　梁世基　蘇孟麟　李德連　華道本
尙國楨　鄺世俊　康治國　宋錫霞　彭萬勛
高　裕　李家沛　李松林　李嘉珩　李松樵
王佩華　王作平　楊永福　陳毓賢　王長孔
袁世康　鄭家聲

2. 三月份高級組
郭銘剛　華道本　張文元　秦玉富　尙國楨
華道永　蔣金玉　劉鴻年　孫奎元　胡寶義
吳　維　陳貴華　蘇夢麟　陳金銘　彭萬勛
賈登岳　崔文發　楊永福　康文仲　陳毓賢

3. 三月份低級組
李德連　劉金泰　劉硯誠　楊樹春　馮士棋
李錦波　李石元　陳松鶴　蔣金福　胡宗輔

徐文瀾　孟廣超

4. 四月份高級組
李德連　華道本　蔣金玉　楊永福　李秉謙
陳毓賢　趙文明　李春洪

5. 四月份低級組
劉金泰　姜玉英　侯寶禎　秦玉貴　張奎英
蔣金福　寶慧芳　劉筱林　吳　維　范登錫
靳士萃　傅宏旭　李鴻藻

6. 五月份高級組
李德連　華道本　陳毓賢　侯寶禎　秦玉富
侯寶祿　蔣金玉　孫奎元　李嘉珩

7. 五月份低級組
李希輪　武玉文　李朶雲　楊永福　宋恩湛
劉魁英　李燦雲　王鳳展　劉金泰　蔣金福
吳　維　耿允襄　劉鴻年　李俠雲　蔣金玉
劉松年　秦玉陞　高繼武　秦玉貴　黃池中
康文仲　姜玉英　王家起　王之君　張萬和

十、徵文題目

二月分高級組
1. 不良空氣使人受病
2. 火車輪船電燈電報無線電飛機都是誰發明的

二月份低級組
1. 水鮮花
2. 甚麽是眞果甚麽是假果

三月分高級組

1. 江泌怎樣讀書

三月分低級組

1. 稻的種類

四月分高級組

1. 勾踐在吳國做怎樣的賤役

四月份低級組

1. 羊的種類

五月分高級組

1. 佛教的來源

五月分低級組

1. 痘苗是怎樣來的

十一、獎品

每月發給勤學兒童及作文優良之兒童各項獎品，以文具爲大宗如鋼筆；鉛筆，水筆，墨水，繪圖顏色，練習本，墨，墨汁，字典，橡皮，銅尺，墨盒，及兒童讀物與運動用具如乒乓球，皮球等，

摘自《天津市市立通俗圖書館月刊》一九三六年十一月第二卷第五期

第六團對於兒童教育的設施

于昭熙

(一)組設婦女識字班：婦女爲家庭中主宰，對於教養子女操持家政關係至爲密切，知識爲稍欠缺，處事即難裕爲，是婦女識字問題，在今日實爲當務之急，第五講演所組設婦女識字班，已於本年一月五日舉行開學典禮，是日學生報到者五十餘人，同時並約集第四區士紳民衆及各生家長臨時參加，首由譚翯才君說明成立婦女識字班意義，群情欣慰異常，並延聘女教員華瑞鳴王慈萱二女士分別教授，期收實效，截至本年七月第一期已屆畢業，第二期正續招新生，藉以救濟失學婦女，爲改善家庭初步也。

(二)組設婦女初級補習班：婦女識字關於家庭教育，編織刺繡，又爲家庭手工業基本勞作，二者均爲婦女立身之本，第五講演所婦女識字班成立時即將生計教育列入課程，預爲練習初步，數月以來稍著成績，惟因學期所限，深造似有未能，殊感憾然，且女生中聰慧者甚多，若任其湮沒天才，未免可惜，該所爲輔助婦女有志深造無力入學起見，特增設婦女初級補習班，藉以提高學識，俾能經濟獨立且可爲改善家庭之助，是即該所增設婦女初級補習班之意義也。

(三)成立高級男生補習班：第六團爲謀青年繼續教育起見，曾籌設高級補習班，已於本年三月一日正式開學數月以來，各生頗知奮勉，該館爲鼓勵各生讀書興趣起見，令由各生組織音樂會，並組織話劇團預備化裝講演云。

(四)高級補習班學生參加田徑訓練班：第六團譚君爲發展學生健康教育起見，特令高級男生全體加入市體育場所辦暑期田徑訓練班，訓練期滿，再由各生組織體育促進會，並研究國術鍛練身體預備訓練民衆，至女子補習班派由華女士加入訓練，期滿後再指導女生，實地練習，强健身體云。

(五)組設民衆補習班：我國民衆之多，甲於天下然文盲之衆，亦爲各國所特有誠弱點也。似非喚起民衆識字運動，不足以言改進，第六團有鑒於斯，特組設休閒教育民衆補習班，藉使民衆於休閒時，得到讀書識字機會，自招生後，來館求學者極形踴躍，每至課期，派講員譚權忠暨同高級補習班學生授以千字課，筆算，及注音符號等課程，由淺而深，俾期易識，藉以喚起識字運動也。

摘自《天津市市立通俗圖書館月刊》一九三六年十一月第二卷第五期

市立第五通俗圕加添兒童閱覽室

本市第五圖書館對於兒童閱覽向極注意，但因地勢狹小，無法發展，自去年喬遷新址，地勢較前寬闊，別闢一室爲兒童閱覽，數月來極積籌備，開刻下已購妥合於兒童閱覽之新桌凳及書籍，擬於四月四日（兒童節）正式開幕，又該館經費有限，此次增加事務，勢非添聘職員不可，已聘定前教育局書記張良辰爲兒童閱覽室助理員，月給車費十元，惟該項車費不能作正開銷，開係由該館蕭管理員每月捐廉十元，在今日之下，洵屬難能可貴之舉云。

摘自《天津市市立通俗圖書館月刊》一九三六年第二卷第三、四期合刊

津市七圖籌設三處兒童圖

津市立通俗圖書館七所，鑒於舊式書肆租售之「小人書」毒害兒童匪淺，爲供應兒童正當讀物起見，擬合辦兒童圖書館三處，購置各種高低年級兒童讀物，每日開放，俾供附近兒童任意閱讀。前曾呈准市教育局備案，七所通俗圖書館代表在第一通俗圖書館，舉行籌備會議，商進行辦法，由第一通俗圖書館管理員呂錦麟主席，決定三處同於三月成立。地點擇定三處：一設城內鼓樓一帶；一設西頭太平街；一設河東。即日起覓房佈置。將來公推一館，担任總管理，其他六館，每館指派原有館員一人，共六人，分任三處管理，每處二人。開辦費每處約二百元，經常費每處每月七十元，均由各館分攤擔任云。

摘自《中華圖書館協會會報》一九三六年第十一卷第四期

陝知行圕積極推廣流通工作

西安知行流通圕自去年創辦以來，對於社會民衆知識之增進，曾奏宏效，近于館外流通工作尤課積極進行，目標不外鼓勵讀書性趣，增進讀書機會，救濟失學大衆提高文化水準四原則，顧以經濟方面毫無着落，購辦圖書確定館址，均成問題，惟該館同人以事在必行不容再事猶預，遂向紅什字會借得現用館址，先將同人所有各種圖書，提供館內俾衆閱覽，時光荏苒，屆指週年，在此一年當中雖未克達到原來目的，而現購圖書業有萬餘冊，對于社會民衆曾奏相當成效，今後更應本原有精神與計劃倍加努力，注重館外圖書流通工作，其決定進行者如次：（一）編印書目，編印書目工作刻不容緩，現正積極于此項工作，不日即可印就，實行供用，藉能適應讀者之需要。（二）兩種書庫，該館爲適應民衆需要起見，特將書籍分類儲藏，經兩閱月之選擇，選出適用圖書千餘冊，作爲一般民衆必讀圖書，成立民衆必讀書庫，又爲供給該市勞苦民衆閱讀方便利用閒暇時間，增加讀書機會，特辦茶園書庫，此項流通工作，按區分別進行，意在希望一般民衆獲得普通知識，而藉以改善與生活。（三）兒童讀書會，爲引起兒童閱讀性趣與養成自修習慣，特組織兒童讀書會，計現已加入者約二百餘名，除助兒童選擇應讀圖書外，並隨時加以確切之誘導，務使能滿足兒童求知慾望，而獲得豐富之生活。（四）雜誌閱讀會，爲不受經濟與時間之限制，能自由閱讀各種新穎雜誌，特設雜誌閱讀會，徵集會員，係用合作社性質，每入會會員每半年繳納會費一元，購買各種雜誌，輪流閱讀，既經濟又方便，故能吸收最新的知識，並增進生活技能。（五）推廣流通工作，該館圖書流通方面指定三種，即到館借書騎車收送圖書通訊借書，現爲讀者便利起見，將于各街巷口製豎通訊箱多架，遇有願閱何類書者，寫明書名，將紙條投入箱內，該館即按所開紙條騎車檢送，屆時收回。又各機關公務人員願讀何種書籍時，亦可騎車送到，每月更換一次，力謀方便。（六）省城外輔導工作，爲謀民衆教育普及于鄉村，擬對省城外各縣民教館，實行輔導工作，遇有困難問題發生，該館將就各種問題性質之不同，負責代爲解答，並隨時加以適當指導，務期民教事業能逐推進而獲實效云。

天津兒童圖書館成立

天津市立七處通俗圖書館主任爲增進兒童教育之效率，特籌設兒童圖書館三處，藉以啟迪兒童智識。已假北大關圖書館爲辦理處，積極籌備，三館定五月一日正式成立。聞三館地點，一在城內鼓樓西，一在河東特二區，一在西頭太平街，預定三處每月經常費共爲二百一十元，由七處圖書館平均分担，圖書費每月共七十元，按月續購。以上事宜，均歸由辦理處負責。至書籍之購置，以易於讀解含有興趣之正當讀物爲標準云。

摘自《中華圖書館協會會報》一九三六年第十一卷第五期

滬市圖書館定期先行開放兒童閱書室

上海市圖書館建在市中心區位於市政府前，府前右路府南右路之間，館屋於去年落成，建築大半採取中國古代典型式，內部布置備極雅潔，書庫能藏書五十萬本，現已蒐集中外圖書不下三千餘種，約二萬冊，中外雜誌日報已達三百餘種，因訂購外國書籍一時未能運到，開始閱覽尚需時日，自市府秘書洪逵兼任館長後，積極經營，五月一日已正式成立各閱覽室。該館至四月底止購訂圖書，（一）已定中西文圖書二千六百六十二種，約值一萬六千八百十六元九角四分，（二）已定西文期刊二百零七種，約值二千七百二十九元七角，（二）收到圖書，（一）已到中文圖書購入六百二十三種，贈入一千一百四十九種，（二）已到西文圖書一千二百三十七種，（三）已到中文雜誌二百三十八種，（四）已到西文雜誌一百五十九種，（五）已到中文日報五十四種，（六）已到西文日報十種，以上總共中西文書籍二萬二千三百三十六冊，該館分祕書及總務，徵集，編藏，參考，流通，推廣等部，今兒童閱覽室及閱報室定六月八日開放，雜誌閱覽室及圖書閱覽室定七月一日開放，其每日開放時間七月至九月上午八時至十一時，下午七時至九時半，十月至翌年二月，上午九時至十二時，下午一時至五時，三月至六月，上午八時半至十一時半，下午一時至六時，凡到館閱覽者，請在入門處先領閱覽證，至離館時交還，至出借圖書須俟諸正式開幕時期云。

摘自《中華圖書館協會會報》一九三六年第十一卷第六期

粤惠來縣立二小增設圖書館

廣東惠來縣立第二小學校，自去歲改組後，委由方作柱担任該校校長，方氏到校後，頗能盡職，近以該校缺少圖書，對於學生學業，不無影響，特由校內師生捐資，增設圖書館一所，業經籌集向汕購買小學分年級讀本一部，計六百餘冊，現經購就，不日可運校云。

摘自《中華圖書館協會會報》一九三六年第十一卷第六期

宜川公民小學修建圕

陝西宜川駐軍王旅長勁哉來宜以後，對于社會公益，認眞服務，熱心進善，除修各街道路外，近有令其團部官兵前赴深山伐樹，現已運到城中者甚多，聞王旅長有鑒于宜川教育之不振，公民學校之困難，近日將其一部分木料給公民小學校作修理圖書館之用，動工即在目前，王旅長能如此提倡該校，則前途尚有一線之餘光矣云。

摘自《中華圖書館協會會報》一九三六年第十二卷第一期

師大一小兒童圖二週年紀念

國立北平師範大學附屬第一小學兒童圖書館，自二十三年籌備擴充，至同年十一月三日即正式成立，規模粗具。自民國二十四年秋季起，聘請王栢年君主持其事，王君服務圖界有年，爲思决定訓練目標及增進辦事效率起見，首即採用師大圖何袁二氏之中國圖書十進分類法及劉氏中國圖書編目條例，經二月之努力，條理井然。於一週紀念之期，曾編印概况，分贈各處。至本年十一月三日，又屆二週紀念之期，是日該館將二年來事業推廣之成績，並各項表格，分門別類陳列，任人參觀。惟因籌備時間關係，不及招待外賓，除校方舉行紀念儀式外，並請師大圖何日章館長及闔校師生千餘人參觀，由王氏分別招待並解釋一切，以該館管理之優良，設備之完善，頗得良好之評語云。

摘自《中華圖書館協會會報》一九三六年第十二卷第三期

內江兒童圖

四川內江兒童圖書館之成立純以私人力量多方募集，又得前縣守羅公甫君之儘量捐助，始獲於二十四年全國兒童年之熱烈聲中與世相見。本培修國民基礎，養成幹底人材之宗旨，開中川幼稚教育之先聲。職員五六人，純係義務從公。另設開明兒童學校，學生百餘人，新芽蓬勃，衆口同稱。館長高爾遜君，係四川大學文學院畢業，今春因事奉召入京，所有館責交由雪之峯君代理，雪君亦縣中教育界巨子，經費尤多補助云。

摘自《中華圖書館協會會報》一九三六年第十二卷第三期

杭州市兒童圖舉行時事測驗

杭州市兒童圖，爲鼓勵兒童研究時事興趣起見，去年十二月十一日舉行兒童時事測驗。其測驗辦法如后：一，測驗分高級初級兩組，每組以四十人爲限。二，凡杭市兒童及各校學生均得參與測驗。三，測驗題由該館編印分發。四，裁判員聘請二人，各組成績優良在五名以內者，定期酌贈獎品。五，報名日期十二月四日起至九日止，逾期或逾額不收。六，報名地點，橫河橋市立兒童圖書館。七，報名分到館塡寫報名單及通訊報名兩種，並以該館所備報紙如：中央日報，大公報，浙江新聞，新兒童時報，新兒童報，圖畫晨報，兒童晨報，杭州民衆等以供參考。計屆時參加比賽者有太廟巷平海路等十六小學學生七十九人。是項比賽試卷業經市教育科及該館分組批改完竣，成績優良者，計有高級組第一王鳳儀（靈慶里）等八名；初級組第一許宴儒（橫河）等六名，並已于同月二十日舉行給奬式焉。

4. 天津七市立圖籌設兒童圖

天津市立通俗圖七所，鑒於舊式書肆租售之「連環圖畫」，毒害兒童匪淺，爲供應兒童正當讀物起見，擬合辦兒童圖三所，購備各種高低年級兒童讀物，每日開放，俾供附近兒童任意閱讀。前曾呈准市教當局備案。現七所通俗圖代表，已於日前舉行一籌備會議，會商進行辦法，決定三所同於五月初成立。

上海兒童教育館設圖

滬市各界發起之上海兒童教育館，於一月十日下午三時，假八仙橋青年會西菜室舉行成立大會，到李大超、陳鐵生、黃警頑等六十餘人，公推陳鐵生主席，開會致詞畢，即通過章程，選舉董事榮宗敬、林康侯、徐朗西、王彬彥、滕也白、顧執中、姚吉光、屠偉、程可權、蔡炳高、吳樹人、丙信谷等四十五人當選董事，李大超、陳鐵生、劉王立明、朱鳳蔚、衛聚賢、黃香谷、蔡樹田、杜剛等十餘人為常務董事，李大超兼董事長，陳鐵生兼館長，朱亞傑兼總幹事，黃靜庵兼副總幹事，該館已覓定靶子路一九三號為總館及第一分館，先行設立圖書館，已徵得書籍甚多，各方允予捐贈者亦夥，該館並在選購中，定二月一日先行開放，四四兒童節正式開幕，凡該市兒童均可入館閱覽，至於該館設立之兒童義務學校，業已開始招生，凡貧苦失學兒童，均可免費入學，且可視學生時間而分別授課。

平市中山圖舉行兒童教育健康展覽會

平市中山圖書館，爲提倡兒童教育健康起見，特於兒童節（四月四日）在該館舉行兒童教育健康展覽會，是日前往參觀者極爲擁擠云。

摘自《中華圖書館協會會報》一九三七年第十二卷第五期

師大一小圖消息三則

▲(一)舉行讀物展覽　國立北平師範大學附屬第一小學兒童圖於兒童節舉行兒童讀物展覽會，陳列圖書計分：a.好兒童讀物——陳列兒童倫理及新生活讀物。b.童子軍讀物——有關於童子軍幼童軍之一切書籍論文。c.世界兒童讀物——關於世界各國兒童生活及思想之書籍論文。d.兒童中國讀物——如略史國恥史地理概況生產概況及人民風俗等讀物等四類，是日前往參觀之兒童家長及來賓二千餘人，對於該館之設備佈置等有良好之評論之。▲(二)添購新書　該館於本學期開學後，新購最近出版之兒童讀物及教職員參考書五百餘冊，新添訂兒童雜誌四五種，舉凡我國出版之兒童雜誌無不齊備。又以該校新增幼稚園之故，兒童圖以原有幼稚兒童讀物較少，特注意購置，現由該館王柏年氏四出採訪，已購得百餘冊之多云。▲(三)借書藏書統計　北平師範大學第一附屬小學兒童圖書館，館務頗爲發達，據該館統計：(一)二十五年度上學期借出書籍共六六〇一九冊，中以故事爲最多，共一〇五五冊，其次小說八三九冊，科學讀物二三八冊，名人傳記三三四冊。(二)上學期新購圖書計低級讀物九四八冊，中級讀物五三二冊，高級讀物六五八冊，教職員參考書一三四冊，共計二二七二冊。(三)現有圖書總數：兒童讀物五八四一冊，教職員參考書二五四八冊，共八三八九冊云。

摘自《中華圖書館協會會報》一九三七年第十二卷第五期

北平市立第一普通圖書館消息二則

▲(一)兒童讀書會重登會員　市立第一普通圖書館爲增進兒童讀書興趣起見，曾組織兒童讀書會，舉辦一年，頗著成效。本年兒童節後重新登記會員，繼續辦理，兩週間登記會員已百餘人。盛況有加。▲(二)巡廻圖書箱現已製就應用　平市立第一普通圖書館，去年因推廣圖書事業，曾製造巡廻圖書箱，業已完成。並經社會局驗收竣事，定日內分發市立各閱書報處應用，爲鄭重公物起見，特擬定「巡廻圖書箱裝運須知」六項，亦經呈請社會局核准，隨箱附發各閱報處遵照。

摘自《中華圖書館協會會報》一九三七年第十二卷第五期

宜川公民小學修建圖

陝西宜川駐軍王旅長勁哉，來宜以後，對于社會公益，認眞服務，熱心進善，除修各街道路外，近有令其屬部官兵前赴蒿山伐樹，現已運到城中者甚多，聞王旅長有鑒于宜川教育之不振，公民學校之困難，近日將其一部分木料給公民小學校，作修理圖書館之用，動工卽在目前，王旅長能如此提倡該校，則前途尚有一線之餘光矣云。

摘自《中華圖書館協會會報》一九三六年第十二卷第一期

粤惠来县立二小增设图书馆

广东惠来县立第二小学校，自去岁改组后，委由方作柱担任该校校长，方氏到校后，颇能尽职，近以该校缺少图书，对于学生学业，不无影响，特由校内师生捐资，增设图书馆一所，业经汇集向汕购买小学分年级读本一部，计六百余册，现经购就，不日可运校云。

摘自《中华图书馆协会会报》一九三六年第十一卷第六期

第六團對於兒童教育的設施

于昭熙

（一）組設婦女識字班：婦女爲家庭中主宰，對於教養子女操持家政關係至爲密切，知識爲稍欠缺，處事即難裕爲，是婦女識字問題，在今日實爲當務之急，第五講演所組設婦女識字班，已於本年一月五日舉行開學典禮，是日學生報到者五十餘人，同時並約集第四區士紳民衆及各生家長臨時參加，首由譚鶱才君說明成立婦女識字班意義，群情欣慰異常，並延聘女教員華瑞鳴王慈萱二女士分別教授，期收實效，截至本年七月第一期已屆畢業，第二期正續招新生，藉以救濟失學婦女，爲改善家庭初步也。

（二）組設婦女初級補習班：婦女識字關於家庭教育，編織刺繡，又爲家庭手工業基本勞作，二者均爲婦女立身之本，第五講演所婦女識字班成立時即將生計教育列入課程，預爲練習初步，數月以來稍著成績，惟因學期所限，深造似有未能，殊感憾然，且女生中聰慧者甚多，若任其湮沒天才，未免可惜，該所爲輔助婦女有志深造無力入學起見，特增設婦女初級補習班，藉以提高學識，俾能經濟獨立且可爲改善家庭之助，是即該所增設婦女初級補習班之意義也。

（三）成立高級男生補習班：第六團爲謀青年繼續教育起見，曾籌設高級補習班，已於本年三月一日正式開學數月以來，各生頗知奮勉，該館爲鼓勵各生讀書興趣起見，令由各生組織音樂會，並組織話劇團預備化裝講演云。

（四）高級補習班學生參加田徑訓練班：第六團譚君爲發展學生健康教育起見，特令高級男生全體加入市體育場所辦暑期田徑訓練班，訓練期滿，再由各生組織體育促進會，並研究國術鍛練身體預備訓練民衆，至女子補習班派由華女士加入訓練，期滿後再指導女生，實地練習，强健身體云。

（五）組設民衆補習班：我國民衆之多，甲於天下然文盲之衆，亦爲各國所特有誠弱點也。似非喚起民衆識字運動，不足以言改進，第六團有鑒於斯，特組設休閒教育民衆補習班，藉使民衆於休閒時，得到讀書識字機會，自招生後，來館求學者極形踴躍，每至課期，派講員譚權忠督同高級補習班學生授以千字課，筆算，及注音符號等課程，由淺而深，俾期易識，藉以喚起識字運動也。

摘自《天津市市立通俗圖書館月刊》一九三六年十一月第二卷第五期

上海街童教育會籌辦街教巡迴圖

兒童教育專家陳鶴琴，董任堅等，因感街頭失學兒童之痛苦，乃於去秋發起上海街童教育會，實施街童教育，推行至今，街童頗蒙其益。茲爲流浪街童充實精神食糧起見，特籌辦街教巡迴圖巡迴閱讀。當推定陳鶴琴，董任堅，孫亢曾，陳汝惠，程炎泉，張禮春，曹作舟，徐錫華等爲籌備員，進行募書募金募布等工作。聞該會募書以二千冊爲目標，募金以五千元爲目標，募布以淺色士林布十二疋爲目標。（用以裝訂書籍以保永久）此項運動，已得該市文化界及教育界等贊助。中華兒童教育社，大夏大學皆竭力贊助，該市各小學學生亦願捐贈書籍及糖果金扶助街童云。

摘自《中華圖書館協會會報》一九三八年第十三卷第三期

英大使夫人捐款設滬難童圖書館

英大使卡爾夫人關懷難童，熱心公益，特在滬慨捐國幣五百元，充上海工部局華人會難教會主辦之華工難童收容所，創設難童圖書館之基金。

摘自《中華圖書館協會會報》一九三九年第十三卷第五期

柳江戰時兒童保育院設置圖書室

柳江縣戰時兒童保育院，爲加强兒童智識，激發其愛國情緒起見，特在院內設立圖書室一所，俾各兒童得以閱讀各種圖書。惟讀物甚感缺乏，前經函請各書店盡量捐送，玆悉該院近來已收到各書局贈書一批，計中華書局贈送兒童讀物四十餘本，上海雜誌公司捐贈畫報及書籍四十餘本，生盛昌捐贈兒童讀物十餘本，掛圖全幅，建設書店捐贈兒童讀物十本云。

摘自《中華圖書館協會會報》一九三九年第十三卷第六期

鄞縣社會服務處
增設兒童圖書館

鄞縣縣黨部設立之縣學街社會服務處，爲灌輸兒童智識，增强兒童抗戰情緒，特向各地購到大批兒童書籍，增設兒童圖書館一所，專供兒童閱讀，舉凡戰事常識，史地遊記，童話，故事，漫畫，技藝等，自初年級至高年級之學生讀物，應有盡有，自開放以後，前往閱讀之兒童，頗稱踴躍云。

摘自《中華圖書館協會會報》一九三九年第十四卷第二、三期合刊

上海各界創設兒童圖書館

上海各界名流，因感戰後失學兒童之衆多，而該市兒童圖書館尚付闕如，發起創設上海兒童圖書館，即將甫經創辦之新林兒童圖書館，改組擴充，以供該市兒童閱讀之需，聞現正積極籌備中云。

摘自《中華圖書館協會會報》一九四〇年第十四卷第四期

香港圖書館事業概況

（一）公共圖書館　該館成立於一八六九年十一月二日，除藏有英文書籍約六千冊外，並有香港出版之西文報紙和政府公報等多種。中文書報，因管理不便，遂全數送入港大圖書館。該館除星期日和公假之外，每天以上午九點至下午五點為閱書時間。借書出外，須有保證。每日閱書人數約五六十，每月借出書籍約八百冊。

（二）學海書樓　該樓成立時期約在一九二〇年左右，當時香港政府曾予以相當經費津貼，嗣後即只靠募捐和屋租收入作經費。藏經史子集四部古籍約十萬卷之多，其中尚有若干珍本與孤本。每天上午九點至五點為閱覽時間，每逢星期三，六並有國學名儒講學。

（三）華商總會圖書館　該館成立於一九二八年十月，藏書尚稱豐富，現每年仍陸續購置。除星期三之外，每天閱書時間分兩部，由下午一點到五點，再由七點到十點，現時閱覽人數及書籍借出冊數，均逐年增加。去年閱覽人數增至十一萬八千三百五十四人，平均每日有四百三十四人，借閱冊數二十四萬四千一百四十一冊，平均每日借出八百九十四冊，為港地各圖書館之冠。本年五月該會曾有一部分值理提議停辦，後經多數值理反對，遂仍繼續辦理，今且更有擴張之必要與可能云。

（四）馮平山圖書館　該館於一九三二年開幕，為香港大學之一部分，但館址由馮平山先生所捐建。該館閱書時間，上學期為上午九點至下午一點，下午兩點至五點，暑假期內則為上午九點半至下午一點。凡該校員生，皆可依章閱書借書，校外人士，如能得有學校商店擔保，亦可向該館領取閱書證，到館閱覽。該校全部中文圖書，現都搬入該館，故藏書頗稱豐富。

（五）青年會圖書館　該館為香港中華青年會日校員生於該校二十五週年紀念時募款所建立，於一九三三年十月十日舉行開幕典禮，所藏中西文書籍，尚稱豐富。本年上半年閱書人數共二萬三千五百二十八人，借書人數五千七百九十九。

（六）業餘聯誼社圖書館　業餘聯誼社為一成立未久之社團，但其所辦之圖書館，現已藏有圖書三四千冊，讀者五百餘人，無論社友或非社友（須得社友之介紹），一律附有條件借出，辦法尚覺完善。倘該館能繼續加以擴充，則其有裨青年自修，實非淺鮮！

（七）大衆兒童讀書室　該室為香港青年會少年部所創辦，用以矯正該地兒童嗜好神怪武俠連環圖小說，而供給以有用圖書，自成立迄今，已逾一年。閱書手續，至稱簡便，每次只須費銅枚一個，即可閱書兩天，閱滿十天，給一獎券，此券可以再看兩天，此種收入，彙集之後，用以購置新書。有並舉行辯論會，座談會，及為兒童講故事等，因此現時閱書人書已增至一百餘人。

摘自《中華圖書館協會會報》一九四〇年第十四卷第四期

上海兒童圖
積極進行籌備

上海教育界熱心人士，爲增長兒童學識，擬設立上海兒童圖書館，曾於去年十二月初召集該市教育文化界同人，舉行第一次籌備會議，並經議決先設籌備處，當經推定周至德，陳雲明爲籌備處正副總幹事，一面邀請該市各界名流爲當然發起人，現該籌備處，已加緊計劃進行，並擬於最近舉行第二次籌備會議，繼續討論籌備進行諸事宜云。

摘自《中華圖書館協會會報》一九四〇年第十四卷第五期

上海兒童圖書館籌委會成立

本屆四四兒童節，中華慈幼協會上海辦事處，上海工部局兒童保障科，上海兒童保育會，上海街童教育會，上海貧兒失學救濟所，上海父母教育研究會，上海兒童醫院，中國救濟婦孺總會，上海救濟難民分會，中華醫學會，上海女青年會等十一團體，爲對本屆兒童節留一永久有意義之紀念，特聯合發起籌設上海兒童圖書館。曾於該日正式成立籌備委員會，並就籌備委員中推請胡祖蔭，吳維德，陳征帆，黃警頑，李卓姣爲設計委員會委員，草擬兒童圖書館計劃及章則。黃警頑，趙傳家，張國權爲提名委員會委員，擬議徵求各機關團體及社會熱心人士加入，共同推動云。

摘自《中華圖書館協會會報》一九四〇年第十四卷第六期

國立中央圖書館白沙民衆閱覽室概況

彭道真

一　籌備經過及組織

國立中央圖書館籌備處自奉令遷白沙辦公後，鑒於當地文化水準之不高，讀物之缺乏，久思覓地闢室供衆閱覽；惟以地方人口驟增，房屋供不應求，一時難得適當處所。適平教會江津實驗區在該鎮大觀山建築新屋，其中之第一棟，付預定作爲民衆圖書館之用。中央圖書館爰與協商，訂定互惠合同，成立國立中央圖書館白沙民衆閱覽室，於本年八月十七日新屋落成時開幕。

閱覽室行政事務，由中央圖書館閱覽股人員負責。書籍亦全由館中供給。書籍之分類編目悉按中央圖書館規則，由館中編妥送閱覽室陳列。

二　館址及佈置

館址在白沙鎮之中心。爲「工」字形小樓兩層，背山面江，有城市山林之勝。大門北向，入門後左爲圖表室，右爲閱報室。前者張掛有關抗戰建國及民族偉人史蹟之圖表，每兩週更換一次。後者陳列日報，計江津一份，重慶三份，成都二份，上海二份，雲南，貴州，廣西，福建，安徽，浙江，湖南，湖北，江西，河南，山西，陝西，甘肅，青海，新疆及香港各一份，共計二十四份。按日更換。

「工」字形之另一端爲兒童閱覽室及書庫。中段爲衣帽處，飲茶處，另設衣鏡面盆供兒童洗手整裝之用。

兒童閱覽室之書架桌椅俱按兒童標準尺寸製備。閱覽室可容小讀者五十餘人，書籍之購置，在抗戰期中至感困難，兒童讀物尤甚，中央圖書館雖分向重慶，成都，香港，上海出版兒童讀物之各書局函購，到者仍屬寥寥。截至現時止，閱覽室庋藏兒童書籍計共一千五百餘冊，全部置於室內，純為開架制。

書庫為地址所限，僅能置書架十五個，可供庋藏書籍八千冊之用。大部參考書則擺置樓下閱覽室中開架陳列，庫中現藏書籍四千伍百餘冊。每週續有增加。其為讀者所迫切需要，或閱覽大衆興趣所集中之書籍，則隨時增購。

樓上「工」字形之北端為閱覽室，大部參考書開架陳列於此者計六百七十四冊。中段置出納台目錄櫃，出納人員在此辦公。南端為雜誌室及辦公室。雜誌室陳列雜誌一百六十種，分類陳列。計分公報，政治，經濟，軍事，法律，史地，合作，農業，教育，青年，婦女，兒童，科學，文藝，美術，時論，醫藥衛生及讀書輔導十八種。任讀者自由取閱。

三　閱覽手續及統計

閱覽手續至簡單，任何人均可簽名領取閱覽證，入內閱讀書報雜誌。簽名及發證處在大門內入口處。閱報紙及圖表不收證，閱書及雜誌時將證交各該處之職員，換取紙書證號。離室時將紙證交回，換取原證。出門時須交還領證處。兒童閱覽證亦在大門口領取，但簽名則在兒童閱覽室內。

兒童閱覽室門外設有衣鏡，面盆，手巾，肥皂，水桶等。於其旁貼有顯明之「小朋友們請先洗手再進室看書」等標語。初來閱覽之兒童，由管理人檢視其手是否清潔，領之至洗手處洗手，並隨時告以整齊清潔必要之故。來過一二次之兒童，到門首時即知自視其手是否清潔，再行入室。

入室後將閱覽證交管理人，在簽名簿上簽姓名及證號。架上書籍係分類陳列，管理人詢其欲讀何類書籍，指導其按架上標簽尋索。遇有胆怯不知所欲之兒童，管理人則導之至架前，詢其學級，將一班兒童最感興趣之書籍如小故事，童話，小說，小工藝之類書籍取出，告以書之內容。並告以某類書在何處，鼓勵其自取。兒童尋出其所欲讀之書後，交與管理人登記書號後再行閱讀，讀畢後交還管理人註銷。

每週講故事兩次。時間未加規定，由管理人斟酌合宜時間舉行之。間或遇兒童衆多時，鼓勵兒童自行講述。

閱覽人數，在初開幕時每日成人不及百人兒童不過二三十人，今則每值星期或例假日成人常逾四百，兒童數目亦在九十與二百之間。

四　借書

在閱覽室內借閱書籍無何種限制。凡閱覽室已入藏之書籍圖誌，讀者如需借閱，但填一兩聯借書單交出納處即可借得。惟所藏書籍以少複本故，暫時不外借。其機關團體因特殊需要，經主管人員特許者短期內亦可出借。仍照「中央圖書館機關團體出借書籍暫行規則」辦理。

兒童亦可借書回家閱讀。閱覽室有印就之兒童申請借書各種表格。兒童如欲借書，先填「兒童借書申請書」。閱覽室於收到此申請書後，即發給「請家長證明書」及「請學校介紹函」，未入學之兒童，填「家長證明書」即可。根據該項證明函件，閱覽室施以確切調查後即發給「借書證」，憑證可以借書三冊，期限兩週。

五　工作近況

為促進地方人士對於文化事業之注意起見，中央圖書館除積極充實外，更於有意義節日舉辦各種展覽會，藉以引起民衆之興趣，本年已舉辦兩次，成績尚佳。

第一次在雙十節。當日下午舉行兒童讀物展覽；並以茶點及紀念品招待來參觀之小朋友。是日到者極形踴躍，半日之內能簽名之小朋友來者逾五百人，成人及不能自書姓名之兒童尚不在內。

第二次於十一月十二日總理誕辰舉行日報雜誌展覽會，陳列中央圖書館本年度入藏之期刊及報章。計陳列公報一百十八種，雜誌三百二十九種，日報三百零七種。來參觀者一千四百餘人。

經此兩次展覽之後，讀者大形增加，兒童及成人方面平均每日閱覽人數較前約加一倍。同人感努力不虛，至爲興奮。目前在計劃中者爲新年及明年兒童節日所擬舉辦之節目。

六　結論

民衆圖書館之對象爲民衆，須通俗，普及，國立圖書館爲國家學術文化資料之最高府庫，對象爲學者專家。性質不同，本難以兼籌並顧。祇以抗戰期間，社會有迫切需要，而西南圖書館事業方始萌芽。爲有助於教育民衆，有利於抗建國策，中央圖書館不辭越俎代庖之譏，同人亦願盡力以赴，尤期於兒童圖書館方面樹立規模，以便抗戰勝利時，留與白沙民衆作中央圖書館在川之紀念。

附白沙民衆閱覽室平面圖一幅

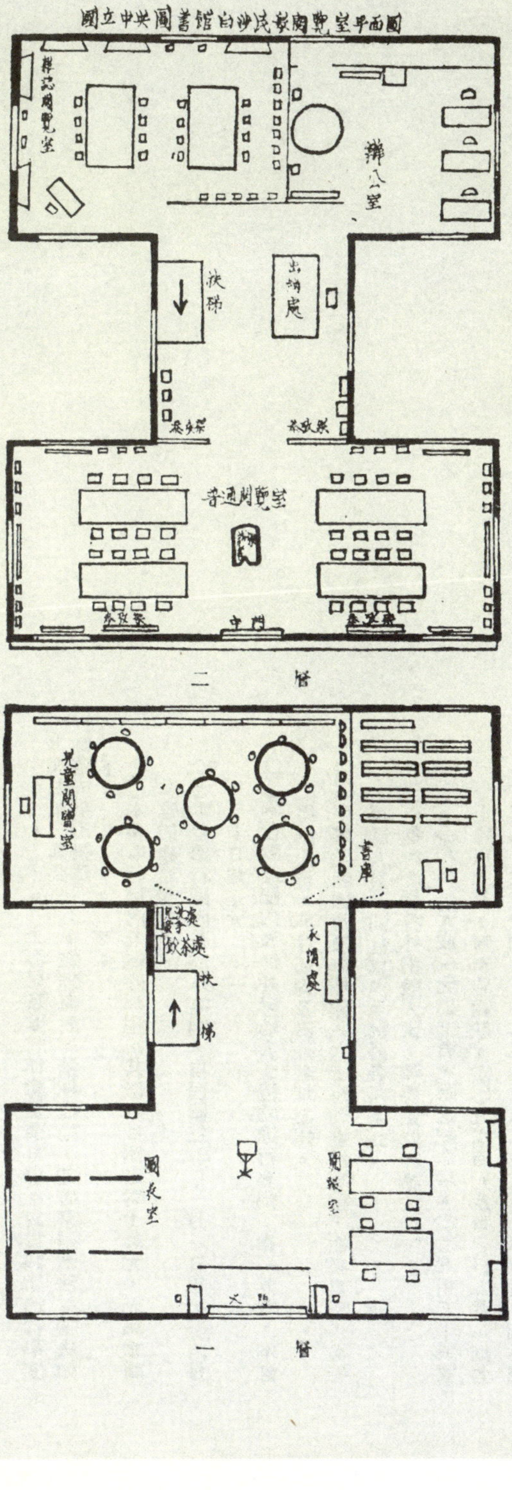

摘自《中華圖書館協會會報》一九四〇年第十四卷第四期

上海兒童圖書館籌委會議決募捐辦法

上海兒童圖書館籌備委員會，對於該館進行事宜，迭經商討，積極推動，茲將募捐辦法，議決如下：

(一)本會舉行國內及海外募捐，其徵募目標定爲十萬元，充兒童圖書館建築費用途。

(二)本會舉行國內及海外募捐，自民國三十年一月一日起，至四月三十日爲止。

(三)本會歡迎國內及海外熱心人士協助進行募捐，在必要時，本會得派人員，前往國內及海外各地募捐。

(四)本會歡迎國內及海外熱心人士協助進行募捐，在必要時，本會得派人員，前往國內及海外各地募捐。

(五)本會對於國內外捐款人士，特規定獎勵辦法如下：

(甲)凡捐一元或一元以上者，贈送紀念章。(乙)凡捐五十或五十元以上者，贈送感謝狀。(丙)凡捐百元及百元以上者，刻名紀念，並贈送錦旗。(丁)凡捐五百元或五百元以上者，刻名紀念，並贈送匾額。(戊)凡捐千元或千元以上者，懸掛照片，並命名房室，永久紀念。

(六)本會對於國內及海外協助募捐人士，除贈送紀念品外，並於紀念册上刊載，以留紀念。

(七)本會迄徵募結束時，當編印徵信錄。以昭大信。

(八)凡國內及海外各界人士，對於本會有所詢覆或商洽，請直接函寄，本會通訊處爲上海多亞路中匯大樓二〇八號。

（九）本辦法經常務委員通過後，由徵募委員會，協同相關部分，進行辦理，如有未盡事宜，得由徵募委員會斟酌修改，提呈常務委員會通過或追認之。

摘自《中華圖書館協會會報》一九四一年第十五卷第三、四期合刊

上海兒童圖書館籌備委員會會務經過報告書

（民國二十九年九月二十八日至三十年五月十七日）

一、本會之產生

上海爲我國通商巨埠，早有設立兒童圖書館之需要，中華慈幼協會上海辦事處，上海工部局兒童保障科，上海兒童保育會，上海街童教育會，上海貧兒失學救濟所，上海父母教育研究會，上海兒童醫院，中國救濟婦孺總會，上海難民救濟分會，中華醫學會，上海基督教女青年會等十一個團體有鑒及此（註一），爰於民國二十九年九月二十八日，聯絡各界人士，正式組織上海兒童圖書館籌備委員會，負責主持，以策進行，此爲本會產生之由來也。

二、組織之工作

本會於民國二十九年九月二十八日宣告成立，推舉虞洽卿，趙晉卿，聞蘭亭等五人爲名譽主席，吳蘊齋，何德奎，奚玉書等三十三人爲名譽委員，袁履登，吳維德，胡祖蔭等十九人爲常務委員。此後，常務委員會於十月十九日集會，除議決聘請陳征帆爲總幹事，丁秉南爲副幹事，張元市爲會計（註二），負責推進會務外，並聘請馮詢臣，胡錫山等十一人爲總務委員，林重稚，楊長治等十九人爲設計委員，陳青士，趙傳家等十一人爲經濟委員，黃警頑，顧惠人等二十二人爲徵募委員，毛心一，沈仲俊等十六人爲館舍委員，此本會組織之大概也。

三、準備之工作

本會組織就緒後，即開始進行各項準備工作，如制訂本會籌備工作程序大綱，本會辦事細則，本會經濟委員會辦事細則，徵募經費辦法大綱，編隊募捐辦法等；此外更準備募捐啓，宣傳圖畫，徵募論文，一切應用文件，向新華上海兩銀行接洽代收捐款事宜等等。以上準備工作，皆於民國三十年二月一日前妥適辦竣。

四、徵募之工作

本會各項準備工作完成後，即於民國三十年二月一日起，開始進行徵募工作。本會在上海方面聘請熱心人士担任徵募隊長之職，所組織之徵募隊，共爲二百六十隊。此外又致函海外熱心華僑，請求踴躍捐助。本會原規定徵募期間，由二月一日起至三月十五日止；其後因事實上需要，特延長至四月十五日截止。本會徵募結果尚佳，對於設立兒童圖書館已具有確切之把握。至於詳細經濟狀況，另由會計報告，茲不贅。

五、建設之工作

本會於四月十六日起開始辦理結束，同時，並進行建設方面工作。本會除擬就兒童圖書館董事會簡章，購置兒童讀物之計劃，巡迴圖書事服務之計劃等等外，並業經覓就兒童圖書館館址（註三），購置良好兒童讀物數千册，以爲將來之需。此外，本會爲喚起社會注重兒童讀物問題起見，特於第十屆兒童節舉行「中國古今兒童讀物展覽會」（連續舉行三日），獲得社會之同情與贊許，此亦爲值得紀述之事也。

六、致謝各方贊助

以上簡述本會於組織，準備，徵募，建設各方面所已經成就之工作；現在兒童圖書館之館址業經覓就，兒童圖書館董事會即可産生，以主持將來一切事宜，是則本會之籌設兒童圖書館任務，至此可謂已充分完成矣。唯回溯過去，幸賴各界熱心贊助，始獲今日如許成績，此爲本會所誠懇感激，應予鄭重致謝者。此外，總幹事陳征[illegible]，副總幹事丁秉南，會計張元甫等以純粹義務，熱心担任實際行政工作，陳青士，胡祖蔭，黃警頑等委員，張祖培，趙鉄章，張之龍等隊長，以同樣犧牲精神，始終爲籌設兒童圖書館努力，此在兒童圖書館成立史上應佔據重要之一頁，值得吾人永遠紀念者也。最後，敬以無限熱忱，預祝兒童圖書館美滿實現，發展無量！

（註一）民國二十九年三月間，中華慈幼協會上海辦事處等十四團體所組織之上海第九屆慶祝兒童節籌備委員會，曾接得兒童應純同，應純高等之函件，請求發起籌設上海兒童圖書館運動。

（註二）本會總幹事，副總幹事，會計等皆爲義務職。

（註三）兒童圖書館館址在靜安寺路大華商場十九號。

摘自《中華圖書館協會會報》一九四一年第十五卷第六期

上海兒童圖書館的使命

胡祖蔭

我國唯一的上海兒童圖書館，經過長期的籌備，定於七月十二日下午二時，在靜安寺路大華路館址開幕了。現在趁着這個開幕的時機，提出本館的三項使命，以就教於社會各界人士之前。

一、適應各種兒童需要　上海地方遼闊，要想在一個中心館址服務全市的兒童，事實上當不可能，雖然本館的館址還算在交通便利的地點，但是因爲時間上、經濟上和安全上的困難，不能使本市各區的兒童都能來館閱覽，因此我們預備在全市各區設立流通站三十處，代替總館流通書籍，希望各區學校的小朋友也能得到閱覽和借書的便利，對於街頭巷尾的流浪兒童，我們預備利用巡迴圖書車，供給他們免費閱讀優良的讀物。還有，本館這次徵募捐款時，也有西國人士捐助款項。而上海扶輪社現在時正在代本館徵求中西兒童書籍數千冊，因此，本館在可能範圍內，也願爲上海各國兒童服務。

二、供給兒童優良讀物　現在書坊新出版的兒童讀物，優良的固然很多，不佳的亦屬不少，尤其是小書局和小說攤上新出版的兒童讀物，不荒唐無稽和誨淫誨盜的頗佔多數。這次我們新搜集的兒童讀物將近壹萬冊之多，我們已登記分類，編目和裝訂的工作完成。將來我們還想徵求立一個兒童讀物編審委員會，在消極方面，通知兒童不要閱讀不良的讀物，在積極方面，編輯適合兒童心理的優良讀物，以供兒童的閱讀。

三、指導兒童閱讀書報　兒童的理解力和思考力尚未發達成熟，需要指導發展，對於本館各種閱覽和借書的手續，我們已經編印了詳細辦法（見另文）供小朋友索閱，小朋友來館時，我們的館員定將盡力給予小朋友取書，還書和借書的便利。尤其重要的，是引起兒童閱書的興趣和指導兒童閱書的方法。將來我們要計劃舉行讀書演講會，新書介紹會，故事比賽會，閱書成績報告會等。作為指導兒童閱書的具體事工。

最後，我們要趁這個機會，向過去在物質上和精神上贊助本館的仕女們，表示深切的謝意，我們希望社會各界人士不吝地指導我們和督促我們，以達到我們所負的使命。我們更希望全市的小朋友充分地來參加本館的一切活動。使我們能達到服務全市小朋友的目的。

摘自《中華圖書館協會會報》一九四一年第十五卷第六期

上海兒童圖書館正式開幕

上海兒童圖書館籌備委員會，對於該館籌備進行事項，已一年有餘，茲於本年七月十二日，在靜安寺路大華商場二三樓，舉行開幕儀式，到陳青士，黃警頑，潘公展，劉湛恩先生陳鶴琴，丁秉南暨各界來賓與兒童等約千餘人。董事長胡祖蔭，館長林重楷等，分別殷勤招待。本市名流許曉初張汝源等，致送匾額。公興藥房捐贈書夾二千隻，以示熱烈慶祝。該館藏書共一萬餘冊，除依據書籍性質分類外，又按兒童教育程度，分為高中低三級，並以顏色識別排列，俾便兒童自由檢取。昨日參觀兒童，皆人手一冊，留連忘返，並規定每日上午八時至下午六時開放，星期一除外，歡迎兒童前往自由讀覽。茲誌其情況如次：

（一）館內陳列一瞥　踏進館門，四周皆有精緻小書架，呈現眼簾，天真兒童個個爭相閱覽，且以論目清晰，各種書籍，儘可隨心瀏覽。兩壁高懸古名人照像，如孔子，岳飛，孫總理，及發明家牛頓，愛迪生，林肯等多幅，寓意深遠，使一般兒童深印腦海。并有會捐助資之陳鶴琴，及周母陳太夫人照像，亦高懸其間，以資敬仰。

（二）胡董事長談片　該館董事胡祖蔭發表談片云：本館開幕，承各界人士光臨指導，無任感幸。本館今後之使命，擬在全市各區設立流通站三十處，對於街頭巷尾，流浪兒童，亦備利用巡迴圖書車，在可能範圍內，爲上海各國兒童服務。現在所要搜集之兒童讀物，近萬餘册，更擬預備成立兒童讀物編審委員會，通知兒童不要閱讀不良之讀物，閱覽和借讀手續，已定有借閱規則。并擬計劃讀書演講會，新書介紹會，次第促其實施。

（三）林館長談片　該館館長林重穉發表談片，其意見要點有四：（一）上海兒童圖書館創立，開我國圖事業之新紀錄，雖已粗具規模，但前途工作殊多，端賴各界之盡量扶助。（二）本館館舍如與上海衆多兒童相比較，尚覺十分狹小。以後倘經濟許可，必當建築一偉大之館舍，以期設備齊全，而合社會需要。（三）考現有之兒童圖書，均係戰前出版者，深感有改良與補充之必要。本館擬組織兒童讀物編纂委員會，并聯合出版界，編印適合兒童需要之良好讀物，以作進一步之供獻。（四）本館從即日起，正式開放閱覽，同時開始辦理申請「借閱證」手續，及流通站設立接洽事項。

（四）贈品紀念　該館對於捐款人紀念事項，同時亦分別辦理。計許曉初，胡桂庚，陳竹生等，均贈錦旗一面。蕭周開先，丁健行，王部局女子中學等，均贈匾額一方。其捐款人，均贈各式紀念章不等。并舉行攝影，以留紀念。至對於其他出力隊長暨代募捐款人等，亦分別致贈獎品，藉表感謝。又籌備會總幹事陳征帆，以義務性質，主持籌備事宜，迄於完成，除代募三，二七五，三八元外，並自捐儀金五五四，三五元，經常委會議決，鄭重致謝，並贈予銀瓶，文曰「造福兒童」，藉留永久紀念。

上海兒童圖書館徵求流通站

上兒童圖書館爲便利路遠兒童借閱圖書起見，特在本市各處設立流通站多處，藉以流通圖書供給兒童，良好讀物，養成兒童讀書興趣，增進課外智識，純以服務爲主，不收任何費用，凡本市各團體，各會社，各機關，各商店，或個人熱心教育願爲兒童服務者，皆得申請附設流通站，其申請附設流通站辦法如次：一，申請可向本館索取志願書，塡明蓋章，送交本館審核，經決定後，由本館聘申請者爲義務站長，負責站務，不給酬勞，二，流通站之圖書，於初設時，數雖多少，由本館酌量支配，以後每隔十天，由本館派員更換一次，三，每次更換圖書，應由站長或代理人點收，同時本館收回時，亦由出差人簽收，（其表册由本館製定），四，流通站除陳設本館之圖書外，不得陳例他種圖書，以免混雜，五，流通站所需用表册，悉由本館供給，但不得移作他用，或任意浪費，無故破壞，六，流通站辦理成績優良者，得由本館酌贈紀念品，以資獎勵，七，流通站之任務，（一）遵照本館所訂「流通站借閱規則」，義務辦理借書還書手續，不收任何費用，（二）設置圖書須加意愛護，請勿遺失，否則只得照價賠償，（三）設置圖書，得許兒童自由閱讀，如兒童欲借書回家，須憑本館借閱證方可出借，（四）兒童借書時，先將借書證留下，同時將所借書內之卡片抽出，塡註該借閱證號碼，並加蓋日期戳，然後連同借閱證夾在一處，依照書碼排列存站，其書方許兒童攜出，（五）兒童還書時，先依書碼尋出該書之書卡，（因該書卡於借書時係依書碼排列）及借閱證尋出後，再照書卡所載册數與還書册總驗過，如無錯誤，即將書卡插入書內，借閱證交還兒童，（六）如兒童有借書到期不還情事，得停止其借書權利，（七）每日務請將借書還書人數塡入本館印就之表格內，於月終送交本館，以便稽考，（八）在規定時間內，請爲兒童服務，以重信用，（九）對於借閱兒童，宜有愛護懇忱與指導之態度，八，流通站如有不能遵照上列辦法情事，得通知該館撤消，九，辦法如遇必要時，得由館長呈請董事修改之。

摘自《中華圖書館協會會報》一九四一年第十五卷第六期

私立天籟圖擴充兒童閱覽室

該館之四周，兒童衆多，兒童閱書，頗多妨害成人閱覽。於三十一年擴充計劃中，設立兒童閱覽室一所，今已完成開放，每天有百餘兒童閱覽其中

摘自《中華圖書館協會會報》一九四三年第十七卷第三、四期合刊

滬兒童圖書館開幕

中國福利基金會及兒童教育專家陳鶴琴氏主辦之第一兒童圖書館業於四月十九日在膠州路晉元公園揭幕，該圖書館係以行總贈與之活動房屋建成，內分閱覽室、圖書室及診療室。此項圖書館除晉元公園外，並已另在崐山公園，通北公園，中山公園三處，分別建立，最短期內卽可正式成立開放。陳氏并有計劃于此一二年之內，在全市各地分設兒童圖書館六十處，借給全市兒童閱覽。第一圖書館開幕典禮時，到有宋慶齡及教育界人士等三百餘人，小朋友參加亦踴躍云。

清華兒童圖書館成立

上海市各業領袖及熱心人士潘公展、駱清華、應永玉、壽毅成、潘士浩、潘公弼、顧善昌、褚君玉、潘世傑、沈宗銘、童傳俊、薛光前、王效文、汪劍平、黃仲明、張一渠等爲提倡兒童福利事業，普及社會教育，特聯名發起創設清華兒童圖書館，業于三十六年兒童節成立。館址襄陽北路一百號，館長爲駱褚君玉女士，卽駱清華夫人云。

摘自《中華圖書館協會會報》一九四七年第二十一卷第一、二期合刊

兒童圖書館歡迎參觀

清華兒童圖書館籌備就緒成立董事會，公推駱清華為董事長，張士浩為副董事長，又聘請駱緒君玉為館長，定兒童節下午三時開幕典禮，歡迎各界人士及小朋友屆時前往參加，館址設在襄陽北路（近林森中路）一〇〇號B及一〇二號。

上然兒童圖書館為慶祝兒童節，除於四月四日贈送閱展兒童恩物

摘自《上海教育》一九四七年第二卷第三期

兒童圖書館添設流通站

上海兒童圖書館，從九月二十五日起，恢復巡迴圖書車，出巡各馬路。在長壽路滬西公社，設立第一流通站，這個站每天平均前來看書的，有五六十人，出巡的時間，爲每天下午四時至六時。星期日爲上午十時到十二時。把精神糧食，免費贈送給貧苦的兒童。

摘自《小朋友》一九四七年第八百六十八期

京兒童圖書館揭幕

上海中華慈幼會南京分會，近出資千五百萬元，租賃長樂路蓮子營六六號，籌設兒童圖書館一所，計藏兒童圖書千餘種。已於七月十八日正式開館。開幕時並與小天使報合辦國外兒童生活照片展覽。該處適位城南平民區內，附近有小學十一所之多，故一般兒童前往閱讀者甚衆。

摘自《中華圖書館協會會報》一九四八年第二十一卷第三、四期合刊

清華兒童圖書館慶祝創立一週年

駱褚君玉女士主辦之清華兒童圖書館，設於上海襄陽北路一百十號，四月四日兒童節適爲該館成立一週年紀念，特舉行慶祝大會，節目精彩，與會兒童共達一千二百餘人，上午十一時開始向到會兒童散發由本市工商各業所捐贈之獎品，午後二至五時先爲智力測驗，繼則由美國新聞處連續放映五彩教育影片三場，參加兒童莫不欣喜如狂云。

摘自《中華圖書館協會會報》一九四八年第二十一卷第三、四期合刊

平市設立兒童圖書館

全國文化中心之北平，公私立以至各大中學之圖書館林立，堪稱全國之冠，惟對兒童圖書館尚付闕如，北平市立圖書館，有鑒及此，近已呈請教局，並於國立北平圖書館輔助下，決將中山公園分館改建爲「北平市兒童圖書館」。關於圖書方面，除市立圖書館原藏之萬餘冊外，北平圖書館長袁同禮已允考慮，將該館現有之兒童閱覽書籍寄贈，此外，市立圖書館現正發起募書運動，想該館刻已開幕矣。

摘自《中華圖書館協會會報》一九四八年第二十一卷第三、四期合刊

附兒童閲書室規則

第一條　本館備有各種兒童閱書及圖畫等供兒童之閱覽

第二條　閱覽時間每日自午後二時至五時日曜日自午前九時至午後四時假期另有規定由本館隨時揭示

第三條　入館時須領兒童閱覽證填寫姓名年歲及就學處所并按照書目填明欲閱何書交由館員檢發如不能書寫者可由館員詢明代填

第四條　閱畢出館須將圖書交由館員點收并於閱覽證上加蓋收訖戳記繳還收證處

第五條　領閱圖書每次以一册爲限閱畢再領至二次爲限其有已經人領閱者須俟人閱畢再領

第六條　所閱圖書如內有未明瞭者得向館員指問

第七條　遇適當時間得由館員就閱覽室內開講演談話等會

第八條　圖書上須保存清潔不得有圈點或塗抹汚損等事

第九條　閱覽室內不得閒談及任意涕唾

第十條　隨身物件須交館員保管出館時收回但不得携帶笨重物品

第十一條　本規則自呈奉核准日施行

摘自《浙江公立圖書館第八期年報》一九二三年第八期

兒童閱覽室規則

第一條　本館兒童閱覽室開放閱覽時間每日上午九時至十二時下午二時至五時寒暑兩季由本館隨時酌定之

第二條　本館兒童閱覽室停止閱覽日期如左

總理誕辰紀念日　總理逝世紀念日　國慶日　國恥日　國民政府成立紀念日　四節日　中央臨時公佈休假日

第三條　兒童來到閱覽室須親自將姓名寫在登記簿上然後取書閱覽

第四條　閱畢須將所閱圖書置回原處方得出室

第五條　來館閱覽圖書之兒童須盡力愛護所有圖書及器具勿使損壞

第六條　須衣冠整潔舉止鎮靜

摘自《安徽省立圖書館季刊》一九二九年第一卷第二期

誘導兒童閱覽簡章

本館爲誘導兒童閱覽及鼓勵其興趣起見特定奬勵閱覽簡章俾資勤奮茲將奬勸及指導辦法列后

（一）奬勸

凡來館閱覽兒童初次來館即自記姓名于兒童閱覽登記簿上本館即發給閱覽證一件每次携帶來館時由本館在證上盖用戳記以便月終統核次數之多寡分別給奬其辦法分爲五種（一）在一週內閱覽四次以上者給四等奬（二）在二週內閱覽八次以上者給三等奬（三）在一個月內閱覽十六次以上者給二等奬（四）在一個月內閱覽十六次以上對于本館考核其經閱之書俱能明瞭原委者給與一等奬（五）如一日來館閱覽二次以上在一週內有四日以上相同者則給三等奬餘類推

（二）指導

凡來館閱覽之兒童有不能自行審擇圖書者或對于書中文字音義不解者概由本館管理閱覽職員隨時指導并詳細解釋冀其充分明瞭務使其視圖書館如家庭如學校毫無隔閡欣然趨赴爲止

摘自《北平特別市市立第一普通圖書館週年紀念刊》一九三〇年週年紀念刊

杭縣縣立流通圖書館附設兒童讀物庫暫行章程

(一)總則

第一條　本館爲促進縣屬各小學兒童課外讀書之趣味，特附設兒童讀物庫，分區流通。

第二條　兒童讀物庫，暫設五個總庫，每學區設置總庫一個，委託附設所在地之小學管理之。

第三條　每庫分作若干份，委託區內小學若干所管理之。

第四條　讀物之管理辦法及借閱規則，均依本章程之規定。

(二)管理辦法

第一條　每學期開始時，本館將兒童讀物送至各總庫。

第二條　各總庫於讀物送到時，應查對書目及册數，分配爲若干份，送交區內所委託管理之各小學。

第三條　區內受委託管理之各小學，收到讀物後，即行平均分配，借與附近各小學，以備兒童借閱。

前項借與，依借閱規則辦理之。

第四條　各總庫及受委託管理之各小學，應共同商定附近之各小學之區劃，使份與份之借閱，不致有重複或獨付缺如之弊。

第五條　每學期內份與份，應彼此交換三次以上，不得固定。

第六條　每學期末受委託之小學，應將各份讀物送還總庫，由總庫彙繳本館。

(三)借閱規則

第一條　縣屬各小學借閱兒童讀物，應直接向各總庫或受委託管理之各小學領取之。

第二條　借閱證由本館置備，發交各總庫及受委托管理之小學保管備用。

第三條　每次讀物收到時，應在借閱證反面，加蓋校章，及主管人圖印。

第四條　各區讀物借閱期限爲一學期，在一學期內輪流借閱之次數不限定。

第五條　讀物交換借閱時，總庫或受委托管理之小學，應查對借閱證上所註明之册數；如有缺少，卽行登記，並令其賠償。

第六條　每學期終各借閱之小學，應將借閱讀物，送還原領之總庫，或受委托管理之小學。

摘自《浙江教育行政週刊》一九三〇年七月第一卷第四十六期

兒童圖書閱覽室閱書規則

(一)架上的書，可以取出來放在檯上閱看，閱完後，依舊放在原地方。

(二)圖書的類別，都在書架上標明，欲看何書，可以按類尋找。如一時不能找到，可以查書目，或問室內的管理員。

(三)在閱書的時候，不可隨意到室外遊玩。

(四)不可在書上圈點塗抹，或是割裂。

(五)不可帶黑墨毛筆到裏面，願意抄書的，可用鉛筆抄。

(六)閱書的時候，不可帶玩具和食物到裏面。

(七)不可大聲誦讀和談話。

(八)兩個人不可同時合看一本書。

(九)室內的書，不可帶到外面去。

(十)室內有筆墨和閱書單，閱完後，務必照單填寫，交本館管理員。

(十一)規則裏面有不明瞭的地方，可以問室內管理員。

摘自《山東省立圖書館季刊》一九三一年第一卷第一期

杭州市市立兒童圖書館章程

二十年四月二十一日奉教育廳指令准予備案

第一條　本章程依據浙江省縣市圖書館暫行規程第十一條訂定之

第二條　本館以儲集兒童圖書供給全市兒童課餘閱書爲宗旨故定名曰杭州市市立兒童圖書館

第三條　本館之業務如左

一提高閱讀興趣

二增加閱讀機會

三指導閱讀方法

四介紹閱讀資料

五供給參考材料

第四條　本館附設巡迴文庫分期送往各小學以便兒童就近閱讀

第五條　本館設館長一人指導員事務員若干人

第六條　館長綜理館務指導員擔任選購圖書及指導閱讀等事宜事務員擔任管理及其他事務

第七條　本館館址附設於杭州市市立橫河小學內

第八條　本章程自呈准教育廳備案後施行

摘自《市政月刊》(杭州)一九三一年第四卷第五期

兒童閱覽室規約

一、欲閱覽室內所陳列圖書先向指導員說明種類然後取閱

二、閱書時不可多取閱完一種存放原處後再說明取第二種

三、欲閱覽櫥中之書籍須向指導員索取不得自行取書

四、每次借閱櫥中之書籍至多不得過三本

五、閱書應在室內不得攜出室外

六、書籍閱畢後交還指導員憑籤出館

七、閱覽室內勿攜帶物件勿喧嘩談笑勿隨意吐痰

八、閱覽圖書應當愛護倘有損壞照價賠償

九、閱覽完畢請出閱覽室

十、逐日閱覽時間上午八時半至十一時半下午一時半至四時半但閉館時間三十分鐘停止發書

十一、振鐘閉館時停止閱覽

摘自《銅山縣公共圖書館第一期年刊》一九三一年第一期

紹興縣各小學兒童圖書館開放辦法

一、本縣爲普及民衆教育增進民衆知識便利民衆閱覽起見，特訂定本辦法。

二、本縣各小學兒童圖書館均應遵照本辦法實行開放。

三、各小學兒童圖書館應酌量設備成人適用之椅桌及閱覽室

四、各小學兒童圖書館應設於與校門相近或出入便利之所在

五、各小學兒童圖書館應有適當佈置，以引起民衆來館閱讀之興趣。

六、各小學兒童圖書館添購圖書時，應酌量購置關於民衆閱讀之圖書，或多購有共同性之圖書。

七、兒童圖書館除公開閱覽外，其他圖書之出借辦法，應力求簡單便利。

八、兒童圖書館各種圖書應設架公開分別陳列，以便檢閱。

九、兒童圖書館開放時間，以不妨碍兒童學業爲準，例假日應全日開放。

十、兒童圖書館開放時，學生應負輪流管理之責，敎師應盡指導答問之義務。

十一、本辦法由敎育局訂定，呈准　敎育廳備案施行。

摘自《浙江教育行政週刊》一九三三年第四卷第三十二號

青島市鄉區小學校流動書庫借書規約

一、凡鄉區市立各小學校現任教職員學生及一般民衆均得借閱

一、借書人借閱書籍時借書劵上須由該管理書庫學校校長簽名蓋章倘所借書籍有損失時該管理學校應負賠償之責

一、借書人須按照借書劵填寫書籍類別書號書名册數及姓名職業並加蓋印章交由管理學校收存俟書籍歸還時再將借書劵發還

一、書籍借閱期間以星期爲限

一、借閱書籍每次不得超過三種以上

一、借書人將書籍汚損時照價賠償

一、借書人於圖書上加有圈點評語者以汚損論

一、借書人將書籍借閱完時須即交回原管理書庫學校掣回借書劵

一、借書人所借書籍如逾期不交以後不得再借

一、所借書籍如在他人借閱期中應俟借閱者歸還後再借

一、同時兩人以上借閱一種書籍時應以先借者爲限

摘自《青島教育》一九三四年四月第一卷第十一期

蕭場兒童流通圖書館借書閱書簡則

一、凡構成本團各村之兒童成人，經小先生之介紹者，均可來館閱書和借書；

二、本館圖書之借閱，館內不限時間，館外每天下午四時後巡迴送往各村，公開閱覽和借出；

三、借書人須親塡借書單。不會塡寫者得由小先生教其塡寫，惟第二次必須由本人親自簽名；

四、凡借作初認字用的書，借書者，須照書上字用拍紙簿抄下，由小先生早晨帶回，作爲成績；

五、凡借自己能看懂的書，至多不得過一星期就要歸還，未看完者可續借，看完後必須要把內容看不懂的地方，向小先生請教，并受本館口試；

六、來館閱書應守下面規則：

1. 進出脚步要輕；

2. 不得高聲談笑；

3. 不得高聲朗誦；

4. 不作妨害別人舉動；

5. 不與人爭奪一本書，先來先取；

6. 不識的字和不明白的意思，須低聲詢問館幹事（小先生）或在館之工師；

7. 閱後要歸還原處；

8. 無故損壞圖書須賠償；

9. 須塡寫閱書登記簿。

七、凡借書最多同時又能盡量敎人者，本館得酌增文具如鉛筆拍紙簿等作爲紀念；

八、借者對於借去之書須盡愛護之責，凡有隨意損壞須照價賠償，有特殊情形者例外；

九、本簡則經本兒童工學團全體大會通過後施行，如有未盡事宜，得隨時提出大會修正。

摘自《生活教育》一九三四年五月第一卷第六期

特載

蕭場兒童流通圖書館組織大綱

一、定名　本館定名蕭場兒童流通圖書館。

二、組織　本館設館主任一人，幹事二人，由兒童工學團全體團員公舉任之。任期以六個月爲限，并請工師一人爲顧問。

三、職務　館主任總掌全館事務。幹事二人分任編目出納兩股。顧問負指導之責。

四、來源　本館圖書來源如左：

1. 本團合力購置。
2. 外方捐送。

五、借閱　構成本團各村之兒童成人凡經小先生之介紹均可借閱，其細則另訂之。

六、流通　本館圖書流通辦法如左：

1. 每位小先生於放晚學回家時得照其所教學生數按每個學生之程度代學生借書回家。但每位學生只限一本，并要於教完後代還。
2. 每日放晚學後，由館主任幹事小先生顧問等挑着書担巡迴送往各村，擇一適當地點公開借閱。各村每週至少去一次。

七、附則　本大綱經本兒童工學團全體大會通過後施行，如有未盡事宜，得隨時提出大會修正。

摘自《生活教育》一九三四年五月第一卷第六期

無棣縣鄉村兒童圖書館簡章

第一條　爲便於兒童閱覽圖書，增加教育效率起見，將全縣初級小學劃分若干區域，設立兒童圖書館。

第二條　按劃分區域，擇地點適中，及校舍比較寬闊之學校，定爲圖書館所在地。

第三條　該圖書館內書籍第一次先由第五科分發若干種作基本圖書，嗣後由各校捐贈，或購置，以期擴充。

第四條　附設圖書館之初級教員學董等，應負有籌劃及整理館內一切事務之責任。茲將其保管辦法開列如左。

甲，圖書須發後，該校應照圖書種類數目，編造清册二份，一存館，一呈第五科備查。

乙，各校借閱圖書時，該校應備有借條，再留存根，以便按照收回及臨時考查。

丙，在圖書館內失迷圖書或損壞時，該校教員學董應負賠償責任。

丁，在借閱圖書各校失迷或損壞時，即歸借閱者賠償。

戊，每年分三季總檢查：上季在麥秋前結束，中季在秋季前結束，下季在寒假前結束。

第五條　凡屬於劃定圖書館範圍內之初級小學教員，對於圖書館應遵守事項開列如左：

甲，對於圖書館有貢献意見，設法推進及遵守章則之義務。

乙，在借閱圖書期內，若有損壞及失迷情事，應負賠償責任。

丙，借閱圖書應照借條所定期間按時送還，不得任意展期及轉借。

丁，若遇圖書館總檢查時，書未閱完，亦應遵章送還。

第六條　在圖書館劃定範圍內之各校，每年每校均應購置書籍一二種，陳列館中，以便擴充。

第七條　附設兒童圖書館之初小教員學董等，對於圖書館經理能否盡責，由縣督學或教育委員考查，列入正式考成。

第八條　在圖書館劃定範圍內之各校學生，曾經閱覽之書籍，教員應指導學生將主要項目錄出，待縣督學或教育委員查學時呈繳查閱，以便比較閱書成績，

第九條　本簡章如有未盡事宜，或實行感受困難時，聯合範圍內各校，呈請第五科召集會議解決。

摘自《山東教育行政週報》一九三五年第三百三十期

小朋友園地

兒童圖書館的章程〔兒童組織〕

上海新驛路南林里7號楊慰堂

我們學校裏,因爲散課後的課外時間很多,所以我們同學要組織一个圖書館.

昨天,我們學生們開了一个會,定了一个章

程如下:

第一條　館名:本館定名爲兒童閱書館.

第二條　目的:本館的目的有三種:

(1) 使同學們利用餘暇,不把光陰虛度.

(2) 養成兒童閱書的習慣.

(3) 个人出了少數的錢,能够閱讀許多的書籍,使兒童解決經濟問題,學問又進步得快.

第三條　會費:每个會員納會費大洋四角.

第四條　權利:凡是本館的會員,都有借書的權利.

第五條　入會:凡是本校的同學,都可以加入.

第六條　員額:本館招收會員,暫定六十名.

第七條　會員應守的規則有四種:

(1) 借書的時間,不可以過兩星期.

(2) 所借的書籍,不可遺失,如果遺失,要照價賠償.

(3) 所借的書籍,如果破壞或弄污了,應照原價賠償.

(4) 每人借書,祇能一次借一部.

第八條　本館辦事的時間:除星期日、星期六下午和放假日、上課時間外,每天上午八時起,到四點一刻止.

第九條　本館辦事的規則有二種:

(1) 本館辦事由會員推舉四人,輪流擔任.

(2) 辦事員的任期是兩星期.

第十條　開會:本館章程如有不妥當的地方,可以隨時開會修改.

現在我們員額已經招滿了,大家都照着這章程在實行了.

摘自《小朋友》一九三五年五月第六百五十三期

兒童圖書館規程

（一）本館設館長二人，掌理本館一切事務；館員若干人，協助館長，處理一切事務。

（二）本館爲辦事便利起見，分設下列各股：

（1）登記股——（甲）編訂圖書目錄；（乙）新到圖書蓋戳登記，並佈告於公共處；（丙）其他屬於本股一切事項。

（2）統計股——（甲）調查新出版圖書，報告館長，擇要購置；（乙）統計閱書人數，借書人數；（丙）其他屬於本股的事。

（3）保管股——（甲）圖書的整理及修補裝訂；（乙）圖書的收發；（丙）曬書；（丁）其他屬於本股一切的事。

（三）館中一切事務，由館務會議決定之。

（四）館務會議由館長召集。

（五）本館聘請導師一人爲指導員。

圖書館借書辦法

（一）指定書籍向担任教師借閱，在書簽上寫明姓名借期，交給教師保存。看完後，把書還給教師，註明還期，把書簽插入書內。

（二）自由借閱書籍，先查書目卡片，在借書證上，註明書名。向圖書館幹事借閱。

（三）幹事查到書籍，抽出書簽，註明書名借期，一面把書簽和借書證夾在一起，存放抽屜內，一面把書交給借書人。

（四）幹事查明借書人所借書籍，已有他人借出，把借書證上所開書名作？記號，隨即把借書證還借書人。

（五）借書人看完書籍，交還幹事。幹事檢出書簽和借書證，註明還期。一面把書簽插入書內，把書放好，一面把借書證還借書人。

（六）特種書籍如文庫，副課本等整套書籍，須經圖書館指導員許可後，方得借出。借閱辦法，照自由借閱書籍的借書辦法。

（七）雜誌放在雜誌架上，得自由閱覽，不得攜出室外。

（八）借書時間：各級排定日期時刻，另行公佈。

摘自《小學教師月刊》一九四〇年第一卷第十期

兒童圖書館和兒童文學

劉衡如

在圖書館發達的地方，每個圖書館都有專供兒童使用的閱書室。在小學校內圖書館竟是全為兒童而設。裏面的陳設，如棹椅等總求合兒童的生理；圖畫粧飾總求合兒童的興趣；書架總取其矮小的，而且閱書的人可以隨便到書架邊翻閱書籍。至於所藏的書籍更只是專擇那合兒童的心理投兒童的興趣的淺近文學，不雜艱深枯澀的著作。

為什麼兒童圖書館很重要呢？

我們知道在這樣知識日日進步的時代，無論什麼樣人，作什麼樣事，不時時向新知識接近，那便要落在時代的後方，不免於失敗。要接近新知識非多看新出版的書籍和雜誌不可。圖書館便是供給新書籍新雜誌的地方。然而有些人因為沒有讀書的習慣，永遠不肯讀書，也不知道要讀書，落在時代的後方，自己尚不知道，失敗了還不知所以然。推究他的原故，都因在他們的兒童時代就沒有受讀書的訓練，更沒有受自動的選擇書籍去讀的訓練，所以到了成長也就懵懵懂懂不知道讀書的重要了。但有了兒童圖書館，兒童便有了自由閱覽的地方。若是所讀的書籍能更引起他的樂趣，他便越要向前去讀，如此讀書的習慣便可養成了。況且在兒童圖書館內兒童可自由揀選他所愛看的書，可以自由實行他的志願，和在學校內必須讀規定的書籍不同，尤其是兒童所樂意，而且也是適宜兒童的活潑天性的。

況兒童在閱書室雖可自由選擇，但所選的終究在圖書室所有的以內。我們知道在現今書籍出版極易的時代，無價值乃至有積極害處的著作，一天比一天多，假使我們對於兒童只鼓勵他們看書而於所看的書籍不加以考察，那麼兒童因閱看不良的書籍於他的品格上或思想上生出不良的影響，豈不是愛之反以害之麽？所以兒童圖書館不僅是供給兒童書籍的地方，並且也是個監察兒童所看書籍的地方。在這裏面，凡於兒童的思想或行爲能生不好的效果的書籍，都在所屏棄；所存留的，總是於兒童有利的。消極方面不儲藏富有興奮性刺激性的書籍圖畫，以傷害發育未完全的兒童，積極方面所有書籍都以使讀的人得着純潔的印象，高尚的希望，向上的熱忱爲目的。本來兒童讀書和成人有些不同。成人讀書，大目的是在得着新知識，所以圖書館爲順應這種要求起見，必得購備最新的書籍。至於我們所以望兒童讀書的大目的是在陶冶性情；求知識還在其次。所以兒童圖書館選購書籍的標準，也就以書的修養價值而不以知識價值爲最要了。我們試放眼一看社會上許多人們，因爲所讀的書所看的報挾有黨見，以致自身也加入黨爭，許多兒童們，因爲所受的教育，所處的環境，都含有爲惡的種子，以致於墮落的。如此的事舉不勝舉。我們也可以知道所讀的書籍，對於個人行爲的影響是何等的大；兒童圖書館的書籍對於兒童心性的關係何等密切；完美的兒童圖書館對於陶養兒童的品格是何等的重要了！

兒童圖書館的書籍雖然不是拿供給知識作唯一目的，但因爲以培養爲目的，所以對於知識方面也不能忽畧。敘事不正確的書籍，是兒童圖書館所不宜有的。關於常識的科學通俗書籍或雜誌，兒童圖書館也應當略爲備置。一方面既可引起兒童對於科學的興趣，一方面又能供給科學的知識補兒童在校內所得之不足。這便是兒童圖書館對於形式教育的補助。

還有一點，是兒童圖書館所有學校內所不常有的；便是順着個人才性讀書。圖書館的書籍本是隨人任意揀着看的。即或要閱書的兒童自己不知道要看什麽書，管理員也只能舉幾本書，將內容說給他聽，由他自由擇一本。這樣兒童覺得自己的興趣能以滿足，所以很快活，不以讀書爲苦，而且他這樣所得的益處比由强迫讀書所得的還多。

由上面的話看來，兒童圖書館至少有兩種功用：培養讀書的習慣，使他們將來有一種愛良好著作的習性，和陶冶兒童的性情，使他們不致流入歧途。總之，兒童圖書館的價值是教育的。兒童的時期正是在發育的中間，所以他們所看的書不能不加以檢查。凡沒有認可的書籍不宜任兒童自由閱看。至於各個兒童的需要時有不同，管理員要一一曉得清楚，很不容易，所以最好兒童圖書館能和學校的教師及家庭的父母聯合，時時考查兒童所閱的書籍。最要緊的，是不能强迫兒童讀書，尤其不可讀書過多，以致妨礙游戲的時間。因為這緣故，十歲以內的兒童不必定要常到兒童圖書館來看書。我們須記得兒童所讀的書籍，無論什麼本本對於他們的理想都有或是改換，或是變化，或是加增力量的影響，所以可以製造他們的習慣和品格。這樣兒童圖書館差不多竟是道德的火爐，未來國民的好壞至少要負一部分責任呵。

因此完善的兒童圖書館實在是國民教育所不可少的利器。但是一個完善的兒童圖書館必定要有三種要素：合法的設備，適宜的管理員，和正當的書籍。三樣之中尤其是書籍要緊。

設備一方面，椅子和棹子總要矮小輕便，合於兒童衛生。書架也要矮，便於普通常度的兒童自由取書。空氣要新鮮；光線要充足。點綴要優美：一方求合兒童的心理，一方又要引起美感，使得處在中間的人不由得不受美的感化。這些事雖小，却不能不注意。若是設備上有欠缺，教看書的兒童發生不快的感情，那兒童圖書館的功用便減少了。

至於管理員的資格，第一要性情和平。因為性情不和平，便沒有耐性和兒童接洽；若沒有耐性和兒童接洽，兒童便也不肯來和書籍接近了。第二要熟習圖書館內所有書籍的內容，然後兒童請管理員指示他所應看的書籍時，才能應答裕如。否則自己尚不知道，怎能替人代覓呢？但是在這種情形下面管理員應當覺得自己的地位是監察者引導者而不是命令者。他對於兒童要書而無一定書籍的時候，只能舉出書名和內容，還須任兒童去選擇。一則不妨害兒童的興趣；二則可以訓練兒童的判斷力，否則就要減少兒童圖書館的教育能力了。第三管理員應當知道心理學，尤其是兒童心理學。兒童因為他們的年歲不同，所以興趣不同，讀的書也不同。和成人比起來，兒童所愛看的書何止是程度淺深，簡直是性質各異。用選成人書籍的眼光來選兒童書籍，用八九歲兒童所喜看的書籍來供給十三四歲的兒童，如何能望他有效率呢？所以兒童圖書館的管理員不可不曉得心理學。

說到管理員的責任，自然以選擇書籍為最要。此外還要設法使不閱書的兒童也來閱書。在美國常常有兒童圖書館主任或管理員召集街上三五個兒童來館，和他們講論閱書的重要。用種種方法如美觀的圖書適意的棹椅等，引起兒童對於圖書館的興味。於是兒童來館的漸漸多起來了。有多數兒童圖書館每日或每隔兩三日有一點鐘的故事，大半由管理員主講，有時也請附近的小學教師。這種故事的材料多半是童話或者是兒童所能領略的偉人軼事。這樣辦法能使得兒童和管理員發生一種一家人的關係，建立個人間的感情。但因此做管理員的也就要具有說故事的能力，並且也要曉得些教授法。

如上所述，兒童所讀的書籍既然能影響兒童的品格，兒童圖書館最重要的部分自然是選擇正當的書籍了。兒童所讀的書籍既因為年齡而有不同，那兒童圖書館選購書籍自然不能不顧及兒童發育各時期的心理狀態。據克爾裴去克Kirkpatrick的研究兒童的發育自初生到二十四歲有六個時期；純屬於兒童時代的便是前兒童期，後兒童期，和前青年期。各有各的特殊心理狀態所以也就各有各的適宜書籍。

在第一時期，就是前兒童期，想像的活動非常强盛。兒童用自己的想像作嬉戲，隨意構成各種的幻景。這也是故事的時期。兒童不但喜歡聽人講古事，而且自己也常用他們的想像力，將有關係的事連串起來，有時竟自己造出些小故事。但是這些故事必定富於想像力的，不一定要眞切合於現實的世界，因爲兒童的世界是彈性的，想像的，自由的，成人所不能領略的。在這時期兒童所讀的書籍，自然以歌謠，童話爲最合宜。因爲這兩樣文學似可解又不可解，成人看來毫無意味，却正合兒童的興趣。兒童又以富於想像力，不能判別人物的區分，以爲一切物都和他自己一般的活潑天眞。所以在兒童眼中植物也能行動，野獸也能譚心，森林曠野正和安樂家庭一般，因此這一類的動物故事，亦復是兒童所應讀而且喜讀的。

在後。兒。童。期。就是從八歲到十二歲的時候，兒童漸漸要追問事的眞確與否了。在這時期對於人的興趣更爲發展，所以這時的兒童極喜聽關於偉人的故事。雖然兒童有漸求眞實生活的傾向，但想像的力量依然存在。所述的故事，愈是常人所不能作的，愈能動兒童的興趣，只要所述的事，似乎是可以做得到的就是了。在這時期兒童的競爭心也最發達，常有吵嘴打架的事，所以這時的書籍最宜注意養成高尚的勇敢。

在前。青。年。期。大約自十二三歲到十六七歲，兒童心理和生理的變化最爲顯著。對於自身和周圍事物的感情很發達。發表情感的詩，敍述愛情的故事，激起犧牲精神的書籍，都是這時期兒童所喜看的。在青年期的初步兒童覺悟自己與社會的關係，正是他造就將來一生理想的時期，所以讀的書籍很要注意養成青年道德這一點。但同時不能露出一種道學先生講學的習氣，使兒童看着就厭倦。

選擇兒童的圖書不僅要根據心理學而且也

要注意性的區別。霍爾 G. S. Hall 曾說：男童和女童所讀的書籍早年雖然相同，但在發身期將到的時候就有點區別，以後的區別更大。女童所讀的比男童多，而且也喜歡讀別人所讀的。至於男童對於別人所舉薦的書籍就不甚注意了。兩者都喜歡動物的故事，但男童愛的是野獸，而女童愛的是家庭的動物。男童讀歷史，科學，旅行的多；女子讀詩歌，小說的多。男童愛冒險；女童愛情感。女童愛聽童話的心比男童長久。女童看論男童的書比男童看論女童的書多。女子對於愛情小說比男童愛讀的早而且也長久的愛他。這些區別以及別的區別都是兒童圖書館選擇書籍時所應注意的。

此外閱書兒童的種類也各有不同。有讀書習慣還沒有養成的兒童，有才有讀書習慣的兒童，有由常讀無價值書籍的家庭中來的兒童，有已經有良好的讀書習慣的兒童。對於第一類，童謠，古諺，和童話是最好的材料。第二類也可以由同樣的材料引他深進。第四類只要有很好的管理員能依兒童的程度慢慢引他朝前進，也沒有什麼大困難。獨在第三類兒童，他們已有的習慣不足為他們的益處，有時竟還是害處。一方要他破除壞習慣，一方要他養成良好習慣。他們所讀的書籍既然要秉二者的功用，所以更要慎重選擇，總要擇那這些兒童所能容納的最好書籍，並且要將圖書館的內部陳設得美麗動人，然後這些兒童才不至於不願來圖書館。至於這四類兒童在某圖書館的比例如何，書籍應如何分配，那是各地不同，不能一概而論了。

兒童圖書館不過是將書籍介紹給兒童的機關。他的成績好壞，一大部分要靠兒童文學的好壞。就是有了管理完全的圖書館，若沒有有益兒童的書籍，終究不能於兒童有什麼幫助。現在國內的兒童圖書館固然不發達，但是兒童用書又怎樣？或是翻譯些外國的童話，或是剿襲些古時的故事，其中固然不是沒有合於兒童的書籍，但是畢竟佔一小部分。不讀書的兒童固然耗費他們的寶貴光陰，養成許多不良的習慣，就是讀書的兒童因爲所讀的書籍不適宜而生出壞影響的也所在多有，所以我覺得在現今的時候，最好，由同市同區的小學聯合起來組織兒童圖書館，每學校都預備一間房子作兒童課後看書的處所，內中陳列各種有益兒童的書籍雜誌，並且採用巡迴文庫的辦法，將各校的書籍輪流轉換，同時由圖書館的管理員，聯合小學校的教師及研究兒童文學有素的人，組織兒童用書審查會，嚴格審查出版的兒童書籍，不經審查認可，決不陳列在圖書館內，這樣，一方面可以促醒各書局的覺悟，一方面又可以監察並指導兒童的讀書，對於兒童，對於社會，都有最大的利益。我很希望他能趕早成立，但是審查這件事，却絕不是漫無學識的人所能擔任的啊！

摘自《中華教育界》一九二二年第十一卷第六期

兒童研究

兒童圖書在小學教育上之地位

胡叔異

兒童、教材和教師,是小學校裏三大要素。他們三者的關係,都以兒童爲中心。因爲要改進兒童的經驗,增加兒童的知識,所以少不掉教材。因爲要把教材介紹給兒童,所以要有教師。現在再把圖來表示他們相互關係的意義:

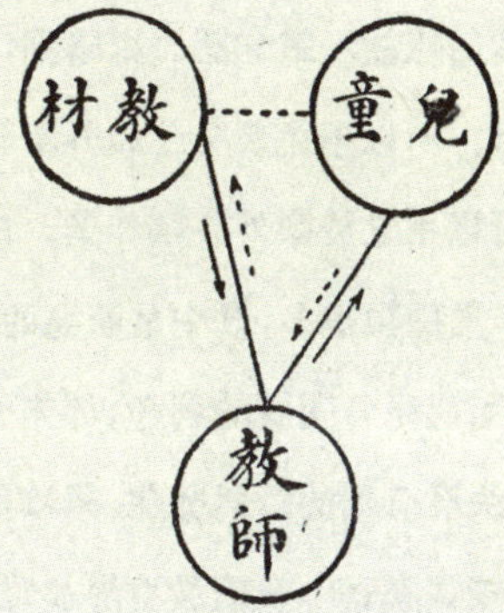

我們看了上圖,就知道這三大要素中,兒童最爲重要。現在新教育盛倡兒童本位的教育,就爲這個緣因。因爲教育上主張兒童本位,所以兒童圖書就佔小學校中重要的地位了!現在簡單述之如下:

一、兒童圖書是新教學法中之要素　新教學法的原則,爲「自學」「協作」等等。但是要實行這許多教學原則,多要借助於兒童圖書。舉極簡單的例子來說明,比方兒童自動研究社會問題,倘使沒有合宜的兒童圖書給他參考,當然他們無從自動研究起,仍要依賴教師的講解了!所以像現行的設計教學、道爾頓制等等,都要借助於兒童圖書,才可以給他們自己探討研究以養成自學的習慣。爲這原因，兒童圖書就佔了新教學法中的要素了！

二、兒童圖書可以培養正當學習態度　教學的目的，在乎養成兒童正當的學習態度。所謂正當學習態度，就是一般兒童能夠自己找尋問題，自己去研究，自己去參考解決。不過這許多手續，都是兒童圖書館可以練習得到的。兒童圖書之可以培養正當學習態度，就爲這緣故。

三、兒童圖書是兒童新生活的發源地　兒童的前途，都抱着無限的希望。這許多希望，怎能成事實呢？用什麽方法實現呢？我以爲在兒童時代，靠幾個教師的力量，還不夠指出他們的生活之路，一定要借助於好的兒童圖書。要是他們多看好的兒童圖書，他們的環境可以慢慢的擴大，他們的眼光自然能夠放遠，然後光明的前程、未來的新生活，都可以實現。所以兒童圖書是新生活的發源地。

四、兒童圖書可資訓育之助　兒童在學校裏發生訓育上的問題，原因雖多，不過大都是爲了他們沒有課外作業的緣故。這句話怎樣講呢？因爲兒童的精力很是充足，每天的功課或者還不能消耗完結，所以不免要發生軌外舉動。要是兒童有了課外作業的機會，他們剩餘的精力完全可以用之於課外各種作業，自然沒有時間和精力做各種不法舉動了！可是兒童的課外作業種類很多，其中最簡易的惟有利用兒童圖書，組織課外閱書會等。只要教師善用方法引起兒童閱讀的興趣，那末兒童有空時間或精力剩餘的時候，自然都去閱讀兒童圖書，決沒有別的行爲發生。學校訓育問題不是能減少許多嗎！

五、兒童圖書可以聯絡學校與家庭　我們教育界裏誰都不知學校家庭之應當聯絡；我們也知道學校家庭的聯絡方法，像遊藝會、懇親會等等，那是現在學校裏常用的。不過這許多常用的方法，都很複雜。好了！現在學校裏都有兒童圖書了，要是教師能夠利用他來聯絡學校與家庭，那比較的最爲便利了！教師怎樣聯絡學校與家庭，方法很是簡單，就是把學校裏的預習、自習聯絡家庭裏的複習、溫習。換句話說，就是採用兒童圖書當作學校家庭的聯絡物。因爲兒童在學校裏的預習和回家後的複習，都要用着兒童圖書。兒童圖書差不多是家庭自修和課外閱讀的唯一材料。因此，學校裏的先生，一定要和家長談談兒童在家複習的情形，而家庭裏的家長也不得不到學校裏來向教師接洽兒童的閱讀問題了！有了這層關係，教師和家長的關係就密切，他們相互間的接談就多起來了！學校家庭的可以聯絡，不是兒童圖書的功用嗎！

兒童圖書對於小學教育有上述幾種優點，也可說是小學教育的中心。因爲兒童一生的教育，除了自己本身方面的關係外，還有學校家庭及社會的關係；但是兒童對於這各方面的關係，都用兒童圖書作出發點。現把這種關係用圖來說明如下：

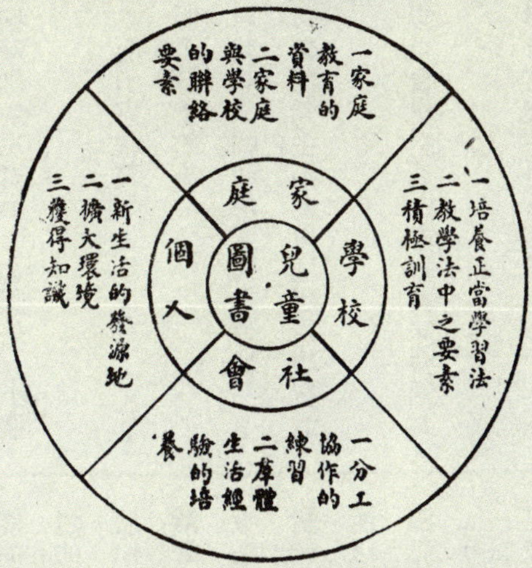

看上圖，知道兒童對於這各方面的關係，都以兒童圖書爲中心；兒童借兒童圖書作爲出發點，向各方面得到這許多好處。不過這幾種好處，也就是小學教育應該做到的；所以兒童圖書在小學教育上的地位，就佔了重要的位置。可是兒童圖書也有優劣的分別，不適當的兒童圖書，給兒童閱讀後，恐怕不但無益，並且要有種種危險發生呢！因此採用兒童圖書的先決問題，就是選擇兒童圖書和編輯兒童圖書二問題。怎樣選擇兒童圖書，怎樣編輯兒童圖書，都不是本篇範圍之內，擬另文研究之。

摘自《教育雜誌》一九二六年二月第十八卷第二號

童話之研究

徐如泰

(一)童話之類別

(1)神話　描寫不可思議的古代新奇的故事。如漢高祖斬白蛇女媧氏鍊石補天等是。

(2)故事　含有興味藝術敎訓的事實。如幸福國是。（小朋友三十四期）

(3)滑稽話　以興味爲主而不尙敎義。如 Johnson, Oak-tree Fairy Book 裏的七個小孩子釣魚是。

(4)寓言　以敎義爲主以興味爲輔。如伊索寓言等是。

(5)傳說　這種體裁，純以傳聞爲主不參以理想與理智。這類例證須從實地去搜集。

(6)歷史談　此種童話以社會史料爲中心，以興味藝術爲助。

(7)實事談　此種童話，以日常發生事實爲主。

(8)自然童話　此種童話以自然現象的興趣爲中心，授兒童以相當的知識。

(二)童話的價値怎樣？

童話所具的價値是怎樣的咧？照我個人的意見，童話最要的價値有：

(1)適應遊戲的本能　兒童是天機活潑的，是具有活動本能的，遊戲的生活就是他唯一的好尙。如果他是正在興高采烈的頑耍時候，你要抑制他，他是會哭的，他是要反抗你的；如果他是看見人家在那裏遊戲了，他也就歡天喜地異常的快活，好像遊戲就是他無上的樂國，因此可以知道兒童對於遊戲是如何的酷好了。兒童對於遊戲的好尙，在動作上固然絕對歡樂，就是看了遊戲的畫報，遊戲的文字，也是極端歡迎的。所以有興味有美感的童話，也是以滿足兒童遊戲的慾望，適應兒童遊戲的本能，而使兒童精神上自然長育發達起來。

(2)具有美術的價値　小孩子不會說話的時候，看見了一個紅綠的小旗，就注意凝視，甚至啞啞欲笑，表示出快樂的意思來，這或許就是兒童美術本能的表現。賞鑒美術本是兒童固有的天性，兒童對於自然的實物之美，固有欣賞的能力，就是對於人類的精神產物也有相當的好尙。一個兒童，聽了一處歌唱，聽了一處奏樂，總不願遽然就離了這處，總是願意靜聽，這是什麼原因?這也是欣賞美術的一種表現。再說到書報方面，美麗的書報新奇的故事，當然也可以叫他手不忍釋，心不願離，一意的去做欣賞美術的生活，童話是具有美術性質的，是具有藝術趣味的，其價值也可知了。

(3)順應激動的習性　所謂激動 Emotion，也叫作情緒。兒童的知力薄弱，且各事均未能養成習慣生活，所以無論何事，都任憑先天的本能與情緒所操縱，忽此忽彼，莫衷一是。所謂『心不在焉』『一心以爲鴻鵠將至』，敎室裏的功課，大概都不能應付他的天性之所之。在這個時候，最好利用兒童的好奇心好美性。所以有趣味有美性的童話，是應付兒童激動習性的最好工具。

(4)彌補想像的缺陷　兒童的想像之發達，和野蠻人之想像的發達，是一樣的。野蠻人之想像發達時，對於自然界，常常發生懷疑，於是他們有神話去彌補。兒童對於自然界的形形色色，當然也必懷疑很多，這種懷疑的想像之缺陷，當然要以超人間超自然的童話去彌補，才算是適當。

(5)發展想像的能力　詹姆斯曾說過，有一種外界的刺激，才有一次內部復演的心影，沒有一次的刺激，決不會有一次復演的心影。所謂想像，就是若干次的刺激，若干次的復演的心影，重行組織起來，而重行發現到外部。所以發展想像的能力，就在增加兒童的經驗(卽指刺激)要增加兒童的經驗，那末，超自然的新奇的童話，就實現他的價值了。有人說：『發展兒童的經驗，當從實地上直觀上去施敎，使對於事物的觀念，有親切的了解，何必偏用童話呢?』不知兒童之生活，自有其獨立自存的價值，絕不是可以用成人的眼光去看他的；如果我們要增加成人的經驗，可以用直觀的實物，實地去灌注，——因爲成人的本身，已經有需要此種經驗的旨趣。——使他的經驗，自然發展起來。而於兒童則不然，兒童的本能，兒童的興趣，在在皆有施行發展的限制。非有奇想的超人世的童話，不足以增加其經驗，不足以聯絡其經驗之心影，而更組織新的想像，以盡量做到發展的地步。

(6)適合興味的原則　興味的敎育，有絕對高尙的價值，這是一般敎育家所承認的。杜威說：『敎育者之責任，卽在順應兒童之興味而利導之。』這正是欣羨興味敎育之必要的。一般小學的敎科，只知以死材料爲組合，以死材料去注射，不知什麼是兒童的興趣，什麼是兒童的好尚，眞抹煞兒童的興趣，戕賊兒童的心性了。超人世的翻空故事，超自然的奇妙文章，自然可以適應兒童心性，適合兒童的興味，而引導兒童到高尙純潔的文學途徑上去。這是童話之所以能適合興味原則，而有教育無上價值的。

(7)培養思維的能力　思想非無故而發生，這是大家承認的，必定要有新奇的境界才可以發動思想的思路。杜威說：『近的或素知的其自體不能激發思想或為思想的報酬，必其施諸新奇而遠者之了解而後可。』這也正是說思想不是無故可以發生，必待有相當的動機，而後始可以觸發。普通教室裏所教授的材料，都是習知常見的，都是乾燥無味的，以這樣素知的常見的教材，要激發兒童的思維，當然是不可能的事情。能適應兒童這種需求的，惟有玄妙神秘的童話。其初兒童的思維能力異常簡單，經了一次新奇的刺激，神經便煥然激發了一次，再經了一次新奇的刺激，神經便又煥然激發了一次，幾次的神經聯絡，幾次的神經組織，於是由單純的心影，日漸擴張發展起來，這正是培養思維能力之途徑。

(三)童話的要素是什麼？

童話的價值，如此高貴，好像於兒童的發展很有裨益。兒童的心靈上，形體上，一切種種的培養，童話都能與以功效。但童話所以能有這樣功效的，其原動力究竟在那裏？這個答案，就要請問童話的要素是什麼了。知到了童話的內容和實質，那童話之所以如此，不難解釋。現在便開道：童話具有什麼要素？其答案是：

(1)奇巧　兒童看見一張新畫，一本新書，便異常驚奇的表示快慰，兒童見了一個生客，見了一個外國人，也很奇怪的問道，這是誰個？他名叫什麼？兒童這種新奇的好尚，是無論如何，不可磨滅的。杜威說：『凡教材之不在兒童經驗範圍內者，皆宜避之。然其實往往不是如此。蓋兒童對於常見常聞者，往往漠不關心，而事之在其範圍以外者，一經加入，則其興味油然而生。』由此更可知奇巧新穎的事物，足以引起兒童的注意，而童話的要素，却包有這項奇巧的特質。

(2)活動　從心理學上說，一種刺激愈活動，則所反應的動作，亦愈活潑，所以培養兒童天機活潑之生長，須先供給以活潑的動境，（指刺激物）有活潑之刺激，然後才可以濟事。童話的描寫，是活動的，活潑的，是培養兒童天機的，所以活動的性質，也是童話的要素。

(3)變化　桑戴克 Thorndike 說：『教育的意義，可以一「變」字包括之。』這句話，可以做教育者的指南，同時可以做編制教材的方針。坊間流行的教科，裏面的教材，是如何的直述不變，如何的平敍乏味，兒童的趣味之慾，當然不能滿足。最有變化，最有精采，最可以適合兒童之口味的，莫如有變化的童話文學。

(4)生活　兒童有他自己特殊的價值，有他自己特殊的生活，不論兒童的年齡大小，兒童的心理，兒童的生理，發達到怎樣的限度，在他們某一時間，總有他特別的現象，童話教材的要素，能在某時間適應他某時間的生理和心理的生活，不像普通教材，不能和兒童的特別生活，互相吻合。

(5)想像　兒童的想像，最為發達，前面已經說過。兒童見了一次新奇的事情，就要發生懷疑，就要追求一個究竟。童話裏那些荒唐奇妙的故事，都是可以使他們發生懷疑的，都是可以使他們滿足懷疑的。利用這個機會，他們想像的勢力，便格外澎漲，而達思想繁複的地步。

(6)愛感　兒童的愛感，也是兒童極顯著的現象。他們看見

第十六卷第五號

自然界的花兒的美麗，鳥兒的百囀，便能表示無上快感。他們穿上了新衣新履，便也興致淋漓的歡欣鼓舞。這些例證，都是可以看出兒童對於自然一切的愛感來。兒童於自然一切的愛感而外，還有對於精神上的享樂，也可以引起他們的愛意。一個極有趣味的故事，一個極可愛羨的滑稽，在在都是可以適應兒童愛感的。

(7)音律　不會說話的小孩，聽到管弦的雜奏，聲調的調和，就能神凝目注，啞啞欲語，無限的快意，都寓於啞啞微笑中。這是欣賞音律的能力，為兒童天性的一個例證。童話之音節，有自然的美妙，使兒童看了，無異聽著管弦絲竹之音，有愛而莫釋之熱忱。——不過這是很關於創作和選擇的。

(8)感官　美妙的故事，刺激到眼中，滑稽的言語，注入了心中，調和的音節，波動到耳鼓，都可以使各種感官，承受了各種刺激，而發生快感。這是創作童話的責任，也是童話本身的特質。

(9)滑稽　一個滑稽的巧語，就可以引起人們的享樂，這是極平常的事情，極容易看到的事情。兒童雖非成人的縮影，但卻有和成人同具的性質，甚至有比成人更酷好的性質。他們

聽了一個滑稽的故事，便深入心竅，透澈肺腑。眞有無限永久的享樂，這也是童話的一個重要的要素。

(10)反復　這是普通兒童文學都應該具有的特點。童話既屬兒童文學的範圍，當然也應具有這種性質。不過反復的程度有高下，反復的次數有多寡，這是與兒童之年齡，兒童之經驗，有直接影響的。

(11)知識　兒童生理心理之發展，兒童經驗想像的擴張，都是童話應負的責任，不過童話裏知識的灌輸，雖非重要條件，但是也未嘗不可附帶的因便灌輸。在兒童興致淋漓的時候，無意獲得許多知識，這又是多麽便利而經濟的事情。所以知識也算童話裏應有的要素。

（四）童話怎樣創作？

童話的獲得，有些是靠著翻譯的，有些是靠著搜集的。翻譯的童話，當然有些可以合我們中國兒童的味口，但却有些絕對不能合用。因爲童話之組織，須爲兒童固有之經驗，重新組織，新奇的事實，使由以往日零碎的舊經驗，復行聯絡起來，發出更新的影象。外國人創作外國人的童話，當然不能完全適於中國兒童之用。至於搜集的童話，固然不能完全合乎現在兒童之興味，且專倚搜集中國的斷簡殘篇，亦很有限，怎能以搜集爲事呢？所仗爲童話最巨的出產者，還依靠我們著作者的創作。不過談到童話的創作，却有些心焉怯懼。童話是一件怎樣翻空新奇的妙品，童話是怎樣一個惟妙唯肖的影象，童話是怎樣的包羅萬象，無微不有！這種偉大神聖的工作，如何才能下手？如何才能成事？這却是一個極有研究價値的問題。據我個人研究的結果，要從事童話的創作，應該謹守下列規律：

(1)關於人生行爲動作之描寫，要不背時代的精神。
(2)不以消極的敎訓，作卑鄙惡濁的故事。
(3)寫人情不宜過於悲哀。
(4)寫神怪不宜過於兇惡。
(5)寫故事不宜過於荒唐。
(6)寫實要有玄妙的手腕。
(7)寫實要有活動的方法。
(8)材料要有變化的支配。
(9)事實要能適應生活。
(10)要能富有想像的精神。

(11)要能迎合兒童的愛感。
(12)要有欣羡可愛的音節。
(13)要能使兒童之感官起無上的快意。
(14)要帶有滑稽的材料。
(15要能反復得宜。
(16)要能適應兒童的遊戲本能。
(17)要具有藝術的精采。
(18)要能適合兒童之情緒。
(19)要能彌補兒童之想像的缺陷。
(20)要能發展兒童之想像能力。
(21)要能不背興味原則。

(22)要能發展思想能力。
(23)要能有道德的類化。
(24)要能有同情博愛的養成。
(25)要能有不良習慣的矯正。
(26)要能養成兒童機警智巧的能力。
(27)要能有知識的開發。
(28)要能養成兒童欣賞文藝的習慣。
(29)要能使兒童有自然的欣賞。
(30)要能使兒童確定人生觀的根基。

十四年四月廿日灌雲八師。

論兒童圖書館與兒童文學書

葉公樸

圖書館爲教育上一種重要的機關，當爲大家所知道。這不惟是學校教育上重要的設施，也且是社會教育上重要的設施。最近因高唱社會教育的必要，故圖書館的制度愈加發達。而在學校教育上，更因提倡自學自習的方法，以期教學效率的澈底，故不僅學校內的圖書室占有重要的地位，卽學校中的圖書館設置也大感必要。

圖書館的經營，因對象與目的的各異，遂生出種種的分化。如有的以學術研究爲目的，專供專門學者的參考;有的以養成常識或慰安娛樂爲目的,則備一般人士的閱覽;前者稱爲學術圖書館,後者稱爲通俗圖書館或民衆圖書館。也有就實業或教育或政治等特別部類的圖書集爲圖書館的,則是專門別類的圖書館了。又就對象而言,除對於成人的普通圖書館之外,更有爲少年或兒童而設的少年或兒童圖書館。此外又有專供婦人閱覽者。如此,設立種種圖書館,在一般民衆或學生兒童方面看來,自很便利;即在經營圖書館者,也覺得易於從事;然從經濟方面設想,若分化爲許多圖書館,自然在內容上,難免要貧弱一點;因此不分設許多館,只在同一圖書館中來講究分化的方法,自也有效。但供給專門研究的圖書館與爲養成常識或慰安娛樂用的通俗圖書館,當以分別經營爲是;又此等一般的圖書館與專爲少年兒童設置的兒童圖書館,也以各別經營爲便。在歐美近來於學術研究的圖書館與通俗圖書館之外,單獨經營兒童圖書館的傾向,也正顯著。惟我們要知道設立兒童圖書館也不一定要在獨特的場所,即在同一區域內或在同一圖書館內,也可另行設備,經營一個專收兒童的圖書館。

兒童圖書館的經營方法,自當根據一般圖書館經營的原則;但因對象是兒童,而且是受學校教育的,故應考察這兩方面,以謀特殊的經營。凡是圖書館,都該是教育的;尤其是兒童圖書館,更不可不是教育的經營。那就須與學校教育善爲聯絡,講究美善的方法。現在特就經營上所當注意之點,述說如下:

第一、當採用自由主義,務以不訂立許多規則,制定煩瑣手續爲好。這在歐美,因已實行有素,一切可以自由閱覽;若在我國,因「公德心」的習慣向未發達,有些地方不能不規定較爲麻煩的手續,也是事非得已;但在可能範圍內,而且在要求目標上,務以使兒童得自由閱覽,手續愈簡爲愈好。實因兒童的生活尚未成爲規則的;如使他們小小的心靈感到一種委曲,便足以阻止向上心的發展;故對於此點,終要與以同情。雖然完全自由了,也許反而變爲雜亂,釀成亂讀之弊,是以對於某種書報,規定一定要履行的手續,自也必要;但對於另一種書報,必須讓他們得自由使用。例如新聞雜誌及一般娛樂的讀物,原有多被破損之虞;但這是非公開自由閱覽不可的。又對於出入圖書館的門路,也爲設法使之便利才好。

第二、當有讀物的指導。因兒童的能力尚不足以自由選擇,故根據他的希望,以指示適當的圖書,實爲必要。又當讀書之際,發見了難以理解之處,便該予以自由質問的機會,以得澈底的了解。歐美圖書館中——不限於兒童圖書館——有特設指導員的;惟爲便利上,多以圖書館員任之。我國圖書館對於這種設施,自當認爲要務。

第三、對於兒童不當僅使閱覽圖書而已,更當利用藏書,舉行種種的展覽或談話。如日本的圖書館中,近來對於此點頗知注意,有另設特別室者,有用幻燈或電影以說明種種社會的現象或科學的內容者,更有由圖書館員或其他講師作有益的講演或談話者。這種設施足使學習更有效果，且可於娛樂慰安之中獲得種種常識，而入館的人數也得由此增加。又這種設施，雖不限於兒童圖書館，但以對兒童圖書館爲特有價值。

第四，圖書館的設施要當作類似學校的組織而作種種教育的設備。即這種圖書館不單有助於知育而已，又當有助於訓練與體育。如在館內設置運動場讀書之後得以從事運動，或使之聽音樂或使之行社交。如此，圖書館的效果得因種種教育的設施而爲之增大。這對於一般圖書館固然需要，而對於兒童圖書館尤其需要。在歐美的趨勢正在注意於此；故圖書館既似博物院，又似學校。

第五，館員要擇有此種素養者，或當設置應於各項特殊目的的所謂指導員。歐美對於圖書館員的養成，早有適當的設施；我國近年來也曾有舉行圖書館學的講習會的，此誠爲可喜之事。因圖書館員並不是圖書的看守者，他非有特殊的訓練是不行的。他又不僅以有「資格」就算盡善，必更貴有對於圖書館事業的興味與理解。特別在兒童圖書館，非有於兒童教育有充分的理解與經驗的人不可。因爲只有如此，才能與學校教育保持密切的連絡，才能對兒童學習實行適當的指導。

第六，兒童圖書館所當置備的圖書，應有愼重的選擇。這固然是無論那個圖書館都該注意，惟對於兒童，影響特多，故務必避絕非教育的圖書，而多多置備富於教育價值的圖書。我們知道兒童常有從書上得知惡言惡行，而加以模仿的。故注意圖書的選擇，實大有必要。惟此說並不含有兒童圖書館所備書籍應以關於教訓的及科學的爲限之意，其實關於慰安娛樂的也屬必要；不過必須予以周密的注意，并講究指導的方法罷了。又選定書籍固然重要，但少數人要選擇範圍廣大的書類，難免有許多缺漏；因此在可能範圍內務必請教專門家的意見，或特別設置顧問，庶足以補此缺陷。

要之，兒童圖書館的經營必須是教育的才行。兒童圖書館能如此經營，就可成爲學校教育之援助者，對於兒童教育可以發生很大影響；因之，從學校的立場來說，也有大加獎勵的必要。在我國，一般圖書館的設立尚未見普及，遑論兒童圖書館；惟既認知了兒童圖書館的價值，能起而設法提倡，自是必要之務。現在學校內設置圖書室，或一學級內置備幾種書報的現象，頗不算少；然規模太小，設備太不完備，待改進擴充之處，實在非常之多。所望於熱心教育人士，急謀改善獎勵的方策，當是兒童教育上一大幸事。

以上是說兒童圖書館在教育上所占的地位以及經營兒童圖書館所當注意的幾個要點；以下特就兒童文學的選擇與德國的實例再說幾句。

我國近年來供兒童用的課外讀物，雖然爲數眞是有限，但有這個傾向終是事實。課外讀物的使命，在於養成健全的志操與純眞的趣味。英、法、德等各國的兒童文學，皆爲盡此使命而常不絕地改善。他們對於小學校，固各有國語讀本；但僅靠讀本，未能完全達到養成知識與情操的目的，必須再有賴於課外讀物的援助。是以各國對於課外讀物，非常重視，除思想健全、情操豐富而外，連書籍的印刷裝幀，也務求適於兒童的趣味。但在他方，近來歐美各國有損害兒童之虞的俗惡的兒童文學，也頗流行。此等文學是：

一、強盜或偵探故事；

二、不倫的戀愛故事；

三、超越人力人智的冒險或偵探故事；

四、爲人間所不得有的空想談話。

以此等題材爲內容的讀物，兒童讀了以後，自然足以發生興趣；但不幸健全的志操與純眞的趣味，却爲此所破壞，結果所至，就增出社會上許多少年的犯罪。

歐美各國有鑒於此，特在一九一〇年五月於巴黎地方舉行國際會議，決定由締盟各國同心協力以取締俗惡文學。取締的範圍不限於文學，連影片也包括在內；其後此項國際會議的決議，曾經實地施行；惟中國及日本等未出席這個會議，不在取締範圍之內，因之在締盟國被嚴行禁止的俗惡影片，陸續向東方輸出，而此等地方的少年就不免受其毒害了。

英、法、德等各國一方面既嚴行取締如上述的俗惡文學，他方面卽編製健全而富情趣的讀物與影片，以期滿足少年們的慾望。更進而研究種種方法，務使良好讀物得以最簡捷地接近兒童；雖是勞動者的兒童，也可獲此便利。譬如在德國，良好的兒童文學書大概以每册三十二面，定價十福丁尼（約中幣五分）爲標準。若對於並此而也不容得的貧困兒童，另由地方費補助之，故德國全國兒童，每年終可讀到幾十册的兒童文學書。

德國之使兒童閱讀上述讀物，尙有種種方法，玆舉其中重要的幾項如下：（一）地方官吏以地方費印刷兒童讀物，分配之於所轄區內的兒童；（二）小學校在各教室設置四五十册的兒童文庫，每週約有一册書借給各兒童，使在家庭閱讀，故一年必可讀得三十七八册；（三）各小學校設兒童讀書室，置備新刊的兒童文學書，使兒童自由地愉快地閱讀；（四）各市所設各種圖書館，大抵皆附有兒童室。對於兒童室的設備，卽在其他各國也皆煞費苦心，其重要的條件爲：第一、房子明亮；若是薄暗不明，不僅有害視力，且未能愉快地發揮讀書的氣分；第二、注意於壁及壁紙的色彩，使光線柔和，不致因過強而害視力；第三、懸掛適於兒童趣味的壁畫，並用雕刻及其他美物裝飾，書桌坐椅也皆合乎兒童使用，再用四季的盆栽及草花點綴其間；這樣不惟可使兒童愉快讀書，且可吸引兒童常來讀書；第四、選擇繪畫雜誌及書籍之適於兒童趣味者，巧爲配置，且可自由取出，使兒童感到在此室內讀書眞是無上快樂。紐約國家圖書館的兒童室，便是最稱完備的。

如上述完備的兒童圖書館，在我國還是找不出來；然而我們不該止於現狀，應當急起直追，才是正經。同時更希編製兒童文學書者要注意以下幾點：第一、從兒童生活範圍內選擇材料，以養成兒童健全的性情與純眞的趣味；第二、插畫裝訂，也當符合上述條件；第三、注意印刷，務求不害視力，不疲精神；第四、定價力求低下；第五、程度常能追從學校教育。要是書籍編製方面能具備此等條件，而圖書館設置方面又能趨於完備，那麼中國的兒童生活開始發見幸福之路了。

摘自《教育雜誌》一九二八年六月第二十卷第六期

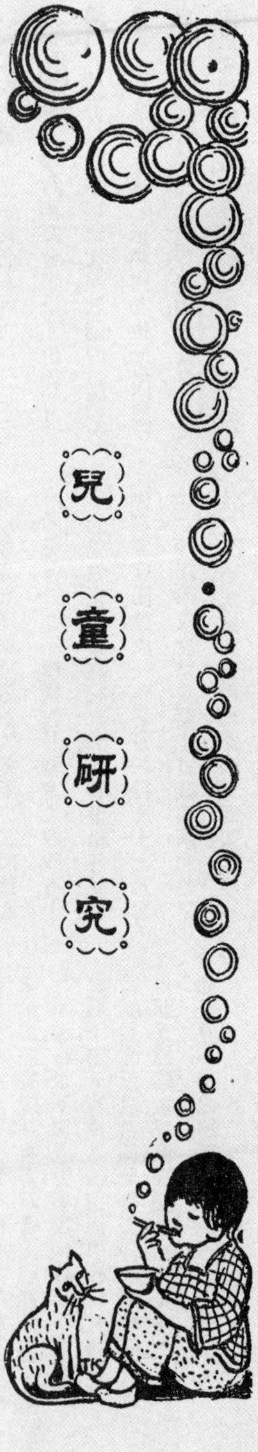

兒童參考書研究

杜定友

——在廣州學術演講會講——

今天承劉教育局長之召，到這裏來演講，非常欣幸！在未講之前，對於講題的選定，值得我們先研究一下。近數年來我所研究的各位也許知道，是圖書學。所以各處請我演講的，差不多全是關於圖書的。這次劉教育局長對於我的演講，並沒有指定什麼題目。這「兒童參考書研究」不過是舉一個例罷了。當時我本想講些關於圖書的事。但是後來想想，圖書的範圍很廣，一兩點鐘內，也講不了。而且講一些圖書的重要等等普通的理論，大家都已經知道，不必贅述。後來想縮小一點範圍，專講學校圖書。但是也覺範圍太大，一時講不了。因爲劉教育局長曾說過：這一次演講，對於全市的小學教員強迫出席的，所以極爲重要。若是拿了一個大題目，胡鬧講了兩點鐘，於諸君沒有什麼益處。所以再縮小一點範圍，想講兒童用書問題。但是後來看見中華教育界的兒童用書研究號已經多所發揮，諸君如能將這書詳讀一遍，比較來聽我演講，好得多了。所以想來想去，想不出一個題目。還是劉先生代定的題目好。所以今天就講這「兒童參考書研究。」而且看看那本「兒童用書研究號」裏面，沒有一篇是道及兒童參考書的。所以就拿這個題目來講，也許能免重覆之嫌，而且可以補該書之不足。可見對於講題的選擇，也曾經一番考慮。以上的一番話，所以不得不說明的，因爲我知道各位遠道而來，而且各位的光陰異常寶貴，不敢縱論一切，不能得到實益。所以演講的範圍愈縮愈少，使在小範圍以內，各位得到一點眞實的東西。這是我所希望的，還要請諸位見諒區區的苦心。

研究兒童參考書，第一要認淸的，就是兒童參考書不過是兒童用書的一部份。平常研究兒童用書，祇及普通課外瀏覽的書籍，和課內所用的教科書，很少注意到兒童參考書的。其實參考書也是很重要的一部份。凡研究小學教育的，不可不注意。現在可以將一般兒童用書和參考書的分別，約略說一說：

（一）　兒童參考書的特點

(1)增加常識　這裏所謂「常識，」是指一般的智識而言。因為平常用書，每一本或每一部，對於某種學術，是有專門的、系統的和一貫的敍述。比如我們看一本故事書，牠所述的，是首尾一貫的、專門一方面的。而參考書大都是對於一般學識，或某種專門學識，作廣泛的敍述，片斷的而非一貫的。我們看了一部參考書之後，可以得到一般的智識，或某科學的各方面觀，增加我們的普通學識。

(2)回答問題　參考書不是用來作專精的研究的，祇是用以回答問題的。比如我們要查一件東西或一個字的時候，就用着參考書。我們在研究上，如有難解決的問題，就要用着參考書。比如我們現在要知道曹植是什麽時代的人？若是我們拿一部廿四史來查，恐怕一個月也查不出。若是拿一本人名大辭典來查，那末三數分鐘內，即可查出。這人名大辭典就是參考書之一。

(3)偶然瀏覽　參考書不是要來全部閱讀的，比如字典是一部參考書。若是有人拿一部字典，從頭到尾，讀過一遍，那豈不是笑話？雖然讀字典的，世上大有其人。不過這恐怕是很笨的方法罷？所以參考書不過是用來偶然閱覽一兩篇的，不必全部去讀。但是有很多專門參考書，是值得我們全部閱覽的。

(4)便於檢查　參考書的編制，最重檢查的方法。比如字典中各個字排列的次序，百科全書的各科的分類，都是取便檢查。與其他書籍大不相同。對於檢查方法的編制，以後再講。

(5)範圍廣闊　參考書的內容，例是很廣闊的。無論普通的或專門的參考書，牠對於一般或專門的科學，都包羅一切，應有盡有。比如一部中國字典，那末對於中國的字，當無一不包含在內。不過有些因為用法不同，就範圍各有廣狹。比如學生字典祇是限於學生所用的字。但是在一定範圍內，是無不包羅盡藏的。

(6)多藏於圖書　參考書雖是人人應用，但個人所藏的，究為數有限。比如字典一類，個人所用的，不過三四種便够了。但是圖書的字典，就不祇此。而且有許多參考書，我們不是常用的，不過偶一檢查而已。普通的參考書，價值例較平常圖書貴。個人買了，也沒有大用，不得不仗圖書的供給。所以辦圖書的，對於參考書的選擇和購訂，尤不可不注意。

（二）　一般兒童用書的特點

(1)文藝學術的　一般兒童用書，要使兒童閱覽之後，對於文學有所欣賞，對於科學有所了解。書中所講的一事一物，都是一貫的、有系統的。比如一部小說，自首到尾，是整個的，不是片斷的。雖然文學書中也有片斷的敍述，但是也自成單位。令閱者發生一種反應，百讀不厭。而參考書的目的和宗旨是完全不同的。

(2)全部閱覽的　無論課外閱書或課內用書,大概都是要全部閱覽的。因爲牠的內容是整個的。但是參考書則有時候祇查一字,或祇讀一節。所以兩書用法不同。

(3)偏重心理的　兒童用書,重於心理。而參考書,偏重事實。參考書的編制,雖然不能不合於兒童心理,但是牠的方法,和一般用書,完全不同。一般兒童用書,在適應兒童的心理,啓發兒童的心志。牠的編制,是活動的,有系統的,使閱者讀後,得心理上之反應。而參考書祇可知道一事一物的解釋而已。

(4)敍述體裁的　兒童用書,往往用故事小說體來敍述,以引起兒童的興味,和便於兒童的了解。而參考書則祇顧便於檢查,所以兩者不同。一般兒童用書的體裁方式很多,在各位研究文學或科學的,自然明白。而參考書則祇求便於檢查,他非所問。

以上所論,不過將一般兒童用書和參考書的特點,約略論述。若以圖書學的眼光來分別這兩種書,那末其中尙有許多專門的法則和判別,但這裏可以不必詳講。

(三)　參考書的範圍

參考書的範圍,在平常人看來,不過幾本字典辭典而已。不知各科有各科的參考書,種類很多。茲將各類列表如下。至於各類的內容,各位可以顧名思義,不必詳細解釋了。現在爲分類便利計,暫分爲普通與特殊的兩大類:

(1)普通的:

一　字典類

二　辭典類

三　叢書類

(2)特殊的:

一　日用類

二　理科類

三　歷史類

四　地理類

五　博物類

六　衞生類

七　游藝類

八　文學類

(四)　參考書的選擇

對於參考書的選擇,我們應該注意以下各點:

(1)用字

一、深淺　所謂字的深淺,是對於兒童之接近與否而言。凡是與兒童生活接近,及關於實用的,都是淺的。但是編書的人,往往以字的筆畫多少,構造難易,爲深淺。這種見解,是很謬誤的。比如「予我」兩字,雖我字筆畫較多，但在兒童用書中當然應用「我」字。這是很淺而易見的，可惜有很多人不注意。不過在同等應程度之下，那末以筆畫的多少為深淺的標準，也未始不可。兒童參考書，自然要用淺近的字，以便兒童了解。但是那些是淺近的字，那些兒童參考書是應用的，我們不得不作專門的研究，然後解決。

二、字數　兒童用書，最多可用若干字。這一個問題，一時頗不易回答。現在出版的平民千字課，是平民所應識的字數。不過祇應用於平民，不盡適用於兒童。到底兒童參考書裏所用的字數和深淺怎樣？現在還沒有確定的答案。希望各位教育家，努力從事研究，以便我們作選擇的標準。

(2)體裁

一、敍述　參考書例多用敍述的體裁，祇求將事實說得明白簡潔。但是有許多因為引起兒童興味起見，也兼用故事體裁的。我們可選最簡明的體裁，以便兒童的閱覽。

二、故事　有許多參考書是用故事體裁的。將書中所說的事物，編成故事。兒童對於這種體裁，最感興味。

三、遊記　遊記體裁其實也是故事體裁之一種。多利用於歷史地理方面。

(3)格式

一、標點　參考書內，應有簡明的標點符號，以便兒童明白句讀。這一層有許多中國書是不注意的。像一本笑話書說有兩個人讀「知止而后有定，定而后能靜，靜而后能安，安而后能慮，慮而后能得。」一個說「知止而后有，定定而后能，靜靜而后能，安安而后能，慮慮而后能，得」多了一個「得」字！一個說「知止而后有定，定而后能靜，靜而后能安，安而后能慮，慮而后能得，」少了一個「得」字！可見標點之重要。

二、章節　各段章節要分明，每章每節，要自成單位，而後能使閱者易於明瞭。

三、排列　材料的排列，第一要求便於檢查。編制宜求嚴謹。比如字典中的各字，應該各有客觀的位置，自然的順序。比如英文中 ab 和 ac 二字，那末 ac 一定在 ab 之後，是無容疑義的。但是就這一點，我國的字典，也難辦到，遑論其他。至於非字順排列的參考書，其排列的方法，分類的順序，尤不可不注意。

(4)印刷

一、外觀　中國書的裝釘和書面及內容的印刷，太單調了，太呆板了。我們要選多一點美觀精雅的書籍，以引起兒童的觀感。

二、關於字體大小和格式的研究，兒童用書研究號內有一兩篇述及的，各位可以自行參考。但這也不過是一種試驗，不能認為定論。關於這個問題，還希望各位努力研究。

三、紙張　應用潔白堅厚的紙張，以免易於破壞，而便於翻閱。紙張的好歹和字體的清楚與否，於兒童目力極有關係，各位不可不注意。

(3)圖畫

一、簡單　書中的插畫宜多，繪法須簡單明瞭，切忌潦草及不眞實。

二、解說　每幅插畫應該附有解說，使兒童一目了然。對於解釋事物結構的圖畫，各部尤須一一注明。

三、色彩　宜多用彩色畫，以引起兒童興味。色澤配置，尤須均勻和幽雅。

(五)參考書指導法

參考書的指導本來是圖書職員的責任。但是現在一般小學圖書的管理員能够擔任這種工作的，還不多見。所以這個責任，不得不請各位小學教員擔任。我們要知道：要教書，必先知書。要令學生讀書，必先使他們知道怎樣去讀。若是泛泛然拿了一本書就教，去叫他們讀，是沒有用的。參考書的用處，大部份在回答問題，前面已經講過。小孩子本來是好問的，很富有建設本能的。比如我們給他一座現成的木頭小房子，他玩了，也不覺得什麼興趣。若是我們給他積木遊戲，叫他們憑他的理想，去建築他所要的房子，那末他們興味倍增。教育的宗旨，不是要灌輸智識，是要輔助兒童發展他們的本能。對於用書，也是一樣。我們要使兒童對於環境事物發生問題，發生困難，然後去自尋解答的方法。訓練他們的創造本能，鍛練他們的思想。所以用書貴在指導。這裏各位恕怪我問一句話：各位任小學教育有年，在校內除教書之外，有做指導的工作麼？若是沒有的，那末各位對於責任上有一大部份是未負責了的。現在且把指導的方法，略爲說說，各位可以參考比較。

(1)介紹　教員除教書之外，對於課外讀物，或課內參考書，應隨時介紹給學生。指導其閱讀。不過平時所謂介紹，不過對學生說「這部書很好，你們看罷。」這種介紹是沒有價值的。正當介紹的方法，應該注意左列四項：

一、書本　介紹書籍，對於書的本身，應詳細述明。最重要的，爲書名、著者、出版處、出版期、售價等等。使閱者對於該書有清楚之認識。

二、內容　說明該書的內容，所述的大約是什麼？有什麼用處？有什麼優點劣點？

三、編制　該書的編制如何？系統如何？章節句讀如何？分幾部幾章幾節？各章節的順序如何等等，都應使用者明瞭。

四、用法　參考書的用法，各書不同。我們要找尋一個問題的答案，應該從何處下手？也得要對學生說明。

(2)問答　教員和學生，都可以提出問題，練習參考。在大規模的圖書，得另設詢問部，以備教員學生咨詢。各問題提出後，由圖書管理員或教員選擇相當的參考書，指明篇數頁數，使學生自行參考。但切不可代學生解答，以長其惰性。或者由教員提出問題，叫學生自行選擇適當的參考書亦可。

(3)舉例　研究參考書，當將各種參考書，詳細說明，將內容編制，一一介紹。不然，則難免流於空泛。但是現在若想將兒童應用的參考書，一一介紹，恐怕照這樣講每天兩點鐘一年也講不了。所以現在只得拿一本最普通的參考書——辭源——介紹一下，各位可以因此類推。

一、書本

a書名　辭源

b編者　方毅等五十八人

c出版　上海商務印書館

d版次　第十七版

e版期　民國十五年七月

f價格　戊種大洋五元

g册數　洋裝二册

二、內容

a、根據　此書以商務印書館出版之新字典為根據。將新字典內之字，一一注釋，並衍為辭書。字典與辭書之分別，據辭源說略，謂「凡讀書而有疑問，其所指者字也。其所問者，皆辭也。如一之為一，既識其字矣；而其義則因辭而變。一名一物之一，不可通於一朝一夕之一；一德一心之一，不可通於一手一足之一；非臚舉而各列之，無以見其義，亦無以盡其用也。」

b、字釋　書中將新字典之字，完全收入，每字加以注音、解釋、引證（舉例見後。）

c、辭釋　凡二字或二字以上相聯，而成義的，統名曰辭。每辭亦加以注解及引證。辭之範圍極廣，凡普通應用之成語，各科術語，及中外著名人物之略史，世界著名之事物，都略有採入。所以內容可稱繁博。不限於中國應有之事物，這一層不可不注意。

d、圖表　書中關於特別的物名，或有須列表而後明瞭的名辭，均附有圖表，但為數不多。

三、附表　書中附有下列各表。這種表式，是很有用的。但是我敢說在我未介紹之前，恐怕忽略的人不少。比如其中有中外度量表，這是日常應用的。若是我們不知道這表，那末一時要找「美金一元合規銀若干？」竟有無從下手之困！

a、檢字表　在上册卷首總目錄之後，共十頁。「凡較難尋檢之字，均照筆畫排列，下注頁數，其部首分明，一望即知者略之。」

b、世界大事表　在下册卷末，共五十二頁。自皇帝軒轅氏（二六九七）始，至民國四年止。每條列舉干支年號，及西歷紀元前後年數。中外大事，一並列入。吾國各朝在位皇帝年數，亦有注明。朝代名稱，則用黑底白方字表明之。「一、共和以前紀年各書互異，今據皇極經世及通鑑輯覽等書。二、有大事之年則紀，無則缺。惟改元之年則備錄之，以便檢查。」

c、現行行政區域表　在前表之後，共二十二頁。「本表道縣名稱，均據民國三年內務部頒發行政區域一覽表，以後續有變更，已據最新改定者錄入。原名為清末舊制，其與今名同者，不贅。」表中以省道分，上列今名，下列原名。

d、本國商埠表　在前表後，共四頁。表中分五項：（一）埠名，（二）所在地，（三）關名，（四）開放年分，（五）外國駐有領事者。

e、中外度量衡貨幣表　在前表後，共十一頁。有中、法、英、美、日本、俄、德各國之長度表、地積表、容量表、重量表、貨幣表、量制表等。每表因各種用法而分甲乙丙等分表。每個單位，附有萬國度通制之比例，以便比較。並附有米突尺之說明。

f、化學原質表　在前表後共八頁「表中各原質順序，以原質之種族爲先後。各族分界，以粗線間隔之」表中分下列數項：（一）漢名，（二）英文，（三）拉丁名，（四）符號，（五）原子量，（六）比重，（七）融點，（攝氏）（八）原子，（九）發見時，（十）發明者，（十一）異譯。

四、編制

a、書中名字，依康熙字典辦法，以部首筆畫爲先後。分子丑寅卯等十二部。子至已爲上册，午至亥爲下册。

b、部首以筆畫多少爲先後。

c、同部首者，以邊旁筆畫多少爲先後。

d、同部首字者，以辭之長短爲先後。

e、辭之長短相同者，以各字筆畫之多少爲先後。

f、每字每辭以〔〕爲記號。

g、字後首列注音，以【】爲記號。次列解釋，每字每辭有數義者，以㊀㊁等別之。引用書名，以〔〕爲記號。

h、例：

〔一〕【衣悉切質韻】㊀數之始也。凡物單個皆曰一。㊁同也。〔孟子〕先聖後聖其揆一也……㊂發語辭〔國策〕「一何慶弔相隨之速也」亦作壹〔漢書〕壹何壯也。

〔一心〕㊀同心也〔書〕予有臣三千惟一心。㊁專心也〔蘇軾詩〕一心兇笞莫成竹。

i、辭數　一字部內之辭數，列表如下：

（一）二字者如「一一」等八十條。

（二）三字者如「一人」等六十五條。

（三）四字者如「一刀兩斷」等八條。

（四）五字者如「一元方程式」等十九條。

（五）六字者如「一馬不被兩鞍」等三條。

以上合一字部共一百七十五條。

五、用法

a、定辭法　閱書研究的時候，若有疑問，而向辭源找尋解答，必先定辭，比如荀子的「凡人之患蔽於一曲而闇於大理。」若是找尋「凡」「蔽」或「而」字，是萬找不到的。「一曲」二字，方作爲辭。先能定辭，而後有所入手。

b、檢字法　定辭之後，便依該辭第一字的部首和筆畫，依法去找。

c、檢辭法 檢得第一字之後，便看辭之長短字數，依法去找。

d、選義法 每辭例有多種釋義，我們要看上下文的語義，去找相當的釋義，然後可以解答我們的問題。

六、問題舉例 練習參考書之運用，我們要常常提出有興味的問題，使學生自動的去找尋。現在舉幾個例如下：

a、「一畫開天」應作何解？

b、「伯里壐天德」是什麼東西？

c、「宮內省」在什麼地方？

d、禮記上有說及「情田」嗎？

e、「爆爆震電」何處出典？

f、「年羹堯」的別號叫什麼？

g、「交情」是有的，「情交」也有麼？

h、「揚州十日記」是什麼東西？

(六) 兒童參考書目

現在爲辦理小學教育和小學圖書者之便利，略選參考書數十種，以供選用。但其中也有成人與兒童合用的，也有並非專爲兒童而編的。祇是沒有其他相當的書，不得不借用的。也有因我見聞有限而遺漏的，也有發行機關代定的不到之處，求各位原諒。

(1)字典類

中華注音國語字典	中華	.40
英華合解辭典	商務	2.50
國音小字典	中華	1.00
國音字母發音圖	商務	1.00
國語學生字典	中華	1.20
實用學生字典	商務	.40
漢英新辭典	商務	8.00
學生小字典	廣益	.40
學生詞典	商務	2.00
雙解標準英文成語辭典	商務	1.50

(2)辭典類

中國人名大辭典	商務	8.00
外國人名地名表	商務	1.60
辭源	商務	5.00

Brewer, E. C.: Reader's Handbook, Lippincott. $5.00.

Champlin, J. U.: Young Folk's Cyclopedia of Common Things. Holt. $3.00.

Champlin, J. U.: Young Folk's Cyclopedia of persons and Places. Holt. $3.00.

O'Shea, N. V.: World Books. Quarie. $46-

Smith, E. F.: Dictionary of Dates. Dutton. $0.40.

（3）叢書類

少年百科全書　商務　30.00

平民小叢書　商務　每本 .015

百科小叢書　商務　15.00

兒童百科叢書、　中華　每本 .05

兒童常識叢書　中華　每本 .08–.10

通俗教育叢書　商務　每本 .10–.35

（4）日用類

日用百科全書　商務　10.00

中國年鑑　商務　4.00

中國教育指南　商務　.50

常識談話　商務　每本 .08

國民黨全書　2.00 ?

新法事物發明史　商務　.08

Kelly, L. E.: 300 Things a Bright Girl can do. Estes. $1.75.

Kingsley, R.: Just so Stories. Doubtday. $2.00.

World Almanac, N. Y.: World Co. $0.75.

（5）理科類

少年自然科學叢書　商務　每本 .60

五彩理科掛圖　商務　14.00

兒童理科叢書　商務　每本 .05

Holland, R. S.: Historic Inventions Jacob. $2.00.

Ingesoll, E.: Book of the Ocean. Centry. $2.00.

Martin, M. E.: The Friendly Stars. Harper. $1.25.

（6）歷史類

少年史地叢書　商務　每本 .30–.35

中國歷史問答　商務　.25

世界歷史問答　商務　.20

兒童史地叢書　商務　每本 .30–.35

萬國十大富豪　中華　.60

時人傳記　各大書坊出版

歷代興亡圖　商務　.48

Eggston, E.: Stories of Great Americans. A.B.C. $0.60

Holland, R. S.: Historic Hand Book. Jacob. $2.00.

（7）地理類

中華新地圖　商務　.40

世界簡明地圖　商務　.60

新法兒童中國遊記　商務

新法兒童世界遊記　商務

Blaiodell, E. A.: Child's Life in Manylands. McMillan. $0.36.

Bowmen, J.: The New World. World Book Co.. $4.00.

(8)博物類

衣食住　商務　.30

參見日用類

Miler, O. T.: First Book of Birds. Honghton. $0.90.

Heffer, C. A.: Nature Study on the form, Soil and Plants A.B.C. $0.65.

Richard, L. E.: Fourfeet, two feet and no feet. Estes. $2.00.

(9)衛生類

小本衛生叢書　中華衛生教育會

學生衛生寶鑑　中華

Brown Hygiene for young people.

(10)游藝類

社交實用遊戲法　青年會

兒童工藝叢書　商務　.06

兒童手工叢書　商務　.08

童子軍用書　商務　每本 .20－.40

體育叢書　商務　每本 .26－.60

Adams, J. H.: Harper's Indoor Book for Boy's. $1.75.

Adams, J- H.: Harper's Outdoor Book for Boys. $1.75.

Beard, Lina. Indoor and Outdoor Handicraft and Recreation for Girls. Scribner. $2.00.

Hofmann, N. C.. Games for Every Body. Mudge. $0.50.

(11)文學類

各省童謠集　商務　.25

兒童文學叢書　商務　每本 .05

其他文學過多從略

Jay and Edton: Use of Books and Libraries, Boston Bk. Co. $3.75.

Holt, J. K.: Cyclopedia of Practical Quotations. Funk. $7.50.

Marshall, H. R.: Child's English Literature. State. $2.50.

(七) 兒童用書研究書目

關於兒童用書，在西文方面，非常之多，比如

Powell: Children's Library.

內所附載的書目（以雜誌論文爲多）有下列各種：

(一)關於圖書在教育上之地位之書籍論文　一二九種

(二)關於圖書對於兒童之工作之書籍論文　四七種
(三)關於小學圖書之書籍論文　三三五種
(四)關於圖書之使用法書籍論文　六三種
(五)關於中學圖書之書籍論文　三一九種
(六)關於鄉村兒童圖書書籍論文　三八四種
(七)關於公共圖書與學校之關係書籍論文　三三三種
(八)關於圖書與教育之關係書籍論文　三三三種
(九)關於兒童圖書室之書籍論文　一〇四種
(十)關於兒童圖書主任之訓練書籍論文　二四種
(十一)關於兒童圖書之工作書籍論文　一四六種
(十二)關於兒童圖書之選擇書籍論文　三二六種
(十三)關於兒童圖書與社會之關係　五七種

共計　一九九三種

以上係一本書內所介紹的，凡一千九百九十三種，可見關於兒童用書文學之多，現在將中西書選錄數種以供參考：

中文

杜定友　小學圖書問題　中華教育界第十五第十二期
杜定友　中學圖書問題　中華教育界第十四卷第十二期
杜定友　兒童圖書問題　教育雜誌第十八卷第四期
杜定友　圖書選擇法　商務　.25
　　　兒童用書研究號　中華教育界
陳　逸譯　兒童圖書之研究　商務　.30

西文

Selected Bibliography of Children Literature

1. Baker, F. T.: Bibliography of Children Reading. N. Y., 1908.
2. Broolylin Public Library. Books for Boys and Girls, 1911.
3. Bryant, S. C.: How to Tell Stories to Children. Houghton.
4. Curry, C. N.: Childred Literature. Rand.
5. Farr, Harry. Library Work with Children. Cardiff, 1910.
6. Field, Eur.: The Child and his book. London Wells, Gardner.
7. Hassler, H. E.: Graded List of Stories to Tell or Read Aloud. American Library Ass'n. 1923.
8. Hassler, H. E.: Work of Public Library for Children. Oriegan. n.d.
9. Hazeltine, F. I.: Library Work with Children. H. W.

Wilson.

10. Hewins, C. M.: Books for Boys and Girls. American Library Ass'n., 1904.

11. How, F. D.: The Book of the Child. N. Y., 1907.

12. Lowe, Orton.: Literature for Children. MacMillan.

13. Moses, M. J.: Children's Book and Reading. N. Y. Kennerley, 1907.

14. Olcott, F. J.: Children Reading. Houghton.

15. Olcott, F. J.: Library World with Children. Chicago.

16. Powell, S. H.: The Children Library. N. Y. Wilson. 1917.

17. St. Louis Public Library. Some Books for Children. 1926.

18. Salmon, Edward.: Juvenile Literature as it is. London. 1888.

19. Schluter, Hinrich.: Uber Jugendlekture. Buxtehude. 1983.

20. Schudder, H. E.: The Children's Book. Houghton.

21. Stanley, H. H.: 550 Children Books. American Library Ass'n., 1910.

22. Wolgast, Heinrich.: Elend Unserer Jugend Literature. Leipzig, 1905.

23. Wolgast, Heinrich.: Vom Kinderbuch. Leipzig. 1906.

摘自《教育雜誌》一九二八年六月第二十卷第六期

省立一師小學部兒童圖書館擴充圖書辦法

——十八年下學期第一次校務會議通過——

一　本校爲滿足學生求知慾望，培養學生自動能力，特規定擴充圖書辦法。

二　本校以左列各項方法擴充圖書：

（甲）學校由公費項下，每學期撙節若干元，購置圖書。

（乙）向校外各方捐募書籍或款項。

（丙）向本校教職員捐募書籍或款項。

（丁）向本校學生徵借圖書費。

三　本校對於校外熱心捐書捐款者，除登報鳴謝外，並於圖書館內設法題名，存留永久紀念。

四　本校教職員因故離職時，所捐書款，如願收回，亦得取回之。

五　本校向學生徵借圖書費數目，依年級分有左列各種：

（甲）第一年級學生，概不徵借，

（乙）第二年級學生，每人徵借一角，

（丙）第三四年級學生，每人徵借二角，

（丁）第五六年級學生，每人徵借四角。

六　本校學生卒業時，圖書館須向各生退還與原徵借費同價值之書籍；但中途因故退學者，不在此限。

七　本校徵借捐募所得之各項圖書費款，專歸圖書管理員保管支配，不與事務課發生係毫關係，以免挪作他用。

八　本辦法有未盡善處，得由校務會議修改之。

摘自《陝西教育週刊》一九二九年第二卷第四十七期

兒童圖書館的圖書研究

儲子潤

兒童圖書館，在小學教育上，誰也知道是很重要的。因爲兒童在上課時候，從教師方面所得到的知識，是很有限的，並且不活動的，一級兒童程度不齊，教師把同樣的教材去指導他們，能力強的兒童，已是供不應求！而能力弱的兒童，還是模糊不解。所以在現在提倡做學教新教育法之下，一定要有個完美的兒童圖書館，陳列了許多圖書，使兒童自由的閱覽；方才可以得到自發活動的知識和經驗。這就是兒童圖書館在教育上的價値了。

兒童圖書館事業，現在國內很普徧的了。不論城市或鄉村的小學裏，都知道設立兒童圖書館。然而對於這種專門事業，作專精研究的人，異常缺乏。而經費又異常困難，因此一般兒童圖書館，因陋就簡，敷衍了事，不免形同虛設。沒有一個很好很完善的兒童圖書館。這是擔任小學教育的人，都應該引爲深恥的！兒童圖書館的問題很多，現在先提出應備圖書的問題來討論。我不敢說對於兒童圖書館學，有精深的學理和研究，豐富的方法和經驗。不過把幾年來辦理這件事的結果報告一下。

第一　兒童圖書館圖書的選擇標準

現今的兒童圖書，雖不能說汗牛充棟；然亦不下數千百種。辦理兒童圖書館的，勢難一一購備。經費困難的尤其是鄉村小學校！因此對於圖書，不得不擇尤購置。選擇的標準可分實質與形式兩方面：

1. 實質方面：　就是圖書的內容，選擇時要注意下列幾點：

(1)要含有文學的價値，可供兒童欣賞的　圖書館唯一的目的，在使兒童看的人多，能養成兒童看書的良好習慣。要達到這目的，先要鼓勵兒童看書的興趣，所以圖書館裏的圖書要選擇較有文學價値的。有了這種書，兒童可以在書中找尋無限的樂趣，在文章中領會着人類的希望，愛憎，快慰，幻想，理想，情操，信仰，等等的事。以發生美感，使人生愉快。這種不僅在書本中，可以得到更深透的意義，並且於人生上，可以增加不少的興趣和幸福。所以圖書館裏的圖書，一定要有文學的價値的。

(2)要含有科學的價値，可以供兒童參攷的　兒童圖書館，不僅供給兒童課外閱覽，和消遣。並且要供給兒童學習各種功課時的參攷。因爲兒童在校，單靠一本教科書，所得的知識，是不夠的。所以兒童圖書館裏的圖書，除含有文學意味之外，應該備些有科學價値的，很淺近的參考書！以補助學校教育的不足。

(3)要切近生活可以陶冶兒童將來職業的　兒童圖書館是一種教育機關，任責很是重大。我們對於兒童的閱覽，不僅是提高兒童的興趣和程度，並且要對於兒童的將來生活，也要有所準備：非但注意兒童現在的生活，並且要注意兒童將來的職業，所以兒童圖書館裏的圖書，購買的時候，要注意是否是切近生活，可供職業陶冶的。

(4)乘有積極主義革命精神的　圖書館是社會文化的中心，圖書是圖書館的重要工具！所以社會的進化，全靠圖書館的力量，利用書籍來教化他們，利用書籍來提高他們的意志和學識。使他們個個有相當的能力，去改進社會。所以圖書館裏的圖書，內容要有積極的思想，和革命的精神。絕對不能有消極的，悲觀的意旨的存在！兒童是未成熟的成人，意志未定，所以兒童圖書館的圖書，尤其應該注意到這一點。

(5)要能擴張高尚思想，足供兒童修養的　兒童圖書，除適應他們的興趣，增進他們的程度外。還要注意到兒童的修養。因爲兒童的思想行爲，道德觀念，全在兒童時代培養出來。購備兒童圖書時，若能注意選擇關於身心修養方面的書籍，那末兒童讀書的時候，無形中受着良好的感化，他們的行爲，自然的日趨於善良了！

(6)要內容豐富而適合兒童程度的　兒童圖書館裏，選擇的圖書。要注意內容豐富，能發展兒童的好奇本能，及想像力爲標準。若內容單調，不適合於現在時代背景，及教育意旨的，不應購備。同時又須顧到兒童的程度，若文句過深，生字過多。兒童閱讀時，不易了解。減少閱讀的興趣。不特兒童毫無獲益，並失却圖書的作用。所以選擇圖書時，除內容豐富外，並且要注意文字的形式。

2.形式方面：　就是圖書的行文，裝訂，印刷，等形式。選擇時當注意下列幾點：

(1)行文是否活潑流暢，可增加兒童快感的？

(2)行文是否層次清晰，易於記憶的？

(3)生字生詞，是否太多，不易了解的？

(4)插圖與書中意義，是否明瞭而符合，增加兒童趣味的？

(5)文句是否合於兒童語言自然的次序，可以口語講述的？

(9)格調是否清眞，不尚彫琢的？

(7)外觀是否美麗，能引起兒童閱讀的興趣的？

(8)裝訂是否堅實，而耐用的？

(9)字形的大小，是否合度，不傷兒童目力的？

(10)字與字的距離，及行與行間的距離，是否與字體的大小成正比例的？

(11)印刷是否清楚，一目了然的？

(12)印刷紙張，是否無光，不傷兒童目力的？

第二　兒童圖書館圖書的分類

我們有了上面的選擇的標準，加了一番審查的功夫，便可得到許多合用的圖書。這許多圖書，我們怎樣去分類編目呢？我們先要討論分類的原則。

1.要免去論理的分別：　圖書分類法，有杜威的十進式，和氏的展列式，又有科目分類式，種種。這都是根據圖書的內容的論理組織，而初入學的兒童，思想幼稚，他的生活是整個的。他只知道具體的事實，不明白論理的抽象的組織的。所以這種分別，不合於兒童圖書館。我們要設法免去！

2.要合乎兒童心理的排列：　心理的排列，就是根據兒童的經驗，生活的需要，以滿足其心理的要求的排列。這種排列，完全以兒童的能力程度爲前提的，所以兒童容易借書，容易增加興趣。

我們根據兒童心理的排列的原理，去排列兒童圖書。用教師主觀的眼光去規定，往往靠不住。所以最好根據各兒童平時所歡喜看的書，就發現次數的多寡，而規定各年級兒童的圖書，分成若干階段。兒童只要知道自己是幾年級，便知道可以看那幾本書，這豈不很便當麼？作者對於統計。兒童所看的書的次數，曾織續不斷的統計二年。方法是：1.於每學期開始時候，特備閱書記載册，發給兒童，令兒童於每次進圖書館所看的書名，篇名記載在閱書記載册上。2.至每學期終了，便分級由各個兒童收回記載册，統計各級兒童看各種圖書的次數。3.求出各級兒童所看各種圖書次數的百分比，以作比較。4.圖書目錄分階段時，就把這統計作爲根據。現統計表限於篇幅，不及披露！其詳請參攷拙作小學閱讀的研究。現將各階段的圖書，介紹於下，以便辦理兒童圖書館的參攷：

甲　一二年級圖書目錄

一二年級的兒童圖書，眞是鳳毛麟角。坊間所出版的書可以供一二年級兒童讀的，不過十多種而已。書目如下：

書目	出版所	編者	册數
1.文藝圖	中華書局	陳醉雲	四集十六册
2.兒童文藝圖	中華書局	陸衣言	一集四册
3.故事曲	中華書局	蕭畢三	二集八册
4.兒童詩歌	商務印書館	嚴既澄	四册
5.兒歌	商務印書館	計志中	二册
6.謎語	中華書局	吳翰雲	九集
7.笑話	中華書局	陸衣言等	五集
8.兒童文學讀本	商務印書館	吳研因等	一四册
9.兒童畫報	商務印書館		每月一册
10小朋友畫報	中華書局		每月一册
11圖畫故事	商務印書館	宗亮寰	二十册
12好朋友	南京特別市教育局		五册
13小歌曲	文明書局	王人路	四集
14兒童故事畫	中華書局		
15兒童教育畫	商務印書館	朱元善	九十三册
16各種低級國語讀本	商務中華世界		

低級兒童能看的圖書，不過這幾種。表面上看，可以不必分階段。也不能分階段。然而要兒童閱書便當適合程度，又不得不分階段。照上面的書，一定不夠許多兒童同時閱覽的。補救辦法，可以把書拆散，以篇做單位，每篇釘成一本。以篇名做書名，份數可以加多。又格外醒目，使兒童一望而知。並且可從各篇內容的深淺，排定若干階段。現把排定的各階段圖書述下：

第一階段看的書……（相當一上年級程度）

1.兒童畫報　2.小朋友畫報　3.兒童教育畫　4.該該該　5.狐狸怕狗　6.三隻牛　7.小燕子　8.樹林裏一壺酒　9.兩隻小狗　10螢火蟲

第二階段看的書……（相當一下年級程度）

1.靑兒醒了　2.搬不動　3.小仙人　4.羊兒餓了　5.小白兔　6.洋囡囡　7.打鐵歌　8.謎語　9.牧羊老人　10喫麵歌　11小青蛙　12梅利的小羊　13幾件贈品　14笨貓　15餓貓

第三階段看的書……（相當二上年級程度）

1.會做的小猴子　2.蓬蓬蓬　3.小老鼠　4.大老鼠　5.找朋友　6.笨小孩　7.三隻小貓　8.兩隻蝴蝶　9.大石頭　10賞月亮　11春天到　12餅東西　13老貓過生日　14吃了一半　15小猪過橋　16遊月宮　17白兔子和烏鴉　18新年裏的　19貓要尾巴　20三隻豬　21拔蘿蔔　22蜜蜂和蝴蝶　23兒歌　24笑話

第四階段看的書……（相當二下年級程度）

1.阿大尋快活　2.有趣的詩歌　3.小狗吃餅　4.八男看榮　5.八哥哥　6.尋仙人　7.風癡子　8.仙人比本領　9.哥哥弟弟　10黃狗與金子　11牛與馬　12小銀元　13一個孩子的夢　14小販的包裹　15快快布穀　16自由之神　17木蘭從軍　18金箍棒　91美猴王出世

20 學本領　21 大鬧天空　22 石后王二　23 小歌曲

24 文藝圖　25 兒童文藝圖　26 故事曲　27 兒童詩歌

乙、三四五六年級兒童圖書目錄：三年以上圖書，卽照原來書名編目：

第五階段……（相當三上年級程度）

1. 詩……中華　2. 歌謠……中華
3. 兒童文學讀本一至五冊……商務　4. 好孩子……商務
5. 小朋友……中華　6. 兒童世界……商務
7. 兒童畫報……商務

第六階段……（相當三下年級程度）

1. 好國民讀本……東大附小　2. 兒童小說……商務
3. 故事讀本……商務　4. 兒童文學讀本（六—八冊）……商務
5. 故事……中華

第七階段……（相當四上年級程度）

1. 兒童故事……商務　2. 兒童遊記……商務
3. 京語童話……商務　4. 全世界的小孩子……中華
5. 兒童中國遊記……商務

第八階段……（相當四下程度）

1. 小說……中華　2. 童話大觀……世界
3. 兒童創作集……中華　4. 兒童世界遊記……商務
5. 公民故事讀本……東大附小　6. 小小說……中華
7. 衛生故事讀本……東大附小　8. 童話……中華

第九階段……（相當五年級程度）

1. 兒童劇本……商務　2. 我的書……中華
3. 中國故事……商務　4. 西遊記……商務
5. 少年文學叢書……商務　6. 少年雜誌……商務
7. 中國寓言……商務　8. 童話一集二集三集……商務
9. 中華童話……中華　10 世界童話……中華
11 家庭童話……商務　12 兒童文學月刊……中華
13 事物發明史……商務　14 兒童史地叢書……商務
15 兒童常識叢書……商務　16 兒童手工叢書……商務
17 兒童工藝叢書……商務　18 兒童新遊戲……商務
19 兒童故事遊戲……商務　20 各小學刊物……各小學
21 兒童理科叢書……商務

第十階級……（相當六年級程度）

1. 兒童百科叢書……中華　2. 俄國童話集……商務
3. 託爾斯泰兒童文學類編……商務　4. 水滸……泰東
5. 儒林外史……泰東　6. 少年史地叢書……商務
7. 通俗教育叢書……商務　8. 平民小叢書……商務
9. 常識談話……商務　10 科學小叢書……商務
11 少年叢書……商務　12 兒童藝術叢書……中華商務
13 北新叢書……北新　14 兒童課餘服務叢書……中華
15 少年自然科學叢書……商務　16 學生的地理自修書……世界
17 兒童歌劇……中華

（註）以上所分階級，兒童閱讀並非只限於本年級相當階段所規定的圖書。儘可自由閱覽。惟低級的兒童，不得隨意看高級的書籍。如四年級的兒童，儘可自由看三年級二年級相當階段內的書，而不能看五年級，六年級階段內規定的書。如此：一方面可以適合兒童的能力程度，一方面仍是很活動；可以適應他們的個性。這是使用時候要注意的。

三．五．寫於國民革命軍遺族學校

編者按農村小學中圖書館，很是需要；如能擴大範圍，爲村圖書館，以供村民閱覽，尤爲切要。

摘自《地方教育》一九二九年八月第六期

兒童讀物的分類與選擇

王人路

數年以來，中國的教育似乎入了一個新時代，脫離了軍閥和封建思想的壓迫與束縛，蓬蓬勃勃有了生氣，就是從前不爲人重視的兒童教育也漸漸的引起了許多人的注意，這誠然是中國兒童的幸運！因就個人幾年來的經驗和平素的感想寫在下面，冀引起國內關心兒童教育的同志的討論，使中國的兒童今後受到實際的惠益。

一 甚麼是兒童讀物？

兒童讀物，就是兒童書籍或兒童參考書，他的範圍是很寬的：卽除成人讀物之外，凡一切供給兒童的書籍，不論他是圖畫、或詩歌、或童話、或故事等等，都可以概說它是兒童讀物。有了以上的定義，我們必須對於兒童有認識，纔可以判斷某種讀物是否可以適合作兒童讀物，或是否可以稱作兒童讀物。通常認兒童爲社會之一員，亦爲組織社會所必具的分子，將來社會的改良，學術的發明，都有賴於現在的兒童。我們必須明瞭兒童有（1）活動性，（2）求知性，（3）模倣心，（4）好奇心，（5）意志薄弱，這些特性。人類的兒童期是一個最喜歡學習新事物的時代，也是容易受教育的時代，從一個民族的兒童讀物的質量上，可以估計這個民族文化程度的高低。所以兒童讀物對於一個民族的文化是有很大的關係的。兒童讀物是用來教育兒童的，因此兒童讀物必須根據以上這些條件創造出來或選擇出來，這樣兒童讀物對於兒童本身和社會的將來纔有很大的影響與效果。不論它是專門的科學的或歷史的與普遍的讀物，凡是供給兒童的，都要兒童化、文學化，因爲兒童的特性與成人不同，尤其是意志薄弱；這樣可使兒童能够掀動感情，爲好奇心所驅使而加以注意。我們現在可以依讀物的性質列成下表：

- 兒童讀物
  - 純文學
    - 韻文的
    - 散文的
  - 文學化的科學
    - 關於自然的
    - 關於衛生常識的
    - 關於社會的
    - （以上各分）韻文的、散文的

上面這個表是說明兒童讀物可分爲兩大類：一類是純粹文學的，如：韻文的詩歌等和散文的小說故事等。一類是文學化的科學，如關於自然的故事、關於社會的故事和介乎二者之間的衛生常識故事。這些都是科學的材料，用故事或是童話或是詩歌或是劇本把他描寫出來，就是把科學的材料文學化。一定要這樣纔可以不致枯澀無味，纔能引動兒童的觀感。

二　兒童讀物的分類

上述的圖表，是從兒童讀物的本質上分類的；若是依他的種類來分。就有以下的十八類：（1）兒歌，（2）童謠，（3）民歌，（4）笑話，（5）童話，（6）神話，（7）神仙故事，（8）故事，（9）自然故事，（10）詩，（11）謎語，（12）諺語，（13）寓言，（14）歌劇，（15）劇本，（16）小說，（17）傳記，（18）論說。

以上這十八類的兒童讀物，他們各有各的特點，各有各的性質。現在，不妨把這十八類兒童讀物約略說明如下：

（1）兒歌（das Kinderlieder）　都是一些音節很好的，他的內容似乎有甚麼意義，同時又沒有甚麼意義，就是一種沒有意義的美術品，爲一般年齡較小的兒童所愛聽甚至於愛唱的。

（2）童謠（die Kinderstimme）　童謠也是一種與兒歌相類似的歌謠，它的意義是在可捉摸與不可捉摸之間，通常多是一種關於政治的問題，借兒童的口來傳述出來，因爲兒童是沒有法律責任的，所以多半含着有諷刺的意味。

（3）民歌（das Volkslieder）　這是一種有故事，有風格，能動人情感的歌曲，流行於民間的這一類，有的有地方的色彩，有的是普遍的。除去一部分不適宜於兒童的和太高深的民歌之外，大部分多是可以供給年齡較高的兒童學習的。

（4）笑話（die Komik）　是一種很刺激感情的材料，他可以幫助兒童理智的發達。有的是取巧的，有的是形容過分的，有的是自己裝傻子的，有的也含着有一種教訓的，有的是沒有甚麼意思的。

（5）童話（das Märchen）　凡是憑空構造的，實際上決不可能的，描寫荒唐鬼怪的，都稱作童話。不過這一類的材料雖是最能迎合兒童的心理，可是總要使兒童不要信以爲眞而能引起懷疑纔好。

（6）神話（die Mythe oder die Dämonensage）　這多半是一種民間的傳說，對於某個故事，加以附會，而歸之於神怪的，都可以算作神話。

（7）神仙故事（das Fernmärchen）　這也是與童話相類似的，而含着以神仙爲主體的，都是重在有趣味。教兒童愛聽愛讀，而同時又要能使兒童懷疑不信以爲眞纔好。

（8）故事（die Erzählung）　凡自古以來的傳說，或新創的，只要他是能合乎人情，在事實上可能的，都可稱作故事，他是有思想，有情感的。如果偏重文藝方面就是小說，若是過於荒唐無稽就流入童話、神話或神仙故事。所以故事的特質是比較切實的，使兒童感到實際的生活。

（9）自然故事（die Naturerzählung oder die Tier-und pflanzen-erzählung）　把自然界的許多現象或動物和植物的生活情形，用一種合乎兒童的心理，並且富有想像的文字，描寫甚有趣味的故事；或是做成韻文，或是做成散文，使兒童於欣賞之外，還可以無形之中增進了關於自然的智識。

（10）詩（die Dichtung）　這是一種純文學的材料，大抵音節自然，和諧有韻，使較大的兒童百讀不厭。詩的內容是合乎兒童的意識，詩句的組織都能適合兒童語法的程度。所以詩的種類雖然很多，但是要在上述的範圍之內，纔可以算得是給兒童欣賞的，而詩與歌謠不同的地方是在於他的內容有意義、有音韻，且是純文學的。

（11）謎語（die Rätsel）　將一切自然的現象和日用的事物等等，用一種有韻的詩歌，把他描寫出來，而叫兒童去猜想的，叫作謎語。他的特質在能啟發兒童的想像和增進兒童的思維力。

（12）諺語（das Sprichwort）　這是一種由經驗得來的，自古相傳的，含着一種道理或是教訓在裏面。對於兒童也有相當的益處。不過這一類的材料，單獨的用，似乎少興趣，過於空泛，最好是用在詩歌裏或是故事劇本的首尾，比較的有意義而且着邊際一點。

（13）寓言（die Sage）　是一種故事，而含着有譏諷或教訓與勸導的意義的。使閱讀者能感到裏面所隱示的道理或教訓。這一類的讀物，可以使兒童增進思維力，並啓發思想。

（14）歌劇（die Operette）　這是一種應用到舞台上的優美的戲劇。對於兒童亦可說是一種音樂與舞蹈的聯合教材。兒童最富活動性、模倣心與好奇心。所以一種讀物，能够使兒童們模倣着去做，唱，他們是能夠特別感着有趣，而且興奮的。同時在表演的時候，無形之中兒童得到了許多新穎的知識，學習了交際的儀式，練熟了美麗的詞令，所以好的兒童歌劇，他一定是兒童化、藝術化、文學化。既可以使兒童吟誦，又可以教兒童歌唱。所謂分開來是音樂教材，合起來表演便成歌劇。這一類的讀物大部分是要成人去指導兒童的，對於美化兒童的人生是有很大的力量的。所以在兒童讀物裏他是佔一個很重要的位置的。

（15）劇本(das Drama)　與歌劇不同的點是：歌劇是一種歌舞的樂劇，而劇本是一種白話劇，但都是可以表演的。差不多有很多的材料，如童話、故事等等以至於笑話，都可以編作劇本使兒童們練習表演。因爲兒童有一種知之卽行的性格，一件事情給兒童知道了，他們就感到：最好能卽刻親歷其境的去表演出來，而這表演的優點就是使兒童對於已經知道的事情更加增了記憶的印像。也就是從兒童讀物之理論的想像而趨於實際的途徑。

（16）小說 (die Novelle, der Roman)　短篇小說叫 die Novelle，長篇小說叫 der Roman。他的特質與故事不同的是偏重於文藝。故事是只在把這豐富的故事描寫出來，而小說他不一定要有很多的故事，他完全是憑着高遠的理想，用文藝的詞藻，把他烘托出來，使兒童欣賞美的文字，而陶冶他們的情感。只取其中一段最美的就是短篇小說(die Novelle)；有首有尾情致一貫的就是長篇小說 (der Roman)。

（17）傳記 (die Geschichte)　就德文的意義說可以譯作故事，也可以譯作歷史，而他與故事不同的是比故事實在，不像它們怪誕附會。而又不是整個的枯燥無味的歷史，他是有豐富的故事文學的風格，能動人情感，而又不是信筆虛構，是實有其事的。

（18）論說(das Thema)　專就某人或事物，發表一種思想或是意見，或者是就事推理，或者完全是一種理想的論列，都叫作論說。這一類的讀物通常在十二歲以內的兒童，是不大相宜的。可說它在兒童讀物之中只佔了一個幾乎接近於零的很小的位置；而在少年時期佔較重要的位置。因爲兒童的進一期就是少年，所以在兒童期內也不妨供給一些較淺顯的論說，使他成爲一種由兒童至少年的過渡讀物。

以上這十八類，係就這篇材料已成的形式而言。若是說到這些材料的本質，並不若是的拘形，並不是一成不變的。寓言可以做成笑話或是故事、詩、歌。故事過於荒唐怪誕，便成了童話、神話；過於文藝，便變成小說。而童話、故事、小說、傳記等等，大部分是可以編成劇本或歌劇來表演歌舞的。同是一個材料，因爲兒童年齡的高低，可以把他編成不同的讀物，以去適合兒童的能力。如一個故事，寫得詳一點是長篇小說，短一點便是故事，再淺顯一點就是故事詩或故事歌，而適用到低年級的兒童可以把他做成故事畫。

三　兒童讀物的選擇標準

我們已經知道，兒童讀物是要啟發兒童的思想，引起兒童的情感，增加兒童的知識和提高兒童的生活的。同時，兒童的特性有活動性、求知心、模倣心、好奇心和意志薄弱。因此種種，我們可以得到一個標準，而與這個標準適合的讀物，纔可以算是兒童讀物。不論他是純文學或是文學化的科學的讀物。一定要有活潑的思想，豐富的想像，曲折的故事，有力的描寫，纔可以掀動兒童們的情感，使他們感着有興趣；同時另一方面，又要不背時代的精神，切合兒童的環境。所以兒童讀物的選擇有下列的標準：

i　關於歌謠和詩詞：

（A）歌謠，大抵要音節很好的，使年齡較小的兒童愛聽愛唱。內容不一定有意義，而歌句必定要淺易，當然是國語化，而且不能過於冗長。所以有時有此毫無意義的歌謠，而兒童們因爲他音節有趣，容易唱誦，都愛唱愛聽。然有時有些拗口令，常是有很長的一句，傲牙拮齒，不易唱誦，但這完全是一種取巧，他的趣味完全在這上面。這可以說是一種特別的例外。

（B）詩詞，大抵是要一些音節自然，和諧有韻的。因爲這是供給較大的兒童讀的，所以他的內容意義也要很注重。並且詩句的組織，都要能合兒童語法的程度，且有百讀不厭的文學趣味。

ii　關於笑話、寓言：

有趣味和含着一點教訓的意思的，都可以採用，但是對於兒童的道德或修養上有壞的影響或暗示的，應該加以修改，或是摒棄不用。總要使他可以幫助兒童理智的發達，從理智上推想的結果，可以得到一種教訓，而不致使兒童得到壞劣的印像或反映。

iii　關於童話、神話、故事和小說：

（A）不避神怪；但是用極莊嚴的文字去描寫一個神仙或是妖怪，是不相宜的，應該反對的。要是說一個神仙被小孩子們捉住了，或者說一個妖怪被猫狗吃掉了，那末就是荒唐乖謬，也沒甚麼不可用。總要使兒童們看了，自然而然的不信以爲眞。中國的聊齋和封神裏面有些材料，也許可以說是一種很好的童話，但是他們描寫鬼神過於用莊嚴的文字，所以對於兒童用作讀物是不大相宜的。因爲兒童的知識不完全，所以他的無意識的幻想也最發達，他們常爲幻想力所牽掣，不能得到正當的觀念。若是我們把鬼怪再附會得莊嚴神聖，對於他們的思想和觀念是有很多不良的影響和危險的，尤其對於神話的材料，最好是少用，至少也要經過很嚴格的選擇。

（B）不怕虛無飄渺的想像；但是一面須要引起兒童們的懷疑。

（C）不宜談國王和貴族。因爲中國的兒童，不一定個個都有受到中等和高等教育的機會，並且這甚麼國王和貴族，中國人腦子裏已經留有很深的印像。鄉村的兒童，得了他們家長述說國王的權力和朝貴的威風，他們已經有了崇拜和羨慕的心思，若再給他們一些這樣的材料，對於他們的思想上是不大相宜的。所以關於這一類的材料，最好摒棄不用。

（D）描寫兒童生活的材料，多可以採用。

iv　關於謎語和科學遊戲等等：

凡是可以引起兒童研究興趣的，或是幫助兒童理智發達的，都可以採用。

ｖ 關於歌劇和劇本：

這一類的來源，多是將詩歌、故事、童話或小說等各種材料，加以製作，使他變成歌劇或劇本，不獨可以做國語會話的課本，並且可以使兒童們實演，以發揚他們高尚的想像作用。只要合乎上述的原則的，都可以選用。

除關於上述五種之外，下列六種材料，已經過兒童化及文學化的都可選用：

（1）關於健全人格和公民道德的知識，

（2）關於家族和社會生活上種種倫理的常識，

（3）理科和地理的知識（如自然現象、動物、植物、生理、地質、地方等，）

（4）歷史的知識，

（5）日常生活上事物的知識（如衣、食、住、行、器用等，）

（6）實業的知識（如關於農、工、商等業務組織和工具等。）

總之選擇兒童讀物，必定要這讀物是合乎以上所說的標準，而這些材料，又必定要已經經過了兒童化、文學化、國語化的，纔可以算是一種良好的兒童讀物。至於徒有生字，而無文學價值，不合兒童心理的死板的課文，枯澀無味的教科書，則不能稱它為良好的兒童讀物。

以上專從兒童讀物的內容而言，若從他的形式講，也有幾點應該注意：

i 外表：

（1）封面美麗，

（2）顏色鮮艷，

（3）格式奇特，

（4）裝訂堅固。

ii 內形：

（1）字體適宜，

（2）插圖鮮明，

（3）編排得法，

（4）紙張講究。

因為兒童是一種最富於求知心和好奇心的，也可以說他是一種易感應性的，所以對於兒童讀物的外表——就是說他有美麗的封面，鮮艷的顏色，奇特的格式——總要能使兒童一見生情，有不得不去看的趨勢。所以一本讀物，常是在他的封面上，決定了他大部分的命運。通常歐美各種兒童的讀物，在他的封面上總是特別的注意，十歲以內兒童讀物的封面，多是用有輪廓的線條畫，而加上大紅大綠的原色平塗的色彩。他的格式，是不一定方正的，常因了封面上人物的輪廓的曲折，而截成一種奇特的格式。直到較大兒童所用的讀物，纔漸漸的減少了這種現象，而顏色也漸漸的趨於複雜了。至於裝訂，尤其注意，五歲以內的兒童，對於書籍不知愛惜。因此給他們的讀物必須堅固耐用，始可以保存較久。所以歐美各國對於小兒童的讀物多是用最牢的紙甚或裱糊成厚紙板而裝訂的事也特別注重兩頁相接的地方多半用布料連結。還有完全用布料裝印成的書籍。中國產業落後，國民經濟能力又復低薄，物力財力都談不到，所以對於兒童的讀物，沒有深切的注意，這也是不可諱言的事。

至於內形：第一是字體必須適合於兒童的年齡。因爲人類的眼睛，生來完全的很少，兒童初生時的目力都是遠視眼，這並不是兒童的一種病，年齡漸大，遠視眼的弊病也漸減少，但是我們對於兒童的目力應該特別留意。大約對於五歲以內的兒童，須用特號字（大在一公分以上。）五至七歲，才可用頭號字（大一公分。）而且宋體字不相宜，最好是楷書或是倣宋字。七至九歲纔可參用二號字（約八公釐大，）九至十歲纔可參用三號字（約六公釐大，）十至十一歲纔可參用四號字（約四公釐大）十二歲以上始可以五號字（約三公釐大，）與其他字體混用。所以兒童讀物因供給閱讀者年齡的幼少，而字體亦隨之有大小，編得好的兒童讀物，由它字體的大小，可以判別這本讀物是供給某種年齡的兒童所閱讀的。第二是插圖。普通在七歲以內兒童的讀物，全書的插圖都是有輪廓的線條畫，而且加上彩色。到十歲以內的讀物，纔減少彩色，十歲以上纔漸漸的由有輪廓的線條畫而增進到無輪廓的加陰影的插圖。歐美各國，近年更採用攝影片爲插圖，除攝得的天然景象外，有許多爲適合讀物的內容起見，竟不惜時力，選擇相當的人物扮演攝製的，他們是怎樣的講究！在中國，因爲許多的人不知道這是應該有區別的，一本書能有插圖，已是很了不得了。誰還有功夫替插圖去定年齡呢！插圖的主要價值是在增進兒童的注意和興趣的，可以表現文字的意義，而在美育上有很大的關係，歐美諸國，對於兒童讀物上插圖的繪畫者，他的姓名常是與著者平列的，可見他們對於插圖的重視了。第三是編排，對於書籍的編排，向來很少有人注意到，從前中國有許多書籍的出版，可以說不是由編輯的人編排的，因爲一個書生要他去學那印刷上的知識多少有幾分勉強，這些書，多半是由排字的工人編排成的，所以常是有題目比正文小和段落錯誤的事實：總說一句就是眉目不清。編排一部書本來不是一件容易的事，尤其兒童的讀物。因爲兒童閱讀讀物的時候，一筆一畫的看纔能認識這個字，一個字一個字的看纔能懂得這一句話。若是一段書太長了而編排又不得法，割裂分離，還要帶上一兩個錯字，那他們就會要弄到不能了解。因爲兒童的知覺力或理解力太薄弱，非有多數聯絡的刺激，不能引起適當的反應的原故。我們知道，一個較高深繁難的算式的演繹，若是排列在正反兩面上，要感到多少對於這個算式的了解，比較要多費許多腦力，甚至要把他重寫在一張別的紙上，纔能夠了解。對於兒童的閱讀讀物，何嘗不與成人看高深的算式一樣呢？所以對於兒童讀物，尤其低年級的兒童讀物，他的編排，我們是應該特別注意的。一個故事或童話、小說，總要使他眉目清楚，段落分明。所有字體的大小，行列的間隔，都要注意。標點符號，不使它成為無用的贅疣，而要使它個個負起責任來。就是插圖的支配，也是不可苟且的。對於美的文字，如詩、歌之類，尤其要特別注意使他除了本質上的文學意味之外，在字裏行間還要能引起閱讀者的美感。尤其低年級兒童的讀物，每一材料，最好是不用翻頁。而較長的句子，在分作兩行時，更應該在兩個詞之間，而不可將一個詞的字分在兩行。這樣，教者容易施教，學者容易了解。中國的兒童太可憐了。「救救孩子吧！」第四，紙張應該要講究一點，斷不宜因為兒童沒有反感的呼聲，或者可以說是不理會兒童的呼聲，而運用惡劣的紙張；總之，我們雖不能與歐美的兒童讀物同日語，但至少限度應該要潔白、無光、堅韌，纔不致損壞兒童的目力，而讀物的壽命亦可以長久一點（中國一般的經濟低下，為父兄的，對於負擔子弟的教育經費，已經感覺困難，他們要購買一本兒童讀物，不是一件容易的事。所以最好能夠顧到這一層，使讀物不致容易破爛。）以上諸端，初看似乎不甚重要，但對於一個民族文化和兒童的教育上，實有莫大的關係。

至於文字，當然是要活潑暢利。因為用那種乾燥無味的，而且矯揉雕琢的文字，每每容易使兒童生厭。所以兒童讀物的文字，都應以活人的語體為背景。而且很要注重國語的修辭，這也是選擇時應該注意的事情。尤其對於低年齡的兒童，應該多用簡短淺易的韻文。

摘自《教育雜誌》一九二九年十二月第二十一卷第十二期

館訊

本館近爲提倡兒童圖書館、和養成兒童自動閱書的習慣起見、寫給安慶市小學校長、和小朋友們，一份誠懇的書信，錄在下面：

校長先生：

我們兒童圖書館裏，新近添置了許多兒童讀物，意在養成兒童自動閱書的習慣，幫助兒童課業的進步！我們十分的渴望着，渴望着他們前來，請　先生從中提倡和鼓勵，想來總是深表同情吧！

小學校和兒童圖書館打成一片，這是一樁多麼值得慶幸的事！當我們努力的時候，還希望　先生不時的指教和幫助，那就叫我們感激不盡了！附給小朋友們的信，請代粘貼在貴校的佈告欄裏。此頌教祺！

親愛的小朋友們：

你們下了課，不是沒有事了嗎？星期日，不是更沒有事嗎？

我們圖書館裏，替你們預備了許多很有意思很有趣味的圖書，故事也有，笑話也有，各種掛圖也有，隨你們的意思，歡喜看那樣就看那樣；並且還有管理員指導你們呢！只要你們有工夫在敝館閱覽時間內——上午九時至十二時，下午二時至五時，—隨便什麼時候都可進去；我們都在那裏歡迎你們！

敝館地址，在舊藩署白日青天的裏面！

安徽省立圖書館兒童閱覽室

摘自《安徽省立圖書館季刊》一九二九年第一卷第二期

上海縣圖書館兒童讀書會

上海縣公共圖書館為推廣圖書教育及增進兒童讀書興趣起見，特於上學期組織兒童讀書會，加入會員達一百餘人之多，每月集會二次，關於講演指導以及測驗等等均能擇要舉行，結果頗佳。茲因各校開學已久，該館兒童文庫新添圖書亦行整理完畢，故特將兒童讀書會先行改組成立，以便兒童入學讀書。至於成人讀書會及民衆學校等亦正在進行中，不日即可成立。又該館前因檢查全部圖書舉行總整理一次，對於圖書之登記，編目製卡等手續，刻均完竣。即日起仍開始照常借閱。該館并新訂借閱圖書規約，照錄如下：

一　借閱圖書概不收費。

二　借閱圖書須填寫借書證。

三　借閱圖書每人只限一種，每種不得過二冊。

四　借閱圖書以二星期為限，期滿應即繳還。

五　借出圖書如遇必要時，本館得通知借戶隨時收回。

六　最近兩種雜誌刊物概不出借。

七　公共參考用書概不出借。

八　新購圖書在一月內概不出借。

九　借閱圖書如有損壞遺失，應照原價賠償。

十　借書證務請保存，假有遺失須來聲明註銷。

十一　每屆驗書或整理圖書時，停止借閱。

十二　在開放時內，暫時借閱圖書不攜出室外者，祇須填寫取書證。

皖省館推行兒童借書

安徽省立圖書館爲便利兒童閱書起見，特新發兒童借書證專爲向兒童閱覽室借書之用。欲領此證者，可先來該室領取保單，（由學校函索亦可）只須吝校教師担保不必另找舖保。該證僅備五百份

摘自《中華圖書館協會會報》一九三〇年第六卷第三期

本館兒童閱書會指導員李懷庚

兒童閱書會之地位與關係

教育一道，雖然多端，總不外家庭教育，學校教育，和社會教育三種。我以爲這三種教育中，當以社會教育爲需要，而社會教育，尤以兒童閱書會爲需要中的最需要。怎樣說呢？大抵兒童到了一定的年齡，都有一種讀書的熱性，所以家長師長及指導員，均應當利用這個時期，來領導兒童入讀書的正路。倘使除却家庭教育學校教育以外，沒有這種閱書會的機關，兒童因欲滿足他讀書的本性，必各處去尋閱書籍，卒致市上所販賣的不良書籍，都入其手，此于兒童德育智育上，很是有害。可見兒童閱書會在教育上，實佔有最重要的地位，最密切的關係，茲特詳細分述於下

(一)兒童閱書會能助新教育的進行：現在新教學法的原則，是使兒童能夠自己去求學。但兒童想自已求學，必須有充足的參考書籍，來研究各種問題，閱書會不供給合宜的參考籍書，則兒童無從研究。除在課堂上由教師逐條的解釋外，想多得一點的知識，便沒有其他方法，所以要發展新教學法，非假助于兒童閱書會不可。因爲有這種機關，兒童才可以探索一切，和養成求學的習慣。一方面又有指導員的領導，輔助，使兒童得着正當的路途。凡辦小學教育，提倡新教學法者，不能不注意兒童閱書會一層。

(二)兒童閱書會能助學校當局的訓育主任：近來學校對于訓育方面，往往發生問題。考其原因，大概因爲課外的工作過少，以致學生下課後及星期日，耽于遊戲，常有越軌行爲。如欲使兒

童課外時間不至虛擲，必須利用閱書會，使他們去尋覓所歡喜閱讀的小說，畫報，來消遣。

(三)兒童閱書會能增加兒童生活的趣味：兒童的前途，是不可限量的。如欲其發展，必須在幼小時期，加以適宜的訓導。然而在學校裏面，教員所授的課程有限，所以不得不借重閱書會的書籍。兒童苟能于幼小時期，得讀高尚有益的書籍，後來的生活必受影響。兒童的生活是逐漸增加的，若要使兒童有一個光明的前途，和美滿的生活，那麼，兒童閱書會是不能缺少的。

(四)兒童閱書會爲教學的重要工具：教育真正的目標，是在使兒童能夠咨問與參詳，而不在僅讀幾本教科書，即算了事，兒童閱書會是藏書之處，故學生非利用閱書會不可，苟圖書館中所設的閱書會或離學校太遠，該會可隨時將需用的書籍借用，以達到供給社會需要的目的，一面兒童可從借來的書籍中得着參詳和研究的機會，這樣看來，兒童閱書會對于學校教育，幫助不少，所以我以爲兒童閱書會是教學的一件重要工具，

(五)發展兒童固有的本性：從實事上攷察起來，兒童的資質，個個不同，有的非常聰慧，有的則愚頑不靈，教員在一班授課時，常常感覺困難，然而一般天才敏富的兒童，屢覺得校中課本上的知識，往往不能滿其所欲，但一般愚者又常感着教師及課本所給的知識過多，甚至有望塵莫及的態度，而教員處于這種困難之下，又不能因人數的需要，或加深，或減少，該校的課程，因此學校中每將天才埋沒，現在唯一補救的方法，就是開設兒童閱書會，兒童可任自已的性情去研究學問，如是固有的本能，可隨時以發展

(六)養成兒童讀書的習慣：我起先已提出這一層，但現在以教育眼光來觀察，不妨再討論一下，兒童的天性本來活潑，但對于書籍的開始，極難發生興趣，如欲救濟這一層，則非令其多與書籍接觸不可，閱書會爲儲蓄書籍之所，可隨時選擇其所愛讀之書，如畫本，童話，戲劇等這種書籍，往往能引起兒童的興趣，如是讀書的習慣，於無形之中養成了！

(七)鼓勵兒童自動的精神：自動教育，已爲近代教育家所的公認，然而通常學校授課時間及內容，都是預先支配的，學生不過遵守規則，完全無自動的可能，因此學術的進步，個性的發展，都爲那刻板機械式的次序所阻礙，若有規模良好，設備完善的閱書會供給兒童自由參攷，儘量研究，則兒童自動的精神，自然表現。

(八)練習兒童辦事的才力：「閱書會是活動的事業，是練習辦事的好機會，」這句話初看去似乎不妥，不知閱書會對于實際上，有組織法，有管理法，且有種種借閱書籍的規則，都可使兒童得到真確的知識，雖然兒童不能實地的實習，可是無形中受着一種訓練，此種印象，深入腦中，則將來作事，可爲模範。

(九)陶冶兒童優美的性情：兒童時代，最富於模倣性，無論事的好壞，多喜模倣，所以兒童的前途，是非常危險的，果能因此時期，令其入閱書會。灌輸以正確的知識，適宜的教育舉凡有益於兒童心身之書籍，莫不選備，俾兒童有純潔的印象，有審美的親念，並能于無形中得着許多知識，將來的文學家，科學家，也可從此產生而出。

（十）推廣社會的教育：民主國家的教育，不僅在提高，而貴在普及，通常學校所供給的知識有限，而人類所需要的知識無窮，爲普及教育起見，則兒童閱書會實爲重要的建設既爲發展社會教育的基礎，又足引起兒童研究學問的興趣。

總而言之，兒童閱書會，爲我國今日社會上必要的機關，因爲現在的兒童，便是將來的國民，便是將來國民的領袖，欲謀國家的富强，當在兒童教育方面着手，然後逐步擴充高深的教育，希望我邦人士，我國同志，對於設立圖書館和開辦小學校的地方，個個注意兒童閱書會一層，務期有以培植兒童教育良好的基礎，則幸甚幸甚！

摘自《福建建甌縣公立圖書館十週年紀念刊》一九三〇年七月

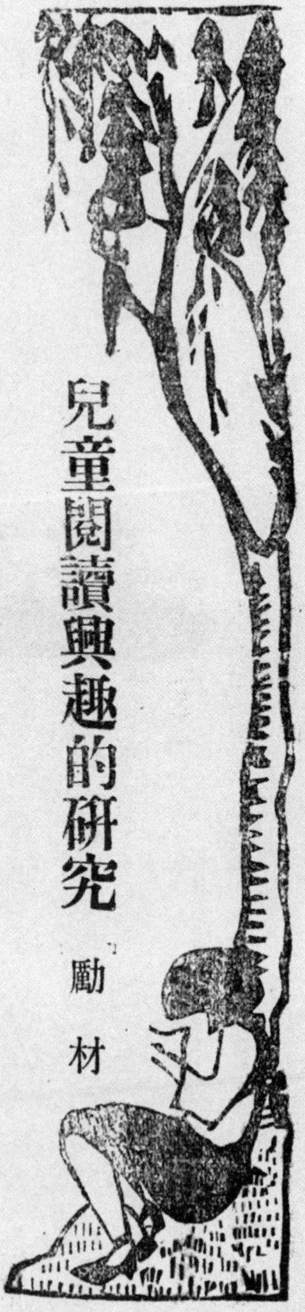

兒童閱讀興趣的研究

勵材

一・研究的範圍
二・兒童閱讀的範圍
三・關於閱讀嗜好的普通事實
四・各級年齡的興趣讀物之種種
五・小學生所閱讀的各種雜誌
六・中學生所閱讀的各種雜誌
七・中學生對於報紙所愛讀的各欄
八・鼓勵學生閱讀的動機
九・鼓勵學生閱讀的主力

兒童閱讀興趣的研究　二

一　研究的範圍

關於閱讀興趣，有人把初等和中等學齡的兒童，已經做過百種左右的調查。根據「格雷」William S. Gray（見附表 4, 5）「約但」Arthur M. Jordan（見附表 11, 12）和「鄔爾」Willis L. Uhl（見附表 20）的報告，對於這種研究所涉及的論題，大都各不相同——如像自動閱讀的兒童統計，兒童對於散文的特別嗜好，特好書籍和雜誌的種種，報章閱讀的限度，決定興趣的原質或要素，以及影響兒童嗜好的各種因素等等名目是。本篇當然不能看作兒童閱讀興趣上的一種詳盡報告。不過無論如何，總得把那些可以帮助我們了解如何啓發並指導成人閱讀興趣那種問題的事實，分別陳述一下。

二　兒童閱讀的範圍

據各方研究的結果，（見附表 4，一五九）差不多都表示自願讀書的兒童百分比，在初級和中級都增加得很快，而在初中幾乎要增加到百分之百了。現在有兩種趨勢從高中學生裏面可以看見：就是，有些學校全部學生正繼續從事於廣泛閱讀。還有些學校，學生閱讀的百分比日益降低，而那些閱讀學生所閱讀的平均數量也日益減少。這種閱讀數量的減低，一是由於心緒煩亂，二是由於需要青年時代所作的事情太多，三是由於別的興趣比較濃厚。至如報章和雜誌的閱讀，根據調查所得，差不多所有三年級以上的兒童，都是閱報的；不過雜誌的讀者，爲數較少。學生閱讀它們的百分比，從初小慢慢增加，經過初中時期，即達最高程度。報章閱讀，在中學時代，還是一種普遍的作業，雖然有些學校對於雜誌閱讀的數量已經減少一些。由此觀之，足見中學各年度，實爲多數青年對於閱讀習慣上的一個嚴重時代。

三　關於閱讀嗜好的普通事實

關於那種書籍，雜誌，或其他資料爲兒童們所歡喜閱讀的，這已有人做過許多研究。這些研究的結果，不是完全相合的，並且有許多瑣碎地方，尚未曾十分確定。不過對於最重要的幾樁普通事實，大概都已依次表明：

（甲）關於兒童閱讀嗜好最堪注意的一件事實，就是各年級，多不相同。這與從前的流行觀念，以爲所有兒童在各年級中都會歡喜同一類的書籍，儘量閱讀同一類的書籍，情形恰好相反。

（乙）兒童所閱讀的，以理想小說爲最多，而且嗜此頗甚。許多學生每到十四五歲，當他們對於少年故事的趣味逐漸低落的時候，即失掉閱讀的興趣；這種事實，確切非常重要。這就是表明家庭，學校，和圖書館，沒有替他們把新的閱讀興趣喚起，以代替那種兒童故事的舊有興趣。

（丙）現在的兒童和青年，都不高興多讀理智方面的書籍。這話卻不盡然。據「郎爾」（見附表20，一六五）與「斯密司」Nila B. Smith（見附表18）的研究，說是男孩和女孩遇有替他們寫得很好的理智讀物時，一定會拚命閱讀。一般年長學生之所以不高興閱讀理智讀物，就是因爲他們對於其中各種問題的興趣，還未曾充分發展。

（丁）兒童喜歡散文，不大喜歡詩歌。但經「郞爾」（見附表 20，一六一）發現，差不多每回都是這樣：當着學生們說是不大喜歡詩歌時，一定又會說出他們所以喜歡某某幾首詩的理由來。足見兒童們之所以不喜歡詩歌，怕也是由於教授方法不好的緣故。

（戊）一直長至八九歲，男孩和女孩對於閱讀的興趣，還沒有多大差別。但到十歲和十三歲之間，其中就會有很顯著的差別出現了。譬如男孩最喜歡戰爭和偵察，學校和遊戲，以及冒險方面的文字；而女孩就多半喜歡家庭和學校生活的故事，神仙故事，以及戀愛故事等。又男孩對於實際故事的興趣，大抵集中在指示如何做法那一類的書上。「除開一小部分關於烹調，編織，以及戲劇詩歌的書籍以外，女孩對於實際故事，毫不發生什麼興趣」。（見附表 4，一六六）再則男孩比女孩照例要多做些雜誌閱讀上的工夫；而且對於時事興趣，也要來得濃厚。同時對於選擇讀物的自動能力，也表示要特別大些。

（己）從十二到十五歲這個時期，是養成閱讀習慣的一個重要關鍵。這個時期，身體發育得很快，同時可以產出許多不同的新興趣來。自然，這般年紀的兒童，對於無論何種讀物，都會抓住細讀，以滿足其强烈興趣與好奇心。不過最要緊的，就是在這幾年當中要好好領導並扶正兒童的閱讀興趣，要使他們到處可以得着一些有趣而且有益的書籍和雜誌，同時還要引起他們閱讀這些書報的强烈動機才行。

（庚）智力不等的兒童對於閱讀興趣的特殊差異，已經許多調查員做有精確報告。例如「格林」Jenny

Lind Green（見附表8, 三五—七）發現天資魯鈍的男女小孩們，格外喜歡那些說及兒童的故事，沒有才智高些的兒童那樣愛看時事新聞和關於特殊興趣方面的讀物。同時她又發現智力較低的學生，多爲嗜好叢書的慢性讀者。至如「忒曼」Lewis M. Terman 和「利瑪」Margaret Lima 所報告的，則爲讀物種類上的最大差異。這可以用下面的事實證明：有天才的兒童，多半喜歡閱讀「科學，歷史，生物學，遊記，民間故事，自然界與動物故事，理智小說，詩歌，戲曲，以及百科全書等，」而不喜歡那些「感情小說與冒險和神秘的故事。」（見附表19, 六一—二）

（辛）根據閱讀測驗，讀物的數量與性質，常因兒童在閱讀上的成就而有很大的差異。這是當然的道理：那些讀得不甚流利的小孩，終於讀不了聰明讀者那麼多的書籍。關於書籍閱讀的種數，曾經「格林」發現，（見附表6）有許多就包括在那般六七年級的學生——無論好壞——所閱讀的範圍以內。不過其中仍有些重大的差別。例如最壞的一組，讀的是「Dutch Twins」，「Belgian Twins」，「Four Great Americans」，和「Great Wide World」等書，這也就是年輕一點的兒童所常讀的；而最好的一組，他們所讀的卻是「The Spy」，「The Crisis」，和「Ben Hur」之類的書。由這些事實看來，那末，爲適應全體男孩和女孩的興趣起見，在各班教室裏，就都有設置多種讀物的必要了。

四　各級年齡的興趣讀物之種種

因爲兒童閱讀興趣的歧異，是由於天資和閱讀成就的不同，所以對於各級年齡所極感興趣的種種讀物，一時至難確定。現在有三種研究兒童特好讀品的提要，已經「格雷」（見附表4）「約但」（見附表12）

和「鄔爾」（見附表20）詳細報告。還有一種未曾付印的，亦由耶魯大學一位畢業生「寇萊」Alice M. Curley，在「甘不利爾」Bessie Lee Gambrill 指導之下，完全做好。這是根據二十六種兒童閱讀興趣研究的結果，而用表解分析的。下面所舉寇氏的一段提要，已把男孩和女孩的癖好，說得十分清楚。

（甲）男孩的年齡與興趣

（一）六至七歲——動物，自然，和神仙的故事，所占地位最高。

（二）八歲——虛構的神仙故事，充滿着想像意味的，與實際的動物和自然故事，是一樣的流行。男孩喜歡男孩的故事，不大喜歡女孩或成人的故事。寓言尤其行時，但對於滑稽故事，不甚覺得有味。他們愛重情節和結構，不很注意作風。總之，光怪陸離，即爲此時決斷興趣的主要物。至如日常生活的故事，他們亦復歡喜。

（三）九歲——到了這種年齡，即喜歡日常生活和熟習經驗的故事。動物故事，也還有些地位。不過對於冒險和側重描寫的故事，興趣就很低了。滑稽故事亦然。惟有史蹟和聖經的故事，都覺興趣不淺。此時對於寓言的興趣減低，笑話也不能十分欣賞。

（四）十歲——日常生活的故事，依舊流行。此時對於偵察，學校，和遊戲的故事，已經發生眞正興趣。他們又特別喜歡研究各種東西的做法，以及傳記文字和歷史故事。

（五）十一歲——對於戰爭和冒險的故事，漸漸覺得有趣。偉人傳記與英雄故事，此時也很流行。只有女人物的傳記，不大發生興趣。再則寓言與動物故事的興趣，此時已經失掉。旅行故事與神祕故事（神怪的與偵探的）比前此卻要流行些。「什麼和怎樣做法」的故事，興趣已經減低不少。對於聖經故事，他們儘自沒有興趣了。

(六)十二歲——冒險故事的興趣增加了。戰爭和偵探故事，與英雄軼事是一樣的盛行。其餘有許多興趣，和十一歲時同。

(七)十三歲——這時把寓言和動物的故事，完全置之高閣。日常生活和冒險的故事，仍同「怎樣做東西」的書籍一樣，特別盛行。偉人和旅行故事，這時得着濃厚興趣；道德箴言，也多少有些吸引力了。偵探故事還可以保持原有興趣，只有神怪故事的興趣，這時漸漸減低。但對於描繪作品的興趣，卻來增高不少。

(八)十四歲——日常生活與冒險的故事，這時極其盛行。餘若戰爭故事，旅行故事，偉人傳記以及英雄軼事，所得興趣，亦復不淺。惟有理智的文字，不大使他們注意；對於戀愛故事，從此就有些興趣了。

(乙)女孩的年齡與興趣

(一)六至七歲——這時對於自然故事，動物故事，神仙故事以及簡單韻語，都是覺得有趣的。

(二)八歲——想像的與虛構的神仙故事，自然的和動物的實際故事，即其主要的興趣所在。對於熟習經驗和女孩的故事，卻比滑稽故事，興趣又要來得濃厚些。至如寓言和聖經故事英雄軼事等，此時還不足以使她們注意。

（三）九歲——虛構的神仙故事與動物和自然的故事，興趣都還很高。對於簡單傳記，也和歷史故事一樣，覺得特別有味。

（四）十歲——關於日常生活，或家庭和學校的故事，認爲特別有趣。神仙故事與神話，寓言，還是繼續讀着的。此外卽愛看傳記和聖經故事。

（五）十一歲——日常生活與冒險和旅行的故事、特別流行。戀愛故事的興趣，從此漸漸增加。對於動物和自然故事，大都覺得有味；對於傳記和戰爭故事神祕故事等亦然。

（六）十二歲——對於家庭與學校生活的故事，興趣特別濃厚。冒險故事，自然故事，與女人物的傳記，認爲尤其重要。此外聖經故事，也是覺得有味的。

（七）十三歲——戀愛故事與日常生活的故事，卽其主要興趣所在。對於神仙故事，至今還有些興趣。女人物的傳記，依然愛讀。至如描繪作品的興趣，怕要以十三四歲算是最高了。

（八）十四歲——日常生活的故事，戀愛故事，與冒險故事，卽其主要興趣所在。戰爭故事，偵探故事，神仙故事，與旅行遊記，都還是些有趣的讀物。不過讀女人物的故事要比讀男人物的故事，覺得有味些。至如理智文字和道德箴訓，就只能算是中等興趣的讀物。

等到一十五歲的時候，男孩和女孩兩方面的閱讀興趣，都已漸次確定。根據各種研究的結果所載，我們可以說男孩對於報章時事，遊藝消息，以及關於討論職業活動最爲有趣的資料，都表示一種特別的好向。而與女孩相同的，就是他們也喜歡閱讀那種悚人聽聞或者想入非非的小說。女孩所閱讀的材料，便是詩歌，傳記，和滑稽作品。因爲婦女雜誌，出版的很少，所以許多青年婦女，都得閱讀成人雜誌。由是婦女雜誌的需求很切，而純粹的小說雜誌，即如雨後春筍，跟着出來了。

五、小學生所閱讀的各種雜誌

爲欲說明小學和中學生雜誌閱讀的性質，有兩種研究的結果，可以很簡括地介紹一下。「納士奇」William F. Rasche（見附表17）曾經拿「弈倫諾爾」州的「芝加哥」和「洛克挨蘭」Bock Island 兩城的數千四五六各級學生的報告，作過一種精密的分析。他把各城各級的男女小孩所共同報告的十種雜誌，曾經一一分別討論。而隨着這十種流行雜誌的表中所提及一次或多次的各種雜誌，已依字母程序，列舉如下：

（1）American Boy
（2）American Magazine
（3）Better Homes and Gardens
（4）Boys' Life
（5）Boys' World
（6）Child Life
（7）College Humor
（17）McCall's
（18）Nationel Geographic Magazine
（19）Nature
（20）News Outline
（21）Pictorial View
（22）Popular Mechanics
（23）Popular Science

(8) Collier's
(9) Campton's Picture Magazine
(10) Farmer's Wife
(11) Cood Housekeeping
(12) Junior Home Magazine
(13) Junior Red Cross News
(14) Ladies Home Journal
(15) Liberty
(16) Literary Digest
(24) Saturday Evening Post
(25) St. Nicholas
(26) True Romances
(27) True Story
(28) Western Story
(29) Woman's Home Companion
(30) Woman's World
(31) Youth's Companion

所與雜誌的總數為四百五十種；但是只有三百〇三種不同的雜誌名稱，可以識別。其中有四十八種只是十個左右的學生所舉及的。把這些雜誌的性質分析一下，覺得它們都是從極其有益於兒童的雜誌，變到不堪入目的樣式。雜誌裏面發生最大興趣的部份，就是「圖畫」，「故事」，「笑話」，「正文」。關於用以獲得雜誌的方法，有二千二百七十個兒童報告，說是父母替他們定的；一千〇二十八個報告，說是由書局買的；九百六十二個報告，說是向大家借的。時常借閱的雜誌，為「The American Girl」和「Junior Red Cross News」，直接購買的雜誌，比預定或借閱還要多的，就是「Judge,」「Liberty,」「Popular Mechanics,」「True Romances,」「True Story Magazine」和「Western Story」。足見小學兒童，多半是讀的父母替他們所備的各種雜誌。從這些事實，可以表明，甚願一般父母，努力盡心地去提高閱讀趣味，並指教他們關於那些雜誌是兒童們所最宜閱讀的。

又「胡柏」Miriam Blanton Huber 和「察柏婁」Claude S. Chappelear（見附表 10）曾把「新澤稷」New Jersey 中的兩市內三至八各級的六百五十九個兒童，作過一種研究，舉出八十種不同的雜誌。同時「在非讀者之列，發現一種出人意外的鉅數，都是美國人的後裔。」另外在紐約州做了一種研究，替那般將四十種雜誌一一報告的兒童，求出平均的智力商數。譬如「Radio News」，「Scientific American」，「American Magazine」，「Youth's Companion」，和「Boy Scouts」等雜誌，是那般天才高的兒童讀的；而「Photoplay」，「Argosy」，「Film Fun」，「True Story Magazine」和「Basell」等雜誌，卻以那般天資低的讀得最多。所以解決這種讀物性質所引起的問題，不一定是要强制的。胡察二氏說得好，學校對於兒童，應該予以閱讀良善雜誌的機會，於是做到最後，即可以把適宜的標準和趣味，發展起來。

六　中學生所閱讀的各種雜誌

因為目下的青年所閱讀的雜誌本質，大都很壞；所以對於中學時代所養成的閱讀趣味的性質，認為特別重要。「亨德孫」Frank Downey Henderson（見附表 9）曾經把「亞伯丁」Aberdeen 和「華盛頓」兩處的二百零八十三個中學生所閱讀的雜誌，做過一種研究，並將其發見各點，與「約但」的互相比較。這兩種研究的論據，都已列在第一表中。這表所顯示的有趣事實，的確不少。但是只有兩點，是此處所要評述的。第一，亨約二氏研究中所舉的各種雜誌，大概都是非常滿意的刊物。第二，有些雜誌在有些社會裏面是很出色的，這自然是受了地方的影響，但在別的社會裏面就幾乎無人過問了。例如「Popular Mechanics」在華盛頓是很受歡迎的；然而在「約但」所研究的西方中部和東方各州的領域以內，就儘自沒有聽見說過。

與亨約二氏所研究的結果可以互相參照的，還有那些調查員所得的結果，如「琴巴爾」Reginald Stevens Kimball(見附表13)曾將「俄亥俄」Ohio 州「哥倫布」城的中學生所閱讀的雜誌，做過一次研究。他

第一表

愛讀這十四種雜誌的中學生之白分化

雜誌	「亨德孫」之研究		「約但」之研究	
	九七四男生	一一〇九女生	一四三一男生	二〇〇一女生
American Magazine	一一•七	七•二	二八•四	八•〇
Cosmopolitan………	一•四	七•八	六•四	一〇•四
American Boy ……	三一•七	三三•五	一•〇	一•三
Youth's Companion…	三•〇	一七•二	一•一	一一•五
Pictorial Review……	•九	•八	一九•七	八•四

National Geogrephic	二〇•二	五•三	二三•一	三•十
Ladies Home Journal	•六	二•九	一二•八	三四•九
Popular Mechanics…	四一•四	三九•二	三•三	一•五
Collier's …………	三，四	四•九	三•二	五•七
Literary Digest ……	一一•一	二七•一	一五•六	一二•七
Sturday Evening Post	八•九	一三•四	八•七	七•五
Harpers …………	•二	五•五	•九	八•八
St. Nicholas ………	•八	一•八	七•五	七•二
Boys Life …………	二〇•一	五•六		

覺得學生方面，對於「那些雜誌站在文學觀點上一律認為可鄙的」如 Horpers和 Outlook，「疏遠得實在可憐•」此外有些研究，表示其對於最下賤的一些浪漫煽情的雜誌，無不酷好成性。「丹聶遜 」Cara Lee Danielson（見附表3）有見於一般中小學生現在所閱讀的雜誌，多由家庭得來，所以據理力爭，說是學校應該使他們對於定期刊物，作一種極有系統的閱讀；同時要發展那種「雜誌文學的欣賞力，以便將來移入家庭。」可是不幸得很，一般中等學校，並沒有注意把雜誌閱讀，指導其在這種情形之下，以便發展適宜的標準和趣味。

七，中學生對於報紙所愛讀的各欄

「納士奇」（見附表17）在他所研究的芝洛二城四五六各級兒童所閱讀的報章和雜誌中，得着數千兒童的一些報告，關於他們所最喜歡的報紙各欄。有五欄爲他們所時常提及的，卽是「喜劇」「故事」「新聞」「遊藝」和「圖畫。」其個別差異之大，只要拿一樁事實卽可證明，如「遊藝」與「新聞」兩欄，在最不喜歡與極其喜歡的兩種表中，同時都發現有人舉及。

關於中學生所最愛閱讀的報紙各欄，經「訥爾孫」K. Irene Bowman Nelson（見附表15）在「衣阿華大學」The University of Iowa 的附中圖書館，作了一種研究。經過一星期的時間，令各生將其所閱某種報紙的各項或各欄，一一標出。過後計算起來，發現其次序如下：卽遊藝消息，滑稽畫片，新聞（地方，國外，和國內），嘲駡，廣告，詩歌，雜俎，諷刺圖畫。社論卻沒有誰人記過。設使其所發現的結果，足以代表一切，並且能有間接憑據可作旁證的話，那末，就表示這些學生，經過中學時代，還不能養成一種熱烈的興趣，去閱讀報紙中討論重大問題的各欄。因此初等和中等學校都遇着一種嚴重的問題要去啓發並指導學生養成那種報紙閱讀的寶貴習慣。

八，鼓勵學生閱讀的動機

鼓勵學生閱讀的動機，是非常重要的。仔細攷察校內或校外閱讀文學作品的目的，表示小學生至少是爲的下列各項目的去閱讀的：滿足興趣與好奇心；因有詼諧意味；擴充他們的智識範圍；搜尋特別事項；要告知或取悅他人；以及進求指導和安穩。學生按級升遷，對於閱讀的動機，亦必愈趨紛繁而特別這種事實，曾經「夢陀」S. W. Monto（見附表14）將「密執安」Michigan 州「大瀨」Grand Rapids 城的九百一十二個初中和高中學生所做的「我爲什麽喜歡讀書」那些文章，作了一種研究，就可以拿來證明。她所分析的結果，都列在第二表內（見附表14，一八）。其中百分比，表明三類中學生：一爲初級中學，一爲舊制中學（即四年制），一爲職業與工藝中學。

將第二表中所記各項分析一下，即可表明一種事實，覺得有兩種普遍的動機，在「大瀨」城的學生中很占勢力；就是那些關於愉快和娛樂的，與那些有關於自求改良和增進智識的。由表中二，三，四各項所搆成的最後一類，顯得格外出色，這實屬令人可驚。然而終有在足以使我們相信的理由：即驅策「大瀨」城的學生的動機，要比驅策其他各城學生的，來得格外嚴厲。譬如「大瀨」城的學生所最愛閱讀的書籍，顯然要比由別城報告來的，現得優越一些。

第二表

九百一十二個「大瀨」城的初中和高中學生所舉喜歡讀書的理由。

理由	百分數			
	「柏吞」Bourton 初級中學	「鄂大瓦山」Ottawa Hills舊制中學	職業與工藝中學	平均總數
1、愉快與娛樂……	三五●○	三六●九	三二●八	亖●七

(一)使我愉快
(二)暇時消遣
(三)專過書中生活
(四)感受各種情緒
(五)容易消磨時光
(六)使心中不致掛念工作
(七)書中求友
(八)且看故事結束時，是否如我所料。

2、自求改良與智欲衝動　二五·○　二七·一　三四·四　二七·四

(一)求經驗之豐富與廣闊
(二)教化自己
(三)使自己善於思想
(四)利用暇時讀書求智
(五)尋求理想
(六)求生活上之成功

(七)將書中人物的生活與自己比較				
(八)效法偉大人物				
(九)學習各種不同的職業				
3、普通智識……	二二·一	二〇·八	一七·八	二〇·八
(一)英語運用之改善				
(二)求得常識				
(三)使自己對於各科都能知道一點				
(四)求得其所指示的新事業以便進行				
4、學校功課的改良……	一二·〇	九·三	九·七	一〇·七
(一)英語運用之改善				
(二)改良日常功課				
(三)供給歷史課一些根本智識				
(四)改良讀書習慣				
5、雜項……	六·二	五·六	五·一	五·八

(一)消除煩惱
(二)增展風趣
(三)使腦經寧靜
(四)使別人快樂
(五)使父母不致憂鬱
(六)避免煩瑣家事

九，鼓勵學生閱讀的主力

關於鼓勵中學生閱讀的主力，已有人做過許多研究。「大瀨」城的學生所做的那些作文，已經「夢陀」分析，表示有六種主力，是鼓勵中學生去閱讀的。這些都已列在第三表中。表內登記各項所表明的可驚事實，就是家庭和學校都沒有十分鼓勵學生去閱讀，至少學生所報告的是如此。這當然有許多影響

第三表

鼓勵「大瀨」城的四百中學生去閱讀的主力

主力	百分比
家庭	二八•三

學校	二三・七
民衆圖書館	一五・〇
某某書籍雜誌和圖畫	一四・三
友輩	一三・〇
其他	五・七

很大的潛勢力，在「大瀨」城中作祟，以致學生多不自覺；否則，對於該城的學生那種量多質美的閱讀力，卽將難以解釋了。

關於敎員不知鼓勵學生閱讀的事實，已在「亨德孫」所作「華盛頓」州「亞伯丁」市的二千八十三個學生雜誌閱讀的研究中，鄭重提出。這些學生，有百分之四十八報告，說是沒有任何人督促他們閱讀；百分之七十六的高中生與百分之八〇・五的初中生報告，說是沒有任何敎員叫過他們閱讀雜誌。根據其所發見的各點，亨氏曾經下過一個結論說：「據我研究，至今社會上還沒有一個主力機關，担任這種事業去把學齡時代的學生，引領其到較好的一流當代文學去。……這樣一來，就不使能學校辦得與現在的教育目標完全相合了。著者以爲學校如果不能向着高尙的理想，適當的趣味，和優良的習慣方面發展，那末，對於訓練公民資格和賢良的家庭份子，暇時的適當利用，以及品性的發展等企圖，恐怕也有人會疑其無甚意味了。」（見附表9，七五）

一〇，影響兒童嗜好的因素

這種事實，已在前面各節，屢屢提到，說是許多兒童，硬要去找那種卑鄙不堪的小說閱讀。然而應該曉得，兒童的興趣，無論程度怎樣，多少是可以轉移指導的。關於那五種影響作用，都已報告如下：

(甲)書籍的質料裝璜——「班不爾格」Florence Eilau Bamberger (見附表1)曾經在五秋，做過許多實驗去決定書籍的質料和裝璜，看是否可以影響小學生的選擇。經她發現「兒童認為最合意的大小：是要七吋半長，五吋寬，一吋厚。……藍，紅，黃，是他們所最喜歡的顏色。」書名也可影響書籍的選擇。「凡是插畫多的，即使兒童格外喜好。」他們所悅意的顏色，「是比較粗劣簡單的，要有極深沉的浸潤，和極强烈的光彩。年長一點的兒童，即漸漸喜歡淡薄一點的顏彩和色調。……圖畫中的笑談和動作，使初小學生格外愛看。……圖畫之有講述故事意味者，吸引的力量很大……書邊寬的，顯得尤其奪目，普通的平均寬度，至少也要一吋才行。」(見附表1，六)其中有些結論都是偶然試出的，還得多做些實驗工作，方能證明。這不過是提出一種應加考究的事項，覺得從前對於兒童和成人的用書，太沒有注意講求罷了。

(乙)教員嗜好的影響——「魏鐵氏」H. J. Wightman(見附表22)曾經研究過七十三班由三到八各級學生的閱讀嗜好，發現「教員所喜愛的那本書而且熱心諷誦過的，多半就是那班學生所喜愛的。」這種研究所給予我們的教訓，曾經魏氏說過，就是「興趣和靈感是可以傳染而且極其重要的，假若大多數學童已經養成了那種閱讀愛好心的話。」這種觀察的準確性，更可以拿一個有趣的例子來證實它。如在「弈倫諾爾」州，有個「厄凡斯吞」Evanston 的教員，每天閒暇的時候，即讀些「萊利」Riley 的詩，給她的學生們聽，這完全是因爲她酷好他的作品的緣故。然而不到一月，向學校圖書館裏要借萊氏詩集的就多得不可應付了。

(丙)擴充標準的影響——「格林」(見附表7)曾把七年級各班做過一種實驗，去決定訓練兒童嗜好的效果。每天叫他們騰出四十五分鐘來作爲自由閱讀的時間，起初對於書籍的討論，都是隨隨便便的，後來就把欲望漸漸擴充要去找些好書讀了。書報評論，這時亦已介紹擴充。一組一組的學生，對於有用的圖書審定表，都已發生濃厚興趣，各組只專心研究其各各不同的書籍。經過各組的會議和討論，於是下面的標準就爲之擴充起來，而且終於採用了。

「無論何書列在我們一覽表中，一定要是有何事理爲我們所必需知道的。它的文字，要寫得使我們能夠了解。假使它是陳述事實的，一定要十分正確。如果是講的一個故事，關於生活方面的，一定不要言過其實，致令看着好笑。故事越講就越要有趣，要用極優美的文字表出。」(見附表7)

所有的書籍，由一組報告到全班，都要經過愼重的考慮。假使公認了，就把它們列在圖書審定表中。這種訓練的效果，是由兩校的二百一十個學生測量出來的。「第九小學，表示隨着這種實驗，增加了百分之六十八的數目，爲娛樂而從事家庭閱讀。第二十小學也表示增加了百分之三十四。」有百分之七十一到七十六的閱讀材料，是在實驗的時候，由書中提出給學生看過而後選定的，著者曾把這些結果歸之於一種事實，認爲選擇閱讀材料所用的各項標準，都已擴充起來。雖然這種論據，還沒有全部確定，然而對於利用計畫周詳的訓練和指導去扶正兒童的嗜好，卻已表示有了極大的可能性。

（丁）電影——在一九二五年，「約但」（見附表12）做了一種關於中學生閱讀興趣的問答研究。他把他這次的結果，與一九一七到一九一八年的研究所得，曾經互相比較過。他在這次研究中發現理想小說要比冒險故事，格外流行。著者對於這種變遷，覺得至少有一部分理由是「由於電影事業的發展和提倡。」「窩爾忒」Henriette R. Walter（見附表21）在美國女子生活的研究中，也得着同樣的結論：說是家庭，學校，圖書館，電影，這都是幫助女孩去確定其閱讀趣味的。」這些研究的結果，與各家研究成人閱讀興趣所得的結果，恰好不謀而合。

（戊）雜誌的比較研究——「班茲」Homer F. Barnes（見附表2）曾經在「俄亥俄」州「哈得孫」Hudson城的「西方預備中學」Western Reserve Academy 給學生一種機會去認識一大批很有名的定期刊物的內容，性質，和見解。他的目的，是要幫助他們去得着一種鑒別的智識，明瞭這些雜誌的相當優點，以作擴充標準的幫助，和選擇雜誌文學的良善基礎。這二十一個學童，除掉一個，都說「他們覺得這種研究，非常有趣，而且增廣見聞不少。……其中有十二個竟而改變了他們的心思，愛讀「Atlantic Monthly」和「Harpers Magazine」那一類的雜誌，而且自信其不是「好高務遠」。於是全班都聯合起來排斥那些比較下賤的雜誌了。」（見附表2，二七三）

十一，鼓動閱讀興趣的方法

有種極可寶貴而且極其詳審的研究，經「納士[三]」（見附表16）把它做出，以求各教員和圖書管理員對於鼓勵閱讀興趣和提高閱讀賞味所採用的種種方法。他的報告，得自哥倫比亞縣與三十三州的五十六市中的一百五十九位教員，十州中的五十四位學校圖書管理員，和六州中的一十七位民衆圖書管理員。所得的報告，都已分別類列在相當的條目之下。結果有一百一十個「主體方法」，可以辨別。這都舉在第四表中。（見附表16，三〇）各種方法，曾經納氏提到，說是可以歸納在下面各大綱領之下：即充分供給閱讀材料之準備；適當建築與房屋和物質用具之準備；直接教學的技術；意外教學的技術；賞罰制與記分制；廣告的方法；閱讀材料的周轉；受過訓練的工人；特殊的現象，活動，與計畫；盡量的廣漠發展。（見附表16，三二）

納氏的研究，就其大體觀之，指出了好些極其重要的簡括結論。第一就是教員和圖書管理員，除了極少數的例外，都把大部分的心力用在鼓勵民衆閱讀，小部分的心力用在改良他們的閱讀趣味。前面已經說過，提高閱讀與趣，是這兩種工作中比較急切而且困難的。

第四表

教員，學校圖書管理員（簡稱校員）和民衆圖書管理員（簡稱民員），用以鼓勵閱讀興趣的「主體方法」

號次	主體方法	教員	校員	民員
一	能力分組—安排	★		

二	廣告—呌學生研究	★		
三	廣告的技術—運用	★		
四	課外閱讀—許其有空時與	★	★	★
五	分析工作—做閱讀的(好的書籍)	★		★
六	態度—發展相當的	★		
七	風氣—養成良善的	★	★	★
八	作家—呌學生研究	★		
九	誘物—引動學生以		★	
十	文字優美的幾段—呌學生注意	★		
一一	小冊子—呌學生預備	★	★	
一二	圖書記錄—呌學生保存		★	★
一三	圖書保存所—設立		★	
一四	書籍—呌學生攜帶	★		
一五	書籍運送車—派出			★

一六	休閒的場所—預備一個	★	★	★
一七	佈告板—運用	★	★	★
一八	諷刺畫—叫學生說明	★		
一九	書目卡片—備置並運用	★	★	★
二〇	書中人物—叫學生研究	★		
二一	地圖—備置並叫學生備置	★		
二二	兒童批評—歡迎	★		
二三	兒童圖書管理員—指定			★
二四	選擇—準學生有自由權去	★	★	★
二五	周轉—好好安排（讀物），以便	★	★	★
二六	圖書館址的公共利用—允許			★
二七	教室圖書館—設備	★		
二八	教室雜誌和報紙—備置	★		
二九	報紙的存物—叫學生攜帶	★	★	

兒童閱讀興趣的研究　二六

三〇	報紙剪存物—編訂、於小冊箱中）		★	★
三一	學會—贊助讀書的	★	★	★
三二	褒獎—予以應得的	★		
三三	比較的研究—叫學生多做	★	★	
三四	會議—合開教員或管理圖書的學生	★	★	★
三五	比賽會—組織	★	★	★
三六	融會貫通—務求（與學校科目）	★	★	★
三七	分數—給以閱讀的	★	★	★
三八	時事—指定其所要研究的	★	★	★
三九	辯論—鼓勵	★		
四〇	鑑別—從事（關於學生的興趣）	★	★	
四一	指示的方法—叫學生實行（可由印好的教授方案中見之）	★		
四二	討論—促其	★	★	★
四三	陳列—準備（圖書和雜誌）	★	★	★

四四	排演劇本—指定	★	★	
四五	練習—安排集會和教室的	★	★	
四六	展覽—安排（學生手工成績）			★
四七	運動—叫學生講求	★	★	★
四八	圖例—叫學生研究	★		
四九	下等讀物—教學生認識		★	
五〇	興趣—增進	★	★	★
五一	圖書館建築—準備有吸引力的			★
五二	借書卡片—使學生得着	★		
五三	圖書館的用具—安排		★	
五四	一覽表—備置圖書	★	★	★
五五	借款—舉行私人（圖書和雜誌的）	★		
五六	地方報紙—把學校消息載入	★		
五七	雜誌—裝訂		★	★

兒童閱讀興趣的研究　二七

五八	雜誌—區分（分為各類）		★	
五九	雜誌—整理（以便參考）		★	
六〇	雜誌組—另闢特別的	★		
六一	地圖—備置文學	★	★	
六二	閱讀機能—運用良法於	★		
六三	動機—予以適當的	★		
六四	電影名片—介紹（寓有優美文學意味的）	★	★	
六五	實物—利用（以作例證材料）	★		
六六	原作—叫學生參看	★		
六七	同時應讀之書—指定		★	★
六八	父母合作—歡迎	★	★	★
六九	挑選閱讀—實行	★	★	★
七〇	私人圖書館—鼓勵學生設立	★		
七一	圖畫—利用	★	★	★

七二	樂事—鼓勵學生以閱讀書報爲	★		
七三	詩歌—叫學生去閱讀	★		
七四	通告—利用	★	★	★
七五	進程表—將個別的閱讀成績填入	★	★	
七六	計畫—叫學生擴充(關於閱讀的)	★	★	
七七	民衆圖書館—鼓勵學生利用	★	★	
七八	由各校集合的民衆圖書館—輪轉	★	★	★
七九	疑難—叫學生解決	★		
八〇	合格的圖書管理員與教員—專於指派	★	★	★
八一	閱讀課程—叫學生選修		★	
八二	閱讀材料—預備優良的	★		★
八三	閱讀時間—與以	★	★	
八四	讀物—給以精選的(與學生)	★		
八五	紅星記號—把圖書標以			★

八六	必讀各書—指定	★	★	
八七	讀書報告—叫學生做	★	★	★
八八	書報春秋—叫學生閱讀並自做	★	★	★
八九	售貨術—叫學生戲習	★		
九〇	校刊—利用（以增興趣）	★	★	
九一	季節的用書—特備			★
九二	選擇—加以適當的（對於圖書館要備的閱讀材料）	★	★	★
九三	程序—叫學生遵守		★	★
九四	按期出版的小說—叫學生閱讀		★	
九五	幻燈片與電影片—演放文學的	★		
九六	休閒閱讀—預備		★	
九七	特別的書架—備置（替男孩和女孩）			★
九八	圖書管理的特別訓練—施行（給圖書管理員）			★
九九	統計的研究—叫學生去做（關於全班對於小說與非小說的興趣）		★	

一〇〇	講述故事的時間—規定	★	★	★
一〇一	預先定購—獎勵（關於合意的定期刊物）	★		
一〇二	交換品—徵求合意的	★	★	★
一〇三	提議和介紹—多作	★	★	★
一〇四	談話資料—安排（由圖書管理員或他人）	★	★	★
一〇五	合作—與教員		★	★
一〇六	遊歷和參觀—領導學生作想像的或實際的	★	★	★
一〇七	不適當的閱讀—制止	★		
一〇八	用法—教以適當的（關於讀物和圖書館）	★	★	★
一〇九	文學週—規定	★	★	
一一〇	安全所—把書籍寄存			★

納氏研究中的第二種簡括結論，就是關於教員和圖書管理員所要盡的根本責任之劃分。「這是很顯明的，就時間講，那種喚起並激動青年讀者的最初責任，完全落在教員身上；而使其多多吸收有用的名貴文學的繼起事業，則爲圖書管理員的主要職務。」因爲成人對於廣泛閱讀的需要日益增加，於是在民衆圖書館的功能上就發生了一種新觀念。「比較進步一點的圖書管理員，單是供給大家一些閱讀材料，

一定不會滿意的。在我國(按:指美國)有些城市，無論大小，他們都已積極地用着一切的合理方法去使民衆利用機會，乘取便宜，不再和從前一樣。……這些圖書管理員認定他們的職務是要使所有民衆，無論老少，對於良善有益的閱讀，都發生濃厚興趣。要是學校把初步工作做好了，那末，他們的責任就只是補充力量。萬一失敗了，或者完全沒有機會可做，於是他們的責任，就是要喚起並激動閱讀的興趣一(見附表16，二二一—二二)。由此可知教員和圖書管理員都負有重大的責任，去喚起適當的閱讀興趣，並提高閱讀賞味。

一二，全篇提要

以上關於兒童閱讀興趣的討論，表示頭六年級，對於閱讀的興趣，格外增加得快些;並且所有七八年級的兒童，無論多寡，差不多都要讀讀報章，雜誌和圖書;至如讀物的性質，品類極不一致，從最精粹的兒童文學到最卑賤的下等小說，其中形形色色都有。初中各學年爲發展閱讀興趣的嚴重時代。這，一則因爲別的興趣，時常耗費青年的時間和精力而且有許多不能按時繼續閱讀。再則因爲兒童在這些年代，獲得許多新的興趣。自然，他們此時總要撈着一類書籍狂讀，以滿足其強烈的興趣與好奇心。

關於兒童的興趣，已經加以籠統的敘述;講到個人的情形，多少就得把它改變一下。例如各種研究表示得十分清楚:兒童的閱讀興趣，在每級和每歲，都有極大的變化。而且根據報告，兒童的閱讀興趣。更因閱讀的智力和成就不等，而有種種極大的差異。這些事實，可以完成一種原則，就是無論在學校，圖書館，或家庭。如果要想好好地迎合所有男孩和女孩的閱讀興趣，即非有種豐富齊全的閱讀材料不行。

曾經納氏的研究表明，許多教員和圖書管理員正在利用種種方法去增進並提高兒童和青年的閱讀興趣。還有許多研究，表示一種極其可驚的兒童鉅數，對於自由閱讀，得着極少甚至於沒有刺激和指導，以致無法接近各種有趣的讀物。老實說，許多兒童所汲汲準備進窺的讀物，完全落到公認的標準以下去了。現在最要緊的就是對於兒童的閱讀，要予以領導和指示；他們的四週，要準備一些良善有趣的圖書和雜誌，以便隨時展閱；至如展閱的强烈動機，更要極力加以鼓勵才好。總之，若欲完成滿意的結果，父母教員和圖書管理員的誠意合作與堅決精神，實爲必要的條件。

——原文見 W. S. Gray and R. Munroe: The Reading Interests and Habits of Adults, Part II, Chap. V. (Macmillan Co., March, 1929.)——

附考本篇引用書目表

1. Bamberger, Florence Eilau. The Effect of the Physical Make-up of a Book upon Children's Selection. (Johns Hopkins University Studies in Education, No. 4. Baltimore: Johns Hopkins Press, 1922.) pp. viii, 162——報告所做的一批實驗，看圖書的外部特質，是否可以影響兒童閱讀的意志。

2. Barnes, Homer F.『Are High-School Pupils Qualified to Choose Their Own Magazine Reading』，見 School Review, XXXVI (April, 1928), 267-274.——描敘學生仔細研究好雜誌或壞雜誌所用的方法；同時說明研究的結果。

3. Danielson, Cora Lee.『Magazine Reading of Children of Superior Mental Ability』，見Educational Research Bulletin（Los Angeles City Schools），VI（Dec. 1926），7-9. ——列舉一百零二個聰明兒童的家庭所預定的雜誌表。

4. Gray, Willians S. Summary of Investigations Relating to Reading.（Supplemelary Edu. Monographs, No. 28. Chicago: Depatment of Edu., The Univresity of Chicago, 1925, pp. viii+276）——這是一種詳細的論題撮述，關於四百三十六種調查和實驗所得的結果。

5. 前人，『Summary of Reading Imestigations』（從一九二四年七月一號到次年六月三十號）見The Elementary School Journal 第二十六卷三四五月各號（一九二六），449-459, 507-518, 574-584, 662-973.，（從一九二五年七月一號到次年六月三十一號）同誌第二十七卷三四月兩號（一九二七），456-466, 495-516.，（從一九二六年七月一號到次年六月三十號）同誌第二十八卷二三四月各號（一九二八），443-459, 466-510, 587-602。——這也是一些論題撮述，關於一九二四年七月一號到一九二七年六月三十號所做的二百四十二種調查所得的結果。

6. Green, Jenny Lind.『When Children Read for Fun』，見School and Society, XVI（Nov. 25, 1922），614—16。——這是表明六七各年級閱讀成績與補充的閱讀數量和性質的密切關係。

7. 前人，『When Children Read for Fun,』見School and Society, XVII（April 7, 1923），390-927. ——表示在七年級所做的一種實驗結果，斷定爲消遣而閱讀的數量，可以因訓練而增加。

8. 前人，Reading for Fun.（Boston: Ricard G. Badger, 1625.）pp. 206.——這是拿好幾個兒童研究所得的結論報告，看他們喜歡讀些什麼，而且應該讀些什麼。同時做了一些分類書目表。

9. Henderson, Frank Downey, The Voluntary Reading of Two Thousand Eighty-Three Junior and Senior High School Pupils。（這是一九二六年華盛頓大學一篇未曾付印的碩士論文。）pp. 81.——這是研究在華盛頓州兩市的二千零八十三個中學生對於雜誌閱讀的總報告。

10 Huber, Miriam Blanton, 與 Chappelear, Clande S.『Children's Magazine Reading』見 Journal of Edu. Method, VI（Dec. 1926）, 145—49.——這是研究好些學校的兒童所閱讀的雜誌，用性別，國籍，和智力分類的報告。

11 Jordan, Arthur M. Children's Interests in Reading（Teachers College Contributions to Education, No. 107. New York: Teachers College, Columbia University. 1921.）pp. 144.——這是評述關於兒童閱讀興趣的研究，並報告兩種調查的結果。

12 前人，Children's Interests in Reading,（Chapel Hill, North Carolina: University of Morth Carolina Press, 1926.）pp. 104.——結束前此對於兒童閱讀興趣的種種調查，並將一九一七到一九一八年所研究關於其酷好的圖書和雜誌的結果，加以補充的論據。

13 Kimball, Reginald Stevens.『What Magazines Do High-School Students Read?』見 School

and Society，XIV（Oct. 16, 1926），436—88.——歸納六百零四個中學生對於著名作家與合意雜誌的問題答案。

14 Monto, Sarina Wilhelmina.『An Analysis of the Reading Interests of Junior and Senior High School Pupils』（這是一九二八年芝加哥大學教育系一篇未曾付印的碩士論文。）——專於報告自動閱讀的總數，所喜書籍的種類，學生閱讀的理由，和鼓勵他們得着閱讀興趣的力量。

15 Nelson, K. Irene Bowman.『Newspaper Reading of High School Pupils』，見Library Journal, LII（Nov. 1, 1927），1028—9.——表明在衣阿華大學附中圖書館所蒐集關於學生最受閱讀的報紙各欄的論據述要。

16 Rasche, William Frank.『Methods Employed by Teachers and Librarians to Stimnlate Interests in Reading』（這是一九二七年芝加哥大學教育系一篇未曾付印的碩士論文，）——撮舉教員和圖書管理員描叙他們對於鼓動閱讀興趣並提高閱讀賞味所用的種種方法。

17 前人，『A Report of a Study of the Magazines and Newspaper Reading Interests of Fourth, Fifth and Sixth Grade Children of the Chicago Metropolitan Area and the City of Rock Island, Illinois』（這是一九二七年七月間他在芝加哥大學所作的一篇未曾付印的報告。）——表示中間各級學生對於雜誌和報章閱讀的問題答案的一種分析。

18 Smith, Nila B.『An Investigation in Children's Interests in Different Types of Stories』，見De

troit Edu. Bulletin, IX (Feb., 1926), 3-4.——表示一種研究的結果，用以決定八班一年級的學生對於民間故事，育兒謡語，寓言，和關於工業，自然，衛生，娛樂，與公民的實際材料的種種嗜好。

19 Terman, Lewis M., 與 Lima, Margaret. Children's Reading, (N. Y.: D. Appleton & Co., 1926) pp. xii + 354.——討論兒童的閱讀興趣，並列舉一些根據實驗研究而來的書目表，關於「兒童閱讀，特別注意其由年齡，性別，智力，和特別興趣而起的個別差異。」

20 Uhl, Willis L. The Materials of Reading. (Newark, New Jersey: Silver, Burdett & Co., 1924.) pp. xiv + 386——詳細撮舉並討論關於閱讀與文學教學各種狀態的證據。

21 Walter, Henriette R.『Reading Interests and Habits of Girls,』見 Girl Life in America: A Study of Backgronnds, pp. 117-37. N.Y.:National Committe for the Study of Juvenile Reading (I Madison Avenue), 1927.——報告好幾種關於成年女子閱讀嗜好的習慣的正式與非正式的研究結果。

22 Wightman, H. J.『A Study of Reading Appreciation,』見 American School Board Journal, L (June, 1915), 42.——描敘一種研究結果，關於六十四班一至八年級所有兒童的閱讀嗜好。

一九，九，二七，夜半，於宜城。

摘自《安徽教育》一九三〇年六月第一卷第十四期

兒童閱讀興趣習慣的調查

徐錫齡

一　總論

兒童閱讀的興趣習慣怎樣，這是一件常被忽視而實則深值得留意的事。依據專家研究結果，閱讀的情況，一方面與學校中各科目修業成績有密切關係（註一）別方面更對于成人的各項職業的，公民的，文化的，生活有重大影響（註二）現代社會間人事愈趨繁雜，書報數目亟增（註三）因而閱讀的需要亦日趨嚴重，兒童閱讀的情況怎樣，現代的學校和社會，都再不能置諸不聞不問。

研究兒童閱讀情況，主要的條件有二：一，要注重客觀事實，二，要注意一般現象而不為局部事實所蔽。研究的方法有三，一是內省法，二是調查法，三是實驗法，三法中第一法最難適應上面兩項的要求，第三法自有獨到之處，惟有需特別設備，第二法較簡便而于兩種條件都易滿足。是以普通用的都多是調查法。

我們在過去的八九個月中，曾用調查方法，舉行一個關于兒童閱讀興趣習慣的研究。我們調查目的沒有什麼，祇思想用些較科學的方法，搜集一點事實。中國近來教育的革新中，閱讀一方面，也頗有人注意。可是論列的多屬個人的主觀，很少注意客觀的事實。注及事實而用科學方法的，更小之又小。舉例來說，小學生最歡喜看的是什麼書，念了幾年書才學會看報，像這類的問題我們現在也沒有確切的知識。因爲沒有事實做根據，許多教育方法以至於方針，都成了「無的之矢」或竟「誤入迷途」。今後倘能多找些事實做教育上的根據，效率必增大。我們此次研究的所企圖，就想在這一方面用點工夫。

這回調查，一開始時，我們便計劃到要從一地方的範圍內，找出一般兒童的事實，被調查的人中，我們計劃公立私立學校兒童數目要約相等，附屬小學兒童的比率不要太高，獨立小學中沒有什麼名聲的也要得他們來塡寫些表格；女生人數不容易找得和男生相等，但男女比率不能過于懸殊。根據這幾點，我們便在廣州市內或附近的學校中，選發調查表格，分三次寄發。發出的表格，有些是廣州市教育局轉發的。發出表格總數共約一萬六千份，後來收回的共五千四百多份，約佔全數百份之三十。寄發表格時私塾也有寄，不過後來細查私塾所交回表格，有許些顯係有別人意見混入（例若人人都寫天天看報）這些因教育局轉發的關係（註四）所以統計時，私塾學生的答案，一概沒有算入。此外有三間學校的答案，也有疑問，統計時亦劃出，以求能保留兒童的眞相。還有兩間學校，寄回表格過遲，來不及統計。這樣甄別一下，餘下的表格，共三〇二七份，這三千多人，便是我們統計的根據。

調查的表格，是由兒童自己直接塡寫的，我們聲明，我們舉行一個兒童愛讀書報選舉，要兒童一同來選出自己最愛讀的書，和回答幾個問題。我們先將要搜集的事實，編成問題，做了一個兒童愛讀書報選舉表格（樣式見附錄一）在兩間學校試用一回後，便分發兒童塡寫。表格上問題集中在四種事實：

一，看書的興趣——從兒童所選愛讀的書中看出；

二，看雜誌的興趣——從兒童所選愛看的雜誌中看出；

三，閱報的習慣——從兒童看報的百分率與時間看出。

四，閱報的興趣——從兒童看報所注意和費時多的看出。後文將分述這四方面所得的結果。

這三千兒童是分在一〇四班的學生，公立私立的學生約各佔半數。從他們所在學校性質而論，附屬于大學的中小學校學生約佔十份之三，獨立的中小學學生佔十分之七，三千人中祇有一百六十餘人係廣州市市區外的兒童，其他都在廣州市市區內的學校的數目共有十九間。各學校各年級生學生的分配，詳見表一。調查總人數中，女生和男生的比率爲一比二，各年級性別的分配，詳見表二。

(表一) 被調查兒童的校別與級別

校名	小學四年級	小學五年級	小學六年級	初中一	初中二	初中三	高中一	高中二	高中三	合計
中大附小	114	114	81							309
中大附中				92	110	64	90	16		372
嶺南附小	25	34	26							85
嶺南附中					64	47		30	36	177
南武學校	84	86	119	101	48	25				463
市立第二小學	70	32	25							127
市立第四十一小學	66	32	18							116
市立第六十二小學	32	29	16							77
市立第六十五小學	41	21	14							76
嶺南分校	38	17	12	29	16	20				123
眞光小學	49	21								70
眞光中學				21	31		16		11	79
省立女中				42	69	7	18			136
市立中學				125	65		44	19		253
省立第七中學				45	46	23	5			119
培正女校		54	51							105
佛山華英學校	8	13	9	17						47
培英學校		19	16	29						64
培道學校				62	53	45	32	20	17	229
總計	527	472	387	554	502	231	205	85	64	3027

（表二） 被調查兒童的性別

	小四	小五	小六	初中一	初中二	初中三	高中一	高中二	高中三	合計
男	332	302	284	388	349	178	139	65	36	2073
女	195	170	103	166	153	53	66	20	28	954
合計	527	472	387	554	502	231	205	85	64	3027

此次研究是從十八年十月開始的。選擧表格擬定後，先在中山大學附小和附中試用，十一月分寄表格與各校。十九年三月發覺收回表格，還未足代表一般現象，又因公私立學校附屬和獨立學校的比率，與原定計劃有出入，再發出表格一次，有一部份請廣州市教育局轉發。三月底發覺計劃中的比率，仍未達到，再寄發表格給四間學校。四月中開始統計，因爲表格內項數繁多，統計手續麻煩，共費約四百八十小時，到六月中才把這一回笨重的工作弄完。其他寄發表格，編製報告的時間，還沒有算入。

這次研究是在國立中山大學教育學研究所擧行的，我很欣幸，我能享受那裏各種關于研究上的便利。調查表格擬成後，也經了研究所同事討論了一次。分發表格給學生時，我很感謝各學校中我所直接，或間接認識的朋友，願意幫忙，沒有他們的協作，這種研究的完成是不可能的。廣州市教育局代發表格，我們也很感激，雖然從那裏收得的材料，統計時只選計了一部份。各項統計的工作，有三分二是分由朱沓能君（教育研究所同事）張衍年君担任的，我很樂意於此道出。不過，統計的方法與計劃，倘有不對，仍由我自全責。報告寫正後，得莊澤宜先生看過並指正多處，我很深感謝。這次研究所用參考書，重要的有下列幾種：

1. Gray, Summary of Investigators Relating to Riading University of Chicago Press.
2. Gray, Summrag of Reading Investiyations. Supplimemt No 1—4. Nniversity of Chicago Press.
3. Gray, of Munroe : The Reading Intevest fo Habits of adults. Mc Millan.
4. Buswell : An Experimental Sludy of the Eye—voice Span in Reading. University of Chicago Press.
5. West : Bilingwalism. Longmans Green and Co.
6. West : Learning to Read a Foriegn Language Longmans Gveen & Co,
7. Gats : 'he Improvement of Reading Mc Millan
8. Uhl : The Waterial of Reading Silver Burdett, Co
9. The 24th yearbook of the national Society for The Study of Education. Public Schoo Publishing Co
10 中小學校課程暫行標準
11 居林才：兒童閱讀指導和書目（國立中山大學附屬小學叢書之一○）

註一，Grag : Sunnary of Invastigatior Relating to Reading Chap IV

註二，同上書 Chap III

註三，Grag and Munroe : Reading Interest of and Habits of adults Chap III

註四，塾師因恐防教育局取締故多令兒童填寫三民主義建國大綱等書。

二　讀書的興趣

興趣對于學習，影响之重大，到現在差不多誰都公認。可是我們實際上兒童閱讀的興趣怎樣，却很少確知。某書應于某年級兒童看？某年級中兒童最愛看的是那些書？男童看的書女童是否愛看？……像這一類問題的答案，我們現在都衹是根據成人的猜想來定，沒有事實做根據。這回調查的一種目的，就是想從這一方面供給一些事實。

研究讀書興趣已前用過的有三種方法，第一是統計圖書館兒童借出的書，第二是統計兒童寫錄出喜歡看的書，第三是自己直接觀察登記，見兒童看什麼書，便抄下書名。三法各有利弊。第三法費時很多；第二法有兩弱點，圖書館借出書，祇佔兒童所讀書之一部，而借出的亦未必即係兒童愛看的書；第二法的疑問亦有二：不正當的書兒童恐怕會不寫出，和兒童記憶會有遺漏。不過三法中還是第二法來得簡便，而影响較少。這一次用的是第二法。（選舉表格中，聲明兒童可以不填寫姓名，又兒童填寫性史性慾等書人數亦常有，可見第二法第一種的弱點或可減輕。）

國內關于兒童讀書興趣的調查，據我們所知，以前祇有過一次。（註一）那次是用第一方法調查的。不過調查的人數不足，班數更少，且限于一間學校內，是以沒有多大參考價值。

歐美各國研究兒童喜歡讀的書，常用的方法，就是由研究人把圖書分類，然後尋出某年級的兒童，愛讀那一類的書。這些研究是以書的類別爲依歸的。下面的表是Toy-dan研究三，五九八兒童的結果，就是那種研究的一個例子（註二）。

（表三） 3.598美國兒童愛讀各種書籍的次第

（1表示第一愛讀的書，餘照推下）

各種書籍	男童	女童
小說	2	1
兒童小說	3	2
冒險	1	3
傳記	8	8
歷史	9	7
韻文	4	4
科學	10	10.5
游記	11	10.5
事實 Information	7	9
笑談	6	5
其他	5	6

這些研究的結果，書目的單位不是一本書，而是一類書，實用上的効用反減少。因爲同是一本書，常可撥歸幾類中之任何一類，或任何幾類，「仁者見仁，智者見智」。舉例來說，水滸可入俠義小說類，又可入歷史小說，又或

同入兩類。這樣一來，幾個人所編成書目便常有衝突。葛雷氏 Grays 于著他的閱書研究述要及成人閱讀興趣與習慣時曾解釋這種衝突，謂「興趣因各地方而有重大的差別。」(註三)其實地方差別固然有，而不同分類法所發生的影响，却無從計算。又同是一類書，文字有淺深，經驗背景有淺深，(例如封神與聊齋)並不能給同一年級兒童閱讀。因爲這種原故，這一回研究還是以書名做單位，不是以書籍做單位。

美國研究本題的結果，値得在這裏稱述的還有四點。第一，兒童自己讀書的百分率，小學中年級和高年級有劇進，到初中達最高點，高中後化成兩種現象，一部分學生仍繼續讀書，一部分却中止，是以有些人稱十二歲至十五歲爲讀書習慣的危險時期(註四)。就成人來看，女子讀書多于男子，速率也較快。第二，讀書中小說佔大部份，而事實性質的書 Informational Type 很少(註五)。第三，男女的差別，九歲前沒有，十歲至十三歲間顯露。男童愛的是戰爭冒險小說，女童愛的是家庭學校生活故事，神仙故事，戀愛故事等。小說以外，男童興趣集中于做事方法的書(What to do book)女童則單看些烹飪戲劇詩詞等書(註六)。第四，就在同一年級，興趣常有差分，不是人人一致(註七)。

統計書名時的困難，也値得在此叙明一下。兒童所塡寫的書名，有時是不易分辨，或簡直無從確定。有些書是內容不同而書名易混，例如古文評註，古文辭類纂，古文讀本，……等有些人只寫「古文」，有些寫出全名；唐詩三百首，唐詩合解，有些人祇寫「唐詩」，有些寫足全名。有些是一書數板；例如三國，西遊記等，……都有種種縮本，節本。那時我們只能當做一本書登記。古文之所以位置高，或者也是那個原因。書名有錯誤一兩字的，祇能按照我們所能推擬者登記；字體看不清時也一樣；我們不能推定者從缺。各類的叢書，(例如兒童文學叢書，少年叢書)有些兒童寫叢書的總名，有些分寫一部的名。我們祇能依照寫着的來登記。這樣的分別登記，叢書的選擧表分散了，在書目的地位因而降落。不過統歸叢書登記也不妥，也許選擧人喜歡看的祇是某一部。又選擧表中泛寫一類的書時(戲劇，小說，理科，)我們概不錄，登錄的都是書的專名。

以上述明調查與統計的方法，以下將從統計中所搜集得的事實分三層述明：

(1)年級與讀書興趣關係

(2)性別與讀書興趣關係

(3)兒童自述喜歡讀書的動機

年級與閱讀興趣的關係，可分從所讀書的性質與所選出書的數量兩方面看出。先從第一方面看。

從所讀書的性質看來，年級不同，所中意讀的書便不同。從三〇二七兒童選舉結果，我們分年級計出他們最多人喜歡讀的書，編造各年級兒童愛讀書書目，現在把各級書目併錄列在一表，以便對看。各書如經有總班數四分一以上班數所舉列，或十個兒童以上的舉列，就計入那級的書目裏面。但截至高中一便止，因爲高中二高中三人數的根據太少。在書名下有兩個數目，第一個表示舉列那書的班數，第二個示舉列那書的人數。

（表四）各年級選舉書名對照表

級別	本級班數	本級人數	最多人選舉的書
小四	一六	五二七	三民主義 一一：二七；西遊記 一〇：五八；三國 一〇：五二；兒童故事 一〇：七三；古文評註 九：五〇；中華故事 八：五六；中國故事 七：一九；岳飛傳 七：二八；封神 六：二七；奇少年 六：一六；世界童話 六：二四；中華童話 六：一二；怪家庭 五：一三；唐詩 五：一〇；水滸 五：一一；兒童文學叢書 五：一二；小小[illegible]庫 四：一〇；薛仁貴 四：一八；俄國童話 四：一七；兒童小說 四：一〇；兒童笑話 四：一八；十姊妹 三：一七；紅毛野人 三：一七；福爾摩斯 三：一一；文庫 二：二三；兒童理科叢書 二：三六；火柴 一：三六；天寶圖 一：一〇；煤 一：三三
小五	一五	四二七	三國 一四：一〇〇；西遊記 三四：六五；兒童故事 九：七八；封神 八：一八；三民主義 八：五八；中國故事 八：三七；岳飛傳 八：四三；古文評註 七：四四；中華故事 六：一〇；世界童話 六：一二；江湖奇俠傳 六：一八；兒童神話 六：一四；奇少年 五：二九；薛仁貴 五：二四；兒童文學叢書 五：八；俄國童話集 五：二二；家庭童話 五：二六；濟公傳 五：一七；七劍十三俠 五：二四；東周列國 五：一三；小小說 五：一四；唐詩 四：一四；夜行飛俠 四：一〇；福爾摩斯 四：一一；天方夜談 四：一二；飛劍奇俠 四：一二；十二公主 三：一一；竹公上 三：一一；金蘋果 三：二一；怪家庭 二：一八；貴豆童子 二：一一；聖經 二：一四；魯濱遜漂流記 二：一三；女子童話 二：二七；高級國文讀本 一：一二；好妹妹 一：二〇
小六	一五	三八七	三國 一二：一〇七；三民主義 一一：七四；水滸 一一：六一；西遊記 一〇：四三；古文評註 一〇：七三；魯濱遜漂流記 九：一九；封神 八：二八；天方夜談 八：三八；唐詩 六：一三；七劍十三俠 六：一四；兒童故事 六：一一；東周列國 六：一二；江湖奇俠 六：一八；野人記 六：九；兒童神話 六：一四；紅樓夢 六：一五；中國故事 五：一〇；薛仁貴 五：一三；岳飛傳 五：一二；愛的教育 五：一四；夜行飛俠 五：八；福爾摩斯 五：一四；江湖奇俠 五：一三；老殘遊記 五：六；聊齋 五：二三；俄國童話 四：二七；三俠五義 四：一三；左傳 四：一〇；萬里步行 四：一〇；少年叢書 四：二五；海濱故人 三：一五；超人 三：一三；建國方略 三：一七；秋水軒 三：一四；兒童理科叢書 二：一二；東西漢演義 一：一二；孫中山傳 一：二四；自然叢書 一：一一
初中一	一七	五六〇	中華故事 一六：七七；古文評註 一五：二五；三民主義 一四：一五；三國 一四：一〇一；紅樓夢 一三：八三；西遊記 一二：三七；野人記 一一：一九；天方夜談 一〇：五一；福爾摩斯 九：一七；魯濱遜漂流記 九：二〇；飲冰室 九：二〇；吶喊 九：一五；彷徨 九：一四；江湖奇俠傳 八：一二；老殘遊記 八：二二；聊齋 八：一三；唐詩 七：一七；建國方略 七：三二；寄小讀者 七：八四；文章作法 七：一三；建國大綱 七：一三；愛的教育 六：六二；儒林外史 六：一四；短篇小說集 六：七二；繁星 六：一五；左傳 五：一二；超人 五：一九；萬有文庫 五：四四；復活的玫瑰 五：一三；海濱故人 四：三三；殘夜 四：三〇；小雨點 三：一四；花之寺 三：三二；木偶奇遇記 二：一二；棘心 二：一三；愛羅先珂童話集 二：一二；十五小豪傑 一：一五；上下古今談 一：一二；拊掌談 一：一五；李超傳 一：二三；文法心悟 一：一〇
初中二	一七	五〇二	三國 一四：一〇八；紅樓夢 一四：一〇〇；古文評註 四：一〇〇；水滸 一三：一〇四；吶喊 一三：五六；唐詩 一二：三〇；天方夜談 一二：六五；三民主義 一一：八四；西遊記 一〇：四八；愛的教育 九：一四；江湖奇俠傳 九：二五；儒林外史 九：三二；少年維特之煩惱 九：一三；史記 九：一九；福爾摩斯 八：一五；聊齋 八：一七；超人 八：三二；飲冰室 八：二七；學生文藝叢刊 八：一八；胡適文存 八：二四；彷徨 八：三三；封神 七：一〇；左傳 七：九；野人記 七：一九；西廂 七：一二；東萊博議 七：一〇；短編小說 七：五；給青年十二封信 七：一六；東周列國 六：九；魯濱遜漂流記 六：二一；老殘遊記 六：二一；寄小讀者 六：四一；文章作法 六：三一；十五小豪傑 六：一四；落葉 六：一四；繁星 六：一七；春水 六：一五；建國方略 五：二〇；秋水軒 五：九；孟子 五：一一；建國大綱 五：一三；萬有文庫 五：一三；茶花女 五：六；記敘文作法 五：一五；迷羊 五：七；最後的幸福 五：八；小雨點 四：二五；故鄉 四：一四；文庫 三：一〇；海濱故人 三：三一；花之寺 三：二〇；夢的除夕 三：二；塔 三：一三；[illegible]人[illegible]能[illegible] 三：一三；玉君 二：二一；常識文範 一：一五；國學概論 一：一一
初中三	九	二三一	紅樓夢 九：五六；三國 八：四七；少年維特之煩惱 八：一四；水滸 七：四二；飛絮 七：一六；吶喊 七：三七；彷徨 七：一六；古文評註 六：二八；儒林外史 六：二四；老殘遊記 六：八；唐詩 五：一三；海濱故人 五：三六；飲冰室 五：二〇；胡適文存 五：一七；落葉 五：一六；西遊記 四：五；福爾摩斯 四：六；天方夜談 四：二一；聊齋 四：八；超人 四：五；寄小讀者 四：九；西廂 四：五；餞花 四：五；孟子 四：二；茶花女 四：二一；苦莉 四：一〇；給青年十二封信 四：一〇；文學大綱 四：一〇；情書一束 四：七；三民主義 三：二五；愛的教育 三：二八；左傳 三：七；建國方略 三：八；秋水軒 三：四；文章作法 三：五；東萊博議 三：四四；殘夜 三：一〇；中山全書 三：一；短篇小說 三：六；兒女英雄 三：一；春水 三：九二；常識文範 三：九；最後的幸福 三：一；易卜生集 三：三一；愛之焦點 三：三六；國語教科書 三：五；爲了愛 三：五；浮士德 三：三；論衡 二：一〇；卡根[illegible] 二：一〇
高中一	八	二〇五	吶喊 八：五一；三國 七：四六；古文評註 七：三八；天方夜談 七：二〇；紅樓夢 七：三七；少年維特之煩惱 七：三五；唐詩 六：一五；水滸 六：三六；三民主義 五：一九；老殘遊記 五：九；左傳 五：一三；飲冰室 五：一六；胡適文存 五：三八；苦莉 五：八；西遊記 四：六八；愛的教育 四：七五；福爾摩斯 四：九；儒林外史 四：一一；海濱故人 四：二；東萊博議 四：七；彷徨 四：一一；文選 四：六；曼殊全集 四：〇；史記 四：九；莫泊桑 四：七；自己的園地 四：七；聊齋 三：五；中山全書 三：五；孟子 三：一；而已集 三：二；華蓋集 三：三；飛絮 三：九；落葉 三：七九；短篇小說 三：一一；給青年的十二封信 三：一；綠天 三：三四；雪的除夕 三：五二；詞選 三：九五；文學大綱 三：六；少年[illegible] 三：三；梁任公近著 三：三；文學概論 三：一二；達夫全集 三：五八；野草 三：四；出了象牙之塔 三：八；仿綸的故事 二：一一

從比較各年級書目的同異中，我們可以看見各年級閱讀興趣的變遷。小四年級的興趣，集中在神話童話，故事，和小說。那時期所愛讀的，都是遠離實生活，或竟神奇怪誕的書（西遊記，封神，怪家庭，奇少年）。假使有人說：給小四年級的書，愈離奇愈受歡迎，那也不見得與事實不符。兒童那時期想像力正發展，那這種書正能供給他們想像的材料。（我們稱這些書是遠離實際生活，那是從成人眼光看的。實際上兒童那時把書中所述，看成比自己日中經驗一樣眞確。）兒童歡喜那些書，是因牠們能領導自己想像縱橫馳騁。一直到從經認驗眞了實現時，兒童對那這書的興趣方減低。與那些神奇一類書分佔地位的，有歷史小說，如三國，岳飛傳等。雖然「三民主義」佔其中次數第一，但我們似乎不能否認那祇是外間給兒童的影响，因爲除了那書外，整個的書目中，沒有一書是關涉社會問題，或實現生活的。那些書中有很多是集合短篇編來的，就是三國岳飛等書，恐怕有許多也是縮本。文字除了唐詩，古文，全都是白話文沒有文言文。因爲要這樣，小四年級學生才讀得方便。

小五年級中，濃於想像色彩的小說，仍佔勢力，致大和小四沒有差別。劍俠和俠義小說一類書，增入書目來了，書目所能找着的，已有「江湖奇俠傳」「七劍十三俠」「夜行飛俠」「飛劍奇俠」四本。俠義小說之所以盛行，一方面還是反影兒童生活中想像的豐富，一方面似乎可以多少表示俠義思想和社會智識（極端簡陋和粗淺的）逐漸發生。歷史小說的勢力，還是繼續着，同時並且加入了幾本新式小說。「福爾摩斯」「天方夜談」「魯濱孫漂流記」那一類探險偵探書，已漸流行。

六年級書目中，劍俠一類書，和探險遊記一類書，大都從書目的後半進到書目的前半的位置。一方面這兩類書的數目又有增加。這很足証明兒童閱讀興趣的變遷。「水滸」「魯濱孫漂流記」「天方夜談」等書，選舉票都增加許多。這時期文言文的作品，（聊齋，左傳，秋水軒，）和近代人帶有文藝氣味的白話作品，（海濱故人，超人）也惹起他們的興趣；這似乎是表示閱讀文言文的和欣賞文藝的能力，都逐漸成熟。不過這兩類在書目中地位都很低，（占日的後三分一）祇可算是成熟的初期。

初中一書目比小學的有顯著的差別。神話，童話故事一類想像色彩濃厚的小說，地位都完消失，或逐漸消失」。「兒童故事」「中國故事」「世界童話」「兒童神話」等類書都在書目中低落，牘下的祇有一兩本。西遊記的地位，一級一級的落後了，「封神」更幾經掙扎才佔回一點地位。隨着，義俠性質的小說勢力也動搖，雖然不是一起便完全沒落。兒童對實現世界的認識已日深一日了，純以想像為本位的書，再不能維持着原有的興味。各書中祇有歷史小說和遊記（魯濱孫漂流記）在初中各年還佔勢力。在別方面，就紅樓夢吶喊，傍徨，寄小讀者，愛的教育，短篇小說，等得了大多數兒童的投票。唐詩在各年級的地位，沒有多大變移。

初中二年級書目中，紅樓夢，吶喊，愛的教育等一類書，大致都伸張勢力，從書目的後半部份，移到前半部份，駕乎遊記與歷史小說以上。從這裏我們可見得初中兒童對于人生，社會，日常生活都漸漸興味濃厚而細緻。此外還有兩種頗足注意的：第一，以理論為本位的書籍，漸漸加入來了，（飲冰室文集，胡適文存，東萊博議，給青年的十二封信，……）兒童前時讀的差不多完全祇是敘述事實。第二，討論做文章的書，也發見許些了，屬這類的書，有文章作法，記敘文作法，文庫等。

初中三閱讀興趣的進展，大致上仍是依照初中二底方向。紅樓夢少年惟特的煩惱，居然突佔前茅，飛絮吶喊傍徨，又緊接追着來，我們于承認兒童對社會人生興趣的增進時，又似乎不能漠然於他們情緒生活的緊張。文言文的勢力，到初中三也增進了，書目中飲冰室，聊齋以外，還尋出孟子，左傳，東萊博議，秋水軒等書。

從高中一書目中，我們可以推論學生文藝欣賞之能力，達了相當的成熟。吶喊佔了書目的第一把交椅，全書目中純文藝的作品參差發現。這年內閱讀文言文的能力也提高了，一面左傳，飲冰室，東萊博議等書，號召力增大，（即選舉票次數增多，）一方又加進了，史記，文選，詞選，等書。

這裏所尋出兒童閱讀興趣變遷的迹象，概括來說，和美國 Alice M. Curley. 研究美國兒童的結果有許些地方相同。他比較了二十六個研究，細定男女兒童各年級閱讀與趣，現在在下面錄出，以便比較（註八）。

『男童各年級閱讀的興趣

『六歲至七歲——動物界自然界神仙的故事。

『八歲——充滿想像的神仙故事，動物界自然界寫實故事。男童讀男童的故事比讀女童或成人的故事要高興些。此時寓言的閱讀達到最高點，但滑稽小說則不甚喜讀。對敍述與情節的興趣較對文藝的來得高。突然而來的事常成興趣的中心。日常生活的故事也能引起興趣。

『九歲——日常生活的故事與熟識的經驗，是此時興趣所在。動物界故事仍居重要地位。對探險和多描寫的小說無多大興趣，對滑稽小說亦然，對歷史上和聖經上的故事有多小興趣，對寓言的興趣已低減。

『十歲——日常生活的故事是歡迎的，開始對偵探，學校；遊戲，等小說感興趣。他們的興趣集中在怎樣做成物品，在傳記，和在歷史故事上。

『十一歲——戰爭故事探險小說變成有興趣；偉人行述英雄故事是通行的。對女偉人的行述不甚有興趣，對寓言或動物界故事不感興趣。遊歷小說與神怪小說得到大衆的歡迎。怎樣做與做什麼的小說興趣已漸低減；對于聖經故事也極少興味。

『十二歲——探險小說的興趣增加，戰爭故事偵探小說與英雄故事都一樣的通行，別的興趣多與十一歲同。

『十三歲——寓言與動物界故事簡直不發見了；日常生活故事與探險小說及怎樣做成物品的書籍還可通行。偉人行述遊歷故事也得到興趣，並且常以道德箴言爲判斷。偵探小說是有興趣的；而妖魔故事已開始消滅。描寫的書興趣漸增。

『十四歲——日常生活故事與探險故事最通行了。對戰爭故事遊歷故事，偉人行述英雄小史也很有興趣。知識一類的書不大喜讀而開始對言情小說感興趣。

『女童各年級閱讀的興趣

『六歲至七歲——自然界動物的故事，神仙故事，簡單的韻文等，最感興趣。

『八歲——幻想與神化的神仙故事，自然界動物界的寫實故事是最感興趣的。對家庭經驗及女童故事興趣較對滑稽小說的爲深。寓言，聖經故事，英雄小史都得不到多大注意。

「九歲」—對神仙故事與動物界自然界故事，有高度的興趣。喜歡簡單的傳記，如歷史的故事。

「十一歲」—日常生活，探險小說，遊歷小說，是最通行的。對于言情小說，開始增加興趣。喜歡動物界自然界故事，也喜歡傳記神秘故事與戰爭故事。

「十二歲」—家庭學校生活的故事是最有興趣的；自然界故事及女偉人的行述也然；還喜歡聖經的故事。

「十三歲」—言情小說及日常生活故事是最有興趣的；對神仙故事仍然有多少興趣。女偉人的行述也是感興趣的，十三四歲時對描寫有最高度興趣

「十四歲」—日常生活故事，言情小說及探險小說是感興趣的：對戰爭故事，偵探小說，妖魔故事及遊記都有興趣；女偉人故事亦然。知識與道德箴言只處于中度興趣而已。

統就各年級來看，我們不能不注意的有一點；就是同年級的兒童，興趣並不能視為過于一致。以前有一種流行的見解；兒童到某年齡興趣便集中在某方面，便一致喜歡讀某書或某幾本目。這次調查的結果，同一書常有連在兩個年級的書目發現。在三個或三個以上年級發見的亦不少，有些書並且連在六個或七個年級都有發現。這點可看表五自明。

各年級同愛讀書目（表五）

級數	書數
七數	5
六級	3
五級	5
四級	11
三級	16
二級	25
一級	61
合計	126

再從選舉出的書數來看，這次搜集得的有兩種事實；第一，年級愈高，所能舉出喜歡看的書亦愈多，這可從每級每人平均所舉列書數看出。第二，年級愈高，閱讀興趣愈分化，這可從每級每百人中所舉列不同的書數看出。這兩種變遷本是常人所能預料的，不過，各級變遷的比較速率以前我們却沒有怎樣清晰的概念。

表六是表示第一方面的事實的。表內單位是書，格內的數目就是每年級各人所舉列的喜歡看的書數目。大致來說，年級愈高，便愈能多舉出喜歡看的書。但是增進的速率有兩回挺進，一回是小四到小五的一年，一回是初中二初中三連着的兩年。小五小六和初中一三年皆進的現狀，却完全停頓。

(表六) 各年級兒童每人平均選出愛看的書的數目

		小四	小五	小六	初中一	初中二	初中三	高中一
班數根據		16	15	15	17	17	9	8
平均每兒童所舉列之書數	各班均算	3.4	4.5	4.5	4.5	5.5	6.4	7.5
	最多一班	6.3	7.7	6.4	7.7	8.5	8.0	9.0
	最少一班	.8	1.1	.8	2.7	1.1	5.0	6.3

(表七) 各年級兒童每百人中所舉列不同的書數

	小四	小五	小六	初中一	初中二	初中三	高中一	高中二	高中三
人數根據	527	412	387	560	502	231	205	85	61
選舉票總書數	537	950	781	1022	1284	794	[illegible]	287	[illegible]
每百人平均舉列書數	159	201	202	182	256	300	338	338	[illegible]

表七是表示第二方面的事實。從每百人所列不同的書數看來，小四到小五增加的率來得快，初中後兩年也快，但是小四到小六的增進少，小六到初中一書數反減低。

各間學校差別得很利害。這也可從表六看出。好的學校，小學四年兒童便一找出六七本自己愛讀的書，壞的學校平均每人找不到一本。壞的學校，到了高中，方找得出人家小四年級所能找出的書數。

上面舉列分級書目，是從質的方面來觀察兒童讀書情況；比較舉列書數，是從量的方面來觀察。現來合併兩方面一齊看，我們對兒童讀書情況似更明瞭。

佔領小學中年級兒童讀書興趣的是富于想像性質的神話，故事和小說。小四到小五，兒童找出中意看的書數，增進頗多，那或是表示閱讀能力已有相當成熟，或是表示閱讀興趣的增進，或竟是兩種勢力並行而互為助長。小五小六兩年義俠小說，歷史小說佔勢力，但數量上呈停頓現狀，經上一個長時間——三年——仍沒有變化。初中一年，興趣移到接近人生社會的小說，想像性質的故事小說，完全失勢力。到了初中二，讀書的數目雄飛突進，似乎是表示閱讀能力，已到了較後一期的成熟，閱讀速率增進。初中二以後兩年，興趣還是向人生、社會，一方而發展，喜歡讀的書，年多一年。上了高中，分化便利害。合各年來看，讀書興趣最重要關鍵是在初中一二年，質的方面有重要變遷，量的方面有急劇的增進。

這是從調查中所能得到關于事實的認識。不過這回調查來得粗淺，許些地方還待証實。至到這些現象所以發生的原因，例如五六年級何故停頓，初中二如以突進，更值得詳細分析與研究。

倘若這裏的事實是徵集得沒有謬誤，那就我們兒童讀書情況和Gray所述美國情況相較，有三點大致相同，有一點顯有出入。相同的三點是：(1)小學讀品以小說佔大部份(2)同年級的興趣並不純全一致(3)初中時間為讀書習慣危險時間。不同的點就是人家小學後期讀書有亟進，我們却停頓而純無進步。後一點最值得再詳細考察。

性別與讀書興趣的關係，也可分從兩方而看出，一方面是從男女平均每人舉列愛看書的多寡來看出，一方面是從男女所常舉列書的差別來看出。

從第一方面看來，女子常能比男子多舉出自己喜歡看的書，這似乎是女子讀書較多的一種明顯表示。這點可參看表八。

從第二方面看來，男童看的多神怪俠義偵探等書，女童選舉的多帶兩種特色：即關于家庭生活的或情緒深濃的。小學男子所看多封神，西遊記，三國，七劍十三俠，福爾摩斯，女子却少。到了中學，歷史小說，社會問題，一類書（如三民主義建國大綱）及有關實用，（如文章作法，修學効能增進法的書，男子票數的比率也高于女子。女子愛看兩種書中，紅樓夢是前一種的代表。海濱故人，寄小讀者，給青年十二封信，是後一種的代表。這幾點都可參看附錄三的書名和男女票數分配。

（表八）男女兒童每人平均選舉書數的比較

級別		根據班數	平均每兒童列舉的書數
初中一	男	11	3.9
	女	6	5.9
	平均	17	4.5
初中二	男	11	5.2
	女	6	6.2
	平均	17	5.5
初中三	男	6	6.1
	女	3	7.4
	平均	9	6.4
高中一	男	5	7.6
	女	3	7.4
	平平	8	7.5
高中二	男	4	5.6
	女	1	8.4
	平均	5	6.3
高中三	男	1	7.2
	女	2	7.9
	平均	3	7.5

這裏性別差分的結果，大致上是和(Gray)所述美國情形相符的。不過，中國讀品中，做事方法一類書，除了關及作文章外，旁的幾乎找不到，是以小說的在男童女童中都更較佔勢力。

最後，我們須得比較一下兒童的動機。依據各年級兒童的自述，最強的動機都是因『內容有趣』。其次佔勢力的。便是『文章可欣賞』，或『生活有實用』。因教員指定而看的書並不多。這裏結果大致和美國調查結果沒有出入。

（表九）各年級兒童讀書動機比較表

級別	讀書動機														合
	內容有趣		文章可欣賞		能增智識		生活上有用		教員指定		那書有名		隨便讀		
	次數	百分比	次數	百分比	次數	百分比	次數	百分比	次數	百分比	次數	分百比	次數	百分比	次數
小四	1389	26.8	477	15.1	1024	19.9	676	13.1	286	5.6	461	9.1	62	10.4	6815
小五	1603	28.4	901	15.9	1210	21.3	634	11.2	245	4.3	486	8.6	586	10.3	6125
小六	1141	27.8	738	18.1	867	21.2	365	6.7	197	4.8	323	7.8	43	10.6	3309
初中一	1488	25.3	1044	17.8	1268	21.6	562	9.6	531	9.1	250	4.2	728	12.4	5871
初中二	1524	25.8	1185	20.0	1237	20.7	455	7.7	421	7.1	316	5.3	788	13.2	5926
初中三	902	26.4	738	21.4	681	19.9	289	8.5	165	5.5	194	5.4	433	12.9	3432
高中一	944	24.8	801	21.0	804	21.1	350	9.2	272	7.2	248	6.5	388	10.2	3808
高中二	262	25.0	238	22.7	239	22.5	107	10.2	68	6.6	29	2.8	107	10.2	1047
高中三	327	22.7	266	18.6	205	20.5	155	10.8	101	7.1	74	5.1	200	15.2	1438

註一：敎育雜誌二十卷第六期儲子潤無錫中學實驗小學三四年級閱報實驗報告

註二：Gray：Summary of Reading Investigations P. 161－166

註三：Gray Reading Interests and Habits of Adults P. 105

註四：同前書 P. 106

註五：同前書 P. 106

註六：同前書 P. 106

註七：同前書 P. 106

註八：同前書 P p108－111.

三、看雜誌的興趣

雜誌是近代文化中的一種特產。雜誌登載的是短文，有三幾分鐘空閒時間便可以讀，內容的變化也多，很能與近代的匆忙生活相適應。依據調查結果，一般成人看雜誌的時間，比放在看書的時間來得多。(註一)現代刊品的增進，雜誌的速率，也逾於普通書籍。(註二)從這看來，兒童閱讀雜誌的興趣，也值得我們留意一下。

研究本題要記着一件事：雜誌的刊行，在中國還沒有達到一個比較稍算固定的時期，(自然完全固定的時間，是永遠不會有)。最近三四年間各項新什誌紛着產生，有如雨後春筍，但是時期還是來得淺，未經了時間的選擇，好的也未得一般人的認識。一方面則在最近之將來，許些新刊必繼續出現，因此我們現在的研究，時間性是頗短的；我們盼望將來有人將本題再下研究。

國內以前研究本題而帶有科學方法的，據我們所知，找不到一篇報告。不過現行的中小學課程暫行標準規定初小畢業的標準要「能閱讀少年雜誌……」大家都像承認了小朋友少年雜誌係一般小學生閱讀的雜誌。

外國研究閱讀雜誌興趣的倒不少，可是有直接參考價值的便少，所以現在也不舉列。不過他們研究中有一種結果，須得在此述及。一般人看的雜誌多偏于情感一類，冒險偵探一類很流行，誨淫誨盜的亦常有(註四)。

雜誌的類別不很多，是以我們將選舉表的結果整部登錄，列成下面表十。高中二三年級人數太少，截至高中一爲止。

表十列出各年級各雜誌被選的票數，惟各年級人數根據不同，比較起來不很方便。下面圖一就幾種較通行的雜誌的各年級票數對各該年級人數的百分比率劃成，可以助我們明瞭各年級兒童對各雜誌升降的迹象。

圖一　流行雜誌各年級勢力的比較

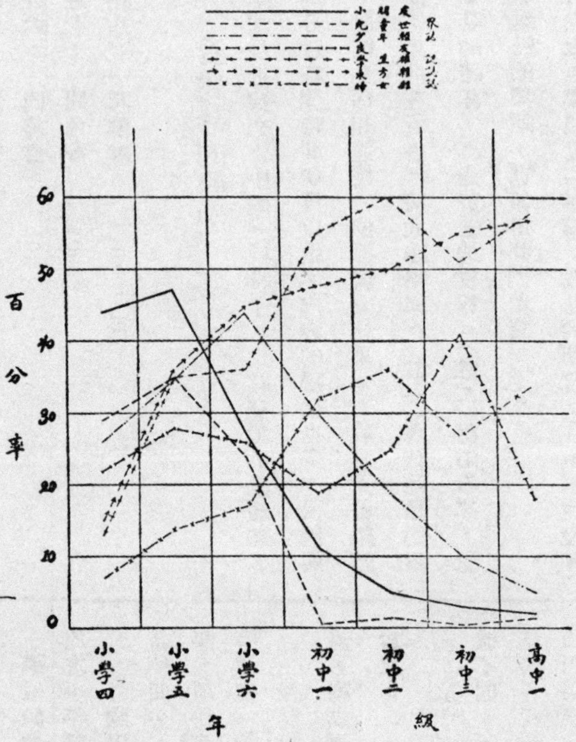

圖一之所表示：小四小五年級中，號召力最大的係小朋友。兒童世界，和少年雜誌跟隨在後，勢力不相上下。小五加入了學生和東方。小五每種雜誌的票數都一致增進，証明兒童閱讀能力漸成熟，讀雜誌的興趣增添。小六年級少年與東方佔居前位，學生佔第三。初中一學生勢力增進，東方與良友緊跟着。初中二學生仍前挺進，只有東方尙可勉强追隨，到了初中三高中一兩年，學生與東方互爲雄長。

再就各雜誌爲本位來看，小朋友稱雄時期是小四小五年級，初中一以後地位便沒落。兒童世界興起的時期一如小朋友，惟勢力始終敵不着小朋友。少年雜誌在小四小五已畧露頭角，到小六竟與東方分佔第一把交椅，初中以後勢力緩緩地消失。課程標準定小學畢業程度依據這三種雜誌爲標準，與事實恰相符合。學生雜誌在初中後兩年勢力醞釀，到初中一便脫穎而出，初中二更一往無前，就以後的兩年亦仍與東方爭霸，不相上下。小朋友，少年，成了小學時期的雜誌，至少是初中。東方性質最接近成人，故各年級票數的增進的線，一起往上，沒有曲折。不過到小六票數那麼高，似乎是早熟，這也許是表示在閱讀教學中與在圖書設備中成人的影響過深。良友在各種雜誌中自有特點，係畫報性質，重消息與時事，印刷較多具美性，讀時費時與費神俱較少。因了這數性別對閱讀雜誌的影响怎樣？這一點可分從所選出雜誌數目和所選出雜誌性質來看出。從雜誌數目看來，每兒童平均所列舉數目，男女各有佔多。書數選舉時，女子列舉常多，雜誌的情勢便顯有不同。

男女兒童每人平均選舉雜誌數的比較（表十二）

年級		根據班數	平均每兒童所列舉之雜誌數
初中一	男	11	2.4
	女	6	2.9
	合計	17	2.5
初中二	男	11	3.0
	女	6	2.6
	合計	17	2.8
初中三	男	6	3.4
	女	3	2.5
	合計	9	3.2
高中一	男	5	3.2
	女	3	3.1
	合計	8	3.1
高中二	男	4	3.1
	女	1	3.7
	合計	5	3.3
高中三	男	1	3.8
	女	2	3.4
	合計	3	3.6

從選出雜誌的性質來看，東方，體育，較多得男子喜歡。婦女，現代婦女等，讀者多係女子。最流行的幾種雜誌的選舉票數，對兩種性別的總人數的百分率，在表十二登錄出。

點，年級的高低，閱讀程度的高低，與興趣的遷移，對良友俱少重大的影响，在各年級俱畧有勢力。婦女票數中性別的差異極顯著，以下再述。

這幾種通行的雜誌都是已刊行了五年以上的。新興的雜誌，還沒有得一般中小學生的注意。不過，表九的後半部已登列了許些新的期刊。從這一點可以看出兒童年級高些，與新刊品的接近也多些。同時也可以看出年級高些，閱讀興趣的分化也强些，表四的後半部，許些都是耑門性質的刊品。

從每級平均各人舉列的雜誌數目來看，增進率較大的在小五，和初中二三年兩時間。這點與前面選書的增加來幷看，足以互相參証。

各校差別的殊懸，可幷在表十看出。好的學校喜歡看的雜誌數在小學或初中都比壞的多三倍。自然有些壞的學校兒童連一種雜誌也沒有認識，情形很可憐！

(表十一)　各級兒童每人平均選舉雜誌數的比較

		小四	小五	小六	初中一	初中二	初中三	高中一	高中二	高中三
根據班數		16	15	15	17	17	9	8	5	3
平均每兒童所舉列之雜誌數	各班均算	1.9	2.5	2.7	2.5	2.8	3.2	3.1	3.3	3.6
	最多一班	3.3	3.9	4.2	3.8	3.9	4.6	4.3	4.2	3.8
	最少一班	.2	1.3	1.2	1.7	1.6	1.4	4.4	2.6	3.2

（表十）選擇雜誌票數的分配

兒童 雜誌	小學四年				小學五年				小學六年				初中一年				初中二年				初中三年				高中一年			
	班數	人數男	人數女	人數合計	班數	人數男	人數女	人數合計	班數	人數男	人數女	人數合計	班數	人數男	人數女	人數合計	班數	人數男	人數女	人數合計	班數	人數男	人數女	人數合計	班數	人數男	人數女	人數合計
少年雜誌	14	92	46	138	15	102	65	167	15	123	47	170	14	127	37	164	13	91	6	97	7	20	4	24	6	9	2	11
良友	11	73	42	115	14	84	49	133	10	69	32	101	14	63	41	104	15	98	39	137	9	65	29	94	7	13	24	37
東方雜誌	13	63	23	86	15	101	71	172	13	135	41	175	17	226	45	271	17	200	53	253	9	117	11	128	8	93	25	118
學生雜誌	13	44	24	68	15	64	73	137	13	81	57	138	17	210	96	306	18	221	88	312	9	102	16	1[illegible]8	8	85	35	119
教育雜誌	6	8	1	9	8	7	6	13	9	17	5	22	10	40	8	48	10	38	4	42	5	13	0	13	8	8	5	13
小朋友	13	143	91	234	15	145	76	221	14	90	17	107	16	33	29	62	7	[illegible]	2	2[illegible]	3	3	3	6	3	1	3	4
兒童世界	15	86	69	155	15	113	53	166	15	73	20	93					3	3	2	5					2	2	0	2
體育雜誌	8	23	2	25	8	14	16	30	9	35	4	39	9	33	2	35	3	27	0	27	2	13	0	13	3	3	0	3
電影雜誌	6	7	3	10	6	3	5	8	5	9	0	9	5	7	2	9	12	40	9	49	6	39	1	40	3	5	0	5
中國學生	4	9	5	14	6	6	3	9	5	9	0	9	4	4	4	8	8	26	11	37	5	15	10	25	1	0	4	4
今代婦女	3	1	4	5	3	2	11	13	1	0	1	1	3	1	2	3	3	5	5	10	4	6	8	14	3	0	8	8
銀星	3	2	1	3	2	4	0	4	5	5	2	7	4	2	5	7	5	4	7	11	5	4	10	14	3	2	11	13
兒童畫報	10	31	16	47	12	28	3	31	4	9	5	14	6	4	12	16					1	0	1	1				
婦女雜誌	7	2	35	37	12	8	57	65	9	11	56	67	14	42	135	177	15	74	114	188	10	28	35	63	8	36	35	71
粵秀	1	9	6	15																								
新銀星	1	1	1	2													2	7	3	10	2	6	1	7				
小說世界	4	2	4	6	4	5	1	6	5	5	0	5	5	9	3	12	4	5	1	6					2	1	1	2
文華	2	2	2	4	2	8	0	8	1	0	2	2	1	1	0	1	2	4	0	4								
福幼	1	1	0	1	2	2	0	2					1	0	2	2												
時兆月報	1	0	1	1					2	3	0	8	1	1	0	1					2	3	0	3				
小說月報	1	0	1	1	2	1	3	4	7	10	4	14	11	84	10	44	16	56	27	83	7	35	11	46	8	55	13	68
生活週刊	1	0	1	1	2	0	2	2					1	1	0	1	5	7	1	8	2	3	2	5	2	1	10	11
青年進步					2	1	2	3																	1	0	5	5
航空月刊					1	1	0	1	2	2	1	3	1	2	0	2	1	4	0	4	2	6	0	6				
自然界									3	5	0	5													2	6	0	6
南風									1	4	0	4																
兒童雜誌													18	29	10	39												
青年									1	0	1	1	5	4	1	5												
科學雜誌									1	1	0	1	3	3	0	3					1	5	0	5	2	4	0	4
語絲													1	1	0	1	5	5	1	6	2	4	1	5	3	8	0	8
北新													1	3	0	3	2	3	0	3	2	8	0	3	3	12	0	12
新生命月刊													2	4	0	4	0	5							3	4	0	4
中學生													2	1	2	3	3	2	8	10								
英文什誌													2	1	1	2					2	6	0	6				
英語週刊													1	5	0	5	7	16	0	16	5	16	0	16	6	18	2	20
眞善美													2	0	11	11	5	3	13	13	3	2	13	15	4	1	4	5
英文週報																	1	2	0	2								
非非畫報					1	0	1	1	1	0	2	2					1	3	0	3								
體育世界									1	1	0	1					1	3	0	3	3	18	1	19	2	2	0	2
學藝																	2	3	0	3					1	3	0	3
伴侶																					3	2	2	4				
奔流																					2	3	0	3	2	2	0	2
戲劇																					2	3	0	3	2	7	0	7
新月																					4	3	2	5	2	0	6	6
南國																					3	3	0	3	3	8	0	8
大衆文藝																									4	5	0	5
紅玫瑰													1	1	0	1									2	2	0	2
論語週刊																	2	3	0	3					1	3	0	3

圖二 兒童看報習慣的比較

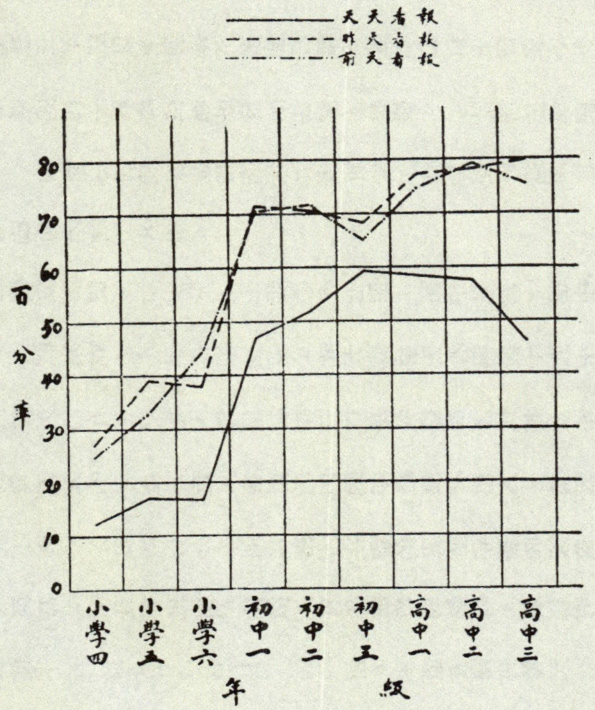

圖三 男女兒童看報習慣的比較

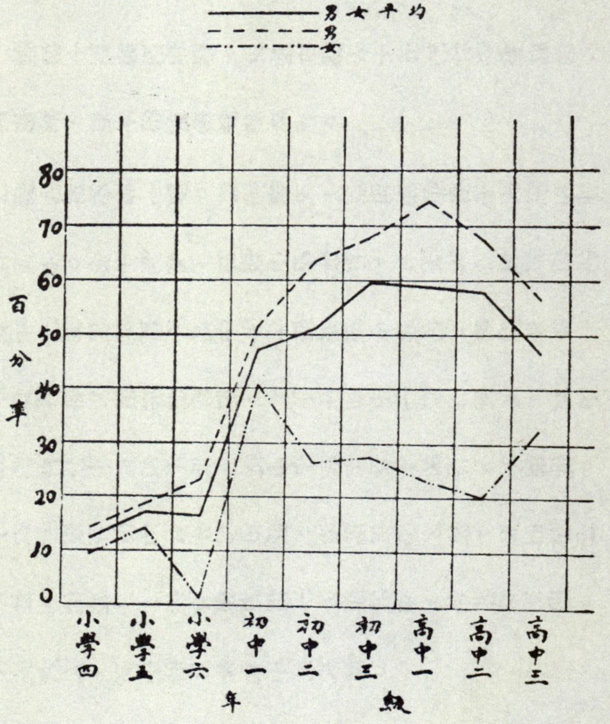

也許因記憶前天的事，沒有記憶昨天的真，有些人記憶不眞便不答「前天有沒有看報」的一題。不過有兩班前天較昨天倒高，而且各班相差極微，可見記憶的影响，就使有也並不大。各年級百分率的起落，在前的五個年級昨天前天的與天天的完全一致，後面的四個年級畧有出入，前天的與後天的互相交切，可是初中三以後各線的起伏都並不大。大概來說，小學後期兒童，昨天或前天看報的十人中有三個或四個。初中兒童十個中有七個，高中兒童十個中有七個而未達于八個。

倘使這回調查是確能代表事實的，結果便極端嚴重，值得國內一般學校和社會的注意。根據(Gray)所述美國的兒童三年級以上便差不多都看報，五年級以上便差不多都有看報習慣。美國的兩個報告都是括述各項研究的數目，故祇能說「差不多。」差不多所表示，最低限度也在九十份以上。中國的兒童，看報的，小學不滿四人，初中以至高中都不滿八人，有天天看報習慣的，小學不滿兩人，初中不滿六人，高中的反比初中的畧減。

性別的差分，從看報習慣一方面看來，是非常明顯。女子有看報習慣的百分率很低，遠落男子之後，因而男女平均的百分率也被牽低。從小學起，女子的百分率便低。初中爲看報習慣突進時期，女子在初中一雖有挺進，初中二初中三却反跌落。高中各年級亦絕少起色，雖然最後一年有進步。女子到受了高級中學教育，有天天看報習慣的，三個人還不滿一個。這種情况，原因和牠對于國家和社會的影响，似乎很值得詳細考慮。

後面一頁的兩個圖，就是根據表十五的材料畫成的。圖二表示天天看報的，昨天看報的，前天看報的，三種人數的比較，圖三表示男童有看報習慣的(天天看)，與女童有看報習慣的兩種人數的比較。

(表十五) 各年級兒童看報的人數與百分比率

年級		實際次數			百分比率		
		天天看報	昨天看報	前天看報	天天看報	昨天看報	前天看報
小學四年級	男	44	97	85	13.8	29.3	25.6
	女	19	45	40	9.7	22.9	20.4
	合計	63	142	125	11.9	27.1	23.7
小學五年級	男	60	133	107	19.8	44.1	35.4
	女	24	51	49	14.1	30.0	28.8
	合計	84	184	156	17.7	38.9	33.1
小學六年級	男	67	129	155	23.7	45.5	54.9
	女	1	14	15	.9	13.5	14.4
	合計	68	143	170	17.6	36.9	44.4
初中一	男	202	309	300	51.3	78.2	75.9
	女	67	94	94	40.3	56.6	56.6
	合計	269	403	394	48.0	71.9	70.3
初中二	男	221	276	274	63.3	79.1	78.5
	女	40	79	81	26.1	51.6	52.8
	合計	261	355	355	51.9	70.7	70.7
初中三	男	123	136	139	69.1	76.4	78.1
	女	14	20	13	26.6	38.0	25.5
	合計	137	156	152	59.3	67.5	65.8
高中一	男	104	127	125	74.7	91.4	87.9
	女	15	30	29	22.7	45.4	43.9
	合計	119	157	154	58.1	76.1	75.1
高中二	男	45	58	59	69.3	89.3	90.7
	女	4	8	8	20.	40.0	40.
	合計	49	66	67	57.7	77.0	78.6
高中三	男	21	32	28	58.3	88.9	77.8
	女	9	19	20	32.1	67.8	71.8
	合計	30	51	48	46.9	79.7	75.0

這回調查中所想搜集的事實，是與下面的四點有關的。

第一：兒童中有看報習慣的有多少？

第二：兒童每日看報用多少時間？

第三：兒童看報最留意的是那幾欄？

第四：兒童看報最感困難的是那幾欄？

這一章先報告關于第一第二點所搜集得的事實，隨着並舉列性別對這兩點的關係。下一章報告關于其餘兩點所搜集得的事實。

調查表格中，第一點第二點是合併在一起問的，共有四個小題：(1)你昨天有沒有看報章？(2)前天有沒有看報章，(3)你是否天天看報，(4)如果天天看報，每天看報時間，要花多少。(1)(2)(3)是關第一點，(4)是關第二點。統計時凡是對(3)沒有回答，或回答否看時就縱使(4)有寫出時間，我們亦沒有算入。我們調查的是一般有看報習慣人的時間，沒有看報習慣的，恐怕憑自己理想來答題，混亂了事實，所以劃開。

第一點看報的人數，我們徵集了兩種事實：有了看報習慣的(天天看)，和雖看報而未成習慣的。後一種事實是從兒童答昨天或前天看報的數目得來。各級人數不同，所以這些答案，要化成百分比率來看，真確的情形才易看出。下面表十四就是這樣編成的，實際人數與百份比率並列。

從百分比率看來，小四年級有閱報習慣的很少，百人中祇約有十二人。小五小六有增進而甚慢。到了初中一才有猛進。這種趨勢一直繼續下去，到初中以後的兩年。初中三學生，有看報習慣的五個人有三個。高中一和以後各年百分比率稍減，但減低並不多。昨天前天看報的比率，各級都一致比有看報習慣的比率來得高，這本是普通人所能料及的事實。前天和昨天比較，昨天畧來得高一些，想各年級兒童每日看報所費時間，我們依據習慣看報的所述，算出結果。在下面表十六列出。

（表十六） 各年級兒童看報的時間

		時間分配（分鐘為單位）							中數
		30以下	30至60	60至1:30	1:30至2:00	2:00至2:30	2:30至3:00	3:00以上	
小四	男	—	—	—	—	—	—	—	—
	女	—	—	—	—	—	—	—	—
	合計	7	14	27	1	4	0	1	67
小五	男	—	—	—	—	—	—	—	—
	女	—	—	—	—	—	—	—	—
	合計	14	40	18	6	4	0	0	50
小六	男	—	—	—	—	—	—	—	—
	女	—	—	—	—	—	—	—	—
	合計	17	28	27	4	8	1	0	45
初中一	男	35	109	54	6	13	1	4	51
	女	29	17	11	3	3	0	0	34
	合計	64	126	65	9	16	1	4	48
初中二	男	22	100	59	6	10	1	1	54
	女	5	26	9	2	0	1	0	45
	合計	27	126	68	8	10	2	1	53.3
初中三	男	13	57	23	2	8	0	2	58
	女	4	3	1	0	1	0	0	40
	合計	17	60	24	2	9	0	2	50
高中一	男	4	51	23	12	6	0	0	56
	女	5	2	5	0	0	0	0	45
	合計	9	53	28	12	6	0	0	55
高中二	男	5	27	8	1	2	0	0	40
	女	0	1	2	0	0	0	0	75
	合計	5	28	10	1	2	0	0	52.5
高中三	男	6	14	7	0	2	0	0	46
	女	5	3	0	0	0	0	0	24
	合計	11	17	7	0	2	0	0	43

從合計格內數目來看。各年級的時間中數、是屢有起伏的，驟看起來會覺詫異。開始時(小四)每次費時要一個鐘頭有多，小五小六各級遞減。初中一時間增許來，初中二繼續增進，初中三方畧降下。高中一又增進起來，高中二降低些，高中三更降低。圖四的用意就是表示這種起伏的趨勢。

圖四　男女兒童看報所費時間(中數計算)比較

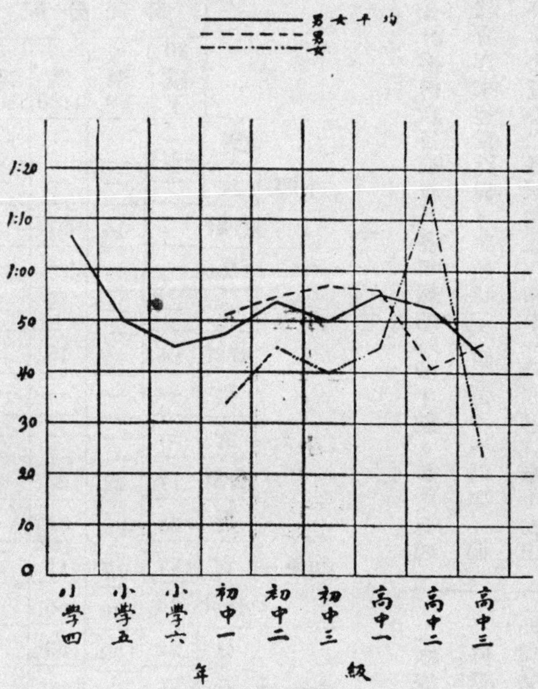

圖三習慣線是一往直前的，這裏的線何以來了起伏？我們的解釋是這樣：起伏的發生是由兩種勢力之互相牽制，一種是兒童閱讀速度的增進，一種是兒童閱讀興趣的擴大。速率增進，年級漸高，閱讀所需時間漸少。不過興趣的範圍，却逐漸推廣了，剛進初中的一兩年或剛進高中的一年課程有了變化，身體生活都變遷大，看報時注意的範圍也推廣興味，因而看報時間長些。這種解釋，有什麽謬報各欄興趣統計合在一起看，不見得和下面看誤。

這裏性別的差分，也是極顯明。從初中一年級起，女子看報的時間，便年年都比同年級男子所花時間爲少。祇有高中二年級較女子花的時間較多，但那數不能拿來做根據，因爲那是從三個人計的結果，人數太少。圖四女子的線，常比男子的來得低。

合併百分率與時間同看，倘若我們進一步追問爲什麽女子的百分率低，我們似乎可以多少斷定那是興趣的關係。女子閱讀速率比男女沒大差分，但放在報章的時間較少。那自然是缺乏興趣的表示。興趣低了，百分率因亦減低。這點雖祇是一種推論，但覺可信。

總括來看，這裏的事實，和美國調查結果比較起來，廣州兒童閱報能力，發展得很慢。人數比率始終追不到美國那麽高，而用時間反比人家多。女子成績特別壞，更不消說。

註一：Gray : Summary of Investigations Relating to Readlng P. 10

註二：Gray and Munrot : Reading Interests and Habits of Adults. Pp q−11

註三：Gray : Summary of Investigations Relating to Readiug P10.

註四：教育雜誌第六卷第九期巽吾：新聞教的育實際

註五：教育雜誌二十卷六期曹錫胤：無錫中學實驗小學的新聞事業—「兒童時報」

註六：Gray Summary of Iuvestigation Relating to Reading Pp 159−160.

註七：Gray and Munroe Reaeing Interests And Habits of Adults. P 105

註八：仝前書

註九：仝前書 Pp 30−31

註十：仝前書P. 32.

摘自《教育研究》一九三〇年第二十一期